VERSUNKENE KÖNIGREICHE
INDONESIENS

VERLAG PHILIPP VON ZABERN · MAINZ

Die Ausstellung wird veranstaltet vom
ROEMER- UND PELIZAEUS-MUSEUM
D-31134 Hildesheim, Am Steine 1–2

Sie ist täglich von 10.00 bis 18.00 Uhr,
mittwochs von 10.00 bis 20.00 Uhr, geöffnet und wird vom 13. August bis 26. November 1995 gezeigt

Die Ausstellung wird gefördert von:
Auswärtiges Amt der Bundesrepublik Deutschland und Land Niedersachsen

AUSSTELLUNG:

Konzeption: Arne und Eva Eggebrecht

Ausstellungsgestaltung: Rolf Schulte

Technische Durchführung: Christian Brunotte, Gabriele Esmann, Dorothea Issel, Tanja Kreß, Otto Neitzke, Paul Pietruska, Gerhard Plewka, Wilfried Rettberg, Werner Schwarzbach, Bernward Stochay

Texttafeln: Lydia Kieven (Texte), Horst Schmelzer, Atelier für Werbegestaltung (Herstellung)

Sekretariat und Verwaltung: Monika Bettels, Rainer Hornburg, Margit Peusquens, Sabine Wehmeyer

Werbung und Öffentlichkeitsarbeit: Margot Rathenow, Hanowerb

Transporte: E. Hasenkamp, Köln/München

Kasse und Verkaufsstand: Hans-Theo Bresching, Helga Eininger, Rita Hartmann, Monika Lattemann, Gerd Meichsner, Klaus Spichalla, Edith Teller

KATALOG:

Herausgeber: Arne und Eva Eggebrecht

Konzeption: Arne und Eva Eggebrecht, Matthias Seidel

Redaktion: Eva Eggebrecht, Matthias Seidel

Mitarbeit: Lydia Kieven, Gabriele Pieke, Fritz Schulze, Carola Sender (Graphik)

Typographische Gestaltung: Lothar Bache,
Verlag Philipp von Zabern

Museumsausgabe:
Umschlag: Silvelie Hitzer (Graphik), Rolf Schulte (Entwurf), Eberhard Thiem (Photo)
Umschlag Vorderseite: Kat. 51
Umschlag Rückseite: Relief am Borobudur – Fauna und Flora aus der Buddha-Legende
Buchhandelsausgabe:
Umschlag Vorderseite: Kat. 54
Umschlag Rückseite: Kat. 51

Frontispiz: »Parentalia« von P. Lauters, nach: H. van der Haart und A. J. Bik, in: C. L. Blume, Rumphia, sive Commentationes Botanicae Imprimis de Plantis Indiae Orientalis, Leiden 1835–49 (Zur Ganesha-Figur vgl. Kat. 97)

Vorsatz vorne: Relief am Borobudur: Jagdgesellschaft (Awadana-Legenden)

Vorsatz hinten: Prambanan, Candi Loro Jonggrang; Reliefausschnitt aus dem *Ramayana*-Zyklus

Die Beiträge von Jan Fontein (J. F.), Edi Sedyawati und R. Soekmono erschienen ursprünglich in dem Katalog »The Sculpture of Indonesia«, National Gallery of Art, Washington D.C. und Harry N. Abrams, Inc., New York N.Y., 1990. – Die Herausgeber danken dem Vorstand der National Gallery of Art, Washington D.C., für die Abdruckgenehmigung

Die Beiträge von Helen Ibbitson Jessup (H.I.J.) basieren auf ihrem Buch »Court Arts of Indonesia«, The Asia Society Galleries und Harry N. Abrams, Inc., New York N.Y., 1990

Die Deutsche Bibliothek – CIP-Einheitsaufnahme

Versunkene Königreiche Indonesiens : [die Ausstellung wird veranstaltet vom Roemer- und Pelizaeus-Museum] / [Katalog: Hrsg.: Arne und Eva Eggebrecht]. –
Mainz : von Zabern, 1995
ISBN 3-8053-1808-1
ISBN 3-8053-1812-X (Museumsausg.)
NE: Eggebrecht, Arne [Hrsg.]; Roemer- und Pelizaeus-Museum ⟨Hildesheim⟩

Katalog-Handbuch: XII, 688 Seiten mit 491 Farb- und 30 Schwarzweißabbildungen

ISBN 3-8053-1808-1
ISBN 3-8053-1812-X (Museumsausgabe)
Satz: tsm, Mainz
Lithos: M & R, Wiesbaden
Papier: Papierfabrik Scheufelen, Lenningen
Gesamtherstellung: Verlag Philipp von Zabern, Mainz am Rhein
Printed in Germany/Imprimé en Allemagne
Printed on fade resistant and archival quality paper (PH 7 neutral)

Inhaltsverzeichnis

Kat. 133

Die Ausstellung steht unter der

Schirmherrschaft

des Präsidenten der

Republik Indonesien

SOEHARTO

und

des Bundespräsidenten

ROMAN HERZOG

Leihgeber

Berlin	Staatsbibliothek zu Berlin – Preußischer Kulturbesitz
Denpasar	Museum Negeri Bali
Dresden	Staatliches Museum für Völkerkunde
Hannover	Sammlung Lüth
Jakarta	Direktorat Perlindungan Pembinaan Peninggalan Sejarah dan Purbakala
Jakarta	Museum Nasional
Kalasan	Museum, Suaka Peninggalan Sejarah dan Purbakala, DIY, Bogem
Leiden	Kern Institut
Leiden	Rijksmuseum voor Volkenkunde
Mojokerto	Museum Purbakala Trowulan
München	Staatliches Museum für Völkerkunde
Prambanan	Museum, Suaka Peninggalan Sejarah dan Purbakala, Jateng
Privatsammlungen	
Stuttgart	Linden-Museum, Staatliches Museum für Völkerkunde
Surabaya	Museum Mpu Tantular
Yogyakarta	Museum Sono Budoyo

Verzeichnis der Autoren

I. EINLEITUNGEN

Garniss H. Curtis, Berkeley

Stefan Dietrich, Stuttgart

Helen Ibbitson Jessup, Washington

Lydia Kieven, Köln

Marijke J. Klokke, Leiden

Hermann Kulke, Kiel

Wolfgang Marschall, Bern

Wahyono Martowikrido, Jakarta

John N. Miksic, Singapur

Peter W. Pink, Köln

Oskar N. Sahlberg, Berlin

Fritz Schulze, Köln

Edi Sedyawati, Jakarta

Artur Simon, Berlin

R. Soekmono, Jakarta

Gerd R. Zimmermann, Braunschweig

II. OBJEKTBESCHREIBUNGEN

Hiltrud Cordes, Köln	(H. C.)
Arne Eggebrecht, Hildesheim	(A. E.)
Eva Eggebrecht, Hildesheim	(E. E.)
Jan Fontein, Boston/Amsterdam	(J. F.)
Hedi I. R. Hinzler, Leiden	(H. H.)
Helen Ibbitson Jessup, Washington	(H. I. J.)
Pieter ter Keurs, Leiden	(P. t. K.)
Brigitte Khan Majlis, Köln	(B. K. M.)
Lydia Kieven, Köln	(L. K.)
Marijke J. Klokke, Leiden	(M. K.)
Hermann Kulke, Kiel	(H. K.)
Wahyono Martowikrido, Jakarta	(W. K.)
Intan Mardiana Napitupulu, Jakarta	(I. M. N.)
Peter W. Pink, Köln	(P. P.)
Jaap Polak, Amsterdam	(J. P.)
Fritz Schulze, Köln	(F. Sch.)
Matthias Seidel, Hildesheim	(M. S.)
Friedrich Seltmann, Stuttgart	(F. S.)
Rosemarie Zell, Dresden	(R. Z.)

Biographische Angaben zu den Autoren

Prof. Dr. Garniss H. Curtis: Anthropologe, Professor em. am Berkeley Geochronology Center, Univ. of California. Zusammen mit seinem Kollegen Dr. Carl C. Swisher gelang ihm der Nachweis, daß der Java-Mensch um 800 000 Jahre früher zu datieren ist. Wichtige Publikationen, u. a.: *Milestones in Human Evolution*.

Dr. Stefan Dietrich: Ethnologe und Vergleichender Religionswissenschaftler. Mehrjährige Feldforschungen in Indonesien. Tätigkeit am Institut für Völkerkunde, München. Hauptpublikation: *Kolonialismus und Mission auf Flores*. Beitrag zu Indonesien in der Ausstellung »Die Gärten des Islam«.

Dr. Jan Fontein: Ehemaliger Direktor des Museum of Fine Arts, Boston. Ursprünglich Sinologe mit weitem Forschungsfeld in Indien, Ost- und Südostasien; ein Forschungsschwerpunkt ist die altjavanische Kunst, zu der zahlreiche Veröffentlichungen vorliegen, u. a. der Ausstellungskatalog *The Sculpture of Indonesia*.

Dr. Helen Ibbitson Jessup: Kuratorin mehrerer Ausstellungen zu südostasiatischer Kunst, insbesondere zu *Court Arts of Indonesia*. Forschungsschwerpunkte: südostasiatische Kunst und niederländische Architektur in Indonesien; zahlreiche Publikationen zu diesem Themenkreis.

Lydia Kieven, M.A.: Studium der Kunstgeschichte und Malaiologie. Schwerpunkte sind altjavanische Literatur und Architektur und javanische Kultur; Veröffentlichung zum Arjunawiwaha in den Tempelreliefs Ost-Javas.

Dr. Marijke J. Klokke: Dozentin für indonesische Kultur an der Universität Leiden: zeitweilige Forschungstätigkeit am International Institute for Asian Studies, Leiden. Forschungsschwerpunkt ist die Kunstgeschichte von Südostasien, insbesondere des Alten Java. Veröffentlichungen u. a.: *The Tantri reliefs on ancient Javanese candi*.

Prof. Dr. Hermann Kulke: Dozent am Historischen Seminar der Universität Kiel mit Forschungsschwerpunkt ältere und vorkoloniale Geschichte Süd- und Südostasiens; mehrere Veröffentlichungen zum Devaraja-Kult, zum frühen Königtum und zu Srivijaya.

Prof. Dr. Wolfgang Marschall: Ordinarius für Ethnologie am Institut für Ethnologie der Universität Bern. Forschungsschwerpunkte: Kulturtheorie, Kognitions- und Symbolforschung, tropische Landwirtschaft. Regionale Arbeitsgebiete: Indonesien und Madagaskar. Zahlreiche Fachpublikationen.

Dr. John Miksic: Dozent am Department of History, National University of Singapore. Forschungsschwerpunkte sind die klassischen Zivilisationen der Inselwelt Südostasiens; Beteiligung an mehreren Ausgrabungen. Zahlreiche Veröffentlichungen, u. a. *Old Javanese Gold* und *Borobudur*.

Dr. Peter Pink: Privatdozent am und Leiter des Malaiologischen Apparates der Universität zu Köln. Forschungsschwerpunkte sind javanische und balinesische Literatur und Kulturgeschichte, insbesondere das Wayang; u. a. Veröffentlichungen zum Wayang und zum balinesischen Kalender.

Dr. Oskar N. Sahlberg: Romanist, Religionswissenschaftler und Psychologe in Berlin; arbeitet im Bereich pränataler und perinataler Psychologie. Zahlreiche Veröffentlichungen.

Dr. Fritz Schulze: Lehrbeauftragter am Malaiologischen Apparat der Universität zu Köln. Forschungsschwerpunkt sind klassische Literaturen und Historiographie; mehrere Veröffentlichungen zur malaiischen Geschichtsschreibung.

Prof. Dr. Edi Sedyawati: Direktorin für Kulturangelegenheiten im indonesischen Ministerium für Erziehung und Kultur. Forschungsschwerpunkte sind Architektur und Skulptur des Alten Java mit einer Reihe von Veröffentlichungen, u. a. über die Ganesha-Figuren Javas.

Prof. Dr. Artur Simon: Leiter der Abteilung Musikethnologie des Museums für Völkerkunde Berlin sowie Lehrtätigkeit an verschiedenen deutschen Universitäten im Bereich Musikwissenschaft. Forschungsschwerpunkt u. a. ist die Batak-Musik in Nord-Sumatra; dazu zahlreiche Veröffentlichungen.

Prof. Dr. R. Soekmono: Spezialist für klassische Architektur Indonesiens. Ehemals Professur an der Archäologie-Abteilung der Universitas Indonesia in Jakarta und Direktor des National Research Center of Archaeology in Jakarta. Maßgebliche Beteiligung an der Restaurierung des Borobudur durch die UNESCO. Zahlreiche Veröffentlichungen zur Architektur und Kulturgeschichte des Alten Java.

Dr. Wahyono Martowikrido: Kurator am Museum Nasional in Jakarta. Forschungsschwerpunkt ist altjavanisches Gold; Veröffentlichungen zum Goldfund von Wonoboyo.

Prof. Dr. Gerd R. Zimmermann: Dozent am Institut für Geographie und Geoökologie der Technischen Universität Braunschweig. Forschungsschwerpunkt: Besiedlungsgeographie, frühe Besiedlung des malaiischen Archipels. Dazu zahlreiche Veröffentlichungen.

Vorwort

Im Rahmen des weltweit angelegten Ausstellungsprogramms, mit dem das Hildesheimer Roemer- und Pelizaeus-Museum in kontinuierlicher Folge seit 1976 Ausschnitte aus dem reichen Kulturerbe unseres Globus vorstellt, wurde diesmal das Alte Indonesien als Thema gewählt. War ursprünglich ein früherer Termin ins Auge gefaßt, so bot sich durch das 50jährige Jubiläum der Gründung der Republik Indonesien am 17. August dieses Jahres ein besonders willkommener Anlaß. Diese Meinung wurde auch von indonesischer Seite geteilt, die sich vor allem unter diesem Aspekt bereit erklärte, bedeutendste Zeugnisse ihrer Vergangenheit für eine Reise nach Hildesheim und von hier aus für weitere Ausstellungsorte in der Welt freizugeben.

Obwohl bereits 1980 mit dem Titel »Java und Bali« unter der Federführung des Linden-Museums in Stuttgart eine Ausstellung für die Bundesrepublik Deutschland zusammengestellt worden war, die die Vergangenheit dieser beiden Inseln beleuchten sollte, blieb eine wirklich umfassende Darstellung der Geschichte des Alten Indonesien und seiner Königreiche weiterhin ein Desiderat. Und dies um so mehr, als der Reiseboom der letzten Jahre, der hauptsächlich auf die außergewöhnlichen Naturschönheiten des Archipels zurückzuführen ist, für die Zukunft auch einen Einblick in die Kulturgeschichte mit ihren reichen Zeugnissen an Architektur und Kunst nahelegt. Auch die stetig wachsenden Handelsbeziehungen, die unsere beiden Länder in immer neuen Varianten verbinden, machen auf unserer Seite ein tieferes Verständnis der alten Kulturlandschaft des Partners erforderlich. Nicht zuletzt deshalb hat Hildesheim als Beiprogramm zur Industriemesse 1995 Anfang April in Hannover, die diesmal Indonesien als Partnerland gewonnen hatte, auf der parallel veranstalteten Antiquitätenmesse in Herrenhausen bereits einige herausragende Exponate gleichsam als Vorläufer der eigentlichen großen Sonderausstellung präsentieren können.

Eine wesentliche Hilfe bei der Vorbereitung bildete der Katalog zur Ausstellung »The Sculpture of Indonesia«, die 1990 aus Anlaß eines »Indonesien-Jahres« in den USA von Herrn Jan Fontein zusammengestellt und wissenschaftlich betreut worden war. Speziell ihm schulden wir Dank, hat er uns doch für den Hildesheimer Katalog seine Objekttexte zur Übernahme freigegeben. Ebenso von großer Hilfe war die zweite aus gleichem Anlaß damals in den USA weilende Ausstellung »Court Arts of Indonesia«, für deren Konzeption und Katalog Frau Helen Ibbitson Jessup verantwortlich war und für deren Mitwirkung auch am Hildesheimer Katalog ihr ausdrücklich Dank gesagt sei. Dem neuen Konzept entsprechend wurde aus beiden Ausstellungen Material ausgewählt und weiteres aus anderen Museen so ergänzt, daß die bislang umfassendste, mit neuen Akzenten versehene Ausstellung zu Geschichte und Kultur des Alten Indonesien zusammengebracht werden konnte. Allerdings wurde dabei weitgehend auf Textilien des 19. und 20. Jahrhunderts verzichtet, sind doch wiederholt Textilausstellungen gezeigt worden, wie unter anderem im Jahre 1991 unter dem Titel »Gewebte Botschaften« auch in Hildesheim.

Die überwiegende Anzahl der Exponate hat uns das Museum Nasional in Jakarta überlassen, dessen Direktorin, Frau Suwati Kartiwa – dem Hildesheimer Museum schon seit langem in Freundschaft verbunden – unser Projekt von Anfang an unterstützt und gefördert hat. So gilt ihr und ihren Mitarbeitern Frau Intan Mardiana Napitupulu und Herrn Wahyono Martowikrido unser ganz besonderer Dank. Die Bereitschaft auch anderer Museen in Indonesien, durch Leihgaben mitzuwirken, wurde durch die Kooperation von Frau Sri Soejatmi Satari und Herrn I Gusti Ngurah Anom als den jeweils Zuständigen nebst Mitarbeitern gesichert, denen deshalb gleichfalls Dank gebührt.

Sicherlich wäre unser Projekt nicht zustande gekommen, wenn sich nicht die Direktorin des Ministeriums für Erziehung und Kultur Indonesiens, Frau Edi Sedyawati, von Anfang an für seine Realisation eingesetzt hätte und sogar die Mühe auf sich genommen hat, schon zur Präsentation im Rahmen der diesjährigen Industriemesse in Hannover und zur Vertragsunterzeichnung in Hildesheim persönlich anwesend zu sein. Ihr sei deshalb unser ganz besonderer Dank entgegengebracht, der auch S. E. Herrn Wardiman Djojonegoro, Minister für Kultur und Erziehung der Republik Indonesien, und S. E. Herrn Baharuddin Jusuf Habibie, Minister für Technologie der Republik Indonesien, gebührt, die beide den Werdegang der Ausstellungsvorbereitungen von Beginn an mit großem Engagement begleitet haben. Während der Aufenthalte in Jakarta hat sich darüber hinaus Herr Hartmut Baumeister, langjähriger Mitarbeiter am

Ministerium für Technologie der Republik Indonesien, für unser Ausstellungsprojekt dankenswerterweise immer wieder eingesetzt.
Wichtige Leihgaben wurden außerdem vom Rijksmuseum voor Volkenkunde in Leiden zur Verfügung gestellt, dessen Direktor, Herr Steven Engelsman, und seinem Mitarbeiter, Herrn Pieter ter Keurs, ich ebenso danke wie Herrn Peter Thiele, dem Direktor des Linden-Museums, Stuttgart, und seinem Mitarbeiter, Herrn Gerd Kreisel. Zu den Leihgaben des Linden-Museums gesellen sich weitere aus dem Staatlichen Museum für Völkerkunde, München, dessen Direktor, Herrn Walter Raunig, und Mitarbeitern ebenso Dank gesagt sei wie dem Museum für Völkerkunde der Stiftung Preußischer Kulturbesitz in Berlin mit dem Leiter der musikethnologischen Abteilung, Herrn Artur Simon, sowie der gleichfalls der Stiftung Preußischer Kulturbesitz angehörenden Staatsbibliothek mit dem Leiter des Bereichs Handschriften, Herrn Hartmut-Ortwin Feistel. Auch dem Direktor des Völkerkunde-Museums Dresden, Herrn Heinz Israel, nebst Mitarbeitern bin ich für einige besonders wertvolle Leihgaben zu Dank verpflichtet. Schließlich gebührt Dank auch den beteiligten Privatsammlern, die durch ihren Enthusiasmus wie auch mit wichtigen Leihgaben zum Gelingen der Ausstellung beigetragen haben.
Da es weltweit nur wenige Fachleute für die Kunst und Kultur Indonesiens gibt, fiel es schwer, entsprechend ausgewiesene Wissenschaftler für die Erstellung des Kataloges zu gewinnen. Dennoch ist es auch diesmal wieder gelungen, die wenigen über die Welt verstreuten Experten zu einer Mitarbeit zu bewegen. Mit ihrer Hilfe kann nunmehr ein Katalog vorgelegt werden, der erstmals einen umfangreichen, die aktuelle Forschung spiegelnden und ins Detail gehenden Überblick über Geschichte und Kultur des alten Indonesien vermittelt. Indem ich den Autoren für Ihren Beitrag danke, freue ich mich besonders, daß sich auch dieser Band würdig in die Reihe der Katalog-Handbücher des Hildesheimer Museums einfügt und eine große kulturgeschichtliche Lücke schließen hilft. Dem Verleger, Herrn Franz Rutzen, Herrn Ludwig Kirsch und den übrigen Mitarbeitern des Verlages Philipp von Zabern sowie meinem Mitarbeiter, Herrn Matthias Seidel, danke ich für ihren unermüdlichen Einsatz, durch den es trotz größter Schwierigkeiten wieder einmal gelungen ist, den vorliegenden prächtigen Band rechtzeitig fertigzustellen.
Wesentlichen Anteil am Zustandekommen der Ausstellung haben auch die diplomatischen Vertretungen. Zu danken habe ich in diesem Zusammenhang der Botschaft der Bundesrepublik Deutschland in Jakarta und der Botschaft der Republik Indonesien in Bonn. Mein besonderer Dank gilt dabei dem Generalkonsul der Republik Indonesien, Herrn Eduard Ch. Simandjuntak, in Hamburg sowie Herrn Konsul Günter Nerlich in Hannover für ihre langjährige Unterstützung.
Weiter habe ich all jenen hilfsbereiten Begleitern zu danken, die von Fall zu Fall im weitgestreuten Archipel ihre Hilfe anboten und so den Besuch auch entlegener Denkmälerstätten ermöglichten. Zu nennen sind vor allem die Herren Peter Biwer (Hildesheim, Padang), Michael Zoeller (Bonn, Padang), Ery Guswandri (Padang, Bukittinggi), Fikri Maxalmina (Banda Aceh), Paul Sono (Malang), Hasan Kasir (Ternate, Molukken), Ronald A. M. Fordatkosu (Tanimbar/Molukken) und Djufri Rahim (Banda Neira/Molukken).
Dankbar zu sein habe ich auch der Restauratorin unseres Museums, Frau Dorothea Issel, die vor Ort die Reisefähigkeit der Objekte prüfte, sie restauratorisch betreute und in Zusammenarbeit mit der Firma Hasenkamp unter der Leitung ihres weltweit erfahrenen Transportorganisators Herrn Heribert Wuttke sicher bis nach Hildesheim geleitete.
Weiterhin danke ich für besondere Unterstützung Herrn Peter Petermann, Hannover, in Verbindung mit der Touristik Union International.
Wie immer gebührt mein spezieller Dank Herrn Rolf Schulte, der wiederum für die Gestaltung der Ausstellung verantwortlich zeichnet und diese mit den Handwerkern des Museums realisiert hat, deren Engagement vorbildlich genannt zu werden verdient.
Eine Ausstellung über das Alte Indonesien zu veranstalten, hätte ich ohne die Zusage der intensiven Mitwirkung meiner Frau Eva Eggebrecht nicht in Angriff nehmen können. So ist es vor allem ihren profunden Fachkenntnissen und rastlosem Einsatz zu danken, daß aus einer nahezu unerschöpflichen Materialfülle diese auf das Wesentliche konzentrierte Ausstellung nebst Katalog entstanden ist, die die zentralen Kulturbereiche des Archipels auch für eine breite Öffentlichkeit erfahrbar macht und damit einen bei uns weitgehend unbekannten Ausschnitt des Weltkulturerbes überzeugend darzustellen versucht.
Auch in diesem Jahr bin ich im Namen der Stadt Hildesheim für die finanzielle Unterstützung der Kulturabteilung des Auswärtigen Amtes und des Landes Niedersachsen dankbar. Ich werte diese Hilfe speziell in Zeiten finanzieller Bedrängnis im Kulturbereich als ausgesprochene Anerkennung der bisher geleisteten Arbeit.
Die Bedeutung der Ausstellung für die freundschaftlichen Beziehungen zwischen der Republik Indonesien und der Bundesrepublik Deutschland wird durch die Übernahme der Schirmherrschaft durch die Präsidenten beider Länder unterstrichen.

ARNE EGGEBRECHT
Leitender Direktor des
Roemer- und Pelizaeus-Museums, Hildesheim

Die geographisch-ökologischen Potentiale Indonesiens – Konsistenz und Wertewandel –

Gerd R. Zimmermann

I

Der südostasiatische Staat Indonesien umfaßt knapp zwei Millionen km² Landfläche. Zusammen mit den zwischen den einzelnen Inseln liegenden Gewässern erstreckt sich der Archipel von Westen nach Osten über 5500 km und von Norden nach Süden über 1800 km; er hat somit eine fast kontinentale Größe.[1]
Gerade wegen dieser beachtlichen Ausmaße beziehen sich die meisten der frühen Berichte jeweils nur auf Teile des heutigen Landes. Übereinstimmend scheinen aber alle Reisenden von den ihnen bekanntgewordenen physio-geographischen Gegebenheiten beeindruckt worden zu sein. So berichtet Marco Polo von der Vegetation und Tierwelt der von ihm 1292 aufgesuchten Insel Sumatra.[2] Gleiches gilt für Ibn Battuta, der sich 1345/46 ebenfalls auf Sumatra aufhielt.[3] Während bei ersterem gelegentlich noch Fabelwesen, z. B. geschwänzte Menschen, die Inseln bevölkern, verfassen letzterer und vor allem die Reisenden des späten 16. und des 17. Jahrhunderts zunehmend realistischere Schilderungen, wobei auch der Vulkanismus und die Böden Beachtung finden (z. B. Wurffbain 1632–38 über die Molukken[4]). Immer wieder wird aber der »grüne Aspekt« (von Saher 1986), d. h. die Prägung des Landschaftsbildes durch die Vegetation, hervorgehoben. So weist der Bordschreiber von Magellan, Pigafetta, 1521 darauf hin, daß die Insel Borneo »sehr reich an riesigen Bäumen« sei[5], was auch noch 1854 von Veth bestätigt wird, der seinerseits von »ausgedehnten Wäldern, die schier die ganze Oberfläche von Borneo bedecken«, spricht.[6] Marsden (1811) geht zu Beginn des 19. Jahrhunderts auf die sumatranische Vegetation wie folgt ein: »The island of Sumatra . . . is surpassed by few in the beautiful indulgences of nature.« Wallace, der 1856 auf Celebes/Sulawesi Forschungen betreibt, berichtet von den Wäldern und dichten Dschungeln der Südhalbinsel, und über das gebirgige Minahasa im Norden doziert er: »Die Bäume sind mehr mit Flechten und Moosen bedeckt, und die Farnkräuter und Baumfarne sind schöner und üppiger, als ich sie in den niedrigeren Gründen zu sehen gewohnt war, beides wahrscheinlich eine Folge der beständig hier vorherrschenden Feuchtigkeit«.[7] Über Java erfährt man bei Raffles 1817: »Java is distinguished not only by the abundance of its vegetation, but by its extraordinary variety.«[8] Wenn also Spethmann (1928) Neuguinea im äußersten Osten Indonesiens mit den Worten »Wald und fast immer wieder Wald . . .« kurz und bündig zu kennzeichnen versucht, so gilt diese Charakterisierung ursprünglich wohl auch weitestgehend für alle anderen Inseln des indonesischen Archipels.
Trotz der inzwischen eingetretenen massiven »transformativen Nutzung« der Regenwälder (Zimmermann 1992a) stellt das Inselreich auch heute noch überwiegend ein Land dar, das 1990 knapp 60% seiner Gesamtfläche als Wald auswies.[9] Um was für eine Pflanzenwelt handelt es sich dabei?

II

Innerhalb des dreigeteilten tropischen Regenwaldgürtels der Erde wird die Vegetation Indonesiens zum paläotropischen Florenreich und hier wiederum zur Region »Malesia« gerechnet (van Steenis 1950), die aufgrund der absolut sinkenden und nur noch saisonalen Niederschläge im Norden und Süden von laubabwerfenden Wäldern abgelöst wird. Trotz abgestufter Übergänge verdeutlicht die recht unterschiedliche Zusammensetzung der Gattungen zwischen ihren Demarkationssäumen diese Eigenständigkeit.
Das sich in den vergangenen 60 Millionen Jahren entwickelnde »Malesia« mit seinen rd. 25 000 Blütenpflanzen gilt unter den verschiedenen Florenreichen als besonders artenreich, und ca. 40% der Pflanzen werden als endemisch erachtet (Whitmore 1984).
Der immergrüne tropische Regenwald, die üppigste Entfaltung der Vegetationskraft der Erde, tritt in Indonesien überall dort auf, wo während des ganzen Jahres ein

Abb. 1 Karte der Republik Indonesien (nach: The Times Atlas of the World, Pl. 17). ▷

Gulf of Thailand
SOUTH CHINA SEA
Ho Chi Minh (Saigon)
Kompong Som
Phan Rang
Nha Trang
Mouths of the Mekong
Con Son
Spratly Islands
Palawan
Puerto Princesa
SULU SEA
Balabac Str.
MALAYSIA
PENINSULAR MALAYSIA
Kuala Lumpur
SINGAPORE
Kota Bharu
Kuala Terengganu
George Town
Pinang
Ipoh
Melaka
Kuantan
Natuna Besar
Kep. Natuna
Kep. Anambas
Kep. Riau
Bintan
Lingga
Singkep
Bangka
Belitung (Billiton)
Str. of Malacca
SUMATERA
Banda Aceh
Sabang
Medan
Padang
Palembang
Pekanbaru
Jambi
Bengkulu
Telukbetung
Simeulue
Nias
Siberut
Kep. Mentawai
Enggano
Krakatau
Selat Sunda
BORNEO
KALIMANTAN
SARAWAK
SABAH
BRUNEI
Bandar Seri Begawan
Kota Kinabalu (Jesselton)
Kinabalu 4094
Sandakan
Kuching
Pontianak
Balikpapan
Samarinda
Banjarmasin
Tawau
Makassar Strait
SULAWESI (CELEBES)
Ujung Pandang (Makassar)
Teluk Tomini
JAVA SEA
JAVA
INDONESIA
Jakarta
Tanjung Priok
Bogor
Bandung
Cirebon
Semarang
Surakarta
Yogyakarta
Surabaya
Malang
Madura
Bali
Denpasar
Lombok
Sumbawa
Flores
Sumba
Savu (Sawu)
Christmas I. (To Aust.)
Cocos (Keeling) Is (To Aus.)
INDIAN OCEAN
95° E 100° F 105° G 110° H 115° J 120°

MINDANAO
Palau
(Belau)
(U.S.A. Trust Territory)
CAROLINE ISLANDS
Federated States of Micronesia
(U.S.A. Trust Territory)
Yap
Challenger Deep
11,033
MOLUCCAS
(MALUKU)
SERAM SEA
BANDA SEA
ARAFURA SEA
Halmahera
IRIAN JAYA
NEW GUINEA
PAPUA NEW GUINEA
BISMARCK
Pegunungan Maoke
Central Ra.
Bismarck Ra.
Owen Stanley Ra.
Jayapura
(Sukarnapura)
Port Moresby
Gulf of Papua
TIMOR
Kupang
Darwin
Arnhem Land
AUSTRALIA
Gulf of Carpentaria
Cape York Peninsula
Torres Strait
CORAL SEA
Equator
Manado
Cebu
Davao
Ambon
Seram
Buru
Sorong
Manokwari
Merauke
Lae
Madang
Wewak
Cooktown
Katherine
Joseph Bonaparte Gulf
L
M
10
O
P
Q
125° East of Greenwich
130°
135°
145°
150°

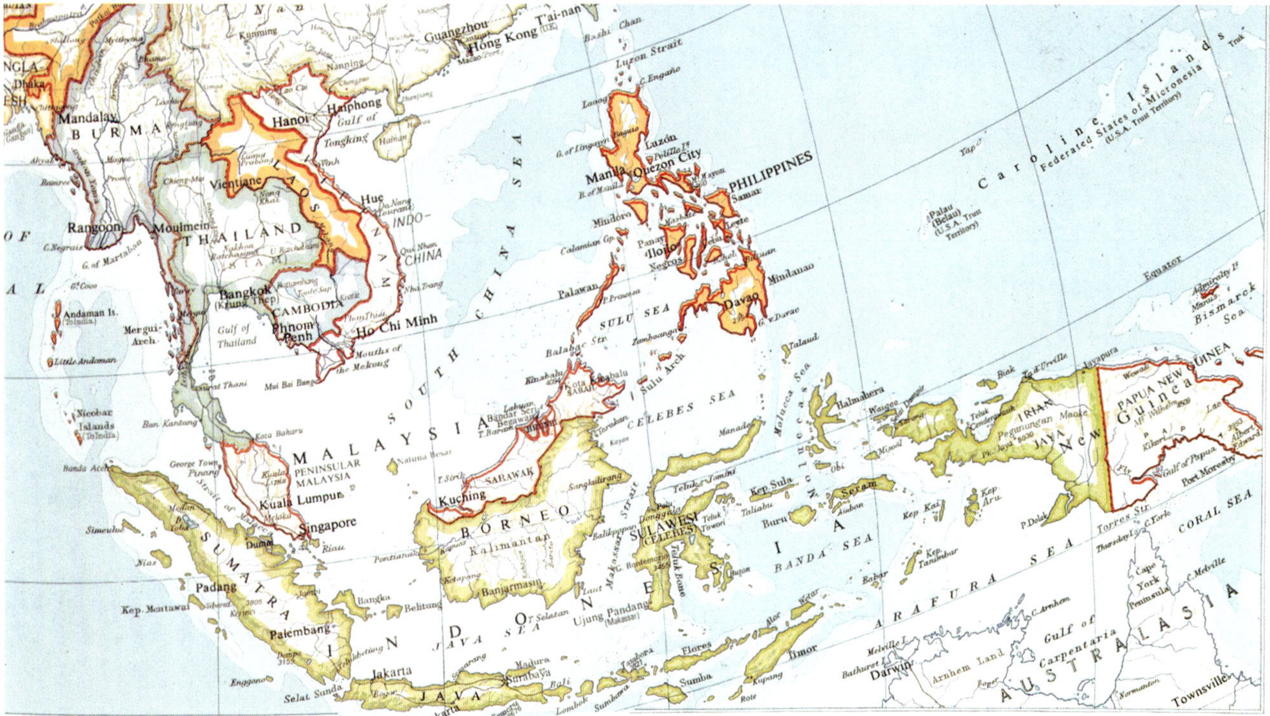

Abb. 2 Der südostasiatische Raum in seinen heutigen politischen Grenzen (nach: The Times Atlas of the World, Pl. 16).

hohes Wärmepotential und ausreichende Niederschläge vorhanden sind. Er vereinigt dabei verschiedene Wuchsformen, die sich in mehreren Stockwerken übereinander anordnen, wie dies in Profildiagrammen zum Ausdruck kommt. In jüngster Zeit geht man dabei von einer Fünf-Teilung (A–E) aus: Das A-Stratum umfaßt die bodennahe Schicht der Kräuter und Sämlinge. B stellt im allgemeinen die kleinen Jungbäume und C das Stockwerk der ca. 10–15 m hohen Bäume dar. D bildet in 20–30 m Höhe das allgemeine Kronendach, über das im nicht mehr geschlossenen E-Stratum noch einzelne Bäume hinausragen. Eine solche »strukturelle« Sicht des Regenwaldes vernachlässigt jedoch das dynamische Element seiner kontinuierlichen Entfaltung. Diese ist wegen des Kampfes um das Licht im wesentlichen auf das Höhenwachstum konzentriert, so daß starke Äste in den unteren Konkurrenzbereichen weitgehend fehlen und erst über Stratum D von den herausragenden »Urwaldriesen« ausgebildet werden. Die beachtliche Größe dieser Bäume von 40–50 m, welche in Einzelfällen auch die 60 m-Höhenmarke überragen können, ist dabei nicht ungewöhnlich.

Holzige Pflanzen – mit einer deutlichen Dominanz der Laubbäume – machen den augenfälligsten Teil des Bestandes aus, wobei es sich meistens um die Gattungen Dipterocarpus, Dryobalanops und Shorea handelt, die alle zu der für die südostasiatischen Regenwälder typischen Familie der Dipterocarpaceen gehören. Neben diesen in verschiedener Größe ausgebildeten, aber selbständig lebenden Bäumen gesellen sich zur Vegetation Indonesiens auch zahlreiche Epiphyten, Schling- und Würgepflanzen, ja gerade in dem Zusammenspiel aller Arten wird erst der charakteristische Regenwald manifest. Zu den Epiphyten gehören oft die in den Baumkronen und an den Stämmen lebenden Orchideen; Klimmpflanzen sind durch die verschiedenen Rotan/Rattan-Arten vertreten. Da sie sich gerade auf Lichtungen gut entwickeln und an den Bäumen hochranken, erwecken diese vielfach nutzbaren Kletterpalmen den Eindruck von den dichten Dschungeln. Würgepflanzen beginnen z. T. als

Epiphyten, schicken dann ihre Wurzeln zu Boden, die sich dort stark vermehren und wieder in die Höhe streben. Infolge ihres Kontaktes mit anderen Bäumen umfassen sie diese und lassen ihnen keinen Spielraum zu weiterem Wachstum, so daß das Absterben der Stützbäume die Folge ist. Die bekanntesten und auch am weitesten verbreiteten Vertreter stellen die zur Ficus-Familie zählenden Arten dar.

Solche Lebensgemeinschaften bestimmen insgesamt den tropischen Regenwald. Daß dieser auch einem hypsometrischen Formenwandel unterliegt, hat schon Alexander von Humboldt für Südamerika aufgezeigt, und gleiches kann für das Florenreich »Malesia« in Indonesien festgestellt werden:

Diese quasi »geregelte« Anpassung an die Temperatur- und Niederschlagsverhältnisse wird von edaphisch bedingten Faktoren weiter differenziert. Die an den Brackwasserbereichen orientierten Mangrovewälder, die Süßwassersumpfwälder sowie die auf besonders sauren und nährstoffarmen Böden stockenden »kerangas«- oder tropischen »Heide«-Wälder bezeugen, daß die oft beschriebene großräumige Monotonie tropischer Regenwälder lokal und regional wegen einer doch recht differenzierten Ausbildung tatsächlich nur relativ selten auftritt.

»In lands where tropical rain forests occur man has lived in closest dependence on them since time immemorial« (Whitmore 1990). Für das tägliche Leben der Bevölkerung – und später auch für die Weltwirtschaft – spielten dabei jedoch die auf den vom Wald befreiten Flächen angebauten Nutzpflanzen eine wesentlich wichtigere Rolle. Zuckerrohr *(Saccharum officinarum)*, Kokospalmen *(Cocos nucifera)* und Bananen *(Musa paradisiaca)*, im Westen des Inselreiches der Reis *(Oryza sativa)*, im östlichen Teil Sago (*Metroxylon* sp.) sowie die Knollenfrüchte Yams (*Diosco-*

Abb. 3 Indonesien und Europa: ein Größenvergleich (Vorlage: Gerd R. Zimmermann).

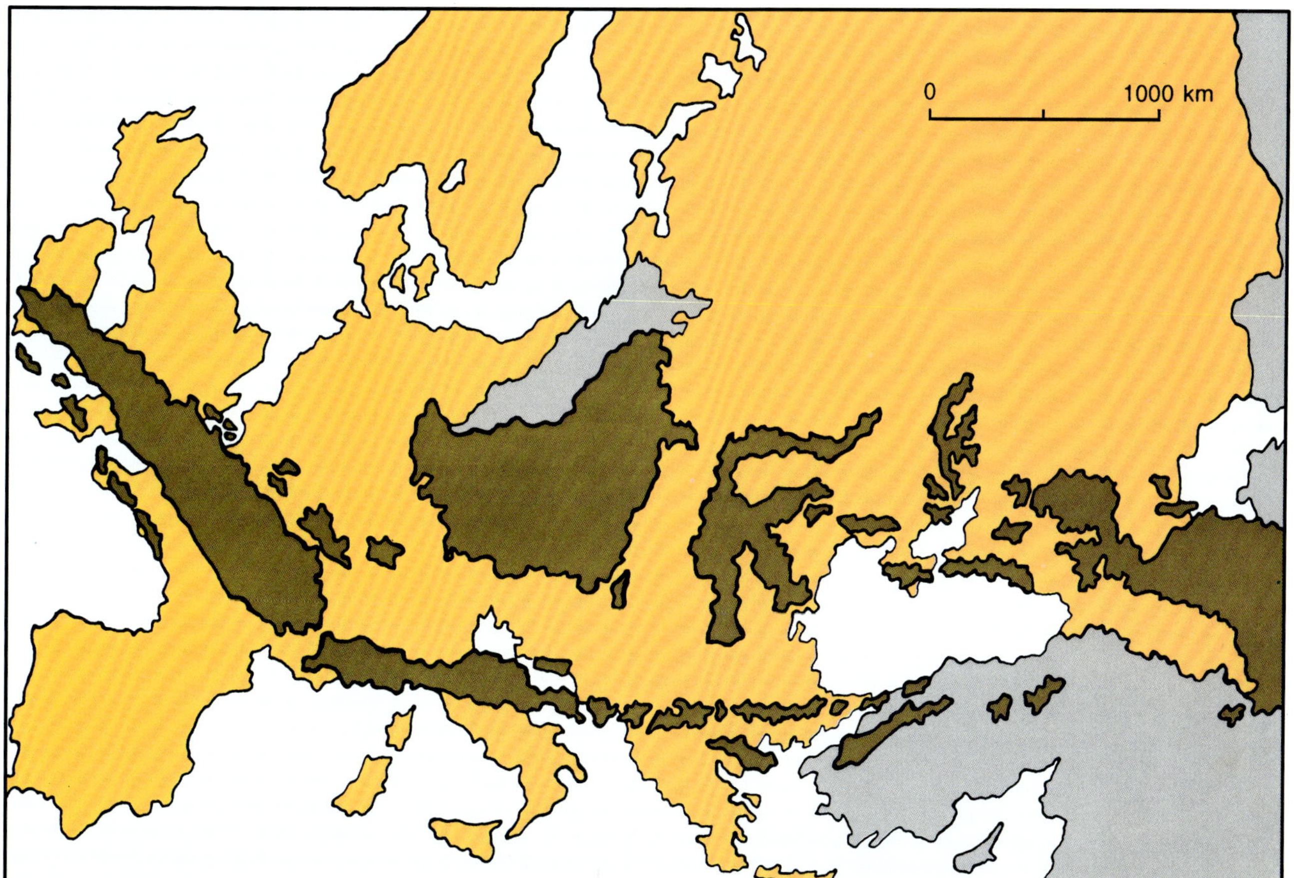

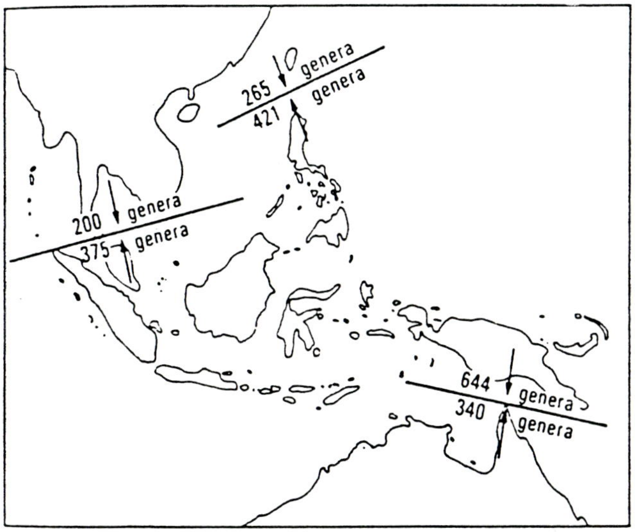

Abb. 5 Abgrenzung des Florenreichs »Malesia« (nach: van Steenis 1950).

rea sp.) und Taro (*Colocasia* sp.) dienten als Grundnahrungsmittel. An Genußmitteln sind schon recht früh Sirih (Piper Betle) und Tee *(Camellia sinensis)*, an Gewürzen Muskatnuß *(Myristica fragrans)*, Gewürznelken *(Syzygium aromaticum)* und Pfeffer *(Piper nigrum)* zu nennen.

Gerade wegen der letztgenannten Nutzpflanzen ist der indonesische Archipel in Europa überhaupt bekannt geworden. Neben dem frühen Kontakt asiatischer Zwischenhändler waren es die Portugiesen, die auf der Suche nach Gewürzen im Jahre 1512 erstmals die Molukken, die »Gewürzinseln«, erreichten. Auch den Niederländern, die ab 1599 diese Inselgruppe aufsuchten, ging es allein um die dort vorkommenden Gewürznelken und Muskatnüsse. Pfeffer wurde aus dem westlichen Borneo und dem südlichen Sumatra bezogen. Zur Förderung des Gewürzanbaus hatte die Niederländisch Ostindische Kompagnie (VOC) der einheimischen Bevölkerung seit 1632 Anbaurestriktionen aufgezwungen, die rigoros durchgeführt, bei Nichtbeachtung mit dem Tode bestraft und darüber hinaus durch die Zerstörung der Gewürzkulturen als auch der mit Grundnahrungsmitteln bestandenen Anbauflächen geahndet wurden.

Abb. 4 Landschaft in Nord-Sumatra.

Mit dem starken Anwachsen der europäischen Bevölkerung im 19. Jahrhundert erhöhte sich die Nachfrage nach Fetten, die aber über den damaligen Viehbestand nicht zu befriedigen war. Als es in den 1860er Jahren dem französischen Chemiker H. Mège-Mouries gelang, flüssiges Pflanzenöl in feste Substanz zu transformieren, war damit der Grundstein zur Entwicklung der Margarineindustrie gelegt worden. Als Ausgangsmaterial diente Kopra, das sonnengetrocknete oder geräucherte Endosperm von Kokos. Diese schon auf dem Borobudur-Tempel dargestellte Palme bietet mit ihren ölhaltigen Nüssen die gewünschten Voraussetzungen eines notwendigen Rohprodukts. Obwohl sie wegen ihrer vielseitigen Verwendungsfähigkeit auch schon vorher verbreitet war,

Abb. 6 Ein Kanary-Baum auf den Banda-Inseln mit seinen gewaltigen Stützwurzeln.

Abb. 7 Exemplar eines Kanary-Baumes (canarium L.) *von fast 40 m Höhe. Unter ihren mächtigen Laubdächern werden gerne Muskat-Pflanzen kultiviert.*

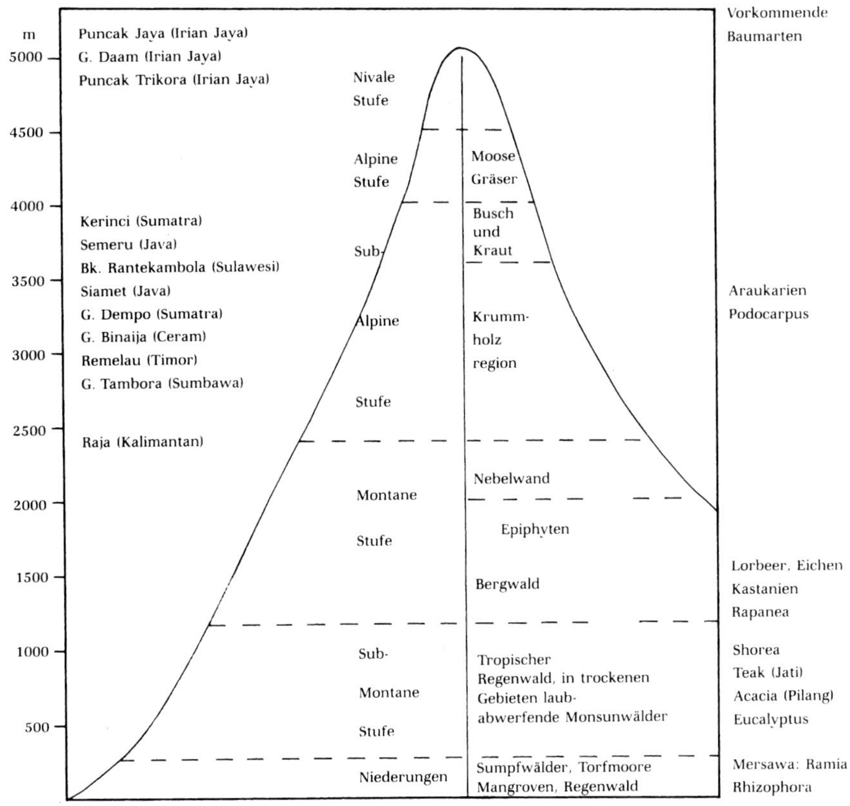

Abb. 8 Höhenstufen der Vegetation in Indonesien (nach: Dequin 1978).

erfuhr ihr Anbau von nun an eine ganz außergewöhnliche Ausweitung. Da die Kokospalme gemäß ihrer ökologischen Anforderungen am besten in Seenähe auf niedrigen, aber sumpffreien Flächen gedeiht, erwiesen sich die langen sandigen Küsten für einen plantagemäßigen Anbau am günstigsten, so daß es in der Folge gerade hier zu einer deutlichen Umgestaltung der Kulturlandschaft kam (Zimmermann 1988).

Zwei weitere heimische Pflanzen erfuhren mit der Kolonisierung Indonesiens einen enormen Bedeutungsgewinn: Zuckerrohr und Indigo *(Indigofera tinctoria).*

Ersteres ist bereits aus der hindu-javanischen Periode bezeugt (Koningsberger 1948); auch als die Niederländer 1595 Bantan in West-Java betraten, fanden sie Zuckerrohr vor. Neben diesem einheimischen bäuerlichen Anbau entstand vor allem auf Java unter dem Einfluß der VOC und seit der ersten Hälfte des 19. Jahrhunderts eine plantagenmäßige Ausweitung. Wiederum war es die europäische Nachfrage, welche zu dieser Entwicklung führte (Geertz 1963).

Auf dieser Insel konzentrierte sich auch der Anbau der Indigopflanzen, deren blauen Farbstoff schon die Römer kannten. Seit dem 13. Jahrhundert soll er über Zwischenhändler in kleinen Mengen auch nach Europa ausgeführt worden sein. Infolge von Anwendungsverboten, die in Frankreich bis zur Todesstrafe reichten, fand Indigo zunächst jedoch nur langsam Eingang in das europäische Färbereigewerbe: 1631 erreichten zwar die ersten drei Schiffsladungen die Niederlande, aber erst im nächsten Jahrhundert steigerte sich die Nachfrage, so daß es zu einem regelrechten Anbauboom kam.

Um vieles stärker, als die Nutzung der europäischen Zuckerrübe den Rückgang des Zuckerrohranbaus bewirkte – blieb doch die heimische Nachfrage bei einer schnell wachsenden indonesischen Bevölkerung –, trat mit der synthetischen Herstellung von Indigo durch A. von Baeyer seit 1880 eine Verkümmerung des einst blühenden Anbaus ein.

Inzwischen wurden andere Pflanzen in Indonesien heimisch: Süßkartoffel *(Ipomoea batatas)* und Maniok

Abb. 9 *Gewürznelke* (nach dem »Blackwellischen Kräuter-Buch« von 1760).

Abb. 10 *Schwarzer Pfeffer* (nach dem »Blackwellischen Kräuter-Buch« von 1760).

(Manihot utilissima), die mit ihren ha-Erträgen um ein Mehrfaches über denen von Reis liegen, gewannen bei der steigenden Bevölkerung immer mehr an Boden. Wegen ihres relativ niedrigen Wasserbedarfs können sie zusammen mit Mais (Zea Mays), Sojabohnen (Glycine Max) und Erdnüssen *(Arachis hypogaea)* auch ohne Bewässerung in der Trockenzeit als »secondary crops« angebaut werden.
Neben diesen aus Amerika stammenden Kulturen finden mit Tabak *(Nicotiana tabacum)* und Kakao *(Theobroma cacao)* zwei weitere Genußmittel, mit Vanille *(Vanilla planifolia)* ein Gewürz, mit Chinarinde (*Chichona* sp.) eine Heilpflanze und mit Kautschuk *(Hevea brasiliensis)* eine Industriepflanze aus diesem Kontinent Eingang in Indonesien. Sie alle sind inzwischen heimisch geworden, ja in vielerlei Beziehung ist ihre Bedeutung hier sogar größer als in ihrem Herkunftsland.
Daß mit der Ölpalme *(Elaeïs guineensis)* aus Afrika und mit Kaffee *(Coffea arabica)* aus Arabien zwei weitere wichtige Nutzpflanzen nach Indonesien kamen, soll dem Nutzpflanzenspektrum hinzugefügt werden, ohne damit eine Komplettierung anzustreben.

Abb. 11 Muskatnuß (nach dem »Blackwellischen Kräuter-Buch« von 1760).

Abb. 12 Zimt-Baum mit Gewürzrinde (nach dem »Blackwellischen Kräuter-Buch« von 1760).

III

Eßgewohnheiten basieren auf der langen Nutzung verfügbarer Pflanzen sowie gefangener wilder oder aufgezogener Haustiere. Die Angst vor den einen bzw. die Verbundenheit mit anderen Tierarten lassen sich auf eine über Generationen erworbene Erfahrung zurückführen. Tätowierungsmuster z. B. in Form stilisierter Hundeköpfe bei einer Ethnie ohne das Vorhandensein dieser Tiere sind ebenso schwer vorstellbar wie andererseits die tiefe Verehrung von Ganesha ohne Kenntnis von Elefanten. Das heißt, der weitgefächerte Einfluß von Pflanzen- und Tierwelt auf die Kultur des Tropenlandes ist unverkennbar.

Auf dem indonesischen Archipel läßt sich die Fauna neben einer ubiquitären Verbreitung verschiedener Arten dreiteilen, und wahrscheinlich liegt – mindestens partiell – auch hierin eine Erklärung für die Vielfalt seiner Kultur. Das Verdienst, diese Unterschiede erkannt und als erster systematisch erforscht zu haben, gebührt Alfred Russel Wallace, der seine Untersuchungen Mitte des 19. Jahrhunderts durchführte.

Abb. 13 Pflanzung von Gewürznelken auf Ambon, Molukken.

Abb. 14 Kautschukbaum (ficus elastica), *der zur Gewinnung von Rohkautschuk angeschnitten wurde.*

Eine Kennzeichnung kann jedoch nur skizzenhaft anhand einzelner Beispiele vorgenommen werden, wobei vor allem die unterschiedliche Verbreitung der Säugetiere herangezogen wird.

1. In der westlichen, ›indo-malaiischen‹ Region mit dem Sunda-Schelf ist eine Reihe von großen Säugetieren beheimatet, wie Elefant, Wasserbüffel, Buckelrind, Tapir, Rhinozeros, Tiger, eine Vielzahl von Affen, vor allem der Orang-Utans, Hirsche und Rehe. Hinzu kommen Reptilien und bestimmte Vögel. Die Einflüsse aus der indischen Region und dem nördlichen Asien sind offenkundig.
2. Die Übergangszone »Wallacea«[10] besitzt einen eigenen Charakter. Dort gibt es außer dem Nebeneinander asiatischer und australischer Tiere auch einige endemische Arten. Zu letzteren zählen der Hirscheber, eine besondere Schweineart, sowie Zwergbüffel, Hundsaffe, Kletterbeutler, und auf der Kleinen Sunda-Insel Komodo lebt der ebenfalls endemische Riesenwaran.

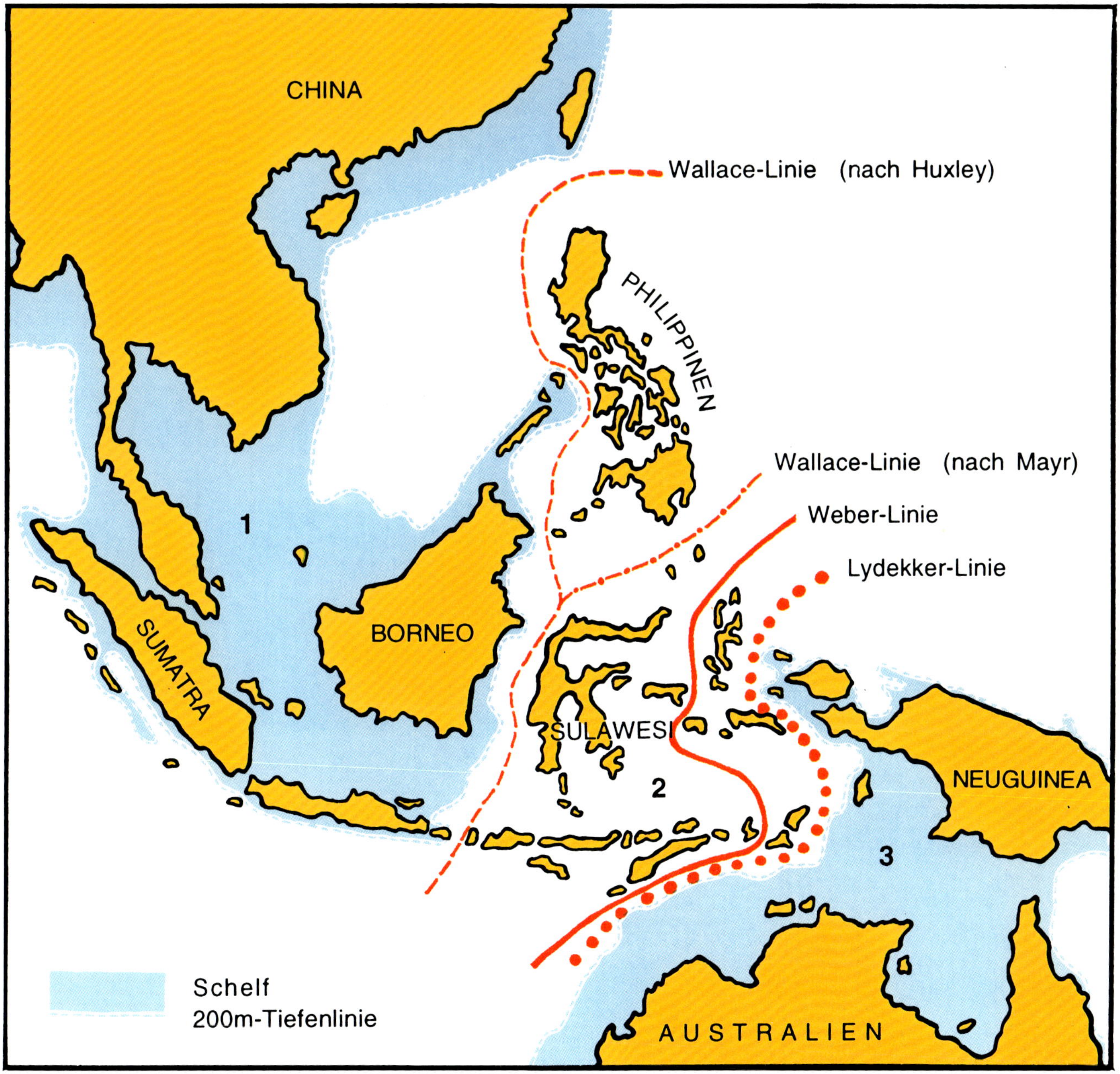

Abb. 15 Abgrenzung der südostasiatischen Fauna (Vorlage: Gerd R. Zimmermann).

Abb. 16 Ruhender Sumatra-Tiger (panthera tigris sumatrae).

3. Der indonesische Osten mit dem Sahul-Schelf wird im wesentlichen von der australischen Fauna bestimmt. Großsäugetiere fehlen. Demgegenüber treten eigene Fledermausarten, Beutel- und Schnabeltiere auf, und unter der Vogelwelt sind vor allem die Paradiesvögel, aber auch Kakadu und Kasuar, bekannte Vertreter.

Daß darüber hinaus bei den Süßwasserfischen und den Insekten zwischen den einzelnen Regionen deutliche Unterschiede hervortreten, soll erwähnt werden, ohne jedoch auf diese spezielle Fauna näher einzugehen.

IV

Gewaltige orogenetische Bewegungen im Tertiär und pleistozäne Meeresspiegelschwankungen haben dazu beigetragen, daß Landverbindungen zwischen den einzelnen Inselgruppen untereinander sowie im Westen mit dem asiatischen, im Osten mit dem australischen Kontinent entstanden. Später sind diese Landbrücken wieder versunken, eine Entwicklung, der es vor allem zuzuschreiben ist, daß die Tierwelt wegen ihrer unterschiedlich langen Isolation die oben skizzierte Verteilung aufweist.

Nach dem Konzept der Plattentektonik liegt der westliche Teil Indonesiens dem Sunda-Schelf auf und gehört der Eurasiatischen Platte an. Von Süden her taucht die Indisch-Ozeanisch-Australische und von Osten die Pazifische Platte unter die Eurasiatische Platte ab. Bei diesen Vorgängen kam es durch das Absinken (Subduktion) der Indisch-Ozeanisch-Australischen Platte zur Auffaltung und Heraushebung enormer Gesteinsmassen. Dabei sind die Gebirge (Orogene) in mehreren Ketten, etwa parallel der Subduktionszone entstanden. Mit der noch heute andauernden tektonischen Bewegung liegt diese Subduktionszone etwa 200–300 km vor der äußeren Inselkette und bildet bis 7000 m tiefe Ozeangräben.

Als älteste Baueinheit Indonesiens gilt das Malaya-Orogen. Es stellt die Fortsetzung der Malaiischen Halbinsel dar und ist auf den Inseln Bangka und Belitung, vor allem aber im westlichen Borneo vorhanden. Als nach Süden anschließende geologische Einheit bildet das Sumatra-Orogen einen wesentlichen Teil der gleichnamigen Insel; auch kleinere Teile des Nordrandes von Java sowie das Merantus-Gebirge im südöstlichen Borneo werden von ihm mitgestaltet. Des weiteren folgen das Molukken- und das Sunda-Orogen. Ersteres bestimmt die Inselwelt im Westen Sumatras, südliche Teile von Java, die Inseln Sumba und Timor sowie den Süden der Molukken. Durch das Sunda-Orogen werden größere Bereiche von Sumatra, Java, den restlichen Kleinen Sunda-Inseln sowie das westliche Celebes/Sulawesi aufgebaut.

Die vorhandenen Faltengebirgsketten sind im allgemeinen stark reliefiert und durch Längstalzonen voneinander getrennt. Häufig befinden sich zwischen den einzelnen Ketten aber auch mehr oder weniger ausgedehnte Hochflächen. Während nun die höchsten Erhebungen zwischen 2500 und 4000 m liegen und der absolut höchste Punkt Indonesiens mit dem Puncak Jaya in der Provinz Irian Jaya 5030 m erreicht, bewegen sich die Hochplateaus meist zwischen 500 und 1000 m.

Das Grundgerüst der Gebirge besteht größtenteils aus kristallinen Schiefern, Tonschiefern, Graniten, Quarziten und Grauwacken. Am Rande der Ketten streichen mesozoische und tertiäre Sedimentgesteine (Sandsteine,

Abb. 17 Die Loris (trichoglossus) *gehören zu den attraktivsten Spezies der ost-indonesischen Vogelwelt.*

Abb. 18 Der Gelbhaubenkakadu (kakatoe galerita)*: ein typischer Vertreter der australisch geprägten Fauna Ost-Indonesiens.*

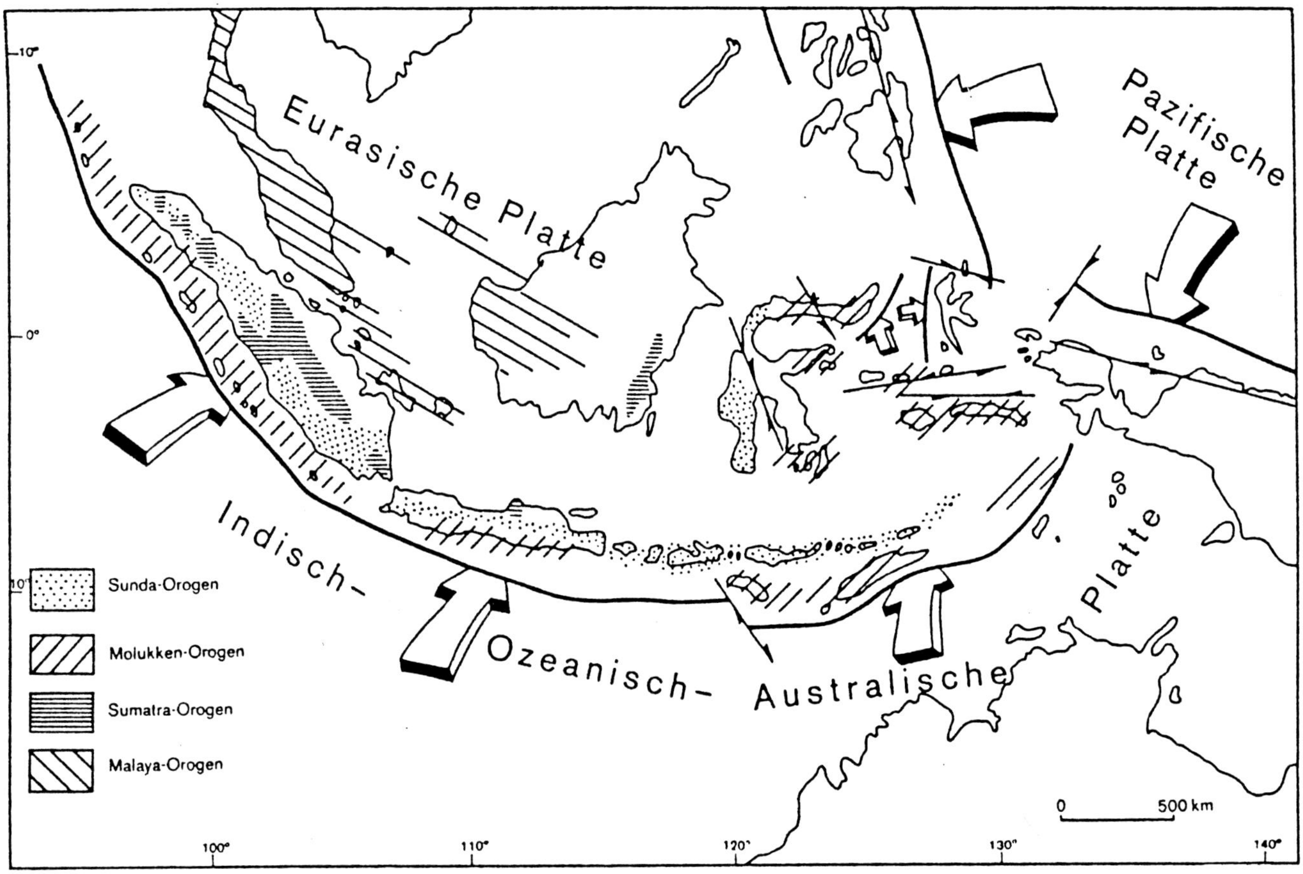

Abb. 19 Großtektonische Einheiten (nach: Schmidt 1979).

Kalke, Mergel, Tone) aus, wobei die Kalkgesteine aufgrund ihrer spezifischen Verwitterung geomorphologische Sonderentwicklungen in Form von tropischem Kegelkarst (z. B. in Süd-Sulawesi und Süd-Java) aufweisen.

Mit der Bildung der Orogene durch die Subduktion der Indisch-Ozeanisch-Australischen Platte kam es besonders im Tertiär zu einem ausgeprägten Vulkanismus, weshalb Vulkane die gesamte Inselkette durchziehen. Von ihnen gelten 71 heute noch als aktiv. Von ihrem Eruptionsmaterial wurden größere Bereiche älterer Ablagerungen überdeckt, so daß sich ein neuer Formenschatz entwickelte. Andererseits wurden aber auch die erosiven Kräfte wirksam und lösten damit neben der Abtragung der Gebirge eine starke Sedimentationsfracht in die Flüsse aus. Bei diesen Ablagerungen vor der Küste entstanden dann ausgedehnte Schwemmlandebenen. Solche Aufschüttungstiefländer existieren im Osten von Sumatra, im südlichen Kalimantan/Borneo und in Nord-Java.

V

Gemäß den atmosphärischen Zirkulationsverhältnissen zwischen der asiatischen Festlandmasse und den nach Süden angrenzenden Meeren kommt es in Indonesien zu einem jahreszeitlichen Richtungswechsel der großräumig auftretenden Winde. Aus dem arab. »mausim« = »Jahreszeit« abgeleitet, wird das Klima als »Monsunklima« gekennzeichnet.

Aufgrund seiner Breitenlage zwischen 6° N und 10° S

und der um den Äquator damit einhergehenden hohen Intensität der Sonneneinstrahlung weisen die Niederungen Indonesiens während des ganzen Jahres eine fast gleiche Wärme von 25–27° C auf. Diese Gleichförmigkeit der Jahrestemperatur ist größer als die Abweichungen zwischen Tag und Nacht, weshalb man auch in Indonesien – wie allgemein in den inneren Tropen – von einem Tageszeitenklima spricht. Entscheidende Änderungen ergeben sich allein mit der Höhe, weil pro 100 m Anstieg im Durchschnitt eine Abnahme von 0,6° zu verzeichnen ist.

Diese Tatsache bewirkt, daß neben der Änderung der natürlichen Vegetation auch eine Differenzierung der Kulturlandschaft hervorgerufen wird, da die Pflanzen vor allem oberhalb der kollinen Stufe von ca. 800 m deutlich langsamer wachsen und über 1500 m oft überhaupt keine Früchte mehr zur Reife kommen. Es stellen sich andere Arten ein.

Da sich die Kulturlandschaft im wesentlichen unter der Marke von 1500 m entfaltet, spielen jedoch die Niederschläge als Klimafaktor wegen ihrer regionalen Divergenz eine insgesamt wichtigere Rolle als die in jeder Höhenlage jeweils gleichförmigen Temperaturen. Die jährlichen Regenmengen bewegen sich in Indonesien zwischen knapp 1500 und ca. 5000 mm. Der Durchzug der innertropischen Konvergenzzone mit ihren Konvektionsregen bringt dabei die höchsten Niederschläge. Diese fallen im Südsommer, nachdem der thermische Äquator den Erdäquator nach Süden überschritten hat. Es handelt sich um die Zeit zwischen Oktober/November und März/April. In dieser Periode erreichen die Niederschläge Werte zwischen 200 und 500 mm/Monat, während des Resthalbjahrs bewegen sie sich oft bei oder unter der Hälfte dieses Betrags. Nur die Molukken (mit den Stationen Ambon und Ternate) weisen ein davon abweichendes Regime auf.

Alle Stationen sind über das Jahr hinweg der humiden Klimazone zuzuordnen. Der Vergleich mit der monatlichen Niederschlagshäufigkeit in den einzelnen Stationen zeigt allerdings, daß es auch während der Regenzeit nur eine beschränkte Zahl von Regentagen gibt, die in der »Trockenperiode« im allgemeinen auf wenige Tage zusammenschrumpfen. Wird jedoch die Evapotranspiration als Gradmesser der Humidität mit berücksichtigt, so stellt sich heraus, daß selbst in einer Provinz wie Lampung im südlichen Sumatra, in der die Niederschläge noch über dem Landesdurchschnitt liegen, Perioden mit Wasserdefizit auftreten. Hiernach ergibt sich für die potentielle Evapotranspiration ein Jahreswert von rd. 1600 mm und ein durchschnittlicher Feuchtebedarf, der bei ca. 130 mm liegt. Diese Niederschlagsmenge wird in den Monaten Juli, August, September nur in 4 von 27 Stationen überschritten. Demgegenüber betragen gleichzeitig im langjährigen Mittel in 3 von 27 Stationen die Nie-

Die Monats- und Jahresmitteltemperaturen auf Java (Kantor Statistik Jawa Barat 1987)

Monate:	I	II	III	IV	V	VI	VII	VIII	IX	X	XI	XII	Ø
Jakarta 8 m	25,7	25,6	26,0	26,5	26,6	26,3	26,1	26,3	26,6	26,7	26,4	25,9	26,2
Bogor 250 m	25,3	24,6	25,1	25,4	25,7	25,2	25,4	25,2	25,1	25,3	25,1	24,7	25,2
Bandung 715 m	22,4	22,3	22,4	22,7	22,6	22,3	22,0	22,2	22,7	22,8	22,5	22,4	22,5
Cibodas 1400 m	18,3	17,7	18,0	17,7	18,6	17,5	17,2	17,8	17,7	17,9	17,6	17,5	17,8
Diëng Plateau 2061 m	14,0	14,3	15,0	14,4	14,3	13,9	13,3	12,7	13,6	14,2	14,8	14,5	14,0
Gg. Pangrango 3022 m	8,7	8,9	8,9	9,6	9,9	9,3	9,1	9,0	9,0	9,0	9,0	8,7	9,1

Abb. 20 Vulkan-Krater im Semeru-Massiv, Ost-Java.

derschläge sogar weniger als zwei Drittel des angegebenen Feuchtebedarfs. Die übrigen Werte bewegen sich zwischen 80 und 130 mm/Monat, d. h., in Lampung fällt während des südhemisphärischen Winterhalbjahrs weniger Regen, als Wasser verdunstet. Dieser Wassermangel läßt sich in den Monaten Juli und August durch den vorhandenen Überschuß der vorangegangenen Monate zwar decken, in der restlichen Zeit bis zum erneuten Beginn der Hauptregen tritt jedoch ein deutliches Wasserdefizit zutage, was auch aus der Verteilung des Oberflächenabflusses einzelner Flüsse abgeleitet werden kann.

VI

Aus atmosphärischen Einwirkungen auf die Gesteine und den damit einhergehenden biologischen Umsetzungen entstehen die Böden. Bei den tropischen Temperatur- und Niederschlagswerten kommt dabei der chemischen Verwitterung eine besonders große Rolle zu, da das Wasser als Lösungsmittel und bei der hydrolyti-

Abb. 21 Schwemmlandschaft am Lematang im Süden Sumatras.

Abb. 25 Reisfelder in Zentral-Java.

Voraussetzungen aufweisen, Borneo/Kalimantan und Celebes/Sulawesi sowie Teile der Kleinen Sunda-Inseln, der Molukken und Neuguineas aber als relativ ungünstig zu betrachten sind.

VII

Zwar gelten geographisch-ökologische Potentiale selbst über einen längeren Zeitraum hinweg als konstant. Dennoch wird nicht jeder Raum, so wie er sich darbietet, immer auf die gleiche Weise genutzt. Seine jeweilige Inwertsetzung richtet sich vielmehr nach den technischen und organisatorischen Fähigkeiten der dort lebenden Bevölkerung. Als Folge ergibt sich, daß den gleichen Potentialen auch des indonesischen Naturraums im Laufe seiner Geschichte eine unterschiedliche Bedeutung beizumessen ist.
Nach der bis in die jüngste Zeit hinein von ethnologischer, historischer und teilweise auch geographischer Seite als verbindlich erachteten Lehrmeinung[11] haben die aus dem südlichen China über Hinterindien und die Philippinen um ca. 2500–1500 v. Chr. auf den indonesischen Archipel eingewanderten malaiischen Altvölker (»Protomalaien«) die alluvialen Tieflandebenen der einzelnen Inseln besiedelt, ehe sie von den zwischen 1500 und 300 v. Chr. auftretenden Jungvölkern (»Deuteromalaien«) in die jeweils nahe liegenden Gebirgsgegenden zurückgedrängt worden sein sollen. Dieser »Verdrängungstheorie« zufolge hatten erstere angeblich die besseren Böden besetzt, die sie auf Druck den letzteren überlassen mußten, obwohl Heine-Geldern bereits 1923 vor dieser These warnte, indem er ausführte: »Dabei ist es gewiß unrichtig, diese ganze Völkerschicht, wie es zuweilen geschieht, von einer späteren Welle ›malaiischer‹ Einwanderer herzuleiten, welche die früheren ›indonesischen‹ Bewohner des Archipels – Dayak, Igorot usw. – ins Innere der Inseln gedrängt hätten«. ›Malaiisch‹ steht für ›deuteromalaiisch‹, ›indonesisch‹ für ›protomalaiisch‹. Leider hat er trotz dieser Ansicht nie eine Gegenposition bezogen, so daß die von ihm angezweifelte Theorie fortgeschrieben wurde.
Betrachtet man die Regionen, in denen sich bis heute protomalaiische Ethnien erhalten haben, so fällt zwar auf, daß diese fast alle auf Hochflächen zwischen 400 und 1000 m NN leben, was mit der »Verdrängungstheorie« übereinstimmte. Es zeigt sich allerdings auch, daß die meist plateauartigen Flächen oder nur flach eingetieften breiten Täler junge Vulkangebiete darstellen, auf denen sich die relativ fruchtbaren basisch-andesitischen Andosole entwickelten.[12]
Wegen der Allgemeingültigkeit dieser Verhältnisse hat sich m. E. für die Besiedlung Südostasiens und damit natürlich auch Indonesiens im Gegensatz zur »Verdrängungstheorie« die von mir als »Selektionstheorie« bezeichnete Annahme als richtig erwiesen, d. h., die Höhengebiete sind von den Protomalaien gemäß ihrer Nutzungsmöglichkeiten von Anfang an gezielt aufgesucht worden, da diese für sie eben keine unattraktiven »Rückzugslagen«, sondern geographisch-ökologische Gunsträume darstellten (Zimmermann 1992b).
Auf die Protomalaien folgten die Deuteromalaien. Nach Villiers (1965) zeichneten sie sich »durch einen höheren Zivilisationsgrad und eine fortschrittlichere Technologie als ihre Vorgänger« aus. Oft wird auch eine politisch geordnete Übermacht gegenüber den Protomalaien angeführt. Tatsächlich sind wohl aber auch die Deuteromalaien in kleinen Gruppen auf die indonesischen Inseln gekommen, und sie haben die ihnen schon von Anfang an zugeschriebenen Fähigkeiten erst mit der Zeit entwickelt. So strebten sie zunächst ebenfalls die fruchtbaren Höhengebiete an, was aus zahlreichen Legenden hervorgeht. Da die begehrten Hochflächen von den Protomalaien aber bereits besetzt waren und mit Erfolg verteidigt wurden, boten sich den späten Einwanderern die Uferdämme und angrenzenden Auen der Tieflandflüsse

Abb. 26 Reisrispen von einem Feld in Zentral-Java; Reis gehört zu den wichtigsten Nutzpflanzen Indonesiens.

mit ihren jährlichen Inundationen und den damit verbundenen relativ humosen und mineralreichen Sedimenten als weitere »Siedlungsleitlinie« an. Dies muß auch tatsächlich der erste Schritt ihrer »Landnahme« gewesen sein; und in Gebieten, in denen derartige Kleingemeinschaften weiter dominieren, bleiben diese bis zur Gegenwart auch ihre hauptsächlichsten Siedlungsräume. Die Tiefländer von Sumatra und Borneo/Kalimantan bestätigen diese Beobachtung.

Andererseits haben die später entwickelten überregionalen Sozialstrukturen dazu geführt, daß die von den kleinen Gruppengemeinschaften der Proto- und frühen Deuteromalaien nicht zu nutzenden Alluvialgebiete jetzt durch gemeinsame Anstrengung – möglicherweise in Form der von Wittfogel propagierten »Orientalischen Despotie«[13] – unter Kultur genommen werden konnten. Dabei mußte es zuerst zu großräumigen Bodenverbesserungen kommen, ehe diese überhaupt einer landwirtschaftlichen Nutzung zuzuführen waren. Wenn auch nicht originär, so dürfte über derartige entwässerungstechnische Maßnahmen die Betriebsform des Naßreisbaus doch erst in großem Umfang entwickelt worden sein. Diese bindet im Vergleich zum Brandrodungsbau ein Vielfaches an Arbeitskräften, und sie ist gleichfalls in der Lage, einer wesentlich größeren Bevölkerung eine ausreichende Ernährungsbasis zu bieten. Nach den Meliorationen hat dann die Schaffung von Bewässerungsanlagen eingesetzt, um das Wasserdefizit während der Trockenzeit zu überwinden und eine zweite jährliche Ernte zu erzielen. Im Gegensatz zum primär ange-

Abb. 27 Siedlung mit Brandrodungsflächen auf Yamdena in der Gruppe der Tanimbar-Inseln.

wandten Produktionsfaktor Land wurde bei den organisierten Deuteromalaien der Produktionsfaktor Arbeit zum dominanten Einsatzfaktor. Die alluvialen Tiefländer stellten von nun an die wichtigsten Wachstumsräume der Bevölkerung dar. Als indonesisches Beispiel für diese Entwicklung gilt Java.

Mit der Bevölkerungszunahme kam es – von den Uferdämmen ausgehend über die organisierte Anlage von Ent- und Bewässerungsinstallationen in den Alluvialbereichen – zu einer Umwertung des Naturraums; denn die in Hinblick auf den Einsatz von Land bevorzugten Höhengebiete haben mit der zunehmenden Verwendung der Produktionsfaktoren Arbeit und später auch Kapital ihre ursprüngliche Präferenz verloren, so daß sie sich heute als relativ dünnbesiedelte Regionen einer protomalaiischen Urheimat darstellen, die im allgemeinen keine Attraktivität mehr auf die Küstenbevölkerung ausüben.[14]

Sicherlich stimmt es, daß der Mensch in Indonesien seit undenklichen Zeiten in enger Beziehung zu den ihn umgebenden tropischen Wäldern gelebt hat. Ihre Nutzung war aber bis in die jüngste Vergangenheit praktisch nur auf den relativ bescheidenen Eigenbedarf ausgerichtet, wenn zahlreiche Nebenprodukte auch schon lange in ganz Südostasien gehandelt werden.[15] Seit aber die Rodungen zur Holzgewinnung in riesigem Ausmaß stattfinden, ist das sicher schon vorher existente unterschiedliche Verständnis der Waldnutzung zwischen den verschiedenen ethnischen Gruppen Indonesiens erst richtig evident geworden: Während er für den Rest der noch

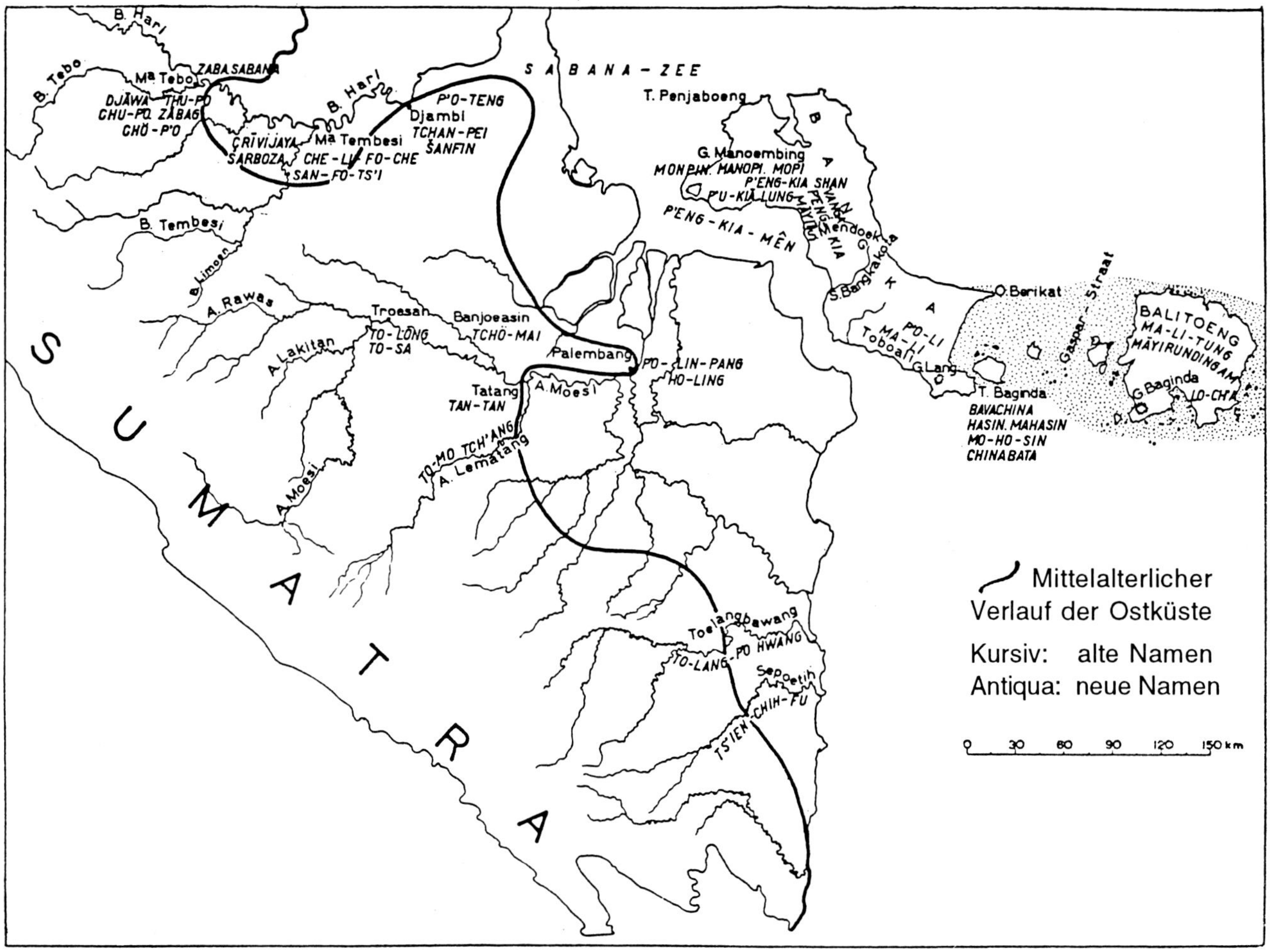

Abb. 28 Mittelalterlicher Verlauf der Ostküste Sumatras (nach: Obdeijn 1942).

vorhandenen Schweifbevölkerung und die Brandrodungsbau betreibenden Protomalaien im wahrsten Sinne des Wortes ihren ›Lebensraum‹ darstellt, haben die Deuteromalaien das enge Verhältnis zum Wald längst verloren, weil sie ja von Dauerackerbau leben, dem jeglicher Baumbestand nur hinderlich ist. Diese Behauptung läßt sich nicht zuletzt auch sprachlich belegen, beschreiben letztere doch die Rodung oft als *»kotor«* und *»kasar«* (»schmutzig« und »grobschlächtig, roh, ungeschliffen«), während sie ihre eigene Arbeit auf dem Naßreisfeld mit dem Ausdruck *»menghaluskan sawah«* = »das Reisfeld pflegen« belegen. Dabei ist zu bedenken, daß mit der Verwendung des Adjektivs *»halus«* (»fein, edel, gesittet«) ihre Feldarbeit quasi auf eine Stufe mit der Ausübung von Künsten gestellt wird und fast religiösen Charakter trägt. Wälder hingegen gelten ihnen als anonyme, wenn nicht gar feindliche Räume, weshalb sie bei gegebener Möglichkeit ohne Vorbehalt als monetäre Einnahmequellen heranzuziehen sind. Da die Deuteromalaien ganz überwiegend über die staatliche Macht verfügen, steht dieser Anschauung und der daraus resultierenden Nutzung kein wirklicher Widerstand entgegen.

Mit der Bevölkerungszunahme und der Entwaldung geht auch eine Verdrängung oder gar Ausrottung einheimischer Tierarten einher. So gibt es auf Bali schon lange keine Tiger mehr; auf Java sind sie – genauso wie das

Rhinozeros – vom Aussterben bedroht. Elefant und Tiger fristen auf Sumatra nur noch ein bescheidenes Dasein, müssen um ihr Überleben kämpfen. Gleiches gilt für die Orang-Utans auf Sumatra und Borneo/Kalimantan oder die Paradiesvögel auf Neuguinea/Irian. Hiermit werden aber nur einige spektakuläre Beispiele hervorgehoben, ohne auf die Vielzahl der verschwundenen Vögel, Reptilien und Insekten einzugehen.

Eine ganze Reihe von Tieren spielte in der Mythologie und in den ehemaligen Religionen des Indonesischen Archipels eine wichtige Rolle. Die Darstellungen an den hindu-javanischen Tempeln als pars pro toto belegen diese Feststellung, und ihre naturalistischen Abbildungen legen nahe, daß es sich bei ihnen um keine ›exotischen‹ Exemplare handelte, sondern um Tiere, mit denen die einheimische Bevölkerung vertraut gewesen sein mußte. Auch in Hinblick auf den Tierbestand trat also ein Wertewandel, besser: eine Entleerung, Verarmung des Naturraums ein.

Eine weitere Region, die im Laufe der Zeit ihre Bedeutung verändert hat, stellen die Küstenbereiche der indonesischen Inseln dar. In den letzten 100 Jahren weisen z. B. die Deltas verschiedener javanischer Flüsse einen Zuwachs von 3–6 km auf[16], ein beachtlicher Betrag, wenn man ihre beschränkten Einzugsbereiche berücksichtigt.

Städte wie Demak oder Tuban, die um 1500 noch Hafenorte gewesen sind, liegen heute im Binnenland. Die Fahrrinnen von Großhäfen wie Semarang und Surabaya müssen jährlich von Anschwemmungen (Alluvionen) befreit werden, um die ihnen zugewiesenen Aufgaben erfüllen zu können. Noch stärker wirkte sich der Sedimentationstransport auf die Veränderung der Küstengestalt von Borneo/Kalimantan und Sumatra aus. So geht z. B. Obdeijn (1942) aufgrund detaillierter Studien von einem mittelalterlichen Verlauf der Ostküste Sumatras aus, demzufolge die Städte Jambi und Palembang, die heute nur noch über Flüsse mit dem Meer in Verbindung stehen, wichtige Zentren mit einer topographischen Lage direkt an der Malakka-Straße darstellten. Durch den Verlandungsprozeß verloren jedoch beide diese günstige Position und damit ihre überregionale Handelsbedeutung zunächst an Malakka und später an Singapur.

Trotz aller Eingriffe wird niemand behaupten wollen, daß durch die aufgezeigten Veränderungen der generelle Charakter des für Indonesien typischen geographisch-ökologischen Potentials verlorengegangen wäre. Somit ist seine Konsistenz erhalten geblieben. Andererseits präsentiert sich der Naturraum, das Substrat der indonesischen Kultur, je nach der agierenden Bevölkerung nicht als ein durch diese Naturfaktoren bestimmtes Fixum, sondern als ein in Raum und Zeit in seiner Nutzung wandelbares Kontinuum, das in Form eines ›kulturellen Adaptionismus‹ im Sinne von Toynbee auf Herausforderungen adäquate Antworten zu geben versucht. Hierin gründet der Wertewandel.

1 Die Landfläche Indonesiens wird mit 1 919 317 km^2 angegeben; zusammen mit seiner exklusiven Wirtschaftszone beträgt die Fläche 7,9 Mio. km^2 (Biro Pusat Statistik 1991, p. 3).

2 Angaben in deutscher Übersetzung, 1983.

3 Angaben in deutscher Übersetzung, 1974.

4 Ausgabe 1931.

5 Ausgabe 1985, Übersetzung vom Vf.

6 Übersetzung vom Vf.

7 Ausgabe in deutscher Übersetzung, 1983.

8 Nachdruck der Ausgabe von 1817.

9 Nach Biro Pusat Statistik 1991, p. 216 waren 1990 noch 113 433 km^2, d. h. 59,1% der indonesischen Landfläche bewaldet.

10 Die »Wallacea« stellt das Zwischengebiet zwischen den Tierregionen Orientalis und Notogäa dar, wobei hier die Wallace-Linie (nach Huxley) als westliche und die Lydekker-Linie als östliche Begrenzung angenommen wird.

11 Vgl. hierzu Zimmermann 1992 b, p. 3 f.; keiner der angeführten Autoren geht auf die ökologischen Gegebenheiten der Siedlungsgebiete ein.

12 Beispiele bei Zimmermann 1992 b.

13 Vgl. Wittfogel: Die Orientalische Despotie. Eine vergleichende Untersuchung totaler Macht, 1977.

14 So gibt es heute aus allen Höhengebieten Abwanderungen, aber nicht wegen einer ungenügenden ackerbaulichen Grundlage, sondern wegen der zu großen Entfernung von den modernen Handelszentren an den Küsten (vgl. Zimmermann 1992 b, p. 34).

15 Hierzu zählen Farbhölzer, Harze, Geürze, Arzneipflanzen, Elfenbein, Rhinozeroshorn, Vogelfedern etc. (vgl. Wolters 1974).

16 Vgl. Donner: Land Use and Environment in Indonesia, 1987.

Abb. 29 Die Schönheit der Paradiesvögel (paradisaeidae) *beeindruckte den englischen Naturforscher A. R. Wallace schon Mitte des 19. Jahrhunderts so sehr, daß er sie als »the most beautiful and wonderful things« bezeichnete* (nach: Brockhaus Konversations-Lexikon 1903).

Die javanische Frühgeschichte im südostasiatischen Rahmen

Wolfgang Marschall

Der Begriff Südostasien, heute ein geläufiges Wort, wurde erst im Jahr 1923 von Robert von Heine-Geldern geprägt, um jenen kulturgeschichtlich spezifischen Großraum zu bezeichnen, der mit seinem festländischen Teil zwischen dem indischen und dem chinesischen Großraum liegt und sich mit seinem insularen Teil in südöstlicher Richtung bis nach Neuguinea und Australien erstreckt. In der heutigen politischen Gliederung entsprechen diesem Raum auf dem Festland die Staaten Burma (Myanmar), Thailand, Laos, Vietnam, Kambodscha und der westliche Teil von Malaysia (die Malaiische Halbinsel) und im insularen Bereich die Staaten Singapore, Malaysia (Ost-Malaysia mit Sarawak und Sabah auf Borneo), Indonesien, Brunei, die Philippinen und Taiwan (vgl. Abb. 2). Doch dieser kulturgeschichtlich bestimmte Großraum findet nicht überall seine modernen politischen Grenzentsprechungen. So gehörten weite Teile im Süden der heutigen Volksrepublik China bis um die Zeitenwende kulturell ganz zu Südostasien, und auch heute finden sich in dieser Region noch zahlreiche südostasiatische Züge, während im Osten das Indonesien eingegliederte Irian Jaya (West-Neuguinea) kulturell nicht zu Südostasien gehört und auf Taiwan die südostasiatische Kulturkompenente auf die bergigen Binnengebiete eingeschränkt wurde. Für das insulare Südostasien wird häufig der Begriff Nusantara, »die zwischen den Kontinenten liegenden Inseln«, verwendet.

Anders als noch vor wenigen Jahrzehnten, als man den südostasiatischen Gesellschaften als charakteristisches Merkmal eine besondere Fähigkeit in der Rezeption fremder Kultureinflüsse und damit vor allem eine passive Rolle zusprach, sieht man heute Südostasien als Wiege wesentlicher menschlicher Errungenschaften an: So sind in Süsostasien unter anderem Bananen, Taro und Yamssorten und wahrscheinlich der Reis sowie Huhn, Schwein und Wasserbüffel domestiziert worden. In Südostasien sind hochkomplexe Bau- und Siedlungsformen, lebensordnende Symbolwelten und eine umfangreiche, eigenständige Mythik entwickelt worden.

Aber selbstverständlich war ein derart weites Gebiet wie Südostasien – mit einer Fläche von ca. 4,5 Millionen km^2 so groß wie Europa ohne seinen russischen Teil – nie kulturell einheitlich. Dagegen spricht neben der Ausdehnung die naturräumliche Gliederung, die auf dem Festland andere Formen als auf den Inseln zeigt. Während das Festland vor allem gekennzeichnet ist durch seine starke Kammerung mit alluvialen Flächen und Hochplateaus, die durch hohe Bergrücken voneinander getrennt sind, sind die Inseln zumeist zu den Binnenmeeren geöffnet und schließen sich, vor allem im westlichen Indonesien, schroff gegen den Indischen Ozean ab. Insel-Südostasien weist eine deutliche Mittelmeer-Charakteristik auf, die in der Symbolwelt eine Entsprechung in der klaren Teilung von den flußaufwärts gelegenen Bergregionen und den flußabwärts gelegenen Flachländern und Küstengebieten findet. Weiterhin ist Insel-Südostasien, mit Ausnahme weiter Teile Borneos, von Vulkanketten durchzogen. Obwohl diese Vulkane eine stetige Gefahr für die umwohnenden Menschen bilden, kann ihre kulturfördernde Qualität kaum überschätzt werden, schaffen doch die zersetzten vulkanischen Materialien mit ihrem Mineralreichtum eine Grundlage für besonders intensive Landwirtschaft. Die Inseln Java und Bali sind dafür prägnante Beispiele.

Natürlich ist das Klima neben der allgemeinen Bodenbeschaffenheit die zweite Rahmenbedingung für die südostasiatische Kulturgeschichte und bietet mit den gleichmäßig hohen Temperaturen in der ganzen Region erst die Grundlage des kulturellen Entwicklungspotentials. Allerdings steht der Gleichförmigkeit des Temperaturbildes eine deutliche Differenzierung bei den Niederschlägen gegenüber. Zu der Zone, die selten mehr als einen Monat, manchmal auch nur eine Woche ohne Regen ist, gehören die Mailaiische Halbinsel, weite Teile Sumatras und Kalimantans, das zentrale Sulawesi sowie die pazifikzugewandten Regionen der Philippinen. Demgegenüber steht die Zone der Kleinen Sunda-Inseln von Lombok an ostwärts, in der mehr als halbjährige Trockenzeiten üblich sind. Dazwischen, mit Trockenzeiten zwi-

Abb. 30 Flußlandschaft in Zentral-Java mit dem Vulkan Merapi im Hintergrund.

schen drei und sechs Monaten, liegt die Zone, die das gesamte südostasiatische Festland umfaßt, aber auch Teile von Java, Sulawesi und den Philippinen. Sowohl für die Besiedlung des Gebietes als auch für kulturelle Entwicklungen ergeben sich daraus Konsequenzen, von denen die wichtigsten sind, daß zum einen die permanent feuchten Gebiete mit den charakteristischen tropischen Regenwäldern als besiedlungsfeindlich eingeschätzt werden müssen und zum anderen die Regionen mit längeren Trockenzeiten als anregend für Innovationen anzusehen sind. In den für Tropenverhältnisse extremen Trockengebieten hingegen sind die Lebensbedingungen stark erschwert.
Diese für die letzten Jahrtausende gültige Gliederung hat größere Schwankungen erfahren, doch können die Malaiische Halbinsel, Sumatra und Kalimantan über lange Phasen als sehr schwer zu besiedelnde Regionen angesehen werden.
Einleitend muß auch die Quellenlage für die südostasiatische Frühgeschichte erwähnt werden. Sie stellt sich mit wenigen Ausnahmen als unbefriedigend dar. Während einige Regionen, wie etwa Thailand, zahlreiche sorgfältige Grabungen aufweisen können, ist deren Zahl in anderen Ländern eher gering. Das hängt nicht nur mit unterschiedlichen archäologischen Traditionen zusammen, sondern auch damit, daß in weiten Teilen von Nusantara – besonders stark auf Java – Erosion, Vulkanausbrüche und Erdbeben die Fundstätten immer wieder gestört haben.

Die javanischen Frühmenschen

Die ersten Funde javanischer Frühmenschen gingen auf eine Theorie und auf Enthusiasmus zurück. Eugène Dubois, ein junger holländischer Arzt, war von der Evolutionstheorie von Thomas Huxley und Charles Darwin überzeugt und überlegte, daß bei enger Verwandtschaft von Menschen und Menschenaffen, welche alle in tropischen Gebieten leben, auch die fossilen Vorläufer der Menschen in den Tropen zu suchen seien. Nach anfänglichen Grabungen auf Sumatra wandte sich Dubois 1890 nach Java und traf dort ein Jahr später auf die ersten fossilen Reste. In Ablagerungen, die der Solo in der Nähe des mittel-javanischen Ortes Trinil durchschnitten hatte, fand Dubois eine Schädeldecke und nannte den rekonstruierten Frühmenschen *Pithecanthropus*. In der Folgezeit fanden zahlreiche Forscher, unter denen vor allem R. von Koenigswald zu erwähnen ist, weitere fossile Knochen von Frühmenschen. Die biologische Tradition, neue Funde mit neuen Namen zu benennen, setzte auch hier ein, und so ergab sich ein Bild zahlreicher verschiedener Typen von Frühmenschen, die vor allem auf der Verschiedenheit von Individuen beruhten. Heute wird die gesamte Gruppe der javanischen Frühmenschen bis etwa um 40 000 vor der Zeitenwende der Gruppe *Homo erectus* zugeschrieben. Auch die andauernde Debatte um das Stück eines großzahnigen Unterkiefers am wichtigsten Fundplatz, dem Dom von Sangiran, scheint zugunsten einer Zuweisung des Fossils zur *Homo erectus*-Gruppe auszugehen. Trotz wiederholter Versuche, javanische Fossilfunde als *Australopithecinae* zu bestimmen, gibt es bis heute keinen Beleg für Vertreter einer Gruppe, die typologisch älter als *Homo erectus* ist.
Die zur Gruppe *Homo erectus* gehörenden Menschen, die man sich als von kleinem Wuchs, mit dicken Schädelknochen, einem Gehirnvolumen von ca. 950 cm^3 und breitem Gesicht vorzustellen hat[1], erscheinen zum ersten Mal in der Gesteinsformation Sangiran/Pucangan[2], die sich im späten Tertiär aus marinen und im frühen Pleistozän aus Süßwasserablagerungen bildet. Die frühesten und gleichzeitig robustesten Funde aus Sangiran sind in die späte Phase dieser Formation, vermutlich ab 1,3 Millionen Jahre v. Chr., zu datieren[3], während die große Mehrzahl der Knochen der jüngeren Bapang/Kabuh-Formation zuzurechnen ist und mindestens bis 500 000 v. Chr. reicht. Noch jüngere Knochenfunde, die noch dem *Homo erectus* zuzuweisen sind und um 100 000 v. Chr. datiert werden[4], weisen deutlich größere Gehirnvolumen auf und weisen auf eine Evolution dieser Formen im letzten Glazial. Das jüngste pleistozäne Skelettmaterial, wie etwa der sog. Wajak-Mensch, gehört eindeutig zum *Homo sapiens*[5], und man hat in ihm die Belege für die Besiedlung Südostasiens und von dort Neuguineas und Australiens durch Gruppen mit melanesiden Zügen zu sehen, die in Insel-Südostasien später von Gruppen mit mongoliden Charakteristika verdrängt wurden, sich in Neuguinea und Australien aber als dominante Gruppen hielten.
Um sich ein Bild zu machen, wie denn die Besiedlung Nusantaras, also auch Javas, vor sich gegangen sein kann, muß für die letzte glaziale Periode (ab ca. 125 000 v. Chr.) immer im Auge behalten werden, daß der Meeresspiegel über den längsten Teil dieser Periode durch Wasserkonzentration in den Polkappen rund 50 m tiefer lag als heute, Sumatra, Borneo und Java also als große Fläche des Sunda-Schelfs permanent miteinander und

Abb. 31 Verbreitungskarte altpaläolithischer Fundstätten und die südostasiatischen Schelfregionen zum Ende der letzten Eiszeit (nach: Die Cambridge Enzyklopädie der Archäologie 1980).

Karatau
Choukoutien
Satanidar
Latamne
Jabrud
Adlun
Cave
Gesher Benot Ya'aqov
'Ubeidya
Kissufim
Soan Valley
Lantien
Chirki-on-Pravara
Hunsgi
Melka Kontouré
Gadeb
East Turkana (East Rudolf)
Olorgesailie
Lake Baringo
Peninj
ai Gorge
Isimila
Falls
Trinil
Sterkfontein
oornlaagte
manzi
agu Cave

Abb. 32 Zugeschlagener Geröllstein (Chopper); Basel, Museum für Völkerkunde.

Abb. 34 Fein polierte Rechteckbeile aus Halbedelsteinen (wohl Nephrit), Java; Basel, Museum für Völkerkunde.

mit dem südostasiatischen Festland verbunden und selbst die Philippinen und Sulawesi allenfalls durch schmale Wasserstraßen getrennt waren. *Homo erectus*-Gruppen konnten sich also östlich bis Bali und nordöstlich mindestens bis Palawan in den West-Philippinen zu Fuß verbreiten, und da mit den niedrigeren Temperaturen auch geringere Niederschläge und daher eine offenere Vegetation verbunden waren, konnte diese Ausbreitung einfacher erfolgen als bei Bedeckung mit

Abb. 33 Mesolithische Pfeilspitzen aus West-Java; Basel, Museum für Völkerkunde.

feuchttropischem Regenwald. Am Ende der letzten Glazialperiode, um 16 000 v. Chr., lag durch stärkste Wasserkonzentration in den polaren Eiskappen der Meeresspiegel sogar um fast 150 m tiefer als jetzt. Die Sunda-Landmasse als Siedlungsgebiet der melanesiden *Homo sapiens*-Gruppen war damals mindestens doppelt so groß wie die heutige Inselfläche. Aus der raschen Erwärmung der Erde ab 10 000 v. Chr. und dem damit verbundenen schnellen Ansteigen des Meeresspiegels ergeben sich zwei gravierende Konsequenzen: Für die genannten *Homo sapiens*-Gruppen verkleinerte sich, vermutlich vom Aussterben einiger Tierarten begleitet, der Lebensraum in kurzer Zeit um die Hälfte und schuf einen Innovationsdruck. Zum anderen steht dieser überschwemmte Lebensraum der archäologischen Forschung nicht mehr zur Verfügung.

Die kulturelle Ausstattung der indonesischen und speziell javanischen Frühmenschen ist nicht mit Sicherheit zu benennen, da kein einziger Frühmenschenfund von Artefakten begleitet war. Alle Interpretationen gehen also davon aus, daß Knochen und Artefakte, die – zwar getrennt – in gleichen geologischen Formationen gefunden wurden, auch zueinandergehören. Da alles Fundmaterial aus sekundären Ablagerungen stammt, können solche Schlüsse nur mit allen Vorbehalten gezogen werden. Mit einiger Wahrscheinlichkeit sind den (späten) *Homo erectus*-Gruppen große, einseitig zugeschlagene Geröll- oder Kieselsteine (chopper/chopping tool) zuzuschreiben, die als südostasiatisches Äquivalent zu den eurafikanischen Faustkeilen anzusehen sind, die vereinzelt allerdings auch in Südostasien erscheinen. Nach dem

Fundort Pacitan an Javas Südküste ist die Gruppe dieser Geröllhaufen als Pacitanian bezeichnet worden. Hier wie bei anderen Gerätegruppen ist zu berücksichtigen, daß nicht nur exakte Datierungen fehlen, sondern daß Geräte altsteinzeitlichen Typus nicht bedeuten, daß sie auch aus jener Periode stammen. Vielmehr gehören sie auch zu den frühen *Homo sapiens*-Gruppen und können bis in jüngere Zeit immer wieder für grobe Arbeiten hergestellt worden sein.[6]

Gegen Ende der letzten Eiszeit und in den Jahrtausenden um den Höhepunkt von Erwärmung und Wasserspiegel um 7000 v. Chr. sind die markantesten Geräte in Nusantara Kleingeräte aus Stein, Knochen und Horn. Diese Kleingeräte spiegeln eine Veränderung in der Gewinnung des Lebensunterhaltes wider. Die nacheisenzeitliche Erwärmung, der Übergang zu dichter feuchttropischer Vegetation und die dramatische Verkleinerung des Lebensraumes mit intensivierter Jagd haben zum Aussterben einiger späteisenzeitlicher Spezies und zur Verringerung des verfügbaren Großwildes geführt. Eine der Folgen scheint eine Verlagerung auf Kleinwildjagd und auf Fischerei[7] zu sein, wofür kleinere Geräte geeignet sind. Diese Geräte bilden nun aber keine einheitlichen Formen mehr für große Teile Nusantaras oder auch nur für ganz Java, vielmehr fördert die zerrissene Insellage regionale und lokale Sonderformen. So sind unter den Steingeräten der Umgebung von Bandung solche aus Obsidian besonders auffällig.[8] Im östlichen Java dagegen fanden sich in der Höhle Gua Lawa zahlreiche Knochen- und Geweihgeräte. Die Formen können Pfeil- oder Speerspitzen, Abschläge, Klingen, Kratzer, aber auch durchbohrte Perlen aus Muscheln oder Zähnen sein. Die Jahrtausende von etwas 12 000 v. Chr. bis in das 2. Jahrtausend v. Chr., früher Mesolithikum genannt, wird heute nicht mehr einheitlich bezeichnet. Wichtiger ist, daß die enormen nacheiszeitlichen Umweltveränderungen einen hohen Druck auf die Bevölkerung ausübten, sich mit zahlreichen lokalen Anpassungen und Innovationen zu behaupten. Daß sich die Bevölkerung auch genetisch diversifizierte, ist anzunehmen, doch scheint das aus dieser Phase bekannte Knochenmaterial immer noch durch melaneside Formen bestimmt zu sein. Demnach wäre denkbar, daß die Sprachen dieser Gruppen Verwandtschaft zu den Papua-Sprachen des heutigen Neuguinea aufwiesen.

Von Sumatra sind solche Kleingeräte nicht bekannt, und es ist durchaus möglich, daß der größte Teil der regenwaldbedeckten Insel erst sehr viel später von Agrargesellschaften besiedelt wurde. Unklar bleibt auch die Datierung der relativ groben Geräte aus dem nördlichen Küstenbereich Sumatras, die mit dem festländischen Hoabinhian in Zusammenhang gebracht werden, eine Phase, der allgemein ein hohes Entwicklungspotential zum Bodenbau hin zugeschrieben wird.

Abb. 35 Sago-Palmen auf Ternate, Molukken.

Die frühen Agrargesellschaften

Im allgemeinen wird in der Frühgeschichte für die Phase früher, d. h. vormetallzeitlicher Agrargesellschaften der Begriff Neolithikum verwendet, der in klassischer Fassung die Phase benennt, in der Bodenbau, Keramikherstellung und die Verwendung von Steinschliffen erscheinen. Auch für Südostasien wird dieser Begriff, wenn

Abb. 36 Sago-Verarbeitung auf Ternate, Molukken.

auch mit Vorsicht[9], verwendet. Da jedoch für Indonesien ein derart einheitliches Neolithikum aus den Grabungen bisher nicht erkennbar ist, sind Zweifel an seiner Existenz geäußert worden.[10] Zudem ist die Entwicklung des südostasiatischen Festlands deutlich anders verlaufen als die von Nusantara. Auf dem Festland nämlich, vor allem im nordöstlichen Thailand, scheint sich, unter deutlichem Einfluß aus dem südlichen China, um 2000 v. Chr. ein Agrarkomplex herausgebildet zu haben, für den sowohl die Domestikation von Reis als auch eine reiche Schnurkeramik und die Verwendung von geschliffenen Steinbeilen belegt ist. In enger Beziehung zu den zahlreichen Funden dieses Komplexes aus Thailand stehen solche von der Malaiischen Halbinsel, allerdings bisher ohne Belege für den Anbau von Reis. Es ist wahrscheinlich, daß die Mitglieder dieser Agrargesellschaften austro-asiatische Sprachen gesprochen haben.

Abb. 37 Naßreis-Feldbau auf Sumatra.

Auch für Taiwan/Formosa ist eine solche frühe, ebenfalls von Süd-China her stimulierte Agrargesellschaft anzunehmen, deren Kulturzeugen unter dem Namen Yuanshan-Kultur bekannt wurden. Hier finden sich ab etwa 2000 v. Chr. zahlreiche neolitische Elemente wie der Reis in Überresten und Abdrücken in der Keramik, geschliffene Steinbeile verschiedenster Typen[11] (Rechteck-, Absatz- und Schulterbeile), steinerne Baststoffschlegel, Keramik mit feinem, meist rotem Überzug sowie tönerne Spinnwirtel, Erntemesser und Speerspitzen aus Schiefer und Schmuck aus Nephrit.[12]

Diese frühen Agrarkulturen sind von großer Bedeutung für Nusantara und für Java im besonderen, weil zum einen als »Träger« dieser Kulturen vom Skelettmaterial eindeutig ein Menschentypus bestimmt werden kann, von dem die heutigen Bewohner Nusantaras abstammen und der als »Südmongolide« bezeichnet wurde[13], und weil zum anderen als Sprachen dieser Menschen nach heutigen Kenntnissen nur solche in Frage kommen, die zu einer der ihrer Ausdehnung nach größten Sprachfamilie der Erde gehören, der austronesischen. Zu dieser Sprachfamilie gehören heute die nichtchinesischen Sprachen Taiwans, alle Sprachen der Philippinen, Indonesiens (mit Ausnahme einiger ost-indonesischer Sprachen) und Malaysias sowie östlich alle Südseesprachen mit Ausnahme der Papuasprachen und westlich einige Sprachen des südlichen Vietnam und die Sprachen Madagaskars. Da nun sowohl die ältesten Funde im gesamten südostasiatischen Inselbereich, die deutlich auf Agrargesellschaften verweisen, von Taiwan stammen und von der Linguistik die Taiwan-Sprachen als die ältesten innerhalb der Sprachfamilie angesehen werden, ist Taiwan als die Region anzusehen, von der die neue Besiedlung Nusantaras und von dort Ozeaniens und Madagaskars ihren Ausgang nahm. Diese Besiedlung verlief in Nusantara vermutlich zunächst über die TPS-Brücke[14] bis nach Java. Da um diese Zeit, frühestens ab dem frühen 2. Jahrtausend v. Chr., der Meeresspiegel in etwa die heutige Höhe aufwies, muß diese Expansion von austronesische Sprachen sprechenden und Bodenbau treiben-

den Gruppen mit Hilfe ausgeprägter nautischer Fähigkeiten erfolgt sein. In den nördlichen Philippinen erscheinen Keramik seit 2000 v. Chr. und Reis seit 1500 v. Chr., und vermutlich erscheinen die ersten austronesisch sprechenden Siedler auf Java um 1000 v. Chr. Geht man von den Wörtern aus, die den Nusantara-Sprachen gemeinsam und damit von hohem Alter sein müssen, so kann man diesen Siedlern die folgende kulturelle Ausstattung zusprechen:
Giebeldachhäuser mit zahlreichen Details; Boote mit Auslegern und Segeln, Reis als Pflanze, Frucht und Nahrungsmittel; Hirse, Sago, Taro, Yams, Banane, Melone, Brotfrucht, Zuckerrohr; Salz; Grabstock und Mörser; Töpfe; Bambus; Webgerät; Wörter für weben, flechten und schleifen; Schwein und Hund als Haustiere; Herd und Gerüste über dem Herd zum Lagern und Räuchern, Bogen, Pfeil, Schur; Tatauierung; zahlreiche Fischereigeräte.[15]
Der archäologische Forschungsstand erlaubt es nicht zu bestimmen, wann welche dieser Kulturerscheinungen welche Regionen Indonesiens und besonders Javas erreicht hat. So scheinen Keramik und Schweinehaltung früh in den südlichen Inselbereich gelangt zu sein[16], andere haben sich nur langsam durchgesetzt. Von den zentralen und östlichen Teilen Javas, die mit ihren Trockenperioden eine offene Vegetation und damit bessere agrarische Siedlungsmöglichkeiten aufwiesen, kann man eine solche Besiedlung seit Beginn des 1., vielleicht schon

Abb. 38 Megalithenfeld im Tal von Mahat, Sumatra; Fundstelle Koto Tuo.

Abb. 39 Megalith in Form eines Stieres (Airpura) *aus dem frühen 1. Jahrtausend, vom Pasemah-Plateau, Süd-Sumatra. Zusammen mit dem Elefantenstein gelten sie als die wichtigsten Denkmäler dieser Zeit aus Indonesien; Museum Palembang.*

seit Ende des 2. Jahrtausends v. Chr. annehmen. Dagegen scheinen diese Siedler erst spät in die Regenwaldgebiete Sumatras und Borneos eingedrungen zu sein.
Unklar ist, welche Art von Bodenbau diese Neusiedler betrieben. Während einige Autoren den Brandrodungsfeldbau als ursprüngliche Form und den Reisanbau auf bewässerten Feldern als jüngere Entwicklung oder gar erst als von Indien importierte Idee ansehen, halten andere[17] die umgekehrte Reihenfolge oder eine Gleichzeitigkeit für wahrscheinlich. Für einen ursprünglichen Bewässerungsbodenbau spricht – vor allem, was den Reis angeht –, daß alle Wildreispflanzen in Feuchtgebieten wachsen. Die Domestizierung muß in solchen Feuchtgebieten stattgefunden haben, die auch die natürlichen Standorte für Taro sind. In denselben Bereichen sind Wasserbüffel heimisch, und so ist vorgeschlagen worden[18], diese Elemente aus Reis im bewässerten Feld, Taro und Wasserbüffel und das heute noch verbreitete »Pflügen« der Naßreisfelder, indem man Wasserbüffel hindurchtreibt, als Ausstattung der frühen agrarischen Siedler anzusehen und den Brandrodungsbau als Anpassung an die feuchttropischen Gebiete mit ärmeren Böden einzuschätzen.
Trotz schlechter Quellenlage kann also angenommen werden, daß auf Java im 1. Jahrtausend v. Chr. materiell reich ausgestattete Agrargesellschaften lebten[19], denen ein großer Teil oder alle der genannten Kulturelemente eigen waren. Im allgemeinen werden dieser frühen Agrarphase auf Java und in anderen Teilen von Nusantara die vielen geschliffenen Steinbeile zugeordnet. Es handelt sich dabei vor allem um die einfachen Rechteckbeile und die Riegelbeile, deren Querschnitt einer breiten Hausfront mit flachem Giebel gleicht. Spätestens seit den Grabungen von van Heekeren (1972, 173) steht fest, daß solche Beilklingen in Indonesien und besonders auf Java hergestellt wurden. Unklar ist ihre Datierung, ungewiß ist, wie lange diese Tradition auf Java lebte, und unsicher ist die Funktion dieser Beile. Zumindest für einen Teil dieser Geräte, die aus Halbedelsteinen wie Achat, Chalcedon, Nephrit oder Serpentin hergestellt und auf das feinste poliert wurden, kann man annehmen, daß sie der Repräsentation oder Dekoration und nicht dem täglichen Gebrauch dienten.
Völlig ungeklärt ist, ob zu dieser Agrarwelt auch Megalithen zu rechnen sind. Früher hat man diese Zuordnung gemacht, dann wurde ein neolithisches von einem metallzeitlichen »Megalithikum« unterschieden. Heute hat sich die Idee einer megalithischen Kultur aufgelöst, und Megalithen erscheinen zeitlich erst mit der metallzeitlichen Intensivierung.
Rekonstruktionen der sozialen Welt sind Spekulation, naheliegend ist jedoch, daß die Bewässerungsanbau betreibenden Gruppen in den fruchtbaren Alluvialgebieten bilateral und die Brandrodungsanbau betreibenden Gruppen mit wachsender Bevölkerungsdichte linear organisiert waren.[20] Denkbar ist auch schon für diese frühen Agrargesellschaften eine Schichtung in Oberschicht, allgemeine Bevölkerung und Sklaven, wobei die Oberschicht ihre Position und Rechte mit der genealogischen Verbindung zu Ahnen und Göttern legitimiert. In heutigen Gesellschaften dieses Typs entspricht diesem sozialen Modell häufig ein weltanschauliches, das die Welt mit Ober-, Menschen- und Unterwelt ebenfalls in drei Schichten sieht und diese oft mit der sozialen Schichtung verbindet (z. B. Batak, Nias, Ost-Indonesien). Ein weitverbreitetes Bild in den Weltanschauungen von Gesellschaften in Nusantara ist der Lebens- oder Weltenbaum, dessen Wurzel-, Stamm- und Kronenbereich oft die Welt- und Sozialschichtung symbolisieren. So ist anzunehmen, daß zu den frühen Agrargesellschaften, die sich im 1. Jahrtausend v. Chr. in Indonesien und auf Java bildeten, als künstlerische Produkte Abstammungs- und Weltgliederungsmythen, Ahnenfiguren in Holz und Stein und besonders auf Textilien in der Ikat-Färbetechnik gehören, die, wenn auch in vielen Varianten, durch ihre Hockergestalt gekennzeichnet sind und vor allem in den Gesellschaften mit linearer Gliederung häufig in Serien auftreten. Wenn es solche Darstellungen auch auf Java gab, so sind sie von dort verschwunden und nur noch auf den Außeninseln lebendig. Eine weltanschauliche Gliederung der unmittelbaren und kosmischen Lebenswelt zieht sich durch ganz Indonesien und kann den frühen Agrargesellschaften zugeordnet werden: die Gliederung in flußaufwärts – Bergrichtung – Oberschicht – Götterwelt – Leben – gut gegenüber flußabwärts – meerwärts – allgemeine Bevölkerung – Unterwelt – Tod – schlecht.

Metallzeitliche Intensivierung

Im Laufe des 2. Jahrtausends v. Chr. wird im festländischen Südostasien mit der Bearbeitung von Bronze und im 1. Jahrtausend von Eisen begonnen. Eines der metallzeitlichen Zentren liegt im Bereich des Roten Flusses im nördlichen Vietnam und ist durch den Fundort Dongson unweit des heutigen Hanoi allgemein bekannt geworden. Überraschend an den Funden von Dongson war, daß sie in das letzte Jahrtausend vor der Zeitenwende datiert werden konnten, daß direkt mit Bronze ohne eine Vorstufe mit Kupfer allein begonnen wurde und daß die Bronzeobjekte weder in der Zusammensetzung noch in Formen und Motiven auf indische Quellen hinweisen. Ein südchinesischer Ursprung des Bronzekomplexes ist

Abb. 40 Megalith in Form eines Elefanten (Batugajah) *mit zwei Kriegerdarstellungen aus dem frühen ersten Jahrtausend, vom Pasemah-Plateau, Süd-Sumatra; Museum Palembang.*

möglich, und einige der Motive haben innerasiatische und pontisch-kaukasische Parallelen. Zu den bedeutendsten Funden des Bronzekomplexes gehören Beilklingen mit einer Tülle zum Schäften und große, reich verzierte Gongs in Trommelform.[21] Sowohl Tüllenbeile wie Gongs erscheinen auch in Indonesien, unter ihnen besonders eindrucksvolle Exemplare. Seit in der Umgebung von Bandung die ersten Gußformen für Tüllenbeile gefunden wurden[22], ist man auch in anderen Regionen Nusantaras, wie etwa Palawan, auf sie gestoßen. Damit ist belegt, daß zumindest die einfacheren Formen lokal hergestellt wurden. Man verwandte zum Guß zwei Steinschalen und vermutlich einen tönernen Kern zur Herstellung der Tülle. Eine lokale Herstellung der großen Prunkbeile ist bisher nicht belegt, aber durchaus möglich. Bei diesen Stücken handelt es sich nach Form und Ornamentierung nicht um Arbeitsgeräte, sondern um Zeremonialstücke im religiös-politischen Gebrauch (vgl. Kat. 2, 4).

Auch für die großen Gongs, die nach dem Namen ihres ersten Bearbeiters in die Typen Heger I, II, III usw. eingeteilt werden und von denen in Indonesien ausschließlich der älteste Typus Heger I vorkommt, hat man bisher keine Anhaltspunkte für eine lokale Produktion. Sie ist allerdings auch nicht auszuschließen. Die Gongs vom Typ Heger I bestehen aus einer Schlagplatte und einem Mantel aus einem Guß. Der Mantel weist einen nach außen gewölbten Schulterbereich, darunter eine Einengung und darunter einen sich wieder weitenden Fuß auf. Gußtechnisch sind diese Gongs herausragende Leistungen. Bernet Kempers hält den Guß in verlorener Form für die bei Gongs angewandte Herstellungsweise. Danach wäre zunächst ein Kern aus Ton hergestellt worden, der mit einer Wachsschicht überzogen wurde, in die die Motive und Ornamente geschnitten oder mit Modeln gepreßt wurden, die nachher auf dem Bronzekörper erscheinen sollten. Auch die Henkel der Instrumente und die Frösche, die sich gelegentlich auf den Schlagplatten befinden, seien als Wachsfiguren hinzugefügt worden. Die Wachsschicht samt den Wachsfiguren wurde dann mit feinem, darauf mit gröberem Ton umgeben. In die Wachsschicht steckte man kleine Bronzestückchen, sog. Fliefen, die beim Ausschmelzen des Wachses und beim Einfüllen der Bronze die Distanz zwischen Kern und äußerer Gußform wahren sollten. Beim Erhitzen und Härten floß das Wachs heraus und wurde durch Bronze ersetzt. Bei der Größe der Instrumente mußten hohe Temperaturen der Gußmasse erzielt werden, damit die Bronze in der Form nicht ungewollt zum Stillstand kam. Sind diese Instrumente also schon technisch gesehen Meisterwerke, so bieten sie auch der Ikonographie reiches, aber nicht einfach zu deutendes Material. Im Zentrum der Schlagplatte befindet sich immer ein sternförmiges Motiv mit einem zentralen Buckel als Schlagstelle. Um den Stern sind konzentrische Kreise gezogen, die meist von Ornamenten, gelegentlich auch von figürlichen Darstellungen angefüllt sind. Auch der Mantel oder Teile des Mantels sind durch Bänder in Zonen mit Ornament- und Figurenfüllung gegliedert. Zu

Abb. 41 Linke Seite der Elefantenskulptur, frühes 1. Jahrtausend; Museum Palembang.

Abb. 42 Bronzebeil mit Gußform aus der Umgebung von Bandung, West-Java, frühes 1. Jahrtausend; Basel, Museum für Völkerkunde.

Zur Datierung des Java-Menschen

Garniss H. Curtis

War es in den letzten Jahrzehnten still geworden um den »Java-Menschen«, den der niederländische Arzt und Anthropologe Eugène Dubois auf der Suche nach dem Bindeglied zwischen Menschen und Affen 1891 nahe dem Dörfchen Trinil auf Ost-Java anhand von Fossilienfunden als Pitecanthropus erectus zu einem wichtigen Vorläufer des Homo sapiens erklärte, so machte die 1994 erschienene Titelgeschichte des amerikanischen »Time«-Magazins »Evolution – Revolution« eine sensationelle Neudatierung der Java-Fossilien bekannt, die in der Tat die Entwicklungsgeschichte des Menschen zu revolutionieren scheint. Auch GEO ging deshalb in seinem Januarheft 1995 auf dieses Thema ein. Dem amerikanischen Anthropologenteam Prof. Dr. Carl Swisher und Prof. Dr. Garniss Curtis war es mittels des sogenannten Kalium-Argon-Verfahrens gelungen, einige der zentralen Fundobjekte neu zu datieren und deren zeitlichen Ansatz um mindestens 800 000 Jahre früher als bisher zu fixieren. So sprach der »New Scientist« in diesem Zusammenhang sogar von »Java's challenge«, der Herausforderung aus Java, denn die Neudatierung bedeutet, daß der »Out of Africa-Hypothese« zufolge der Homo erectus, wie der frühere »Pitecanthropus erectus« schon seit längerem benannt ist, um mindestens 800 000 Jahre früher als bisher angenommen aus seiner afrikanischen Urheimat in die übrige Welt aufgebrochen ist.
Aus diesem aktuellen Anlaß danken die Herausgeber den Professoren Swisher und Curtis vom Berkeley Geochronology Center in Berkeley/Kalifornien für ihre Bereitschaft, in allerkürzester Frist durch einen speziell für diesen Katalog verfaßten Beitrag nochmals zum gegenwärtigen Forschungsstand hinsichtlich des »Java-Menschen« Stellung zu nehmen. Die Herausgeber

Die meisten Anthropologen stimmen in der Ansicht überein, daß der Ursprung der Menschheit, der entwicklungsgeschichtlich bis zum heutigen *Homo sapiens* führte, auf dem afrikanischen Kontinent liegt. Obwohl hier weitaus mehr fossile Funde gemacht wurden als irgendwo anders auf der Welt, ist die kontinuierliche Entwicklungslinie des Menschen für die letzten 30 Millionen Jahre bis heute nicht vollständig erschlossen. Und in der Tat sprechen die Belege dafür, daß auch die Evolution der Gibbons und Orang-Utans, die heute nur noch in Südostasien vorkommen, in Afrika begann. Mittlerweile hat die Genforschung überzeugende Beweise vorgelegt, daß wir ohne Zweifel in einer engeren Verwandtschaft zu Schimpansen und Gorillas stehen als zu irgendeinem anderen Anthropoiden. Darüber hinaus ist nachgewiesen worden, daß Schimpansen und Menschen einen gemeinsamen Vorfahren haben, der vor mehr als 6 bis 8 Millionen Jahren auf der Erde gelebt haben muß.
Dem derzeitigen Forschungsstand entsprechend wird heute von der Mehrzahl der Anthropologen folgender Ablauf der Entwicklungsgeschichte des Menschen vertreten:

Homo sapiens sapiens	50 000 ± Jahre bis heute
Homo sapiens	400 000 – 50 000 Jahre
Homo erectus	1 800 000 – 400 000 Jahre
Homo habilis	2 500 000 – 1 500 000 Jahre
Australopithecus africanus	3 000 000 – 1 500 000 Jahre
Australopithecus afarensis	3 600 000 – 3 000 000 Jahre
Ardipithecus ramidus	4 000 000 Jahre
Gesamthominider Vorfahre	6 000 000 ± Jahre

Es sollte beachtet werden, daß sich die direkte Evolutionslinie möglicherweise durch nahe Verwandte der aufgeführten Spezies ergänzen läßt, die bisher allerdings noch nicht nachgewiesen werden konnten.
Da *Homo erectus*, »der Aufrechte«, und *Homo sapiens* die einzigen hominiden Spezies sind, die außerhalb Afrikas als Fossilien oder noch lebend belegt sind, ist es naheliegend anzunehmen, daß der *Homo erectus* der erste *Homo* war, der Afrika verließ. Damit stellt sich die Frage, wann er das tat. Die ersten Fossilien des *Homo erectus* auf Java wurden im Jahre 1891 von Eugène Dubois in Trinil am Solo-Fluß aufgefunden, der sie zuerst dem *Anthropopithecus erectus*, dann dem *Pithecanthropus erectus* zuordnete. Aber erst 1940 erfolgte ihre Identifikation als zum *Homo erectus* gehörig durch Weidenreich, nachdem er ihre direkte Verbindung zum *Homo sapiens* erkannt hatte.
Die Fauna zur Zeit des javanischen *Homo erectus* wurde von Dubois und anderen als charakteristisch für das »Mittlere Pleistozän« bezeichnet, dennoch bleibt die

Abb. 45 Schädel des Mojokerto-Kindes aus Ost-Java; nach neueren Untersuchungen wird er um 1,9 Mill. Jahre alt angesetzt.

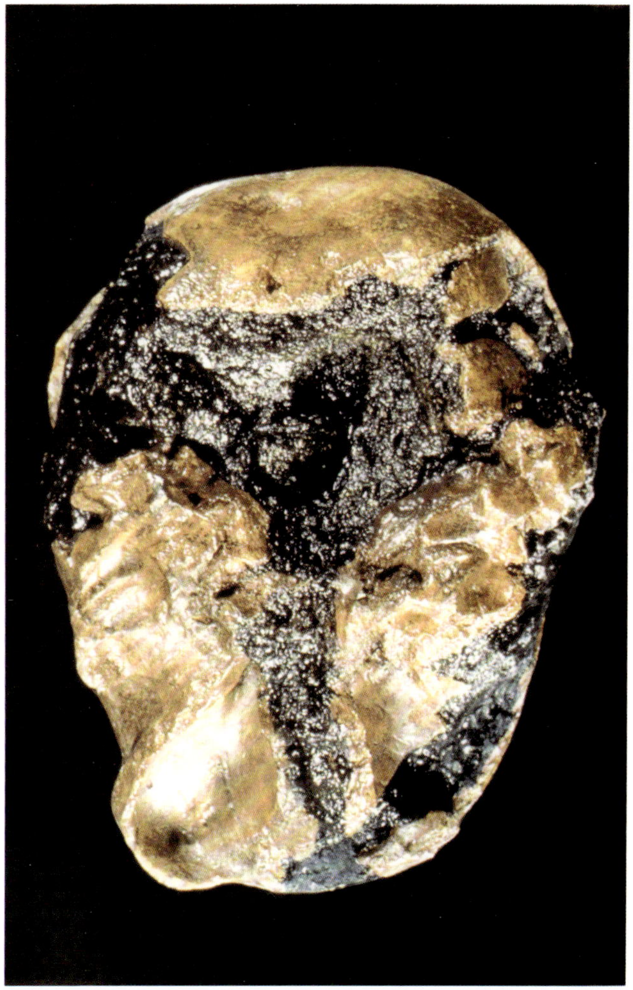

Abb. 46 Unterseite des Mojokerto-Schädels; die schwarze Farbe überdeckt die Tuff-Füllung des cranium.

Frage, wann das »Mittlere Pleistozän« anzusetzen ist, ungelöst, konnte sie doch bisher niemand beantworten. Zeuner grenzte die Dauer dieser Erdzeit in seiner grundlegenden Untersuchung zum Pleistozän allerdings von 600 000 auf mit Sicherheit nicht mehr als 1 Million Jahre ein. Somit währte das »Mittlere Pleistozän« höchstens 250 000 bis 500 000 Jahre. Allerdings wurden die bestehenden Datierungsansätze durch die seit den 50er Jahren sich ständig verbessernden Methoden zur Altersbestimmung von Fossilien des Menschen und seiner Werkzeuge insbesondere mit Hilfe von radioaktiven Isotopen grundlegend verändert. So konnten beidseitig zugerichtete Faustkeile des Acheuléen des »Mittleren Pleistozän«, die an vielen Plätzen in Afrika zutage kamen und dem *Homo erectus* zugeschrieben wurden, nun als etwa 1,4 Millionen Jahre alt datiert werden. Hominide Fossilien aus der Oldoway-Schlucht in Tansania, die schon 1958 gefunden wurden und primitiver erscheinen als solche des *Homo erectus*, konnten mittels der Kalium- und Argon-Isotopendatierungsmethode auf ein Alter von mindestens 2 Millionen Jahren bestimmt werden. Die erste Entdeckung eines Schädels des *Homo erectus* in Afrika war seinerzeit L. S. B. Leakey gelungen, der dessen Herkunft aus der oberen Schicht II in der schon genannten Oldoway-Schlucht vermutete. Obwohl der Schädel nicht direkt datiert werden konnte, ergaben die Kalium-Argon-Daten der oberhalb und unterhalb liegenden Schichten für den *Homo erectus* ein Datum von 1,2 bis 1,4 Millionen Jahren. Das aber bedeutete für die Anthropologen, daß der *Homo erectus* auf Java auf jeden Fall jünger als 1,4 Millionen Jahre sein mußte.

Das erste Kalium-Argon-Datum für Java wurde in den frühen 60er Jahren von Evernden und Curtis ermittelt, als sie ein einst von Koenigswald entdecktes Fossil untersuchten und dabei feststellten, daß es um die 500 000 Jahre alt war. Wie sich herausstellte, stammte die Probe aber einem Fundplatz, der 50 Kilometer von der nächstgelegenen Fundstelle eines *Homo erectus* entfernt lag, von der Koenigswald aber angenommen hatte, daß sie einer Schicht der letzteren angehörte. 1969 wurden verläßlichere Proben zur Untersuchung mittels der Kalium-Argon-Methode von Curtis an den Haupt-Fundplätzen des javanischen *Homo erectus* gesammelt, erbrachten aber leider große Ungenauigkeiten, da der in den Proben enthaltene Anteil an Kalium zu gering war. Nichtsdestotrotz ergab sich aus vier Proben, die an dem Fundplatz des *Homo erectus*-Schädels P. IV in der mittleren Kabuh-Formation in Sangiran entnommen wurden, ein Mittelwert von 830 000 Jahren. Das Datum für den Schädel des Kindes von Mojokerto, der in der älteren Pucangan-Formation in Perning ca. 200 Kilometer entfernt aufgefunden wurde, konnte auf ein Alter von 1,9 Millionen Jahren präzisiert werden, Daten, die allerdings wegen verschiedener Unsicherheitsfaktoren von den Anthropologen damals nicht akzeptiert wurden.

Die Daten, die später mittels der »Fission-Track-Methode« ermittelt und 1980 von Nishimura veröffentlicht wurden, ergaben ein viel jüngeres Datum für die Kabuh-Formation als die Daten von Curtis, wurden aber schon durch Daten 1985 korrigiert, die mit der gleichen Methode durch Suzuki ermittelt werden konnten und einen Ansatz von ca. 700 000 Jahren für das mittlere Kabuh ergaben. Da aber die obere Abschlußschicht der Kabuh-Formation eng an der magnetischen Umkehrgrenze von Bruhnes-Matuyama liegt und damit sehr exakt auf 780 000 Jahre datiert werden konnte, müssen auch Suzukis Daten zu jung sein!

Durch die weitere Verbesserung der Argon 40-Argon 39-Isotopenuntersuchungsmethode, einer Verbesserung des Kalium-Argon-Verfahrens, schien es nun an der Zeit, die verschiedenen Fundplätze auf Java, insbesondere Sangiran und Mojokerto, neu zu beproben. So sammelten Swisher und Curtis mit der Unterstützung von T. Jacob hier Proben sowohl für die Argon 40-Argon 39-Datierung wie auch für die paläomagnetische Altersbestimmung am Berkeley Geochronology Center. Zusätzlich wurden weitere Proben in Trinil, Sambungmacan, Kedungbrubus und Ngandong entnommen.

Einige Daten dieser Untersuchung, die 1994 von Swisher und anderen publiziert wurden, konnten sowohl für Mojokerto als auch Sangiran ermittelt werden. U. a. wird das neue Datum von 1,81 $\pm$ 0,04 Millionen Jahren für das Mojokerto-Kind durch den paläomagnetischen Normalwert dieser Schicht unterstützt. Er fällt in den Olduvai Normal Subchron, der mit 1,78 bis 1,98 Millionen Jahren angesetzt wird. Die darunter liegenden Schichten, die bis zu einer Tiefe von 50 Metern hinabreichen, zeigen eine umgekehrte Polarität. Abweichende paläomagnetische Ergebnisse wurden später von Hyodo und seinen Mitarbeitern für diese Schichten erzielt, allerdings hatte das Team keine thermische Entmagnetisierung seiner Proben durchgeführt, die aber notwendig ist, da sehr viel später erfolgte Einwirkungen auf die magnetischen Mineralien das ursprüngliche Magnetfeld verändert haben.

Der Fundort des Mojokerto-Kindes war jahrelang umstritten, was um so verwunderlicher ist, als der Bauer Andoyo immer wieder vielen Besuchern die exakte Position seines Fundes gezeigt hat, den er seinerzeit Duyfjes übergeben hatte und der von diesem publiziert worden war. Der Bimsstein-haltige Tuff, der den Schädel umgeben hatte, ist 15–20 Zentimeter stark und an dieser Stelle durch seine petrographischen Eigenarten einzigartig und unverwechselbar. Wie die Untersuchungen Swishers zeigten, weist der Tuff, der die Höhle des Mojokerto-Schädels füllt, exakt die gleichen petrographischen Eigenschaften auf. Obwohl es ohne Beschädigung der Schädeldecke nicht gelungen war, genügend Hornblende für eine Datierung zu entnehmen, konnte die Zusammensetzung anhand einer Untersuchung mit dem Elektronenmikroskop als identisch mit dem umgebenden Tuff erwiesen werden. Einige Wissenschaftlern, die weder den Fundplatz noch den Schädel im Original gesehen haben, schlugen vor, daß der Schädel intrusiv sei, d. h., der Schädel sei in einem in den Tuff geschlagenen Graben zu einer späteren Zeit deponiert worden. Dem ist entgegenzuhalten, daß nicht nur der bestens in die Schädelhöhle einzementierte Tuff dieses ausschließt, auch der Tuff selbst und die ihn überlagernden Sand- und Geröllschichten sind völlig ungestört, nirgends wurden irgendwelche Kanäle gegraben. Des weiteren ist nicht ein Kratzer auf dem Schädel zu entdecken, was dafür spricht, daß er entweder nicht sehr weit durch den Fluß mit der Bimsstein-haltigen Asche transportiert wurde oder sogar noch mit Fleisch überzogen war, das ihn vor einer Abreibung bewahrte.

In Sangiran ergab eine Untersuchung einer Bimsstein-haltigen Tuffschicht etwa einen Meter oberhalb eines zerbrochenen, in schwarzen Süßwasser-Ton eingebetteten *Homo erectus*-Schädels in der Pucangan-Formation ein Datum von 1,66 Millionen Jahren. Die Polarität dieses Fundplatzes ist genau umgekehrt, wie sie sein sollte.

Die Aussage dieser beiden Daten ist von grundsätzlicher Bedeutung: Ganz offensichtlich verließ der *Homo erectus* Afrika früher als vor 1,8 Millionen Jahren, denn die javanischen Belege sind ebenso alt wie die in Afrika aufgefundenen mit einem Alter von 1,78 Millionen Jahren. Wenn betont wird, daß sowohl die Mojokerto- wie auch die Sangiran-Funde des *Homo erectus* aus den ersten nichtmarinen Schichten an beiden Fundplätzen geborgen worden sind, die sich nach einer langen Zeit von Meeresablagerungen des Pliozäns herausgebildet hatten, sollte bedacht werden, daß sich der *Homo erectus* vielleicht schon eine beachtliche Zeitspanne hier aufgehalten haben mag. Es ist eine Tatsache, daß sich Knochen von Landsäugetieren nur recht selten in Meeresablagerungen finden, und so scheint die Annahme begründet, daß der *Homo erectus* schon einige Zeit vor 1,8 Millionen Jahren nach Java eingewandert war. Da Fossilien des *Homo erectus* in der gesamten Kabuh-Formation, die in ihren oberen Abschnitten 0,78 Millionen Jahre alt ist, und darüber hinaus in den noch jüngeren Flußablagerungen in Sambungmacan und Ngandong freigelegt werden konnten, wo Schädel, die dem *Homo erectus* zugeschrieben wurden, an Volumen jenen eines *Homo sapiens* gleichen, wird deutlich, daß der *Homo erectus* in dieser Region und vielleicht sogar in ganz Asien eine lange Evolutionslinie durchschritten hat.

Überraschenderweise ist die Anzahl von *Homo erectus*-Funden in Afrika sehr viel geringer als die Anzahl solcher Funde auf Java, und dies ohne die zusätzlichen Beispiele aus China hinzuzurechnen. Die Belege aus Afrika, soweit ausreichend datiert, besitzen ein Alter zwischen 1,4 und 1,8 Millionen Jahren. Faustkeile und andere zweischneidige Steingeräte aus Afrika, die dem *Homo erectus* zugeschrieben werden, datieren jedoch aus einem Zeitraum von 1,4 bis ungefähr 0,5 Millionen Jahren. Dies legt eine lange Besiedelungszeit und – wahrscheinlich – Evolution nahe, wobei, anders als auf Java, keine fossilen Überreste vorhanden sind, um diese Annahme zu beweisen. Wenn dann ein Schädel wie der des »Mannes aus Rhodesien« aufgefunden und dem *Homo sapiens* zugeordnet wird, scheint eine große Lücke in der Evolutionsgeschichte zu klaffen, die aber nicht unbedingt vorhanden sein muß.

Betrachten wir nun die Evolution des *Homo* in Asien und Afrika, so sehen einige, wenn auch nicht alle Anthropologen ausreichende Unterschiede zwischen dem *Homo erectus* auf Java und jenem in Afrika, um den frühesten afrikanischen Funden den Namen *Homo ergaster* zu geben. Wenn dies der Fall ist und der früheste *Homo ergaster* fast das gleiche Alter wie der früheste *Homo erectus* auf Java besitzt, ist die Zeit, die sie einst mit einem gemeinsamen Vorfahren geteilt haben müssen, jenes Minimum an Zeit, während der der *Homo erectus* Afrika verlassen hat – vorausgesetzt, es war tatsächlich der *Homo erectus*, der den Kontinent hinter sich ließ, und nicht ein noch früherer *Homo*.

Srivijaya – Ein Großreich oder die Hanse des Ostens?

Hermann Kulke

Die Entdeckung Srivijayas

Im 19. Jahrhundert stießen Forscher auf zahlreiche Berichte mittelalterlicher arabischer Geographen, chinesischer Pilger und auf Annalen, die unter einer Vielzahl unterschiedlicher Namen von einem mächtigen, aber nicht sicher lokalisierbaren Inselreich zwischen Indien und China Kunde gaben. So pries im Jahre 956 n. Chr. der arabische Geograph Mas'udi das Reich des Maharaja (Großkönigs) von Zabaj, zu dem auch die Insel von Sribuza gehörte, mit überschwenglichen Worten: »Dort stößt man auf das Reich des Maharaja, des Königs der Inseln, der über ein Reich ohne Grenzen befiehlt und über unzählige Truppen verfügt. [Auch] das schnellste Schiff ist nicht in der Lage, in zwei Jahren zu allen Inseln seines Reiches zu segeln. Das Land des Prinzen erzeugt alle Arten von Gewürzen und Duftstoffen, und kein Herrscher in der Welt zieht mehr Gewinn aus seinem eigenen Land. Sie führen Kampfer, Aloe, Gewürznelken, Sandelholz, Moschus, Kardamom, Kubebenpfeffer und vieles hier Ungenanntes aus.«[1] Oder Ende des 12. Jahrhunderts heißt es in einem chinesischen Bericht: »San-fo-ts'i liegt in dem Meer des Südens. Es ist der wichtigste Zwischenhafen auf den Seewegen der Ausländer, von She-p'o (Java) im Osten und den Ländern Ta-shi (Arabien) und Ku-lin (Quilon, an der Südwestküste Indiens) im Westen; sie alle laufen es auf ihren Wegen nach China an.«[2]

Erst im Jahr 1918 gelang dem damals noch jungen französischen Historiker George Coedès die entscheidende Entdeckung.[3] Er deutete den Namen Srivijaya (»der herrliche Sieg« bzw. »Siegreiche«), der im 7. und 8. Jahrhundert in Inschriften auf Sumatra und der Malaiischen Halbinsel genannt wird und bisher als Name eines unbekannten Königs gedeutet worden war, als den Namen eines Staates auf Sumatra und identifizierte dieses Srivijaya-Königreich mit jenem großen Seereich der arabischen und chinesischen Berichte. Diese erfolgreiche Identifizierung von Srivijaya mit »Sribuza«, »San-fo-ts'i« und anderen Toponymen mittelalterlicher Berichte darf zu Recht als zweite Geburtsstunde Srivijayas angesehen werden.[4] Seither gilt Srivijaya als eines der großen Reiche Südostasiens, das von Sumatra aus vom späten 7. bis ins 13. Jahrhundert über die westliche malaiische Welt und deren große maritime Handelswege, die Straße von Malakka und die Sunda-Straße (zwischen Sumatra und Java), herrschte, durch die sich der internationale Seehandel hindurchzog, der den Vorderen Orient mit Indien und China verband.

Zu Recht wird Srivijaya von Historikern bisweilen als Thalassokratie oder »Seemacht« bezeichnet. Denn im Gegensatz zu den großen zeitgenössischen Landmächten festländisch Südostasiens, wie etwa jenen von Angkor in Kambodscha oder Pagan in Burma, deren wirtschaftliche Grundlage hochentwickelter Reisanbau war, lag die Macht Srivijayas in seiner Fähigkeit begründet, den internationalen Seehandel gleichermaßen zu kontrollieren wie an ihm zu partizipieren. Dabei ging es für Srivijaya vor allem darum, seine Stellung als wichtigster Zwischenhafen (»port-of-call«) in der Straße von Malakka zu wahren und unliebsame Konkurrenz benachbarter Häfen und Piraten soweit wie möglich auszuschalten. So berichtete Anfang des 13. Jahrhunderts der Chinese Chau Ju-kua in seiner berühmten »Beschreibung der Barbarenvölker« *(Chu-fan-chi)*, daß Srivijaya in früheren Zeiten zur Kontrolle der Gewässer und zur Abwehr von Piraten Eisenketten als Barrieren eingesetzt habe, die nur bei der Ankunft von friedfertigen Handelsschiffen herabgelassen wurden. Sollte jedoch ein Handelsschiff versuchen, Srivijaya nicht anzulaufen, so standen bewaffnete Boote zum Angriff bereit, deren Besatzungen bereit waren, für die Aufbringung des Schiffes selber in den Tod zu gehen. Und Chau Ju-kua schloß seinen Bericht mit der vielsagenden Bemerkung: »Dies ist der Grund, warum dieses Land ein so bedeutendes Zentrum des Seehandels ist.«[5] Diese Mittel »staatlicher Piraterie« waren aber bereits deutliche Vorboten des Niedergangs der Seemacht Srivijayas im 13. Jahrhundert.

In den vergangenen zwei Jahrzehnten haben jedoch Historiker Zweifel an den bisherigen Darstellungen erhoben, die Srivijaya als ein Großreich mit starker Zentralmacht interpretieren, das kontinuierlich über ein halbes Jahrtausend von Palembang/Srivijaya aus die Vormacht über Sumatra und Teile der Malaiischen Halbinsel

Abb. 47 Palembang, Süd-Sumatra; Blick vom Bukit Seguntang.

ausgeübt habe. So scheint ein amerikanischer Historiker eher an einen Hanse-ähnlichen Städteverbund zu denken, wenn er betont, daß der Name Srivijaya eine Gruppe berühmter Seehäfen bezeichnet habe, deren König letztlich ein traditioneller Häuptling gewesen sei.[6] Und sogar O. W. Wolters, der Verfasser der beiden wichtigsten Monographien über die Geschichte Srivijayas,[7] kam unlängst zu dem Schluß, daß Srivijaya wegen der »offenkundigen Ungewißheit über seine geographische Ausdehnung und politische Identität ein treffendes Beispiel für das amorphe Wesen der großen (konzentrischen) Mandala-Staaten in der südostasiatischen Geschichte sei.«[8] Weiterhin wurde zeitweilig auch die Identifizierung Palembangs als Hauptstadt des Srivijaya-Reiches in Frage gestellt, da letztlich eben doch nur sehr wenige archäologische Funde aus den nahezu fünf Jahrhunderten bekannt sind, in der Palembang/Srivijaya diese Stellung eingenommen haben soll. Nachdem sich jedoch in den letzten Jahren bei Tiefbauarbeiten in Palembang bedeutende archäologische Funde häufen (so wurde z. B. eine großartige Ganesha-Skulptur in etwa 4 m Tiefe im Zentrum Palembangs entdeckt), geht man heute mehr und mehr davon aus, daß das alte Srivijaya buchstäblich unter der heutigen Stadt Palembang begraben liegt.[9]

Abb. 48 Palembang, Süd-Sumatra; heutiges Leben am Musi-Fluß.

Abb. 49 Palembang, Süd-Sumatra; Pfahlhäuser am Musi-Fluß.

Seehandel und frühe staatliche Entwicklung auf Sumatra

Bevor wir uns näher mit dem Aufstieg Srivijayas zur Vormacht Sumatras und mit seiner in der Tat wechselvollen Geschichte beschäftigen, ist es deshalb sinnvoll, einige eher grundsätzliche Gedanken über Probleme staatlicher Entwicklung und des Handels in der malaiischen Welt und im besonderen an der langen Ostküste Sumatras anzustellen. Der amerikanische Archäologe und Historiker Bronson entwickelte ein Modell, das für unser Verständnis des Handelsnetzwerkes und auch der staatlichen Strukturen Srivijayas und anderer indonesischer Handelsstaaten sehr aufschlußreich ist. Wie der Titel seines Aufsatzes besagt[10], beschreibt Bronson den Austausch von Handelswaren innerhalb eines idealtypischen südostasiatischen Flußsystems, das jedoch in Wirklichkeit dem Flußsystem des Musi sehr nahekommt, an dem Palembang/Srivijaya liegt. Die wichtigsten Akteure in diesem Netzwerk sind (siehe Abb. 1):

A ist das politische und wirtschaftliche Zentrum in der Mündungslandschaft des Hauptflusses, B und C sind zweit- und drittrangige Handelsplätze, die meist an den Mündungen von Nebenflüssen in den Hauptstrom liegen; die Orte D stellen die letzten Außenstationen des von A kontrollierten Handelsnetzwerkes dar und sind die eigentlichen Stapelplätze für die begehrten Waldprodukte, die von E und F gewonnen und nach D transportiert werden; X ist als Hauptabnehmer der eigenen (Wald)produkte und Lieferant begehrter Fertigwaren der große, ferne Handelspartner; A* ist der große Konkurrent in einem benachbarten Flußsystem, der letztlich die gleichen Voraussetzungen wie der Hauptort A für den Aufstieg zur »Seemacht« besitzt.

Die Lage eines Hauptortes A (wie z. B. Srivijaya/Palembang) und die topographischen Gegebenheiten seines Flußsystems weisen gleichermaßen Vor- und Nachteile für die Entstehung einer Thalassokratie auf. Zum einen verfügt der Hauptort über eine monopolähnliche Stellung im Handel mit den Produkten seines Hinterlandes, er hat weiterhin direkten Zugang zu einer großen maritimen Handelsstraße und ist gegen benachbarte Gegenspieler relativ gut durch fast undurchdringliche Dschungel- und Marschlandschaften geschützt. Zum anderen aber weisen diese »geschlossenen Flußsysteme« auch deutliche Nachteile für die Bildung größerer Staatenverbände auf. Die geographisch vorgegebenen »Schutzzonen« zu den benachbarten Flußsystemen stellen eben auch Barrieren gegen eigene Expansionen dar, und das bergige Hinterland mit seinen Handelswaren ist von Stämmen bewohnt, die sich dem direkten Zugriff von A weitgehend entziehen. Die Organisation der Handelsbeziehungen innerhalb dieser Flußsysteme und deren Einbeziehung in den internationalen maritimen Handel weist weiterhin eine Reihe interessanter Strukturmerkmale auf, die für die politische Organisation aller großen

Abb. 50 Palembang, Garten des Palast-Museums, Süd-Sumatra; Statue des elefantenköpfigen Gottes Ganesha, Sandstein, wohl 10./11. Jahrhundert. Diese Figur kam erst vor wenigen Jahren bei Bauarbeiten zutage.

und kleinen »Seemächte« Südostasiens und für Srivijaya im besonderen Maße bezeichnend waren. So gelang es zwar dem Hauptort A meist ohne Schwierigkeiten, die Orte B und C als wichtige Zwischenstationen des Handelsnetzwerkes und als Sitz lokaler Verwaltung unter seine direkte Kontrolle zu bringen. Die fernen, oft bereits am Fuße der Berge gelegenen Stapelplätze D lagen jedoch häufig schon außerhalb einer direkten Kontrolle durch die Küstenstadt A. Die wirtschaftlichen und politischen Beziehungen zu den fernen Stapelplätzen D mußten daher über die Zwischenorte C und B abgewickelt werden. Die Sammler der Waldprodukte in den Gebieten E und F entzogen sich dagegen stets gänzlich jeglicher Kontrolle oder gar politischer Herrschaft der Küstenstadt A. Deren Mitwirkung an dem Netzwerk und damit ihre Lieferung der für A lebenswichtigen Handelsgüter beruhte einzig auf Freiwilligkeit und dem Anreiz, durch Tauschhandel begehrte Waren, insbesondere Prestigegüter für ihre Stammesfürsten, zu erlangen, wie z. B. chinesisches Porzellan oder javanische Bronzeartikel. Solange A in der Lage war, den Ablauf der Handelsströme innerhalb des eigenen Flußnetzes sicherzustellen und seine Handelswaren in den internationalen Handel einzubringen und ausländische Schiffe zum Anlaufen seines Hafens zu gewinnen, blieb seine Stellung unangefochten. Doch die an den Mündungen der großen Flüsse Südostasiens gelegenen Handelsorte verfügten nur selten über die Macht, die Vormachtstellung, die sie innerhalb ihres eigenen Flußsystemes innehatten, auch auf benachbarte Flußsysteme und deren Hafenstädte auszudehnen und ihnen die »terms of trade« zu diktieren. Statt dessen drohte ihnen von der Konkurrenz dieser benachbarten Hauptorte A* stets eine große Gefahr. Denn sie verfügten über vergleichbare Handelsnetzwerke innerhalb ihrer jeweiligen eigenen Flußsysteme und hatten häufig sogar auch die gleichen Handelswaren anzubieten.

Chinas Rolle im Seehandel Südostasiens

Den eigentlichen unberechenbaren Faktor für den Hauptort A stellten jedoch die fernen Handelspartner X dar. Für Südostasien waren dies stets China und erst in zweiter Linie Händler aus Indien, dem Vorderen Orient und, seit der frühen Neuzeit, aus Europa. Die Instabilität einzelner südostasiatischer »Seemächte« lag wesentlich in ihrer Abhängigkeit von diesen fernen Handelspartnern begründet, die letztlich ohne größere Verluste für ihre eigenen Geschäfte die Hafenstadt A fallenlassen und statt dessen deren Konkurrenz A* anlaufen konnten. Nicht minder gefährlich konnte es sein, wenn X versuchen sollte, unter Umgehung des küstennahen Vorortes A direkten Kontakt mit den flußaufwärts gelegenen Orten B/C oder gar D aufzunehmen, um damit näher – und billiger – an die direkten Erzeuger bzw. Sammler der erwünschten Handelswaren heranzukommen. Die eingangs erwähnten eisernen Ketten wird Srivijaya wohl eher in den Flußläufen gegen ebendiese Übergriffe eingesetzt haben denn gegen Piraten auf offener See, wie dies der chinesische Bericht zu suggerieren scheint. Dennoch stellten die berühmten »Seenomaden« *(orang laut)* der malaiischen Welt wegen ihrer großen Mobilität stets einen weiteren, schwer kalkulierbaren Faktor für alle Hafenstädte Südostasiens dar.[11]

All diese Überlegungen lassen erahnen, in welch grundsätzlich prekärer Situation sich diese Handelsstädte an den Küsten Südostasiens befanden und welche Optionen ihnen offenstanden, ihre eigene Postion zu festigen und gegebenenfalls weiter auszubauen. Das am häufigsten angewandte Mittel aller Städte und Staaten Südostasiens und damit auch Srivijayas war es, Gesandtschaften nach China zu entsenden, um sich des Wohlwollens des kaiserlichen Hofes und insbesondere seiner hohen Beamten in den chinesischen Hafenstädten zu vergewissern, um günstige Handelsbedingungen auszuhandeln. Die kaiserlichen Annalen, die diese Besuche und die Bitten der Gesandten sowie deren Geschenke meist getreulich aufzeichneten, sind voller derartiger Berichte und stellen deshalb Quellen von unschätzbarem Wert für die Geschichte Südostasiens dar. Interessant ist es auch zu erfahren, welche Tributgaben die Botschafter der »südlichen Barbarenvölker« dem Kaiser von China überbrachten. So berichten uns die Annalen der Song-Dynastie von einer Gesandtschaft Srivijayas im Jahr 974: »Sie brachten als Tribut Elfenbein, Weihrauch, Rosenwasser, Datteln, Pfirsiche, weißen Zucker, Kristall-Fingerringe, Glasflaschen und Korallen.« Es läßt sich unschwer erkennen, daß Srivijaya eine Reihe dieser Tributgaben aus dem Handel mit den Ländern des Westens erworben hatte. An anderen Stellen werden oft Parfum, Medizin und Rhinozeroshorn, jenem noch heute in Ostasien so begehrtem Aphrodisiakum, als Gaben Srivijayas genannt.[12]

Ein Bericht über eine Gesandtschaft des kleinen Fürstentums Ho-la-tan auf Java aus dem Jahre 430 n. Chr. ist in Hinblick auf die Wünsche der Fürsten Südostasiens besonders aufschlußreich. Durch seine Gesandten ließ der javanische Fürst dem Kaiser Wen-ti vermelden: »Mein Land hatte einst eine große Bevölkerung und war wohlhabend. Mein Land wurde nie zuvor von anderen Ländern bedrängt. Nun aber hat sich die Lage verändert, und wir wurden schwach. Meine Nachbarn wetteifern miteinander in ihren Angriffen auf mich. Wir bitten Eure Majestät, uns [auch] von weitem Schutz zu gewähren. Wir hoffen auch, daß es keine Handelsrestriktionen geben wird, die das Kommen und Gehen [unserer Händler] behindern werden. Wenn Ihr uns wohlgesinnt seid, so hoffen wir, daß Ihr Botschaften aussenden werdet, um diesen Ländern anzuordnen, uns nicht mehr schlecht zu behandeln, damit der Ruhm Eurer Majestät als Beschützer der Schwachen überall gepriesen werde. [Weiterhin] hoffen wir, daß Ihr Eure Beamten in Kanton (dem wichtigsten chinesischen Hafen für Überseehandel) anweisen werdet, unsere Schiffe wieder zurückzuschicken, ohne sie auszurauben und zu beschädigen. Wir wünschen, von nun an jedes Jahr Botschaften [an Euch] zu entsenden.«[13]

Der chinesische Hof scheint derartige Bitten um politische oder gar militärische Unterstützung bedrängter Bittsteller aus Südostasien bestenfalls wohlwollend registriert, jedoch nahezu nie erfüllt zu haben. Mag China auch selten »als Beschützer der Schwachen« aktiv geworden sein, so gefiel es sich doch darin, als »Reich der Mitte« in der Rolle des Schiedsrichters der »Barbaren des Südens« angerufen zu werden. Denn durch seine Politik, politisches Wohlverhalten durch wirtschaftliche und politisch-rituelle »Mehrbegünstigung« zu belehnen, hielt sich China stets die Option offen, sich seine eigenen Handelspartner auszuwählen. Der Gewinn derartiger Gesandtschaften – insbesondere für kleine Fürstentümer Südostasiens – lag vielmehr darin, daß sie überhaupt an den chinesischen Hof vorgelassen und nicht monatelang in Kanton aufgehalten wurden, um am Ende ihre Botschaft nur von dort aus an den Hof übermitteln lassen zu dürfen. Der Erfolg einer Gesandtschaft und damit die Wertschätzung, die ihr der kaiserliche Hof entgegenbrachte, ließ sich an dem Wert der Geschenke messen, die der Kaiser meist persönlich für den Fürsten bestimmte und über die uns die chinesischen Annalen ebenfalls genau berichten. So kehrten im Jahr 962, wie wir aus den Annalen der Song-Dynastie erfahren, Botschafter Srivijayas reich beschenkt aus China zurück: »Sie erhielten einen schwarzen Yakschwanz (ein bedeutendes Herrschaftszeichen), weißes Porzellan, Silbergerät, eine Seidenkordel und zwei Sättel und Zügel.«[14] Man wird wohl annehmen dürfen, daß die fürstlichen Empfänger diese Gaben und Ehrungen ihren mißtrauischen und staunenden Nachbarn in Südostasien die Kunde von dieser bevorzugten Behandlung ihrer Gesandtschaften am kaiserlichen Hof nicht lange vorenthielten.

In dem Hanse-ähnlichen System konkurrierender Hafenstädte und Fürstentümer Südostasiens dürften diese Gesandtschaften und der mit ihnen verbundene Prestigegewinn sowie die Bestätigung alter und der Gewinn neuer Privilegien im Handel mit China ihre Wirkung nicht verfehlt haben. Dennoch boten sie, wie uns die Geschichte Südostasiens zeigt, keinen hinreichenden Schutz gegen Gefahren, die insbesondere über See von jenen benachbarten Städten oder Fürstentümern ausgingen, die im Bronsonschen Modell als A* nahezu über die gleichen geographischen Voraussetzungen für einen erfolgreichen Aufstieg zu einer neuen Seemacht verfügten. Diese Gefahr konnte letztlich nur durch den Einsatz militärischer Mittel gebannt werden. Zwar verfügten die frühen Staaten Indonesiens kaum über nennenswerte stehende Heere, jedoch wissen wir aus chinesischen Quellen, daß sie in der Lage waren, in kürzester Zeit schlagkräftige Armeen und Flottillen aufzustellen. Vor allem die Truppen Srivijayas waren gefürchtet. Über sie berichtet Chau Ju-kua selbst noch im 13. Jahrhundert, als Srivijaya den Zenit seiner Macht bereits überschritten hatte: »Sie besitzen große Fähigkeiten im Kampf zu Wasser und zu Land. Bevor sie in einen Krieg gegen einen anderen Staat ziehen, versammeln sie eine dem Anlaß angemessene Streitmacht. Sie ernennen Häuptlinge und Führer, die alle ihre eigene militärische Ausrüstung und Versorgung stellen. Im Angriff und Todesmut finden sie unter den anderen Völkern nicht ihresgleichen.«[15]

Bei diesen kriegerischen Auseinandersetzungen ging es

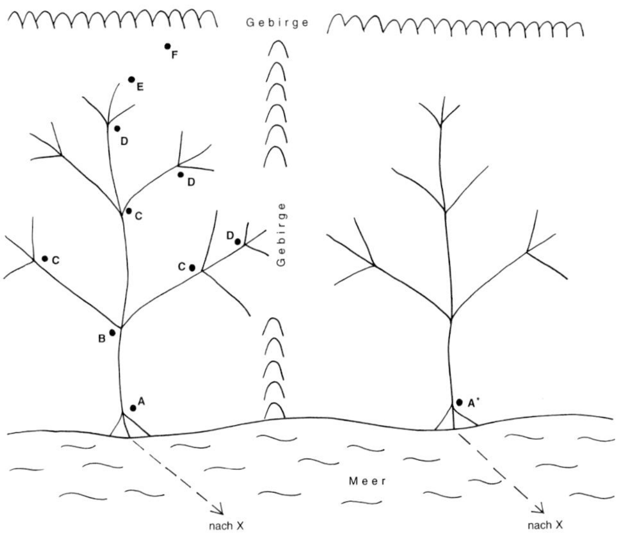

Abb. 51 Schema des Handelsaustausches in Südostasien (nach: Bronson 1977, Zeichnung: C. Sender).

Abb. 52 Süd-Sumatra; Schwemmlandebene bei Palembang.

jedoch zunächst weniger um eine Vernichtung und völliges Ausschalten des gegnerischen Konkurrenten als vielmehr um dessen Unterwerfung und Integration in das eigene politisch kontrollierte Handelsnetzwerk. Den unterworfenen Hafenstädten blieb es weiterhin gestattet, ihren eigenen Handel zu betreiben, jedoch hatten sie durch jährliche Tributgaben und bisweilen auch durch Verheiratung ihrer Töchter an den Hof des siegreichen Fürsten dessen Stellung als *primus inter pares* unter den konkurrierenden Hafenstädten anzuerkennen. Weiterhin hatten sie alle Aktivitäten zu unterlassen, wie etwa die Entsendung eigener Gesandtschaften an den chinesischen Hof, die die Vorherrschaft des Siegers erneut in Frage stellen würde. Dennoch versuchten, wie wir bereits sahen, bedrängte und in Einzelfällen auch besiegte Fürsten durch erneute Gesandtschaften an den chinesischen Hof ihr Schicksal zu wenden. Dem Fürsten der einst siegreichen Hafenstadt A verblieben in dieser Situation nur die traditionellen Mittel erneuter überfallartiger Kriegszüge gegen A* und die Entsendung eigener Gesandtschaften an den chinesischen Hof. Um zu regionaler Vormacht aufzusteigen, war es jedoch unumgänglich, zumindest eine benachbarte Hafenstadt dauerhaft zu annektieren und die Stellung des siegreichen Fürstenhau-

Abb. 53 Süd-Sumatra; am Lematang mit Blick auf die Vorberge des Barisan-Gebirges.

ses und seiner Hafenstadt durch neue Herrschaftsmittel deutlich über jene seiner konkurrierenden Nachbarn zu erheben.

Der Einfluß Indiens

Diese frühstaatliche Entwicklung, der Aufstieg einzelner traditioneller Häuptlingstümer und prosperierender Hafenstädte zur regionalen Vormacht hing in Südostasien eng mit einem Prozeß zusammen, der unter dem Namen »Indisierung« bekannt ist.[16] Aus dem unverkennbar tiefen Einfluß Indiens auf alle kulturellen Bereiche und auch auf die Staatslehre in Südostasien seit den frühen Jahrhunderten n. Chr. glaubten Historiker, insbesondere in Indien, lange Zeit, vorschnell auch den Rückschluß ziehen zu können, daß diese »indisierten« Staaten Indiens von indischen Fürsten begründet und beherrscht worden seien. Inzwischen wissen wir jedoch, daß es – mit einer möglichen Ausnahme in der frühen Geschichte Kambodschas – keine *indischen* Staaten in Südostasien gegeben hat. Neuere Forschungen zeigen, daß die Ausbreitung der indischen Kultur nach Südostasien weitgehend auf die Initiative einheimischer Für-

Abb. 54 Darstellung eines Auslegerschiffes am Borobudur, 8./9. Jahrhundert.

sten zurückging, die bemüht waren, durch Übernahme indischer Kultur und insbesondere ihres hinduistisch-buddhistischen Königtums und seiner Herrschaftssymbole ihre eigene Position in dem gerade geschilderten Konkurrenzkampf der aufstrebenden traditionellen Häuptlingstümer der Küsten- und Inlandstaaten zu stärken. Damit bestätigt die neuere Forschung letztlich die damals geradezu revolutionäre These des jungen holländischen Historikers J. C. van Leur, der bereits 1934 in seiner Dissertation über den asiatischen Handel zu der Schlußfolgerung gelangt war: »In ihrem Versuch, ihre eigenen Interessen im internationalen Handel – vor allem gegenüber den indischen Händlern – zu legitimieren, ihre Staaten zu organisieren und ihre Untertanen zu domestizieren, riefen sie [die frühen Fürsten Indonesiens] die indische Zivilisation in den Osten oder, in anderen Worten ausgedrückt, sie beriefen die brahmanische Priesterschaft an ihre Höfe.«[17] Die Geschichte Srivijayas stellt ein großartiges Beispiel dar für den Aufstieg eines südostasiatischen Küstenstadtstaates im Zeichen konkurrierender lokaler Kleinstaaten um Anteile am internationalen Seehandel. Sie zeigt weiterhin, welche Rolle in diesem Prozeß die indische Kultur und die chinesische Hegemonialmacht spielten.

Abb. 55 Tempelanlage von Muara Jambi, Süd-Sumatra; Candi Gumbung, 10.–13. Jahrhundert.

Abb. 56 Tempelanlage von Muara Jambi, Süd-Sumatra; Candi Tinggi, 10.–13. Jahrhundert.

Srivijayas Aufstieg zur Vormacht Sumatras im 7. Jahrhundert

Der Aufstieg Srivijayas zur regionalen Vormacht über die westliche malaiische Inselwelt im späten 7. Jahrhundert ist in einzigartig günstiger Weise durch eine Reihe von malaiischen Inschriften und durch die ausführlichen Berichte I-chings, einem der großen chinesischen buddhistischen Pilger, dokumentiert.[18] I-ching unterbrach 671 seine Reise zu den indischen heiligen Stätten des Buddhismus und verweilte ein halbes Jahr in Srivijaya, um sich hier auf seinen Aufenthalt in Indien vorzubereiten. Nachdem er etwa 15 Jahre in Indien verbracht hatte, ließ er seine buddhistischen Glaubensbrüder in China wissen, daß es in der »befestigten Stadt Bhoja (Srivijaya) mehr als tausend buddhistische Mönche gibt, deren Sinne auf das Studium [der heiligen Texte] und auf gute Werke ausgerichtet sind. Sie prüfen und studieren alle möglichen Bereiche [der Lehre], die in gleicher Weise auch im ›Mittelland‹ (Indien) existieren. Ihre Mönchsregeln und Riten sind [jenen Indiens] gleich. Falls ein chinesischer Mönch in den Westen [nach Indien] zu gehen wünscht, um dort [die buddhistischen Werke] zu hören und zu lesen, so wäre er klug, wenn er sich [zu-

Abb. 57 Tempelanlage von Muara Jambi, Süd-Sumatra; Blick auf das weitläufige Areal, im Hintergrund Candi Gumbung, 10.–13. Jahrhundert.

nächst] ein bis zwei Jahre in Srivijaya aufhalten würde, um hier die richtigen Regeln zu praktizieren und dann nach Indien zu gehen.«[19] Srivijaya muß demnach im späten 7. Jahrhundert bereits eine bedeutende Stätte buddhistischer Gelehrsamkeit gewesen sein. Nach seiner Rückkehr aus Indien im Jahr 685 hielt er sich nochmals vier Jahre in Srivijaya auf, um dort die aus Indien mitgeführten buddhistischen Texte ins Chinesische zu übersetzen. 689 reiste er kurz nach China, um vier weitere Hilfskräfte für seine Übersetzertätigkeit in Srivijaya bis 695 anzuwerben.

Für unsere Kenntnisse über den Aufstieg Srivijayas zur Vormacht in Sumatra ist eine Bemerkung I-chings über Malayu/Jambi (der Ort A* im Bronsonschen Modell!) überaus wichtig. Malayu hatte bereits im Jahr 645, also Jahrzehnte vor Srivijaya, eine Gesandtschaft nach China entsandt. Auf seinem Hinweg nach Indien hatte sich I-ching auf der Weiterfahrt von Srivijaya im Jahre 671 dort wegen widriger Winde bereits zwei Monate aufgehalten. Nach seiner Rückkehr nach Srivijaya im Jahr 689 berichtete er jedoch, daß Malayu jetzt zu Srivijaya gehöre.[20] Es sind genau diese Jahre, aus denen auch die Inschriften auf Sumatra von einer ungewöhnlichen Expansion Srivijayas berichten.

Das Corpus der bisher entdeckten frühen Inschriften Srivijayas besteht aus sieben umfangreichen Inschriften, von denen drei in Palembang und dessen unmittelbarer Umgebung gefunden wurden. Die Fundorte der vier übrigen Inschriften umgeben die Hauptstadt kreisförmig in einem Abstand von etwa 250 km. Weiterhin wurden in Srivijaya/Palembang die Fragmente fünf weiterer Inschriften entdeckt. Diese Inschriften stellen die ältesten schriftlichen Dokumente der malaiischen Sprache dar. Ihre Herausgabe und überaus schwierige Übersetzung, die in einigen Einzelheiten noch immer nicht ganz abgeschlossen ist, ist das bewundernswerte Werk einer wahrlich internationalen Gemeinschaftsarbeit französischer, holländischer und indonesischer Historiker.[21] Die Inschriften stammen, soweit sie datiert sind, alle aus den achtziger Jahren des 7. Jahrhunderts und dürften alle von Jayanasha, dem Fürsten *(datu)* von Srivijaya, stammen. Sein Name wird jedoch nur in einer Inschrift ausdrücklich genannt, während er in den anderen seine Anordnungen meist in der ersten Person erteilt. Einige künden von seinen großen Taten, während der überwiegende Teil furchtbare Verfluchungen illoyaler Fürsten enthält. Die älteste datierte Inschrift aus dem Jahr 682 berichtet von einem Kriegszug zu Wasser und zu Lande, der Srivijaya Sieg *(wijaya)* gebracht habe. Bisweilen wird angenommen, daß der Name Srivijaya (»der herrliche Sieg«) auf diesen Sieg zurückgehe. Vier Jahre später verkündet eine Inschrift auf der Insel Bangka, daß Srivijaya eine Expedition nach Java entsandt habe. Vermutlich war sie gegen das west-javanische Fürstentum Taruma gerichtet, das uns aus der Mitte des 5. Jahrhunderts durch eine Reihe von Sanskrit-Inschriften aus der Nähe von Bogor bekannt ist. Aus denselben Jahren dürften auch jene undatierten Inschriften stammen, die im Umkreis von etwa 250 km um Palembang in strategisch wichtigen Gebieten von der Macht Sriviyayas künden und aufsässigen Häuptlingen und Fürsten mit schwerer Strafe drohen. Ihre Fundorte liegen oberhalb von Malayu/Jambi, ferner auf der Insel Bangka in der Straße von Malakka und an der Südspitze Sumatras im Bereich der Sunda-Straße. Sie alle sind Zeugen einer offensichtlich planmäßigen Expansionspolitik Srivijayas. Offenbar ging es zum einen darum, die beiden wichtigen maritimen Handelswege unter die Kontrolle Srivijayas zu bringen. Zum anderen zielte die Expansion Srivijayas darauf ab, Malayu/Jambi und Java als stärkste Gegenspieler an diesen Seestraßen auszuschalten. Hiervon künden die in der Bangka-Inschrift erwähnte Expedition gegen Java und der in der Inschrift des Jahres 682 erwähnte Angriff zu Land und Wasser, der sich vermutlich gegen Malayu/Jambi gerichtet haben dürfte. Diese Annahme wird durch den Bericht des chinesischen Mönches I-ching bestätigt, in dem es heißt, daß Malayu zwischen 671 und 689 von Srivijaya unterworfen wurde.

Inschriften als Herrschaftsinstrument Srivijayas

Die Inschriften des Fürsten von Srivijaya dienten jedoch keineswegs nur der Verkündung seiner großen Taten, siegreiche Expeditionen ausgesandt oder einen öffentlichen Park in Talang Tuwo bei Palembang zum Wohlergehen der Menschheit gestiftet zu haben. Ein Blick auf die Inschriften in den Außenregionen und insbesondere auf jene von Telaga Batu (Sabokingking) in Palembang zeigt, daß diese Inschriften mit ihren Verfluchungen und grauenvollen Strafandrohungen gegen illoyale Fürsten vor allem ein Herrschaftsinstrument des Fürsten von Srivijaya waren, dessen Position offenbar noch keineswegs so gesichert war, wie dies die Lobpreisung seiner Ruhmestaten erwarten ließe. Während die vier Inschriften in den Außenregionen eine nahezu wortgleiche Kurzfassung der Eides- und Selbstverfluchungsformeln enthalten, werden diese in der Telaga Batu-Inschrift in der Hauptstadt in ihrer ganzen Länge wiedergegeben.
Die Telaga Batu-Inschrift (Kat. 7) stellt die umfangreichste Inschrift Srivijayas dar und gehört sicherlich zu den beeindruckendsten politischen Dokumenten des vormodernen Südostasien. Ihre ungewöhnliche Größe und äußere Erscheinung – sie ist 148 × 157 cm groß, wird von einer siebenköpfigen Kobraschlange[22] überragt und steht auf einem Podest, dessen Mitte einen Wasserabfluß in Form einer *yoni* (Vagina) aufweist – erklären sich aus ihrer Funktion: Angehörige des Hofes, Fürsten und Häuptlinge des Reiches hatten das Wasser zu trinken, das beim Verlesen der Schwüre (bzw. der Selbstverfluchungen bei deren Nichteinhaltung) über die Inschrift gegossen wurde. Die Inschrift beginnt mit einer Liste von etwa zwei Dutzend verschiedenen Amtsträgern und Dienern, die von Kronprinzen über Häuptlinge, Heeresführer, Richter, Aufseher, Schlachter, Schiffskapitäne und Händler bis hin zu königlichen Wäschern und Sklaven reicht. Es folgt dann eine Aufzählung aller nur denkbaren Verbrechen gegen den Fürsten von Srivijaya. Die Amtsträger und Diener hatten zu schwören, diese Verbrechen nicht zu begehen, andernfalls würden sie mit dem Tode bestraft. In einigen Fällen heißt es sogar aus-

Abb. 58 Tempelanlage von Muara Jambi, Süd-Sumatra; Stupa-Reihen am Candi Gumbung, 10.–13. Jahrhundert.

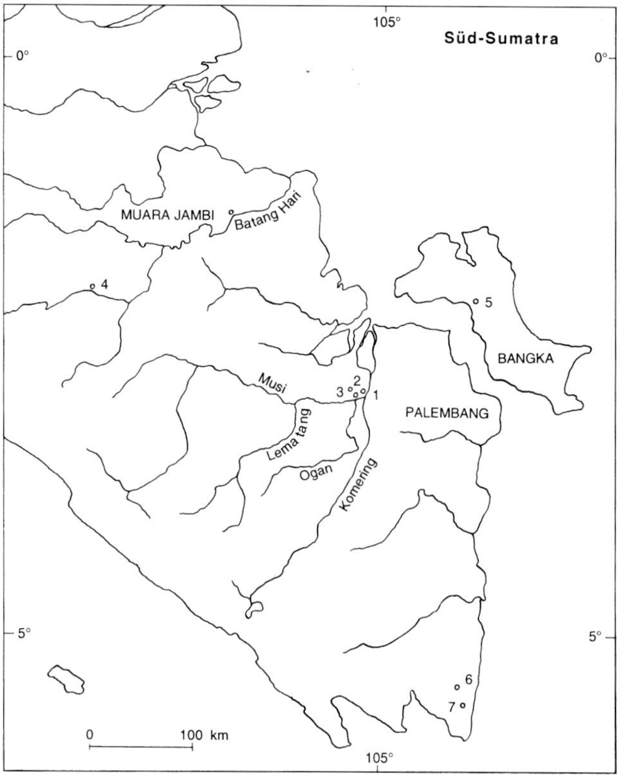

Abb. 59 Fundorte von Inschriften aus der Frühzeit von Shriwijaya (nach: Kulke 1993; Zeichnung: C. Sender):

1.–3. Inschriften in Palembang	*4.–7. »Mandala«-Inschriften*
1. Sabokingking (Telaga Batu)	*4. Karang Brahi*
2. Kedukan Bukit	*5. Kota Kapur*
3. Talang Tuwo	*6. Desa Jabung*
	7. Palas Pasemah

drücklich: »Du wirst durch den Schwur (bzw. Fluch – *mammam*) getötet werden, der von dir getrunken wurde.« Als besonders schweres Verbrechen galten Verschwörungen mit den Feinden Srivijayas, um den Kraton, seine Schätze und »königlichen Frauen« *(bini haji)* auszuspionieren oder gar zerstören zu wollen. Nicht minder hart bestraft wurden alle Versuche, das Volk aufzuwiegeln oder gar durch Zauberei zum Wahnsinn zu treiben – eine offenbar sehr gefürchtete Gefahr, wenn man bedenkt, daß der Begriff »Amok laufen« der malaiischen Sprache entstammt. Besonders harte Strafen wurden Angehörigen des Hofes und der eigenen Familie des Fürsten angedroht, falls sie sich mit Feinden außerhalb des Reiches gegen den Fürsten Srivijayas verbünden. In diesem Fall heißt es gar: »Du wirst zusammen mit deinen Kindern und Frauen verspeist *(nimakan)* werden!« Ob es sich hierbei um eine Androhung rituellen Kannibalismus handelt oder »nur« mit dem Tod durch die siebenköpfige Kobraschlange gedroht wird, ist unklar und in unserem Zusammenhang letztlich irrelevant. Anzunehmen ist dagegen, daß diese Form erzwungener Selbstverfluchung ihre Wirkung zumindest zeitweise nicht verfehlt haben dürfte! In der eingangs geschilderten Situation prekärer Vorherrschaft im eigenen Flußsystem und über seine Nachbarn bedurfte der Herrscher Srivijayas offenbar dieses eigenwilligen neuen »Herrschaftsinstrumentes«, das er systematisch in seiner Hauptstadt und in den jüngst unterworfenen Außenregionen einsetzte.

Eine systematische Analyse der Inschriften des Fürsten Jayanasha ergibt ein relativ klares Bild von der Struktur des Srivijaya-Staates in dieser Frühphase seiner regionalen Vorherrschaft in Sumatra.[23] Srivijaya verfügte mit seiner »Hauptstadt« demnach über ein starkes Zentrum, das umgeben war von konzentrischen Kreisen stufenförmig abnehmender politischer Macht. Innerhalb des Zentrums war die Herrschaft des Fürsten von Srivijaya nahezu absolut und unangefochten. Es bestand aus einem von Palisaden befestigten Kraton *(kadatuan)* und einer semiurbanen Zone *(wanua)*. In ihr befanden sich die in Inschriften genannten Klöster und Parkanlagen sowie Märkte und Hafenanlagen. Im Hinterland dieses Kerngebietes, in dem weitverzweigten Flußsystem des Musi, waren die »Herren und Sklaven« *(huluntuhan)*, also die Amtsträger und Diener des Fürsten von Srivijaya, zwar tätig, mußten sich die Ausübung der tatsächlichen Macht in den Dörfern jedoch mit deren Häuptlingen *(datu)* teilen. Diese Zone direkter, wenn auch abgestufter Machtausübung endete abrupt an den natürlichen Grenzen des Musi-Flußsystemes. In den neu eroberten Außenregionen jenseits dieses Kerngebietes herrschten weiterhin die einheimischen Fürsten. Die politische Hegemonie Srivijayas beschränkte sich in diesen Gebieten auf die Androhung militärischer Gewalt *(bala)* sowie auf die nicht immer sehr erfolgreichen Versuche, Angehörige des Fürstenhauses von Srivijaya dort dauerhaft zu stationieren, und auf das ungewöhnliche Mittel, die Loyalität der einheimischen Fürsten durch Eidesleistung zu erzwingen. Langfristig wird es jedoch wichtiger und sicherlich auch erfolgreicher gewesen sein, sich der Loyalität dieser lokalen Eliten durch Partizipation am prosperierenden Handel der neuen regionalen Vormacht Srivijaya zu vergewissern.

Jedoch gerade in dieser frühstaatlichen Entwicklung, in der egalitäres Stammesbewußtsein noch stark entwickelt war, bedurfte politische Herrschaft über jene

Abb. 60 Blick auf die Wasserstraße von Malakka von der ehemaligen portugiesischen Festung aus.

Gebiete, die außerhalb des eigenen Stammlandes lagen, neuer Herrschaftsmittel und zusätzlicher Legitimation. Wie wir bereits betonten, ist es genau diese Situation, in der indischer Einfluß in Südostasien erheblich an Bedeutung gewann. I-chings Berichte künden von dem hohen Stand buddhistischer Gelehrsamkeit in Srivijaya, die auch durch zahlreiche Funde buddhistischer Bronze- und Steinskulpturen in der näheren Umgebung von Srivijaya Bestätigung finden. In dieser Hinsicht ist insbesondere der Bukit Siguntang zu nennen, in dem O. W. Wolters wegen der dortigen zahlreichen Funde von Skulpturen und der heute allerdings gänzlich zerstörten Stupa den »heiligen Berg« Srivijayas vermutet.[24] Mit seiner urbanen, kosmopolitischen Anhängerschaft war der Buddhismus besonders geeignet, Handel und internationale Beziehungen zu fördern, die Südostasien sowohl mit Indien als auch mit China verbanden. Dies scheint schon im Jahre 502 n. Chr. der Fürst von Kan-t'o-li, einer frühen Hafenstadt an der Ostküste Sumatras, erkannt zu haben. Denn in diesem Jahr berichten die kaiserlichen Annalen der chinesischen Lian-Dynastie von dem Traum des Fürsten, in dem ihm ein buddhistischer Priester ver-

Abb. 61 Karte von Südostasien, 16. Jahrhundert (nach: Ortelius, Theatrum Orbis Terrarum 1594).

kündete: »China hat nun einen heiligen [buddhistischen] Herrscher, und nach zehn Jahren wird sich die Lehre Buddhas noch großartiger weiter verbreitet haben. Wenn Du Botschafter aussendest, um Tribute zu überbringen, und [dem Kaiser] Deine Verehrung erweist, so wird Dein Reich florieren und glücklich sein, und ausländische Händler werden es in hundertfach erhöhter Zahl aufsuchen.«[25] Während der orthodoxe Hinduismus Reisen über das Meer mit religiös-gesellschaftlichen Sanktionen bis hin zum Kastenausschluß belegte, gab der Buddhismus Seefahrern den Bodhisattwa Awalokiteshwara (vgl. Kat. 9) als Schutzpatron für Reisende mit auf den Weg. Es ist daher nicht verwunderlich, daß sich der Buddhismus gerade in den Küstenregionen und Hafenstädten Südostasiens ausbreitete.[26] Die bekanntesten Beispiele sind die buddhistischen Votivinschriften von Kedah, von denen eine eine Steintafel mit einem prachtvollen Stupa zeigt und deren Inschrift von einem »Großkapitän« *(mahanawika)* Buddhagupta berichtet. Und erst unlängst löste eine bereits 1873 entdeckte Felsinschrift auf der indonesischen Insel Karimun südwestlich Singapurs eine erneute Diskussion aus, ob ihr Verfasser Gautama, der sich als ein Angehöriger der buddhistischen Mahayana-Sekte bezeichnet, ein Pandit (Priester) aus

Bengalen oder ein Häuptling der örtlichen Seenomaden *(orang laut)* gewesen sei.[27]
Ein weiteres Anzeichen für den Willen des Fürsten von Srivijaya, den indischen Einfluß politisch nutzbar zu machen, ist die Tatsache, daß er erstmals und dann auch gleich in ungewöhnlich großer Zahl Inschriften verfassen ließ. In diesem Zusammenhang ist besonders erwähnenswert, daß in diesen Inschriften nahezu alle Titel höherer Angehöriger des Hofes und seiner Verwalter sowie Begriffe staatlicher Administration der indischen Sanskrit-Sprache entnommen sind. Offenbar ging es darum, den Hofstaat Srivijayas aufzuwerten und nach indischem Vorbild zu organisieren. Eine bezeichnende Ausnahme bildet jedoch der traditonelle malaiische Häuptlingstitel *Datu*, den alle traditionellen Autoritäten wie Dorfvorsteher, Fürsten und Angehörige des Fürstenhauses und auch der Herrscher Srivijayas trugen. Die Tatsache, daß Jayanasha in seinen Inschriften nicht den indischen Titel *Raja* oder gar »Großkönig« *(Maharaja)* annahm, kann kein Zufall sein. Offenbar ging es ihm darum, auch weiterhin seine traditionelle Führungsrolle als *Datu* von Srivijaya wahrzunehmen. Dieses Beispiel zeigt deutlich, daß indischer Einfluß keineswegs immer zur Verdrängung indigener Kulturen führte. Indische Kultur wurde von den Fürsten Südostasiens besonders dann als ein zusätzliches Mittel eingesetzt, wenn dies der Stärkung und Legitimation ihrer Herrschaft nützte.
Jayanasha dürfte auch der erste Herrscher Srivijayas gewesen sein, der sich des weiteren »typischen« Herrschaftsmittels südostasiatischer Herrscher bediente: Er sandte die ersten Gesandtschaften Srivijayas an den chinesischen Hof. Bereits in den Jahren 670–673, möglicherweise in direktem Zusammenhang mit dem mehrmonatigen Aufenthalt I-chings in Srivijaya, vermelden die chinesischen Annalen in Kürze Besuche aus Srivijaya. Die erste sicher datierte Gesandtschaft Srivijayas aus dem Jahr 695 dürfte sicherlich auch noch von *Datu* Jayanasha entsandt worden sein. In den Jahren 702–724 folgten dann vier weitere Gesandtschaften, ein sicheres

Abb. 62 Ansicht von Malakka im 16. Jh., Malaysia (nach: R. T. Fell, Early Maps of South-East Asia 1991).

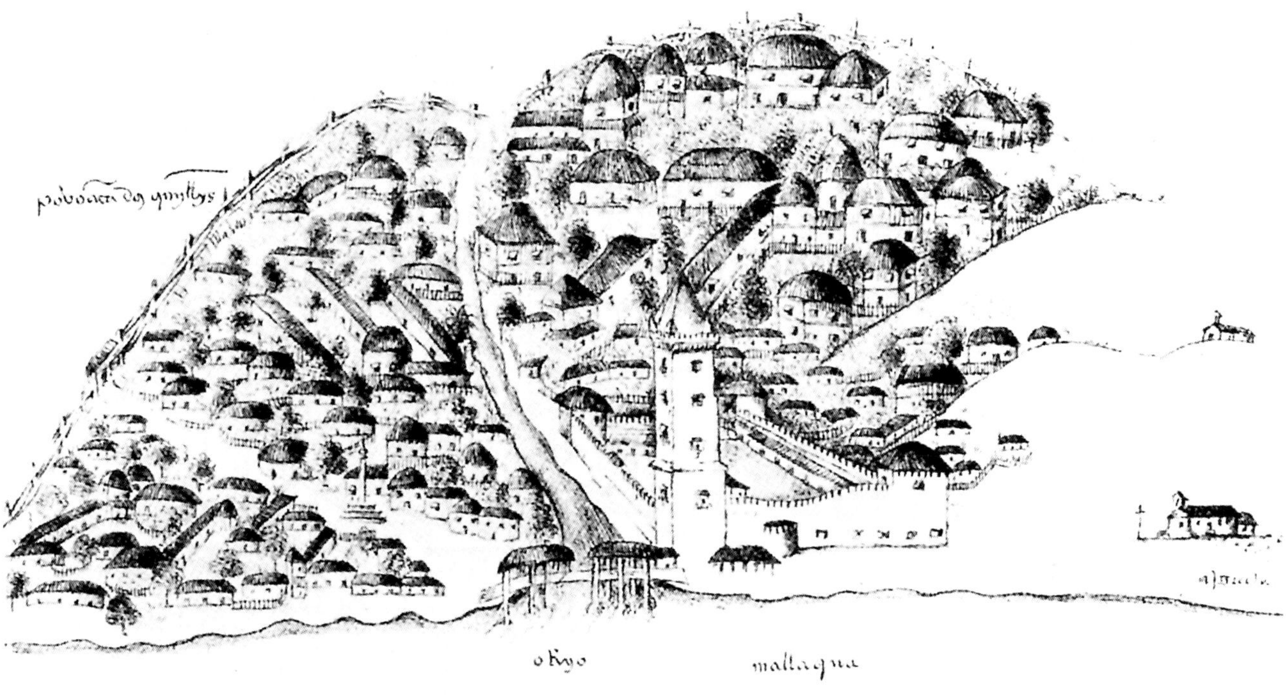

Anzeichen für Srivijayas Aufstieg – und seinen Einstieg in den internationalen Chinahandel.

Die Ausdehnung Srivijayas auf die Malaiische Halbinsel

Im Verlaufe der folgenden Jahrzehnte scheint Srivijaya seine Vorherrschaft über die östliche Küste Sumatras bereits so weit gefestigt zu haben, daß es seine Macht auch auf die andere Seite der Straße von Malakka, auf die Malaiische Halbinsel, auszudehnen vermochte. Im Jahr 775 verkündet ein König Srivijayas in einer Inschrift in Ligor auf der (heute) thailändischen Ostküste der Malaiischen Halbinsel die Errichtung einer Tempelanlage. Sie war der buddhistischen Trinität des Buddha und der beiden Bodhisattwa Padmapani und Wajrapani geweiht, für die bald auch von den Shailendra auf Java der Tempel Mendut in der Nähe des Borobudurs errichtet werden sollte. Mit diesem Vorstoß Srivijayas an die Westküste des Golfes von Siam wurde der Grundstein für den künftigen Konflikt mit dem Reich von Angkor gelegt, das ab 802 zur Vormacht festländisch Südostasiens aufstieg. Doch zunächst setzte Srivijaya seine Expansion auf der Malaiischen Halbinsel und damit seinen Kampf um die uneingeschränkte »beidseitige« Kontrolle der Straße von Malakka ungebrochen fort, denn spätestens im späten 9. Jahrhundert berichten arabische Geographen übereinstimmend, daß auch Kedah zum Reich des Maharaja von »Zabaj« gehört habe. Damit hatte Srivijaya auch diesen wichtigsten ersten Anlaufhafen für die aus dem Westen kommenden Schiffe nördlich des heutigen Georgetown an der westlichen Malaiischen Halbinsel unter seine Kontrolle gebracht. Srivijaya war damit zu einem Doppelreich aufgestiegen, das Sumatra und weite Teile der Malaiischen Halbinsel umfaßte.

In der Mitte des 9. Jahrhunderts trat ein Ereignis ein, dessen Hintergründe und Tragweite für die Geschichte Srivijayas noch weitgehend im dunkeln liegen. Vermutlich im Jahr 856 wurde Balaputra, ein Angehöriger der Shailendra-Dynastie Javas, von seinem Schwager, dem Shailendra-König Pikatan, besiegt. Balaputra nahm daraufhin in Srivijaya, der Heimat seiner Mutter Tara, Zuflucht und stieg sehr bald zum Herrscher von Srivijaya auf. Er begründete damit die Shailendra-Dynastie von Srivijaya, die zumindest bis ins frühe 11. Jahrhundert fortbestand, während die Shailendra auf Java als die einst so ruhmreichen Erbauer des Borobudurs schon im späten 9. Jahrhundert den Nachkommen Sañjayas, der hinduistischen Mataram-Dynastie, weichen mußten.[28] Im Jahr 1921 wurde im fernen indischen Bundesstaat Bihar in den Ruinen eines Klosters in Nalanda, jener einst bedeutendsten buddhistischen »Universität«, die jährlich Hunderte von Mönchen aus ganz Asien aufsuchten (und an der sich auch I-ching fast zehn Jahre aufgehalten hatte), eine für die Geschichte Srivijayas ebenfalls wichtige Inschrift etwa aus dem Jahr 860 entdeckt. In ihr wird berichtet, daß Balaputra, der hier als Sohn des Shailendra-Königs von Java und als *Maharaja* der »Goldinsel« (*suwarna-dwipa* = Sumatra) bezeichnet wird, in Nalanda ein Kloster in der Erkenntnis habe errichten lassen, daß »irdische Reichtümer unstet wie das Wasser eines Bergbaches« seien. Zum Unterhalt dieses Klosters stiftete Dewapala, der König der über Nordostindien herrschenden Pala-Dynastie, auf Wunsch Balaputras fünf Dörfer. Ganz offensichtlich war Balaputra nach seiner eigenen Erfahrung über die »Unstetigkeit irdischer Reichtümer« darum bemüht, wenige Jahre nach seiner Flucht und Inthronisierung in Srivijaya seine vermutlich noch nicht endgültig gefestigte Herrschaft durch diese Stiftung im fernen Indien zu stärken. Den einflußreichen buddhistischen Mönchen Srivijayas bot er hiermit eine Heimstätte im Zentrum buddhistischer Gelehrsamkeit in Indien an. Und weiterhin nahm er mit der letzten großen buddhistischen Dynastie Indiens, die zumal auch über die wichtigen Häfen Nordostindiens im Ganges-Brahmaputra-Delta herrschte, erfolgreichen Kontakt auf.

Aus der weiteren Geschichte Srivijayas im späten 9. und im 10. Jahrhundert kennen wir, abgesehen von sporadischen Gesandtschaften an den chinesischen Hof, keine nennenswerten Einzelheiten. Dennoch scheint es sicher zu sein, daß Srivijaya auch unter der Shailendra-Dynastie seine Vormachtstellung an der Straße von Malakka nicht nur halten, sondern auch weiter ausbauen konnte. Denn wie bereits gezeigt, berichten die arabischen Geographen im 10. Jahrhundert übereinstimmend von der Größe und dem Reichtum Srivijayas und von der Tatsache, daß nun auch Kedah an der Westküste der Malaiischen Halbinsel unter der Kontrolle Srivijayas stand. Im Jahre 905 scheint der Herrscher Srivijayas sogar selbst den chinesischen Hof aufgesucht zu haben, wo ihm der hohe Titel »General, der ferne Länder befriedet« verliehen wurde.[29] Es ist dies die Zeit, in der sich ein Srivijaya-Kunststil (insbesondere im Bereich der Bronze- und Steinskulpturen) mit starken regionalen Eigenarten in Sumatra (Kat. 8, 9) und auf der Malaiischen Halbinsel zu entwickeln begann.[30]

Srivijaya und der Kampf um Vorherrschaft und Marktanteile im Indischen Ozean

Im späten 10. Jahrhundert traten jedoch neue politische Konstellationen in den großen Anrainerstaaten des Indi-

Abb. 63 Malakka, Malaysia; Blick auf die ehemalige portugiesische Festung.

schen Ozeans auf, die Srivijayas Vorherrschaft über die Seestraßen Südostasiens in höchstem Maße gefährden sollten. Die Kämpfe, die sich im 11. Jahrhundert abspielten und im Jahr 1025 in einem Flottenangriff des südindischen Chola-Reiches auf Srivijaya ihren vorläufigen Höhepunkt fanden, trugen alle Anzeichen eines Kampfes um Marktanteile am internationalen Handel im Indischen Ozean, wie man ihn sonst eher erst Jahrhunderte später im Zeitalter des europäischen Imperialismus vermuten würde.[31] Um diesen Kampf, in dem Srivijaya auch geographisch eine zentrale Rolle spielte, in seiner ganzen Tragweite einschätzen zu können, ist es notwendig, auch die Aktivitäten der anderen Großstaaten am Indischen Ozean etwas näher zu betrachten.[32]

In der zweiten Hälfte des 10. Jahrhunderts stiegen nahezu gleichzeitig am Indischen Ozean neue machtvolle Staaten und Dynastien auf, die in einer bisher nicht bekannten Weise in den Handel im Indischen Ozean eingriffen. Es waren dies die Fatimiden in Ägypten (967), die Cholas in Südindien (985) und die Song-Dynastie in China

Abb. 64 Malakka, Malaysia; Relief an der »Porta de Santiago«, dem Zugang zur portugiesischen Festung (gegr. 1512).

(960). In Südostasien stand damals Srivijaya auf dem Höhepunkt seiner Vormacht über die Straße von Malakka, durch die der Seehandel dieser neuen regionalen Großmächte abgewickelt wurde. Mit dem Aufstieg der Fatimiden (und dem gleichzeitigen Niedergang der Abbasiden von Bagdad) verlagerte sich der internationale Handel vom Persischen Gold in das Rote Meer und nach Kairo und Alexandrien – was wiederum den Aufstieg Venedigs als Handelspartner Alexandriens nach sich zog. Während der Handel des Persischen Golfes in starkem Maße über die Küstenstädte Nordwestindiens abgewickelt wurde, führten die Monsunwinde die Schiffe, die nun vermehrt das Rote Meer anliefen, direkt zu den Häfen Südwestindiens.

Südindien

Der geradezu atemberaubende Aufstieg der Chola-Dynastie zur Vormacht über Südindien scheint direkt darauf abgezielt zu haben, den sich nun verstärkt über Südindien abwickelnden Handel im Indischen Ozean zu kontrollieren. Von ihrem Stammland an der Südostküste Indiens aus besiegten sie innerhalb der letzten Jahrzehnte des 10. Jahrhunderts der Reihe nach alle Königreiche Südindiens, drangen bis nach Zentralindien vor, um dann die vorgelagerten Inseln, Sri Lanka (Ceylon) im Südosten und die Malediven im Südwesten, zu erobern. In den frühen zwanziger Jahren des 11. Jahrhunderts folgten dann zwei für die Geschichte Südindiens einmalige Kriegszüge. Im Jahre 1022/23 stießen die Truppen der Cholas siegreich bis nach Bengalen vor, um auch an der Ostküste Indiens alle Rivalen auszuschalten. Offenbar waren die Cholas bestrebt, mit ihrer systematischen Expansionspolitik dem südostasiatischen Beispiel Srivijayas nachzueifern und nun ihrerseits in Südasien die maritimen Handelswege, die um die Südspitze Indiens führten, unter ihre direkte Kontrolle zu bringen. Zwei Jahre später (1025) erfolgte dann der bereits erwähnte überraschende Angriff auf das Königreich Srivijaya, in dessen Verlauf insgesamt vierzehn Hafenstädte des Srivijaya-Reiches auf der Malaiischen Halbinsel und auf Sumatra und die vorgelagerte Inselgruppe der Nikobaren erobert und gebrandschatzt wurden.[33]

China

Die erneute Wiedervereinigung Chinas unter der Song-Dynastie im Jahre 960 führte zu einem ungeahnten Aufschwung des Handels und der Kontakte Chinas mit den Ländern Südost- und Südasiens und des Vorderen Orients, da die Song sich als erste chinesische Dynastie bemühten, den Überseehandel wegen seiner hohen Gewinne ihrer systematischen staatlichen Kontrolle zu unterstellen. Sofort nach Regierungsantritt erließ der erste Song-Kaiser neue Anordnungen über die Abwicklung des Handels in den Südhäfen, und etwa zwei Jahrzehnte später wurde erstmals ein zentrales »Büro für den lizensierten Handel« errichtet. Berechnungen haben ergeben, daß die frühen Song etwa ein Fünftel ihrer

Abb. 65 Malakka, Malaysia; Dachfiguren des chinesischen Cheng Hoon Teng-Tempels, (gegr. 1645).

gesamten Einkünfte aus dem Überseehandel bezogen.[34] Bald darauf erfolgte dann eine Maßnahme, die einen unmittelbaren Einfluß auf den Handel im Indischen Ozean hatte und vermutlich als der auslösende Faktor für den Kampf der kommenden Jahrzehnte um Marktanteile am lukrativen China-Handel angesehen werden muß. Im Jahr 987 wurden vier mit kaiserlichem Siegel und reichen Geschenken ausgestattete Gesandtschaften vom chinesischen Hofe ausgesandt, die, wie es in den Annalen der Song-Dynastie heißt, die Aufgabe hatten, »ausländische Händler der Südsee und solche, die in fremden Ländern jenseits des Meeres Handel treiben«, durch Zusage besonderer Handelsprivilegien dazu zu bewegen, vermehrt chinesische Häfen aufzusuchen. Der Erfolg dieser Missionen blieb nicht aus, denn innerhalb eines halben Jahrhunderts verdoppelte China seine Einnahmen aus dem Überseehandel.[35]

Srivijaya

Srivijaya, das in den 27 Jahren seit Regierungsbeginn der Sung-Dynastie bereits elf Gesandtschaften nach China entsandt hatte, hätte einer solchen Aufforderung wohl kaum bedurft, reagierte aber als erster südostasiatischer Staat auf das Angebot Chinas und sandte im Jahre 988 erneut eine Tribut-Botschaft nach China. Doch noch während seines Aufenthaltes am chinesischen Hofe erfuhr der Botschafter Srivijayas, daß sein Land von dem ost-javanischen Reich She-p'o (Mataram) angegriffen

Abb. 66 Aceh, Nord-Sumatra; Glocke des chinesischen Admirals Zheng He, 15. Jahrhundert. Glocken waren ein beliebtes Geschenk des chinesischen Hofes.

worden sei. Seine Rückreise mußte er wegen erneut eintreffender Nachrichten bereits in Campa, dem heutigen Zentralvietnam, unterbrechen. Er kehrte daraufhin nochmals nach China zurück, um Srivijaya unter kaiserlichen Schutz zu stellen. Ein chinesischer Bericht über eine Botschaft aus Java, die China im Jahre 992 erreichte, bestätigt, daß sich auch in diesem Jahr beide Länder noch im Kriegszustand befanden. Das javanische Königreich hatte Anfang des 10. Jahrhunderts seine Hauptstadt bei Yogyakarta in Zentral-Java nach Ost-Java in die Nähe des heutigen Surabaya verlegt. Als Ursache für diese Verlagerung seines Schwerpunktes nach Ost-Java wird u. a. vermutet, daß das Reich von Mataram bestrebt gewesen sei, sich den direkten Zugriff auf die Erträge der reichen Reisernte in den ost-javanischen Flußlandschaften der Solo- und Brantas-Flüsse zu sichern und gleichzeitig näher an die Molukken und ihre international so begehrten Gewürze zu gelangen. Die Ursache des Krieges zwischen diesen beiden Staaten ist ungewiß. Doch liegt die Vermutung nahe, daß wir es hier bereits mit dem Beginn des Kampfes um Anteile am chinesichen Markt zwischen diesen beiden unmittelbar am Gewürzhandel mit China beteiligten Königreichen zu tun haben.

In diesen Jahren begann Srivijaya ungewöhnliche Mittel einer »Ritualpolitik« zur Stärkung seiner gefährdeten Stellung einzusetzen. So berichten im Jahre 1003 die Annalen der Song-Dynastie, daß der König von Srivijaya erneut zwei Botschafter mit reichem Tribut nach China geschickt habe. »Sie berichteten, daß in ihrem Land ein buddhistischer Tempel errichtet worden sei, um [dort] für ein langes Leben des [chinesischen] Kaisers zu beten. Sie baten um einen Namen [für den Tempel] und um eine Glocke, durch die der Kaiser seine Anerkennung ihrer guten Absicht kundtun möge. So wurde ein Edikt erlassen, durch das der Tempel den Namen Ch'êng-t'ien-wanshou (›zehntausend Jahre des Empfangens vom Himmel‹) erhielt. Eine Glocke wurde gegossen und ihnen gegeben.«[36] Beiden Botschaftern Srivijayas wurden ferner hohe chinesische Titel verliehen. Bereits im folgenden Jahr traf ein weiterer Botschafter Srivijayas in China ein, dem dann bis 1018 vier weitere folgten. All dies zeugt von einer geradezu hektischen Aktivität Srivijayas, sich des Wohlwollens Chinas, und das heißt vor allem günstiger Handelsbedingungen, zu vergewissern. Die Gesandtschaften Srivijayas lassen aber bereits auch die künftige Auseinandersetzung mit Südindien vorausahnen.

Aus ebendiesen Jahren besitzen wir erstmals auch direkte Hinweise darauf, daß Srivijaya nun auch Kontakte zu den Cholas in Südindien aufnahm. In dieser Zeit waren sie, wie wir bereits sahen, zur Vormacht Südindiens aufgestiegen und hatten die Südindien vorgelagerte Inselgruppe der Malediven im Westen und Ceylon im Osten erobert, die beide für den transasiatischen Seehandel, vor allem für die arabischen Händler, die auch in Srivijaya aus und ein gingen, von größter Bedeutung waren. Im Jahr 1005 gewährte der Chola-König die Steuereinnahmen eines Dorfes für den Unterhalt eines buddhistischen Klosters, das zuvor der König Srivijayas in der Hafenstadt des Chola-Reiches, in Nagapatam, hatte errichten lassen.[37] Der König Srivijayas hatte offenbar gleichzeitig mit dem Bau eines buddhistischen Tempels in seiner eigenen Hauptstadt für den chinesischen Kaiser und dem Bau eines Klosters in der Hafenstadt der Cholas in Südindien begonnen. Damit übertraf er seinen Vorgänger Balaputra und dessen Klostergründung in Nalanda beträchtlich. Sicherlich mögen hierbei auch religiöse Überlegungen eine Rolle gespielt haben, vielleicht sogar in dem Sinne, eine Art buddhistischer Heilsarmee in dieser Hafenstadt für die Seeleute Srivijayas zu errichten. Doch in dieser Zeit beginnender internationaler Spannungen im Indischen Ozean wird es sich wohl aber auch um den Versuch Srivijayas gehandelt haben, sich gleichermaßen um gute Beziehungen zur Vormacht Südindiens und seiner Seestraßen wie auch um eine Art »Horchposten« in deren wichtigster Hafenstadt zu bemühen. Das indische Staatslehrbuch *Arthashastra*, das auch in Südostasien gut bekannt war, enthält detaillierte Anweisungen, wie heilige Orte und sakrale Gebäude für Nachrichtenbeschaffung zum Zwecke der Staatserhaltung genutzt werden können.

Angkor

Im Jahre 1012 schaltete sich dann auch das Reich von Angkor als führende Landmacht festländisch Südost-

Abb. 67 Tempelanlage von Muaru Takus, Sumatra, 12./13. Jahrhundert. Die mehrgliedrige Anlage mit ihrem Wahrzeichen, dem Stupa Maligai, war noch in den 30er Jahren eine berühmte »Spielwiese« von Elefantenherden.

chinesischen Hofe wieder derart gestiegen war, daß seiner Mission zwei besonders hohe protokollarische Ehren zuteil wurden. Daraufhin bemühten sich Botschafter Srivijayas in den Jahren 1079 und 1088 um die Erlangung gleicher Privilegien.[43]
Viele Anzeichen sprechen aber dafür, daß südindische Händler an der Aufrechterhaltung günstiger Handelsbedingungen mit Srivijaya interessiert waren. So bezeugt eine Inschrift aus dem Jahre 1088 die Anwesenheit einer südindischen Händlergilde auf Sumatra.[44] Auch Bronze- und Steinskulpturen, die auf Sumatra entdeckt wurden, weisen in diesen Jahrzehnten auf einen starken und in einigen Fällen wohl sogar direkten Einfluß der südindischen Chola-Kunst im Reiche von Srivijaya hin. Besonders aufschlußreich ist eine buddhistische Bronzeskulptur Lokanathas und Taras in reinem Chola-Stil aus dem Jahr 1039, die in Gunung Tua in Tapanuli (Nord-Sumatra) gefunden wurde. Sie muß jedoch in Sumatra gegossen worden sein, da ihre Inschrift auch ein malaiisches Wort enthält. All dies deutet letztlich auf eine Rückkehr zu den früheren friedlichen Beziehungen zwischen Indien und Südostasien hin. Und als sollte sich der Kreis erneut schließen, erkannte im Jahre 1090 der Chola-König Kulottunga erneut die Landstiftungen seiner Vorgänger für den Unterhalt des Klosters Srivijayas in der südindischen Hafenstadt an.

Srivijaya im 12. und 13. Jahrhundert

Die weitere, etwa zweihundertjährige Geschichte Srivijayas nach seinen Kämpfen mit dem südindischen Chola-Reich im 11. Jahrhundert ist nur in Umrissen bekannt. Da Srivijaya keine eigenen Inschriften mehr verfaßte und auch keine weiteren Stiftungsinschriften in fernen Ländern von Srivijayas Größe künden, sind wir einzig auf kürzere und bisweilen voneinander kopierte Berichte arabischer Reisender und auf die Hinweise auf Gesandtschaften in chinesischen Annalen angewiesen. Das Bild erhellte sich erst wieder im 13. Jahrhundert durch den eingangs bereits zitierten Bericht des Chau Ju-kua und durch Hinweise javanischer Inschriften über die beginnende Unterwerfung Srivijayas durch Java. Diese spärlichen Quellen lassen jedoch erkennen, daß Srivijaya als Städteverbund Ende des 11. Jahrhunderts seine Vormachtstellung an der Straße von Malakka wieder zurückerlangt hatte. Jedoch war der Überfall der südindischen Flotte und die zeitweilige Abhängigkeit von den südindischen Cholas an der Stellung der Stadt Srivijaya (Palembang) als *primus inter pares* innerhalb des »Reiches« Srivijaya und seiner großen Hafenstädte nicht spurlos vorübergegangen. Einzelne Hafenstädte trachteten nach größerer Autonomie und begannen sogar vereinzelt, eigene Gesandtschaften nach China zu entsenden. Diese Schwächung der Stadt Srivijaya scheint eine Situation herbeigeführt zu haben, auf die erneut das eingangs erläuterte Modell konkurrierender Hafenstädte zutrifft. Ende des 11. oder spätestens zu Beginn des 12. Jahrhunderts begannen Malayu/Jambi und zeitweise auch Kampe an der Nordküste Sumatras eigene Wege zu gehen. Auch die Stellung Kedahs, der wichtigsten Hafenstadt an der Westküste Malayas, scheint innerhalb des Städteverbundes Srivijayas nicht mehr die eines »Vasallen« Srivijaya-Palembangs gewesen zu sein. Spätestens Ende des 12. Jahrhunderts löste dann Malayu die Stadt Srivijaya-Palembang als Vormacht der »Thalassokratie« ab.
Alle diese Vorgänge stellten jedoch die Existenz des Städteverbundes von Srivijaya nicht in Frage. Arabische und chinesiche Quellen berichten weiterhin von dessen machtvoller Stellung im Handelsnetzwerk des Indischen Ozeans. Chau Ju-kua zählt im frühen 13. Jahrhundert insgesamt fünfzehn »Vasallenstaaten« von San-fo-ts'i (Srivijaya) auf. Sie stimmen weitgehend mit jenen Hafenstädten überein, die Südindien im Jahr 1025 eroberte, und umfassen nach wie vor die gesamte Ostküste Sumatras und beide Küsten der Malaiischen Halbinsel bis in das heutige Süd-Thailand. Weiterhin werden sogar West-Java und Sri-Lanka (Si-lan) genannt. Bemerkenswerter ist, daß nicht Malayu, sondern Pa-li-feng (= Palembang) als ein Vasallenstaat Srivijayas genannt wird, ein wohl sicherer Beweis dafür, daß nun Malayu und nicht mehr Palembang die Führungsrolle innerhalb des weiterhin nach Srivijaya benannten Städteverbundes Sanfo-ts'i innehatte. In diesen Jahren wuchs Malayu, das heutige Muara Jambi, zu einer beachtlichen Metropole heran, von dessen Größe die zahlreichen Stupa künden, die im vergangenen Jahrzehnt buchstäblich dem Dschungel am Ufer des Batang Hari entrissen und teilweise restauriert wurden. Vermutlich gehen auf diese Zeit auch die zum Teil beträchtlichen Erweiterungen an zahlreichen Stupa in Muara Jambi und auch in Muara Takus am Kampar-Fluß zurück, die während dieser Restaurationsarbeiten erstmals entdeckt wurden.

Der Untergang Srivijayas

Ende des 13. Jahrhunderts jedoch hatte Srivijaya aufgehört, als selbständiger Staat zu existieren. Die Ursache für den Untergang des über sechs Jahrhunderte hin so erfolgreichen Hanse-ähnlichen »Srivijaya-Modelles«

Abb. 69 Blick auf Stadt und Umgebung von Singapur, um 1828 (nach: Raffles, Book of Days 1993).

lagen aber weniger in seinen inneren, strukturbedingten Schwächen. Das »Doppelreich« Srivijaya auf Sumatra und der Malaiischen Halbinsel geriet Ende des 13. Jahrhunderts buchstäblich zwischen die Mühlsteine zweier neuer, expandierender Regionalmächte. Von Norden her dehnten die Thais von Sukhothai in Nord-Thailand aus ihre Vormacht bis weit auf die Malaiische Halbinsel aus (angeblich sogar bis Tumasik, dem heutigen Singapur), während vom Osten her das neue javanische Großreich Singasari-Majapahit gleichzeitig nach Sumatra und bis auf die südliche Malaiische Halbinsel vorstieß. Srivijaya unterlag damit zwei großen Landmächten, die ihrerseits ein starkes Interesse an dem florierenden internationalen Seehandel hatten.

In seinem berühmten Geschichtswerk *Nagara-Kertagama* aus dem Jahr 1365 berichtet der oberste buddhistische Priester des Majapahit-Reiches, Prapanca, von den Eroberungen des ost-javanischen Reiches von Singasari unter König Kertanagara (1268–1292).[45] Demnach griff das Singasari-Reich im Jahre 1275 Sumatra an und eroberte Malayu, worunter die auf Sumatra gelegenen Teile des Srivijaya-Reiches gemeint waren, dessen Hauptstadt damals Malayu war. Im Jahr 1286 ließ König Kertanagara dann eine Steinskulptur des Bodhisattwa Amoghapasha Lokeshwara durch vier hohe Würdenträger von Ost-Java nach Malayu bringen und stromaufwärts von Jambi in Dharmasrasya in der Nähe von Sungai Langsat aufstellen. Die Skulptur stellt eine Nachbildung der idealisierten Porträtskulptur seines Vaters aus dessen Grabtempel Candi Jago (Kat. 102) in Ost-Java dar. Mit ihrer Weihe und Aussendung nach Malayu wollte, wie eine Inschrift an dieser Skulptur verkündet, der javanische König Kertanagara, der ein Anhänger des tantrischen Buddhismus war, in mythisch-magischer Weise die Einheit zwischen Java und Malayu stärken und dem Volk Malayus Glück bringen. In diesen Jahren (1293) hielt sich Marco Polo auf seiner Heimreise aus China in Perlak auf Nord-Sumatra auf, über das er zu berichten wußte: »Die Menschen in dem Königreich von Perlac waren alle Götzenanbeter, aber wegen der sarazenischen Händler, die das Königreich mit ihren Schiffen regelmäßig aufsuchen, wurden sie zum Gesetz des Mahomet bekehrt.« Mit der sich von den Hafenstädten an der Straße von Malakka ausbreitenden Islamisierung begann eine neue Phase indonesischer Geschichte.

Die Ausdehnung einer eher nominellen Vorherrschaft Javas (unter Singasari und ab 1293 unter dem Majapahit-Reich) über Sumatra und Teile der Malaiischen Halbinsel dürften für den Handel der Küstenstädte Sumatras zunächst aber keine grundlegende Änderung bedeutet haben. Prapañca zählt in seinem Werk etwa 20 Hafenstädte auf Sumatra auf, die zu Malayu gehörten, unter ihnen auch Jambi und Palembang. Jedoch erwähnt er keinerlei Formen direkter Machtausübung Majapahits auf Sumatra, wie er dies ausdrücklich in Hinblick auf die Zentralregion des Reiches in Ost-Java tut, die der direkten Herrschaft des Hofes von Majapahit unterstand. Die Vorherschaft Javas über das ferne Malayu dürfte sich wesentlich auf die Einforderung von Tributgaben und die rituelle Anerkennung der Oberherrschaft des Herrschers von Majapahit beschränkt haben. So schrieb dann auch Prapañca in seinem Werk: »Schon machen sich die äußeren Inseln *(dwipantara)* bereit, dem herrlichen Fürsten [von Majapahit] ihre Aufwartung zu machen; sie bringen ihm alle Arten von Produkten zu den festgelegten Zeiten.«

Adityawarman, der letzte Herrscher von Malayu-Srivijaya

Am Ende der Geschichte Srivijayas steht mit Adityawarman von Malayu eine der eigenartigsten Herrscherpersönlichkeiten des mittelalterlichen Indonesien. Als Prinz des Minangkabau-Volkes von Sumatra weilte er am Hofe Majapahits, wo sein Name erstmals 1343 an einer Bodhisattwa-Statue des Candi Jago bei Singasari auftaucht. Spätestens 1347 kehrte er als Fürst nach Malayupura auf Sumatra zurück. Dort errichtete er für die Amoghapasha-Statue, die Kertanagara 1286 nach Malayu hatte bringen lassen, in Rambahan einen neuen Tempel. Auf ihrer Rückseite ließ er sich in einer langen Inschrift in schwer verständlichem Sanskrit als Inkarnation Buddhas und als »Erster König der Großkönige« feiern. Weiterhin ließ er verkünden, daß er höchste tantrische Weihen der Kalacakra-Sekte erfahren habe, der wohl auch sein großes Vorbild, der javanische König Kertanagara, angehört hatte. In einer Reihe weiterer Inschriften gibt sich Adityawarman als gelehrter, aber auch als radikaler praktizierender Tantriker aus. Eine offenbar bewußt »verschlüsselte« Inschrift aus dem Jahr 1375 läßt sogar den Schluß zu, daß er an einem orgiastisch-tantrischen Ritus teilnahm. Dabei »saß er auf einem hohen Sitz [von Leichnamen], aß [Menschenfleisch], trank [Menschenblut], lachte« und war von unbeschreiblichen Gerüchen umgeben.[46] Zahlreiche Skulpturen aus Padang Lawas (vgl. Kat. 107), wie jene Heruka-Darstellungen in den Tempeln von Bahal, legen Zeugnis von der damals weit verbreiteten Anhängerschaft dieser sicherlich mit Menschenopfer zusammenhängenden tantrischen Praktiken. Das wahrhaft großartigste Zeugnis dieses spätmittelalterlichen Tantrismus in königlicher Gestalt stellt die an anderer Stelle beschriebene überlebensgroße Statue des Adityawarman (vgl. Kat. 104) in seiner Form als Shiwa-Bhairawa von Sungai Langsat dar.

In den letzten Regierungsjahren Adityawarmans brach erneut die alte Rivalität zwischen Malayu und Palembang aus, denn beide Länder entsandten getrennt wieder Gesandtschaften nach China. Im Jahre 1376 sollte der neue Fürst von Malayu-Jambi, vermutlich Adityawarmans Nachfolger, vom Kaiser von China erneut den Titel »König von San-fo-ch'i« verliehen bekommen. Jedoch erreichte diese Ehrung den Fürsten von Jambi nicht, denn die kaiserlichen Annalen der Ming-Dynastie berichten: »Zu dieser Zeit war jedoch San-bo-tsai (San-fo-ch'i) bereits von Java erobert worden. Als der König dieses Landes hörte, daß der Kaiser einen König über San-bo-tsai ernannt habe, geriet er in Zorn und entsandte Männer, die dem kaiserlichen Gesandten auflauerten und ihn töteten.« Und der Bericht der Annalen über San-bo-tsai schließt mit den vielsagenden Worten: »Nach diesem Ereignis verarmte San-bo-tsai zunehmend, und kein Tribut wurde von diesem Lande mehr gebracht.«[47]

Dieses tragische Ende eines kaiserlichen Emissärs zeigt uns überdeutlich zwei Dinge. Das Geschehen läßt uns erahnen, welche hohe Bedeutung südostasiatische Herrscher kaiserlichen Botschaften aus China beimaßen, und es bestätigt weiterhin erneut das Ende der Vorherrschaft Srivijayas über die Straße von Malakka. Nach hundert Jahren javanischer Hegemonie über Sumatra gelang es auch Jambi-Malayu nicht mehr, die einstige Selbständigkeit Srivijayas zurückzuerlangen. Doch auch das Reich von Majapahit sollte sich seiner Hegemonie über die Straße von Malakka nur noch kurze Zeit erfreuen: Wenige Jahre später, um 1400, wurde von dem Fürsten Parameshwara Malakka gegründet, das innerhalb weniger Jahre zur neuen Vormacht aufstieg und bis zum Kommen der Europäer im frühen 16. Jahrhundert die Herrschaft über die nach ihr benannte Seestraße ausüben sollte. Nach zeitgenössischen Überlieferungen soll Parameshwara ein Fürstensohn aus Palembang gewesen sein, der in Majapahit in Nachfolgekämpfe verwickelt wurde und daher Ost-Java fluchtartig verlassen mußte. China war durch seinen berühmten Eunuchen-Admiral Zheng He, der in diesen Jahren seine großen See-Expeditionen bis in das Rote Meer begonnen hatte, am Aufstieg Malakkas nicht unwesentlich beteiligt. Gegenüber Java, das damit seinen Einfluß in der Straße von Malakka verlor, war China daher in diplomatischer Weise mit tröstenden Worten um Schadensbegrenzung bemüht. So vermelden die Annalen der Ming-Dynastie eine kaiserliche Botschaft an den König von Java: »Als kürzlich der Eunuch Wu Pin zurückkehrte, berichtete er, daß Ihr (der König Javas) den kaiserlichen Botschafter mit höchstem Respekt behandelt habt. Nun habe ich unlängst gehört, daß der König von Malakka das Land Palembang von Euch fordert und daß Ihr sehr verwundert seid, da Ihr annehmt, dies sei mein Wille. Aber ich behandle Menschen stets in höchst aufrechter Weise, und hätte ich ihm (dem König Malakkas) erlaubt, dies zu tun, so hätte ich ein entsprechendes Edikt erlassen. Daher besteht kein Grund, daß Ihr besorgt seid.«[48]

Palembang, das in diesen Jahren offenbar den Kampf der konkurrierenden Regionalmächte um die Gunst des chinesischen Hofes endgültig verloren hatte, verlegte sich nun gänzlich auf Piraterie in der Straße von Malakka. Als Zheng He im Jahr 1407 den Fürsten Palembangs zur Rede stellen wollte, beging dieser den unverzeihlichen Fehler, selbst diesen kaiserlichen Admiral ausrauben zu wollen. Dieser besiegte ihn jedoch und brachte ihn als Gefangenen nach China, wo er auf dem Marktplatz der Hauptstadt hingerichtet wurde – ein schmähliches, aber keineswegs unübliches Ende einer großen Geschichte. Es mag als ein Omen der Geschichte angesehen werden, daß die Insel Tumasik, das heutige Singapur, auf der Parameshwara auf dem Wege nach Malakka vorübergehend Zuflucht gefunden hatte, heute das Erbe Srivijayas und Malakkas als »the busiest harbour of the world« angetreten hat.

1 G. R. Tibbetts, *A Study of the Arabic Texts Containing Material on South-East Asia*, Leiden 1979, 38.

2 *Chou K'u-fei*, zitiert bei F. Hirth und W. Rockill (Hrsg.), *Chau Ju-kua: His Work on the Chinese and Arab Trade in the Twelfth and Thirteenth Centuries, entitled Chu-fan-chi*, 2. Aufl. Amsterdam 1966, 22; zu weiteren chinesischen Berichten siehe auch W. P. Groeneveldt, *Historical Notes on Indonesia and Malaya, Compiled from Chinese Sources*, 1876, Neudr. Jakarta 1960.

3 G. Coedès, »Le royaume de Çrīvijaya«, in: *Bulletin de l'École Française d'Extrême Orient* 18 (1918) 1–36.

4 Eine 1989 veröffentlichte Bibliographie von Srivijaya weist inzwischen die große Zahl von 1018 Veröffentlichungen aus. P.-Y. Manguin, *A Bibliography for Sriwijayan Studies*, Jakarta 1989.

5 *Chau Ju-kua* (Anm. 2) 62. Siehe auch O. W. Wolters, »Restudying Some Chinese Writings on Srivijaya«, in: *Indonesia* 42 (1986) 1–41.

6 K. R. Hall, »State and Statecraft in Early Srivijaya«, in: *Explorations in Early Southeast Asian History. The Origins of Southeast Asian Statecraft*, hrsg. von K. R. Hall und J. K. Whitmore, Ann Arbor 1976, 61–105; ders., *Maritime Trade and State Development in Early Southeast Asia*, Honolulu 1985. Ähnlich auch B. Bronson, »The Archaeology of Sumatra and the Problem of Srivijaya«, in: *Early South East Asia*, hrsg. von R. B. Smith und W. Watson, Oxford 1979, 295–405 und H. Kulke, »›Kadātuan Śrīvijaya‹ – Empire or Kraton of Śrīvijaya? A Reassessment of the Epigraphical Evidence«, in: *Bulletin de l'Ecole Française d'Extrême-Orient* 80 (1994) 159–180.

7 O. W. Wolters, *Early Indonesian Commerce. A Study of the Origins of Śrīvijaya*, Ithaka 1967 und *The Fall of Śrīvijaya in Malay History*, London 1970.

8 O. W. Wolters, *History, Culture and Region in Southeast Asian Perspectives*, Singapore 1982, 22.

9 Hierzu besonders B. Bronson und J. Wisseman, »Palembang as Śrīvijaya. The Lateness of Early Cities in Southern Southeast Asia«, in: *Asian Perspectives* 19 (1976) 220–239. Siehe dagegen O. W. Wolters, »Studying Śrīvijaya«, in: *Journal of the Malaysian Branch of the Royal Asiatic Society* 52 (1979) 1–32.

10 B. Bronson, »Exchange at the Upstream and Downstream Ends: Notes Towards a Functional Model of the Coastal State in Southeast Asia«, in: *Economic, Exchange, and Social Interaction in Southeast Asia: Perspectives from Prehistory, History, and Ethnology* (Karl R. Hutterer), Ann Arbor 1977, 39–52. Siehe auch J. Miksic, »Traditional Sumatran Trade«, in: *Bulletin de l'École Française d'Extrême-Orient* 74 (1985) 423–467.

11 Nik Hasan Shuhaimi bin Nik Abdul Rahman, »The Kingdom of Śrīvijaya, a Socio-Political and Cultural Entity«, in: *The Southeast Asian Port and Polity. Rise and Demise*, hrsg. von J. Kathirithamby-Wells und J. Villiers, Singapore 1990, 61–82.

12 Groeneveldt (Anm. 2) 64.

13 *Liu Sung shu*, zitiert nach O. W. Wolters (Anm. 7) 151.

14 Groeneveldt (Anm. 2) 64.

15 *Chau Ju-kuan* (Anm. 2) 60.

16 I. W. Mabbett, »The ›Indianization‹ of Southeast Asia: Reflections on the Prehistoric Sources«, in: *Journal of Southeast Asian Studies* 8,1 (1977) 1–14; ders., »The ›Indianization‹ of Southeast Asia: Reflections on the Historical Sources«, in: *a.a.O.* 8,2 (1977) 143–161; H. Kulke, »Indian Colonies, Indianization or Cultural Convergence? Reflections on the Changing Image of India's Role in Southeast Asia«, in: *Onderzoek in Zuidoost-Azie*, hrsg. von H. Schulte Nordholt, Leiden 1990, 8–32 [Semaian 3].

17 J. C. van Leur verstarb im japanisch-holländischen Krieg in Indonesien. Seine Dissertation wurde 1955 unter dem Titel *On Early Asian Trade* in dem Sammelband seiner Arbeiten veröffentlicht (*Indonesian Trade and Society*, The Hague 1955, 1–114).

18 Als deutschsprachige Einführung in die Geschichte Srivijayas siehe J. Villiers, Südostasien vor der Kolonialzeit, Frankfurt 1965, 93 bis 118 (= Fischer Weltgeschichte, Bd. 18).

19 I-tsing, *A Record of the Buddhist Religion as Practiced in India and the Malay Peninsula (A.D. 671–695)*, übers. von J. Takakusu, London 1896, S. XXXIV.

20 B. Budi Utomo, »Jambi: Her Role in the International Relations during the Classical Period.« Vortrag, Conference of the International Association of Historians of Asia, Singapore 1986. Siehe auch Ed. McKinnon, »Early Polities in Southern Sumatra: Some Preliminary Observations Based on Archaeological Evidence«, in: *Indonesia* 40 (1985) 1–36.

21 Für die Inschriften von Kedukan Bukit, Talang Tuwo, Karang Brahi und Kota Kapur siehe G. Coedès, »Les inscriptions malaises de Çrīvijaya«, in: *Bulletin de l'École Française d'Extrême-Orient* 30 (1930) 29–80; für die schwierige Inschrift von Telaga Batu [Sabokingking] siehe J. G. de Casparis, *Prasasti Indonesia*, Bd. II *Selected Inscriptions From the 7th to 9th Century AD*, Bandung 1956, 15–46; dort auch (1–15) die fünf Fragmente aus Palembang; für Palas Pasemah siehe Boechari, »An Old Malay Inscription of Srivijaya at Palas Pasemah (South Lampung)«, in: *Pra Seminar Penelitian Sriwijaya*, Jakarta 1979, 19–40; für die erst kürzlich entdeckte und schwer beschädigte Inschrift von Desa Jabung siehe ebenfalls Boechari, »New Investigations on the Kedukan Bukit Inscription«, in: *Untuk Bapak Guru* (Bernet Kempers Festschrift), Jakarta 1986, 33–56.

22 Bisweilen wird angenommen, daß der nur einmal genannte Name des Fürsten von Srivijaya, Jayanasha, ein Schreibfehler für Jayanāga (»die Schlange des Sieges«) sei. Dieser Name würde die siebenköpfige Kobraschlange der Inschrift erklären und den »Selbstverfluchungsschwüren« eine noch höhere Brisanz verleihen.

23 H. Kulke, 1993.

24 O. W. Wolters, »Studying Srivijaya« (Anm. 9); siehe auch Nik Hassan Shuhaimi, »The Bukit Senguntang Buddha: A. Reconsideration of its Date«, in: *JMBRAS* 52 (1979) 33–40 und Pierre-Yves Manguin, »Études sumatranaises. I. Palembang et Srivijaya: Anciennes hypothèses, recherches nouvelles (Palembang Ouest)«, in: *Bulletin de l'École Française d'Extrême Orient* 76 (1987) 337–402.

25 Groeneveldt (Anm. 2) 60.

26 H. P. Ray, *The Winds of Change. Buddhism and the Maritime Links of Early South Asia*, New Delhi 1994.

27 I. Caldwell/A. Appleby Hazlewood, »The Holy Footprints of the Venerable Gautama'. A New Translation of the Pasir Panjang Inscription«, in: *BKI* 150 (1994) 457–480.

28 J. G. de Casparis (Anm. 21), 288 ff. und G. Coedès, *The Indianized States of Southeast Asia*, Honolulu 1968, 108 f. und 126 f. Auf Fragen des Ursprunges der Shailendra-Dynastie und ihrer Beziehungen zu Srivijaya, die zu den umstrittensten Problemen der frühen Geschichte Indonesiens gehören, soll hier nicht näher eingegangen werden.

29 Groeneveldt (Anm. 2) 64.

30 Einen guten Überblick gewährt M. C. S. Diskul (Hrsg.), *The Art of Śrīvijaya*, Kuala Lumpur 1980; zur Kunst auf Sumatra siehe F. M. Schnitger, *The Archaeology of Hindoo Sumatra*, Leiden 1937.

31 Siehe hierzu insbesondere K. N. Chaudhuri, *Trade and Civilization in the Indian Ocean. An Economic History from the Rise of Islam to 1750*, Cambridge 1985.

32 Siehe hierzu auch H. Kulke, »Der Indische Ozean im 11. Jahrhundert. Überlegungen zur Frage ›Gibt es eine vormoderne Geschichte Asiens?‹«, in: *Periplus. Jahrbuch für Außereuropäische Geschichte* I (1991) 7–25.

33 Siehe hierzu vor allem K. A. N. Sastri, *The Cōlas*, Madras 1955 und G. W. Spencer, *The Politics of Expansion. The Chola Conquest of Sri Lanka and Srivijaya*, Madras 1983; für einen Überblick siehe auch H. Kulke und D. Rothermund, *Geschichte Indiens*, Stuttgart 1982, 134–140.

34 Siehe hierzu insbesondere P. Wheatley, »Geographical Notes on Some Commodities Involved in Sung Maritime Trade«, in: JMBRAS 32 (1961) 5–138.

35 Wheatley (Anm. 34) 24.

36 W. P. Groeneveldt, (Anm. 2) 65.

37 S. Aiyer, »The Larger Leiden Plates (of Rajaraja I)«, in: *Epigraphia Indica* 22 (1934) 213–266.

38 K. A. N. Sastri (Anm. 33) 220.

39 K. R. Hall, »International Trade and Foreign Diplomacy in Early Medieval South India«, in: *Journal of the Economic and Social History of the Orient* 21 (1978) 75–98.

40 O. W. Wolters, *Early Indonesian Commerce*, 251, und P. Wheatley, (Anm. 34) 25.

41 Tan Yeok Seong, »The Śrī Vijayan Inscription at Canton (A.D. 1079)«, in: *Journal of Southeast Asian History* 5 (1965) 17–26.

42 K. A. N. Sastri (Anm. 33) 271.

43 O. W. Wolters, *The Fall of Srivijaya*, 93.

44 K. A. N. Sastri, »A Tamil Merchant-Guild in Sumatra«, in: *Tijdschrift voor Indische Taal-, Land- en Volkenkunde* 72 (1932) 314–327. Für die berühmten südindischen Handelsgilden siehe M. Abraham, *Two Medieval Merchant Guilds of South India*, New Delhi 1988.

45 Th. Pigeaud, *Java in the 14th Century, a Study in Cultural History. The Nagara-Kertāgama by Rakawi Prapañca of Majapahit, 1365 AD*, 5 Bd., The Hague 1960, Bd. 3, 47.

46 B. R. Chatterji, *History of Indonesia* [Teil II: Inschriften], Meerut 1967, 188 ff. Siehe auch R. P. Hardjowardojo, *Adityawarman*, Jakarta 1966.

47 Groeneveldt (Anm. 2) 69.

48 Groeneveldt (Anm. 2) 37.

Von Tarumanagara bis Majapahit – Die Geschichte Alt-Javas

Marijke J. Klokke

Einführung

Zwischen 400 und 1500 wurden kulturelle und politische Entwicklungen auf Java und auf anderen indonesischen Inseln in hohem Maße von deren Lage zwischen Indien und China und ihren Beziehungen zu diesen beiden Ländern bestimmt. Während der Handel mit China Wohlstand brachte, führten die Kontakte zu Indien zu starken kulturellen Impulsen.
Jüngste archäologische Funde belegen, daß Teile Indonesiens bereits vor dem Jahr 400 n. Chr. Beziehungen zu Indien unterhielten. So wurden in Nordwest-Java Beispiele einer indischen Keramikgattung gefunden, die in das 1. bzw. 2. Jahrhundert n. Chr. datiert wird.[1] Auf frühe Kontakte zu Indien weisen auch Ausgrabungen in Gilimanuk in West-Bali hin.[2] Hinweise in indischen Quellen auf Orte in Südostasien, die als zeitgleich angesehen werden, liefern einige Informationen über die Art dieser frühen indisch-indonesischen Beziehungen. Sie erwähnen Orte wie Suwarnadwipa (Goldinsel) oder Karpuradwipa (Kampferinsel). Obgleich nicht immer klar ist, welche Orte exakt gemeint sind, zeigen ihre Namen, daß sie aufgrund der von ihnen gelieferten Erzeugnisse, wie Gold und Kampfer, eine besondere Anziehungskraft auf Indien ausübten. Wirklich intensive Kontakte zu China scheinen dagegen erst im 5. Jahrhundert eingesetzt zu haben, als die Hauptroute des Seehandels durch die Straße von Malakka führte.[3] Infolgedessen wurden Teile Indonesiens in ein noch größeres, internationales Handelsnetz einbezogen, das von den Ländern rund um das Mittelmeer im Westen bis nach China im Osten reichte. Der Handel mit China führte zu steigendem Wohlstand und regte zur Herausbildung kleiner Königreiche an, die nach China Gesandtschaften schickten, um dort dem Kaiser zu huldigen und seinen Schutz zu erbitten. Wir wissen von diesen Ereignissen, weil die Annalen chinesischer Dynastien ein genaues Verzeichnis der Daten enthalten, an denen diese Gesandtschaften aus Südostasien eintrafen, und auch der Länder, aus denen sie angereist waren. Dennoch ist es mitunter schwierig, die chinesischen Namen der Königreiche und ihrer Herrscher zu identifizieren und mit uns bekannten Größen gleichzusetzen. Eine der diesbezüglich bedeutendsten Entdeckungen ist 1918 dem Franzosen Georges Coedès gelungen, der vorgeschlagen hatte, daß Sanfoqi und Shilifoshi die chinesischen Bezeichnungen für das Königreich Shriwijaya in Süd-Sumatra darstellen.[4] Die chinesischen Annalen erwähnen darüber hinaus auch verschiedene andere Königreiche, die in Indonesien angesiedelt werden können, wenngleich die Ansichten über ihre genaue Lokalisierung differieren. So schickte z. B. Heluodan zwischen 430 und 452 Gesandtschaften, Gantuoli zwischen 441 und 563, Pohuang zwischen 442 und 466 und Poli zwischen 473 und 630, die alle Güter mit sich führten, die in China begehrt waren. Die Gesandtschaft von Heluodan etwa soll im Jahre 430 einen Diamantring, rote Papageien, weißen Stoff aus Indien und eine andere Art von Textilien aus Gandhara im heutigen Pakistan mitgebracht haben.[5] Offensichtlich verfügte dieses indonesische Königreich über Handelsware aus Südasien.
Auch aus Indonesien liegen Quellen vor, die diese Zeugnisse bestätigen. So zeigen die frühesten Inschriften, daß Lokalherrscher Reichtümer anhäuften und einen wachsenden Machtanspruch entwickelten. Dabei orientierten sie sich an der indischen Kultur, die ihnen Prestige bot und ihre Königsherrschaft sanktionieren konnte. Zwei dieser frühen indonesischen Herrscher sind uns namentlich bekannt: Es sind dies König Mulawarman, dessen Name in sieben Inschriften überliefert ist, die in Kutai in Ost-Kalimantan gefunden wurden und um 400 datieren, und Purnawarman, ein König des 5. Jahrhunderts, von dem Inschriften in West-Java erhalten blieben.
Die Herausbildung von Staaten über das Sozialgefüge von Stammesfürstentümern hinaus, die nach älterer Forschungsmeinung zeitlich mit den ersten Spuren indischen Einflusses zusammenfiel und aus diesen Kontakten resultieren sollte, wird jetzt als eine Fortsetzung bereits früher anzusetzender Entwicklungen in Südostasien angesehen.[6] Diesen neuen Einsichten zufolge hatte sich in dieser Region bereits eine differenziert gegliederte Gesellschaft gebildet, und dies besonders aufgrund überregionaler Handelsbeziehungen. So hatten lokale Herrscher damit begonnen, sich von anderen Stammesmitgliedern durch das Anhäufen von Reichtümern und

Prestigeobjekten wie bronzener Dongson-Gongs und Zeremonialäxten abzuheben. Der internationale Handel mit China gab dieser Entwicklung weitere Impulse, wie auch die Begegnung mit dem sakralen Königtum indischer Prägung, das den Aufbau der Gesellschaft auf der Grundlage geheiligter Autorität festlegte, die über Stammesgrenzen hinausreichte und Herrschaft über größere Bevölkerungen und Gebiete legitimierte. Bemerkenswerterweise berichten die frühesten indonesischen Inschriften, gleich, ob auf Ost-Kalimantan, West-Java, Süd-Sumatra oder Zentral-Java, von der Unterwerfung der Nachbarhäuptlinge noch vor der religiösen Aktivität eines Mannes, der sich selbst *raja* (das Sanskritwort für »König«) nannte. Man glaubt daher heute, daß eine sehr viel größere Kontinuität zwischen prähistorischer und historischer Zeit bestanden hat als bislang angenommen. Der Herrscher eines frühen Staates war, nicht viel anders als der Anführer einer prähistorischen Gemeinschaft, ein *primus inter pares* – ein Erster unter Gleichen –, der das Volk durch Gunstbezeugungen und eine Schutzgarantie an sich zu binden wußte. Darüber hinaus leitete er seine Autorität aus dem verbreiteten Glauben ab, er sei mit besonderen Kräften begabt. Das Territorium eines frühen Staates konnte je nach der Macht seines Herrschers expandieren oder schrumpfen. Auch waren die Beziehungen zu untergeordneten Gebieten ziemlich lose, denn je weiter die Bevölkerung vom Zentrum entfernt lebte, desto größer war ihr Abstand zum Herrscher. Dies sollte sich erst ändern, als die Macht in den größeren Königreichen wie dem von Majapahit in Ost-Java stärker zentralisiert wurde.[7]

Bis zur Mitte des 7. Jahrhunderts waren eine Anzahl kleiner Königreiche in verschiedenen Regionen Indonesiens entstanden. Eines davon ist das west-javanische Reich Tarumanagara. Nach der Mitte des 7. Jahrhunderts entwickelten sich zwei Gebiete zu bedeutenden Machtbereichen, denen es, allerdings zu verschiedenen Zeiten, gelang, den Handel mit China zu monopolisieren: Das eine ist Sumatra, das zunächst durch das Königreich Shriwijaya und später durch Malayu repräsentiert wurde, das andere Java, wo das Machtzentrum zunächst in Zentral-, später in Ost-Java lag. Wiederholt kämpften die Königreiche von Sumatra und Java, das in diesem Beitrag zunächst im Mittelpunkt stehen soll[8], um die Hegemonie.

Das Königreich von Tarumanagara in West-Java (5. Jh.)

Im Kontext der oben geschilderten Entwicklungen muß auch die Herausbildung eines Königreichs in West-Java betrachtet werden, das durch fünf Inschriften bekannt ist, die aufgrund der Schrift in die Mitte des 5. Jahrhunderts datiert werden können. Sie wurden in der Nachbarschaft von Bogor gefunden, und zwar unweit der Stelle, von der auch die ältesten indischen Keramikfunde stammen. Möglicherweise hatte dieses Gebiet bereits seit geraumer Zeit Kontakt zu Indien unterhalten. Wie bei allen frühen indonesischen Inschriften handelt es sich bei der Sprache um Sanskrit und um eine Schrift südindischen Ursprungs, wobei auch der König einen Sanskritnamen, Purnawarman, trägt und der Name des Reiches Tarumanagara lautet. Nahm man früher an, der König sei ein Inder gewesen, der sich in Java niedergelassen hatte, so geht man heute davon aus, daß es sich um einen lokalen Anführer handelte, der durch die Übernahme indischer Kulturelemente sein Ansehen und seine Autorität zu steigern suchte.

Seine Inschriften gewähren Einblick, wie er seine Oberhoheit zu legitimieren und sein Königtum zu sanktionieren suchte. Zwei der Inschriftensteine tragen skulptierte Fußabdrücke, bei denen es sich, dem beigefügten Text zufolge, um die des Königs handeln soll, der danach seine Füße buchstäblich auf diese Stellen gesetzt haben soll, um sein Gebiet abzugrenzen. Die Abdrücke sind ungefähr doppelt so groß wie die normaler Füße, was möglicherweise der Absicht, Macht zu demonstrieren, entspringt. Eine der beiden Inschriften besagt, daß die Füße Purnawarmans die Fähigkeit besitzen, feindliche Städte zu zerstören, aber jenen Fürsten gegenüber wohltätig sind, die sich ihm gegenüber loyal verhalten[9]; die andere vergleicht die Füße des Königs mit denen des Hindugottes Wishnu, der als der Erhalter der Welt gilt. Einer dritten Inschrift sind die Fußabdrücke eines Elefanten beigefügt, die sie als diejenigen des Elefanten des Königs identifiziert, der mit dem Elefanten Airawata verglichen wird, dem Reittier des Gottes Indra in der indischen Mythologie. Wie Wishnu wird auch Indra mit der Königswürde und dem Königtum in Verbindung gebracht, wurde er doch als König der Götter angesehen. Offensichtlich bediente sich Purnawarman indischer Anschauungen, um sein Königtum zu legitimieren und sein Ansehen sowie seine Macht zu vergrößern. Indes hat, im Gegensatz zur älteren Forschung, die den indischen Charakter der Inschriften betonte, die jüngere dies relativiert und darauf hingewiesen, daß der König zugleich auch an einheimische Traditionen anknüpfte: Denn obgleich die Abbildung von Fußabdrücken durch die indische Sitte der Darstellung und Verehrung der Fußabdrücke Wishnus angeregt sein kann, ist bislang von keinem indischen Herrscher bekannt, daß er seine eigenen Fußabdrücke darstellen und mit denen Wishnus

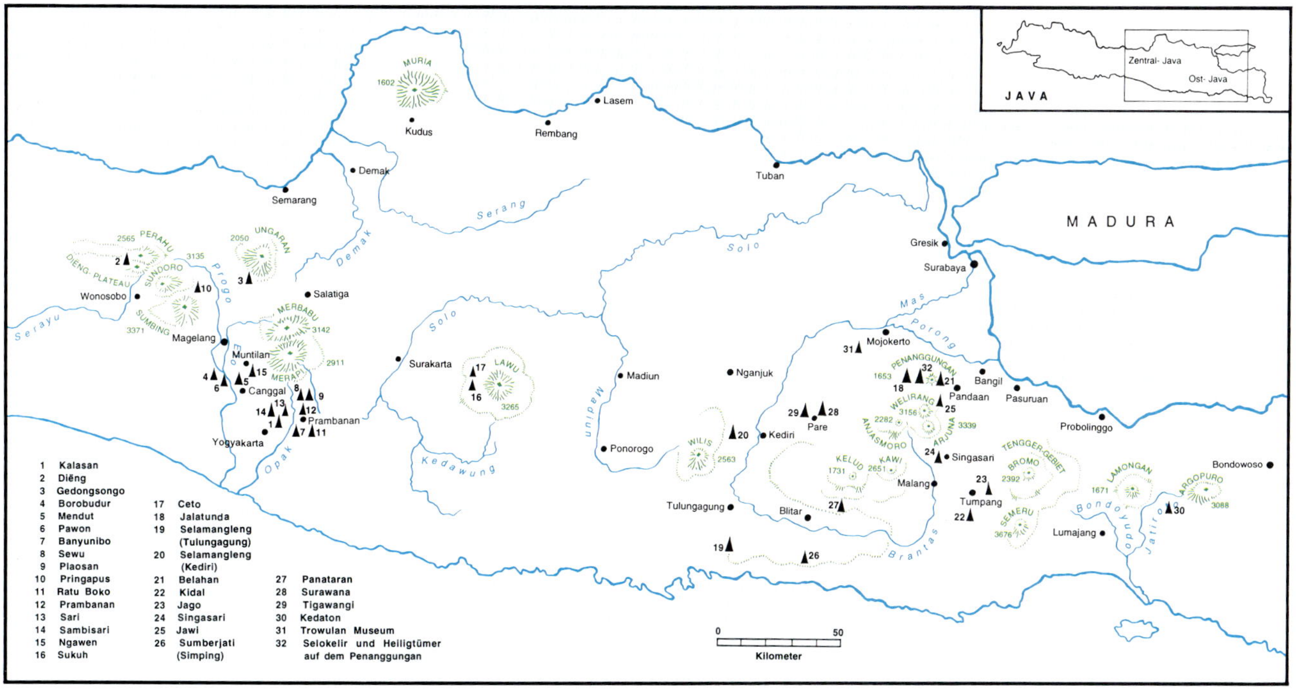

Abb. 70 Karte von Zentral- und Ost-Java mit den wichtigsten historischen Stätten und archäologischen Fundplätzen (Zeichnung: C. Sender).

vergleichen ließ, so wie Purnawarman dies tat. Man hat darauf hingewiesen, daß Purnawarmans Handlungsweise auch durch die einheimische Sitte der Legitimierung von Besitzrechten an einem Grundstück durch das Eindrücken des eigenen Fußes in den Boden angeregt sein kann.[10] Vielleicht wurde so eine indische Sitte neu formuliert und in die lokale Kultur integriert, ein Anpassungsprozeß, für den die neuere Forschung den Terminus »Lokalisierung« geprägt hat.[11]

West-Java sollte dann in den folgenden Jahrhunderten keine große Rolle mehr spielen. Die wenigen archäologischen Zeugnisse aus dieser Region bilden zwei Steinskulpturen Wishnus aus dem 7. oder 8. Jahrhundert, ein Tempel, der Candi Cangkuang, aus dem 8. oder 9. Jahrhundert, eine Statue der Göttin Durga aus dem 9. und eine kurze Inschrift in altmalaiischer Sprache aus dem 10. Jahrhundert.[12] Im Laufe des 13. und 14. Jahrhunderts wurde das Gebiet zunehmend stärker in den internationalen Handel einbezogen, wie die kürzlich dort aufgefundene zeitgenössische Keramik, vor allem aus China, aber auch aus Vietnam und Thailand, bezeugt.[13]

Zentral-Java (732 bis 900)

Zwei nicht sicher datierte Inschriften aus Zentral-Java sollen, wie angenommen wird, noch älter sein als die älteste exakt datierte zentral-javanische Inschrift von Canggal, die ein dem Jahre 732 unserer Zeitrechnung entsprechendes Datum trägt. Eine dieser nicht genau datierten Inschriften ist jene von Tuk Mas, die an den Ausläufern des Merbabu-Gebirges gefunden wurde. Sie preist einen in den Bergen entspringenden Strom, indem sie ihn mit dem Ganges vergleicht[14], und läßt sich aufgrund ihrer Schrift um 600 n. Chr. ansetzen. Für die zweite nicht fest datierte Inschrift, die aus Sojomerto stammt und einen gewissen *dapunta* Selendra nennt, der, nach Meinung indonesischer Wissenschaftler, ein Vorfahr der späteren Shailendra-Könige gewesen sein muß[15], wird eine Entstehungszeit im 7. oder vielleicht auch im frühen 8. Jahrhundert angenommen.

Chinesische Quellen, die etwa der gleichen Zeit angehören, erwähnen Gesandtschaften, die in den Jahren 640, 648 und 666 aus Holing kamen, womit nach neueren

Abb. 71 Landschaft am Fluß Citerum in West-Java, in dessen Bett der berühmte Inschriftenstein des Königs Purnawarman gefunden wurde, 5. Jahrhundert.

Interpretationen wahrscheinlich Walaing, ein Gebiet, das in späteren, aus dem 9. Jahrhundert datierenden zentral-javanischen Inschriften erwähnt wird und vermutlich – zumindest während des genannten Zeitraums – mit der Gegend des Ratu Boko-Plateaus in Zentral-Java identisch sein dürfte.[16] Eine andere, etwa gleichzeitige chinesische Quelle beschreibt Holing u. a. wie folgt: »Das Land Ho-ling liegt im Süden von Chên-la (Kambodscha). Während der Jahre von 627 bis 649 schickte es Gesandte mit Goldblumen und ähnlichen Artikeln. Die Residenz seines Herrschers liegt in einem mit hölzernen Palisaden umfriedeten Grundstück. Große Häuser und mehrere Stockwerke hohe Pavillons sind mit Kokosfasern gedeckt. Ihre Liegen bestehen alle aus Elfenbein. Wenn sie essen, gebrauchen sie dazu ihre bloßen Hände. Sie verwenden ebenfalls die Blüten der Kokospalme zur Weinherstellung. Wenn man (diesen Wein) trinkt, wird man betrunken.«[17]

Nach 666 werden keine Gesandtschaften mehr aus Java erwähnt, sondern statt ihrer reisten zwischen 670 und 742 solche ausschließlich aus Shriwijaya auf Sumatra an. Wahrscheinlich waren Java und Shriwijaya, was den Handel mit China betrifft, bereits im 7. Jahrhundert Konkurrenten. Vor diesem Hintergrund kann man auch eine frühe Shriwijaya-Inschrift aus dem Jahre 686 deuten, die eine Expedition gegen Bhumi Jav̂a, das Land Java, erwähnt.[18]

Zentral-Java kehrt dann im Jahre 732 ins Rampenlicht zurück, zehn Jahre bevor die letzte Gesandtschaft des 8. Jahrhunderts aus Shriwijaya in China eintraf. Im gleichen Jahr war die oben erwähnte Inschrift von Canggal im Auftrag eines Königs verfaßt worden, der sich selbst Sañjaya nennt. Sie besagt u. a., daß König Sañjaya Prinzen der Nachbarländer unterworfen und in solchem Maße Frieden und eine gute Ordnung geschaffen hat, daß sich seine Untertanen außergewöhnlich sicher fühlten: »Solange er die Erde beherrscht, die als Gürtel die Wellen der Meere und als Brüste die Berge hat, können die Leute am Straßenrand schlafen, ohne durch Diebe oder andere Gefahren erschreckt zu werden.«[19] Die Hindu-Götter Shiwa, Brahma und Wishnu werden gepriesen, und es wird davon berichtet, daß zur Erinnerung an den Sieg und um anhaltenden Wohlstand zu gewährleisten, ein *lingga* errichtet wurde, der die Schöpferkraft Shiwas symbolisiert. Die Inschrift von Canggal markiert den Anfang einer Epoche, in der sich anscheinend das Kräftegleichgewicht wiederum zugunsten Javas verschoben hatte. Wieder wurden regelmäßige Gesandtschaften aus Java, und dies zwischen den Jahren 768 und 873, verzeichnet, die von 768 bis 818, wie es heißt, aus Holing kamen und von 720 bis 873 aus Shepo, der chinesischen Bezeichnung für Java. Der Grund für den Gebrauch zweier verschiedener Namen kann in Machtkämpfen in Zentral-Java zu suchen sein, wie sie auch aus zentral-javanischen Inschriften nachweisbar sind.

Mit Ausnahme eines literarischen Textes bilden Inschriften die einzigen schriftlichen Dokumente aus Zentral-Java. Da aber kaum einheimische Quellen aus dieser Zeit existieren, bleibt die dynastische Geschichte Zentral-Javas unklar, gründen doch viele der vorgeschlagenen Theorien auf schwachem Beweismaterial, so daß sie zu einem großen Teil als Spekulationen betrachtet werden müssen. Den großen Erfolg, die zentral-javanischen Inschriften in ihrem historischen Zusammenhang gedeutet zu haben, konnte der niederländische Epigraphiker J. G. de Casparis verbuchen[20], wurden doch seine Theorien, obwohl seine Untersuchungen bereits in den 50er Jahren dieses Jahrhunderts erfolgten, im großen und ganzen bis heute nicht in Frage gestellt, sondern auch in jüngsten Publikationen immer wieder genannt.

Die Inschriften erwähnen shiwaitische und buddhistische Herrscher, wobei letztere sich selbst als Angehörige der Shailendra-Dynastie bezeichnen. Eine Inschrift des shiwaitischen Königs Balitung aus dem Jahre 907 nennt

Sañjaya als den Gründer einer Linie shiwaitischer Könige, von denen einige auch aus früheren Inschriften bekannt sind. Allerdings spricht man, von dieser Inschrift ausgehend, gelegentlich auch von einer shiwaitischen Sañjaya-Dynastie im Gegensatz zu einer buddhistischen Shailendra-Dynastie.[21] Die Annahme zweier Dynastien scheint allerdings den wahren Sachverhalt zu vereinfachen. Die Abfolge der Shailendra-Könige ist relativ klar, aber die von Balitung erwähnte Königsabfolge scheint erst später von diesem Herrscher mit der Absicht aufgestellt worden zu sein, seine eigene Thronfolge und Herrschaft zu legitimieren. In Wirklichkeit gehörten die shiwaitischen Könige anscheinend mehreren unterschiedlichen Familien an. Ein Umstand, der die Identifizierung von Königen und ihrer Herkunft besonders erschwert, liegt zudem in der Tatsache begründet, daß diese unter verschiedenen Namen aufzutreten pflegen: einmal mit einem Eigennamen, dann mit einem Namen, der ihren Herkunftsort anzeigt, und schließlich mit einem Krönungsnamen. Lange Zeit war die Herkunft der buddhistischen Herrscher der Shailendra-Dynastie ein ausgiebiges Thema wissenschaftlicher Diskussionen. Zunächst glaubte man, ihr Ursprungsland sei Indien oder zumindest das südostasiatische Festland gewesen. Eine Inschrift aus dem Jahre 775, die man an der Landenge von Kra in Süd-Thailand entdeckt hatte, erwähnt sowohl einen König von Shriwijaya als auch einen buddhistischen Shailendra-Herrscher. Daraus zog man den Schluß, daß die Shailendra Verbindungen zu den Herrschern von Shriwijaya unterhielten und ursprünglich aus Sumatra kamen. Dieser Annahme schien eine Inschrift zu widersprechen, die 1963 in Sojomerto im Norden Zentral-Javas gefunden wurde und einen *dapunta* Selendra erwähnt. Indonesische Epigraphiker, die diese Inschrift in das 7. oder auch das frühe 8. Jahrhundert datierten, plädierten dafür, in diesem *dapunta* Selendra einen Vorgänger der späteren Shailendra-Herrscher zu sehen; mithin sei auch die Herkunft der Shailendra-Dynastie erklärt, die demnach aus Java stamme[22], eine Theorie, die allerdings bislang keine allgemeine Anerkennung gefunden hat. Auffällig ist beispielsweise, daß die Inschrift in einer Sprache verfaßt ist, die als altmalaiisch identifiziert werden konnte, und daß sie eher auf shiwaitische als buddhistische Vorlieben hindeutet. Soviel ist sicher, daß sich die späteren Shailendra international orientierten. So benutzten sie außer der altjavanischen Schrift, die aus einer südindischen entwickelt worden war, auch eine nordindische Variante, die eine Neuerung darstellte. Zudem ermöglichte auch der Buddhismus, zu dieser Zeit bereits eine Weltreligion, vielfältige internationale Kontakte. So ist bekannt, daß ein *guru* aus Gaudidwipa in Bengalen auf

Abb. 72 Inschriftenstein mit den Fußabdrücken des Königs Purnawarman, 5. Jahrhundert. Die Sanskrit-Inschriften gehören zu den bislang ältesten Schriftquellen im indonesischen Archipel.

Abb. 73 Fluß Citerum bei Bogor, West-Java; Inschriftenstein mit den Fußabdrücken des königlichen Elefanten, 5. Jahrhundert.

Ersuchen eines Shailendra-Königs ein buddhistisches Bildnis in Zentral-Java einweihte und daß Leute aus Gurjaradesha – wahrscheinlich Gujarat in Nordwestindien – regelmäßig nach Java kamen, um dort einen buddhistischen Tempel aufzusuchen. Kontakte wurden auch mit Sri Lanka und seinen berühmten buddhistischen Klöstern aufgenommen. So erwähnt eine javanische Inschrift beispielsweise ein Kloster namens Abhayagiri Wihara, das seinen Namen sicher einem der berühmtesten Klöster Sri Lankas verdankte.[23]

Die zentral-javanischen Inschriften liefern des weiteren Informationen über die Gesellschaftsstruktur dieser Zeit und werfen damit auch ein Licht auf die Beziehungen zwischen shiwaitischen und buddhistischen Herrschern. Auf der untersten Ebene standen demnach die Dörfer *(wanua)*, die von einem Rat der Ältesten *(rama)* verwaltet wurden. Darüber stand ein Verband von Dörfern, die ein lokaler Herrscher *(rakai)* anführte. Ein *rakai* konnte sein Territorium durch die Unterwerfung anderer *rakai* erweitern und sich dann als König *(raja)* titulieren. Der Inschrift aus Canggal aus dem Jahre 732 zufolge ist Sañjaya der erste zentral-javanische König, von dem bekannt ist, daß er seine Macht zu vergrößern und sich *raja* zu nennen versuchte, und fast ein halbes Jahrhundert später, 778 n. Chr., hören wir zum erstenmal von einem Shailendra-Herrscher, der *raja* genannt wird. Allerdings wird in der gleichen Inschrift ein Nachfolger Sañjayas mit dem Titel »großer König« *(maharaja)* bezeichnet, was auf dessen Oberherrschaft hindeutet. Und in der Tat war die buddhistische Shailendra-Dynastie spätestens 782 anscheinend in der Lage, diese höchste Stellung einzunehmen. Obwohl die shiwaitischen Könige dieser Zeit die Oberhoheit der Shailendra anerkennen und diesen Tribut zahlen mußten, erhielten sie dennoch ein großes Maß an Autonomie, und dies vor allem in jenen Gebieten, die direkt ihrer eigenen Verwaltung unterstanden. Während sie shiwaitische Tempel von nur recht bescheidenen Ausmaßen erbauten ließen, sind die großen Monumente dieser Zeit, wie Borobudur und Candi Sewu, buddhistische Gründungen der Shailendra. Dennoch sollten nach 824 erneut shiwaitische Herrscher an die Macht gelangen, scheinen doch die Inschriften folgendes Geschehen anzudeuten: Die Tochter des letzten namentlich genannten Shailendra-Herrschers heiratete den shiwaitischen König Rakai Pikatan, ließ aber zusammen mit ihrem Ehemann weiterhin buddhistische Bauten errichten. Zuvor war der Sohn dieses Shailendra-Herrschers, Balaputra, in einen Streit mit seinem Schwager Rakai Pikantan geraten, aus dem letzterer als Sieger hervorging. Balaputra verließ daraufhin Java und siedelte sich in Sumatra an. Zum Zeichen seines Sieges ließ der shiwaitische König Rakai Pikatan drei *lingga* aufstellen und eine große shiwaitische Tempelanlage aufführen[24], bei der es sich der Beschreibung der Anlage aus dem Jahre 856 zufolge wohl um den Loro Jonggrang-Tempelkomplex in Prambanan handelt. Zwar ist der zentrale Shiwa-Tempel noch heute von beeindruckender Höhe, dennoch muß das Ausmaß der Anlage in früherer Zeit, als die ihn umgebenden kleineren Heiligtümer noch standen, geradezu atemberaubend gewesen sein.

Besonders in dem Zeitraum zwischen etwa 770 und 870 n. Chr. herrschte eine große Bautätigkeit, stammen doch fast alle zentral-javanischen Tempel aus dieser kurzen Phase, so auch die riesigen Projekte wie der Borobudur, Candi Sewu und Candi Loro Jonggrang. Diese Aktivitäten waren ökonomisch nur deshalb durchführbar, weil Zentral-Java ein äußerst fruchtbares Land war und die Naßreiskultur Arbeitskräfte freisetzte, die für die diversen Bauvorhaben zur Verfügung standen. Die shiwaitischen Tempel liegen verstreut in den Niederungen zwischen Yogyakarta und Magelang und Yogyakarta und Klaten, aber auch in höheren Regionen wie dem Diëng-Plateau, der Gegend von Ungaran und den Hängen des Vulkans Merapi. Demgegenüber beschränken sich die buddhistischen Heiligtümer auf ein stärker eingegrenztes Gebiet um den Borobudur sowie in der Umgebung von Prambanan.

Die Verlagerung der Macht von Zentral- nach Ost-Java (900–928)

Um 929 verlagerte sich das Machtzentrum Javas von Mittel- nach Ost-Java, ein Vorgang, der zu einem der am häufigsten diskutierten Themen der altjavanischen Geschichte werden sollte. Als auslösendes Moment wurde ein Vulkanausbruch, eine Epidemie, eine Revolte Ost-Javas oder gar die Furcht vor einem Angriff Shriwijayas angenommen, um nur einige der vielen Hypothesen zu nennen.[25] Barret Jones, die vor kurzem eine detaillierte Untersuchung der Inschriften von 900 bis 928 vorgelegt hat, meint ein sich allmählich steigerndes Interesse zentral-javanischer Herrscher an Ost-Java nachweisen zu können, womit früheren Theorien einer plötzlichen Verlagerung widersprochen wird.[26] Während Inschriften, die vor 900 datiert werden können, nahezu ausschließ-

Abb. 74 Ratu Boko, Zentral-Java; Tor der Umfassungsmauer des Palastareals, 8./9. Jahrhundert.

Abb. 75 Candi Sewu, Zentral-Java; die frühe Tempelanlage datiert aus dem 8./9. Jahrhundert.

lich in Zentral-Java gefunden wurden, stammen diejenigen aus der Zeitspanne von 900 bis 928 sowohl aus Zentral- wie auch Ost-Java und schließlich jene, die nach 929 verfaßt wurden, nur mehr aus Ost-Java. Die Verlagerung des Zentrums bedeutete daher keinen abrupten Bruch mit der voraufgegangenen Epoche, und es gibt sogar Zeugnisse, die darauf hindeuten, daß die Übergangsperiode schätzungsweise ein Dreivierteljahrhundert andauerte. Dementsprechend zeigen Inschriften der Zeit von 875 bis 950 eine auffallende Gleichförmigkeit hinsichtlich der in ihnen erwähnten gesellschaftlichen Funktionen.[27] Bemerkenswert erscheint ferner, daß keinerlei javanische Gesandtschaften nach China in den Jahren zwischen 873 und 992 überliefert sind und daß, neuester Forschung zufolge, die letzten zentraljavanischen Tempel um 870 errichtet wurden, während die älteste ost-javanische Anlage – und dies sicher datiert – erst aus dem Jahre 977 stammt. Keines der Heiligtümer auf Java läßt sich mit einiger Sicherheit dem dazwischenliegenden Zeitraum zuweisen. Wahrscheinlich ist dafür, aus welchen Gründen auch immer, eine wirtschaftliche Rezession auf der Insel verantwortlich zu machen, die dazu führte, daß damals weder Gesandtschaften auf die Reise geschickt noch Tempel aus dauerhaften Materialien errichtet wurden. So hat nicht zuletzt Barrett Jones vorgeschlagen, die Verlagerung des politischen Zentrums nach Ost-Java auf wirtschaftliche Überlegungen zurückzuführen, deren wichtigste der damit verbundene leichtere Zugang zum Meer gewesen sei. Es mag kein Zufall sein, daß sich die Verlagerung in ebenjener Periode ereignete, da die Bedeutung des Übersee-Handels in schnellem Wachstum begriffen war.[28] Es hat aber ganz den Anschein, als hätten die Könige eine gewisse Zeit gebraucht, um ihre Position in Ost-Java zu konsolidieren, denn in dieser Übergangsphase scheint Sumatra noch einmal die Außenpolitik bestimmt zu haben. Im Jahre 904 schickte Shriwijaya zum ersten Mal seit 742 wieder Gesandtschaften nach China, während solche aus Java erst ab 992 wieder erwähnt werden.[29]

Die Tatsache, daß aus dieser Zeit keine Kultbauten erhalten sind, bedeutet nicht, daß es diese nicht gab. Ganz im Gegenteil. Die meisten der recht zahlreichen Inschriften aus dieser Epoche befassen sich mit der Einrichtung einer *sima*, einem Begriff, der soviel wie »freies Grundstück« bedeutet. In der Regel handelt es sich dabei um königliche Erlasse, die eine Änderung des steuerlichen Status eines Gebietes dokumentieren, z. B. eines Dorfes oder eines Reisfeldes: So wurde festgelegt, dieses Stück Land von der Zahlung staatlicher Steuern zu befreien und statt dessen die daraus gewonnenen Erträge für den Unterhalt eines Tempels oder einer religiösen Stiftung zu verwenden. Die Inschriften beginnen gewöhnlich mit dem Gründungsdatum der *sima* und dem Namen des Königs und der Beamten, die seine Einrichtung anordneten. Weiterhin wird die religiöse Stiftung, der die Einkünfte zufließen sollten, erwähnt; schließlich werden verschiedene Arten von Eintreibern des »Eigentums des Herrschers« *(mangila derwya haji)* und andere Personen, denen das Betreten der *sima* verboten ist, aufgelistet und die Schenkungen für die anwesenden Beamten und Dorfbewohner aufgeführt, gefolgt von einer Beschreibung des Einweihungsrituals der *sima* und der damit einhergehenden Feierlichkeiten. Die Inschrift schließt mit einer Fluchformel gegen alle, die den Status der *sima* verletzen könnten. An dieser Stelle sei eine Inschrift ausführlicher zitiert, um einen Eindruck von dem Charakter dieser

Abb. 76 Diëng-Plateau, Zentral-Java; die heute noch aktive Vulkantätigkeit hat auf diesem Hochplateau (2000 m) faszinierende Landschaftsformen hervorgebracht.

lebenspendenden Wasser, gleichgesetzt. Als ein Beispiel sei die Inschrift von Kamalagyan aus dem Jahre 1037 zitiert, in der der Bau eines Dammes zur Verhinderung von Überschwemmungen dokumentarisch festgehalten wird: »Dieser Damm wurde erbaut, um der Welt Wohltaten zu erweisen . . . dies alles geschah auf Anordnung Seiner Majestät, in seiner Hauptstadt Kahuripan; denn sichtbar übergießt er die ganze Welt mit seiner Liebe wie mit *amarta* und bewirkt so den Regen der Wohltat . . .«[36]

Das Königreich Singasari (1222–1292)

Das Ende des Königreiches Kadiri kündigte sich 1222 an, als es einem gewissen Ken Arok, einem Mann niederer Herkunft, gelungen war, in Janggala im Ostteil des Königreiches eine einflußreiche Stellung zu erringen. Nachdem er den dortigen Herrscher abgesetzt und dessen Gemahlin Ken Dedes geehelicht hatte, eroberte er Kadiri im Westen und bestieg als König Rajasa den Thron im Ostteil, in der Stadt Singasari, unweit der heutigen Stadt Malang. Ab diesem Zeitpunkt wird jene Epoche als Singasari-Periode bezeichnet. Allerdings wurde der Usurpator schon bald von einem Sohn der Ken Dedes und ihres ersten Ehemannes beseitigt, deren Nachkommen nach einer Zeit des Chaos in der Lage waren, ihre Stellung zu festigen. So erbauten sie Tempel, in denen sie und ihre Vorfahren als Götter verehrt wurden. Speziell darüber besitzen wir einige recht verläßliche Nachrichten, vor allem aus dem *Nagara-Kertagama*, einem altjavanischen höfischen Text aus dem Jahre 1365, der das Königreich Majapahit und diejenigen seiner Tempel beschreibt, die Statuen vergöttlichter früherer Könige enthielten. Einige der im Text genannten Namen von Tempeln entsprechen ziemlich genau denjenigen, unter denen diese Bauten auch heute noch bekannt sind. Beispielsweise berichtet der Text, daß König Anushanatha, nachdem er 1248 gestorben war, als Shiwa in Kidal vergöttlicht wurde. Der gleichen Quelle zufolge wurde auch der 1268 verstorbene König Wishnuwardhana mit Buddha gleichgesetzt und seine Statue in Jajaghu verehrt, und König Kertanagara (1268–1292), der letzte der Singasari-Linie, errichtete einen Jajawa genannten Tempel.[37] Noch heute tragen die drei Tempel Namen, die sehr ähnlich klingen: Candi Kidal, Candi Jago und Candi Jawi.

Der letzte der Singasari-Könige, Kertanagara, hegte Ambitionen, als Weltherrscher zu gelten, ist doch die Idee eines Weltherrschers *(cakrawartin)* eine alte indische Vorstellung, derzufolge Herrscher von Weltbedeutung immer wieder auf der Erde erscheinen und große Länder zu Wohlstand und Gerechtigkeit führen. Ein Herrscher, der den Status eines *cakrawartin* für sich beanspruchen wollte, ließ sich deshalb mit den sog. »sieben Juwelen« des Weltherrschers darstellen: einem Rad – dem Symbol der Weltherrschaft –, seiner Gemahlin, dem Reichskanzler, dem Kronprinzen, einem königlichen Elefanten, einem königlichen Pferd und einem Juwel. Diesem Ehrgeiz entsprechend ließ sich König Kertanagara als einziger javanischer Herrscher zu Lebzeiten als ein transzendentes Wesen in der Gestalt des Buddha Akshobhya darstellen. Auch war er ein Anhänger einer speziellen Form des tantrischen Buddhismus und zugleich der shiwaitischen Bhairawa-Sekte, die Shiwa in seiner furchteinflößenden dämonischen Manifestation verehrte. Er glaubte damit einen Weg zur Erlangung übernatürlicher Kräfte gefunden zu haben und damit seinem Ehrgeiz Raum zu schaffen, große Gebiete des Archipels unter seine Macht zu bringen. So schickte er 1275 zunächst Truppen nach Malayu auf Sumatra und dann 1284 nach Bali. Bali wurde ein Vasall und Malayu gezwungen, ein Bündnis zu schließen. Die Truppen, die Kertanagara nach Malayu gesandt hatte, waren wahrscheinlich Hilfstruppen, die gegen die eindringenden Mongolen unter Führung Kublai Khans, des ersten Kaisers der Yuan-Dynastie, der bereits mehrere südostasiatische Territorien unterworfen hatte, aufgestellt worden waren.[38] Um das Bündnis mit Malayu zu besiegeln, übersandte Kertanagara im Jahre 1286 die steinerne Kopie einer Gruppenstatue, die in Candi Jago verehrt wurde. Sie setzte sich zusammen aus Amoghapasha – eine Form des Bodhisattwa Awalokiteshwara –, seinen vier Gefährten Tara, Sudhanakumara, Hayagriwa und Bherkuti (Kat. 102) und den fünf transzendenten Buddhas, von denen vier von ihren weiblichen Gegenstücken begleitet werden. Der Amoghapasha in Candi Jago wird als vergöttlichte Form Wishnuwardhanas, des Vaters und Vorgängers Kertanagaras, angesehen. Die auf Sumatra gefundene Statue wurde von ihrem Podest getrennt, das eine Inschrift trägt, derzufolge die Statue einst auf Befehl König Kertanagaras nach Malayu gesandt wurde. Außer den oben erwähnten Göttern trug die Statue noch die sieben Symbole der Weltherrschaft als ein unübersehbar deutliches Zeichen ihrer politischen Konnotation. Etwa zur gleichen Zeit ließ Kertanagara auch mehrere Bronze-

Abb. 78 Vulkan Merapi, Zentral-Java; in der Nähe des heute noch aktiven Vulkans (3000 m) liegen die berühmten Tempelstätten von Borobudur, Sewu und Prambanan.

kopien der Gruppenstatue von Candi Jago anfertigen, die in Java gefunden wurden und die eine Aufschrift tragen, die besagt, auch sie seien auf Anordnung Kertanagaras zum Wohle der Menschheit geschaffen worden. Möglicherweise waren sie als kostbare Votivstatuen von Kertanagara für seinen vergöttlichten Vater und Vorgänger Wishnuwardhana gedacht. Die Betonung der Vergöttlichung des Vaters bedeutete zugleich eine Hervorhebung der eigenen göttlichen Abstammung und des legitimen Königtums. Die Gesandtschaft, die die steinerne Statue innerhalb Sumatras aufstellte, kehrte von der Insel mit zwei Prinzessinnen zurück, deren eine den späteren König von Java, die andere aber den kommenden Herrscher von Malayu gebar. Diese Familienbande stärkten die Bindungen zwischen Ost-Java und Malayu. Kertanagaras Intervention im Gebiet der Straße von Malakka war jedoch dem Mongolen Kublai Khan als Herrscher der Yuan-Dynastie ein Dorn im Auge. Seit dem 12. Jahrhundert hatten die Chinesen eine immer bedeutendere Rolle im südostasiatischen Handel gespielt, nachdem sie dazu übergegangen waren, Frachten auf ihren eigenen chinesischen Dschunken zu transportieren. In der zweiten Hälfte des 13. Jahrhunderts versuchte Kublai Khan durch die Unterwerfung auch der südostasiatischen Königreiche, die Kontrolle über diesen Handel zu erlangen. Daher schickte er zwischen 1280 und 1289 gleich mehrere Gesandtschaften zu den ost-javanischen Königreichen, doch Kertanagara weigerte sich beharrlich, dem Yuan-Kaiser zu weichen, und wagte es im Jahre 1289 sogar, dessen letzten Gesandten mit verstümmeltem Gesicht zurückzusenden. Der Kaiser, für den diese Behandlung eine unerhörte Beleidigung darstellte, entschloß sich deshalb, eine Strafexpedition auszurüsten. Sie landete aber erst zu einem Zeitpunkt auf Java, als Kertanagara, der Auseinandersetzungen in seinem eigenen ost-javanischen Königreich zu bestehen hatte, von einem Verräter ermordet worden war.

Das Königreich von Majapahit (1292 – ca. 1500)

Kertanagara hatte vier Töchter. Nach seinem Tod gelang es einem seiner Schwiegersöhne, Wijaya (vgl. Kat. 99), die mongolische Invasion dazu zu benutzen, sich des Jayakatwang, Mörder seines Schwiegervaters, zu entledigen und selbst als dessen legitimer Nachfolger den Thron zu besteigen. Er ließ sich in Majapahit nieder, das in der Nähe des heutigen Trowulan, unweit von Mojokerto, liegt. Damit begann eine neue Epoche, die Epoche von Majapahit (1292 bis ca. 1500). Nach der Gründungslegende aß einer der Soldaten des Wijaya, der bei der Suche nach einer geeigneten Stelle für die neue Hauptstadt durstig geworden war, die Frucht des Maja-Baumes, die sich allerdings als bitter *(pahit)* erwies.

Die 2. Hälfte des 14. Jahrhunderts ist als die Blütezeit des Königreichs von Majapahit bekannt, als es von Hayam Wuruk, dessen Krönungsname Rajasanagara lautete, regiert wurde, der von seinem Kanzler Gajah Mada, einem Mann von großem Einfluß, wesentliche Unterstützung erfuhr. So kamen während der Regierung Hayam Wuruks große Teile des Archipels unter seine Herrschaft, der Handel blühte, die Literatur erlebte ein Goldenes Zeitalter, und viele neue Tempel wurden errichtet. Das 1365 von des Königs Hofdichter Prapañca verfaßte *Nagara-Kertagama* ist eine wichtige Informationsquelle für diese Zeit: Zunächst glorifiziert der Text den König und seine Familie, beschreibt dann die Hauptstadt Majapahit unweit des heutigen Trowulan, nennt die Orte, die zum Einflußbereich Majapahits gehörten, und vermittelt eine Vorstellung von den Beziehungen, die zu anderen Ländern unterhalten wurden. Es beschreibt ferner die Fahrten, die der König in seinem Reich unternahm, die Tempel, die er unterwegs besuchte, und die großen jährlichen Feste an seinem Hof, wo Getränke überreichlich flossen und große Mengen an Speisen serviert wurden: »... Es gab die erlesensten Gerichte auf Tellern aus purem Gold. Eilig hasteten sie (die Minister und andere Beamte) vorwärts, um einen Platz in der Nähe des Königs einzunehmen. Ihre Speise waren Schaf, Büffel, Geflügel, Wildbret, Schwein, Bienen, Fisch und Ente ... Darauf folgte das Essen für die gewöhnlichen Leute. Die Speisen, die auf Silber serviert wurden, waren prächtig: zahllose Fleischsorten aller möglichen Tiergattungen sowohl vom Land wie aus dem Wasser. Es wurden in der üblichen Reihenfolge aufgetragen: Frösche, Raupen, Schildkröten, Mäuse, Schakale. Jedermann liebt dies ... Und die Getränke, die ohne Unterlaß einander folgten, waren: *tuwak* (fermentierter Saft) der Kokospalme, *tuwak* der Lontarpalme, Arak *(arak)* von der Zuckerpalme, *kilang* (fermentierte, gekochte Melasse), *brem* (Reiswein) und *tampo* (doppelt fermentierter Reis) ...«[39]

Obwohl die Loyalität des Verfassers des *Nagara-Kertagama* ihn vielleicht dazu verführt hat, die Größe und den Wohlstand des Reiches von Majapahit zu übertreiben, widersprechen doch die anderen Quellen diesem Bild nicht grundsätzlich. Der Haupthafen scheint zu dieser Zeit Canggu gewesen zu sein, das in der Nähe der Stelle lag, wo sich der Fluß Brantas in den Kali Mas und den Kali Porong gabelt. An den Haupthandelsplätzen, die die Umschlagplätze für den internationalen Handel bildeten, trafen sich einheimische Kaufleute und Handwerker mit

Abb. 79 Goa Gajah, Bali; Dämonenkopf am Eingang des Grottenheiligtums, 11. Jahrhundert.

Abb. 80 Panataran, Ost-Java; Wächterfigur am Shiwa-Tempel. 14./15. Jahrhundert.

ausländischen Kaufleuten aus Indien, China, Kambodscha, Vietnam und Thailand.
Stellten in früherer Zeit Kleinfürsten an der Peripherie des Reiches eine ständige Bedrohung für den Zusammenhalt dar, so war es Majapahit nunmehr gelungen, diese Kräfte auszuschalten und durch Mitglieder der königlichen Familie zu ersetzen, so daß dem Königreich Majapahit eine verhältnismäßig lange Lebensdauer beschieden war. Die gesamte Region des Brantas-Tales war unter einer Dynastie vereinigt. Ihre Legitimation bezogen die Könige aus der Berufung auf ihre Abstammung von Ken Arok, der im *Nagara-Kertagama* als Sohn des »Herrn der Berge« bezeichnet wird, ein Epitheton des Hindu-Gottes Shiwa. Kultpolitisch wandten sich die Majapahit-Könige dem Ahnenkult zu, wobei die Verehrung der eigenen Vorfahren im Mittelpunkt stand. König Hayam Wuruks Reisen durch sein Reich waren Pilgerreisen zu den bedeutendsten dieser Kultplätze. So stellte der Shiwa-Tempel von Panataran die Stätte des göttlichen Ursprungs der Majapahit-Dynastie dar. Daran schlossen sich die Verehrungstempel der Mitglieder der Vorgängerdynastie an, und schließlich wurden die Heiligtümer der vergöttlichten Vorfahren der Majapahit-Dynastie aufgesucht, wovon viele während der Regierungszeit des Hayam Wuruk errichtet worden waren. Hayam Wuruk traf zugleich rituelle Vorkehrungen, um die immerwährende Verehrung seiner Ahnen zu gewährleisten.
Eine ganze Anzahl der unter Hayam Wuruk errichteten Bauwerke ist erhalten, so z. B. Candi Panataran bei Blitar, Candi Surawana und Candi Tigawangi bei Kediri im Westen des Königreiches sowie Candi Jabung und Candi Kedaton bei Probolingo im Osten. Im Gegensatz dazu sind aus dem Bereich, in dem sich die Hauptstadt befunden hat, nämlich beim heutigen Trowulan, weniger eindrucksvolle Ruinen überkommen. Es sind dies vor allem Tore (Bajang Ratu und Wringin Lawang), das Wasserheiligtum Candi Tikus und der Tempel Candi Brahu. In allen Fällen handelt es sich um Ziegelbauten.
Unterschiedliche Entwicklungen trafen zusammen, darunter die Abspaltung von Küstenregionen und der wachsende Einfluß des Islam, in deren Folge im ausgehenden 14. Jahrhundert die hinduistisch-buddhistischen Königreiche des malaiischen Archipels zusammenbrachen. Obwohl geschwächt, gelang es dem javanischen Majapahit-Reich, bis zum Beginn des 16. Jahrhunderts seine Existenz zu fristen, doch dann war auch sein Untergang besiegelt.

[1] Walker und Santoso 1984.
[2] Glover 1990.
[3] Wolters 1967.
[4] Siehe den Beitrag von H. Kulke über Sriwijaya in diesem Band.
[5] Wolters 1967, 78.
[6] Hall 1985; Wisseman Christie 1982, 16–22.
[7] Wolters 1982; de Casparis 1981; Kulke 1986.
[8] Zu Sumatra siehe Beitrag H. Kulke.
[9] Vogel 1925.
[10] Wolters 1975, 100–101.
[11] Wolters 1982; Gungwu 1986.
[12] Bosch 1941; Wirjosuparto 1963; Suhadi 1983.
[13] McKinnon 1985.
[14] Chhabra 1965; Sarkar 1971–1972, I, 13–14.
[15] Boechari 1966, s. unten.
[16] Wissemann Christie 1982, 99; de Casparis 1956, 254–256.
[17] Zitiert nach Wolters 1967, 215.
[18] Wisseman Christie 1982, 29–30; dazu auch der Beitrag von H. Kulke in diesem Band.
[19] Sarkar 1971–1972, I, 21.
[20] de Casparis 1950; 1956; 1958.
[21] So z.B. Barrett Jones 1984, 1.
[22] Boechari 1966; Suhadi 1983.
[23] de Casparis 1956, 202–203; 1961.
[24] de Casparis 1956.
[25] Wisseman Christie 1982, 237–238.
[26] Barrett Jones 1984, 6.
[27] de Casparis 1986.
[28] Wisseman Christie 1982, 235.
[29] Coedès 1968, 130–132.
[30] Barrett Jones 1984, 173–175.
[31] Barrett Jones 1984, 26.
[32] Barrett Jones 1984, 26; Wisseman Christie 1982, 422.
[33] Tarling 1992, 211.
[34] Wisseman Christie 1982, 106.
[35] Fokker 1938, 1,45.
[36] Wisseman Christie 1992.
[37] Pigeaud 1960–1963, III, 41, 46–47, 64.
[38] de Casparis 1985.
[39] Pigeaud 1960–1963, III, 105–106.

Die frühe Stadtentwicklung Indonesiens und ihre Auswirkung auf Gesellschaft, Technologie und Kunstschaffen

John N. Miksic

Königreiche und Städte

Die Ausbildung von Königreichen[1] muß nicht zwingend mit dem gleichzeitigen Entstehen von Städten verbunden sein. Es ist somit unwahrscheinlich, daß die frühen indonesischen Königreiche, von denen Shrivijaya im südlichen Sumatra und Mataram in Zentral-Java die bekanntesten sind, Städte besaßen. Bisher konnte kein archäologischer Nachweis für stadtähnliche Siedlungen aus den genannten Gebieten erbracht werden, die in das 1. Jahrtausend n. Chr. zu datieren gewesen wären.
Sie könnten bis heute noch unentdeckt unter dem Flußschlamm des Musi oder der Vulkanasche der Sorogedug-Ebene liegen. Vorstellbar wäre allerdings auch, daß die vergänglichen Bambuswände und mit Pflanzenmaterialien gedeckten Dächer der gewöhnlichen Bauten verrottet sind und somit keine augenfälligen Anhaltspunkte zur Lokalisation einst dicht besiedelter Bereiche hinterließen. Diese Hypothesen sollten einerseits berücksichtigt, dürfen andererseits aber nicht als Wahrscheinlichkeit oder gar Gewißheit verstanden werden. Sie sind stets vor dem Licht neuer Erkenntnisse zu hinterfragen: Zum derzeitigen Forschungsstand traten städtische Siedlungen in Indonesien erstmalig um 1200 n. Chr. auf. Somit standen die noch unentdeckten Paläste des frühen Java und Sumatra, so reich und eindrucksvoll sie auch immer gewesen sein mögen, in vollständiger Isolation. In ihnen mag sich eine beträchtliche Anzahl von unterschiedlichsten Bevölkerungsteilen aufgehalten haben, die aus Handwerkern, Beamten, Dienern, Wächtern und der königlichen Verwandtschaft bestand. Zum Vergleich dürfte die Gesamtzahl der Palastangehörigen kaum größer gewesen sein als die Einwohnerzahl eines größeren modernen javanischen Bauerndorfes.
Die Palastkomplexe haben eine wichtige Position im wirtschaftlichen Verteilungsnetz ausgeübt und einer gewissen Anzahl von auf Luxusgegenständen spezialisierten Handwerkern Beschäftigung gegeben, waren wohl aber keine Produktionszentren für die Dinge des täglichen Gebrauchs. Der überwiegende Teil dieser Produktion hat mithin in den umliegenden Dörfern gelegen, so daß sich Spezialisierungen wie Töpferei, Weben und Färben von Textilien oder Metallverarbeitung herausgebildet haben könnten. Auf Java zogen Metallarbeiter offensichtlich von Marktplatz zu Marktplatz oder in eine *sima*-Stiftung.
Für die Dienstleistung an diesen sakralen Einrichtungen genossen die Einwohner einer *sima* Steuererleichterung oder sogar vollständige Abgabenbefreiung. Zeitgenössische Inschriften zeichnen ein Bild davon, daß diejenigen Handwerker oder Arbeiter, die in barer Münze ihren Lohn erhielten, in diesen Zufluchtsorten Schutz vor den staatlichen Steuereintreibern suchten. Es ist nur zu wahrscheinlich, daß aus diesem Grund die Anzahl der erlaubten »Steuerflüchtlinge« in einer *sima* begrenzt war.

Frühe Stadtentwicklung und chinesische Einwanderung

Die ersten indonesischen Städte, für die eher die wirtschaftlichen als die verwaltungstechnischen Funktionen den Grund für ihre Existenz lieferten, erscheinen um 1200 n. Chr. Dieses Datum fällt mit der ersten chinesischen Einwanderungswelle nach Indonesien zusammen. In früheren Zeiten war es nur denjenigen Chinesen erlaubt, Südostasien zu besuchen, die eine offizielle Ausreisegenehmigung aus ihrem Reich vorweisen konnten. Diese Genehmigung wurde ausschließlich an kaiserliche Gesandte und Mönche, die auf ihren Reisen buddhistische Texte sammelten, vergeben. Die konfuzianische Philosophie betrachtete Handel in ihrer Ethik als niedere Tätigkeit, und privater Handel mit Ausländern (nahezu jeglicher Kontakt zwischen chinesischen Privatleuten und Ausländern) war verboten. Davon ausgenommen waren lediglich wenige Chinesen, denen unter strengsten Auflagen erlaubt war, in Handelsbeziehungen zu ausländischen Gesandten zu treten.
Zweifelsohne kam es dennoch zu illegalen Geschäften zwischen Chinesen und Ausländern. Die Bewohner der südchinesischen Küste werden sehr wohl die Möglichkeit erkannt haben, ihre vorteilhafte Nähe zu den anderen, nicht zum chinesischen Reich gehörigen Küstenstreifen für ihre wirtschaftlichen Interessen auszunut-

Abb. 81 Funde aus der Hafenstadt Kota Cina, Nord-Sumatra, 12./13. Jahrhundert.

zen. Dabei war allerdings größte Vorsicht geboten, denn diese Unternehmungen durften nicht zu den Behörden durchdringen. Die geringste Strafe für die Kontaktaufnahme mit Nicht-Chinesen war der Freiheitsentzug, aber auch weitaus härtere Maßnahmen, einschließlich der Exekution, waren möglich.

Andererseits haben diese illegalen Auslandskontakte offensichtlich nicht zur Bildung von chinesischen Gemeinschaften in Übersee geführt. Die frühen chinesischen Händler haben – wahrscheinlich ähnlich ihren ausländischen Mitkonkurrenten – ein System verfolgt, das in einer alten indonesischen Inschrift überliefert ist: Die ausländischen Händler gleichen Zugvögeln, die zu einer Jahreszeit das Land bevölkern, für ein paar Monate verweilen und dann nach Hause zurückkehren. Sie bildeten also keine permanenten Niederlassungen in Indonesien.

Im Hinblick auf die kulturelle Präsenz ist auch die Geschlechtszugehörigkeit der Auswanderer nach Südostasien von Bedeutung: Handelte es sich überwiegend oder gänzlich um Männer, werden diese einheimische Frauen geheiratet und mithin in wenigen Generationen die südostasiatische Lebensweise übernommen haben. Beispielhaft seien hier die Portugiesen und die frühen *peranakan*-Chinesen genannt. Auch die frühen chinesischen Auswanderer könnten somit größtenteils oder ausschließlich nur Männer gewesen sein, deren Spuren sich verloren haben.

Um 1200 n. Chr. ist ein Wandel spürbar: Zu dieser Zeit wurde das chinesische Reich unter der nördlichen Song-Dynastie durch Attacken der Mongolen stark bedrängt. Die Aussicht auf die Einkünfte durch die Besteuerung des Außenhandels war schließlich so verlockend, daß die konfuzianischen Skrupel infolge der finanziellen Notwendigkeit, welche die Verteidigung der nördlichen Grenze erforderlich machte, überwunden wurden. Die harte Durchführung früherer Verbote gegen den privaten Handel und den Kontakt mit Ausländern geriet ins Schwanken, und so begannen sich mit dem einsetzenden 13. Jahrhundert chinesische Niederlassungen in Indonesien zu bilden.

Die Beleglage über diese frühen chinesischen Siedlungen ist sehr schlecht. Wahrscheinlich zögerten die Chinesen selbst, die Aufmerksamkeit der kaiserlichen Beamten auf sich zu ziehen, aus Furcht, daß die politischen Verhältnisse umschwenken oder ihr Auswandern aus China als Verlassen ihrer Ahnengräber, politische Opposition oder gar Verrat ausgelegt werden könnte. 1126 wurde Nordchina von den mongolischen Truppen überrannt, und die Song-Dynastie mußte in den Süden fliehen. Während der folgenden 134 Jahre war China geteilt, die Mongolen waren im Besitz der alten Hauptstädte des Nordens, die ursprünglichen chinesischen Regenten herrschten nur über den Südteil des Landes. In diesen unruhigen Zeiten werden viele Aufzeichnungen verlorengegangen oder erst gar nicht angefertigt worden sein.

Auch die archäologische Forschung konnte bisher keinen direkten Nachweis für chinesische Niederlassungen in Indonesien erbringen. Die wenigen chinesischen Pro-

Abb. 82 Belahan, Ost-Java; Wasserheiligtum aus der Zeit des Königs Airlangga, 10./11. Jahrhundert.

Abb. 83 Belahan, Ost-Java; Skulptur am Wasserheiligtum, 10./11. Jahrhundert.

dukte könnten zum einen als mitgebrachtes Gut einheimischer Händler, zum anderen als letzte Indizien einstiger chinesischer Besiedlung angesehen werden.

Kota Cina: eine frühe Stadt

Die älteste Siedlung Indonesiens, die Merkmale einer Stadt zeigt und mehr auf privatwirtschaftlicher Aktivität als auf bürokratischer oder priesterlicher Verwaltung basiert, liegt in Nord-Sumatra. Das moderne Dorf trägt zumindest seit dem frühen 19. Jahrhundert gesichert den bezeichnenden Namen Kota Cina, »chinesische Einfriedung«. In der ersten Beschreibung von 1823 wurden die Dorfbewohner von einem britischen Reisenden ausnahmslos als Einheimische (d. h. Nicht-Chinesen) charakterisiert. Nach einer lokalen Entstehungslegende ist die Gründung Kota Cinas aber den Indern zuzuschreiben, die erst später durch die Chinesen verdrängt wurden. Eine Schneckeninvasion hat dann wiederum die Chinesen vertrieben: Das Leben gestaltete sich unerträglich, da die Schnecken in die Häuser, die Kochtöpfe, ja sogar in die Augen und Münder der Chinesen krochen.

In Kota Cina wurden während der 70er Jahre zahlreiche Artefakte des täglichen Lebens, Handels und Handwerks freigelegt. Die Siedlungsaktivitäten reichen vom späten 11. bis in das späte 13. Jahrhundert.[2] Obwohl die Funde nichts über die originäre Abstammung der Bevölkerung aussagen, belegen sie die Anwesenheit einer multi-ethnischen Handelsgemeinschaft.
Die Stein- und Bronzeskulpturen mit ihren Bezügen zum Hinduismus und Buddhismus stellen Importe aus Südindien und Sri Lanka dar. Die Vielzahl der chinesischen Münzen, die in breiter Streuung im gesamten Grabungsplatz aufgefunden wurden, könnten einen Anhaltspunkt dafür liefern, daß sie als Zahlungsmittel dienten. Die Fülle chinesischen Porzellans und Steinguts der späten Song- und frühen Yuan-Dynastie deutet darüber hinaus auf ausgedehnte Handelsbeziehungen mit dem chinesischen Reich hin. Die Menge chinesischer Münzen läßt darauf schließen, daß hier eher ein typisch chinesisches Wirtschaftsverhalten zutage tritt. Zwar gelangten in der Song-Zeit chinesische Münzen in großer Zahl nach Südostasien, aber sie wurden meist kurz danach eingeschmolzen, um das Material zu anderen Zwecken zu verwenden: Auf Java wurde chinesisches Münzgeld erst im 14. Jahrhundert zur Standardwährung.
Zusätzlich zu diesen wirtschaftlichen Bezügen erbrachten die Ausgrabungen unterschiedlichste Anhaltspunkte für die lokale handwerkliche Produktion: Hier sind vor allem die typischen lokalen Töpferwaren und die Verarbeitung von Eisen, Bronze und Gold zu nennen.
Die ehemalige Bevölkerungszahl ist nur mit gewissen Unsicherheiten zu bestimmen. Vorsichtig könnte mit einer Gesamtzahl von um 10 000 Einwohnern gerechnet werden.
Leider erbrachte das Studium zeitgenössischer Quellen bisher keine Ortsbezeichnung, die den Namen des einstigen Gemeinwesens, das für den Hafen Kota Cina zuständig war, erkennen ließe.[3] Bis heute steht auch ein entsprechender archäologischer Nachweis aus: weder Paläste noch Königsstatuen oder Inschriften wurden aufgefunden. Alle Belege unterstützen die Schlußfolgerung, daß Kota Cina eher infolge einer Kombination von lokalen Wirtschaftsaktivitäten und Außenhandel an Bedeutung gewann.

Abb. 84 Penanggungan, Ost-Java; nicht weniger als 81 Baudenkmäler liegen an den Hängen dieses heiligen Berges.

Diese wirtschaftliche Aktivität hat sich jedoch nicht in neuen oder dauerhaften Kunstformen niedergeschlagen. Von den Zehntausenden an Objekten erscheint nur ein einzelner Fund von lokaler Produktion und künstlerischem Wert: ein kleiner Steinkopf. Obwohl es sich um eine Miniatur handelt, besitzt der Kopf ausreichende stilistische Merkmale, die uns seine Verwandtschaft zur südostasiatischen und ozeanischen Rundplastik zeigen. Seine Funktion und somit Bedeutung sind allerdings unbekannt.

Ein wichtiger Aspekt des Kunstschaffens in Kota Cina ist die Goldschmiedekunst[4], wenn auch nur wenige vollendete Objekte zutage kamen. Es sind ausnahmslos kleinere Stücke wie ein Anhänger in südindischem Stil, der eine ägyptische Münze nachahmt, Perlen oder Perlendrähte. Der Nachweis der intensiven Goldhandwerkertätigkeit gelang vielmehr durch die technologischen Hinterlassenschaften: tönerne Schmelztiegel, Prüfsteine, steinerne Gußformen und eine Vielzahl an sogenannter »Quecksilber-Ware«, einer Gefäßkeramik, die wohl zum Verschiffen von Quecksilber Verwendung fand, das zur Goldraffination benötigt wurde. Fragmente von Golddrähten und Blattgold wurden aufbewahrt, um sie durch Wiedereinschmelzen einem Recyclingprozeß zuzuführen. Das meiste Gold fand sich im Verbund mit Resten des Alltagslebens der Bewohner: Keramikscherben, Nahrungsmittelresten und Holzkohle. Immerhin war wohl Gold in erheblichem Umfang zu Schmuck verarbeitet worden, der von einem ansehnlichen Teil der Bevölkerung erworben werden konnte.

Leider wurden in den Ausgrabungen früher Siedlungen auf Sumatra, seien diese nun städtischer Natur oder nicht, nur selten Goldobjekte freigelegt. Die An- oder Abwesenheit von Gold ist ein sensibler Indikator zur Klärung sozialer Veränderungen. Viele Studien haben darauf hingewiesen, daß die Herausbildung eines Städtewesens untrennbar mit einem schnellen sozialen Wandel verwoben ist. Beim derzeitigen Forschungsstand ist der Einfluß der frühen Urbanisierung auf die Gesellschaft Sumatras noch nicht greifbar.[5] Denn nachdem die Arbeiten in Kota Cina in den 70er Jahren abgeschlossen wurden, sind keine weiteren Großgrabungen an frühen städtischen Siedlungen auf Sumatra, wie z. B. Palembang, Muara Jambi, Kota Kandis, Samudra Pasai und Lamuri eingeschlossen, durchgeführt worden.

Frühe städtische Kunst auf Java

Die frühesten Einflüsse der Urbanisierung auf das Kunstschaffen sind auf Java greifbar, wo die älteste gesicherte städtische Siedlung im Bereich des modernen Dorfes Trowulan entdeckt wurde. Alles deutet darauf hin, daß beim heutigen Trowulan einst die Hauptstadt des Königreiches von Majapahit lag, dem größten Reich, das jemals in Südostasien geschaffen wurde.

Um die Einflüsse der Urbanisierung auf das Kunstschaffen Majapahits zu erkennen, sei kurz auf die davor liegende Zeit eingegangen. In Ost-Java stammen lediglich wenige Überreste von Kunst und Architektur aus der Zeit vor dem 10. Jahrhundert. Erste Hinweise auf eine politische und künstlerische Bedeutung Ost-Javas erscheinen während der Regierung des Königs Sindok (929–947). Vorher lag der zivilisatorische Mittelpunkt im Zentrum der Insel um den Berg Merapi.

Die Verbindung zwischen zentral- und ost-javanischer Kunst ist nicht als geradlinig zu betrachten. Während die zentral-javanische Kunst ausgewogen, gelassen und klassizistisch-naturalistisch (Kat. 13, 15, 48, 53) wirkt, fällt die ost-javanische Kunst Majapahits durch Asymmetrie, Dynamik und Stilisierung auf. Aufgrund künstlerischer Freiheit entstanden individuell unterschiedliche Ausdrucksmöglichkeiten.

In Zentral-Java verstanden sich die Künstler als Teil einer Weltordnung nach indischen Religionsprinzipien (Hinduismus und Buddhismus). Die Sanskrit-Texte, die nach Java gelangten, fanden ihre Umsetzung in Bildhauerei und Architektur, eingebettet in einen kosmologischen Rahmen der javanischen Landschaft, insbesondere des schroffen Gegensatzes zwischen den hohen Vulkangipfeln und der nahen flachen See. Um das 13. Jahrhundert waren die indischen Themen in der Kunst Ost-Javas zugunsten lokaler Legenden und Architekturformen fast vollständig verschwunden.

Die Frage stellt sich nach der Abhängigkeit zwischen, zum einen, der indisch geprägten Kunsttradition in Zentral-Java, und, zum anderen, der javanischen Schule im Osten der Insel. Die soeben vorgenommene Differenzierung der Schulen ist irreführend, denn die Unterschiede bestehen nicht nur in der räumlichen Distanz, sondern auch in der zeitlichen Dimension: eine Beleglücke von 300 Jahren, in der auf Java nahezu keine Tempel gebaut und nur wenige Statuen angefertigt wurden, trennt beide Stilrichtungen. Einige Wissenschaftler, einschließlich R. Soekmono, vertreten die Ansicht, daß der frühe und der späte Stil in einer entwicklungsgeschichtlichen Linie zu sehen sind. Die Übergangszeit sei an wenigen Fundplätzen, wie z. B. Gurah, faßbar.[6] Andere möchten

Abb. 85 Jalatunda, Ost-Java; Wasserheiligtum (gegr. 977).

die lokal-javanische Ausstrahlung der religiösen Kunst Ost-Javas während des 13. und 14. Jahrhunderts als isolierte Entwicklung betrachten, die den früheren Werken Zentral-Javas nur wenig verpflichtet ist.
Zur Stützung der letzten Annahme kann angeführt werden, daß sich die frühesten Monumente, die nach dem plötzlichen Ende der zentral-javanischen Zivilisation in Ost-Java errichtet wurden, in der Qualität von allem abheben, was aus früheren Zeiten bekannt ist. Dies ist einerseits das Wasserheiligtum von Belahan, das in Verbindung mit König Airlangga (lebte wohl 991–1049) stehen soll, und andererseits das von Jalatunda, welches wohl in Zusammenhang mit Airlanggas Vater, König Udayana (regierte 989–1022 auf Bali) zu sehen ist. Allerdings sind derartige Anlagen auch in Zentral-Java bekannt, insbesondere die von Kuntobimo, am Eingang zum Diëng-Plateau, und Payak, südlich von Prambanan, aber dabei handelt es sich um Abwandlungen traditioneller Badeplätze, die durch einige wenige Zierelemente, wie z. B. Wasserspeier, erweitert wurden.
Belahan und Jalatunda waren rein von Königen finanzierte Stiftungen, in denen sakraler und politischer Symbolismus verbunden wurde. Beide Plätze liegen an entgegengesetzten Seiten desselben Berges: des Penanggungan. Dieser Berg galt für die nächsten 500 Jahre als Kristallisationspunkt der religiösen Aufmerksamkeit. Nicht weniger als 81 Heiligtümer sind an seinen oberen Hängen nachweisbar. Aber ihre Form ähnelt eher den prähistorischen Heiligtümern, wie sie weit bis in den pazifischen Raum belegbar sind, und Abwandlungen, die bis heute auf Bali besucht werden. Weder indische noch zentral-javanische Vorbilder spielten dabei eine Rolle.
Wahrscheinlich markierten Belahan und Jalatunda Anfang und Ende einer Pilgerstraße, die auf der einen Seite die Hänge des Penanggungan hinauf und auf der anderen Seite hinunter führte. Die Sitte der Reinigung vor und nach der Ausführung religiöser Riten ist gut bekannt, und so sind beide Anlagen wohl in diesem Kontext zu sehen. Obwohl Funktionsgleichheit vorliegt, sind dennoch bedeutende Unterschiede festzustellen: Jalatunda ist aus Stein erbaut und in einen ausgehauenen Hang des Penanggungan gesetzt. Belahan wurde frei stehend aus Ziegeln errichtet. Die Anlage von Jalatunda datiert in das Shaka-Jahr 899, gleichbedeutend mit 977 n. Chr. Das Hauptdekorationsprogramm besteht aus einer Reihe

Abb. 86 Jalatunda, Ost-Java; weibliche Brunnenfigur, wohl 11. Jahrhundert.

Abb. 87 Trowulan, Ost-Java; Ausgrabung der Siedlung Sentonorejo.

erzählender Reliefs aus dem *Mahabharata*, einschließlich einer Szene, die den letzten der Pandawas darstellt, der den Namen Udayana trägt. Sein Name ist unterhalb der Szene in den Stein geritzt, so daß kein Zweifel besteht, wen diese Szene darstellen soll.

Möglicherweise sind die Reliefs späteren Datums als das Bad selbst. Einiges deutet darauf hin, daß sie erst im Verlauf des 13. Jahrhunderts angebracht worden sind.[7] Der Grundriß erfuhr offensichtlich keine Umbauten. Zwei Wasserspeierfiguren, eine weibliche und eine männliche, die ihren Weg nach Europa fanden, könnten einstmals hier gestanden haben. Wenn die Statuen aus der Zeit um 1000 n. Chr. stammen, wie es von dem angesehenen Kunsthistoriker A. J. Bernet Kempers angenommen wird[8], dann stellen sie einen weiteren Beleg für die Theorie dar, daß sich die ost-javanische Kunst aus einem anderen Ansatzpunkt heraus entwickelt hat als die zentral-javanische. Der Bildhauer gestaltete das Paar im Gestus des Wasserausgießens aus Krügen. Beide Statuen sind asymmetrisch: der Kopf der Frau neigt sich weit nach links, als ob sie das Gewicht des Wasserkruges, den sie an ihre rechte Seite preßt, ausgleichen wollte. Der Mann hält den Krug aufrecht stehend in der linken Armbeuge und stellt sein rechtes Knie nach außen aus, als ob auch er durch das Gewicht des Wasserkruges aus dem Gleichgewicht gebracht würde. Die männliche Figur wurde bei einem Brand 1931 in Vincennes zerstört.

Die Anlage von Belahan ist im Gegensatz dazu fast ohne Reliefs belassen worden: Einzig eine Szene, die einen Einsiedler in seiner Höhle inmitten von Blattwerk zeigt, ist so angebracht, daß es scheint, als würde er den wasserspeienden Statuen zuschauen. Zumindest zwei der Wasserspeier stellen Göttinnen dar. Ein weiterer mit *kala*-Maske, der nicht an seinem originalen Platz aufgefunden wurde, wohl aber zum Bad gehört, ist mit einer Jahresangabe versehen, die 1049 n. Chr. entspricht.

Die bedeutsamste Schlußfolgerung, die aus diesen beiden Anlagen gezogen werden kann, ist, daß die religiöse Architektur Ost-Javas nicht nur auf Tempel beschränkt war, die den Berg Sumeru und eine Höhle mit heiligem Bildnis in Architektursprache umsetzten, sondern auch andere Formen annehmen konnte. Die Badeanlagen in Ost-Java scheinen eher halb-sakraler Natur gewesen zu sein, d. h., mit ihnen erweiterte sich der Begriff des Sakralen.

Die Konzeptionsänderung für Architekturformen sakraler Gebäude hatte zur Folge, daß sich die Grenzen zwischen der sakralen und der profanen Welt zu verwischen begannen. Die Wasserspeier in Belahan stellen Gottheiten dar, doch diese erfüllen hier einen profanen Zweck: das Ausgießen von Wasser in ein Bassin. In Jalatunda sind es menschliche Wesen oder *yakshas* (Dämonen). Die Art der porträthaften Darstellung läßt sie als ganz normale Leute bei ihrer täglichen Arbeit erscheinen.

Dieser Unterschied könnte dahingehend interpretiert werden, daß in der ost-javanischen Kunst eine Tendenz zu erkennen ist, sie auch in anderen Bereichen als den religiösen zur Anwendung zu bringen. Dies mag wiederum das Auftreten neuer Kunstzweige im frühen städtischen Zentrum von Majapahit erklären.

Trowulan als Stadt

Ebenso wie auf Sumatra sind auch auf Java bisher keine älteren Städte entdeckt oder ausgegraben worden. Zu Anfang des 15. Jahrhunderts hat es mehrere Hafenstädte an der Nordküste Javas gegeben. Tuban, Gresik und Surabaya werden in zeitgenössischen chinesischen Quellen genannt; jede beherbergte über 1000 Familien, einschließlich vieler Chinesen.[9] Weitere Siedlungszentren, unter anderem Japera, Demak, Semarang, Cirebon, Banten Girang und Lasem, haben zu dieser Zeit wahrscheinlich auch schon existiert. Bis heute gibt es auf Java allerdings keinen Nachweis einer größeren Siedlung, die älter wäre als Trowulan.

Oberflächenuntersuchungen im Areal von Trowulan konnten Siedlungsreste auf einer Fläche von 100 qkm nachweisen. Archäologische Forschungen, die 1991 bis 1993 von der Indonesian Field School of Archaeology durchgeführt wurden, ergaben überwältigende Beweise, daß die Hauptstadt von Majapahit nicht nur ein verwaltungstechnisches und religiöses, sondern auch wirtschaftliches Zentrum war, in dem überwiegend Gebrauchsgüter des täglichen Lebens produziert wurden. Die Siedlungsreste von Trowulan enthielten die ersten nennenswerten Belege für Objekte von künstlerischem Wert, die gänzlich dem profanen, nicht sakralen Bereich zuzuordnen sind. Zweifellos hat es Vergleichbares bereits früher gegeben, dann wahrscheinlich aber nicht aus dauerhaften Materialien wie Ton oder Metall. Die Übernahme kostspieliger Technologien und Werkstoffe für diese Objekte spiegeln einen Wandel in der neuen städtischen Gesellschaft wider.

Trowulan: Bauwerke

In Trowulan sind mehrere Ziegelbauten nachweisbar, von denen einige, Candi Brahu und Candi Menak Jingga, als Überreste sakraler Bauwerke zu bezeichnen sind. Andere, wie z. B. die monumentalen Tordurchgänge Wringin Lawang und Bajangratu, sind durch den Erhaltungsgrad ihres architektonischen Zusammenhangs isoliert, so daß nicht entschieden werden kann, ob sie einst zu profanen oder sakralen Bauwerken gehört haben mögen. Interessant ist Candi Tikus: Dieser Badeplatz folgt im generellen dem Grundriß von Jalatunda am Penanggungan und datiert mit hoher Wahrscheinlichkeit in das 14. Jahrhundert. Das architektonische Hauptmotiv stellt den Berg Sumeru dar, doch darüber hinaus schmückt kein einziger sakraler Dekor diesen Platz, so daß bisher nichts für eine religiöse Nutzung des Bades spricht.

Ein Preisgedicht aus dem Jahre 1365, das *Deshawarnana*, allgemein unter der Bezeichnung *Nagara-Kertagama* bekannt, gibt eine lebendige Beschreibung des von einer Ziegelmauer umgebenen Palastes und der angebundenen Priesterresidenzen. Chinesische Quellen haben die Ausdehnung der Umfassungsmauer verzeichnet: sie maß 200 Schritte im Umfang und 9 m in der Höhe.[10]

Bisher ist es nicht gelungen, die Lage des Palastes zu lokalisieren. Der größte Teil der alten Siedlung von Trowulan ist in den letzten 20 Jahren durch Erdgräber bei der Suche nach Baumaterial (alten gebrannten Ziegeln und Rohmaterial zur Produktion neuer) zerstört worden. Vieles deutet darauf hin, daß der königliche Palast im südwestlichen Bereich von Trowulan zu vermuten ist. Dieses Areal ist noch heute unter dem Namen *Kedaton*, »Platz des Herrschers«, bekannt.

Abb. 88 Bajangratu (Trowulan), Ost-Java; ein typisches Beispiel der Ziegelarchitektur von Majapahit sind die hochaufragenden Eingangs- und Torbauten, 14. Jahrhundert.

Abb. 89 Bajangratu (Trowulan), Ost-Java; Bauschmuck in Hochrelief in Form eines kala-*Hauptes, 14. Jahrhundert.*

Städtische Kunstformen: Terrakotten

Eine der auffälligsten neuen Kunstformen der städtischen Kultur sind die Terrakotta-Bildnisse. Obwohl Terrakotten in Form von Menschen und Tieren aus vielen Kulturkreisen bekannt sind, treten sie in Indonesien nur und ausschließlich in Trowulan und verwandten Gebieten Ost-Javas, einschließlich der Heiligtümer an den Hängen des Penanggungan und wenigen Nachfolgern in Banten Lama, West-Java, des 16. Jahrhunderts und später, auf. Man könnte erwarten, daß diese eingeschränkte Verbreitung eine begrenzte Variationsbreite mit sich bringt, aber genau das Gegenteil ist der Fall: die Bildsprache ist außerordentlich reich.

Das häufigste Motiv der Terrakotta-Bildnisse (vgl. Kat. 151, 158) ist die Frau. Die Figürchen messen normalerweise 10–15 cm in der Höhe und stellen oft eine Mutter mit ihrem Kind dar. In den meisten Fällen ist lediglich der Kopf oder Körper der Figuren erhalten, vollständige Beispiele sind selten. Dieser Umstand führte zu der Schlußfolgerung, daß diese Figuren Bestandteil eines Schutzopfers darstellen könnten, das Mutter und Kind vor Schaden bewahren sollte. Ähnliche Opferriten sind in der gleichen Zeit aus Thailand bekannt.

Die Frauenkörper sind eher schematisch dargestellt. Normalerweise erscheinen sie in einer knienden oder sitzenden Position, wobei die Kleidung durch einfache eingeritzte Linien angedeutet ist. Wenige zeigen die Frauen bei Tätigkeiten wie dem Halten eines Fächers oder dem Musizieren. Den Köpfen galt die größte Sorgfalt der Künstler: das Haar, der Schmuck und andere Details, wie z. B. Blumen, sind betont.

Die Darstellung von Männern ist weitaus seltener. Einer der Männerköpfe wurde zum Symbol für Gajah Mada, den berühmten *patih* oder Wesir von Majapahit im 14. Jahrhundert. Er zeigt einen Mann mittleren Alters, korpulent, mit Doppelkinn und vollen Wangen. Die eindrucksvollen Züge des Köpfchens zeichnen das lebendige Bild eines charakterstarken Mannes, betont durch die fest geschlossenen Lippen, die aufmerksam blickenden Augen und die buschigen Augenbrauen, das nur durch die Blume hinter dem rechten Ohr aufgelockert wird. Dennoch gibt es keinen Beweis dafür, dieses Bildnis mit Gajah Mada oder irgendeiner anderen historischen Persönlichkeit in Verbindung zu bringen. Das Köpfchen ist hohl, und dies legt nahe, daß es sich um einen Münzbehälter gehandelt haben wird. Nichtsdestoweniger strahlt dieser Kopf Entschlossenheit und Entscheidungskraft aus, Qualitäten, die eng mit dem Mann verbunden werden, dem die Ausformung des größten Reiches Südostasiens zugeschrieben wird.

Eine der am schwersten zu beschreibenden Qualitäten einer versunkenen Zivilisation ist ihr Sinn für Humor. Die meisten Bildnisse klassischer Kulturen erscheinen uns ernst, weil sie überwiegend in engem sakralem Kontext standen. Die religiöse Haltung war sicherlich bezeichnend für die Menschen alter Zeit, wurde aber zweifellos durch Gefühlsäußerungen des täglichen Lebens aufgelockert. Gaukler werden in den frühen klassischen Inschriften Zentral-Javas als Darsteller bei Tempelgründungszeremonien angeführt. Auch in den Terrakotta-Bildnissen und sogar in den späten Tempelreliefs des klassischen Ost-Java ist ein ganz eigener Sinn für Humor zu beobachten.

Die Terrakotta-Künstler Ost-Javas erreichten diesen humoristischen Ausdruck auf unterschiedlichste Art und Weise. Eine davon ist die Übertreibung bis zur Gro-

Abb. 90 Trowulan, Ost-Java: Torbau Wringin Lawang, 14. Jahrhundert.

teske: Ein Gesicht mit *kala*-Maske hat einen weit geöffneten Mund, der ganz und gar nicht bedrohlich zu grinsen scheint. Die langen Fangzähne des Oberkiefers werden durch die hochgezogenen Mundwinkel, die ausgeprägten Lachfalten und fröhlichen Augen neutralisiert. Eine andere ist die Darstellung humoristischer Szenen: ein Mann ist auf der Flucht vor einem Tiger, der es gerade geschafft hat, an dessen Zeh zu nuckeln, oder ein Affe und ein Tiger, deren Schwänze verknotet sind. Ein weiteres, offensichtlich die Javaner belustigendes Element war die Darstellung von Ausländern. Nach chinesischen Quellen lebten in Trowulan etwa 5000 Chinesen, überwiegend Händler. Andere Ausländer kamen aus Westasien oder gar Europa. Terrakotten dieser Gruppe sind einfach durch die angegebene Kleidung zu unterscheiden: die Araber in langer Robe mit Turban oder die Chinesen mit Schädelkappe. Die Terrakotta-Künstler erzielten den gewünschten komischen Effekt durch die Übertreibung der nicht-javanischen Eigenarten in den Gesichtszügen ihrer Figuren: die Schnurrbärte oder das Lachen mit sichtbaren Zähnen. Wahrscheinlich vermied es der gebildete Javaner, beim Lachen die Zähne zu zeigen, schwärzte sie sogar, um sie weniger auffällig zu gestalten, da lange weiße Zähne stets noch mit Dämonen und wilden Tieren in Verbindung gebracht wurden.

Abb. 91 Trowulan, Ost-Java; Terrakotta-Figürchen einer hockenden Frau mit Saiteninstrument, 14. Jahrhundert.

Darüber hinaus gehörten jedoch auch unterschiedlichste Gebäudeminiaturen zur Motivik der Terrakotta-Künstler. Einige scheinen einfache Häuser darzustellen. Es sind lediglich rechteckige Räume mit einer kleinen Tür ohne Fenster und mit Dächern aus unterschiedlichsten Materialien wie Bambus, Lehmziegeln, Holzschindeln oder bestimmten Gräsern. Quadratische oder rechteckige Pavillons ohne Wände mit Stützpfeilern, die auf soliden Fundamenten stehen, stellen entweder Wohnhäuser oder andere Gebäudetypen dar.

Die Verwendung der einzelnen Terrakotta-Formen ist unklar. Sie sind sowohl in den Siedlungsbereichen von Trowulan als auch in den Bergheiligtümern angetroffen worden. Die an religiösen Stätten aufgefundenen Miniaturen sind fast ausnahmslos Architekturnachbildungen. Andere Figuren wie z. B. ein Pferdekopf aus Gua Potol, einer künstlichen Meditationshöhle nahe des Berggipfels des Penanggungan, sind Ausnahmen. Die menschlichen Figuren sind somit aller Wahrscheinlichkeit nach einer profanen Funktion zuzuordnen. Man könnte sogar die Möglichkeit in Betracht ziehen, daß sie die Einführung jener Kunst darstellen, die nur für die Zurschaustellung in Wohnungen der Mittelklasse produziert worden war. Andere Figuren fanden anscheinend in Sakralhandlungen Verwendung. Alle Interpretationsvorschläge können allerdings ohne Textbelege und aktuelle Vergleiche nicht bestätigt werden.

Terrakotten, die ausschließlich religiöse Themen und Motive darstellten, sind außerordentlich selten. Nur wenige Darstellungen von Göttern sind bekannt, aber zu schlecht erhalten oder zu stilisiert, als daß sie zu identifizieren wären. Einige der Architekturminiaturen scheinen allerdings sakrale Bauwerke nachzuahmen.

Verschwindend wenige Terrakotten können einer Funktion zugewiesen werden, wie z. B. die Opferständer. Einige sind als wohlgerundete Frauen, manchmal mit Kindern, andere als Fisch mit elegant gebogenem Körper geformt. Letzteres bezieht sich anscheinend auf den mythischen Fisch, der – nach der Shri Tañjung-Legende

Abb. 92 Trowulan, Ost-Java; Goldanhänger in Gestalt einer kala-*Maske, 14. Jahrhundert.*

– die Seelen der Verstorbenen über den Fluß in die Unterwelt bringt.
Wiederum andere sind mit einer wäßrigen Bleiglasur überzogen. Die meisten Belege dieser Art stellen Lotus-Blüten und andere florale Motive dar. Offensichtlich hatten sie einen rein dekorativen Charakter.
Das Glasieren von Keramik markiert aber auch den Eintritt einer neuen Technologie. Im Gegensatz zu den Feldspatglasuren des chinesischen Porzellans erfordert die Bleiglasur eine weitaus geringere Prozeßtemperatur. Diese neue Technologie setzte natürlich Kenntnisse über den keramischen Brennofenbau und dessen Befeuerung voraus. Dennoch tritt die Gruppe der glasierten Terrakotten in Ost-Java nur in einem kurzen Zeitraum auf. Ihre kulturhistorische Bedeutung liegt mithin nicht in ihrem künstlerischen oder wirtschaftlichen Wert. Vielmehr ist festzuhalten, daß die javanischen Handwerker durchaus in der Lage waren, diese Technik anzuwenden. Das überwiegende Fehlen von glasierter Keramik im lokalen Kunstrepertoire Javas deutet somit vielmehr auf eine Vorliebe für unglasierte Waren als auf eine technologische Lücke oder gar mangelnde Befähigung hin.
Die Keramik von Majapahit zeichnet sich überwiegend durch eine rot polierte Oberfläche aus. Erwähnenswert sind hier vor allem die mit Ausguß versehenen Wasserkrüge, die sogenannten *kendi* (nach Sanskrit: *kundika*). Die Oberfläche typischer kleinerer Gefäßformen wurde mit einem roten Überzug versehen, frottiert und mittels Poliersteinen in einem langwierigen und kraftintensiven

Vorgang auf Hochglanz poliert. Nur wenige Beispiele dieser in ihren Proportionen harmonisch-ausgewogenen Gefäße weisen eine zusätzliche Bemalung auf.
Das ästhetische Gefühl der javanischen Städter des 14. Jahrhunderts läßt sich am besten an den dekorativen Elementen der Häuser und Wohnungen fassen. Chinesisches Porzellan und Steingut war in Hülle und Fülle vorhanden. Die grün, blau oder weiß glasierten Schüsseln und braunen Krüge bildeten einen lebendigen Kontrast zu der rotpolierten javanischen Ware. Die Innenausstattung der Häuser reichte von geschnitztem und/oder bemaltem Holz über Textilbehänge aus lokaler Baumwolle und importierter Seide bis zu Metallgegenständen, insbesondere aus dem Bereich der Bronzekunst.

Kunst und Handel

Unter den Produkten der javanischen Töpfer, die auf die neuen, städtischen Märkte abzielten, sind insbesondere die Geldbehälter hervorzuheben. Seit dem 9. Jahrhundert ist der Münzzahlungsverkehr auf Java nachweisbar. Gehandelt wurde mit Gold- und Silbermünzen, wahrscheinlich in kleineren Quantitäten. Chinesische Bronzemünzen wurden jahrhundertelang importiert, wohl aber eher als Rohmaterial zur Bronzeproduktion denn als Zahlungsmittel. Etwa um 1300 führte Majapahit die importierten chinesischen Münzen als offizielle Währung ein. Sie wurde sowohl für den amtlichen Geldverkehr (Steuer- und Abgabenwesen) als auch auf den Märkten eingesetzt. Die berufliche Spezialisierung innerhalb der städtischen Gesellschaft stieg an und mit ihr die Anzahl der Bevölkerungsteile, die ihre Nahrungsmittel nicht mehr selbst produzierten, sondern vermehrt gegen Geld auf den Märkten einkauften. Ein Majapahit-Text aus dem 14. Jahrhundert verzeichnet für den Beamten, der die Märkte zu kontrollieren hatte, eine tägliche Einnahme durch Steuern, Mieten und ähnliche Abgaben von nicht weniger als 8000 chinesischen Münzen.
Die Einführung des chinesischen Münzsystems machte gleichzeitig die Fertigung von Lagerbehältern notwendig. Zwei Varianten von Münzbehältnissen sind zu unterscheiden: Eine bestand aus einfachen Halbkugeln mit rot bemalten Streifen, eingeritzten Wellenlinien und regelmäßig verteilten Löchern. Die andere war kunstvoller: hohle Menschen- oder Tierfiguren, von denen die beliebteste wohl die des Schweines war. Mehrfach wurden Tonschweine mit Geldschlitzen im Rücken, die stets noch chinesische Kupfermünzen enthielten, aufgefunden. Das domestizierte Schwein war ein Zeichen von Wohlstand in Majapahit, und so ist die Verbindung des lebendigen Schweines als Symbol für Zahlungsfähigkeit mit der Verwendung von schweinsgestaltigen Münzbehältnissen naheliegend.

Metallhandwerk

In Anlehnung an die chinesische Währung wurden auf Java Kupfermünzen in kleinen Mengen produziert, die – wie die chinesischen Münzen – quadratische Löcher zum Zusammenbinden aufwiesen, jedoch größer ausfielen und sich durch die Verzierung mit Figuren der javanischen Mythologie wie Damarwulan, Kencanawungu, Menakjinggo und den *panakawan* von ihren Vorbildern unterschieden. Auch Figuren aus den hinduistischen Epen wie Bima, Gatutkaca und Arjuna sind belegbar. Die relativ geringe Anzahl dieser javanischen Münzen läßt Zweifel aufkommen, ob sie wirklich als Zahlungsmittel eingesetzt worden sind oder lediglich einen rituellen oder einfach dekorativen Charakter hatten.
Die Bronzeverarbeitung, insbesondere mit dem Guß in der verlorenen Form, ist auf Java seit prähistorischer Zeit gut belegbar. In der frühen klassischen Zeit wurden überwiegend Statuen sakralen Charakters hergestellt, doch auch andere Kultobjekte wie Wasserbehälter oder Endstücke für die Gebetskränze der Priester, aber ebenso Dinge des täglichen Lebens. Die wohl herausragendsten Objekte dieser Art sind kunstvolle Hängelampen mit Ölbehältern (Kat. 63, 110), Tüllen für die Dochte und mit dekorativen Elementen wie einem Einsiedler in seiner Mönchshöhle über einem Wasserbassin oder dem Motiv der Shri Tañjung-Legende. Wir können nicht entscheiden, ob diese Lampen in einen sakralen oder profanen Kontext zu stellen sind. Reliefszenen im Tempel von Borobudur (9. Jahrhundert) in Zentral-Java scheinen diese Hängelampen im Inneren von Wohnbereichen abzubilden. In Trowulan sind überwiegend einfache Tonlampen belegbar. Die Bronzelampen werden somit wohl eher zu den Einrichtungsgegenständen der Oberschicht gehört haben.
Bei der Behandlung der Terrakotta-Bildnisse ist bereits die Detailfreudigkeit des Schmuckes beschrieben worden. Erkennbar sind verschiedene Variationen von Ohrringen, Armbändern und Halsketten. Der kompliziert gestaltete Goldschmuck hebt sich deutlich von dem früherer Zeiten ab. Er steht mit seiner Vorliebe für eine groteske und lebhafte Bildsprache ganz in der Tradition der Majapahit-Kunst.
Goldschmuck der Majapahit-Periode (Kat. 134–141) ist im Gegensatz zu dem der früheren Epochen in den

Abb. 93 Trowulan, Ost-Java; Hausmodelle aus Terrakotta, 14. Jahrhundert.

Abb. 94 Trowulan, Ost-Java: Ritualgießer aus rotpoliertem Ton, 14. Jahrhundert.

Museen eher unterrepräsentiert. Der Grund hierfür wird viel mehr in der Natur des Menschen liegen als in einer wirklichen Knappheit. Die größten Beiträge zur Kenntnis der Schmuckherstellung früherer Epochen verdanken wir Goldhorten, die zusammengetragen, vergraben und – glücklicherweise – vergessen wurden. In der späteren klassischen Zeit ist diese Hortbildung nur noch selten belegbar. Dies mag durch Javas Herrschaft über das malaiische Königreich auf Sumatra und somit über die Goldvorkommen der Insel, der Westküste Borneos und Süd-Sulawesis erklärt werden. Jedenfalls vermitteln fremde und einheimische Quellen den Eindruck, als sei Gold in der Hauptstadt von Majapahit reichlich vorhanden gewesen.

Eines der berühmtesten Beispiele der Majapahit-Goldschmiedekunst ist eine Schmuckplatte aus Madiun, Ost-Java (Kat. 112): In Treibarbeit ist hier das Shri Tañjung-Motiv einer Frau, die auf einem Fisch reitet, dargestellt. Es ist vorgeschlagen worden, daß diese Platten die Scham von Asketen bedeckten. Statuen des Garuda aus Candi Sukuh, einem Heiligtum des 15. Jahrhunderts an den Hängen des Lawu, scheinen derartige Platten zu tragen. Der Gebrauch von Gold für diesen Zweck läßt in dem Träger eine höhergestellte Person vermuten. Viele frühe javanische Herrscher sind der Idealbiographie gefolgt und haben sich im Alter gänzlich der religiösen Kontemplation gewidmet. Die Schmuckplatte aus Madiun könnte folglich einem ehemals hochgestellten Asketen gehört haben.

Weitere Goldartefakte des sakralen Lebens sind mit Kieselsteinen gefüllt, mehrmals auch vergoldete Bronzerasseln in Form eines *kala*-Kopfes, dem Dämonen der Zeit. Weitaus verbreiteter sind Siegelringe mit verschiedenen Inschriften, z. B. in Kadiri-Schrift (Kat. 88), einer Schmuckschrift, die im 12. Jahrhundert in Majapahit für ornamentale Dekorationen verwendet wurde. Meistens bestehen diese Inschriften nur aus einem einzigen Wort wie »verschmelzen (mit einer Gottheit?)« oder »bitte empfange (diese Weihgabe?)«. Belegbar sind auch Siegelringe mit Schriftzeichen, die wie eine Imitation der Nagari-Schrift (Kat. 89) erscheinen.[11]

Die gute Beleglage unterschiedlichster Ohrringformen in der Rundplastik weist den Ohrschmuck (vgl. Kat. 153–157) als ein substantielles Schmuckelement der Oberschicht Majapahits aus. Verbreitete Motive sind z. B. das *makara*, Symbol des Liebesgottes Kama, oder Bienen mit gefaßten Halb-Edelsteinen auf dem Rücken. Eine typisch spätklassische Form sind gewinkelte, stark eingeschnittene Motive, welche anscheinend die ausgebreiteten Flügel Garudas symbolisieren. Typisch sind auch S-förmige Kurven, aus denen Flammen schlagen, oder vierlappige Gebilde, die möglicherweise den Berg Meru darstellen sollen. Clips, die Schneckengehäuse oder Rad, Symbole des Gottes Wishnu, im Umriß wiedergeben, wurden häufig ebenfalls als Ohrringe angesprochen. Ihre Form und insbesondere die scharfen Kanten sind für diesen Zweck aber eher unpassend. Vor dem Hintergrund der rundplastischen Evidenz könnten sie als Anhänger der Kordeln interpretiert werden, wie sie Vertreter der Oberschicht trugen. Die Goldschmiedetechniken reichen vom Guß in der verlorenen Form über Einlagen bis zur Ziselierung, Filigran- und Granulationsarbeit.

Der Majapahit-Goldschmuck unterliegt im Vergleich zu

Abb. 95 Trowulan, Ost-Java; »Sparschwein« aus Ton, 14. Jahrhundert.

Abb. 96 Trowulan, Ost-Java; Statuette eines Knaben mit Pektoral und Ziergürtel, 14. Jahrhundert.

dem früherer Zeiten eher einer Standardisierung. Auf Java, wie andernorts, scheint die Urbanisierung einerseits zu einer Großproduktion von Schmuckgegenständen für die höhergestellten Schichten geführt, sich andererseits aber zu Lasten der Vielfalt ausgewirkt zu haben.

Bildhauerei

Eng mit der frühen javanischen Urbanisierung verknüpft sind Werke der Rundplastik, die sich durch ihre Motivik und insbesondere das verwendete Material, einem weichen weißen Tuff, deutlich hervorheben. Die dargestellten Figuren haben offensichtlich keinen sakralen Bezug: Knaben, die bis auf eine Taillenkette nackt sind, und Frauen mit denselben zu einer Seite hängenden Frisuren wie bei den Terrakotta-Bildnissen. Die Frauen knien einer Dienerin ähnlich auf dem Boden, wobei einer der Ellenbogen auf seltsame Weise gekrümmt erscheint. Diese Haltung galt im alten Südostasien als Schönheitsideal. Der weiße Tuff wurde aber auch zur Herstellung von sakralen Statuen wie z. B. Agastaya und Ganesha aus dem shiwaitischen Pantheon verwendet. Da die Werkstätten am Wringin Lawang-Tor in Trowulan moderne Kopien anfertigen, die dann als Antiquitäten in den Handel gelangen, ist das Studium dieser Steinskulpturen leider nicht ganz problemlos. Neuere Forschungen dienen dem Zweck, die modernen Reproduktionen kenntlich zu machen.[12]

Stadtentwicklung von der späten klassischen zur frühen islamischen Zeit

Die Herausbildung des städtischen Lebens auf Java hielt sich mit dem entgegengesetzten Lebensstil der Einsiedelei die Waage. Der asketische Einsiedler scheint in vielen Gebieten Südostasiens ein kulturelles Ideal gewesen zu sein, das bereits vor der Einflußnahme der indischen Religionen, die diese Rolle stark betonen, vorhanden war. Diese Ähnlichkeit konnte dem sanften Übergang zur südasiatischen Bilderwelt während der klassischen Zeit nur förderlich sein.

Es könnte, muß aber nicht, auf reinem Zufall beruhen, daß die Hauptstadt Majapahits am Fuße des Berges gegründet worden ist, der die meisten Einsiedeleien in ganz Ost-Java beherbergt: dem Penanggungan. Die Inschriften der terrassenartig angelegten Heiligtümer datieren von 1119 bis 1511 n. Chr., wobei die Mehrzahl (23 von 38) zwischen 1404 und 1487 angelegt worden ist. Das politische Geschick Majapahits war in diesem Jahrhundert nicht gerade glücklich, doch die Grabungen in Trowulan ergaben, daß die Stadt wirtschaftlich stets noch pulsierte und blühte. Andererseits erscheint das Leben als Asket zu dieser Zeit wieder populär geworden zu sein. Nicht nur am Penanggungan, sondern auch an anderen Bergen Ost-Javas wurden in diesem Jahrhundert eine Vielzahl an Einsiedeleien eingerichtet. Dieses Phänomen mag als eine Reaktion auf die neuen, geänderten Lebensumstände in der Stadt angesehen werden, möglicherweise auch als Bedürfnis einiger der Bevölkerungsteile, zu einem einfacheren Lebensstil zurückzukehren.

Spuren des Respekts für den Bergasketen und das gelegentliche Verlangen, sich einem derartigen Leben hinzugeben, wurden bis in das 16. Jahrhundert tradiert, in dem die ersten europäischen Reisebeschreibungen über Indonesien greifbar werden. Früh zum Islam Übergetretene haben Attribute der Asketen so weit übernommen, daß einige Gräber der »Neun Heiligen« oder *wali songo*, die dem Volksglauben nach Java zum Islam bekehrten, in den Bergen entlang der javanischen Nordostküste liegen.

Cirebon und Banten, zwei der ersten islamischen Städte auf Java, spiegeln eine Vielzahl an direkt aus der Majapahit-Kunst entnommenen Elementen wider. Terrakotten wurden an beiden Orten aufgefunden, obwohl – als eine Auswirkung der muslimischen Vorschriften – menschliche Figuren im allgemeinen vermieden wurden. Münzbehälter in Tierform und Vogelfigürchen sind wahrscheinlich erst nach der Eroberung durch javanische Muslime im Jahr 1527 nach Banten gelangt. Die frühe Keramik von Banten zeigt Frottierungen und rot bemalte Streifen, die keinen Vorläufer im Fundplatz von Banten Girang, der vorzeitig zu Banten Lama datiert wird, finden, aber typisch für die Majapahit-Ware sind.

Der Einfluß der chinesischen Kunst ist besonders deutlich am Königspalast Kasepuhan in Cirebon und in verschiedenen Dekorationselementen einiger Gräber der *wali songo* zu beobachten. Die Wurzeln dieser Entwicklungen sind über zwei Jahrhunderte zurück nachweisbar, als Trowulan zu einem dichtbevölkerten Zentrum sowohl wirtschaftlicher als auch sakraler und politischer Aktivität avancierte. Die Frage, warum dieser Übergang damals und an diesem Ort stattfand, ist eine Angelegenheit, die sehr viel tiefer gehende Studien voraussetzt, bevor definitive Schlüsse gezogen werden können. Die Untersuchung neuer Kunstformen, die auf Java während dieser Zeit auftreten, bietet eine – wenn nicht die einzige – Möglichkeit, die Veränderungen, die diese Entwicklungen sowohl in der Technologie als auch der Wirtschaft begleiten, zu beleuchten.

1 Im folgenden wird der Begriff »Königreich« dem des »Staates« vorgezogen: Miksic 1991, 86–144.
2 Miksic 1979; Mc Kinnon 1984.
3 Milner/McKinnon/Sinar 1978, 1–42.
4 Manning/McKinnon/Treloar 1980, 102–116.
5 Miksic 1989, 3–29.
6 Soekmono 1969.
7 Dumarçay 1993, 95–97.
8 Bernet Kempers 1959, 67.
9 Mills 1970, 89 f., 99.
10 Mills 1970, 87; Groeneveldt 1960, 46.
11 Miksic 1990, 109.
12 Khoo/Abu Bakr/Miksic 1995, 107–114.

Islam, Handel und neue Reiche im 13.–17. Jahrhundert

Stefan Dietrich

Waren Hinduismus und Buddhismus prägend für die alten Königreiche Indonesiens, so war dies der Islam für die klassische Kultur der Fürstenhöfe, wie wir sie aus europäischen Quellen sowie aus Literatur und Kunst des 18./19. Jahrhunderts kennenlernen. Das heißt auch, daß die neue Religion nicht zu einem grundsätzlichen Bruch mit älteren Traditionen führte, sondern zu einer neuen Synthese von lokaler Tradition und Islam. Die historischen Grundlagen dieser Entwicklung, d. h. die erste Phase der Islamisierung, soll in diesem Abschnitt kurz skizziert werden.

Die zeitliche Dimension der Verbreitung des Islam im Indonesischen Archipel ist in groben Zügen bekannt. Sie begann im 13. Jahrhundert in Nord-Sumatra, als das Herrscherhaus von Pasai zum Islam konvertierte. Von diesem ersten islamischen Zentrum ging jedoch vorerst keine Ausstrahlungskraft aus. Erst im 15. Jahrhundert, nachdem sich der Islam in Malakka durchgesetzt hatte (1414/1446), trat ein beschleunigter Prozeß der Islamisierung ein – auf der Malaiischen Halbinsel, in den Küstenstaaten Sumatras, an der Nord-Küste von Java und in Ternate im äußersten Nordosten des Archipels. Im 16. Jahrhundert ging auch das Binnenland von Java zum Islam über, Süd-Sulawesi folgte Anfang des 17. Jahrhunderts.

Ist schon die Chronologie manchmal nicht sicher oder lückenhaft, so ist es im Grunde unmöglich, den Prozeß der Islamisierung genauer zu erfassen oder zu erklären. Es fehlen hierzu einfach die notwendigen Geschichtsquellen. Über den historischen Kontext ist es jedoch möglich, Hypothesen aufzustellen, die diesen Prozeß verständlich machen. Drei Themen seien zu diesem Zweck herausgegriffen: Handel, Politik und Mystik.

Diese Themen unterstreichen zwei grundsätzliche Aspekte des Prozesses der Islamisierung in Indonesien. Zum einen erreichte der Islam den Archipel durch Händler, Schriften, Gelehrte und Prediger, d. h., die Region wurde nie durch Eroberung in das Herrschaftsgebiet eines fremden islamischen Herrschers eingegliedert. Diejenigen politischen Verschiebungen, die in der hier relevanten Periode auftraten, waren das Ergebnis einer internen Dynamik der Region. Zum anderen waren die Formen des Islam, wie sie sich im Archipel verbreiteten, durch bestimmte, Jahrhunderte dauernde Entwicklungen geprägt, wie z. B. die Herausbildung der islamischen Mystik, ein Faktor, der von wesentlicher Bedeutung gewesen sein dürfte. Es war ein bereits historisch und regional geformter Islam, der im Archipel Fuß faßte, denn maritime Handelsbeziehungen zwischen dem Nahen Osten über Indien und Indonesien waren schon älteren Datums. Arabische und persische Muslime besaßen schon bald nach der Begründung des Islam Niederlassungen in den Handelszentren an den Küsten Indiens, von wo aus sich ihre Operationen weiter nach Osten erstreckten. Im 8./9. Jahrhundert waren sie die dominante Gruppe im Seehandel zwischen Indien und China, mit der Malaiischen Halbinsel als Transitstation. Nach der Vertreibung der fremden Händler aus Kanton im Jahre 878 wurde die Malaiische Halbinsel, vor allem ein Ort, der in den arabischen Quellen »Kalah« genannt wird, zum »Endpunkt für die Schiffe aus Siraf und Oman, wo sie die Schiffe treffen, die aus China herunterkommen«, wie der Geograph Mas'udi berichtet.[1]

Das heißt, Kontakte zwischen Indonesien und der islamischen Welt sowie eine Präsenz des Islam in Händlerkolonien an der Malakka-Straße bestanden schon Jahrhunderte, bevor die Islamisierung begann. Von »Kalah« aber gingen keine Impulse zur Islamisierung aus – der Ort ist nicht einmal mit absoluter Gewißheit zu lokalisieren. Es besteht somit eine beträchtliche Zeitverschiebung zwischen einer Präsenz des Islam und den ersten Anfängen der Islamisierung in Indonesien, eine Zeitverschiebung, wie sie vergleichsweise an den Küsten Indiens nicht gegeben ist.

Diese Tatsache unterstreicht die Notwendigkeit, den spezifischen historischen Kontext der beginnenden Islamisierung im Archipel genauer zu betrachten – sowohl in bezug auf die historische Form des Islam, aber auch in bezug auf die Bedingungen, unter denen diese den Indonesischen Archipel erreichte.

Eine Blütezeit des asiatischen Handels

Der Handel im 15./16. Jahrhundert unterschied sich in einer wesentlichen Hinsicht von dem des 8./9. Jahrhun-

Abb. 97 Sendang Duwur, Java; Torbau der Moschee, 16. Jahrhundert. Das kala-*Motiv über dem Durchgang verbindet sich mit zwei gewaltigen Flügeln, die an Garuda erinnern. Beide Elemente belegen die Synthese von lokaler Tradition und Islam.*

derts, und zwar aufgrund seines Volumens: es bewegten sich sehr viel mehr Waren, Menschen und Schiffe auf den Seehandelsrouten. Das alte Handelsnetzwerk zwischen Ägypten, Indien, Indonesien/Malaysia und China war damit intensiver integriert als je zuvor.
Die Bedeutung des Handels für die Entwicklung von Königreichen in Indonesien ist kaum zu unterschätzen. Etwas überspitzt stellte ein Historiker einmal fest, daß malaiische Königreiche im Grunde genommen »Handelsunternehmen« gewesen seien.[2] Aus dem Handel bezogen die Fürstenhöfe den größten Teil ihrer Einkünfte: über Ein- und Ausfuhrzölle, Monopole oder Vorrechte und indirekt auch über Investitionen in Handelsfahrten. Auf diesen Einkünften beruhten ihr Reichtum und ihre

Macht, indem sie damit Hofstaat, Heer und Flotte finanzierten. Heer und Flotte konnten wiederum eingesetzt werden, um Handelsinteressen zu fördern – um die Sicherheit des Handels zu garantieren (z. B. indem Gewässer von Piraten freigehalten wurden), um Konkurrenten zu unterwerfen oder um Gebiete unter Kontrolle zu bringen, die wichtige Produkte für den Handel lieferten. Königreiche, die große Handelsstädte besaßen, konnten so zu respektabler Macht gelangen. Allerdings ließen es Handelsvolumen und -struktur im 15./16. Jahrhundert nicht mehr zu, eine Hegemonie, wie sie einst Shriwijaya besaß, aufzubauen. Vielmehr bot sich die Gelegenheit für den Aufstieg zahlreicher neuer Königreiche.

Die maritime Hegemonie des buddhistischen Shriwijaya hatte schon im 11. Jahrhundert zu schwinden begonnen. Dies ermöglichte den Aufstieg von Pasai, des ersten mit Sicherheit belegten islamischen Königreichs in Indonesien. Im 14. Jahrhundert entstand so eine »bipolare Ordnung«: Majapahit, die neue »Großmacht« im Archipel des 14. Jahrhunderts, kontrollierte den Handel mit den gefragten Gewürzen der Molukken, Pasai wiederum bildete den Umschlagplatz zwischen Ost und West. Der Chinese Ma Huan, ein Muslim übrigens, schrieb 1433 zu Pasai: »Dieser Platz ist das wichtigste Zentrum des westlichen Ozeans ... Hier kommen und gehen fremde Schiffe in großer Zahl, daher werden in diesem Land fremde Güter aller Art und in großer Menge verkauft.«[3]

Am spektakulärsten ist aber sicher der Aufstieg von Malakka: 1401 an der Stelle eines kleinen Fischerdorfes gegründet, entwickelte es sich innerhalb weniger Jahrzehnte dank des Geschicks seiner Herrscher zur reichsten Handelsstadt Südost-Asiens. Zahlreiche andere Beispiele für den Nexus von Handel und politischem Aufstieg ließen sich anführen: Aceh in Nord-Sumatra (16. bis 17. Jahrhundert), Surabaya, Gresik, Japara, Demak oder Banten auf Java (15.–17. Jahrhundert) oder Makassar in Süd-Sulawesi (16.–17. Jahrhundert).

Internationaler Handel bedeutete zugleich interkultureller Handel. Diese Perspektive verweist auf ein Konfliktpotential an, in dem z. B. Schwierigkeiten der Kommunikation oder unterschiedliche kulturelle Standards in Verhalten und Handelspraktiken zu Problemen führen konnten. In den Hafenstädten entstanden daher immer wieder permanente Niederlassungen von Händlern verschiedenster Herkunft. Sie konnten dort die lokalen Gewohn- und Gepflogenheiten kennenlernen und auf diese Weise als kulturelle Vermittler zwischen der lokalen Gesellschaft und den mobilen Händlern ihres jeweiligen Herkunftsgebiets dienen – und damit auch den Handel fördern. Auf diese Weise erhielten die Hafenstädte einen ausgesprochen kosmopolitischen Charakter. So berichtet Ma Huan (1433) über die Küstenstädte Nord-Javas: »Das Land hat drei Klassen von Menschen. Eine Klasse besteht aus Muslimen; es sind alles Leute aus den verschiedenen Königreichen im Westen, die als Händler eingewandert sind ... Eine [weitere] Klasse besteht aus T'ang-Leuten [Chinesen] ... viele von ihnen folgen der islamischen Religion, tun Buße und fasten. Eine [dritte] Klasse besteht aus [nicht-muslimischen] Einheimischen ...«[4]

Im Handel mit Indonesien spielten im 15. Jahrhundert Muslime aus Indien, vor allem aus Gujarat, von der Koromandel-Küste und aus Bengalen die bedeutendste Rolle. Ein Teil dieser Händler stammte seinerseits ursprünglich aus Persien oder Arabien – zum Teil hatten sich ihre Vorfahren schon vor Generationen in Indien niedergelassen. Die Bedeutung dieser stark persisch geprägten indomuslimischen Kultur läßt sich in Indonesien sowohl an historischen Monumenten wie in der klassischen Literatur sehr gut ablesen.

Handel und Islam

Der Kontext dieses stark islamisch geprägten Netzwerks von Händlerkolonien und intensivem Handel zwischen Indien und Indonesien im 15. Jahrhundert bietet einen ersten Ansatzpunkt, um die Islamisierung in Indonesien zu verstehen: Durch die Annahme des Islam hatte ein Königreich die Möglichkeit, sich gezielt dieser international-islamischen Gemeinschaft anzuschließen, und das konnte Vorteile für den Handel bringen.

Der Islam ist eine dem Handel freundlich gesinnte Religion. Seine Rechtsvorschriften konnten über kulturelle Grenzen hinweg einen gemeinsamen Bezugspunkt bzw. einen Sinn von Einheit (nicht Einheitlichkeit) in der pluralistischen Händlergemeinschaft herstellen und so Rechtssicherheit schaffen. Auf diese Weise besaß ein islamisches Königreich für muslimische Händler eine nicht zu unterschätzende Attraktivität. Dies wird vor allem im Fall von Malakka deutlich: Sein erster Herrscher heiratete um 1414 eine Prinzessin aus Pasai und trat zugleich zum Islam über. Auf diese Weise gelang es ihm, in zunehmendem Maße Händler aus Pasai nach Malakka zu abzuziehen, wobei sich wiederum die Einnahmen des Hofes vergrößerten. Bezeichnend ist wohl auch, daß malaiische Rechtskodizes vor allem dann aus arabischen Vorlagen kopierten, wenn es um Handel ging, wahrscheinlich weil es eben keine lokalen Modelle gab, die man der multiethnischen islamischen Händlergemeinschaft anbieten konnte. Andere Aspekte des islamischen

Abb. 98 Cirebon, West-Java; kraton *von Kasepuhan, frühes 17. Jahrhundert. Architektur wie Baumaterial sind dem Erbe von Majapahit verpflichtet.*

Rechts dagegen wurden weniger oder gar nicht berücksichtigt.
Die Tatsache, daß sich indonesische Königreiche als Teil der internationalen islamischen Gemeinschaft fühlten, wird auch aus ihren diplomatischen Beziehungen ersichtlich. So unterhielt Pasai im 13./14. Jahrhundert via Gujarat Beziehungen mit dem Sultanat von Delhi und Aceh im 16./17. Jahrhundert mit den Mogul-Kaisern, mit Bijapur (Zentral-Indien) sowie mit dem Osmanischen Reich. Und diplomatische Beziehungen förderten bereits damals den Handel.

Islam und Politik

Indem lebhafter Handel den Grundstein zum Aufstieg neuer Königreiche legte, war das 15./16. Jahrhundert auch eine Zeit politischer Veränderungen. Im Kontext der dadurch ausgelösten Umwälzungen läßt sich die Islamisierung aus einem weiteren Blickwinkel verstehen. Es handelte sich in erster Linie um eine regionale Dynamik, in der die Religion nicht die entscheidende Rolle spielte. Die Konflikte, die in den Entwicklungen des 15./16. Jahrhunderts zutage traten, waren älter als die Islamisierung, und sie setzten sich auch nach der Islamisierung fort. Zwei Grundmuster dieser regionalen Dynamik lassen sich herausheben.
Zum einen ist das bereits angesprochene Konfliktpotential zwischen rivalisierenden Handelsstädten zu nennen. Speziell für Java ist zum anderen auf den Kontrast von Wirtschafts- und Gesellschaftsformen hinzuweisen: merkantile Küste und agrarisches Binnenland. Eine Dynastie mit Sitz im Binnenland hatte natürlich Interesse an Einnahmen aus dem Handel und damit an der Kontrolle über die Küste. Küstenstädte wiederum konnten versuchen, ihren Wohlstand in Macht umzusetzen und das Binnenland mit seinen landwirtschaftlichen Ressourcen zu unterwerfen.
Die neue Religion des Islam konnte hierbei Veränderungen sowie die Expansion eines Königreiches legitimieren und als Grundlage einer neuen Ordnung dienen. Mit der Ausdehnung des Machtbereichs eines Königreiches verbreitete sich wiederum der Islam in neue Regionen. In dieser spezifischen historischen Phase also konnte der Islam einerseits als Katalysator wirken und andererseits einem Konflikt eine zusätzliche Dimension geben.
Als sich Malakka 1414 für den Islam entschied, stand es zwischen dem Einflußbereich des buddhistischen König-

Abb. 99 Aceh, Blick auf die Stadtanlage mit Moschee im Hintergrund, Stich um 1750 (nach: Raffles, Book of Days 1993).

reichs Siam, das die Oberhoheit über die Malaiische Halbinsel besaß, und dem indo-javanischen Majapahit, dessen Macht zwar schon im Schwinden begriffen war, das aber im Handel noch eine wichtige Rolle spielte. 1405 ging Malakka ein Bündnis mit der Ming-Dynastie ein, womit es sich den Zugang zum lukrativen China-Handel sicherte und zugleich Schutz vor Siam erhielt. Die Annahme des Islam führte dazu, daß muslimische Händler, die an Chinas Produkten interessiert waren, langsam von Pasai nach Malakka umzogen. Religiös hatte es damit seine Eigenständigkeit gegenüber den zwei großen regionalen Mächten und zugleich seine Zugehörigkeit zum internationalen muslimischen Handelsnetzwerk unterstrichen.

Reibungslos verlief dieser Prozeß aber nicht. Der dritte Herrscher von Malakka, der 1445 den Thron bestieg, leitete eine buddhistische Restauration ein. Dies führte schon im folgenden Jahr zu einem Coup der muslimischen Fraktion am Hofe. Erst unter dem vierten Herrscher von Malakka, Sultan Muzaffir Shah (1446–1459), festigte sich die Position des Islam als offizielle Religion endgültig. Unter Muzaffir Shah begann auch die Machtausweitung Malakkas über die Malaiische Halbinsel und die Ostküste Sumatras, was zugleich eine Ausbreitung des Islam in diese Gebiete bedeutete.

Rivalitäten an Fürstenhöfen mußten nicht unbedingt einen religiösen Aspekt haben, wie dies in Malakka der Fall war. Rivalität und Uneinigkeit gab es auch im indojavanischen Majapahit – ein Grund für den zunehmenden Verfall seiner Macht im 15. Jahrhundert. In derselben Zeit entwickelten sich die Küstenstädte Nord-Javas zu Zentren des Islam. Diese Entwicklung dürfte zum Teil auf jene muslimischen Händler zurückzuführen sein, die, wie bereits bemerkt, Anfang des 15. Jahrhunderts dort siedelten, zum Teil auch auf die engen Handelsverbindungen mit Malakka, wo Javaner die größte fremde Bevölkerungsgruppe stellten. Im 14. Jahrhundert hatte Majapahit noch Binnenland und Küste beherrscht; genau darin war seine bedeutende Machtstellung begründet gewesen. Seine Schwächung bot nun den Küstenstädten die Möglichkeit, sich von ihrem alten Oberherrn loszusagen. Auch hier verquickten sich wieder religiöse und politische Veränderungen, was beispielsweise auch die »javanische Reichschronik« *(Babad Tanah Jawi)* hervorhebt. Sie läßt den muslimischen Regenten von Demak sagen, als er auf seine Nachlässigkeit, am Königshof zu erscheinen (umd damit seine Unterwerfung anzuerkennen), angesprochen wird: »Ich werde meine Aufwartung machen, wenn Brawijaya [König von Majapahit] den Islam angenommen hat.«[5]

1527 eroberte Demak die Hauptstadt Majapahit und in den folgenden Jahrzehnten weite Teile des javanischen Binnenlandes, und damit setzte sich auch dort der Islam durch. Die religiöse Ausstrahlungskraft der Küstenstädte Javas zeigt sich ferner in ihrem wichtigen Beitrag an der Islamisierung auf den Molukken, in Kalimantan und in Makassar. Im 17. Jahrhundert wollte dann eine muslimische Dynastie aus dem zentral-javanischen Binnenland wieder alles daransetzen, sich die Küste zu unterwerfen.

Islam: Kontinuität und Wandel

Das dritte zu Anfang dieses Beitrags angesprochene Thema könnte man auch die intellektuelle Dimension der Islamisierung nennen. Es sollen hier nur zwei Aspekte kurz gestreift werden. Beide hängen mit Entwicklungen in der islamischen Welt zusammen, die sich zwischen dem 8./9. und 15./16. Jahrhundert vollzogen haben und die von entscheidender Bedeutung für die Beschleunigung der Islamisierung im Archipel gewesen sein dürften.

Es handelt sich um einen Wandel in der Konzeption des Herrschertums unter dem Einfluß von persischen Ideen von Königtum und um die Entwicklung von Mystik und Sufismus, die ab dem 11. Jahrhundert anerkannte und sehr wichtige Strömungen innerhalb des Islam geworden waren. Beides erlaubte in Indonesien einen religiösen Wandel, jedoch ohne radikalen Bruch mit der regionalen Tradition.

Die mongolische Erorberung Zentral-Asiens, Persiens und der Fall Baghdads (1258) führte zu einem verstärkten Zustrom von Sufis und Sufi-Bruderschaften nach Indien, zumal sich dort inzwischen islamische Dynastien etabliert hatten. Die wichtige Rolle von Sufis bei der Verbreitung des Islam in Indien ist bekannt. Sie bedienten sich der lokalen Sprachen und einheimischen Vorstellungen zur Erklärung der Lehren des Islam, sie besaßen den Status von Heiligen und Weisen und entsprachen dem Modell des exemplarischen Lehrers. Sie wirkten unter der einfachen Bevölkerung wie an Fürstenhöfen – als Gelehrte, Lehrer, Ratgeber und Wanderasketen, aber auch als Krieger. In diesem Licht kann man die javanischen Überlieferungen verstehen, nach denen eine Gruppe von »neun Heiligen« *(wali songo)* Java für den Islam gewann. Auch sie erscheinen als mal mehr, mal weniger umherwandernde Gestalten, die in verschiedenen Gebie-

Abb. 100 Arabischer Händler mit Diener, um 1850 (aus: Old Jakarta 1993).

Abb. 101 Aceh, Nord-Sumatra; Gunungan, die Meditationsstätte der Sultane von Aceh, 17. Jahrhundert.

ten und auf verschiedene Weise die Sache des Islam verfechten: so Raden Rahmat (Sunan Ngampel), der erste und eher still-gelehrte der »neun Heiligen«, der nur im Umkreis seiner Residenz (Ngampel, Surabaya) wirkt; der sich vom Glücksspieler und Strauchdieb zum Weisen entwickelnde Sunan Kalijaga, der viele Gebiete durchzieht und schließlich als besonders enger Ratgeber der Dynastie von Mataram erscheint; oder auch Sunan Gunung Jati, der möglicherweise aus Pasai stammte: Er läßt sich in Demak nieder, erobert von dort aus West-Java und wird zum Gründer der Fürstenhäuser von Banten und Cirebon. Aber auch die »Geschichte der Könige von Pasai« *(Hikayat Raja Pasai)* berichtet, wie nach der Rückkehr des ersten Islam-Lehrers nach Mekka ein frommer Asket von der Koromandel-Küste in Pasai zurückbleibt, weiterhin Unterrricht gibt und so dem Islam festen Bestand verschafft.

Für Indonesien wurde eine Strömung islamischer Mystik von größter Bedeutung, die auf Ibn al-'Arabi (13. Jahrhundert) zurückgeht. Seine Theosophie erreichte den Archipel in der von al-Jili (14. Jahrhundert) und dem Inder Muhammad ibn Fadl-Allah (16. Jahrhundert) weiterentwickelten Form. Es handelt sich um die *Wujudiyya, Wahdat al-Wujud* (etwa »Einheit des Seins«) bzw. *Martabat Tujuh* (»die sieben Seinsgrade«).

Stark vereinfacht dargestellt, handelt es sich hierbei um ein Gedankensystem, das man als eine extreme Ausformulierung eines der Kernsätze des Islam betrachten

Abb. 102 Aceh, Nord-Sumatra; Grabstätte des Sultans Iskandar Muda (1607–1637).

kann – des *tauhid*, der »Einheit« Gottes, neben dem es keine anderen Götter oder göttlichen Wesen gibt. In der *Wujudiyya* wurde dieses Prinzip dahingehend ausgeweitet, daß nichts neben oder außerhalb von Gott existieren kann. So war auch die Welt (einschließlich der Menschen) nicht etwas, das aus dem Nichts erschaffen wurde (und damit neben Gott existierte), vielmehr war sie aus dem uranfänglich Göttlichen hervorgegangen, eine Manifestation in grobstofflicher Form. »Wisse«, heißt es in dem mystisch-didaktischen Gedicht *Kitab Patahulrahman* aus Cirebon (18. Jahrhundert), »daß das Sein Gottes alles einschließt. Bevor und nachdem irgend etwas erschaffen wurde, da war niemand als Gott; selbst der kleinste Partikel wird von ihm umschlossen, jetzt wie auch zuvor.«[6]
Zwischen dem göttlichen Ursprung und der manifesten Welt besteht somit ein subtiler Kausal- und Wesenszusammenhang. In den Worten des *Kitab Patahulrahman*: »Äußerliches begrenztes Sein ist die Außenseite des wirklichen Seins, die Manifestation der [letzten] Wirklichkeit. Das Äußere folgt dem Inneren, das Innere manifestiert sich im Äußeren. Das Äußere weist auf die Entfaltung im Inneren der Wirklichkeit.«[7]
Das »Buch von Cabolek« (*Serat Cabolek*, Zentral-Java, 18. Jahrhundert) greift zur Verdeutlichung dieser Philosophie auf das Schattenspiel (Wayang kulit) zurück, eine Analogie, die in ähnlicher Weise auch aus der türkischen und persischen mystischen Dichtung bekannt ist. Demnach ist die Puppe der menschliche Körper, der Bana-

Abb. 103 Medan, Nord-Sumatra; Istana Maimun, *Sultanspalast, der im 19. Jahrhundert von einem italienischen Architekten erbaut wurde.*

nenstamm, in dem die Puppen abgestellt werden, die Erde. Das Licht, das er erlaubt, Schatten auf den Schirm zu werfen, ist Sonne und Mond, der Schirm selber ist die leere Welt, die während des Schattenspiels selber dank des Lichts mit den Formen der Puppen gefüllt ist. Dies ist die Welt manifester Formen. Die Puppen bewegen sich aber nur dank der Tätigkeit des *dalang* (Puppenspieler), ohne den sie leblos bleiben und den Schirm nicht mit Leben füllen können. Der *dalang* verkörpert damit ein höheres Prinzip, hier das *pramana*, die Lebenskraft. Puppen, Schirm, Licht und *dalang* wären aber gar nicht für eine Aufführung da, gäbe es nicht den Gastgeber, der die Aufführung veranlaßt. »Der Gastgeber, der die Vorstellung angeordnet hat, ist für die Welt unsichtbar; ohne Form wohnt der Gastgeber im Palast, ohne Form ist er die göttliche Seele.«[8]

Die Unwissenden begnügen sich mit der konkreten, manifesten Welt der Unterschiede – mit der Schattenspielaufführung. Für den, der sich auf den Weg des Wissens begibt, sind es jedoch nur »Schleier«, die Gott als einzig wirklich Existierenden verdecken. Kemas Fakhruddin aus Palembang (18. Jahrhundert) schrieb: »Alle Schöpfung, oh Diener, ist ein Schleier, der dich davon abhält, dich selbst zu sehen, und dein Selbst hindert dich, die höchste Wirklichkeit zu sehen. So bist du von der höchsten Wirklichkeit durch einen zweifachen Schleier abgeschlossen: Dein Selbst und die anderen Dinge [die äußere Welt] . . . Er ist für dich unsichtbar wegen deines

Abb. 104 Aceh, Nord-Sumatra; die große Moschee Mesjid Raya. *Die neuzeitliche Anlage orientiert sich an Vorbildern der Mogul-Zeit in Indien.*

Selbst, weil du auf dein eigenes Sein und deine eigenen Werke schaust.«[9] Der Wissende hat diese »Schleier« – die manifeste Welt und das eigene Selbst – überwunden und erfährt hinter der Vielfalt des Existierenden die ursprüngliche und wirkliche »Einheit des Seins«. »Das ist [die Schau] dessen, der die Wirklichkeit kennt: Die Wirklichkeit des Herrn ist zugleich die Wirklichkeit des Dieners«, heißt es im »Buch von Cabolek«.[10]
Im Prinzip war damit ein Anschluß an vorislamische, nicht-dualistische Philosophien gegeben. Im Rahmen solcher abstrakten Gedankensysteme war es möglich, daß bereits existierende religiöse Anliegen nicht verneint wurden, sondern eine neue Formulierung und Weiterentwicklung im intellektuellen Rahmen und in der Begrifflichkeit der islamischen Mystik erhielten.

Die *Wujudiyya*, die sich so flexibel an regionale Traditionen anschließen konnte, stellte schon in den vergangenen Jahrhunderten gelegentlich einen Stein des Anstoßes dar. Probleme entstanden allerdings nicht der Lehre selbst wegen, sondern wegen besorgniserregender Schlußfolgerungen, die daraus gezogen werden konnten und wurden. Dies betraf vor allem die ausgesprochene Relativierung alles »Äußerlichen« gegenüber der Erfahrung der »Einheit des Seins« (die nichts mit unserem Begriff der »Innerlichkeit« zu tun hat). Insofern nämlich alle Manifestationen des einzig wirklichen, göttlichen Seins nur als »Schleier« gesehen wurden und damit keine letztendliche Gültigkeit hatten, konnten auch religiöses Ritual und Gesetz *(shari'a)* als Nebensächlichkeit abgetan werden. »Es gibt keinen Frei-

tag, es gibt keine Moschee. Nur Gott ist wirklich, nichts existiert außer Ihm« – so soll Siti Jenar, der berühmteste Mystiker-Märtyrer von Java, auf den Vorwurf geantwortet haben, daß er nicht zum vorgeschriebenen Freitagsgebet in die Moschee komme.[11]
Gegenüber solchen Tendenzen betonen zahlreiche Schriften vor allem zwei Punkte. Demnach gehört das Gesetz *(shari'a)* zwar zur »äußerlichen Welt« und ist insofern ein »Schleier«, aber sie ist eben in der »äußerlichen Welt« der einzige mögliche Ausgangspunkt, um zu tieferer Erkenntnis zu kommen. In einem Gedicht des berühmten mystischen Dichters Hamzah Fansuri (16. Jahrhundert) aus Sumatra heißt es dementsprechend: »Bewahre das Gesetz *(shari'a)*, vom Gesetz zu tieferem Wissen ist es nicht weit; wenn du etwas anderes als das Gesetz zum Seil des Ankers machst, dann ist es schwierig, den Anker der Erkenntnis auszuwerfen.«[12] Damit wurde eine Versöhnung von Mystik und *shari'a* angestrebt, wie sie schon zuvor al-Ghazali († 1111 n. Chr.), einer der bedeutendsten Gelehrten des Islam, unternommen hatte, denn die Spannung zwischen Mystik und »Orthodoxie« war keineswegs ein auf den Indonesischen Archipel begrenztes Phänomen, sondern sie beinhaltete in der ganzen islamischen Welt ein Konfliktpotential.
Ergänzend zu dieser Begründung der Mystik auf dem Gesetz findet sich zum zweiten die Betonung der Bedeutung eines geeigneten Lehrmeisters. Dieser hatte die zweifache Aufgabe, einerseits denjenigen, der sich auf den mühsamen Weg der Gottessuche begab, vor Irrtümern und falschen Schlußfolgerungen zu bewahren; andererseits oblag ihm die Verantwortung, mystisches Wissen nicht an ungeeignete Personen weiterzugeben, d. h. an solche, die aus Unreife oder Unkenntnis dadurch auf Irrwege geleitet würden. »Wirf keine Perlen, das heißt dieses [mystische] Wissen, an den falschen Ort, denn das hieße, Perlen vor die Säue werfen«, wie es Shihabuddin von Palembang (18. Jahrhundert) kernig formulierte.[13]
Diese beiden Bestrebungen, Orthodoxie und Mystik im Islam in Einklang zu bringen, konnten ihrerseits wiederum an vorislamische Grundlagen anschließen. Diese betrifft sowohl die von »Außen« nach »Innen« fortschreitende Gottessuche, die mit einer Kontrolle und Zügelung der »äußerlichen Aspekte« beginnt (wie die *shari'a*), bevor der Weg mystischer Erkenntnis beschritten werden kann, sowie die herausragende Rolle des Lehrers für diesen Weg.
Ein Anknüpfungspunkt etwas anderer Art zwischen regionaler Tradition und dem Islam des 15. Jahrhunderts ergab sich in bezug auf die Konzeption des Herrschertums und legitimer Herrschaft.
In der kulturellen Tradition Indonesiens bildete der Fürst das Zentrum, ohne das eine geordnete Gesellschaft nicht existieren konnte. Er war gewissermaßen der Fixpunkt, ohne den die Gesellschaft auseinanderfällt. ». . . der König ist das Herz der Welt. Das Herz ist der König im Körper, dies . . . ist die Analogie . . . Das Werk des Königs ist wie das Werk des Herzens, das den Körper bewegt«, heißt es im »Buch von Cabolek« *(Serat Cabolek)*.[14] Sichtbar wird das in Thronnamen wie Hamengkubuwono (»der den Erdkreis in seinem Schoß trägt«) oder Pakubuwono (»Achse der Welt«). Unabhängig vom Ausmaß konkreter Machtausübung war mit dieser zentralen Stellung ein religiös-spiritueller Aspekt bzw. eine rituelle Funktion verbunden. Der Herrscher brauchte Zugang zu den höchsten Stufen des Wissens, um das Land im Einklang mit der kosmischen Ordnung zu halten und um durch Meditation seine inneren Kräfte zu stärken.
Die persisch beeinflußte islamische Tradition, die Indonesien über Indien erreichte, erkannte dem Herrscher eine ähnlich zentrale Rolle in Gesellschaft und Religion zu. Dies wird deutlich aus Herrschertitulaturen, die auch in Indonesien übernommen wurden, wie »Schatten Gottes auf Erden« *(zill Allah fi 'l-'alam)* oder »Licht der Welt und der Religion« *(shams al-dunya wa 'l-din)*. Die »Malaiischen Annalen« *(Sejarah Melayu)* von Malakka erklären dementsprechend, daß der König Gottes Vertreter auf Erden sei.
Der spirituelle Aspekt des Königtums wurde in Indonesien offenbar noch dadurch unterstrichen, daß der Herrscher zudem mit dem Konzept vom »vollkommenen Menschen« *(al-insan al-kamil)* aus der islamischen Mystik al-Jilis verbunden wurde; es handelt sich dabei um einen Begriff für eine Person, die auf dem Stufenweg der Erkenntnis und Gottessuche die höchste Stufe erreicht hat. So findet sich in den »Malaiischen Annalen« ein Bericht über eine Gesandtschaft, die von Malakka nach Pasai geschickt wurde, um zu einer schwierigen theologischen Frage eine Erklärung zu erhalten. Der Islamgelehrte kann nur die exoterische Antwort geben, die wahre, esoterische Auflösung gibt aber der König.
Die Bedeutung von Mystik und Sufismus, wie sie sich erst nach dem 8./9. Jahrhundert ausbildeten, ist für die Islamisierung Indonesiens nicht zu unterschätzen. Es ermöglichte eine Kombination von Kontinuität und Wandel, einen »sanften Weg« der Aufnahme lokaler Kultur- und Kunstformen in den Kontext der neuen Religion, die damit im lokalen Kontext zugleich effektiver und in breiteren Schichten kommunizierbar war. So berichtet die javanische Überlieferung, daß in den Moscheen Gamelan-Musik gespielt wurde, um die Menschen in die Moschee

Abb. 105 Yogyakarta, Zentral-Java; Moschee im Sultanspalast. Charakteristisch für die Bauweise sind der Eingangspavillon und die mehrgeschossige Dachkonstruktion, 19. Jahrhundert.

Abb. 109 Straße von Malakka, Sammelpunkt der englischen Invasionsflotte für Java, 1811 (nach: Raffles, Book of Days 1993).

(1580–1640). Der Kampf gegen die verhaßte Kolonialmacht Spanien war bei Hollands eigener Kolonialpolitik in Südostasien nur ein Nebenaspekt. Das Hauptziel war identisch mit dem der Portugiesen bzw. Spanier: die Kontrolle und Monopolisierung des Gewürzhandels bei Ausschaltung der europäischen und einheimischen Konkurrenz. Missionierung spielte keine Rolle. Mit der Einrichtung der Vereinigten Ostindischen Kompanie (VOC) im Jahre 1602 schufen sie ein gemeinsames effektives Instrument zur Durchsetzung ihrer Interessen. Dabei verfügte die VOC über quasi-staatliche Autorität, einschließlich des Rechts der Kriegsführung und des Abschlusses internationaler Verträge. Ihren Hauptstützpunkt errichteten die Holländer in Jakarta, das dann in Batavia umbenannt wurde. Batavia war ein strategisch günstiger Ort – ein schwacher Vasall des Sultans von Banten, der es nicht schützen konnte, und in der Nähe der Sunda-Straße gelegen, welche die Malakka-Straße als Haupteinfallstor in den Archipel ablöste und auf dem Weg zu den Molukken. Als sie in die Molukken vordrangen, war die portugiesische Macht nur noch ein Schatten ihrer selbst. Von Ternate waren sie längst vertrieben worden, und ihr Einfluß auf den Handel war noch weiter

Abb. 110 Blick von der Südküste von Ternate auf Tidore, Molukken.

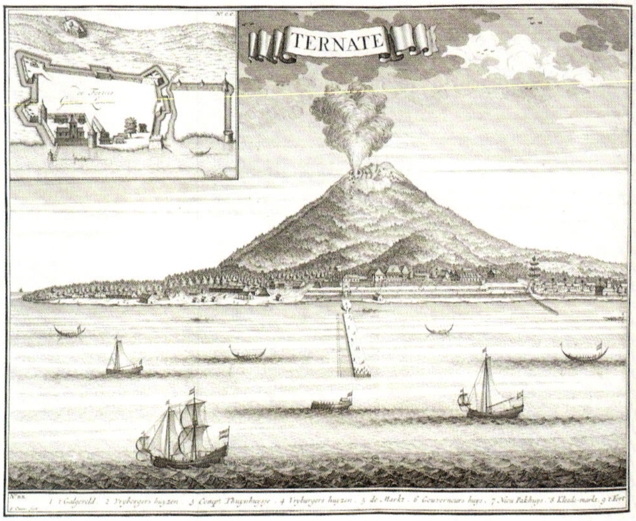

Abb. 111 Blick auf Ternate mit dem Vulkan Gamalama (nach: F. Valentijn, Oud en Nieuw, 1724–26).

geschwunden. Zu keiner Zeit hatten sie es geschafft gehabt, die starke Position der javanischen Händler in Frage zu stellen, die die wichtigsten Zwischenhändler mit Indern, Chinesen und Arabern waren.

Als Gegner der Portugiesen waren die Holländer zuerst willkommen, als sie sich auf Ambon festsetzten. Der erste Monopolvertrag von 1605 wurde wie die folgenden von den Einheimischen nicht eingehalten. Die Holländer regelten die Angelegenheit mit Konsequenz und Brutalität. Ambon wurde unterworfen, und die Bevölkerung der Banda-Inseln, die zu jener Zeit alleinige Produzenten von Muskat waren, wurde vollständig eliminiert. Ebenso radikal war das Verhalten gegenüber der englischen Konkurrenz: Die Besatzung der englischen Faktorei in Ambon wurde zwei Jahre später im sogenannten »Massaker von Amboina« unter einem Vorwand kurzerhand niedergemacht. Durch das Bündnis mit den Holländern, das der Sultan von Ternate 1605 einging, wurde er, ebenso wie sein Konkurrent von Tidore, in eine folgenschwere militärische Auseinandersetzung mit den Spaniern hineingezogen, die seine Macht auf einen Vasallenstatus gegenüber den Holländern reduzierte. Es kam immer wieder zu Aufständen, da das Monopol der Holländer die wirtschaftliche Lage der einheimischen Bevölkerung dramatisch verschlechterte, insbesondere nachdem die Holländer 1649 mit den sogenannten *hongitochten* begannen, alljährlich »illegale« Gewürzpflanzungen auf den Inseln abzubrennen. Der letzte Aufstand dieser Epoche wurde 1675 niedergeschlagen, und die beiden Sultanate hatten den letzten Rest eigenständiger Existenz eingebüßt.

Auf die Nachricht hin, daß sich Engländer auf »Nila«, einer der Banda-Inseln aufhielten, sandten die Holländer eine Expedition, die zwar keine Engländer vorfand, aber dennoch am 3. Juli 1664 einen weiteren aus der langen Reihe der Knebel-Verträge aufsetzte:

»1. daß die Orangkaya (die Anführer, d. Übers.) im Namen ihrer Nachfolger und Untergebenen sich selbst für alle Zeiten und ewig als Untertanen der Ehrenwerten Niederländischen Ostindien-Compagnie bekennen;

2. daß sie sich verpflichten, keine andere Nation, gleich ob schwarz oder weiß, auf ihre Strände, geschweige denn auf ihre Insel zu lassen;

3. . . .

4. daß sie alle Muskat-Bäume, von denen sie Kenntnis haben oder diese erlangen, den anwesenden oder später kommenden Holländern offenbaren und in ihrer Gegenwart umschlagen zum vereinbarten Preis, andernfalls sie als ungehorsame Untertanen und Vertragsbrecher angesehen werden;

5. . . .«[3]

Neben Ternate und Tidore stand den Holländern noch eine weitere Macht im Wege: das Königreich Gowa[4] oder Makassar, im heutigen Süd-Sulawesi (früher Süd-Celebes) gelegen.[5] Die Macht Makassars entfaltete sich auf der Grundlage der politischen Veränderungen im Archipel, die durch die Ankunft der Europäer hervorgerufen wurde. Nach dem Fall Malakkas wichen viele malaiische Händler nach Osten aus, eine Tendenz, die sich noch verstärkte, als die javanischen Küstenstaaten schwächer wurden und die Holländer selbst auf Java ihren Hauptplatz errichtet hatten. Damit wurde Makassar die wohl kosmopolitischste Stadt im Archipel. Nicht nur Malaien handelten dort, auch Chinesen, Inder und die europäische Konkurrenz der Holländer, so vor allem Portugiesen, aber auch Engländer und Dänen. Der Niedergang von Ternate und Tidore ermöglichte es Makassar zudem, ein bedeutendes Imperium aufzubauen, das

Abb. 112 Ternate, Molukken; Haupteingang zum einstigen Fort Oranje, 1607 von den Niederländern gegründet.

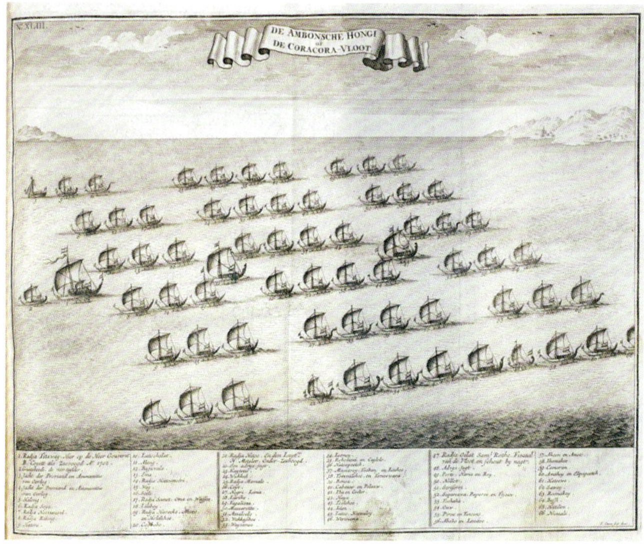

Abb. 114 Molukken; Darstellung einer der berüchtigten Hongi-tochten-*Aktionen der Niederländer im 17. Jahrhundert. Dabei kam es zur Vernichtung von »illegal« angebauten Gewürzpflanzen* (F. Valentjin, Oud en Nieuw, 1724–26).

sich über große Teile des östlichen Archipels erstreckte und sowohl Gewürzanbaugebiete einschloß als auch reisexportierende. Die Sultane von Gowa waren weltoffen und empfänglich für Innovationen. 1630 konnte Makassar ein Heer von rund 100 000 Mann aufbieten, die unter anderem mit 4000 Feuerwaffen ausgerüstet waren. Makassar betrieb eine offensive Freihandelspolitik und war damit der natürliche Feind und Schlupfort für die Konkurrenten der Holländer, welche das Handelsmonopol anstrebten. Lange Zeit waren die Holländer nicht in der Lage, Makassars Position ernsthaft zu gefährden. Dies änderte sich erst, als sie die volle Kontrolle über die Molukken hatten und einheimische Feinde aus Süd-Sulawesi zum gemeinsamen Vorgehen gegen Sultan Hasanuddin von Gowa gewinnen konnten. 1666 erlitt Makassar seine entscheidende Niederlage, die nach einem kurzen weiteren Aufbegehren 1669 endgültig besiegelt wurde. Der Sieg der Holländer brachte für die einheimische Bevölkerung wirtschaftlichen Niedergang mit sich. Viele wanderten in andere Regionen aus, zum Teil, um eine Existenzgrundlage zu finden, zum Teil, um sich anderenorts dem antiholländischen Widerstand anzuschließen.

Auf Java errichteten die Holländer, wie bereits erwähnt, ihr politisches Zentrum auf dem Territorium des Sultans von Banten in West-Java. Banten gehörte, ebenso wie Makassar, zu jenen Regionalmächten, die im Verlaufe des Untergangs des Malakka-Sultanats entstanden. Viele Malaien begaben sich nach Banten, wo sie sich bereits nach kurzer Zeit abermals durch die Portugiesen bedroht fühlten, die in Sunda Kelapa, im heutigen Jakarta, einen Stützpunkt errichten wollten. Mit Hilfe des nordjavanischen Demak wurden die Portugiesen vertrieben, und Banten konnte seine Macht und seinen Einfluß ausbauen, bis es seine Unabhängigkeit von Demak gewann. Banten mußte aus zwei Gründen zum Widersacher der Holländer werden. Zum einen trat es ebenfalls für den Freihandel ein. Zum anderen kontrollierte es neben Aceh die Pfefferproduktion und den Pfefferhandel, ersteres zu jener Zeit stark auf Sumatra konzentriert. Hinzu kam, daß es strategisch günstig an der Sundastraße gelegen war und die VOC ausgerechnet auf seinem Territorium ihren Hauptstützpunkt errichtete[6] und Banten sich zudem als islamisch-religiöse Speerspitze gegen die ungläubigen Eindringlinge sah.

Ähnlich wie im Falle Makassars stärkte die Monopolpolitik der VOC zunächst das Sultanat. Insbesondere nach der Eroberung Malakkas durch die Holländer aus den Händen der Portugiesen und nach dem Niedergang des acehischen Einflusses wurde Banten zum bedeutenden und einzigen Freihandelshafen im westlichen Archipel. Dies betraf nicht nur den Pfefferhandel, sondern auch den Handel mit indischen Textilien, der von Gujaratis und muslimischen Tamilen beherrscht wurde.

Unter seinem bedeutendsten Herrscher, Sultan Abdul Fatah (1651–82), betrieb Banten eine offene Konfrontationspolitik gegenüber Batavia; allerdings ohne die Holländer wieder von dort vertreiben zu können. Das Ende von Bantens Macht kam relativ schnell. Die VOC hatte zuerst ihre Angelegenheiten mit den Molukken und Makassar geregelt. Und nachdem sie auch von Mittel-Java her

Abb. 113 Bucht von Ambon, Molukken: Als Hauptstadt der Molukken gehörte Ambon zu den ersten Niederlassungen der Europäer im indonesischen Archipel. Noch um die Mitte des 19. Jahrhunderts schwärmte der Naturforscher A. R. Wallace: ». . . es gibt wahrscheinlich keinen Ort auf der Welt, der an maritimer Vielfalt an Korallen, Muscheln und Fischen von Ambon übertroffen wird.«

Abb. 115 Banda Neira, Molukken; Fort Belgica (gegr. 1611) mit dem Vulkan Gunung Api im Hintergrund.

den Rücken frei hatte, nutzte sie Streitigkeiten um die Nachfolge des Sultans Abdul Fatah. Als Preis für die Unterstützung des einen Prätendenten zwang sie nach dessen Sieg diesem 1684 einen Vetrag auf, der Banten zu einem Vasall der Holländer machte: u. a. wurde ein Fort errichtet, der Hafen wurde für nicht-holländische Schiffe gesperrt, und der VOC wurde das Monopol über den Pfeffer- und Textilhandel übertragen.

Ein weitaus schwierigerer Gegner als die Molukken-Sultanate, Banten und auch Makassar war für die VOC das javanische Mataram.[7] Während sich die Macht der erwähnten Sultanate hauptsächlich auf den Handel gründete und sie deshalb leicht verwundbar waren, war Mataram ein Binnenreich, das wie seine Vorgänger auf einer agrarisch orientierten Gesellschaft basierte. Mataram darf mit Recht als ein Erbe des hindu-javanischen Majapahit angesehen werden. Zwar hatten es die nordjavanischen Küstenstaaten, allen voran Demak, geschafft, Majapahit zu überwältigen. Das aufstrebende Mataram war aber, indem es die Uneinigkeit dieser Küstenstaaten ausnutzte, in der Lage, an die alte Größe Zentral-Javas anzuknüpfen und zu Beginn des 17. Jahrhunderts die Küstenstaaten einen nach dem anderen einzuverleiben. Als letzter fiel Surabaya 1625. Nicht unter seiner Herrschaft blieben lediglich Banten, bis 1639 die Ostspitze Javas und – das holländische Batavia.

Mataram sah sich zuerst nicht als Handelsimperium, wuchs aber auch in diese Rolle in dem Maße hinein, in dem es Reis exportierte. Dieser Reis war lebenswichtig für jene Staaten, die sich auf den Handel oder den Anbau von Gewürzen und Pfeffer gründeten. Das verschaffte Mataram nicht nur Einfluß auf den Molukken und auf Sumatra (hier vor allem Palembang und Jambi), sondern förderte auch den Widerstand jener Staaten gegen die holländischen Monopolisierungsbestrebungen. Denn ohne Verkauf von Pfeffer und Gewürzen konnten diese Staaten keinen Reis einkaufen, und letzteren konnten die Holländer nicht liefern. Der Konflikt mit der VOC war also auch aus diesem Grund programmiert. 1626 wurden die Beziehungen zu Batavia abgebrochen. 1628 und 1629 wurde Batavia zweimal von den Truppen Matarams mit 60 000 Mann belagert, allerdings ohne Erfolg, da es Mataram nicht gelang, Batavia von den lebenswichtigen Seeverbindungen abzuschneiden. Sultan Agung von Mata-

Abb. 116 Banda Neira, Molukken; Haupteingang des älteren am Hafen gelegenen Fort Nassau (gegr. 1609).

Abb. 117 Sonnenuntergang auf den Banda-Inseln, Molukken.

ram konzentrierte sich daher einerseits darauf, Ost-Java zu unterwerfen und sich mit Banten anzulegen, andererseits unterstützte er die europäischen Gegner der Holländer, nämlich die Engländer und vor allem die Portugiesen. Die Versuche Matarams, eine Allianz einheimischer Staaten zur Unterstützung Portugiesisch-Malakkas zustande zu bringen, blieb jedoch ohne Erfolg. Die Eroberung Malakkas durch die Holländer 1641 festigte deren Position in der Malakka-Straße erheblich, beendete den Einfluß von Mataram im westlichen Teil des Archipels und brachte die dortigen kleineren Sultanate in den Einflußbereich der VOC. Damit war Matarams Versuch gescheitert, als einzige einheimische Kraft zu jener Zeit eine Großmachtstellung im ganzen Archipel aufzubauen. Gleichzeitig kündigte sich damit der Niedergang Matarams an.

Gegen Mitte des 17. Jahrhunderts hatte die VOC sich dank ihrer militärischen Überlegenheit, insbesondere auf der Grundlage ihrer überlegenen Seestreitkräfte, endgültig im Archipel etabliert. Was folgte, war die langsame Agonie der kleineren indonesischen Reiche in den nächsten 250 Jahren.

In Mataram war man sich über die veränderte Situation im klaren, und Sultan Amangkurat I. (1646–1677) war bestrebt, mit den Holländern einen Modus vivendi zu erreichen und keine weiteren Vorwände für Feindseligkeiten zu bieten. Im Jahr seiner Thronbesteigung unterzeichnete er einen Vertrag mit Batavia, der Matarams Schiffahrt in den Molukken ausschloß und Handel mit Malakka nur mit Erlaubnis der VOC gestattete. Gleichzeitig wurden den Holländern Handelsrechte in Mataram eingeräumt. Auf der anderen Seite erkannte Batavia formal die Souveränität Matarams an und war bereit, eine jährliche Tributzahlung zu leisten. Im Innern setzte Sultan Amangkurat I. umfangreiche Reformen in Kraft, die den Staat für die Auseinandersetzung wappnen sollten: Auf ökonomischer Ebene sollte durch ein Exportverbot für Reis auswärtiger Handel ins Land gezogen werden, und durch Importsubstitution sollte die Abhängigkeit von Batavia insbesondere im Bereich der Textilien vermindert werden. Auf politischer Ebene wurde die erbliche Macht der Regionalfürsten abgeschafft, welche immer wieder zu Machtkämpfen und Thronsteitigkeiten geführt hatte. Gegen Ende der Amtszeit von Sultan Amangkurat I. war die alte Aristokratie liquidiert oder ohne Einfluß, und der Staat war in starkem Maße zentralisiert. Das Steuerwesen war zentralisiert worden, so daß die Steuereinkünfte voll zur Disposition des Herrschers standen. In die Zentralisierungsbestrebungen war auch das religiöse Leben einbezogen: Um auch den Kultus auf den Herrscher konzentrieren zu können, wurde die orthodoxe islamische Geistlichkeit bekämpft bei gleichzeitiger Wiederbelebung hinduistisch-javanischer Traditionen, ein Prozeß, der schon unter Sultan Agung begonnen hatte. Das Ergebnis war ein islamisch-javanischer Synkretismus, den schätzungsweise mehr als 2000 orthodoxe Geistliche mit dem Leben bezahlten.

Die Politik Amangkurats I. führte nicht zum Erfolg, sondern steuerte die Macht dieses letzten indonesischen Großreiches in den Kollaps: Der Niedergang des Handels ließ die ehemals reichen Küstenstädte verarmen, was durch die hohen Steuern noch verschärft wurde; die Loyalität der ehemals herrschenden Aristokratie war verloren; und die islamische Geistlichkeit mit ihren zahlreichen Anhängern stand in scharfer Opposition zum Herrscher. Aus allen diesen Quellen, unterstützt von makassarischen Abenteurern, speiste sich jene Rebellion des Trunojoyo, die 1674 begann und das Ende der Unabhängigkeit Matarams bedeutete. Trunojoyo, ein Aristokrat von Madura, reklamierte für sich die Abstammung aus der königlichen Linie von Majapahit und begründete damit seinen Thronanspruch. In seiner Not rief der Sultan die Holländer zu Hilfe. Auf der Flucht vor den Rebellen starb Amangkurat I. Die Sterbefeierlichkeiten wurden bezeichnenderweise in Batavia abgehalten. Sein Sohn rettete zwar die königliche Linie, lieferte das Reich aber den Holländern aus: Große Ländereien wurden direkt an Batavia abgetreten; die VOC erhielt Monopolrechte über wichtige Importgüter; die Häfen wurden für nicht-holländische Schiffe geschlossen; die holländische Währung wurde legales Zahlungsmittel; und Mataram hatte die Kosten für die holländische Unterstützung zu tragen. Es folgte der erste Binnenlandfeldzug einer europäischen Armee in Asien. Mit der Hilfe von buginesischen und ambonesischen Söldnern wurde die Rebellion niedergeschlagen und deren gefangener Anführer vom neuen Herrscher Matarams eigenhändig getötet. Letzterer wurde vom holländischen militärischen Leiter der Kampagne eigenhändig gekrönt – was nach javanischer Tradition unerhört war – und lebte fortan unter dem Schutz einer holländischen Garnison. Die Holländer hatten sich, nachdem Banten und Mataram als Machtfaktoren ausgeschaltet waren, endgültig im Archipel etabliert und die europäischen Konkurrenten weitgehend vertrieben. Batavia war nun Machtbasis, die in der Folgezeit bis zur Besetzung Indonesiens durch die Engländer in der napoleonischen Zeit nicht mehr gefährdet war.

Im Westen war es der VOC ebenfalls gelungen, ihren Einfluß erheblich auszubauen. Zusammen mit Banten kam das unter seiner Herrschaft stehende Süd-Sumatra, die Lampungs, unter ihren Einfluß, was wichtig für den Pfefferhandel war. Die Eroberung Malakkas durch die Holländer 1641 hatte bereits den Einfluß Matarams auf den Pfefferhandel von Ost-Sumatra beseitigt. Denn die Portugiesen, die am anderen Ufer der Malakka-Straße ihren Stützpunkt hatten, waren Verbündete Matarams gegen den gemeinsamen Gegner VOC gewesen. An der Westküste Sumatras waren die Holländer ebenfalls erfolgreich. Hier wurden sie von den Minangkabau zu Hilfe gerufen, die sich von der drückenden Herrschaft Acehs befreien wollten, das den dortigen Pfefferhandel beherrschte. Der Vertrag von Painan, der 1663 unter anderem Padang unter die Herrschaft der VOC brachte, bedeutete den Anfang vom Ende acehischer Großmachtträume.

Die europäische Konkurrenz war mit der Ausschaltung der lokalen konkurrierenden Handelszentren ebenfalls fast völlig aus dem Archipel verschwunden. Die Portugiesen behielten lediglich Ost-Timor, an dem die VOC kein weiteres Interesse zeigte. Die Engländer gründeten nach ihrem erzwungenen Rückzug aus Banten 1685 einen Stützpunkt in Bengkulu (engl. Bencoolen), um weiter Zugriff auf den Pfefferhandel im Archipel zu haben. Ansonsten hatte die britische East Indian Company bereits zu einem früheren Zeitpunkt entschieden, die Aus-

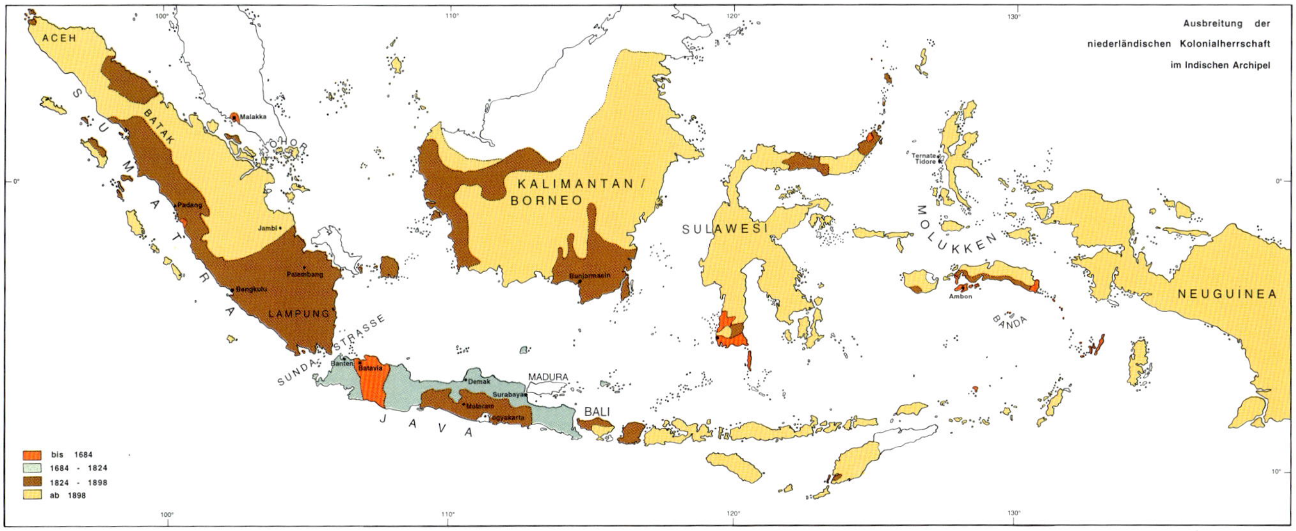

Abb. 118 Ausbreitung der niederländischen Kolonialherrschaft ab dem ausgehenden 16. Jahrhundert (Zeichnung: C. Sender).

einandersetzung mit den Holländern aufzugeben und sich auf Vorder-Indien zu konzentrieren. Zu dieser Zeit war die Position sowohl der Engländer wie auch der Holländer auf Sumatra noch ziemlich schwach und verwundbar.

Die Stärkung der holländischen Position im Archipel, insbesondere auf Java, bedeutete keineswegs, daß Ruhe einkehrte. Vielmehr gab es in der Folgezeit immer Versuche, gegen die holländische Vorherrschaft aufzubegehren. Die Holländer bezeichneten die folgenden Kriege gegen Mataram irreführenderweise als Erbfolgekriege. In Wahrheit handelte es sich jedoch, wie in vielen parallel gelagerten Fällen im Archipel, um Einmischungen der Holländer, die stets die Partei unterstützten, die ihnen wohlgesinnt war und die nach Erhalt holländischer Militärhilfe bereit war, mehr und mehr Land und Unabhängigkeit aufzugeben, bis die alte javanische Macht auf zwei Kleinstaaten von Hollands Gnaden, nämlich Yogyakarta und Surakarta, reduziert war.

Bereits Amangkurat III., der seinem Vater 1703 nachfolgte, nahm die antiholländische Politik wieder auf und verbündete sich mit dem Aufständischen Surapati – heute als Nationalheld verehrt –, dem es gelang, ein eigenes Reich in Ost-Java zu gründen. Die VOC protegierte daraufhin den Onkel von Amangkurat III., den sie dann auch erfolgreich an die Macht brachte. Surapati fiel im Kampf, und Amangkurat III. wurde ins Exil nach Ceylon verschickt, letzteres ein oft angewandtes Mittel, um unliebsame Potentaten außer Reichweite zu bringen, sofern man sie nicht gleich tötete. Der Preis für die Unterstützung war, wie üblich, hoch. Mataram hatte weitere große Gebiete an Batavia abzutreten, einschließlich des Ostteils der Insel Madura. Der Handel ging vollständig in die Kontrolle der Holländer über. Darüber hinaus mußte Mataram regelmäßig Reis und andere Lebensmittel an Batavia liefern. Mataram wurde damit zur Versorgungsbasis für die Holländer.

Stabile Verhältnisse kehrten nicht ein. Der Widerstand schwelte weiter und verhärtete sich nach 1733, als die Holländer ihren Griff auf Mataram weiter verschärften: U. a. wurden die Abgaben von Reis drastisch erhöht und der Anbau von Kaffee verboten, da in den holländisch besetzten Gebieten bereits genügend für den Weltmarkt angebaut wurde. Ein von den Holländern initiiertes und geduldetes Massaker an Chinesen in Batavia, das ca. 10 000 Opfer forderte, war der Auslöser für einen allgemeinen Aufstand in Mataram gegen die Holländer mit wechselnden Allianzen.[8] Im Ergebnis verlor Mataram einen erheblichen weiteren Teil seines Territoriums, einschließlich der gesamten Nordküste mit seinen wich-

Abb. 119 Blick auf Batavia; Gemälde von A. Beckmann, 1656 (Amsterdam, Tropenmuseum).

Abb. 120 Seit 1671 versuchte sich die VOC in West-Sumatra im Goldbergbau, wozu deutsche Fachleute aus Sachsen und dem Harz angeworben wurden. Nach großen Verlusten wurde das Experiment 1694 abgebrochen (nach E. Hesse, Ost-Indianische Reise-Beschreibung, 1690).

tigen Häfen, an die Holländer, die VOC erhielt Vorkaufsrecht für alle von Mataram auf den Markt gebrachte Produkte und das Münzrecht. Außerdem wurden holländische Garnisonen auf Kosten Matarams eingerichtet. Angesichts seiner völligen Abhängigkeit von Batavia war der Herrscher Pakubuwana II. bereit, noch weiter gehende Zugeständnisse zu machen, unter anderem das Recht, Ein- und Ausfuhrzölle sowie Steuern zu erheben. Auf seinem Sterbebett verlieh er der VOC sogar das Recht, die Thronfolge zu bestimmen und seinen Nachfolger in ihrem Namen zu installieren. Angesichts dieser Umwandlung Matarams von einem Vasallen Batavias in eine rechtlose Provinz kulminierte der latente Widerstand erneut in einem Krieg, dem sogenannten dritten Befeiungskrieg. Nach wechselndem Kriegsglück, das den Holländern einige schwere Niederlagen einbrachte, wurde bei allgemeiner Kriegsmüdigkeit Mataram unter dem Prätendenten der VOC und dessen Widersacher, seinem ehemaligen Regenten, in die Sultanate von Surakarta und Yogyakarta aufgeteilt. Nach dem Vertrag von Gianti hörte Mataram auf zu existieren.

Gegen Ende des 18. Jahrhunderts hatte sich die politische und ökonomische Landkarte seit dem Erscheinen der Europäer und insbesondere der Holländer im Archipel gründlich verändert. Weder die Portugiesen noch die Holländer in ihrer Anfangszeit strebten territorialen Kolonialbesitz an. Es ging ihnen um die Monopolisierung des Handels mit wichtigen Exportgütern. Zu diesem Zweck waren, wie sie glaubten, nur wenige Stützpunkte vonnöten. Solange die Anbaugebiete für die wichtigsten Gewürze begrenzt waren, schien das Ziel einer Monopolisierung erreichbar. In dem Maße, in dem jedoch die Holländer ihren Zugriff auf den Gewürzhandel verstärkten, weiteten sich auch die Anbaugebiete aus und vermehrte sich die Konkurrenz[9], zu deren Ausschaltung immer mehr Mittel aufgewendet werden mußten. Das

Monopol ließ sich nicht vollständig durchsetzen – schon gar nicht beim Pfeffer. Und durch die ständigen militärischen Auseinandersetzungen, die nötig wurden, wuchs die VOC von einer Handelsmacht zwangsläufig in die Rolle einer territorialen Kolonialmacht hinein. Benötigte man anfangs nur eine begrenzte Zahl von Seeleuten, Verwaltern und Bediensteten von Faktoreien, so wuchs diese Zahl in dem Maße an, in dem mehr Territorium, insbesondere auf Java, der direkten Verwaltung unterstellt wurde. Zahlreiche militärische Einsätze und die Sicherung der eigenen Gebiete erforderten ein großes stehendes Heer, auch wenn dieses größtenteils aus einheimischen Söldnern – vor allem Buginesen und Ambonesen – bestand. Die Kosten überstiegen gegen Ende des 18. Jahrhunderts die Erlöse bei weitem, auch wenn die VOC versuchte, durch Erschließen von neuen Handelsgütern wie Kaffee und Zinn und durch Erhebung von Steuern und Abgaben in den abhängigen javanischen Gebieten neue Einnahmequellen zu erschließen. Zwar verpflichtete man die javanischen Herrscher, für die anfallenden Kriegskosten aufzukommen. Diese waren aber nicht in der Lage, die großen Summen aufzubringen. Im Gegenteil: Der javanische Adel verschuldete sich und war nicht in der Lage, diese Schulden zurückzubezahlen. Hinzu kam eine sich verschlechternde Lage in Europa. Holland beherrschte nicht mehr die Handelswege nach Europa und auch nicht die Absatzmärkte. Diese Situation verschärfte sich noch nach dem holländisch-englischen Krieg von 1780–83. Als die VOC zum 31. 12. 1799 aufgelöst wurde, hinterließ sie einen Schuldenberg von annähernd 134 Millionen Gulden.

Die Zeit um die Jahrhundertwende war nicht nur geprägt von der Auflösung der VOC. Die Französische Revolution und Napoleons Eroberungen führten auch zu einer Besetzung der Niederlande, wodurch Niederländisch-Indien unter französischen Einfluß kam. Unter dem Druck einer drohenden englischen Invasion unternahm der berüchtigte General-Gouverneur Daendels fieberhafte Reformversuche, um den Archipel und vor allem Java in den Verteidigungszustand zu versetzen, was katastrophale Folgen für die einheimische Bevölkerung hatte. Es wurden nicht nur rücksichtslos bebautes Land an Privatpersonen verkauft und drastische Abgaben erhoben. Die Bevölkerung wurde zu Zwangsarbeit verpflichtet, um Festungsanlagen und Straßen zu bauen.

Diese Mühe war vergebens. Denn nach einigen Scharmützeln auf den Außeninseln wurde Java nach kurzem, heftigem Kampf von den Engländern unter Raffles eingenommen. Die einheimischen Fürsten, die mit Raffles schon vor dem Angriff in Verbindung gestanden hatten,

Abb. 121 Bildnis des javanischen Prinzen Diponegoro, erste Hälfte 19. Jahrhundert (Lithographie, Leiden 1833).

sahen die englische Eroberung als eine Möglichkeit, die eigene Unabhängigkeit zu stärken. Das Gegenteil war allerdings der Fall. Versuche in dieser Richtung führten zu einer Besetzung der beiden javanischen Restfürstentümer und zur Plünderung des Fürstenpalastes in Yogyakarta durch englische Soldaten. Raffles stärkte die direkte koloniale Verwaltung und modernisierte sie. Außerdem begründete er die wissenschaftliche Erforschung des Archipels.[10] Seine weitreichenden Pläne, Niederländisch-Indien in das britische Kolonialreich einzugliedern, stießen allerdings bei den englischen Kolonialbehörden auf keinen Widerhall. Holland erhielt seine alte Kolonie nach dem Ende der napoleonischen Kriege 1816 zurück. Zu einem endgültigen Interessenausgleich kam es im Londoner Vertrag von 1924, in dem Malakka

Abb. 122 Aceh-Krieg, General van Heutsz bei der Eroberung von Batéë Ileq bei Samalanga 1901.

gegen Bengkulu eingetauscht und als Interessengrenze die Malakka-Straße gezogen wurde.
Nach dem Scheitern der Monopolpolitik im 18. Jahrhundert hatte bereits Daendels begonnen, merkantilistische Wirtschaftsprinzipien einzuführen, war aber, ebenso wie später Raffles, an den schwierigen Rahmenbedingungen gescheitert. Auch nach der Rückkehr der Holländer war den liberalen Versuchen kein Erfolg beschieden. Die Öffnung der kolonialen Wirtschaft Niederländisch-Indiens hätte sie letztlich englischem und amerikanischem Kapital ausgeliefert. Die Folge war eine erneute Hinwendung zu protektionistischen Prinzipien, deren erster Ausdruck die 1924 gegründete quasi-staatliche Nederlandsche Handelmaatschappij war.
Die direkte Verwaltung, die Auferlegung drückender Steuerlastungen und Zwangsarbeit führten schon 1825 zu einem Volksaufstand auf Java, der in fünf Jahren die holländischen Kolonialherren in große Bedrängnis brachte, für die javanische Bevölkerung aber katastrophale Folgen hatte. In diesem Krieg, der von dem javanischen Prinzen Diponegoro zum Heiligen Krieg erklärt worden war, fanden annähernd 200 000 Javaner den Tod. Zu seinem Ende mußte Holland 23 000 Mann ständig unter Waffen halten, waren weite Landstriche verwüstet, und die beiden Fürstentümer Surakarta und Yogyakarta waren auf das Niveau von Marionetten-Kleinstaaten herabgedrückt.
Im produktiven Bereich konnte man nach Beendigung des Krieges zum Zwangsanbausystem (1830 bis 1870) übergehen, das die einheimische Bevölkerung insbesondere Javas verpflichtete, bestimmte Produkte, hauptsächlich Kaffee, aber auch Zuckerrohr, Indigo u. a., anzubauen und in bestimmten Mengen abzuliefern. Dies System brachte zu Beginn große Gewinne und finan-

Abb. 123 Bedoyo-Tänzerinnen am Hof von Yogyakarta (Farblithographie Armand & Co., Amsterdam, um 1870).

zierte nicht nur die Kolonie, sondern auch den Wiederaufbau Hollands nach den napoleonischen Kriegen und den Krieg mit Belgien (1830 bis 1839).
Politisch war das 19. Jahrhundert weiterhin geprägt von der endgültigen Kolonisierung der Außeninseln. Zwei Gründe waren dafür ausschlaggebend. Zum einen war die Aufteilung der Welt unter die Kolonialmächte im vollen Gange. Insbesondere die bislang »zu kurz gekommenen« Mächte suchten nach Kolonien. So tauchten u. a. auch Amerikaner und Italiener im Archipel mit dieser Zielsetzung auf. Auch die Politik Englands auf Borneo wurde von den Holländern mit großem Mißtrauen verfolgt. Es galt also, die größtenteils formal schon bestehenden Ansprüche durch reale Präsenz abzusichern. Das Ergebnis waren zahlreiche militärische Operationen, die von kleinen Feldzügen bis hin zu langwierigen und verlustreichen Kriegen führten. Der härteste Widerstand wurde der holländischen Expansionspolitik in Aceh entgegengesetzt. Dieser Krieg (1873 bis ca. 1903) konnte erst nach etwa 30 Jahren beendet werden, nachdem der letzte Widerstand mit beispielloser Härte, einschließlich Massakern an der Zivilbevölkerung, unterdrückt worden war. Feldzüge gegen die Batak (Nord-Sumatra) und gegen Bali fanden noch zu Beginn dieses Jahrhunderts statt.
Das zweite entscheidende Element war die Ausdehnung der Plantagenwirtschaft, wovon in erster Linie Sumatra betroffen war. Dort wurden in der zweiten Hälfte des

letzten Jahrhunderts große Flächen mit Kautschuk, Tabak und Ölpalmen bebaut. Später kamen Erdölfunde hinzu.
Die Gewinne aus dem Zwangsanbausystem wurden im Laufe der Zeit mehr und mehr dadurch geschmälert, daß ein großer Verwaltungsapparat aufgebaut werden mußte, um das Land direkt zu verwalten. Korruption und Vetternwirtschaft taten ein übriges. Darüber hinaus geriet das Zwangssystem immer mehr in Widerspruch zur wirtschaftlichen Entwicklung in Europa, die von Liberalismus geprägt war. So entzündete sich die Kritik auch wesentlich an der mangelnden Produktivität der Zwangswirtschaft, die die Eigeninitiative und die Entwicklung von Privatkapital hemmte. Die schlimmen sozialen Zustände taten ein übriges. 1860, im selben Jahr, in dem die Sklaverei offiziell abgeschafft wurde, erschien unter dem Pseudonym Multatuli der berühmte Roman »Max Havelaar«, der die sozialen Mißstände in der Kolonie anprangerte. Die schrittweise Abschaffung des Zwangsanbausystems ging von den liberalen politischen Kräften in Holland aus, die eine Modernisierung und Effektivierung der Kolonialwirtschaft anstrebten. Ein Ergebnis dieser Politik bestand in der Ausdifferenzierung der Agrarwirtschaft zwischen europäischer Export- und einheimischer Subsistenzwirtschaft. Lohnarbeit verbreitete sich in starkem Maße, vor allem auf den Plantagen von Ost-Sumatra, wo hauptsächlich javanische und chinesische Kontraktarbeiter unter erbärmlichen Bedingungen, ähnlich der Zwangsarbeit, tätig waren.
Gegen Ende des 19. Jahrhunderts wurde sichtbar, daß die liberale Politik ihre sozialen Ziele nicht erreicht hatte. Anstatt Kleinunternehmertum und allgemeine Wohlfahrt zu fördern, war die koloniale Gesellschaft gespalten in eine boomende Großindustrie, vor allem Agrarindustrie, auf der einen Seite und eine mehr und mehr verarmende, Subsistenzwirtschaft betreibende ländliche Bevölkerung auf der anderen Seite. Erneut wurden kritische Stimmen zum Kolonialsystem laut. Königin Wilhelmina selbst sprach 1901 von einer »moralischen Pflicht« gegenüber den Indonesiern. Die nun folgende Phase wurde als »ethische Politik« bezeichnet, die das Ziel hatte, die Lebenssituation und die Rechte der einheimischen Bevölkerung zu verbessern. So selbstlos, wie sie den Anschein erwecken sollte, war diese Politik nicht. Im Gegenteil diente sie dazu, die koloniale Gesellschaft zu reformieren. Eine expandierende Administration und die Notwendigkeit, die Infrastruktur auszubauen, mußte zwangsläufig auf die einheimische Bevölkerung zurückgreifen, die aus diesem Grund verstärkt Zugang zu Bildungseinrichtungen erhielt. Verbesserte Gesundheitseinrichtungen und bessere juristische Stellung der indonesischen Bevölkerung waren ein weiteres folgendes Element.
Die Konsequenzen waren weitreichend. In dieser Zeit wurde die Grundlage gelegt für die Herausbildung einer einheimischen Mittelschicht und einer Schicht von Intellektuellen[11], die kurze Zeit später der Kristallisationspunkt der Indonesischen Unabhängigkeitsbewegung werden sollten, neben der ebenso erstarkenden modernistischen islamischen Bewegung. Die alten, traditionellen Eliten konnten diese Aufgabe nicht mehr erfüllen – und hatten sie im gesamtindonesischen Zusammenhang auch nie erfüllt. Im Verlauf der Kolonialgeschichte waren die traditionellen Eliten immer mehr zu Erfüllungsgehilfen der Kolonialmacht degradiert worden und so in den Augen der einheimischen Bevölkerung diskreditiert. Aus diesem Grund bedeutete der Kampf um die nationale Unabhängigkeit auch ihren Untergang.[12] Dieses letzte Kapitel holländischer Kolonialgeschichte endete mit der japanischen Invasion im Frühjahr 1942 und dem nachfolgenden Unabhängigkeitskampf 1945 bis 1950.[13]

1 Nederburgh Komitee 1802 in der Diskussion um liberale oder traditionelle Kolonialpolitik.
2 Vieira, nach Tate 1971, 45.
3 Nach: Corpus Diplomaticum Neerlando-Indicum, in: Bijdragen tot de Taal-, Land- en Volkenkunde 87, 1931, 276.
4 Nicht mit dem damals portugiesischen Goa in Indien zu verwechseln.
5 Makassar war eigentlich der Sammelbegriff für die Föderation aus den beiden Königreichen Gowa und Tallo', von denen Gowa das bedeutendere und mächtigere war. Makassaren ist auch die Bezeichnung einer Ethnie, die neben den Buginesen und anderen Süd-Sulawesi bewohnt.

6 Daß die Gründung von Batavia selbst das Ergebnis von Intrigen und Diplomatie war, welche sich zwischen Holländern, Engländern, dem Sultan (hier einschließlich eines Erbfolgestreites) und seinem Satrapen in Jakarta abspielte, kann an dieser Stelle nicht näher erläutert werden.

7 Nicht mit dem Mataram des 8. Jahrhunderts zu verwechseln.

8 Der komplizierte Verlauf der Ereignisse kann hier nicht im Detail dargestellt werden.

9 Dies waren nicht nur die anderen Europäer und die erwähnten Sultanate Aceh, Ternate, Makassar, Tidore, Banten und Mataram, sondern auch Banjermasin (Süd-Borneo), Brunei (Nord-Borneo), Johor-Riau, Magindanao (Mindanao) und unter anderem Jambi und Palembang auf Sumatra und Patani und Kedah auf der Malaiischen Halbinsel, um nur die wichtigsten zu nennen.

10 Berühmt ist sein enzyklopädisches Werk *The History of Java* in 2 Bänden. Allerdings muß erwähnt werden, daß bereits die Holländer erste Schritte der Erforschung mit der Gründung der Bataviaasch Genootschap van Kunsten en Wetenschappen 1778 in Batavia in die Wege leiteten.

11 Eine große Rolle spielten insbesondere auch Indonesier, die die Möglichkeit erhielten, zum Studium nach Europa zu gehen und dort mit nationalstaatlichen Ideen bekannt wurden.

12 Von wenigen anti-kolonial gesinnten Aristokraten abgesehen, die sich auf die Seite der Unabhängigkeit gestellt hatten, z. B. der Sultan von Yogyakarta.

13 Diese letzte Phase holländischer Kolonialgeschichte kann hier aus Raumgründen nicht näher dargestellt werden, wie auch die anderen Phasen teils sehr summarisch abgehandelt werden mußten. Vgl. u. a. Dahm 1966 und für die Kolonialgeschichte allgemein Ricklefs 1981.

Die Rolle der Fürstenhöfe in der Kunst Indonesiens

Helen Ibbitson Jessup

Ursprungsmythen und Symbole des Königstums

Die meisten Studien zur indonesischen Kultur- und Kunstgeschichte beschäftigen sich mit einem speziellen Gegenstand, wie z. B. der indisch beeinflußten Plastik Javas aus dem 9. Jahrhundert oder dem islamischen Einfluß auf die künstlerische Formensprache Sumatras. Die Stammeskunst und darstellende Kunst wie Tanz, Theater und Musik sind weitere Gebiete. Einige Forschungen behandeln eine bestimmte geographische Region oder eine ethnische Gruppe, wie etwa die Batak von Sumatra, oder bestimmte Bräuche, z. B. Bestattungsriten, oder ein spezielles Produkt, wie Textilien o. ä. Der Versuch, ein umfassenderes Bild darzubieten, ist entmutigend ohne einen Rahmen, in den sich die Zeugnisse einordnen lassen.

Die Fürstenhöfe Indonesiens bieten sich als ein solcher Rahmen für die Forschung an, obwohl sie heute keinerlei politische Rolle mehr spielen. Infolge ihrer weiten geographischen Verteilung, ihrer alten Geschichte, ihrer Machtstruktur und ihres kulturellen Synkretismus sind sie ein überzeugender Mikrokosmos der vielschichtigen Kultur der indonesischen Gesellschaft als Ganzem. Zudem repräsentiert die Kunst, die sie hervorgebracht bzw. unterstützt haben, die höchsten Errungenschaften indonesischer Künstler der Vergangenheit, gleichgültig, ob es sich um Architekten großartiger Tempel, die von Königen in Auftrag gegeben wurden, handelt, um Schmiede, die Zeremonialwaffen herstellten, oder um Maler, die höfische Handschriften illustrierten.

Mehr als 200 Höfe können zu verschiedenen Zeiten und an verschiedenen Orten festgestellt werden, die sich in Größe und Bedeutung voneinander unterscheiden. Die Entwicklung der Staaten Indonesiens von kleinen Stammesfürstentümern zu voll ausgebildeten Höfen mit einer hochentwickelten Organisation, stark zentralisierter Führerschaft und Gefolge sowie wohldefinierten Hierarchien und Zeremonien war ein langsamer Prozeß und erreichte in verschiedenen Gebieten unterschiedliches Niveau. Die meisten Staaten entfalteten sich im Umkreis kleiner Handels- oder Transportzentren. Manche schlossen sich zu größeren Staatsgebilden mit ausgedehntem regionalem und internationalem Einfluß zusammen, beispielsweise Shriwijaya und das Mataram des 8. bis 10. Jahrhunderts in Zentral-Java und später Majapahit im östlichen Java im 14. Jahrhundert, das zweite Mataram in Java im 17. Jahrhundert sowie Aceh in Nord-Sumatra. Einige übten eine beachtliche Kontrolle über ein fest umrissenes, aber auf den näheren Umkreis beschränktes Gebiet aus, wie Ternate auf den Molukken und Bima auf Sumbawa; manche verblieben in einer losen Verbindung mit anderen ähnlich kleinen Zentren und entwickelten sich nicht über die Vorstufe zu Höfen hinaus. Diese Situation traf auf adlige Familien zu in Lampung, Süd-Sumatra, auf den Inseln Sawu und Roti, in Ost-Nusa Tenggara (östliche Kleine Sunda-Inseln) und im Gebiet von Minangkabau in West-Sumatra.

In Abhängigkeit von der Bedeutung eines Staates wurden dem Herrscher verschiedene Stufen von Machtsymbolen zugeordnet. In den führenden Staaten wurde die Bildersprache der übernatürlichen Kräfte teilweise den indischen Vorstellungen entnommen und durch brahmanische Priester auf den Herrscher übertragen, die dessen speziellem Status Ausdruck verliehen. Diese Herrscher griffen aber auch auf autochthone Symbole zurück, die mit pantheistischen und animistischen Kräften sowie mit einheimischen Schöpfungsmythen in Beziehung stehen. Diese Symbole sind sowohl in visueller als auch in metaphysischer Hinsicht bedeutsam.

Eines der herausragenden Symbole von Macht ist der Berg. Dieses Symbol steht mit der indischen Vorstellung vom Berg Meru als dem Zentrum der Welt und dem Wohnort der Götter in Beziehung, eine Anschauung, die mit anderen Weltordnungen, wie etwa der griechischen, verwandt ist. Der Berg ist außerdem eines der bedeutendsten Symbole in den Schöpfungsmythen vieler Völker Indonesiens. Bukit Siguntang ist der Berg, wo der Legende nach die Vorfahren vieler Völkerschaften Suma-

Abb. 124 Sumbawa Besar, Insel Sumbawa; kraton *Dalem Loka (gegr. 1885), der Herrschersitz des lokalen Sultans, dessen Architektur die einheimische Tradition widerspiegelt.*

Abb. 125 Yogyakarta, Zentral-Java; Teilbereich (pendopo, *offene Halle) der königlichen Palastanlage, deren Bau 1755 begonnen wurde.*

tras auf geheimnisvolle Weise nachts erschienen und wohin noch immer viele gehen, um mit ihren Ahnen in Kontakt zu treten. Auf ähnliche Weise stieg auch der erste Herrscher des Volkes der Bugis von Süd-Sulawesi, Tomanurung, von der Oberwelt herab, während einer der Vorfahren der Könige von Bali, der aus dem Dämonenreich der Damawa erlöste König, vom Berg Tolangir kam. Aus Timor stammt die Legende von Zwillingsbruder und Zwillingsschwester, die auf dem Berg Mate Bian erschienen und das Volk erschufen. Und auf Ternate steigt noch heute der Sultan in den Krater des zentralen Vulkans hinab, um zu meditieren und Inspiration zu suchen. In ganz Indonesien werden Berge als heilige Orte angesehen. Höhlen an Bergabhängen werden häufig zur Meditation benutzt, während Bergterrassen seit dem Neolithikum geheiligt waren und manchmal, sowohl auf Java als auch auf Bali, als *kahangian* oder Bergtempel ausersehen wurden.

Im Lichte der mythischen Bedeutung des Berges überrascht es nicht, daß viele Symbole der Macht, der Lebenskraft und des Kosmos die Form eines Berges *(gunung)* annehmen – und zwar auf höfischen wie auch auf volkstümlichen Gegenständen in ganz Indonesien. In Pasemah, in Süd-Sumatra, wird für jedes Kind ein bergförmiger, *perubatan* genannter Schild angefertigt und bis zum fünften Lebensjahr des Kindes als animistischer Talisman gegen Unglück aufbewahrt. Oberarmringe in Form eines Berges aus der Majapahit-Ära (vgl. Kat. 136), die denjenigen ähneln, mit denen javanische Steinskulpturen bereits im 9. Jahrhundert (z. B. Kat. 48) dargestellt sind, könnten höfische Talismane gewesen sein. Im Gebiet

Abb. 126 Medan, Nord-Sumatra; Istana Maimun, *Thronsaal.*

von Riau Lingga (Sumatra), dem Zentrum der malaiisch-islamischen Kultur, war noch im 19. Jahrhundert eines der Hauptsymbole des Staates ein ritueller Fächer *(jogan)* in Form eines Berges (Kat. 175), während die Bergform als Bestandteil der Tanzkrone vom Hindu-Hof Klungkung, Bali, den Rücken des Tänzers (Kat. 166) schützen sollte. Am rätselhaftesten von allen erscheint wohl das bergförmige zentrale Requisit (vgl. Kat. 209, 210) des Schattentheaters *(wayang kulit)*. Dieses Stück stellt den Kosmos dar, ehe die Handlungen von Menschen und Göttern ihn entstellten. Es steht in der Mitte der Szenerie, bevor das Drama beginnt, und wird vom Puppen-Meister, dem *dalang*, durch die Luft geschwenkt, wenn ein Wechsel des Schauplatzes oder der Zeit angezeigt werden soll. Seine verfeinerten Schnitzereien und Bemalung geben zugleich den Baum des Lebens wieder, der als Brücke zwischen Ober- und Unterwelt und Symbol des Wohlstands gilt. Tatsächlich gibt es neben der Bezeichnung *gunungan* noch die Benennung *kayon* oder *kekayon*, was Baumform bedeutet. Ferner finden sich darauf Darstellungen von Pavillons und Wasserbecken, den Symbolen für männlich und weiblich, so daß sich der reichhaltige Symbolgehalt des *gunungan* auch auf die Fruchtbarkeit erstreckt.

Der Lebensbaum, obwohl von zentraler Bedeutung im Schattenspieltheater, bildet zugleich ein weiteres Symbol von umfassender Bedeutung[1], das über den gesamten indonesischen Archipel verbreitet ist. Ebenso wie der Berg wird er von einigen Völkergruppen als Ursprung der Ahnen angesehen, wie beispielsweise den

Abb. 127 Surakarta Hadiningrat, Zentral-Java; der dalem, *der heiligste Platz im* kraton, *mit dem Sanktuar des rituellen Hochzeitsbettes.*

Einwohnern von Baun in Timor, wohingegen die Batak Sumatras glauben, die Welt sei ein Baum, der in der Unterwelt wurzelt und dessen Zweige in die Himmelswelt ragen. Solche uranfänglichen Konnotationen werden durch die Symbolik verstärkt, die mit dem Baum im indischen Mythenschatz verbunden ist. Der *nagasari*-Baum ist das Symbol von Shiwa und Uma, den Herren des Universums, während der *banyan*-Baum, der *waringin* in Indonesien, eine heilige Bedeutung aufgrund seiner Verbindung mit den Meditationen Buddhas besitzt. Die Herrscher von Zentral-Java pflanzen zwei dieser Bäume in dem Geviert vor dem alten Palast oder Kraton, wo sie als Symbole der Macht des Königs oder Sultans fungieren. Darstellungen des Baums finden sich auf zahlreichen zeremoniellen Gegenständen in Indonesien. Die Rückenlehnen der zeremoniellen Sitze *(pepadon)* der Führer der Stammesfürstentümer von Lampung sind in der Form des Lebensbaumes geschnitzt, und oft zitieren Insignien der Höfe von Java sein Bild, etwa in Goldeinlegearbeiten auf Lanzen oder auf den *kris* genannten zeremoniellen Dolchen. In ganz anderer Form findet sich der Baum oft in Verbindung mit Seelen-Schiffen auf den großen, *palepai* genannten Webarbeiten, die eine Rolle in den Lebenszyklus-Ritualen in Lampung spielen.

Die Bildsprache auf den *palepai* führt ein weiteres Symbol ein, das in der Kunst der Höfe allgegenwärtig und mit Mythen von Ursprung und Macht verbunden ist: das Schiff. Die praktische Bedeutung des Schiffs in einem Archipel braucht nicht eigens hervorgehoben zu werden, bildet doch das Meer nur solange ein Hindernis, bis die Schiffstechnik es in einen freien Verkehrsweg verwandelt. Es ist daher nicht erstaunlich, daß viele Menschen Indonesiens glauben, ihre Ahnen seien mit dem Schiff aus anderen Welten gekommen und ihre eigenen Seelen würden nach dem Tode auf dieselbe Weise fortsegeln, wie es die großen Schiffe auf den *palepai*-Geweben nahelegen. Diese stilisierten Schiffe gehen eindeutig auf alte einheimische Formen zurück, mit Motiven, die von den geometrischen, ineinandergehakten Spiralmustern abstammen, wie sie charakteristisch für die Artefakte der Austronesier sind. Wie der Berg und der Lebensbaum ist auch das Schiff ein Symbol, das den alten Glaubensvorstellungen Indonesiens entspringt, und wie diese steht es in Zusammenhang mit späteren historischen Entwicklungen und Bildern.

Die Macht Shriwijayas im Westen beruhte, ebenso wie die der Staaten der später zur See fahrenden Bugis und Makassaren in Süd-Sulawesi, auf der Beherrschung der Seerouten, und diese Abhängigkeit manifestiert sich in den Insignien des Königreiches. Ein Gedicht aus dem 17. Jahrhundert, das *Sja'ir Perang Mengkasar*, beschreibt, wie einer der Herrscher von Süd-Sulawesi von einem glitzernden Boot mit der Bugfigur eines Ungeheuers in die Schlacht getragen wurde. Das goldene Boot *(lancang kuning)* von Riau Lingga in Sumatra ist ein Symbol des Staates, und ein Gedicht aus dieser Region vergleicht die Qualitäten des Herrschers mit denen eines Schiffskapitäns: Unfähigkeit wird in beiden Fällen den Untergang herbeiführen. Das *lancang kuning* wird auch in Borneo (Kalimantan) gefeiert, wo Schöpfungsmythen eine schaumgeborene Prinzessin beschreiben. Das goldene Schiff des Herrschers segelte auf zeremoniellen Fahrten mit einer Pracht, die seine Macht demonstrierte, ganz so, wie es bereits das Hofepos *Nagara-Kertagama* im 14. Jahrhundert schildert.

Literarische Hinweise auf die Bedeutung von Schiffen als Symbole des Staates werden in vielen Teilen Indonesiens durch königliche Erbstücke bestätigt, die am aufwendigsten vielleicht in Bali gefertigt wurden, wo goldene, edelsteinbesetzte Schalen für Opfergaben an die Götter die Form eines Bootes besitzen und als *lelancang* bekannt sind (von derselben Wurzel abgeleitet wie das sumatranische und kalimantanische Wort *lancang*). Profane Versionen dieser Gefäße bilden einen Bestandteil der Paraphernalien, die bei dem bedeutenden höfischen Zeremoniell des Bereitens und Anbietens von Betelpriemen (eine Mischung aus der kleingehackten Nuß der *areca*-Palme, *pinang*, sowie Tabak und Gewürzen, eingerollt in das Blatt der *sirih*-Rebe) benutzt werden, eine Sitte, die für alle austronesischen Gesellschaften charakteristisch ist. In einem kleinen Dorf auf Flores wurde ein im Wachsausschmelz-Verfahren gegossenes Bronze-Boot gefunden, das wahrscheinlich aus der Dongson-Zeit stammt. Es symbolisiert das glückliche Schicksal der Gemeinschaft und hat sakrale Bedeutung.

Abb. 128 Javanischer Krieger mit Lanze und Kris, frühes 19. Jahrhundert (nach: Raffles, History of Java 1844).

Manchmal haben Schöpfungsmythen, die sich auf das Meer beziehen, einen stärker pragmatischen Inhalt: Der Begründer des Volkes erlangt seine Macht durch die Rettung eines havarierten, mit Schätzen beladenen Schiffes. Varianten dieser Legende finden sich in Bali, in Madura, an der Nordküste von Java, im südlichen Sumatra und im südlichen Borneo, manchmal mit Bezug auf einen Helden namens Dampu Awang. In einigen Erzählungen liegt ein historischer Zusammenhang nahe: Dampu Awang scheint gelegentlich Züge des Zheng He (Cheng Ho) zu besitzen, des berühmten Admirals der Ming-Dynastie. Der legendäre Ursprung der königlichen Familie von Buton in Südost-Sulawesi (Tenggara) wurde auf eine

Abb. 129 Javanischer Würdenträger im Festgewand (nach: Raffles, History of Java 1844).

Abb. 130 Javaner im Hofgewand (nach: Raffles, History of Java 1844).

Prinzessin zurückgeführt, die angeblich die Tochter Kublai Khans war und auf geheimnisvolle Weise mit einem Boot auf die Insel gekommen sein soll.[2]
Beziehungen von stärker metaphysischer Natur zwischen dem Herscher und dem Meer haben sich in rituellen Praktiken an vielen Höfen bewahrt. Eine solche wurde bereits von dem arabischen Geographen Ibn Khurdadhbih aufgezeichnet, der Shriwijaya im Jahre 846 besuchte und von einem Ritual berichtete, bei dem der König goldene Ziegel als Tribut an die Macht des Meeres ins Wasser wirft. Eine weitere rituelle Handlung betrifft den ersten König des zweiten Reichs von Mataram in Zentral-Java, Panembahan Senopati (wohl 1584–1601), der rituell mit Ratu Kidul vermählt war, der Königin des südlichen Ozeans, um den Schutz durch sie sicherzustellen. Diese Verbindung wird noch heute alljährlich durch Senopatis Nachkommen, den Sultan von Yogyakarta, in der *labuh*-Zeremonie bekräftigt: abgeschnittenes Haar und Fingernägel des Prinzen werden dabei ins Meer geworfen.
Die vielleicht beeindruckendste Zurschaustellung der Macht des Herrschers vor seinen Untertanen war ihre Demonstration mit Staatsschiffen wie dem oben beschriebenen *lancang kuning*. Dies beruhte nicht nur auf der Pracht und magischen Kraft der Schiffe, sondern auch auf dem Umstand, daß deren Bug und Heck häufig in Form imposanter Schlangen geschnitzt waren, die hoch in die Luft emporragten und dadurch übernatürliche Kräfte beschworen. Die Schlange oder *naga* ist ein weiteres Symbol, das häufig in indonesischen Schöpfungsmythen erscheint und auch verwendet wird, um auf die Macht des Monarchen hinzuweisen. Abermals haben wir es mit einem Symbol von universeller Bedeutung zu tun: Die gefiederte Schlange Altamerikas, die

Schlange im Garten Eden, die griechische Schlange der Heilkraft, die Kobra, die Buddha Schutz gab, alle sind Symbole übernatürlicher Macht, gewöhnlich der Unterwelt. Die indische Schlange als männliches Wesen ist König der Unterwelt und Herr des Wassers, und diese Vorstellungen wurden in Indonesien mit der autochthonen Fruchtbarkeitssymbolik (vgl. Kat. 122) verschmolzen. Eine Inschrift des 8. Jahrhunderts aus Ligor auf der Malaiischen Halbinsel beschreibt den Herrscher von Shriwijaya als »König der *naga*«, eine Verbindung der königlichen Macht mit derjenigen der Schlange, die auch in Zusammenhang mit dem kambodschanischen Königtum wohlbekannt ist. Dort wurde behauptet, des Königs göttliche Macht entspringe seiner nächtlichen Vereinigung mit der Königin der Schlangen. Malini, eine Schlangenprinzessin, gilt als Urahne der Balinesen, welche überdies die mythische Schlange Naga Padoha als Schöpfer von Gebirgen und Verursacher von Erdbeben ansehen. Die Karo Batak glauben, daß sie von der Tochter einer riesigen Schlange abstammen. Dagegen bringt die südsulawesische Luwu-Legende, wonach Schlangen einst am Vorabend des Freitags, des islamischen heiligen Tages, in menschlicher Gestalt inkarniert wurden, den Mythos von der Macht der Schlange in einen wenig wahrscheinlichen islamischen Kontext.

Das Bild der Schlange erscheint, oft als verschlungenes Paar, sehr häufig als höfisches Motiv. Es findet sich auf den Ständeroberteilen der großen Gongs in den königlichen Gamelan-Orchestern. Es bekrönt die Torwege in vielen Palasträumen. Es schmückt viele königliche Waffen, wie Lanzen oder den *nagasasra kris* (Kat. 190) und ziert die *palanqins* von Bali ebenso wie die Prunkkutsche von Cirebon, besonders die großartige Paksinagaliman-Kutsche des Kanoman-Kraton. Eine wichtige Rolle spielt das Schlangenmotiv unter den heiligsten aller höfischen *pusaka*, etwa bei den *ponto janga-jangaya* genannten goldenen Staatsarmreifen des Sultanats von Gowa-Makassar und bei schlangenförmigen Gefäßen, *harda walika*, die wichtige Bestandteile der königlichen Insignien *(upacara)* sind und in feierlicher Prozession bei staatlichen Anlässen in Java und Borneo (Kat. 176) mitgeführt werden. Im Herzen des javanischen Palastes, dem *dalem* genannten geheiligten Innersten, bewachen goldene Schlangen das Dach des heiligen Schreins der Shri Dewi.

Shri Dewi, die Göttin des Reises, der Fruchtbarkeit und der Ehe, ist ein weiteres synkretistisches Bild, das in ganz Indonesien vorkommt und sich gleichermaßen von einheimischen Legenden wie auch von indischen Mythen herleitet. Zur Erntezeit werden in Java in einer Zeremonie, die als *wiwitan* bekannt ist, der Shri Dewi (Kat. 56) Opfer dargebracht, und kleine Figuren aus Reishalmen werden zusammengedreht und miteinander verbunden, um ein Brautpaar, ein sogenanntes *mantenan*, darzustellen; diese Figur wird in den Häusern der Dörfer auf ein Bett gelegt (in manchen Gegenden ist eine lediglich in die Wand geritzte Darstellung als steter Ruheplatz für Shri Dewi bestimmt). Diese Handlung geht auf die in vielen Versionen bekannte Legende von der Teilnahme der Göttin an dem Schmuggel des Reises von der Wohnstatt der Götter ins Reich der Menschen zurück. Als Patronin des Reisfeldes ist sie auch verantwortlich für dessen Gedeihen und, davon abgeleitet, für das Gedeihen des Volkes, weshalb sie auch mit der Ehe verbunden wird.

Im Zusammenhang mit dem Palast wird Shri Dewi durch ein geschnitztes Bild dargestellt, das stets gemeinsam

Abb. 131 Susuhunan Pakubuwana IX., Herrscher von Surakarta von 1861 bis 1893 (nach: St. Wachlin, Woodbury & Page 1994).

Abb. 132
Tänzerin –
Ronggeng
(nach: Raffles,
History of
Java 1844).

mit einer männlichen Figur namens Dewa Sadono vorkommt. Dieses Paar veranschaulicht einen interessanten Unterschied zwischen indischem und austronesischem Glauben. Gemäß der indischen Legende sind Shri und Sadono Geschwister, die sich unwissend ineinander verlieben. Sadono wird zur Strafe vom Himmel hinabgeschleudert, und auch Shri wurde bestraft, indem sie sich in Trauer über seinen Tod verzehrte und starb. In der indischen Sage wird also der Inzest bestraft. In der austronesischen Version dagegen wurde der unwissentliche Inzest anscheinend verziehen, da die beiden sowohl als ehelich verbundenes Paar wie als Geschwister dargestellt werden. Dies bezieht sich wohl auf verschiedene Schöpfungsmythen, besonders im Osten Indonesiens, wo austronesische Glaubensvorstellungen vorherrschen. Zweieiige Zwillinge verschiedenen Geschlechts heiraten demnach und bilden den Kern des Volkes.
Das Paar Shri Dewi und Dewa Sadono wird durch *loro blonyo* genannte Figurenpaare (Kat. 233A, 234) dargestellt. Man findet sie meist in sitzender Pose asketischer Meditation – ein interessantes Paradox, wenn man ihre Verbindung mit der Fruchtbarkeitssymbolik beachtet – vor dem rituellen Ehebett *(kobongan* oder *petanen)*, das sich im Innersten des Hauses oder Palastes befindet. Dieser Platz, manchmal ein wirkliches Bett (wo zuvor tatsächlich Ehen vollzogen wurden), bisweilen aber auch ein Wandschirm oder Rahmen, ist die Kultstelle für Shri Dewi. Dies gilt auch für Ritzzeichnungen in Dorf-Häusern.
Da Shri Dewi die Patronin des Reisfeldes ebenso wie des Hochzeitsbettes ist und da die Naßreis-Kultur in Indonesien seit ältester Zeit auch Bergterrassen einbezieht, schließt das Bild dieser Schutzgöttin den Kreis der Symbolik, der die Myriaden von Regionen Indonesiens allumfassend verbindet: sie mündet ein in den Berg, die Heimat der Götter, den Mikrokosmos, woher der Herrscher als axis mundi gleichsam seine Macht bezieht.

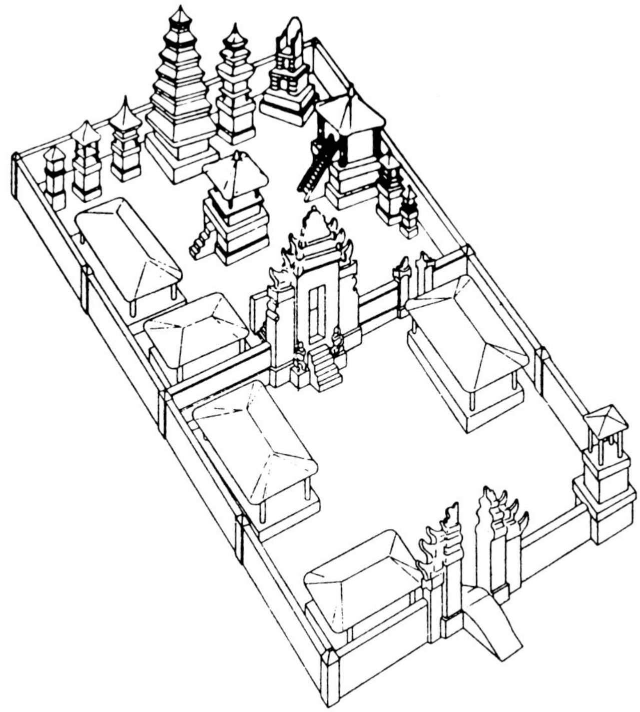

Abb. 133 Schema einer indonesischen Tempelanlage vom Bali-Typus (nach: PKG 21, 1985).

Macht, Prunk und Pusaka

Historische und dichterische Berichte über Herrscher wie Sultan Iskandar Muda von Aceh, Sultan Agung von Mataram und König Hayam Wuruk von Majapahit zeigen Fürsten mit ungezügelter Machtbefugnis, die bedeutende Armeen kommandierten und weite Territorien beherrschten, ja sogar über tributpflichtige Staaten auf dem südostasiatischen Festland verfügten. Um die Mitte des 17. Jahrhunderts jedoch begann die wirkliche Macht immer mehr in die Hand der niederländischen »Vereenigde Oostindische Compagnie« oder VOC überzugehen. Diese mächtige Handelsgesellschaft war seit Ankunft der Niederländer im Archipel im Jahre 1596 zu immer größerer Bedeutung im Wirtschaftssystem Indonesiens gelangt. Gegen Ende des 17. Jahrhunderts kontrollierte die VOC den Handel in vielen, weit verstreuten Gebieten, von den Molukken im Osten bis Banten in West-Java.
Die Höfe des 18. und 19. Jahrhunderts waren im Grunde genommen Lehnsgüter der Niederländer. Dennoch stammen aus diesen späten Palästen, wie etwa denen von Surakarta und Yogyakarta, den *istana* der jüngeren Mangkunagaran- und Pakualaman-Höfe sowie den vier Kraton von Cirebon, die prächtigsten *pusaka*. Die Staaten von Sumbawa und Bima auf der Insel Sumbawa, die zahlreichen Höfe von Sumatra und Kalimantan (Borneo) und sogar die reichen, seefahrenden Sulawesi-Höfe stellten gleichermaßen wunderschöne Insignien her und unterstützten Herrscher, die ein beträchtliches Gepränge entfalteten, obwohl auch sie unter der Schirmherrschaft niederländischer wirtschaftlicher Hegemonie amtierten. Die Ausnahme bildete Bali, wo Höfe von großem Glanz sich der niederländischen Kontrolle bis ins 20. Jahr-

hundert hinein widersetzten. Dies gilt auch für Aceh in Nord-Sumatra, obwohl mittlerweile das einstmals mächtige Sultanat erloschen war und fast nichts von seiner ehemaligen Pracht erhalten geblieben ist.
Wie konnten die Höfe weitergedeihen, ja sogar ihre Prachtentfaltung ausdehnen, obwohl sie weder wirkliche wirtschaftliche noch militärische Macht hatten? Die Erklärung liegt im Wesen von Königtum und Macht in Indonesien. Was machte einen rechtmäßigen Herrscher aus? Was bestätigte seine Macht innerhalb des Königreiches? Worin bestanden die Pflichten eines Herrschers, und wie festigte ihre Erfüllung seine Legitimität? Was letztlich bedeutete »Macht«?
Die Frage, wer als rechtmäßiger König angesehen wurde, betraf zum Teil die Legitimität. Genealogien waren wichtig und wurden sorgfältig aufbewahrt, besonders in Süd-Sulawesi, wo die *silsilah*, die genealogischen Dokumente, geradezu heilige Erbstücke waren. In Fällen von Usurpation gab es leidenschaftliche Bemühungen, Bindeglieder zu legitimen Herrschern nachzuweisen, entweder durch Sagen von Vorfahren, die dem Königshaus angehörten, das Land verlassen hatten und Jahre später zurückgekehrt waren, wie beispielsweise die Legende von der Gründung der Höfe von Cirebon und Banten, oder indem Anspruch auf Ahnen geltend gemacht wurde, die Verbindung zu Heiligen der islamischen Geschichte hatten. In früheren Zeiten wurde die Legitimität, wie bereits erwähnt, durch übernatürliche Kräfte bestärkt, die von fremden geistigen Autoritäten verliehen wurden. So hatten die Herrscher im ersten Jahrtausend ihre Macht mit Hilfe des überlieferten Wissens brahmanischer Hofpriester überhöht.
Zu der Zeit, als die Höfe begannen, bedeutende Insignien und Schätze zu besitzen, was vermutlich in den Staaten des 8. Jahrhunderts von Anfang an der Fall war, obwohl davon bis ins 15. Jahrhundert hinein nichts erwähnt wird, waren die heiligen *pusaka* in sich selbst Symbole der Legitimität. Dies illustriert eine Begebenheit aus dem Jahre 1677, als es dem Sohn von Amangkurat I. von Mataram gelang, sich in den Besitz einiger der Hof-*pusaka* zu bringen, während der König wegen des Angriffs eines Prinzen von Madura zu fliehen gezwungen war. Allein aufgrund seiner Kontrolle über die Insignien gelang es dem Sohn, als Amangkurat II. die Thronfolge anzutreten. Es gibt eine Menge anderer Fälle, in denen der Besitz der *pusaka* den Sitz der Macht bestimmte. Bis zum heutigen Tag, und obwohl die Höfe nicht einmal als zeremonielle Zentren fungieren, ist der Aufbewahrungsort der *pusaka* der früheren Höfe von Gowa und Bone in Sulawesi Gegenstand heftiger Dispute zwischen der republikanischen Provinzverwaltung und Angehörigen der fürstlichen Familien, weil die Erbstücke sogar noch heute als die einzige rechtmäßige Quelle der Machtbefugnis angesehen werden.
Die Legitimität eines Prinzen konnte auch durch Heiratsverbindungen verstärkt werden. Dies ist eine allgemeine Tendenz bei Monarchien, die zumal in der indonesischen Gesellschaft, wo den Männern mehrere Ehefrauen erlaubt waren, große Möglichkeiten eröffnete. In der Praxis gründete dies auf strategischen Überlegungen, wobei aber in den Staaten von Süd-Sulawesi ein zusätzlicher Faktor eine Rolle spielte: das sogenannte weiße Blut.[3] Dieser Zustand spiritueller Überlegenheit konnte nicht erlangt werden: er wurde vererbt. Die Ehe mit einer Person mit einem kleineren Anteil an weißem Blut verdünnte das eigene, weshalb Eheverträge stets eine Stärkung des Gehaltes an weißem Blut in der Familie bezweckten, ein Ziel, das der Forderung nach adligen Vorfahren über mehrere Generationen ähnelt, die ein französischer Aristokrat des 17. Jahrhunderts erfüllen mußte, mit dem Unterschied, daß das Ideal in Sulawesi spiritueller, nicht sozialer Art war. Schließlich ist die Spiritualität vollständig mit der Macht verbunden, da, wie wir sehen werden, Macht letzten Endes aus dem Geist entspringt.
Die Frage, wie der Herrscher seine Macht innerhalb des Königreiches bekräftigte, führt auf das Konzept des großen Himmelsherrschers und den Kult des Ruhmes.[4] Der Monarch mußte großartig, ruhmreich, mächtig und von Gefolge umgeben im Rahmen eines glänzenden Hofes gesehen werden. Zu diesem Zweck fuhr er auf zeremoniellen Reisen in seiner glitzernden, vergoldeten Kutsche durch sein Königreich, wie es im *Nagara-Kertagama* beschrieben wird, und verteilte an seine Untertanen Geschenke, ein Symbol des Wohlstandes des Reiches.
Mit dem gleichen Ziel, seine Herrlichkeit zu zeigen, empfing der König Gäste, und zwar sowohl seine Untertanen als auch Würdenträger, an einem Hof, wo eine prächtige architektonische Gestaltung, reiche Kleidung und kostbarer Schmuck sowie verschwenderische Amüsements von seiner Macht kündeten, ungeachtet der Tatsache, daß die Kosten der Aufrechterhaltung dieser glanzvollen Zurschaustellung mehr aus einem von den Niederländern gezahlten Zuschuß als aus den eigenen Ressourcen des Herrschers bestritten wurden.
Für die Frage, welche Pflichten der König hatte und inwieweit ihre Erfüllung seine Position stärkte, ist die

Abb. 134 Mengwi, Bali; Tempel Pura Taman Ayun (gegr. 1634). »Gespaltenes Tor«, charakteristisch für Bali in der Tradition von Majapahit.

Abb. 137 Uluwatu, Bali; Tempel Pura Uluwatu. Man betritt den Tempel durch ein gewölbtes Tor, davor steht eine Statue des Ganesha.

Dichter des 19. Jahrhunderts am Hof von Surakarta, beklagte im *Serat Kala Tida*, daß kein Vorbild mehr für das »Lehren von guten Wegen« vorhanden sei.[5]

Ein speziell indonesisches Element in der Beurteilung des Wertes von Dingen und Menschen ist der Umstand, daß die Indonesier keinen Unterschied zwischen dem Materiellen und dem Immateriellen machen. Dies hängt vermutlich mit dem pantheistischen Glauben an die Kräfte der Natur zusammen, welcher der austronesischen Sozialstruktur zugrunde lag, ein animistisches Konzept, das alle Einflüsse durch andere Glaubensrichtungen und gesellschaftliche Praktiken überlebt hat. Danach hat ein unbeseeltes Objekt an der spirituellen Kraft des Universums genauso teil wie ein Lebewesen. Das vielleicht schlagendste Beispiel dafür ist der Glaube, daß der *kris* (Kat. 189–192), die Hauptwaffe des Archipels schon seit dem 14. Jahrhundert, von einem eigenen Geist durchdrungen ist. Ein *kris*, wie ihn jede Person zu besitzen trachtet, sollte nicht gekauft, sondern ererbt, als Geschenk erhalten oder in Auftrag gegeben werden. Ein Kenner des *kris* sollte entscheiden, ob der Geist desselben mit dem seines Besitzers in Einklang steht, sonst wird daraus Unglück entstehen.

Eine Erweiterung des Verständnisses der Macht ist der Glaube, daß scheinbar losgelöste oder immaterielle Dinge, die zu einer Person gehören, teilhaben an ihrem Wesen. Dies beinhaltet z. B. abgeschnittene Nägel und Haare, Schweiß und Tränen, aber ebenso sind der Atem, ein Seufzer, ein Spiegelbild oder ein Schatten inbegriffen. Um die Unversehrtheit zu erhalten, die innere Kraft, die als *semangat* bezeichnet wird, sollten solche Kraftträger behütet und behalten werden.[6] Diese Vorstellung ist derjenigen, die dem javanischen Begriff *wahyu* zugrunde liegt, sehr ähnlich. Dabei handelt es sich um eine übergeordnete, übernatürliche geistige Kraft, die von einem Monarchen zum anderen weitergegeben werden kann. Als Beispiel sei der Usurpator Ken Arok im 13. Jahrhundert genannt, der die Königin Ken Dedes von Singasari zur Frau nahm, weil ihr »flammender Schoß« ihren Besitz von *wahyu* anzeigte. Kraft dieser Art existiert einfach, sie wird nicht durch Handlungen oder Bestrebungen vermehrt; vielmehr wird sie definitionsgemäß durch die bloße Ausübung von Macht erschöpft. *Wahyu* und *semangat* sollten erhalten werden, und ihr Besitzer ist idealerweise ein völlig inaktiver Herrscher, dessen bloßes Dasein die Kontrolle sichert. Solch eine Person ist ein ruhendes Zentrum, der axis mundi vergleichbar, oder, wie es in Indonesien heißt, *paku alam*.[7]

Der Palast als Mikrokosmos

Die dauerhaftesten und bedeutendsten Symbole königlicher Macht in Indonesien sind die großen buddhistischen und hinduistischen Monumente in Zentral-Java. Der Bau solcher Tempel erfüllte nicht nur die Rolle der Könige als Vermittler von göttlichem Willen und göttlicher Macht, sondern erhöhte auch ihre Stellung auf Erden; die Khmer-Könige errichteten ihre großen Gebäudekomplexe in Angkor unter dem gleichen Aspekt. Sakrale Bauvorhaben, wenngleich weniger großartig,

Abb. 138 Klungkung, Bali; die aus dem 18. Jahrhundert stammende Gerichtshalle (Kerta Kosa) *der Palastanlage.*

wurden auch in Ost-Java von den Majapahit-Herrschern ausgeführt. Herrscher auf Sumatra, besonders Iskandar Muda (1607–1636) und sein Schwiegersohn Iskandar Thani Alauddin Mughayat Syah (1636–1641) von Aceh, förderten aus den gleichen Gründen den Bau von Moscheen. Die Prinzen von Bali halten nach wie vor die Errichtung und Erhaltung von Tempeln für eine ihrer wichtigsten Aufgaben als irdische Mittler zwischen Göttern und Menschen.

Baustoffe aus wertvollen, weil dauerhaften Materialien wie Stein und Backstein, die dem tropischen Klima sowie seismischer und vulkanischer Aktivität widerstehen konnten, waren in den frühen Jahrhunderten sakralen Bauten vorbehalten. Das älteste erhaltene Bauwerk, das zugleich weltliche Züge gehabt zu haben scheint, ist der teilweise restaurierte Komplex von Ratu Boko aus dem 9. Jahrhundert, auf einem Hügel über den Tempeln von Prambanan gelegen. Ursprünglich ein heiliger buddhistischer Ort, wurde er später das Zentrum der Hindu-Dynastie, welche die Shailendra überwältigte, wie in der Nähe gefundene Inschriften berichten. Er bildet einen Prototyp für die Anlage des Kraton (oder Palastes) in späteren Jahrhunderten, besonders in der Hauptstadt von Majapahit im 14. Jahrhundert, und läßt sich bis in die Paläste von Yogyakarta, Surakarta und Cirebon verfolgen.

Während religiöse Monumente einen deutlich sichtbaren Beweis für die spirituelle Rechtmäßigkeit der Herrscher lieferten, stellte man sich anscheinend den königlichen Palast ebenfalls als einen Mikrokosmos vor, der die übernatürlichen Kräfte des Monarchen birgt. Die Palastanlage deutet eine Bewegung von der Außenwelt hin zum geheiligten Innersten an, entsprechend den Tempeln, die den Aufstieg vom Weltlichen zum Göttlichen symbolisieren.

Der Besucher näherte sich dem Palast durch die Zeremonienanlage außerhalb seiner Mauern, die auf Java als *alun-alun* bekannt war. Von hier aus schritt der Untertan auf einer zeremoniellen Achse weiter durch eine Reihe von Toren und Vorhöfen, die durch Wächterhäuser geschützt waren, und erreichte schließlich den sogenannten Hohen Ort *(siti inggil)*, wo der Herrscher bei Staatsakten die Öffentlichkeit empfing. War der Besucher von hinreichend hohem Stand, konnte er im physischen und geistigen Sinne auf dem Weg zu einem abgeschlossenen inneren Bereich des Palastes weitergehen und wurde, mit einer Richtungsänderung der Achse, in den großen offenen Zeremonien-Pavillon, den *pendopo agung*, eingelassen, in dem der König Gäste empfing. Gegenüber befand sich ein *pringgitan* genannter Ort, wo das Schattentheater aufgeführt wurde. Dahinter lag das innerste Allerheiligste *(dalem)*, das nur der königlichen Familie und einigen hochgestellten Höflingen zugänglich war. Hier wurden das Heiligtum für Shri Dewi und die Kästen mit den wichtigsten *pusaka*, den Symbolen der Dynastie, aufbewahrt.

Dem Besucher der Paläste Javas und Balis fallen die vielen offenen Säulen-Pavillons auf, die als *pendopo* bezeichnet werden.[8] Während sich die *mandala-* bzw. kosmische Bergform des Borobudur und der Türme des Prambanan-Komplexes eindeutig von indischen Architekturformen herleitet, sind die Gebäudedarstellungen auf den Flachreliefs dieser Denkmäler (Kat. 147 A, B) mit in Indonesien vorherrschenden einheimischen Architekturformen verwandt. Ihr typischer Werkstoff ist Bambus, das am leichtesten erhältliche einheimische Baumaterial. Seine Elastizität wird kunstvoll bei der Konstruktion der steil aufsteigenden Dächer genutzt, deren spannungsvolle Konturen so charakteristisch für die einheimischen Bauten überall im Lande sind. Typischerweise besitzt der *pendopo* auch keine Wände, und es bestehen starke Ähnlichkeiten zwischen heutigen Bauten dieser Art auf Java und Bali einerseits, nicht nur auf dörflicher Ebene, sondern auch in monumentaler Größe in den Palästen, und den kleinen Pavillons andererseits, die auf den Reliefs aus dem 9. Jahrhundert zu sehen sind. Es liegt eine gewisse Ironie darin, daß diese kurzlebigen einheimischen Bauten die ältesten Architekturformen Indonesiens repräsentieren, doch ist dies auch logisch: Sie sind dem Klima hervorragend angepaßt, verwenden leicht erhältliches Material und sind vergleichsweise billig zu errichten.

Obwohl heute nur noch die steinernen Basisplatten vorhanden sind, zeigen die regelmäßigen Abstände der Säulenbasen bei einigen Bauten in Ratu Boko deutlich, daß die Palastbauten die Form des *pendopo* besessen haben müssen. Somit war dieser Bautypus schon sehr früh in der indonesischen Geschichte sowohl mit Prinzen als auch mit Bauern verbunden. Obwohl uns die literarischen Quellen von den Pavillons von Majapahit berichten, wurden unter den bislang erforschten Ruinen in der ost-javanischen Stadt Trowulan, die als der Ort der einstigen Hauptstadt gilt, die Hauptgebäude des Palastes noch nicht entdeckt. Ein charakteristischer Zug der Majapahit-Architektur freilich, der in vielen späteren Palästen fortbesteht, ist die Verwendung von roten Ziegelsteinen. Man trifft sie sowohl bei den Anlagen für das rituelle Bad

Abb. 139 Besakih, Bali; am Fuße des Vulkans liegt das bedeutendste Heiligtum Balis, das ins 11. Jahrhundert zurückgeht. Im 60 Einzelbauten umfassenden Komplex wird besonders die hinduistische Trias Shiwa, Wishnu und Brahma verehrt.

Abb. 141 Ranken des Betel- oder Kaupfeffers (piper betel *L.*). *Beim Kauen entwickeln die Blätter eine leicht narkotisierende Wirkung.*

die für die Aristokraten von Palembang, Minangkabau und für die Höfe Nord-Sumatras hergestellt wurden.
Die Zeremonien, bei denen die Mitglieder der königlichen Familie und die Höflinge diese reichen, ihren Rang anzeigenden Gewänder trugen, boten zugleich den Rahmen für die Zurschaustellung von Schmuck. Einige Halsketten, Ringe, Ohrringe, Armreife und Kopfschmuckstücke lassen eine große Verfeinerung der Goldschmiedekunst bereits seit dem 8. Jahrhundert (vgl. Kat. 43, 44, 86–90) erkennen. Diese Kunstfertigkeit wurde von den Höfen über Jahrhunderte gefördert, wie man an Schmuck des 19. und 20. Jahrhunderts erkennen kann. Höhepunkte in der Kunst der Metallbearbeitung stellen manche Insignien dar, wie die Kronen von Bima und Banten (Kat. 165), der Diademschmuck aus dem spektakulären neuen Wonoboyo-Hortfund (vgl. Kat. 34–47) und die Tanzkronen (Kat. 166), die für die Höfe Javas und Balis hergestellt wurden.
Alle gesellschaftlichen und zeremoniellen Anlässe an den Höfen wurden – und werden noch – von Musik und Tanz begleitet. Die Herrscher finanzierten nicht nur die Tänzer und Musiker und erhielten die traditionellen Fertigkeiten der Puppenmeister – eine Unterstützung, die viele Höfe, wenn auch in beschränktem Umfang, noch immer gewähren –, sondern gaben auch neue Werke in Auftrag. Fast alle darstellenden Künste waren ursprünglich religiöser Natur (in Bali trifft dies noch heute zu) und behielten, als sie säkularisiert wurden, gleichwohl viel von ihrer spirituellen Bedeutung. Schattentheater-Puppen und Masken erhielten manchmal sogar höfische Titel, wobei diejenigen, die damit hantierten, ihnen Opfergaben und Huldigungen darbrachten. Diese Verehrung derartiger Erbstücke, ihre faktische Personifizierung, ist ein weiteres Beispiel für die durchlässige Grenzlinie zwischen Materiellem und Immateriellem, Leblosem und Lebendigem in Indonesien.
Bei besonders wichtigen Anlässen können die heiligen *pusaka* und die bedeutendsten Insignien öffentlich zur Schau gestellt werden. Zu den interessantesten Stücken im Besitz javanischer Höfe zählen diejenigen, die als *upacara* (vgl. Kat. 176) bezeichnet werden. Sie bestehen gewöhnlich aus Gold oder Silber und sind gelegentlich mit Diamanten besetzt. Es handelt sich dabei teils um kostbare Ausführungen von Gefäßen des täglichen Gebrauchs, wie Schüsseln zum Händewaschen, Betel-Service, Pokale, Behälter für Servietten, Lampen, teils um symbolische Gegenstände in Tiergestalt. Traditionsgemäß umfaßt ein Ensemble von *upacara* eine Gans, einen Hirsch, einen Hahn, einen Pfau und eine Schlange – Symbole von Reinheit, Intelligenz, Mut, Schönheit und Stärke. Gleichzeitig mit der Zurschaustellung der *pusaka* können auch viele zeremonielle Waffen (Kat. 187) wie Lanzen, Speere und Dreizacke als symbolischer Beweis für die militärische Stärke des Herrschers in der Prozession mitgeführt werden. Die heiligsten Waffen aber sind zweifellos die *kris* genannten Dolche, deren magische Kraft sie zu Wächtern der Dynastie und Symbolen der übernatürlichen Stärke des Herrschers macht.
In allen Teilen Indonesiens waren die Herrscher mit der Einhaltung der bedeutendsten *rites de passage* betraut. Für jeden dieser Riten, wozu Geburt, erste Bodenberührung des kindlichen Fußes, erstmaliges Schneiden der Haare, Pubertätsriten und Beschneidung, Abfeilen der

Zähne, Eheschließung, Tod und Verbrennung bzw. Begräbnis gehörten, gab es hochheilige rituelle Gefäße. Die eindrucksvollsten Exemplare findet man heute auf Bali, wo Schalen für Opfergaben sowie heilige Wassergefäße und Schöpflöffel zu den am meisten gehüteten Schätzen der *puri* zählen. Derartige Gegenstände müssen seit der Zeit der ältesten Höfe Indonesiens eine wichtige Rolle bei Ritualen gespielt haben, da sie bereits in Schatzhorten (Kat. 34, 47, 83) aus früheren Jahrhunderten in Java vertreten sind. Pubertäts- und Beschneidungszeremonien schlossen die öffentliche Präsentation der davon betroffenen Personen sowie den Gebrauch spezieller Messer und vielleicht auch von Schamplatten (vgl. Kat. 111–113) aus Gold ein, auf denen häufig die Geschichte der die Keuschheit verkörpernden Shri Tañjung dargestellt ist. Die Totenriten als die letzten Rituale des Lebenszyklus variieren stark von Ort zu Ort. In islamischen Gebieten sind sie wenig aufsehenerregend und verwenden keine rituellen Objekte von Bedeutung. Auf Bali dagegen, in den königlichen Hofhaltungen, erfordern die Verbrennungszeremonien, welche die Seele von den Fesseln der materiellen Existenz befreien, außergewöhnlich geschnitzte Türme und Sarkophage sowie geheimnisvolle, *ukur* (Kat. 195) genannte Figuren. Sie sind aus Goldplatten zusammengesetzt und sollen angeblich die tatsächlichen Abmessungen des Körpers des Verstorbenen wiedergeben.

Die Bedeutung der Symbole der *rites de passage* und der Schöpfungsmythen in der höfischen Kunst unterstreicht die starken Bindeglieder, die zwischen der verfeinerten Kultur, die Indonesiens Herrscher schufen, und den einheimischen volkstümlichen Gesellschaften bestehen, denen sie entstammte. Die Erhaltung der bildenden und darstellenden Künste ist eine Aufgabe, welche die Höfe immer noch in geeigneter Weise erfüllen können, trotz des Fehlens politischer Macht und beträchtlicher finanzieller Mittel. Heutzutage, da die wachsende Internationalisierung unserer Wirtschaft und Nachrichtenverbindungen dazu führt, nationale Eigenheiten auszulöschen, können solche traditionellen Zentren wie die Höfe eine wichtige Rolle bei der Erhaltung wertvoller kultureller Besonderheiten spielen, die einem Gefühl von Identität zugrunde liegen.

1 Man kann zusätzlich den nordischen Baum der Welt, Yggdrasill, und den jüdischen Baum der Erkenntnis im Garten Eden anführen.

2 Für eine umfassende Darstellung der Legende von dem reichbeladenen Schiff s. Pierre-Yves Manguin 1986, 187–214.

3 Eine sorgfältige Erörterung des *weißen Blutes* findet sich bei Errington 1989.

4 Eine sorgfältige Studie dieser Auffassung bei Moertono 1968, 198.

5 Aus der Übersetzung »Poem of a Time of Darkness« von Benedict Anderson in Reid and Marr 1979, 219–48.

6 Daher die Bedeutung der jährlichen Opfer der abgeschnittenen Nägel und Haare des Sultans von Yogyakarta an Ratu Kidul, die Königin des Südlichen Ozeans.

7 Wörtlich: »Nagel der Welt«, ein Begriff, der in verschiedenen Formen in der dynastischen Titulatur der javanischen Herrscher verwendet wird, wie beispielsweise der Paku Alam von Yogyakarta und Paku Buwono von Surakarta.

8 Das Wort *pendopo* ist von dem Sanskritwort *mandapa* abgeleitet, das eine mit Pfeilern versehene Halle bezeichnet.

9 Es gibt viele hervorragende Untersuchungen zu indonesischen Textilien. Eine der umfassendsten und anregendsten ist Gittinger 1980.

Hinduismus und Buddhismus in Indonesien bis 1500

Marijke J. Klokke

Historische Entwicklungslinien

Im Zuge der Entwicklung der Seehandelswege, die sich im 5. Jahrhundert nach Indien im Westen und China im Osten öffneten[1], gelangten auch Hinduismus und Buddhismus nach Indonesien. Der frühere Überlandhandel zwischen dem Mittelmeerraum und China lief über die Karawanenstraßen im nördlichen Teil des indischen Subkontinents und erreichte somit die Inselwelt Indonesiens nicht. Auch die buddhistischen Mönche reisten über Land von Indien nach China, um dort ihre Lehre zu verbreiten. Mit dem 5. Jahrhundert begannen sie dann, die Handelsschiffe für ihre Reisen nach China zu nutzen, und gelangten so in die indonesische Inselwelt. Es ist bekannt, daß einer dieser indischen Missionare, Gunawarman, einen javanischen König zum Buddhismus bekehrte.[2] Chinesische Pilger wiederum nutzten die neuen Seewege in der anderen Richtung, um die heiligen buddhistischen Stätten in Indien zu besuchen. Das Reisetagebuch von beispielsweise I-ching (Yijing) gibt über diese Pilgerfahrten Auskunft: Er reiste im 7. Jahrhundert insgesamt dreimal von China nach Indien und zurück, wobei er die meiste Zeit in Shriwijaya, einem Zentrum buddhistischer Lehre in Süd-Sumatra, verbrachte.[3]
Die Verbreitung des Hinduismus in Indonesien läßt sich dagegen weniger deutlich verfolgen. Früheste indonesische Inschriften lassen vermuten, daß die lokalen Oberhäupter sich von Vorstellungen des indischen Königtums angezogen fühlten, wie es in das hinduistische Sozialgebäude eingeflossen war. Es rechtfertigte die Herrschaft über Bevölkerungsgruppen, die größer waren als der eigene Stamm. Dies entsprach einer Entwicklung im damaligen Indonesien, in der sich Machtgefüge bildeten, die über die regionale Bedeutung des Stammeswesens hinausgingen.[4] So markierte ein früher hinduistischer König sein Herrschaftsgebiet in West-Java mit Skulpturen von Fußspuren. Inschriften weisen sie als die Fußspuren des Königs aus, die allen Königstreuen Glück verheißen, und ziehen den Vergleich zu den Fußspuren des Gottes Wishnu. Durch diese indirekte Gleichsetzung des Königs mit dem Gott Wishnu, der die Weltordnung erhält, wurde so die Herrschaft des Königs gleichzeitig legitimiert und göttlich sanktioniert.[5]
Zu diesem Zeitpunkt konnten Hinduismus und Buddhismus in ihrem Entstehungsland Indien bereits auf eine lange Geschichte zurückblicken. Der Buddhismus wurde von Siddhartha Gautama (um 566–486 v. Chr.)[6], dem Buddha oder »der Erleuchtete« bzw. »der Erwachte«, begründet. Er war ein Prinz aus einer Sippe, die im Gebiet des heutigen Nepal lebte. Die Geschichte des Hinduismus reicht noch weiter in die Vergangenheit zurück, bis ca. 1500 v. Chr., als Völkergruppen aus Zentralasien über die Hochgebirgspässe in das Indus-Tal einwanderten. Ihr Sozialsystem und ihre Glaubensform führte schließlich zu der Herausbildung der Religion, die wir heute Hinduismus nennen.[7] Zum Zeitpunkt der Einführung von Hinduismus und Buddhismus in Indonesien hatten beide Religionen mithin schon mehrere Entwicklungsstadien durchschritten.
Dabei wurde nicht die indische Kultur als solche nach Indonesien verpflanzt. Nur wenige Elemente wurden direkt übernommen, zumal wenn sie den politischen Interessen von lokalen Herrschern dienlich waren, meistens aber so abgewandelt, daß sie mit der einheimischen Kultur in Einklang standen. Während der Hinduismus für diesen Prozeß der Auswahl und Angleichung besonders geeignet war, war der Buddhismus von vornherein mehr international ausgerichtet. Verschiedene Quellen deuten an, daß Kontakte zwischen buddhistischen Königtümern auf beiden Seiten des Indischen Ozeans, zumindest bis zum 11. Jahrhundert, sehr häufig waren.[8]

Abb. 142 Candi Mendut, Zentral-Java; Sitzfigur des Bodhisattwa Wajrapani in der Cella, 8./9. Jahrhundert.

Vorstellungen von Zeit und Raum

Ein zyklisches Denken muß als Grundlage des Weltbildes angesehen werden: das heißt, daß das Entstehen und Vergehen des Kosmos ebenso wie das der einzelnen Lebewesen nicht als einmaliger Vorgang, sondern als sich ständig wiederholender Kreislauf betrachtet wird. Diese Vorstellung bedingt auch den Glauben an einen Geburtenkreislauf. Die Summe aller guten und schlechten Taten *(karma)*, die während des Daseins begangen wurden, bestimmt, wie angenehm oder unangenehm das nächste Leben sein wird. Sowohl Hinduismus als auch Buddhismus strebten danach, aus diesem ewigen Kreislauf des Wiedergeborenwerdens auszubrechen.
Die gleiche Vorstellung beherrscht auch den Makrokosmos: Nach der hinduistischen Mythologie wurde die Erde zuerst durch den Gott Brahma (Kat. 49) erschaffen. Wishnu (Kat. 48, 61) wachte anschließend über die Welt, bis sie so verkommen war, daß er sich außerstande sah, sie zu erhalten. Darauf zerstörte Shiwa (Kat. 51, 52) die Erde, damit Brahma sie wieder erschaffen konnte. Der Kreislauf beginnt von neuem.
Die Welt gleicht in der Vorstellung einem Berg, dem mythischen Berg Meru, der nach den vier Haupthimmelsrichtungen ausgerichtet und in konzentrischen Kreisen von Berggipfeln und Ozeanen umschlossen ist. Der kosmische Berg Meru nimmt somit eine zentrale Funktion in der indischen Mythologie ein und tritt häufig sowohl in der hinduistischen als auch buddhistischen Architektursprache auf. Zahlreiche Tempelanlagen sollen den Berg Meru wiedergeben, dessen Bild auch eine bedeutende Rolle in der Zusammenstellung der *mandala* (Diagramme für die buddhistische Meditation) spielt.[9]

Ramayana und Mahabharata

Viele indische Mythen finden sich in einem der beiden großen indischen Epen, dem *Mahabharata*, das in den Hinduismus eingeflossen ist.[10] Wie ein roter Faden zieht sich eine Geschichte durch die verschiedenen Mythen: Die Geschichte vom Krieg zwischen den fünf Brüdern, den Pandawas (Kat. 196–198), und ihren hundert Vettern, den Kaurawas. Helden der Erzählung sind die Pandawas: Yudishtira, der älteste und Kronprinz; Bima, der Stärkste; Arjuna, der beste Bogenschütze, und die Zwillinge Nakula und Sahadewa. Bei einem Würfelspiel verlieren die Pandawas ihre gesamten Reichtümer, die gemeinsame Ehefrau und Ländereien an die Kaurawas. Nachdem die Pandawas für mehrere Jahre im Wald gelebt haben, bereiten sie einen Krieg gegen ihre Vettern vor. Der Teil der Geschichte, der den Krieg beschreibt, enthält die berühmte Passage des *Bhagawadgita*, von der angenommen wird, das sie den Kern der hinduistischen Philosophie widerspiegelt.
Das zweite Epos, das *Ramayana*, erzählt die Lebensgeschichte von Rama, einer der Inkarnationen des Gottes Wishnu auf Erden.[11] Nach der traditionellen indischen Überlieferung wurde Wishnu neunmal auf Erden wiedergeboren, um die Welt von der zerstörerischen Kraft verschiedener Dämonen zu befreien. Die Überlieferung enthält aber auch die Aussicht auf eine zehnte Wiederkehr des Gottes. Ein großer Teil der epischen Erzählung ist dem Exil Ramas gewidmet, währenddessen er zusammen mit seiner Frau Sita und seinem Bruder Lakshmana im Wald lebt. Eines Tages raubt der Dämon Rawana Sita und verschleppt sie in seinen Palast in Lanka. Mit Hilfe einer Affenarmee unter dem Kommando des Hanuman gelingt es Rama, Sita zu befreien und den Dämon zu töten.
Die Epen erfreuten sich in breiten Bevölkerungsschichten Südostasiens einer großen Beliebtheit. Viele altjavanische Texte behandeln Themen aus dem *Ramayana* oder dem *Mahabharata*.[12] Noch heute ist das *Ramayana* im buddhistischen Thailand eine beliebte Erzählung. Motive des *Ramayana* und *Mahabharata* liefern immer wieder populäre Themen für die Wayang-Theater in Indonesien. Dies gilt nicht nur für das hinduistische Bali, sondern auch für das islamische Java.

Shiwaismus – Wishnuismus – Tantrismus

Shiwaismus und Wishnuismus stellen die beiden Hauptströme im indischen Hinduismus dar. Die Shiwaiten verehren Shiwa als höchsten Gott, die Wishnuiten Wishnu. Erstere hängen Shiwa vor allem wegen seiner Qualitäten als Asket an. Er ist der herausragende *yogi* (Asket). Zum zweiten ist es seine schöpferische Kraft, versinnbildlicht in einem erigierten Phallus *(lingga)*, die ihn so anziehend macht. Die Wishnuiten zieht die königliche Rolle Wishnus an sowie seine Qualitäten als Weltenerhalter, betont durch seine zehn Manifestationen auf Erden. Beide, Shiwa und Wishnu, haben darüber hinaus noch viele andere Aspekte. Jede einzelne dieser Eigenschaften wird durch eine spezielle Darstellungsweise und einen individuellen Namen unterschieden. Daneben haben aber noch viele andere Götter und Göttinnen ihren Platz in dem weitläufigen Pantheon. Jeder einzelne Gläubige mag sogar seine eigene persönliche Gottheit verehren.
Als grundlegendes Ritual hat die *puja*-Zeremonie zu gelten, eine rituelle Anbetung des Gottes in Gestalt eines

Bildnisses. Der Gläubige lädt den Gott zu sich ein, bietet ihm einen Sitzplatz an und bewirtet ihn, als sei er ein körperlich anwesender Mensch: Er badet das Bildnis, stattet es mit neuen Gewändern aus, schmückt es mit Blumen, versorgt es mit Speis und Trank. Er erweist ihm Hochachtung durch Verbrennen von Weihrauch, Anzünden von Kerzen oder Öllampen, wirft sich vor ihm nieder und vollzieht das *(pradakshina-)*Ritual, indem er das Bildnis im Uhrzeigersinn umkreist. Das Bildnis wird mit Wasser besprengt. Dieses durch den Kontakt mit der Gottheit gereinigte Wasser wird für andere Rituale aufgehoben, anteilig aber auch an die Teilnehmer der *puja*-Zeremonie ausgegeben. Eine andere rituelle Handlung betont die geistige Verehrung des Gottes. Durch rituelle Gesten *(mudra)*, heilige Formeln *(mantra)* und Meditation verinnerlicht der Gläubige das Götterbild.

Der Tantrismus, eine dritte Glaubensrichtung neben Shiwaismus und Wishnuismus, setzt genau an der Stelle an, wo göttliche Kräfte verinnerlicht werden. Die kosmischen Gegensätze zwischen dem männlichen und weiblichen Prinzip sind hier stark betont. Erlösung *(moksha)* kann gemäß dieser Anschauung nur dann erreicht werden, wenn diese beiden Prinzipien vereint und somit die Gegensätze der sichtbaren Welt aufgehoben werden. Dafür bedient der Gläubige sich der geistigen Auseinandersetzung mit sich selbst oder aber auch der Teilnahme an Ritualen, in denen die sexuelle Vereinigung zwischen männlichen und weiblichen Anhängern enthalten ist.[13]

Abb. 143 Prambanan, Zentral-Java; Standfigur der Durga im Candi Loro Jonggrang (Cella), 9. Jahrhundert.

Hinayana – Mahayana – Wajrayana

Die »Vier Edlen Wahrheiten des Buddha« sind gemäß der Überlieferung: 1. Leben heißt Leiden, 2. Leiden entsteht aus Verlangen, 3. das Verlangen kann ausgeschaltet werden und 4. das Befolgen des Achtfachen Pfades. Dieser Weg verbindet eine ethische Lebensweise mit einer Betonung der echten Kenntnis und Praxis der Meditation. Wer diesem Weg folgt, kann aus dem Kreislauf der Wiedergeburten ausbrechen und erreicht somit das glückselige Stadium der totalen Auslöschung *(nirwana)*. Die buddhistische Lehre heißt Dharma. Die Mönchsordnung, Sangha, ist die wichtigste Einrichtung im Buddhismus. Buddha, Dharma und Sangha bilden die drei Juwelen *(triratna)* des buddhistischen Glaubens, zu denen jeder Buddhist Zuflucht sucht, wie es im buddhistischen Glaubensbekenntnis ausgedrückt ist.[14]

Die orthodoxen Formen des Buddhismus werden kollektiv unter dem Namen Hinayana (»Buddhismus des kleinen Fahrzeugs«) zusammengefaßt. Der Name wurde von den Mahayana-Buddhisten eingeführt, um den orthodoxen Glauben von ihrer eigenen Glaubensform, Mahayana (»Buddhismus des großen Fahrzeugs«), zu unterscheiden. Heutige Anhänger des orthodoxen Buddhismus ziehen den Namen Theravada (»Buddhismus der Altvorderen«) vor.

Sie sehen Buddha als menschliches Wesen an, dem viele andere Buddhas vorangingen. Der orthodoxe Glaube versteht Buddha als Sinnquelle für die Ausrichtung des persönlichen Lebens mit dem Ziel, das *nirwana* zu erreichen, so wie es Buddha erreicht hat. Dieser Weg ist lang und beschwerlich und kann nicht in einem einzigen Leben durchschritten werden. Dementsprechend müssen die religiösen Verdienste in mehreren Leben gesammelt werden, wie sie auch Buddha selbst durchlaufen hat. Die früheren Leben Buddhas stellen die Themen für die *Jataka*-Erzählungen. Gemäß der Theravada-Überlieferung wurde Buddha mehr als 500mal wiedergeboren, bevor er letztlich zum Buddha wurde.

Der Mahayana-Buddhismus verbindet mit Buddha eher eine transzendente Natur. Fünf kosmische Buddhas sind den Haupthimmelsrichtungen zugeordnet: Wairocana dem Zentrum, Akshobhya dem Osten, Ratnasambhawa dem Süden, Amitabha dem Westen und Amoghasiddhi dem Norden. Ein Buddha hat in der Vorstellung des Mahayana drei Körper: einen »Dharma-Körper«, der transzendent ist, mit der buddhistischen Lehre (Dharma) übereinstimmt und die letzte und endgültige Wirklichkeit darstellt; einen »Körper der Freude«, wenn ein Buddha königlich gekleidet in seinem Himmel zu den Bodhisattwas (Buddha-Anwärtern) predigt; einen »Körper der Erscheinung«, wenn sich ein Buddha in einem Mönchsgewand auf der Erde manifestiert und zu den Mönchen predigt. In diesem System wird der historische Buddha als Manifestation auf Erden, also im »Körper der Erscheinung«, des kosmischen Buddha Wairocana aufgefaßt. Das endliche Bestreben eines Mahayana-Buddhisten gilt dem Zustand des Buddha, nicht, das *nirwana* zu erreichen. Ein Wesen mit dem Potential der Buddhaschaft, das aber den Zustand des Buddha noch nicht erreicht hat, heißt Bodhisattwa. Der Mahayana-Buddhismus entwickelte eine Ikonographie für die Darstellung der Bodhisattwas in diesem Vor-Buddha-Zustand. So wird angenommen, daß Awalokiteshwara (vgl. Kat. 9) der Bodhisattwa des herrschenden Zeitalters ist und später als Buddha Maitreya (vgl. Kat. 16) der Buddha für die kommende Ära werden wird. Ihn zeichnet vor allem sein großes Erbarmen mit der Menschheit aus. Bodhisattwa Mañjushri z. B. soll die Welt mit seinem unendlichen Wissen erfüllen.[15]

Abb. 144 Prambanan, Zentral-Java; Standfigur des Shiwa im Candi Loro Jonggrang (Cella), 9. Jahrhundert.

Wie im Hinduismus entwickelte sich auch im Buddhismus eine tantrische Glaubensrichtung, die sich insbesondere zwischen dem 7. und 11. Jahrhundert im Nordosten Indiens ausbreitete. Sie wird nach dem Ritualgegenstand *wajra* Wajrayana genannt. Ein *wajra* besteht aus einem Griff mit fünf Zacken an beiden Enden und symbolisiert die höchste Wirklichkeit. Der Korpus der zugrundeliegenden Texte *(Tantra)* gibt dieser Glaubensform des Buddhismus aber auch den Namen Tantrayana. Der Wajrayana-Buddhismus betont die Vereinigung mit der transzendenten Gestalt Buddhas, den man sich als höchste Wirklichkeit vorstellt. Durch Rituale der Meditation, der Rezitation von *mantra* (heiligen Formeln) und der Durchführung von *mudra* (rituellen Gesten) konnte auf einem relativ schnellen Weg eine Vereinigung und Erlösung erreicht werden. Der Tantrayana-Buddhismus ist am besten aus Nepal und Tibet bekannt. Er zeichnet sich durch einen außerordentlichen ikonographischen Reichtum aus, der auf den ersten Blick sehr verwirrend wirkt.[16]

Neben den Buddhas und Bodhisattwas wurde eine Reihe anderer göttlicher oder halbgöttlicher Wesen, z. B. Göttinnen, männliche und weibliche Dämonen, geschaffen. In der Realität sind die Grenzen zwischen den einzelnen Formen des Buddhismus allerdings nicht so streng zu ziehen, wie es hier den Anschein haben mag.

Abb. 145 Prambanan, Zentral-Java; Candi Loro Jonggrang, Reliefzyklus nach dem Ramayana*: Rama zeigt dem Affenkönig seine Macht, 9. Jahrhundert.*

Entwicklungen in Indonesien

Die Quellen für Hinduismus und Buddhismus in Indonesien sind nicht gerade zahlreich, insbesondere nicht für die frühe Periode vom 5. bis zum 12. Jahrhundert. Die meisten beziehen sich auf die Staatsreligion, so daß nur wenig über das religiöse Leben der Bevölkerung ausgesagt werden kann. Es gilt zu betonen, daß damit unsere Vorstellung von Religion im alten Indonesien einseitig beleuchtet wird.
Die alte Geschichte Indonesiens wird normalerweise in drei Abschnitte geteilt: die frühe Periode (ca. 400–700), in der die wenigen Quellen aus verschiedensten Teilen Indonesiens stammen; die zentral-javanische Periode (ca. 732–929), in der das politische und kulturelle Zentrum in Zentral-Java lag, und die ost-javanische Periode (ca. 929–1500), als das politische und kulturelle Geschick nach Ost-Java verlagert und die Kontakte zwischen Java und Bali ausgedehnt wurden.[17] Das Jahr 929, in dem das historische Gewicht sich von Zentral- nach Ost-Java verlagerte, wird häufig als historischer Wendepunkt angesprochen. In bezug auf die religiösen Entwicklungen würde ich diesen Wendepunkt später ansetzen wollen, etwa um 1200, als m. E. mit den Reichen von Singasari (1222–1292) und Majapahit (1292–ca. 1500) die größten Veränderungen zu erkennen sind.

Hinduismus in Indonesien bis 1200

Es wird allgemein angenommen, daß Shiwa als höchster Gott auf Java verehrt wurde, so daß der Hinduismus des alten Java als Shiwaismus bezeichnet werden sollte.[18] Sogar die altjavanische Version des *Ramayana*, die von

Abb. 146 Prambanan, Zentral-Java; Candi Loro Jonggrang, Reliefzyklus nach dem Ramayana*: Der Riese Kabandha wird durch einen Pfeilschuß von Rama getötet, 9./10. Jahrhundert.*

der Inkarnation Wishnus in der Person des Prinzen Rama erzählt, betont Shiwas vorherrschende Position: Ramas Vater wird als hingebungsvoller Shiwa-Verehrer dargestellt; Sita betet nach der Trennung von ihrem Mann in einem Shiwa-Tempel für dessen Wohlergehen; als Rama einen seiner Getreuen über die Würden eines Königs unterichtet, betont er die Bedeutung der Shiwa-Verehrung, und schließlich – am Ende der Geschichte – ist es Shiwa, der Rama über seinen göttlichen Ursprung aufklärt.

In der Architektur wird die Bedeutung von zwei Göttergruppen deutlich, deren Mittelpunkt in beiden Fällen Shiwa bildet. Die erste Gruppe besteht aus Brahma, Wishnu und Shiwa, den drei Göttern, die das Weltenrad am Laufen halten. In dieser Gruppe ist Shiwa, wie auch Brahma und Wishnu, menschengestaltig dargestellt, nimmt die Zentralposition ein und ist immer ein kleines bißchen größer als die anderen beiden Götter. Diese Götterkonstellation tritt vor allem in den drei Haupttempeln von Candi Loro Jonggrang (Prambanan), die in einer Nord-Süd-Achse angelegt sind[19], auf. Der südliche Tempel ist Brahma geweiht; der Zentraltempel, gleichzeitig der höchste, beherbergt das Bildnis von Shiwa, und der nördliche ist ein Wishnu-Tempel.

Eine zweite, für jeden Shiwa-Tempel charakteristische Bildnisgruppe stellt Shiwa inmitten seiner Familie und seiner Anhängerschaft dar. In dieser Gruppe ist der Fruchtbarkeitsaspekt des Gottes durch die Form eines *lingga* besonders betont. Ein auf einer *yoni* (Sockel, der

Abb. 147 Kapal, West-Bali; Pura Sada, ein Heiligtum der Dynastie des Königreiches von Mengwi, dessen Gründung nach der Legende auf das 12. Jahrhundert zurückgeht.

die Vulva darstellt) aufsitzender *lingga* nimmt das innere Sanktuar des Tempels ein. Nischen in den Außenwänden beherbergen die übrigen Statuen: auf der Nordseite Shiwas Gemahlin in ihrer Manifestation als Durga, der vielarmigen Göttin, die einen Büffeldämon tötet; in der Nische auf der Rückwand, die entweder im Osten oder im Westen liegen kann, sitzt Shiwas elefantenköpfiger Sohn Ganesha. Agastya, ein mythischer Weiser, dem die Verbreitung des Shiwaismus zugeschrieben wird, steht in der südlichen Nische, und jene, die ihm zu Diensten sind, Nandishwara und Mahakala, nehmen schließlich Nischen auf beiden Seiten des Einganges in das innere Heiligtum ein. Meistens lassen *lingga* und *yoni* nur wenig Platz im Allerheiligsten. Offensichtlich war es nicht für größere Zusammenkünfte bestimmt, sondern nur für einige wenige Personen, die die *puja*-Zeremonie ausführten. Verschiedenste Bronzeobjekte wie Opfergeschirr, Gefäße für das heilige Wasser, Weihrauchbecken und andere Gegenstände (Kat. 31, 32, 34, 72) für das *puja*-Ritual sind erhalten.

Darstellungen von Wishnus Inkarnationen, z. B. als Eber *(waraha)*, Mensch-Löwe *(narasimha)* oder Zwerg *(wamana)* sind in Candi Loro Jonggrang und Candi Ijo, eigentlichen Shiwa-Tempel-Komplexen, denen auch Tempel für Wishnu eingegliedert sind[20], gefunden worden. An den drei Haupttempeln des Komplexes von Loro Jonggrang finden sich Reliefdarstellungen von Wishnus Inkarnationen als Rama und Kreshna.[21] Neben den oben genannten Göttern und Inkarnationen Wishnus erfuhren auch andere Götter wie Karttikeya, der Kriegsgott, oder Kuwera, der Gott des Wohlstandes, Beachtung.

Die meisten Gottheiten sind aber auch außerhalb der Tempel verehrt worden. Die Steinbildnisse von z. B. Ganesha übertreffen in der Anzahl all jene anderer Gottheiten. Möglicherweise waren Bildnisse dieses Gottes, der durch seine Fähigkeit, Hindernisse aus dem Weg zu räumen, äußerst populär war, an allen möglichen gefahrenbeladenen Stellen wie Kreuzungen und Bergschluchten aufgestellt worden, um Gefahren abzuwenden.[22] Statuetten aus Bronze, Silber und Gold spielten wahrscheinlich im häuslichen Ritualwesen eine Rolle und waren möglicherweise auch Mittelpunkt des religiösen Lebens des in Abgeschiedenheit lebenden Asketen: Die goldenen Statuetten von Shiwa und Parwati (Kat. 54) wurden in der Seplawan-Höhle gefunden. Metallene Bildnisse von hinduistischen Gottheiten datieren vom 9. bis zum 11./12. Jahrhundert. Offensichtlich spielten sie im religiösen Leben nach dieser Zeit keine bedeutende Rolle mehr.[23]

Die Könige fühlten sich insbesondere durch die im *lingga* symbolisierte schöpferische Energie Shiwas oder durch die Fähigkeit Wishnus, die Welt zu erhalten und vor dem Verderben zu bewahren, angezogen. Sie errichteten *lingga*, um ihre Siege zu feiern, und betrachteten sich selbst als Inkarnationen Wishnus auf Erden. So ließ der zentral-javanische König Sañjaya 732 nach einem Sieg über die benachbarten Prinzen ein solches Monument aufstellen.[24] König Kumbhayoni errichtete über ein Jahrhundert später drei *lingga* auf dem Ratu Boko-Plateau, nachdem er das Reich Walaing im Gebiet des Plateaus erobert hatte.[25] Andererseits betrachtete sich der ost-javanische König Airlangga als Inkarnation des Gottes Wishnu, und nach seinem Tod im Jahre 1049 wurde er als der Gott selbst, auf Garuda reitend, porträtiert.[26]

Während des 11. und 12. Jahrhunderts scheinen die Könige Wishnu Shiwa vorgezogen zu haben. Wahrscheinlich ist dies mit einem gleichzeitigen Wiederaufleben des Wishnuismus in Indien zu verbinden.[27] Die Hofliteratur dieser Zeit beginnt mit Lobpreisungen an Wishnu und beschreibt den König als Inkarnation des Gottes. In einem Text wird z. B. erwähnt, daß Wishnu in der Person des Königs Jayabaya wiedergeboren wurde, um die Insel Java zu retten.[28] Dies war die Anfangsphase einer Entwicklung, die im 13. und 14. Jahrhundert zu voller Blüte gelangte und zu der Anschauung führte, daß die Könige göttlichen Ursprungs seien und nach ihrem Tod wieder mit der Gottheit vereinigt würden. Der göttliche Ursprung konnte Wishnu, wie in früherer Zeit, aber auch z. B. Shiwa oder Buddha sein.

Neben mythologischen Texten gab es auch Handbücher, in denen praktische Hinweise enthalten waren, wie eine Vereinigung mit einer Gottheit in der höchsten, transzendentalen Form erreicht werden konnte. Diese Bücher handeln von Praktiken wie *yoga*-Übungen und erläutern die mystischen Qualitäten von z. B. Klängen.

Buddhismus in Indonesien bis 1200

Nach chinesischen Quellen waren die ersten Anfänge des Buddhismus in Indonesien von orthodoxer Ausrichtung. Eine Anzahl von Buddha-Standbildern aus Bronze schien diese Annahme zu stützen. Sie wurden an unterschiedlichsten, entlegenen Plätzen Indonesiens, wie z. B. Süd-Sumatra, West-Java, Ost-Borneo und West- wie Süd-Sulawesi (Kat. 6), aufgefunden. Ihr Stil deutet in die Kunsttra-

Abb. 148 Kapal, West-Bali; Pura Sada, Eckfigur an einem Heiligtum, das nach dem Erdbeben von 1917 wiederhergestellt wurde.

ditionen Indiens und Sri Lankas. Dargestellt ist anscheinend der historische Buddha, einige aber könnten auch die Buddha-Vorläufer früherer Zeiten wiedergeben. Ausgehend von der Annahme, daß der orthodoxe Buddhismus dem Mahayana-Buddhismus zeitlich voranging, wurden die Statuen der Zeit frühester Kontakte zwischen Indien und Indonesien, also dem 5. oder 6. Jahrhundert, zugewiesen. Stilistisch stehen sie aber der zentral-javanischen Periode sehr viel näher. Darüber hinaus kamen auch in zentral-javanischem Kontext Statuen von stehenden Buddha zutage. Vielleicht sollten wir vor diesem Hintergrund von einem chronologisch geradlinigen Übergang vom Theravada- zum Mahayana-Buddhismus Abstand nehmen und eher davon ausgehen, daß beide Glaubensrichtungen in der zentral-javanischen Periode für eine gewisse Zeit nebeneinander existierten.[29]

Infolge der Förderung durch die Shailendra-Dynastie, die in der Zeit zwischen 778 und der Mitte des 9. Jahrhunderts die herrschenden Fürsten Javas hervorbrachte, erfuhr der Buddhismus im späten 8. und frühen 9. Jahrhundert eine glanzvolle Blütezeit. Das wohl eindrucksvollste Zeugnis dafür ist der Tempel von Borobudur; in ihm zeigt sich – wie kaum an einem anderen Ort – der Ruhm des Mahayana-Buddhismus, dem die Shailendra-Könige anhingen. Die Anlage von Borobudur ist ein *stupa*, eine spezielle buddhistische Architekturform, die über den physischen Überresten oder textilen Hinterlassenschaften Buddhas errichtet wurde, ein Reliquienschrein im Grunde. In vielem ist Borobudur ein einzigartiges Monument, nicht zuletzt wegen seines Symbolreichtums, der bis heute nicht vollständig gedeutet ist.[30]

Über einer quadratischen Basis im Borobudur erheben sich fünf quadratische und drei runde Terrassen, die von einem zentralen *stupa* bekrönt werden. Die Basis weist eine Reihe erzählender Reliefs auf, die während eines späteren Umbaus verdeckt wurden. Die quadratischen Terrassen enthalten erzählende Reliefszenen an den Innenwänden der Galerien und auf den Außenwänden Nischen mit Buddha-Bildnissen. 72 durchbrochene *stupa*, jeder mit einem Buddha-Bildnis, zieren die runden Terrassen. Die Buddha-Bildnisse in den Nischen der ersten vier Terrassenstufen des Tempels stellen die vier kosmischen Buddhas der vier Haupthimmelsrichtungen dar (Akshobhya, Ratnasambhawa, Amitabha (Kat. 15) und Amoghasiddhi). Dem fünften zu dieser kosmischen Gruppe gehörigen Buddha, Wairocana, ist der zentrale Platz der durchbrochenen *stupa* in den Rundterrassen vorbehalten. Einzigartig ist ein sechster Buddha in den Nischen der fünften Terrasse, über den Buddhas der vier Haupthimmelsrichtungen und unter dem Buddha des Zentrums. Dieser sechste Buddha ist bisher nicht befriedigend identifiziert worden.

Die Reliefs illustrieren einen Text *(Mahakarmawibhanga)*, der die guten und schlechten Taten sowie deren Konsequenzen darstellt. Die Szenen der quadratischen Terrassen enthalten Schilderungen aus den früheren Leben des Buddha *(Jataka)* und Lebensgeschichten buddhistischer Heiliger *(Awadana)*. Diese Erzählungen zeichnen sich durch die Darstellung religiös verdienstlicher Taten aus, wobei tierische oder menschliche Hauptfiguren eines gemeinsam haben: die Ausrichtung auf die geistige Erleuchtung. Auf den quadratischen Terrassen wird Buddhas Lebensgeschichte bis zu seiner ersten Predigt gemäß dem Sanskrit-Text *Lalitawistara* sowie das *Gandawyuha* ausgebreitet: der reiche, junge Sudhana unternimmt eine weite Pilgerfahrt, um höchstes Wissen zu erlangen. Nach einer langen Reise wird er schließlich von dem Bodhisattwa Samantabhadra unterwiesen, dessen geistiger Vater der kosmische Buddha Wairocana ist. Die letzte Serie von Reliefs illustriert das *Bhadracari*: das Gelübde Samantabhadras, der göttlichen Berufung eines Bodhisattwa zu folgen und sich selbst um die Emanzipation aller lebenden Kreaturen zu bemühen. Es kann auch als Gelübde eines jeden fungieren, der Samantabhadras Beispiel nachfolgen will.

Daraus mag geschlossen werden, daß sich der Mahayana-Buddhismus im Borobudur in einer Wairocana-orientierten Ausrichtung zeigt. Die Botschaft scheint folgende zu sein: Wer das Kausalitätsprinzip, wie es der Buddha lehrte und der Welt mitteilte, begriffen hat, erreicht die höchste Kenntnis des kosmischen Buddha Wairocana, wenn er den Weg des Bodhisattwa Samantabhadra beschreitet und seine Unterweisung sucht, wie es der Pilger Sudhana tat.

Der nahe gelegene buddhistische Tempel von Candi Mendut scheint in einer inhaltlichen Verbindung zu Borobudur zu stehen. Im Allerheiligsten steht ein großes Bildnis des historischen Buddha, der im Mahayana-Buddhismus als der »Körper der Erscheinung« bzw. die menschliche Manifestation des kosmischen Buddha Wairocana verstanden wird. Er sitzt auf einem kunstvoll gearbeiteten Thron und wird von den zwei Bodhisattwas Awalokiteshwara und Wajrapani begleitet.[31]

Abb. 149 Lukluk, West-Bali; Blick in das Tempelareal des Pura Lukluk; charakteristisch für diese Architektur ist der überreiche Reliefschmuck aus Dämonenmasken und Lotuspflanzen.

Die buddhistischen Bildnisse des 8. und 9. Jahrhunderts sind aus Stein, Bronze, Silber oder Gold gearbeitet. Sie stellen den historischen Buddha, die Gruppe der fünf kosmischen Buddhas in Mönchsgewändern und eine Vielzahl an Bodhisattwas, wie z. B. Awalokiteshwara, Manjushri, Wajrapani und Samantabhadra dar.
Buddhistische Steinbildnisse aus der Zeit des 10. bis 12. Jahrhunderts sind nicht erhalten, wohl aber Bildnisse aus Bronze, Silber oder Gold. Sie spiegeln neue Strömungen wider, die wenig früher auf dem indischen Subkontinent auftraten. Die kosmischen Buddhas werden mit bekrönten Häuptern in einer königlichen Haltung und Wairocana in der Geste höchster Erleuchtung *(bodhyagrimudra)* dargestellt. Die steigende Bedeutung von *mandala* und *mantra* geht auf den Einfluß des Wajrayana-Buddhismus zurück. Zwei Bronzegruppen, die ursprünglich wohl *mandala* darstellten, wurden gefunden. Die eine wurde in Surocolo (Zentral-Java), die andere in Nganjuk (Ost-Java) gefunden (vgl. Kat. 28).[32] *Mandala* sind am ehesten als bemalte Stoffbehänge bekannt. Die bronzenen Exemplare aus Java sind offenkundig rundplastisch. In ihrer Komposition steht der Haupt-Buddha im Zentrum, wobei die übrigen Buddhas, Bodhisattwas und geringeren Gottheiten um ihn herum angeordnet sind. Die Meditation setzte am Rande ein und führte dann, mit dem Ziel der Vereinigung mit dem Haupt-Buddha, bis in das Zentrum. Die Bedeutung der *mantra* (heilige Formeln) wird durch einen der wenigen aus Java erhaltenen buddhistischen Texte erhellt. Im *Sang Hyang Kamahayanikan* drückt der Buddhismus sein Verlangen aus, das Mantrayana (Gefährt der *mantra*) zu lehren.

Die Religion der Singasari- und Majapahit-Zeit (um 1200–1500)

Während der Dynastien von Singasari und Majapahit bestand die wichtigste Entwicklung in der Vereinigung von Hinduismus und Buddhismus zu einem einzigen religiösen System. Dabei handelte es sich nicht um einen Synkretismus, der etwa Elemente beider Religionen miteinander verbunden hätte, sondern eher um zwei getrennte Richtungen unter einem einzigen Dach. Viele zeitgenössische Quellen betonen die Gleichwertigkeit der beiden Glaubensrichtungen. Beide stellen unterschiedliche, aber gleichwertige Wege dar, um die höchste Stufe der Wahrnehmung zu erreichen. Entsprechend werden auch Shiwa und Buddha in den Worten *»bhinneka tunggal ika«*[33] des altjavanischen *Sutasoma* als unterschiedlich, im Wesentlichen aber Eins beschrieben. Dieser Ausspruch wurde später zum Leitwort der Republik Indonesien. Häufig werden die fünf kosmischen Buddhas (Wairocana, Akshobhya, Ratnasambhawa, Amitabha und Amoghasiddhi) sogar mit den fünf Manifestationen Shiwas (drei Formen Shiwas, dazu Brahma und Wishnu) gleichgesetzt. Im altjavanischen *Arjunawijaya* identifiziert ein Mönch die fünf Tempelbildnisse wie folgt: »Wairocana in der Mitte ist Sadashiwa, Akshobhya im Osten ist Rudra, Ratnasambhawa im Süden ist Brahma, Amitabha im Westen ist Mahadewa und Amoghasiddhi im Norden ist Wishnu.«[34]
Eine weitere Neuheit dieser Zeit ist die Vergöttlichung verstorbener Könige und Königinnen. Während die frühen javanischen Könige sich als Inkarnationen Wishnus ansahen, verstanden sich die Herrscher der Singasari- und Majapahit-Dynastien als Inkarnationen des Gottes oder der Gottheiten, denen sie sich am nächsten verbunden fühlten; meistens handelte es sich dabei um Shiwa und/oder Buddha. Dies wird besonders im *Nagara-Kertagama* deutlich. Der Text enthält eine Passage mit Kurzbiographien aller Könige der Singasari- und Majapahit-Dynastien. In den Biographien werden der Tod und die spätere Vergöttlichung dieser Könige betont. Die Könige werden als von göttlicher Abstammung angesehen, die für eine Weile als Könige auf Erden lebten, um sich nach ihrem Tode wieder mit der Gottheit zu vereinigen, wörtlich übersetzt: »um zu ihrem göttlichen Ursprung zurückzukehren«. Für ihr Andenken und die Verehrung ihrer göttlichen Form wurde ein Tempel errichtet. Das Tempelbild stellte den Gott und gleichzeitig den verstorbenen König als Ahnenvertreter dar. Die *puja*-Zeremonie erweckte den Gott und somit auch den toten König (= Ahnen) zum Leben, von dem angenommen wurde, daß er Einfluß auf das Leben seiner Nachkommen ausüben konnte. So wurde in die indische Tradition der rituellen Verehrung einer Gottheit *(puja)* der einheimische Herrscherkult aufgenommen.[35] Die Statuen der verstorbenen Könige und ihrer Gemahlinnen entsprechen nicht länger den indischen Gestaltungsvorschriften, sondern verbinden Attribute verschiedener Gottheiten. Die auffälligste Eigenart dieser Bildnisse ist der Zustand der Meditation, der durch die halbgeschlossenen Augen und die Handhaltung (vgl. Kat. 95) ausgedrückt wird. So kommt die Loslösung von allen irdischen Banden und die Vereinigung mit dem höchsten aller Götter, der die höchste Stufe der Wahrheit verkörpert, zum Ausdruck.
Einige Quellen deuten darauf hin, daß zu dieser Zeit ein Ritual durchgeführt wurde, das der Herstellung von heiligem Wasser diente und eng mit dem Kult der Berg-Verehrung zusammenhing. Darin mögen Zeremonialhandlungen enthalten gewesen sein, die noch heute in Bali

durchgeführt werden. Wie Bali, so ist auch Ost-Java reich an Bergen, von deren Wasserquellen der Reisanbau abhängig ist.
Es überrascht vor diesem Hintergrund nicht, daß eine indische Mythe über den heiligen Berg Meru und das lebenspendende Wasser, *amerta*, zu einem beliebten Thema in Literatur und Bildhauerei Ost-Javas wurde. Nach dieser Legende aus dem 10. Jahrhundert schäumten die Götter den Ozean auf, um von ihm das Lebenselixier zu gewinnen. Dazu verwendeten sie den Berg Meru als Rührstab und die Weltenschlange als Rührseil. Eine spätere javanische Version dieser Erzählung im *Tantu Panggelaran* berichtet, daß die Götter den Berg Meru von Indien nach Java (vgl. Kat. 147) brachten, nachdem sie ihn mit der Weltenschlange umwickelt hatten. Das heilige Wasser entstand während der Reise durch das Hin- und Herschütteln des Berges und das Abreiben der Bäume und Pflanzen auf ihm. Als der Berg seinen Platz in Java erhalten hatte, wurde das heilige Wasser in einem Krug im Innersten des Berges verwahrt. Bezeichnenderweise ist in dieser Version der Berg und nicht der Ozean die Quelle des heiligen Wassers.
Ähnliche Gegenstände wie sie noch heute von balinesischen Priestern bei der rituellen Herstellung von heiligem Wasser verwendet werden, wurden in Ost-Java aufgefunden. Dazu gehören Bronzeteller, Weihrauchbecken, Lampen und verschiedene Behälter für das heilige Wasser. Viele dieser Wasserkrüge sind durch ihre Form mit dem Mythos vom heiligen Berg Meru verbunden: Der langgestreckte Hals kunstvoller Bronzegefäße ist mit Motiven von Berggipfeln verziert und der Ausguß als Kopf der mythischen Schlange *(naga)* gestaltet, die eine inhaltliche Verbindung zur Weltenschlange (Kat. 122) herstellt. Es ist naheliegend, daß diese Gefäße zur Aufbewahrung des heiligen Wassers dienten, wie es in der javanischen Version der Mythe auch für den Berg Meru der Fall war.
Auch der sogenannte Naga-Tempel in Panataran könnte als Aufbewahrungsort für heiliges Wasser gedient haben, da der Tempelkörper den Berg Meru darstellt und von einer Schlange *(naga)*, der Weltenschlange, umzingelt wird. Göttliche Priester tragen den Schlangenkörper in einer Hand und halten eine Gebetsglocke in der anderen. In dieser Variante der Legende wurde offenbar heiliges Wasser durch die Handlung der Priester hergestellt und im Tempel, dem Berg Meru, aufbewahrt.[36]
Neben diesen neuen Entwicklungen, die insbesondere für Java zu beobachten sind, kamen aber auch neue Strömungen aus dem indischen Raum. So stehen die Hauptbildnisse des späten 13. Jahrhunderts in Candi Jago (Amoghapasha, Sudhanakumara, Tara, Hayagriwa und Bherkuti) einer ikonographischen Gruppe sehr nahe, die nur wenig früher in Nordostindien auftrat.[37] Die Bedeutung der buddhistischen Göttin Prajñaparamita (Kat. 95), der Göttin der transzendenten Weisheit, ist durch vier Bildnisse des 13. und 14. Jahrhunderts belegt.[38] Der letzte König der Singasari-Dynastie, Kertanagara, scheint ein Anhänger der tantrischen Form von Hinduismus und Buddhismus gewesen zu sein, wobei vorwiegend die Verehrung von angsteinflößenden Gottheiten, wie z. B. Shiwa in seiner Manifestation als Bhairawa, im Vordergrund stand.[39]
Ein später sumatranischer König, Adityawarman (1347 bis 1377), scheint ähnliche Vorlieben gehabt zu haben. Aus seiner Herrschaftszeit stammt die gewaltige Figur einer schreckeneinflößenden buddhistischen Gottheit, die den Buddha Akshobya in ihrem Kopfschmuck trägt (Kat. 104).

Die Folgezeit

Nach der Auflösung des Reiches von Majapahit um 1500 konnte sich die hinduistisch-buddhistische Religion, die sich in Ost-Java herausgebildet hatte, nicht mehr gegen den Einfluß des Islam behaupten, abgesehen von Banyuwangi weit im Osten Javas und in wenigen abgelegenen Bereichen, wie z. B. der Tengger-Bergkette.[40] Auf Bali entwickelte sie sich zu einer eigenen synkretistischen Form, balinesischer Hinduismus oder Hindu-Dharma genannt. Hier haben sich hinduistische, buddhistische und einheimische Traditionen, wie die Verehrung von Naturkräften oder Formen des Ahnenkultes, vermischt.[41] Zur reichen künstlerischen Tradition auf Bali zählen mehrere tausend Tempel. Religiöse Themen fanden ihren Ausdruck in der Bildhauerei, Malerei, in Tanz und dramatischem Theater. Nach der Unabhängigkeit besannen sich die balinesischen Intellektuellen auf die hinduistischen Traditionen Indiens. Teilweise aufgrund ihrer Aktivität wurde der balinesische Hinduismus 1958 staatlich anerkannt.[42]
Der Buddhismus ist in Indonesien fast vollständig verschwunden. Auf Bali wurde er durch den Hinduismus überschattet bzw. stark beeinflußt, erfuhr aber durch chinesische Einwanderer, deren Religion aus einer Verbindung von Buddhismus, Taoismus und Konfuzianismus bestand, eine Wiederbelebung. Nach der Unabhängigkeit setzten sich die Einwanderer für den Buddhismus als ihre Religion ein, so daß er im Jahre 1963 als die fünfte und letzte Religion in Indonesien staatlich anerkannt wurde. Protestantismus und Katholizismus gelten in Indonesien als zwei verschiedene Religionen. Wie

die beiden christlichen Konfessionen sind auch Hinduismus und Buddhismus heute nur noch Minderheiten-Religionen in einem Land, das die weltweit größte muslimische Bevölkerung beherbergt.

1 Wolters 1967.
2 Pachow 1958.
3 Vgl. den Beitrag von Hermann Kulke in diesem Katalog sowie Coedès 1968, 81 f.; Gungwu 1958.
4 Wolters 1982.
5 Chhabra 1965, 40 f., Taf. 14–17; Wolters 1975, 100 f.
6 Bechert/Gombrich 1991, 41.
7 Basham 1975, 234–347; Hopkins 1971.
8 Wolters 1982; Lunsingh Scheurleer/Klokke 1988, 3–6.
9 Brauen 1992.
10 Von Glasenapp 1961, 110–128.
11 Von Glasenapp 1961, 97–110.
12 Zoetmulder 1974.
13 Basham 1975, 300–345; Gupta et al. 1979; Yaldiz 1992; Brockington 1993.
14 Basham 1975, 258–289; Bechert/Gombrich 1991; Zwalf 1985; Fickle 1989.
15 Williams 1993.
16 Snellgrove 1987; Schumann 1986.
17 Bernet Kempers 1959, 8–16, Coedès 1968: 125–130.
18 Stöhr/Zoetmulder 1965, 237.
19 Bernet Kempers 1959, 58–62.
20 Fontein 1990, 145.
21 Bernet Kempers 1959, Taf. 153 f., 159 f.; Stutterheim 1925.
22 Sedyawati 1994.
23 Ein Bildnis des Mahakala, einer angsteinflößenden Form Shiwas, scheint eines der spätesten Metallbildnisse zu sein: Lunsingh Scheurleer/Klokke 1988, 39, 97, Nr. 45.
24 Sarkar 1971–1972, I, 18–21.
25 De Casparis 1956, 244–279.
26 Bernet Kempers 1959, 69–71, Taf. 202.
27 Basham 1975, 334 f.
28 Zoetmulder 1974, 269–284.
29 Lunsingh Scheurleer/Klokke 1988, 24 f.
30 Bernet Kempers 1976.
31 Bernet Kempers 1976, 210–232.
32 Fontein 1990, 223–234.
33 Zoetmulder 1974, 341; Santoso 1975, Vers 139,5.
34 Zoetmulder 1974, 327.
35 Soekmono 1974.
36 Bernet Kempers 1959, 91, Taf. 272.
37 Schoterman 1994.
38 Fontein 1990, 160.
39 Fontein 1990, 162.
40 Hefner 1985; Lüem 1988.
41 Hooykaas 1973.
42 Bakker 1993.

Gautama Buddha – »Lehrer der Götter und Menschen«

Oskar N. Sahlberg

»Die Unsterblichkeit ist gefunden«, sagte Buddha zu seinen ersten Schülern. »Was die Religion nach dem Tode im Jenseits verspricht, können wir schon hier im Diesseits finden. Ich zeige euch den Weg.« Nach einer Woche hatten sie das Ziel erreicht: *A-matam*, Nicht-Tod, Todlosigkeit, Unsterblichkeit (Sanskrit: *Amrita*; griechisch: Ambrosia; lateinisch wäre es Immortalitas). In seiner ersten öffentlichen Rede, der Predigt von Benares über »Die vier edlen Wahrheiten«, nannte Buddha diesen Zustand *Samadhi*: Sammlung, Konzentration; wörtlich: fest zusammengefügt sein – mit dem Frieden der Seele, der Seligkeit, der Befreiung vom Leiden. Buddha lehrte nicht Glauben, Gehorsam, Unterwerfung, sondern ein Wissen, eine Methode, die zur Selbsterkenntnis, zur Freiheit und Selbstbestimmung führt.

Gautama Siddharta, wie Buddha ursprünglich hieß, hatte sich, zusammen mit fünf Gefährten, sechs Jahre lang gefoltert; schließlich fastete er, aß nur noch den Kot der Kühe und den eigenen, bis er wie ein Kadaver aussah und eines Tages beim Verrichten seiner Notdurft zusammenbrach. Dabei erinnerte er sich an »eine selige Heiterkeit«, die er als Junge einmal erlebt hatte. Er gab nun die Selbstquälerei auf, erholte sich und fühlte bald danach jene »selige Heiterkeit« wieder. Sie vertiefte sich zu einem Zustand »der Stille, des Einsseins mit sich selbst«. Dann wurde »sein Körper von Glücksgefühlen« erfüllt. Danach verschwanden alle Gefühle und Gedanken; er erreichte »ein reines Bewußtsein«. Er nannte diese vier Erfahrungen »die vier Stufen der Jñana«, der Schau, der Innenschau, was auch mit Versenkung übersetzt wird. Nun richtete er seinen Geist »auf die Erinnerung seiner früheren Daseinsformen«; unzählige zogen an ihm vorüber, bis »in frühere Weltzeitalter zurück«. Schließlich sah er »mit dem himmlischen Auge« den Ursprung der Schöpfung und das »Entstehen und Vergehen der Wesen«. – Das innere Auge hatte sich ihm geöffnet, das dritte Auge der Mystiker, das Organ der Selbstwahrnehmung und Reflexivität im Gehirn, das in der Pflanzenphase der Evolution, bei der Implantation, entsteht, dann zum Scheitelauge unserer Reptilienvorfahren wird und sich beim Menschen nach innen, in die Zirbeldrüse, zurückgezogen hat. Gautama war die ganze Evolution, die in der Schwangerschaft durchlaufen wird und im Gehirn gespeichert bleibt, zurückgegangen. Er hatte eine phylogenetische Regression vollzogen, wie sie heute auch im Westen, z. B. unter der Anleitung von Stanislav Grof, gemacht wird. – Gautama sah nun die *jati*, die Empfängnis. Sie war »im Wahn«, aus »blinder Gier« erfolgt. Er ließ sie verlöschen. Damit hatte er das Nirwana erreicht, was mit Verlöschen, Verwehen übersetzt wird. Die ursprüngliche Bedeutung ist Nicht-Atmen; man könnte auch Windstille sagen. Das Pulsieren von Atem und Herzschlag beginnt bei der Empfängnis, mit der Verbindung von Samen und Ei. Das Bewußtsein kann bis dorthin zurückgehen und das Pulsieren anhalten. Damit endet der Lebensdrang, die Wunschbewegung, und zugleich die Zeiterfahrung, da sie aus dieser Bewegung entsteht. Die Zeit steht still. Sie wird als Ganzes überblickt – als »Große Zeit«, wie Plato sagt –, von einem kosmischen Bewußtsein, das den Kosmos, die Evolution, von außen sieht. Das Bewußtsein erwacht aus der Zeit wie aus einem Traum und findet sich in einem unendlichen Raum, jenseits des Werdens, der Vergänglichkeit, des Leidens, des Todes. »Licht ging auf, Wissen ging auf«, sagte Buddha. Er bezeichnete diese Erfahrung als »die Befreiung des Geistes«. Sein Geist hatte sich losgelöst, war absolut geworden, hatte sich in den Weltgeist verwandelt, wie Hegel zu sagen pflegte. Gautama war ein Buddha geworden, ein Erwachter, ein Erleuchteter; er hatte die vollkommene Erkenntnis des Seins erlangt. Er empfand sich als »Sieger«, als Sieger über den Tod, und genoß »die Wonne der Befreiung«.

Einige Wochen darauf fanden zwei reisende Kaufleute den meditierenden Yogi, gaben ihm etwas zu essen und baten ihn, sie den Weg zur Befreiung zu lehren. Nun hatte Buddha eine Vision: Er sah, wie der Gott Brahma Sahampati vom Himmel herabflog, vor ihm niederkniete und zu ihm sprach: »Du bist der Sieger. Du hast die Unsterblichkeit gefunden. Teile dein Wissen den leidenden Suchern mit.« Buddha wurde von *karuna* erfüllt, von Mitgefühl, Barmherzigkeit, Nächstenliebe, und sah die Menschen wie Lotusblumen, die wachsen und blühen möchten. Er spürte den Wunsch, ihnen zu helfen. Er nannte dieses Gefühl »die Befreiung des Herzens«. –

Abb. 150 Borobudur, Zentral-Java; Reliefszenen aus dem Leben des Gautama Buddha: seine Mutter, die Fürstin Maya, auf dem Weg zum Park von Lumbini.

Nach der Öffnung des Denkens die Öffnung des Fühlens – eine Bewußtwerdung der frühen vegetativen Schicht. Buddha machte sich auf die Suche nach den fünf Gefährten, die ihn nach seiner Beendigung der Selbstquälerei verlassen hatten. In den Wochen seiner Wanderung wurden ihm die Mechanismen, die seine psychosomatische Transformation bewirkt hatten, durchsichtig, und er fand heraus, daß er diese Prozesse des zentralen Nervensystems selbst steuern konnte. Er sagte später, er habe »einen vom Urwald überwucherten Weg wiederentdeckt«. Der Satz deutet auf die Schamanen und ihre Jenseitsreisen; mit Hilfe von heiligen Pilzen öffneten sie ihre Ichgrenzen. Diese Pilze wachsen auf Kuhdung, wie ihn Gautama verzehrt hatte. Das Essen, das ihm die zwei Männer gaben und das seine Brahma-Vision auslöste, bestand aus Brei und Honig, den man mit Lotusblättern zu vermischen pflegte, die empathogene Substanzen enthalten. Sie aktivieren das Gefühlszentrum, beleben so den Herzschlag, wodurch die Yogis aus der Körperstarre der Trance wieder erwachen. Im übrigen kannte Buddha die weit ausgebildete indische Medizin, die zumal auch mit den Phasen der Schwangerschaft gut vertraut war. – Buddha fand heraus, daß es möglich ist, ohne körperliche Quälerei, durch die Verringerung des Atems bis zur Geburt zurückzugehen, durch sie hindurch in die embryonale Atmung zu gelangen und diese dann bis zu einer Quasi-Nichtatmung zu drosseln. Er konnte sich nun willentlich in die vier Stufen der Versenkung versetzen, in die Gefühle aus der Phase des guten Schoßes. Der Titel, mit dem man ihn ansprach, Bhagavant, heißt wörtlich Schoßatmer. Der Vorgang war durch Brahma ausgelöst worden, dessen von Buddha erfundener Beiname Sahampati »Herr über den eigenen Atem« bedeutet. Dazu war Buddha geworden – ein Diamant im Lotus, ein Bewußtsein im Mutterkörper, das dessen Kreislauf, Atmung, Herzschlag steuert. Jesus war bei der Taufe vom Heiligen Geist erfüllt worden – vom Spiritus sanctus, Pneuma hagion, vom heiligen Atem – und fühlte Gottes Barmherzigkeit, hebräisch Rahamim, was Mutterschoß heißt. Buddha übernahm die Rolle des Kindes und zugleich die des beatmenden Schoßes. Brahmas Aufforderung zum Mitfühlen, Sich-Mitteilen, hatte die Erfahrung des Embryos aufsteigen lassen, der im Herzschlag der Mutter schwingt, erfüllt von *karuna*, was ursprünglich Mutterliebe bedeutet. Buddha machte daraus die Übung der »vier Erweckungen« oder der »vier Unermeßlichen«,

Abb. 151 Borobudur, Zentral-Java; Reliefszenen aus dem Leben des Gautama Buddha: Buddha (links) auf dem Weg zu seiner ersten Predigt im Wildpark von Benares hatte den Fluß Barna überflogen, weil er den Fährmann nicht bezahlen konnte.

der »göttlichen Zustände«, Brahma-Wiharas, eine Methode der Herzöffnung: Das Herz »strahlt Güte, Mitgefühl, gemeinsame Freude, Gelassenheit auf alle Wesen«, so wie es eine gute Mutter für ihr Kind tut oder ein lieber Gott für seine Geschöpfe. – In der Versenkungsübung ist der Meditierende nach innen gewandt, für sich allein; die Erweckungsübung ist eine Gemeinschaftsmeditation. Als Buddha diese Methoden beherrschte, rief er aus: »Ich bin der Allüberwinder, der Allerkenner. Kein Gott kommt mir gleich. Ich bin der Herr der Welt, der höchste Meister. Ich werde das Reich der Wahrheit errichten. Die Trommel der Unsterblichkeit soll erdröhnen.« Vom »Löwengebrüll des Erwachten« sprach man.

Der Anlaß von Buddhas Entdeckung, die Ursache seiner Suche nach seelischer Befreiung, war die seelische Unfreiheit, in der die Inder lebten. Das Wort *jati*, Empfängnis – auch die Zeit von der Empfängnis bis zur Geburt –, bedeutet auch Kaste. Mit der Inkarnation, der Einkörperung, dem Eintritt der Seele in den Körper, begann die Unfreiheit, der Zwang, den Lebensregeln und Daseinsweisen einer Kaste zu gehorchen. Etwa 1000 Jahre vor Buddha hatten Reitervölker Indien erobert und die einheimischen Ackerbauern unterworfen. Die Eroberer waren hellhäutig, nannten sich Arier, Reine, und bezeichneten die dunkelhäutigen Ureinwohner als *shudra*, Schwarze, Unreine. Die Arier achteten streng auf die Reinhaltung ihrer Rasse. So gab es zwei Klassen oder Kasten, deren Angehörige sofort als solche erkennbar waren. Die patriarchalen Arier übernahmen von den Ureinwohnern und ihrer matriarchal beeinflußten »Sklavenhaltergesellschaft« (W. Ruben) die Seelenwanderungslehre mit der Karma-Idee, derzufolge das jetzige Leben durch die früheren Leben bestimmt ist. Ein Arier wurde also durch die Verdienste aus früheren Leben als Reiner geboren, als Herrschender, und ein Schwarzer durch die Schuld aus früheren Leben als Unreiner, als Beherrschter. Die physischen Gewaltverhältnisse, die sich zum Gegensatz von Herrenmenschen und Untermenschen entwickelten, waren zu metaphysischen geworden. Im schlimmsten Fall erwachte ein Unreiner bei seiner Geburt wie Kafkas Gregor Samsa, der sich eines Morgens »zu einem ungeheuren Ungeziefer verwandelt« fand. Buddha erwähnt Menschen, die sich als Hunde oder als Kühe empfanden und so lebten. Aber auch die Reinen hatten nicht immer ein leichtes Schicksal. Sie mußten sich dem Gesetz des Herrschens unterwerfen, und, falls nötig, sich ihm opfern, so wie es der Offizier in Kafkas »Strafkolonie« tut: Er legt sich selbst in die Hinrichtungsmaschine, um sich das metaphysische Mysterium in die Haut stanzen zu lassen und im Opfertod die Verklärung zu erfahren. Die Welt der Inder war absurd geworden, ein kosmisches Konzentrationslager.

Etwa hundert Jahre vor Buddha begann sich die alte Feudalgesellschaft durch die Entwicklung von Handwerk und Handel aufzulösen. Die Religion mit ihren Opferkulten wurde zu einer reinen Geldangelegenheit. Das tausendjährige Reich der Arier zerfiel. Nun begannen die vergessenen Ursprünge ins Bewußtsein zu steigen. Eine religiöse Protestbewegung entstand, »eine Psychose des Freiheits- und Erkenntnisstrebens« (H. W. Schumann). Zu Tausenden verließen junge Männer der arischen Oberschicht ihre Familien, gingen in die Wildnis, folterten oder fasteten sich zu Tode, um ihr Karma abzubüßen und dann die Befreiung vom Körper und den Übergang ins Nirwana zu erreichen und zu verlöschen. Was ihren Vorvätern als Verdienst gegolten hatte, empfanden die sensiblen Gemüter der herrschenden Klasse nun als Schuld. Bei Buddha wird der Zusammenhang deutlich. Er war als Sohn eines reichen Gutsbesitzers und Provinzgouverneurs im Luxus aufgewachsen. Sein Ausstieg aus seiner Kaste wurde durch den Anblick der Alten, Kranken und Sterbenden ausgelöst, die in den Vierteln der Unreinen verfaulten. Gautama war völlig verstört – er fühlte mit, was ein Verstoß gegen die Gesetze seiner Kaste war. Er wurde ein Bettelmönch, ein Büßer, und machte sich auf die Suche nach dem Ursprung des Leidens. Das bekannteste Vorbild für diese Büßer war Mahawira, Buddhas etwas älterer Zeitgenosse, der Begründer des Jainismus. Als sein Geist das Nirwana erreicht hatte, blieb er so lange dort, bis sein Körper verhungert war. Bevor Buddha, der mit Mahawiras Methoden begann, sein Ziel erreichte, sah er die historische Ursache des Leidens: Es erschien ihm Mara, der alte Kriegsgott der Arier. Er griff Gautama mit seinen himmlischen Heerscharen an, um ihn am Übertritt ins Nirwana zu hindern; doch vergeblich. Dann versuchte er, ihn durch das Angebot der Weltherrschaft und eines Harems zu verführen. Er wollte den fahnenflüchtigen jungen Arier in die Herrenmenschenrolle zurücklocken. Gautama lehnte ab. Er stieg aus den Werten seiner Kaste – Aggressivität, Sexualität, Besitzgier – aus. Er wollte den Albtraum des Karma-Kasten-Systems nicht fortsetzen, sondern aus ihm erwachen.

Buddhas Methode verbreitete sich und beendete weitgehend die arische Selbstmordepidemie. Buddha zeigte, wie man die Kaste, die Empfängnis, rückgängig machen konnte, um dann, wie er sagte, als »Ungeborener« zu leben, im Fortpflanzungsstreik, um so kein neues Leiden zu erzeugen. Der Grund, daß mit der Empfängnis das Leiden begann, bestand darin, daß die Mütter die Empfängnis als Leiden empfanden. In der streng patriarchalen Gesellschaft waren die Frauen zu käuflichen Gebärmaschinen, die man auch zurückgeben konnte, geworden. Der Zerfall des alten Glaubenssystems ließ ihnen ihre Rolle bewußt werden; sie begannen sie abzulehnen, insgeheim, oder auch offen, wie es bei Maya, Buddhas Mutter, der Fall war. Auf den Gedanken des Gebärstreiks waren auch die Griechinnen gekommen. Maya legte ein Keuschheitsgelübde ab. Als sie vierzig Jahre alt war, nahm sich ihr Mann, der einen Erben haben wollte, eine Zweitfrau, Mayas jüngere Schwester Pajapati, die sogleich schwanger wurde. Maya hing an den mit ihrer Position verknüpften Privilegien. Sie nahm ein Rauschmittel, einen Lotustrank, überwand so ihre Abneigung gegen den Geschlechtsverkehr und ließ sich schwängern. Sie träumte, daß ein weißer Elefant mit einem seiner Stoßzähne in sie eindrang und ihr »höchste Seligkeit« bereitete. Es war der Traum einer jungfräulichen Empfängnis; eine solche Phase ist biologisch, bei der Einnistung, angelegt. Vor der Geburt des Kindes machte sich Maya auf zu einer Reise zu ihren Eltern. Das Kind kam schon unterwegs zur Welt, im Wald, ohne fachkundige Hilfe. Man kehrte um, war nach drei Tagen wieder zu Hause. Maya starb einige Tage später an den Folgen der Geburt, vermutlich an Kindbettfieber. Es pflegt bald nach der Geburt zu beginnen, mit höllischen Schmerzen, und führt zu einem Verfaulen bei lebendigem Leibe. Maya wünschte, sie hätte das Kind nicht geboren und nicht empfangen. Das Kind erlebte die Tragödie während der Rückreise auf dem Ochsenwagen mit. Als Gautama neunundzwanzig Jahre alt war, wurde seine Frau schwanger. Zu jener Zeit trieb es ihn in die Viertel der Armen. In der Nacht nach der Geburt seines Kindes machte er sich auf die Suche nach dem Ursprung des Leidens, ging schließlich zurück durch Geburt und Empfängnis, machte sie ungeschehen, erfüllte so den letzten Wunsch seiner Mutter und war vom Leiden befreit. Sein Körper war eine unbefruchtete Eizelle geworden, die dann im Traum der jungfräulichen Empfängnis, in der Selbstliebe der Mutter, erwachte – als Diamant im Lotus, als Kind im Schoße der Lotusgöttin, der jungfräulichen Weltenmutter der indischen Ureinwohner. Buddhas Geist war in sie zurückgekehrt. Er hatte seine tote Mutter wiederbelebt und damit sich selbst: Er war sein eigener Vater geworden. Er hatte im Diesseits verwirklicht, was Jesus im Jenseits suchte: »Ich und der Vater sind eins.« (Joh. 10,30)

Aus dem Mitleid, das das Kind für die sterbende Mutter empfunden hatte, wurde in Buddha das Mitfühlen

– Sympathie, Solidarität –, der Wunsch zu helfen. Buddha nannte seine Schüler seine Söhne. Er gründete eine neue Familie, den Sangha, eine Gemeinschaft von Heiligen, die er mit seinem Vaterherzen belebte; er war ein seelischer Herzschrittmacher geworden. Sie lebten außerhalb der Gesellschaft, in der »Hauslosigkeit«, im Wald; in der Monsunzeit bauten sie sich Hütten aus Palmblättern. Sie lebten als Bettler, von einer Handvoll Reis am Tag. In strenger Askese trockneten sie die nachgeburtliche Triebstruktur aus. Buddha verweilte meistens den Tag über in der Versenkung; abends unterrichtete er seine Schüler. Er wurde berühmt. Die beiden Könige Nordindiens holten ihn als Berater. Er entwarf eine Friedenspolitik, mit wenig Erfolg. Der eine König wurde von seinem Sohn ermordet, der andere kam durch seinen Neffen ums Leben. Viele Menschen sympathisierten mit Buddhas Lehre der Gewaltlosigkeit und der Nächstenliebe, doch waren sie zur strengen Askese nicht imstande. Buddha machte einen Kompromiß: Für Laienanhänger genügte die Befolgung der ethischen Regeln.

Buddhas Lehre erfaßte nun große Teile Nordindiens und breitete sich später über ganz Asien aus. Sie wurde »zur einzigen Weltreligion, die keine Gewalt kennt, keine Ketzerverfolgungen, keine Inquisition, keine Hexenprozesse, keine Kreuzzüge« (K. Jaspers). In Indien begann eine arische Gegenreformation in Gestalt eines militanten Hinduismus; sein Manifest ist die Bhagawatgita mit ihrer metaphysischen Neuverankerung des Kastensystems und ihrer Verherrlichung des Krieges. Durch diese Reconquista wurde der gewaltlose, wehrlose Buddhismus allmählich zurückgedrängt. Um 1200 eroberten islamische Reitervölker Nordindien. Die Buddhisten, als Atheisten, mußten sich bekehren. Viele Tausende, die sich weigerten, wurden lebendig verbrannt. Nur im abgelegenen Tibet konnte sich ein gewaltloser Buddhismus erhalten.

In Tibet, wie in anderen Ländern Asiens, hatte sich der Buddhismus mit einheimischen Religionen vermischt. Buddha verwandelte sich, wurde zu den Bodhisattva, von denen viele weiblich-mütterliche Züge tragen. In der Göttin Tara wurde Buddha zu einer Frau. Diese Entwicklung – die sog. »Zweite Drehung des Rades der Lehre«, die zum Mahayana führte –, begann etwa fünfhundert Jahre nach Buddha, als Saraha, ein buddhistischer Gelehrter, beim Anblick einer Frau erleuchtet wurde. Er rief aus:

> Du bist mein Meister, bist meine Mutter.
> Du hast mir ein neues Leben geschenkt.

Er fühlte sich durch diese Frau neu empfangen, neu geboren. Sie war eine Pfeilmacherin, eine Arbeiterin aus der Unterkaste, eine Unreine. Ihr Name ist nicht überliefert – nennen wir sie Tantra! Buddhas Lotusvision hatte sich erneurt. Seine Herz-Andacht war zu einer Lust-Andacht geworden. Die Lotusgöttin der Ureinwohner war wieder zum Leben erwacht und hatte den Brahmanen Saraha von seiner Kaste befreit. Sie hatte seine unerwünschte, leidvolle Empfängnis und Geburt zur erwünschten, lustvollen gemacht. Sie ließ ihn erwachsen werden, um einen Liebesgespielen zu haben. Sie lehrte ihn tanzen und singen. Als seine Muse inspirierte sie ihn zu seinen Gedichten, dem »Königlichen Gesang«, dem Hohen Lied des tantrischen Buddhismus. Auf die Befreiung des Geistes und des Herzens war die Befreiung der Lust gefolgt, der Schöpfungslust, der Gotteslust, als Lust des göttlichen Paars, das seine Schöpfung liebt, da es sich selbst in ihr liebt. Nun wurde die Natur, die Schöpfung, nicht mehr als Stätte des Leidens, als Jammertal oder Hölle erlebt, sondern als Spiel, das sich in den Menschen bewußt werden kann und an dem sie als Freie teilnehmen können. Dann erwachen sie im Paradies – hier und jetzt, auf dieser Erde, als Lehrer der Götter und Menschen.

Die frühen Kunsttraditionen und ihr Nachwirken

Wolfgang Marschall

Solange die archäologische Forschung in Indonesien nicht über genauere Quellen verfügt, können alle Versuche, die Kunstwerke der Stammesgesellschaften[1] außerhalb von Java und Bali einzelnen Kunsttraditionen zuzuordnen, nur als vorläufig angesehen werden. Zum Teil kann auch keine Hoffnung auf bessere Quellen bestehen. So ist es unter den klimatischen Bedingungen wenig wahrscheinlich, daß in Indonesien jemals Holzgegenstände mit Schnitzereien gefunden werden, deren Alter höher als einige hundert Jahre ist. Selbst bei Steinfiguren muß man mit einem schnellen Zersetzungstempo rechnen, wenn nicht, wie bei den indisch inspirierten Tempeln, hartes Vulkangestein gewählt wurde. Trotz dieser Einschränkungen können plausible Zuweisungen gemacht werden.

So läßt sich bei aller Verschiedenheit der lokalen Ausprägungen eine Kunsttradition ausmachen, die den austronesisch sprechenden Besiedlern Nusantaras zuzuweisen ist, also jenen vom Anbau von Reis, Hirse und Knollenpflanzen lebenden Gesellschaften, die seit dem späten 2. Jahrtausend v. Chr. in die Inselwelt drangen. Sowohl nach den Inhalten wie nach der Formgebung läßt sich diese Tradition kennzeichnen. Ihr thematisches Zentrum sind die Ahnen, und dies entspricht sowohl den mündlichen Überlieferungen wie auch den Ritualen dieser Stammesgesellschaften. Denn wenn auch die meisten dieser Stammesgesellschaften Gottheiten oder andere heilige Instanzen nennen, die die Welt und die Menschen geschaffen haben, so stehen doch ebenfalls bei den meisten dieser Gesellschaften die Ahnen im Mittelpunkt der Verehrung im Ritual und im Alltagsleben, sind die Ahnen die großen Mittlergestalten. Von den Ahnen hängt das Wohlergehen ab, insbesondere die Fruchtbarkeit der Menschen sowie des Landes und der Pflanzen. Um dieses Wohlergehen zu sichern, wird den Ahnen geopfert, und die Ahnen manifestieren sich in der Ahnenfigur. Diese Figuren erscheinen von Nias im Westen bis Tanimbar im Osten in einer dominanten Grundform, der Hockergestalt. Dieser Typus zeigt eine sitzende Gestalt mit angezogenen Beinen und angewinkelten Armen, wobei die Ellbogen häufig auf den Knien ruhen. Innerhalb der sogenannten Pfahlplastik, also all jenen Figuren, die aus einem Stamm und ohne irgendwelche Anfügungen geschnitzt sind, schafft diese Form ein besonders starkes Raumgefühl und große Lebendigkeit. Von geringerer Bedeutung sind einfache stehende Figuren. Entsprechend der an die Ahnen gerichteten Erwartung, für Fruchtbarkeit und Fortbestand zu sorgen, kann auch die Form ausgebaut und damit intensiviert werden. Das geschieht auf mehrfache Weise. Zum einen können Ahnenpaare dargestellt werden, um die Bedeutung beider Geschlechter am Fortbestehen der Gesellschaft zu verdeutlichen. Zum andern werden häufig die Geschlechtsteile übergroß dargestellt. Schließlich wird als Intensivierungsmittel auch die Reihung eingesetzt. So werden auf Nias die *adu bihara* genannten kleinen Ahnenfiguren zu mehreren aneinandergereiht und zusammengebunden. Bei den Priesterstäben und magischen Hörnern der Batak und auch bei Pfahlplastiken der Dayak erscheinen die Ahnen in Bildgeschichten übereinander und entsprechen so dem genealogischen Denken. Diese Reihung der Ahnen kann man auch bei vielen Ikat-Stoffen vermuten, auf denen menschliche Figuren in Serien eingefärbt sind.[2] Bei all diesen Stücken, Plastiken und Stoffen, muß man sich darüber im klaren sein, daß hier von Traditionen gesprochen wird, in denen diese Kunstwerke geschaffen werden, und nicht von Stücken, die selbst so alt sind.

Die Vermutung, daß diese Ahnenfiguren zum künstlerischen Bestand der austronesisch sprechenden, Bodenbau betreibenden Gesellschaften gehören, wird dadurch bestärkt, daß Figuren in dieser Tradition und ganz ähnlichen Ausformungen in der Südsee angetroffen wurden, deren ursprüngliche Bewohner von austronesisch sprechenden Gesellschaften in Südostasien abstammen. Da jüngere, metallzeitliche Einflüsse nicht mehr weit nach Ozeanien gelangt sind, kann man die Tradition der Ahnendarstellungen, vornehmlich in der Hockerform, und das Prinzip der Reihung als altindonesische Kunstformen ansehen. Auch die großen Steinstatuen aus der Bada-Region von Zentral-Sulawesi könnten zu dieser altindonesischen Kunsttradition gehören, wenn sie auch bisher undatierbar sind. Zur altindonesischen Kunsttradition sind auch die meist geometrischen Muster zu rechnen, die auf Baststoff angebracht wurden und vor allem

Abb. 152 Sanglia Dol auf Yamdena, Tanimbar-Inseln; megalithischer Bug eines kultischen Steinschiffes, 1. Jt. v. Chr.

Abb. 153 Sanglia Dol, Yamdena, Tanimbar-Inseln; Dekordetail des Steinschiffes: Fische, Spiral- und Kreismuster, 1. Jt. v. Chr.

von den Toraja und aus Seram bekannt sind. Im Bereich der Architektur sind wohl die großen Häuser der frühen Nusantara-Tradition zuzuweisen, die, wie die Häuser auf Nias, bei den Batak, bei den Toraja und in weiten Teilen Ost-Indonesiens die Konzeption von der kosmischen Dreieilung in Ober-, Menschen- und Unterwelt auf Dach, Wohnbereich und Unterbau übertragen.
Unter den Plastiken sind einer jüngeren Phase diejenigen zuzurechnen, die zusammengesetzt sind wie die Figuren mit ausgebreiteten Armen, die auf Nias, Borneo, Sulawesi und im Südosten Indonesiens (vor allem auf Leti, Babar und Tanimbar) anzutreffen sind, sowie die Gliederpuppen der Batak. Vor allem von den ostindonesischen Stücken in Kerbschnittechnik muß man annehmen, daß sie in einer metallzeitlichen Tradition stehen. Dafür spricht auch, daß an diesen Figuren feinste Ornamente und Ornamentbänder auftreten, die enge Verwandtschaft zum Dekor aus dem Dongson-Formenkreis aufweisen. So findet sich besonders auf Stücken von Leti und Tanimbar die S- oder Doppel-S-Spirale, die im Bronzeguß sehr leicht herzustellen, schnitzerisch jedoch eine Aufgabe mit höchsten Ansprüchen ist.

Abb. 154 Muna, Südost-Sulawesi; Felsmalerei in der Metandulu-Höhle.

Bevor nicht zuverlässige Datierungen vorliegen, die es uns erlaubten, ein steinzeitliches Megalithwesen zu bestimmen, müssen auch alle indonesischen Megalithen einer solchen metallzeitlichen Phase zugeschrieben werden. In einzelnen Fällen ist die Beziehung der Steinplastik zum Dongson-Formenkreis klar gegeben wie bei der Figur aus Pasemah im südlichen Sumatra, die einen Mann zeigt, der sich an einem Elefanten festhält und einen Dolch und auf dem Rücken einen Dongson-Gong trägt (s. Abb. 43). In anderen Fällen, wie bei den großen Steinsetzungen auf Sumba, muß man eine metallzeitliche Datierung der Tradition annehmen, wenn Pferde oder andere Tiere als Reittiere dargestellt sind, oft mit Zügel und Geschirr. Pferde und das Reiten sind nicht mit den frühen Indonesiern in die Inselwelt gelangt, sondern erst mit den Handelseinflüssen von Dongson oder sogar erst mit den Beziehungen nach Indien. Zu dieser Gruppe sind auch die Reiterfiguren aus dem Batakgebiet zu rechnen, die oft Dongson-Motive aufweisen und zum Teil aus Metall sind.[3]

Vor diesem Hintergrund hat nicht nur die zeitliche Einschätzung von Megalithen stattzufinden, sondern auch diejenige der Höhlenmalereien. Vorschnell werden diese gelegentlich einem Mesolithikum zugeschrieben. Dabei zeigt schon eine flüchtige ikonographische Betrachtung, daß Elemente erscheinen, die ein so hohes Alter aus-

Abb. 155 Muna, Südost-Sulawesi; Felsmalerei in der Kabori-Höhle: Schiffe mit Rechtecksegel und Besatzung.

schließen und die Bilder eher in die metallzeitliche Intensivierungsphase rücken. Dazu gehören wiederum Szenen mit Reitern, die die Tiere am Zügel führen oder Darstellungen von Segelbooten mit Rechtecksegeln.
Innerhalb der altindonesischen Kunsttradition haben sich viele charakteristische Stilrichtungen entwickelt. Einige von ihnen stellen Sonderentwicklungen dar, so die Kunsttraditionen der Kayan und Kenyah im östlichen Kalimantan (Borneo). Während in anderen Teilen der Insel das Hockermotiv und die Reihung dominant sind, findet sich hier eine Kunstform, deren auffallendstes Merkmal die Asymmetrie ist. Auf Schilden und Türplanken, in Figuren und Masken findet sich die flächenfüllende Malerei und Schnitzerei, die häufig als wesentliches Thema das mythische *aso*-Tier aufweist. So eigenwillig sind diese Darstellungen, daß man mit Einflüssen aus dem chou-zeitlichen China gerechnet hat. Tatsächlich ist die Symmetrie ein Merkmal altindonesischer Kunsttradition und somit die Kayan-Kenyah-Entwicklung eine Sonderform.
Soweit in Indonesien außerhalb von Java und Bali noch Kunstwerke ohne westlichen Einfluß hergestellt werden, folgen sie den verschiedenen Stilen innerhalb der altindonesischen Kunsttradition. Auffallend dabei ist, daß sich kaum Einflüsse aus den Kunsttraditionen Indiens zeigen, die auf Java und Bali so wirksam gewor-

Abb. 156 Rendang, Bali; Wishnu und Shri Dewi in altindonesischer Tradition geschnitzt, 20. Jahrhundert.

den sind. Das hängt nicht mit den technischen Möglichkeiten zusammen, denn eine Wishnu-Figur hätte auch schnitzen können, wer einen niassischen *adu* oder eine Maske im Kayan-Stil schnitzen kann. Der Grund liegt vielmehr darin, daß weder der hinduistische noch der buddhistische Weltentwurf in die Stammesgesellschaften paßt, und so finden wir die Kunsttraditionen dieser Weltreligionen auch nur dort, wo sich dynastische Herrschaft und höfisches Leben oder allenfalls ein mit der Herrschaft verbundenes Klosterleben gebildet haben. Findet sich eine Gestalt aus der hinduistischen Ikonik außerhalb von Java und Bali, so stammt sie vermutlich von Java oder ist in einem der indisch beeinflußten Fürstentümer hergestellt worden. Umgekehrt, wenn auch selten, kann es jedoch vorkommen, daß hinduistische Gottheiten im traditionellen Stil geschaffen werden wie Wishnu und Shri im Dorf Rendang auf Bali.
So zeigt sich Indonesien als eine Region mit einer großen Kunsttradition, die sich in zahlreichen Stilen zu regionaler Identität ausgebildet hat, in wenigen Fällen ganz eigenwillige Gestaltungsprinzipien entwickelt und in den großen Herrschaftsgebieten den indischen Bildkanon übernimmt und anpaßt, ohne daß dieser maßgeblich auf die altindonesische Tradition einzuwirken vermag.

1 Einen guten Einblick in die Kunsttraditionen der Stammesgesellschaften geben: Stöhr, Marschall, Barbier, Nooy-Palm, de Hoog 1981; Feldman 1985; Taylor and Aragon 1991.

2 Auf das Motiv der Reihung hat besonders Carl Schuster (1951) hingewiesen.

3 Siehe dazu Barbier 1981, Abb. 21, 31, 32, 35, 37 und Taylor und Aragon 1991, Abb. III.42.

»Fremdes« und »Eigenes« in Kunst und Kultur Indonesiens

Edi Sedyawati

Der Begriff »klassisch« bezeichnet in der indonesischen Kunstgeschichte Kunstformen, die einen deutlichen indischen Einfluß zeigen. Wenn es als ausgemacht gilt, daß speziell diese Kunstformen kritischem Geschmack zusagen und diese aufgrund ihrer höheren ästhetischen Qualität als die inspirierende Kraft im Verlauf der Kunstgeschichte angesehen werden, dann erheben sich wahrscheinlich Einwände, weil andere Phasen der indonesischen Kunst ebenfalls eine derartige Qualität beanspruchen dürfen. Dennoch kann diese Definition vorläufig aus folgendem Grund akzeptiert werden: In der Tat machte die indonesische Kunst während der hinduistisch-buddhistischen Periode in bezug auf technische und ästhetische Errungenschaften einen plötzlichen Entwicklungssprung. Diese Vervollkommnung zeigt sich besonders deutlich bei Kunstwerken aus Stein, d. h. in der Plastik und Architektur, aber auch auf dem Gebiet der Literatur und hier insbesondere im Bereich der Dichtung: So wurden in der Nachfolge der Tradition der indischen Sanskrit-*kavya* die altjavanischen *kakawin*-Versmaße entwickelt, dies allerdings mit soviel eigener Kreativität, daß von den 232 *kakawin*-Metren, die in der altjavanischen Literatur Verwendung fanden, 110 eine genuin indonesische Schöpfung waren.[1]

Das Problem des »lokalen Genius«

Die Frage des indischen Einflusses auf die indonesische Kunst ist ein fesselndes Thema, das schon viele Untersuchungen zur indonesischen Kulturgeschichte beschäftigt hat. Anfangs war der Eindruck einer Indisierung vorherrschend; denn als Wissenschaftler sich mit der Vergangenheit Indonesiens zu beschäftigen begannen, fielen die Ähnlichkeiten zwischen bestimmten indonesischen und indischen Kulturbereichen besonders ins Auge. Und so wurde umgehend der Schluß gezogen, daß die Sprache des Sanskrit, die Alphabete des Pallawa- und Prä-Nagari und die Dichtkunst ebenfalls aus Indien stammten wie die Kunstfertigkeiten der Steinarchitektur und der Steinskulptur, alles Kulturerscheinungen, wie sie erstmals vor allem vom 5. bis in das 7. Jahrhundert n. Chr. in Indonesien auftraten. Dieser Forschungsansatz, der von einer Übernahme ausging, ließ die Gelehrten nach der Quelle oder dem Ursprung unterschiedlicher kultureller Ausdrucksformen Indonesiens im Bereich Indiens suchen[2], und so verbanden sie bestimmte politische, wirtschaftliche und religiöse Entwicklungen Indonesiens mit denen Indiens.

Die Befürworter der »Entlehnungs«- oder »Kulturgeschichts«-Schule nahmen an, daß sich bestimmte kulturelle Vorbilder kreisförmig von einem vorhandenen Zentrum, ihrem Ursprungsort, ausbreiten. Auf diese Weise konnte eine bestimmte Bevölkerungsregion unterschiedliche »Kulturschichten« aufweisen[3], eine Sichtweise, mittels deren sich in unterschiedlichen Gebieten Indonesiens das Vorhandensein verschiedener übereinandergelagerter Kulturschichten nachweisen läßt, wie z. B. eine megalithische, eine hinduistisch-buddhistische, eine islamische oder auch eine europäische Schicht, von denen eine jede über der vorhergehenden anzusiedeln ist.

Das Festhalten an der »Entlehnungs«-Theorie führte dazu, daß Hypothesen über eine »Indisierung« oder eine Entstehung Groß-Indiens unter besonderer Berücksichtigung der Träger dieses Prozesses aufgestellt wurden. Zunächst ging man von der Idee einer Kolonisierung aus: Inder kamen nach Indonesien, und durch deren Vermittlung wurde indische Kultur in Indonesien verbreitet. Allerdings gab es unterschiedliche Standpunkte in der Frage, ob diese Inder Krieger *(kshatrya)*[4] oder etwa Kaufleute *(waisya)*[5] gewesen waren. In jedem Fall aber wurde den Indonesiern damit die Rolle des passiven Rezipienten zugewiesen. Einige Wissenschaftler gingen hinsichtlich der Frühphase der südostasiatischen Region sogar so weit zu behaupten, daß »es den autochthonen Völkern Indochinas in prähistorischer Zeit anscheinend an kreativer Begabung mangelte und sie deshalb nur geringe Neigung gezeigt hatten, sich ohne äußeren Anreiz weiterzuentwickeln«[6], und »(Südostasien) somit zum Schmelztiegel kultureller Einflüsse aus Indien und Chinas«[7] geworden sei.

Eine zweite Theorie beinhaltete, Inder seien auf Einladung und ohne die Absicht zu kolonialisieren nach

Indonesien gekommen, und dies als Männer der Religion *(brahmana)*.[8]

Inzwischen ist unter den Wissenschaftlern das Bewußtsein für die aktive Rolle der einheimischen Völker im Prozeß der kulturellen Entwicklung gewachsen. So haben, gestützt auf philologische Untersuchungen, vor mehr als einem Jahrhundert H. Kern und J. L. Brandes festgestellt, daß diejenigen Kulturen, die in hohem Maße indisiert zu sein schienen, auch kulturelle Elemente als Teil einer genuin indonesischen Zivilisation enthielten.[9] Brandes nannte damals zehn einheimische Kulturfaktoren, und zwar die Kultivierung von Naßreis, eine wohlentwickelte Gesellschaftsstruktur, das Schattentheater, die Batik-Technik zur Verzierung von Stoffen, die Gamelan-Musik, eine indigene metrische Dichtung, spezifische Techniken der Metallbearbeitung, eine einheimische Währung und eine eigene Astronomie sowie Navigationstechnik.[10] Obwohl er diese Aufzählung mit der Verwendung einheimischer, nicht dem Sanskrit entlehnter Bezeichnungen für die genannten Kulturelemente begründete, wurde auch weiterhin die Frage diskutiert, wie hoch der Eigenanteil an diesen nun tatsächlich war. Die Aneignung fremder Kulturerscheinungen, und dies insbesondere im hinduistisch-buddhistischen oder indischen Bereich, wurde darüber hinaus im Licht lokaler Möglichkeiten erörtert, und so ergaben die zahlreichen diesbezüglichen Untersuchungen der folgenden Jahre, daß indische Kulturbesonderheiten niemals direkt von Indonesien übernommen, sondern im Verlauf dieses Assimilierungsprozesses einem wechselnden Grad an Selektion, Modifizierung und sogar Umformung unterzogen wurden. Quaritch Wales prägte den Begriff »lokaler Genius«, den er als »die Summe kultureller Charakteristika« definierte, die »der großen Mehrheit eines Volkes als Ergebnis ihrer Erfahrungen aus der Frühzeit gemeinsam ist«, wobei er mit »lokal« schlicht vor-indisch meinte.[11] Er behauptete ferner, daß der lokale Genius durch extreme Akkulturation zerstört werden könne, daß dagegen bei einem geringeren Grad an Akkulturation »einige seiner Merkmale konstant bleiben aufgrund einer offensichtlichen Vorliebe für bestimmte kongeniale Spezifika, im Rahmen des neuen kulturellen Rasters und der besonderen Art, mit den neu erworbenen Konzepten umzugehen. Diese konstanten Merkmale werden die Reaktion auf die neue Kultur bestimmen und die Richtung für die folgende Entwicklung weisen«. Übernahme wird ebenso wie die eigene Erfindung durch den Wunsch, nicht durch Notwendigkeit, in Gang gesetzt.[12] So behauptete er darüber hinaus, daß speziell »der indische Einfluß der Anreiz war, ohne den es keine Reaktion gegeben hätte«[13], und im Anschluß an einen Überblick über die Kunst Javas, Champas und Kambodschas, daß »es eher Mannigfaltigkeit fremder Einflüsse als Komplexität des lokalen Genius ist, was eine Kunst am meisten bereichert«.[14]

In Reaktion auf Quaritch Wales stellt F. D. K. Bosch die besondere Rolle des Empfängers während des Prozesses der Aneignung von Kultur heraus. Indonesien betreffend sei es die aktive Bereitschaft seiner Bevölkerung zu lernen. Seiner Überzeugung nach war es der Genius der Indonesier und hier insbesondere ihre Fähigkeit, aufs neue schöpferisch zu sein, die die Grundlage für die Blüte der altjavanischen Kunst bildeten.[15]

Im Jahre 1984, über dreißig Jahre nachdem Quaritch Wales sein Denkmodell des »lokalen Genius« vorgeschlagen hatte, griff der Indonesische Archäologenverband den Gegenstand in einem Seminar wieder auf, dessen Gesamtthema »kulturelle Identität im Rahmen der nationalen Entwicklung« lautete. Die Diskussionen basierten überwiegend auf neueren Forschungen im Bereich der Archäologie. Tenor war, daß zwar indischer oder hinduistisch-buddhistischer Einfluß einen bedeutenden Beitrag bei der Entstehung der indonesischen Zivilisation geleistet, andererseits aber längst nicht alle Lebensaspekte des alten Indonesien durchdrungen habe. So sei das einheimische Gewohnheitsrecht im Alltag und hier insbesondere in den Dörfern bestimmend gewesen; Frauen besäßen noch heute in vieler Hinsicht gleiche Rechte wie Männer und spielten gelegentlich vergleichbare Rollen, ganz unähnlich ihrem Schicksal unter rein hinduistischen Gegebenheiten.[16] Im Rahmen dieser Veranstaltung wies der Archäologe R. Soekmono auf neue Entwicklungen in Sumatra hin, namentlich auf den Candi Mahligai auf dem Areal des schon länger bekannten Candi Muara Takus, den Candi Muara Jambi, den Candi Gumpung und den Candi Kedaton. Er bemerkte, daß diese religiösen Monumente einzigartige Bauten seien; so besäßen sie keinen Innenraum, sondern bestünden aus Plattformen, auf deren oberster sich jeweils das entsprechende Kultobjekt befunden hätte. Sogar die schon früher bekannten Monumente von Padang Lawas (vgl. Kat. 107) sieht er ohne eine Entsprechung in Indien als einzigartig an. Diese Tatsachen führen ihn zu der Überzeugung, daß Quaritch Wales' Behauptungen: ». . . Sicherlich sind die vergleichsweise späten Überreste . . . in Muara Takus . . . und Padang Lawas . . . alle fraglos indisch«, und ». . . diese Tempel zeigen so wenig Originalität, daß ich meine, daß wir nicht berechtigt sind, für diese die Bezeichnung ›Indo-Sumatrisch‹ zu prägen, wenn wir damit irgendeine spezielle Entwicklung oder Variation eines indischen Kolonialstils meinen . . .«, einfach nicht länger haltbar sind.[17]

Abb. 157 Jebuk, Ost-Java; Lotusblütenornament vom Rücken einer Göttinnen- oder Königinnenstatue (Kat. 133); Jakarta, Museum Nasional.

Abb. 158 Blüten- und Blattwerk des echten Lotus (Nelumbium speciosum).

Von einer Betrachtung des Akkulturations-Prozesses innerhalb der empfangenden Kultur ausgehend, schlug Satyawati Suleiman vor, die Vorstellung der Indisierung aufzugeben, da indische Kulturelemente ja in Wirklichkeit von einer bereits bestehenden indonesischen Kultur absorbiert und den örtlichen Bedürfnissen entsprechend umgeformt worden seien.[18] Ungefähr zur gleichen Zeit, aber unabhängig davon, wurde auf einer anderen Tagung[19] in bezug auf Südostasien für den oben genannten Prozeß der Begriff »Lokalisierung« geprägt. Dieses Thema »ließ die Frage aufkommen, ob spezifische einheitliche lokale Kulturen schon vor der Ankunft fremder Kultureinflüsse existierten und in welchem Ausmaß letztere von schon vorhandenen lokalen Kulturen angenommen, gebrochen und neu formuliert bzw. ›lokalisiert‹ wurden«.[20]

Der Prozeß der Kulturwandlung sollte darüber hinaus auch unter dem Gesichtspunkt betrachtet werden, wie lokale Kulturen einander beeinflußt haben, anstatt lediglich zu überlegen, wie lokale Kulturen eine »große« Kultur übernahmen.[21] Wang Gungwu machte die Möglichkeit geltend, daß vielleicht bereits lokal umgeformtes und assimiliertes »indisches Kulturgut aus zweiter Hand von dem Ort seiner Ankunft an andere Subregionen in Südostasien weitergegeben wurde«, und lieferte auch ein Beispiel für eine solche »Re-Lokalisierung«, indem er speziell auf den Prozeß hinwies, wie die javanische und die Khmer-Kultur Einfluß auf Champa ausgeübt hätten.

hunderts, eine gewisse Systematik: Die Dörfer, im alten Ost-Java *thani* genannt, wurden nun in Gruppen, die man *wishaya* nannte, mit einer nicht festgesetzten Anzahl von Mitgliedern zusammengefaßt. Eines der Dörfer in einer *wishaya* hatte den Status eines Hauptdorfes, *dalem thani* genannt, und das Königreich selbst, *bhumi*, bestand somit aus einigen derartigen *wishaya*.[35] Aus der Literatur wie auch aus Inschriften dieser Periode läßt sich die enge Beziehung zwischen der königlichen Familie und den Menschen, die in den Dörfern lebten, ablesen: So konnte ein Mitglied des Königshauses nach seinem Rücktritt in einer religiösen Gemeinschaft innerhalb des Dorfes leben; die königliche Familie wiederum hatte Zugang zu den Ernteerträgen des Dorfes, und der König konnte die Dörfer besuchen; die Dorfbewohner hatten die Möglichkeit, vom König besondere Rechte zugesprochen zu bekommen, um an den Annehmlichkeiten der gehobenen Lebensart des *rajya* teilzuhaben. Dennoch verloren sie nicht das Recht, ihre eigene herkömmliche Rechtsprechung zu pflegen.[36] Ein größer angelegter Zusammenschluß wurde in der darauffolgenden Ära, der Zeit des Königreiches von Singasari, in der zweiten Hälfte des 13. Jahrhunderts unternommen, als sich verschiedene Königreiche zu einem einzigen Imperium vereinigten. Eine Inschrift dieser Zeit enthält eine Liste von sieben Königreichen, darunter auch Kadiri, die damals unter die Herrschaft Singasaris kamen.[37] Dieser imperiale Aufbau wurde auch unter der darauffolgenden Herrschaft von Majapahit, die im 14. Jahrhundert begann, aufrechterhalten und später ausgedehnt: In der Epoche von Majapahit existierten neben den Königreichen in Java und Madura, die der direkten Kontrolle des Staates unterstanden, die sog. *nusantara*-Regionen, die jenseits dieser Königreiche lagen und besondere diplomatische Beziehungen zu Majapahit unterhielten.
Künstler, deren Hände die verschiedenen Kunstwerke schufen, hatten in dieser Gesellschaft nur einen geringen Status. So informieren uns altjavanische Texte über die Existenz einer Klasse von Fachleuten, die *wulu-wulu* genannt wurden und zu deren Mitgliedern unter anderem Töpfer und Schmiede, die verschiedene Arten von Metall bearbeiteten, Holzschnitzer, Zimmerleute und nicht zuletzt Bildhauer zählten. Sie wurden als *shudra*, Angehörige der untersten der vier Hindukasten, eingestuft und lebten entweder in den Dörfern, so die Angehörigen der *warga kilalan*-Gruppe, oder im Palastbezirk, so die Angehörigen der *watek i jro*-Gruppe. Alle, die in den Dörfern lebten, mußten Steuern zahlen, während die Handwerker des Palastbezirkes dem Staat oder dem Königtum dienten.[38]
Außer den Künstlern, die manuelle Arbeiten wie die Bildhauerei verrichteten, gab es hochrangige Beamte, die sich an der Planung und am Entwurf von Kunstwerken beteiligten. Letzteren gehörten wahrscheinlich auch die *pangajyan shri maharaja* oder ›Lehrer des Königs‹ an. Schließlich werden auch Fälle erwähnt, wo der König selbst die Leitung künstlerischer Projekte übernahm.[39]

Die Entstehung von Stilen

Als Resultat kultureller Kontakte mit Indien entstand tatsächlich ein neuer Stil in der indonesischen Plastik. Naturalistisch gestaltete Figuren wurden in Stein und Metall wiedergegeben, die nach dem Vorbild klassischer indischer Skulptur weiterentwickelt waren. Dieser neue Stil wird durch einen voluminösen Körper charakterisiert, der durch ein System konvexer Flächen und gekrümmter Linien geformt wird. Gelenke und Muskeln sind nicht herausgearbeitet, so daß die Glieder eine tubusähnliche Form erhalten. Es hat den Anschein, als sei die zarte und glatte Oberfläche vom lebenspendenden Strom innerhalb des Körpers, dem *prana*, erfüllt.[40] F. D. K. Bosch sah eine Parallele in der zeichnerischen Darstellung menschlicher Körper und derjenigen von Pflanzen in der klassischen Skulptur[41]: Die menschlichen Gliedmaßen seien ebenso wie die Stämme und Zweige von Bäumen mittels gerundeter Flächen dargestellt worden, so als seien sie prall gefüllt mit Lebenssaft.
Die Grundvorstellung innerhalb der Hindu-Literatur geht davon aus, daß die wahre und einzige Grundlage der Existenz die Seele *atman* bildet. Die physikalischen Phänomene werden als *maya*, als Illusion, angesehen. Die Erschaffung der Welt, die beide Aspekte umfaßt, wird in der Hindu-Mythologie durch das Wachsen des Lotus symbolisiert: Der Ur-Lotus wuchs aus den Wassern der Ewigkeit und brachte Brahma, den Gott der Schöpfung, hervor und nacheinander alle anderen Arten von Geschöpfen.[42] So wurde der Lotus zu einem der beherrschenden Motive in der Plastik (vgl. Kat. 133) und in altindonesischen Tempeln besonders der zentral-javanischen Periode auch für Wanddekorationen[43], symbolisiert er doch Schöpfung und Heiligkeit zugleich. Die erste Phase der hinduistisch-buddhistischen Kunst in Indonesien, die in diese zentral-javanische Periode fällt, wird durch einen Naturalismus charakterisiert, der nicht die Darstellung physischer Schönheit als solcher bezweckt. Im Gegensatz dazu liegt die Betonung des hinduistisch-buddhistischen Naturalismus auf der Darstellung idealer oder gedanklich erfaßter Schönheit, obwohl vorhandene, durchaus realistische Formen als Ausgangsbasis benutzt werden. Eine Voraussetzung von Schönheit in

der Kunst ist die Qualität des *sadreshya*, d. h. das Erreichen von Ähnlichkeit oder Parallelität von Form in bezug auf die zur Darstellung gebrachte Idee.[44] Ideale Schönheit wurde auch als Verschmelzung von natürlichen Formen mit übernatürlichen Kräften verstanden.

Indische Ideen beeinflußten in bestimmten Teilen Indonesiens fast alle kulturellen Elemente. Von den vielen Ideen, die eingeführt wurden, können zwei als die wichtigsten angesehen werden: Die erste bildet die religiöse Vorstellungswelt der Hindus und Buddhisten, die zweite die hinduistische Gesellschaftsauffassung, und dies besonders in bezug auf das Königtum. Um diese beiden zentralen Themen kreisten andere, mit diesen in Beziehung stehende kulturelle Erscheinungen, und so fanden Ideen und Techniken indischen Ursprungs in Architektur, Plastik, Literatur und Bühnenkunst Eingang im Gefolge der religiösen und gesellschaftlichen Vorstellungen.

Die meisten indischen Ideen unterlagen fast unmittelbar nach ihrem Kontakt mit Indonesien einem Prozeß der Anpassung und Uminterpretation. Indische Kulturerscheinungen wurden entweder durch Selektion oder Modifizierung bzw. durch beide Prozesse verändert, Umwandlungen, die in der Plastik und im Tanz zu beobachten sind: z. B. werden menschliche Figuren, besonders Frauen, innerhalb der indonesischen Plastik niemals in solch einer üppigen Weise dargestellt wie in der indischen. Reliefs an zentral-javanischen Tempeln, auf denen Tänze abgebildet sind, weisen zwar eine außerordentliche Übereinstimmung mit dem klassischen indischen Lehrwerk über den Tanz auf[45], zeigen aber niemals die extrem akrobatischen Bewegungen, wie sie aus indischen Texten und Tempelreliefs bekannt sind.[46] Vielleicht wurden diese Veränderungen durch die ureigenen indonesischen Vorstellungen von Schönheit hervorgerufen. Um sie zu erkennen, stehen drei Möglichkeiten zur Auswahl: Die erste besteht darin, die dem Auftreten hinduistisch-buddhistischer Kunst in Indonesien vorangegangenen Kunstformen zu identifizieren, die zweite, indische und indonesische Kunstformen prüfend gegenüberzustellen, und die dritte, die frühen und die späten Entwicklungen im künstlerischen Ausdruck der hinduistisch-buddhistischen Periode Indonesiens zu vergleichen. Mit den daraus gewonnenen Ergebnissen dürfte sich ein klares Bild der indonesischen Auffassung von Schönheit ergeben.

Abb. 159 Candi Pawon, Zentral-Java; Figur einer Göttin an der Außenwand; charakteristisch bei der Körperbildung ist die organische Behandlung der Einzelteile, 8./9. Jahrhundert.

Es gibt die Meinung, daß die Plastik Indonesiens vor dem Erscheinen des klassischen hindustisch-buddhistischen Kunststils sog. »polynesisch« gestaltet war, und dies wegen der Ähnlichkeit mit jenen Statuen, die man 1722 auf den Osterinseln, in Polynesien, entdeckt hat. Speziell dieser Skulpturentypus zeichnet sich durch Schlichtheit der Gestaltung, einer Eckigkeit der Linienführung und Steifheit in der Haltung aus. Statuen dieser Art wurden an zahlreichen Orten Indonesien aufgefunden, so auf Sumatra (Tapanuli, Palembang, Bengkulu, Lampung), Java (West-, Zentral- und Ost-Java), Borneo (Apo Kayan), Sulawesi (Zentral), Irian (Sepik) und an weiteren Orten. Rumbi Mulia[47] plädierte dann 1977 für eine andere, neue Bezeichnung, nämlich »megalithisch«, für diesen Statuentypus, waren doch die meisten jener Skulpturen im Zusammenhang mit megalithischen Denkmälern gefunden worden.[48]

Hauptattraktion megalithischer Statuen ist das Gesicht, ist es doch an einem Steinblock die Andeutung eines Gesichtes, die ihn als menschliche Figur erkennbar macht. Die übrigen Körperpartien sind dagegen meist entweder gar nicht oder nur in schwachen Linien angedeutet worden. So gewinnt man den Eindruck, daß die säulenhafte Form des Steins genauso wichtig ist wie das Bild einer Figur selbst. Dennoch lassen sich technische Unvollkommenheiten nicht verbergen, eine Schwäche, die später mit Hilfe von Techniken, die man bei indischen »Experten« gelernt hatte, überwunden werden konnte. Indes ist bei indonesischen Darstellungen bis in die Gegenwart das Gesicht die Hauptkomponente als Erkennungsmerkmal einer Figur geblieben. So belegten in Indonesien Details in der Zeichnung von Gesichtern von *wayang*-Puppen oder Masken vor allem im Bereich der dramatischen Künste die Fortdauer und zugleich Weiterentwicklung einer vermutlich schon prähistorisch vorhandenen Vorstellung von der Erzeugung eines Bildes.

Eine weitere Möglichkeit zur Ermittlung ursprünglicher indonesischer Schönheitsideale bildet der Vergleich indischer mit Beispielen indonesischer hinduistisch-buddhistischer Plastik. Die erste Phase indischen Einflusses auf die indonesische Kunst ist in der Plastik der zentral-javanischen Periode (8.–10. Jh.; vgl. Kat. 15–27) zu beobachten, wurden doch am Anfang dieser Epoche insbesondere im Gebiet von Kedu die hinduistischen Regeln hinsichtlich der Ikonographie genauestens befolgt; später, in der zweiten Hälfte, übernahm die Gegend um Prambanan die Rolle eines Zentrums indisierter javanischer Kultur.[49] Dennoch lassen sich auch an Skulpturen der zentral-javanischen Epoche, die ikonographisch engste Übereinstimmung mit dem indischen Kanon aufweist, manche grundlegende stilistische Unterschiede beobachten.

Eine genuin indische Statue läßt sich fast auf den ersten Blick von einer indonesischen unterscheiden, besitzt erstere doch einen kräftigen, ja geradezu üppigen Körper mit stark gerundeten Flächen. Seine Einzelteile sind klar definiert, als seien sie voneinander abgesetzt, eine Tendenz, die sich am deutlichsten bei der Wiedergabe von Frauen manifestiert, bei denen die sehr schmale Taille die Trennung der unteren von der oberen Körperhälfte betont. Die Brüste erscheinen fast vollständig gerundet und erwecken so den Eindruck, als seien sie dem Körper angesetzt. Indonesische Beispiele bewirken dagegen einen anderen Effekt, denn bei diesen Statuen sind die einzelnen Körperteile wirklich zu einer Einheit verschmolzen worden. Verbindungsstellen werden nicht betont, sondern geglättet, und nicht einmal die Beine werden deutlich vom Körper abgesetzt. Diese Besonderheit mag der einheimischen Vorstellung entspringen, daß die Darstellung einer Figur möglichst säulenförmig gestaltet sein sollte, um so zentrale Qualitäten wie aufrechte Haltung und Stärke zum Ausdruck zu bringen.

Dennoch besteht zwischen indischer Plastik generell und der frühen hinduistisch-buddhistischen Kunst in Indonesien, wie sie besonders durch die Skulptur der zentral-javanischen Periode präsent ist, Ähnlichkeit: So läßt speziell diese Epoche eine Anpassung an indische Normen hinsichtlich künstlerischer Konventionen wie der fließenden und gerundeten Linien des Konturs, des »stämmigen« Körperbaus, der verfeinerten Wiedergabe ornamentaler Details, der Darstellung halb geschlossener Augen oder des sehr dünnen Gewandes oder Lendentuchs (vgl. Kat. 95) erkennen.[50] Allerdings gelten auch hier die oben erwähnten Unterschiede.

Ein Vergleich auch im Bereich der Reliefplastik zeigt Unterschiede, die eine deutlich andersartige ästhetische Auffassung widerspiegeln. Indische Reliefs, die eine Geschichte schildern, geben diese im allgemeinen im Bereich eines einzelnen Paneels wieder, wohingegen entsprechende indonesische Reliefs mehrere separate Szenen umfassen. Als Konsequenz daraus neigen indische Reliefs zu einer Verdichtung der Handlung, während indonesische Reliefs dahin tendieren, die Handlung auseinanderzuziehen. Darüber hinaus ergibt sich eine weitere Konsequenz für die Komposition innerhalb des jeweiligen Rahmens: So erscheinen indische Reliefpaneele meistens dicht gefüllt, jedes Detail hat im Hinblick auf die Erzählung gleiche Bedeutung. Dagegen zeigen indonesische Reliefs eine wohlbeabsichtigte Differenzierung zwischen dem Zentrum eines Geschehens und dessen Hintergrund: Personen werden hier mit all ihren Attributen klar im Vordergrund dargestellt, vor einem ruhigeren Hintergrund, gebildet aus Pflanzen,

Wolken, Tieren und anderen Komponenten eines Panoramas. Obwohl dieser Hintergrund (vgl. Kat. 150) eine Vielfalt von Formen enthält, ist er doch als eine einheitliche Information zu Ort und Handlung einer Szene zu verstehen.

Eine dritte Möglichkeit, Auskunft über ursprüngliche indonesische Vorstellungen von Schönheit zu erhalten, die nicht zuletzt zur Ausbildung bestimmter Stile führten, kann ein Vergleich zwischen der frühen und der späten hinduistisch-buddhistischen Plastik Indonesiens liefern, der sich allerdings in diesem Fall wegen Mangels an Material nur auf die javanische Kultur stützen kann. Die frühere Phase wird durch die zentral-javanische, die spätere durch die ost-javanische Periode dokumentiert.

Die Vorliebe für gerundete Linien innerhalb der zentral-javanischen Plastik wurde in der ost-javanischen durch eine Neigung zu »eckigen« Linien abgelöst. Diese Tendenz zeigt sich bei erzählenden Reliefs am deutlichsten. So ist ein auffallend waagerechter Verlauf der Schulterlinie bei Personen auf ost-javanischen Reliefs fast die Regel, so daß beide Arme wie von einer Geraden »herabzuhängen« scheinen. Die »stämmigen« Personen zentral-javanischer Reliefs sind auf den ost-javanischen nicht mehr zu finden, wurden sie doch durch schlanke, biegsame, ja zerbrechlich wirkende Figuren (Kat. 151) ersetzt. Sogar einige rundplastische Skulpturen aus Ost-Java, und hier besonders solche, die keine Götter darstellen, zeigen diese Merkmale, so daß daraus gefolgert werden darf, daß Schlankheit und Geschmeidigkeit die zentralen Kriterien idealer Schönheit während der ost-javanischen Periode darstellten. Und darüber hinaus ergibt sich, daß diese Kriterien tatsächlich indogene, also einheimische gewachsene repräsentierten, nun mit der Chance, nach einer langen Zeit des Experimentierens, das mit der Übernahme fremder Vorstellungen und Technologien einsetzte, erneut aufzublühen.

Diese Vermutungen werden durch zentral-javanische Reliefs mit Tanzdarstellungen, insbesondere jenen vom Candi Loro Jonggrang und dem Borobudur, gestützt. Diese beweisen eindeutig, daß die Bildhauer die Regeln des klassischen indischen Tanzes genau kannten, und dies nicht nur aus schriftlichen Anweisungen, sondern auch aus regelrechten Aufführungen. Diese Schlußfolgerung wird angesichts der Tatsache, daß viele Zwischenbewegungen dargestellt sind, die die Texte verschweigen oder nur selten erwähnen, geradezu zwingend.[51] Die Reliefs des Borobudur zeigen den Kontext der Tänze als Teil bestimmter, wiedererkennbarer narrativer Szenen, wobei zwei grundsätzlich unterschiedliche »Sphären« unterschieden werden. Die eine ist die der sozial Höhergestellten, die andere die der unteren Schichten. So zeigen Tänze innerhalb der höheren gesellschaftlichen Kreise ganz unzweifelhaft den klassischen Hindu-Stil, während die der gewöhnlichen Bevölkerung viele Varianten aufweisen wie akrobatische, groteske, komische oder typisch lokale Tanzpositionen. Dieser zuletzt genannte »lokale Stil« wird durch zurückgenommene, eher verhaltene Bewegungen, manchmal aber auch durch nach

Abb. 160 Provinz Uttar Pradesh, Indien; Figur einer himmlischen Nymphe (Apsara) *aus einem Heiligtum des 9. Jahrhunderts. Typisch für das indische Rundbild sind die starke Kurvatur der Körperhaltung* (Tribhanga) *sowie die prononciert wiedergegebenen Einzelheiten; Baltimore, B. und J. Ford-Collection* (nach: Gods, Guardians and Lovers, 1993).

Abb. 161 Borobudur, Zentral-Java; Reliefszene: Musikanten- und Tanzgruppe (aus: Barabudur, Band I, 1920, 1[B] a.V. 42).

außen geschwenkte Beine oder durch eine Art Reihentanz charakterisiert.[52] Eine Inschrift dieser Epoche beschreibt einen Zeremonialtanz der männlichen und weiblichen Dorfältesten, indem sie herausstellt, daß sie einen Kultpfahl sowohl paarweise als auch in Reihen umschreiten.[53] Der grundlegende Unterschied zwischen dem lokalen und dem klassischen Hindu-Stil scheint anhand dieser Beispiele offenkundig, zeichnet sich doch der klassische Hindu-Stil durch weitausholende Bewegungen aus, während die des lokalen weitaus verhaltener sind; stark und jähe Bewegungen des ersteren stehen in Gegensatz zu leichten und andauernden der lokalen Stilrichtung.

Dieser Befund gibt ganz eindeutig zu erkennen, daß beide Tanzstile während der zentral-javanischen Periode gleichzeitig existierten: Nur wurde jener, der der hohen Kultur Indiens entstammte, in Indonesien zum Attribut einer mächtigen Elite, während der andere, einheimischen Ursprungs, von der übrigen einfachen Bevölkerung einschließlich der Dorfältesten getanzt wurde. Eine vergleichbare Situation könnte durchaus bei den visuellen Künsten bestehen.

Der spätere »klassische« Tanz Javas beruht im wesentlichen auf einer Fortsetzung der Schönheitsideale, die im alten einheimischen Tanz Zentral-Javas vorhanden gewesen waren, allerdings bereichert um einige dem klassischen Hindu-Tanz entnommene Techniken. Diese neu erworbenen Möglichkeiten beinhalten besonders den vollen Schwung der Beine nach außen zur Bildung der Grundstellungen, und während die Bewegungslinien des klassischen Hindu-Tanzes meist rund und rotierend ausfallen, sind die des javanischen eher »eckig«. Das Aufkommen dieser »Eckigkeit«, gepaart mit Geschmeidigkeit und Zierlichkeit, darf mithin als ein Wiederaufleben einheimischer Schönheitsideale erklärt werden, die einst an den Rand der damals »neu zivilisierten Welt« gedrängt wurden. Eine Untersuchung der besonderen Merkmale hinduistischer Statuen in Java belegt, daß viele der besonders charakteristischen Eigenheiten, die einst an der Peripherie entwickelt worden waren, später vom deutlich jüngeren Zentrum eines Staates übernommen wurden – damals in Südostasien auch ein Zentrum der zivilisierten Welt.[54].

Der vorausgegangene Überblick hat vielleicht nur sehr schematisch aufzeigen können, wie Kunststile in Indonesien ihren besonderen Entwicklungsgang durchliefen: Zwar hat die prähistorische Kunst, insbesondere die Bildhauerei in Stein, keinerlei Beitrag zur Technik des späteren Kunstschaffens geliefert, aber doch die Basisidee von der Grundstruktur einer Statue und der zentralen Bedeutung des Gesichts beigesteuert. Von entscheidender Bedeutung waren später die Übernahme der Bildhauertechnik und verschiedene ästhetische Aspekte, die der indischen Kultur entstammten. Dieses zusammen bereicherte die altindonesische Kunst in einem solchen Ausmaß, daß sich die alten Schönheitsideale nun mit einer einzigartigen Eleganz ausdrücken ließen.

1 Zoetmulder 1974. Siehe außerdem Edi Sedyawatis Rezension der Übersetzung dieses Buches in: Tempo 13, Nr. 35 (Oktober 1983), wo der Anteil der Versmaße gezählt wurde.

2 Dieser Standpunkt der Diffusionisten wurde auch in frühen Untersuchungen zur Vorgeschichte eingenommen, so u. a. in bezug auf das Problem der Megalithkulturen. Darüber hinaus wurde sogar behauptet, daß die Verbreitung durch Migration erfolgt sei, so Heine-Geldern 1936, 35–36; oder derselbe, 1945, 151, Rezension in Christie 1979. Auf die vorherrschende Tendenz, indonesische Kulturgeschichte im Licht der Diffusionstheorie zu betrachten, wurde ausdrücklich auch bei Rahardjo 1988 hingewiesen.

3 Speziell dieser Ansatz war von B. J. O. Schrieke 1927 kritisiert worden. Sein Artikel, der ursprünglich niederländisch abgefaßt war, wurde später ins Englische übersetzt: »Some Remarks on Borrowing in the Development of Culture«, Indonesian Sociological Studies. Selected Writings of B. Schrieke, Part I (Bandung, 1960), 223–237, 290. Quaritch Wales vertrat noch 1951 die Vorstellung von »Kultur-Strata«, um die Entwicklung von Kultur zu erklären: So werden die Unterschiede in der Kunst weitgehend auf das komplexe Ineinandergreifen der »Wellen indischer Kultur« zurückgeführt.

4 Vogel 1925; Majumdar 1937.

5 Krom 1931.

6 Coedès 1966, 13.

7 Fisher 1964, 81. Rezension von Timbul Haryono in: Ayatrohaedy 1986, 207–219.

8 van Leur 1955.

9 Schrieke 1960, 232.

10 Brandes 1889.

11 Quaritch Wales 1951, 17.

12 Quaritch Wales 1951, 9–11.

13 Quaritch Wales 1951, 194.

14 Quaritch Wales 1951, 196.

15 Bosch 1961d. Der Originalartikel auf Niederländisch lautet: »Het Vraagstuk van het Hindoekolonisatie van den Archipel«, Inaugural-Ansprache an der Rijksuniversiteit, Leiden, 1946. In seinem Artikel, in dem er die altjavanische Kunst als Kernbeispiel für Beobachtungen nutzt, diskutiert Bosch das Problem des »lokalen Genius«.

16 Vgl. Ayatrohaedi 1986 in den Sitzungsberichten des Seminars vom Februar 1984. Zu den oben genannten Punkten siehe u. a. die Aufsätze von Satyawati Suleiman, 157, 172–175; Boechari, 202–206 und Timbul Haryono, 210–218.

17 Soekmono in: Ayatrohaedi 1986, 242–245.

18 Satyawati Suleiman in: Ayatrohaedi 1986, 152–185.

19 »Southeast Asia in the 9th to 14th Centuries«, eine Tagung, die im März 1984 an der Australian National University abgehalten wurde. Die Sitzungsberichte dieser Veranstaltung wurden unter demselben Titel 1986 in Singapur publiziert, Hrsg. David G. Marr, A.C. Milner, Einführung Wang Gungwu.

20 Wang Gungwu in: Marr – Milner 1986, XV.

21 Edi Sedyawati in: Ayatrohaedi 1986, 235, 245; Wang Gungwu in: Marr – Milner 1986, XVII.

22 Schrieke 1960, 229, 232.

23 Siehe u. a. H. Kern, Verspreide Geschriften VII, 1917, 105–120 (ursprünglich erschienen 1886); Brandes 1889.

24 Siehe H. Kern, Verspreide Geschriften VI–VII. Inscripties van de Indische Archipel ('s-Gravenhage, 1916–1917); Vogel 1925; Edi Sedyawati 1987.

25 de Casparis 1975, 19.

26 Einen Überblick über die prähistorischen Siedlungen, die in diesem Gebiet ausgegraben wurden, gab Hasan Djafar 1987.

27 Soejono 1984b, 288–295.

28 Die Fundstätte von Pejaten, siehe Hasan Djafar 1987.

29 Die Fundstätte von Buni, siehe Hasan Djafar 1987. Siehe ferner I Made Sutayasa 1975, 83–103; I Made Sutayasa 1979, 61–75.

30 van Naerssen 1979.

31 van Naerssen 1979; ferner Sedyawati 1985, 297–300 und Anm. 462.

32 de Casparis 1981.

33 van Naerssen 1979, 39, 46.

34 de Casparis 1981.

35 Sedyawati 1985, 301–310.

36 Sedyawati 1985, 324–326, 359.

37 *Mûla-Malurung*-Inschrift; Sedyawati 1985, 311–312.

38 Sedyawati 1985, 341–348.

39 Sedyawati 1985, 321–323, 327–330.

40 Eine solche Interpretation gab Stella Kramrisch in *The Indian Sculpture* (Delhi 1981; 1. Aufl. London, 1933). Zu *prana* siehe Pott 1966. Pott erläutert den Vorgang des *prana* in der Ausübung des *yoga*. *Prana* wird als »Lebensatem« (besser: lebengebende Ströme) erklärt, die mittels Tausender von Kanälen durch den menschlichen Körper fließen. Ein *yogin* (eine Person mit der Qualifikation, *yoga* auszuüben) kann sein *prana* durch drei Hauptkanäle steuern *(susumna, ida* und *piñgala)* in eine Kraft hinein, die er daraufhin veranlassen kann, sich von einem Ursprungssitz im *muladhara* (einem Punkt zwischen Genital und After) aus aufwärts zu bewegen und sechs folgende Positionen »zu durchbrechen« *(cakra/padma)*, um zu dem Gott zu gelangen, der sich auf seinem Platz oberhalb der Fontanelle befindet.

41 Bosch 1960.

42 Siehe Erklärungen bei Zimmer 1953.

43 1960 diskutierte Bosch dieses Thema anhand von mehr als dreihundert Beispielen, von denen die meisten mit Lotuszweigen und Blättern gefüllte Paneele waren.

44 Coomaraswamy 1956, 9–14 und 226, hat *sadreshya* definiert als »Gleichzeitigkeit formaler und bildlicher Elemente; Konformität«.

45 Das grundlegende Lehrbuch, das in der Vergangenheit bis heute als Quelle für andere Lehrbücher über klassische indische Tänze angesehen wird, im *Natyashastra*. Siehe Gosch 1951.

46 Studien von Edi Sedyawati zur Geschichte des indonesischen (speziell javanischen) Tanzes: »Serangkai Relief Tari pada Candi Lara Jonggrang, Prambanan«, *Musika: Brosur Ilmu Musik & Koreografi* (Jakarta, 1973); »Tari dalam Sejarah Kesenian Jawa dan Bali Kuna«, Interim Research Report, Faculty of Letters, University of Indonesia (E. Sedyawati & Team), 1978; 1981 *Pertumbuhan Seni Pertunjukan* (Jakarta, 1981); »The Question of Indian Influence on Ancient Javanese Dance«, RIMA (University of Sydney) no. 16.2 (1981), 59–82.

47 Rumbi Mulia verdanken wir einen Überblick über die Verwendung der Bezeichnung »polynesisch« für einen bestimmten Skulpturenstil in Indonesien und anderswo. Siehe Mulia 1980a. Der Ausdruck »polynesische Statue« wurde schon von S. A. L. Muller und W. P. Groeneveldt in ihren Berichten über Statuenfunde in der zweiten Hälfte des 19. Jhs. verwendet. Auch Krom befürwortete zunächst 1923 und später 1931 den Namen »polynesisch«, war er doch der Meinung, daß diese Statuen von den eingeborenen malaiisch-polynesischen Stämmen hergestellt worden waren.

48 Später verwendete Haris Sukendar den Ausdruck »megalithische Statue« in seinen Berichten. Er unterschied aber genauer die »megalithische Statue« von einer einfacheren »Menhir-Statue«, die aus einem aufrecht stehenden Monolithen besteht, in dessen oberen Teil die schematische Wiedergabe eines Gesichtes gemeißelt ist. Manchmal sind auch Arme, rudimentäre Arme oder Genitalien hinzugefügt worden. Siehe Sukendar 1985, 91–108. Noch heute vorhandene Traditionen im Zusammenhang mit Megalithen in Indonesien haben gezeigt, daß die Menhire drei Funktionen haben können: die erste ist religiös einzustufen, betrifft sie doch die Riten für die Vorfahren; die zweite ist gesellschaftlich orientiert und betrifft Zeremonien zur Erhaltung der Sozialstruktur, und die dritte ist einfach profan, kann doch z. B. ein Menhir als Pfosten zum Anbinden eines Pferdes oder als Ortsmarkierung dienen. Siehe auch I Dewa Kompiang Gede, »Peranan Compang dalam Hubungan Religi Masyarakat Ruteng, Flores Barat, NTT« (The role of the menhir in the prehistoric society of Indonesia) in *Pertemuan Ilmiah Arkeologi V, Yogyakarta, 4–7 Juli 1989* (Jakarta, 1989), 223–245. Stilistisch besteht wirklich kein Unterschied zwischen dem, was Sukendar »megalithische Statue« und »Menhir-Statue« nennt. Daher sollten die beiden in der Diskussion über die Stilrichtungen nicht gesondert betrachtet werden, machte doch auch Rumbi Mulia hier keine Unterscheidung.

49 Siehe Edi Sedyawati, »Kajian Kuantitatif atas Masalah ›Local Genius‹«, *Pertemuan Ilmiah Arkeologi IV, Cipanas, 3–9 Maret 1986*; vol. 3, Konsepsi dan Metodologi (Jakarta, 1986), 33–49: In diesem Artikel werden quantitative Analysen bildhauerischer Merkmale und Ikonometrie angeführt, um die Plastik Javas im Verhältnis zum indischen Ikonographiekanon zu bestimmen.

50 Vgl. den Artikel von Suwadji Sjafei »Hubungan Seni Arca Sailendra Jawa Tengah dengan Seni Asing pada Abadabad 8, 9, 10« in *Pertemuan Ilmiah Arkeologi ke-III, Ciloto, 23–28 Mei 1983* (Jakarta, 1985), 220–239. Hier werden künstlerische Merkmale genannt, die mit indischen Konventionen übereinstimmen, wie sie bei Plastiken aus Zentral-Java, Sumatra und Thailand zu beobachten sind. Verf. nannte den Stil, der diese Merkmale trägt, »Sailendra-Stil«, eine Bezeichnung, die schon Satyawati Suleiman vorgeschlagen hatte, um den Begriff »Shriwijaya-Stil« zu ersetzen. Siehe ihren Artikel »Studi Ikonografi Masa Sailendra di Jawa dan Sumatra«, *Pertemuan Ilmiah Arkeologi, Cibulan, 21–25 Februari 1977* (Jakarta, 1980), 375–391. Auch R. Soekmono hatte in »Kesenian Sriwijaya di Seberang Selatan Malaka«, *Pertemuan Ilmiah Arkeologi, ke-II, Jakarta, 25–29 Februari 1980* (Jakarta 1982), 131–139 für diese Benennung plädiert.

51 Diese Bewegungen betreffen Arme ebenso wie Beine. Grundbewegungen, wie man sie auf Reliefs findet, und dies im Einklang mit indischen Beschreibungen, bestehen aus Tanzstellungen, Bein- und Handhaltungen, Fußpositionen, Schritten und Bewegungen der Seiten. Siehe auch Anm. 46, bes. den letztgenannten Artikel.

52 Sedyawati 1985. Diese lokalen Tanzstile finden sich auf Reliefs des Borobudur, Nr. I (B) a. V. 42; I (B) b. XIV. 89; und I (B) 89 bzw. auf einem Relief Nr. 58 am Shiwa-Tempel in Prambanan.

53 So die Inschrift des Taji, aus Panaraga, aus dem Jahr 901. Siehe Sedyawati 1978 und dieselbe 1982, wie auch Holt 1967, 281–282, die den Teil der Inschrift, der sich auf den Tanz bezieht, übersetzt.

54 Siehe Sedyawati 1986. In der zentral-javanischen Periode entsprechen die ikonometrischen Merkmale von Hindustatuen im Zentrum des Staates, wie in Prambanan, dem indischen Kanon, während die Regionen am Rande deutlich abweichen. Diese abweichenden Kennzeichen wurden später im Zentrum Ost-Javas, wie Singasari, übernommen.

Die Architektur der klassischen Zeit

R. Soekmono

Es ist nicht bekannt, wann die Indonesier erstmals Gebäude errichteten, doch ist anzunehmen, daß sie damit aus dem Bedürfnis heraus, sich vor Sonne und Regen zu schützen, während des Neolithikums begannen, also jener Phase, als sie anfingen, seßhaft zu werden und das Land zu bestellen. Aller Wahrscheinlichkeit nach waren die Häuser jener Zeit aus einem Material erbaut, das leicht zu beschaffen und zu bearbeiten war, wie etwa Bambus, Holz, Schilf, Reetgras oder Pandanus. Von diesen besonders vergänglichen Behausungen haben sich naturgemäß keine Spuren erhalten, und so sind die ältesten noch vorhandenen Gebäude, die sog. *candi*, Bauwerke, die aus Stein errichtet wurden. Bei letzteren handelt es sich allerdings nicht um Wohnungen für Menschen, sondern um Heiligtümer, aus denen viele der in dieser Ausstellung gezeigten Skulpturen stammen. Die Statuen in diesen *candi* waren Bilder von Gottheiten, die verstorbene Herrscher-Persönlichkeiten und zugleich auch Ahnen darstellen, die in die Unterwelt hinübergewechselt sind. Somit war der *candi* eine Kultstätte, in denen sowohl vergöttlichte Könige wie auch die Geister von Ahnen verehrt wurden.

Als eine Stätte der Begegnung von Verehrern und Verehrten, von dieser und der jenseitigen Welt symbolisierte das Tempelgebäude das gesamte Universum. Die Götterwelt und die Symbolik, die sich im *candi* widerspiegeln, deuten auf einen starken Einfluß der indischen Zivilisation hin, und hier besonders auf deren zwei große Religionen, den Hinduismus und den Buddhismus. Man vermutet, daß dieser Einfluß zu Beginn der christlichen Zeitrechnung wirksam wurde, obwohl die ältesten Zeugnisse, in der südindischen Pallawa-Schrift verfaßte Sanskrittexte, erst einige Jahrhunderte später zu datieren sind.

Die älteste Architektur

Die *candi*, die das Hochplateau von Diëng im Bereich Zentral-Javas schmücken, gelten als die ältesten Beispiele indonesischer Architektur. Von den acht erhaltenen Tempeln stellt Candi Bima mit seinem Dach, das dem in Indien verbreiteten Turm *(shikhara)* ähnelt, einen Architekturtyp dar, der an nordindische Vorbilder erinnert. Andererseits läßt Candi Arjuna ebenso wie die anderen *candi* von Diëng mit ihren gedrungenen Formen und ihrem betonten horizontalen Gesims an Tempel Südindiens denken. Doch all diese Ähnlichkeiten ergeben sich nur als erster Eindruck, läßt doch eine genauere Nachprüfung mehr Unterschiede als Übereinstimmungen erkennen. So läßt sich nirgends in Indien ein Tempel finden, der als Prototyp für diejenigen in Indonesien gedient haben könnte, eine Feststellung, die vor allem für die Dekorelemente an den Gebäuden gilt. Beispielsweise weicht die indonesische Version des *kala-makara*-Motivs von dem indischen *kirtimukha* und der indischen Art der Wiedergabe des *makara* erheblich ab. Überdies zeigen die Reliefs des Candi Shrikandi, die Shiwa an der Ostwand des Tempels darstellen, flankiert von Brahma an der Süd- und Wishnu an der Nordwand, eine Anordnung, deren Konzeption ganz offenkundig indonesisch ist.

Der Einfluß Indiens manifestiert sich nur in den großen Umrissen, da die Ausführung kleiner Details völlig in den Händen einheimischer indonesischer Künstler lag. In diesem Zusammenhang erscheint es höchst bemerkenswert, daß selbst für den Fall, daß ein Denkmal eindeutige Elemente indischen Ursprungs aufweist, oftmals die nähere Untersuchung ergibt, daß diese häufig aus ganz unterschiedlichen Gebieten Indiens, manchmal sogar aus verschiedenen Epochen entlehnt scheinen. Die Errichtung der *candi* ist daher keine von Indien nach Indonesien verpflanzte Besonderheit, sondern sie waren immer eine fraglos indonesische Architekturform, die zwar auf der indischen Gedankenwelt basierte, dennoch aber von den Indonesiern selbst in Übereinstimmung mit den ihnen eigenen Fähigkeiten und einheimischen Traditionen geschaffen und weiterentwickelt wurde. Dieser indigene Stil wird durch verschiedene Typen von *candi*-Bauten charakterisiert, die jeweils einen bestimmten Architekturstil einer ebenfalls bestimmten Zeit repräsentieren. Darüber hinaus gibt es beträchtliche Unterschiede zwischen Gruppen von *candi* aus derselben Periode, und sogar noch größere zwischen *candi* verschiedener Zeiten und Orte.

Abb. 162 Diëng-Plateau, Zentral-Java; einer der Tempel der Arjuna-Gruppe, 8./9. Jahrhundert (nach: Raffles, History of Java, 1817).

Daß diese Auffassung zutrifft, wird evident bei der Gruppe von *candi*, die den Namen Gedong Songo führt. Sie werden gewöhnlich in die gleiche Zeit datiert wie die *candi* auf dem Diëng-Plateau, gelegentlich aber auch etwas jünger angesetzt. Da einige *candi* der Gedong Songo-Gruppe beinahe vollständig wiederaufgebaut wurden, kann ihr Architekturstil jetzt mit Sicherheit bestimmt werden. Die Höhe dieser *candi* mildert den Eindruck von Gedrungenheit, den die starke Betonung der horizontalen Gesimse erzeugt, nur geringfügig. Die Bautechnik und die Art, wie die verschiedenen Komponenten zusammengestellt wurden, sind ähnlich wie bei den *candi* von Diëng. Candi Semar, ein kleiner *candi* auf dem Diëng-Plateau, der vor dem Candi Arjuna und diesem zugewandt über einem längsrechteckigen Grundriß errichtet wurde, besitzt ein einzelnes, karniesförmiges, d. h. aus einem konvexen und einem konkaven Teil zusammengesetztes Dach. Damit stellt dieser Tempel einen nur aus Diëng und Gedong Songo bekannten Typus dar. Der ähnlich unstrukturierte Aufbau der Tempel-Gruppen in Diëng und Gedong Songo legt nahe, diese beiden in dieselbe oder doch annähernd die gleiche Zeit zu datieren.

Epigraphische Zeugnisse deuten darauf hin, daß ein Tempel, der Candi Gunung Wukir, vielleicht noch älter als die Tempel von Diëng und Gedong Songo sein könnte, stammt doch die älteste Inschrift aus dem Diëng-Komplex aus dem Jahr 802 n. Chr., während die Inschrift von Canggal, die die Gründung des Candi Gunung Wukir erwähnt, sicher in das Jahr 732 datiert ist. Doch gibt es Anzeichen dafür, daß Candi Gunung Wukir möglicherweise erst nach den *candi* vom Diëng-Plateau vollendet wurde, gehört doch die Steinmetzarbeit, und hier besonders die Wiedergabe der *kala-makara*-Motive, einer jüngeren Entwicklungsstufe an.

Candi Gunung Wukir, von dem sich lediglich die Basis erhalten hat, weist in diesem allein noch vorhandenen Bestandteil eine bemerkenswerte architektonische Eigenart auf, nämlich die flache schmucklose Plinthe seines Sockels. Dafür fehlen hier die Gesimse, die gewöhnlich im unteren Teil der aufgehenden Architektur einsetzen und häufig weiter oben am Monument wiederholt werden, völlig; auch ist keinerlei Bauschmuck vorhanden.

Ein schmuckloser Sockel ist auch ein Charakteristikum des Candi Badut in Ost-Java. Aller Wahrscheinlichkeit nach ist dieser Tempel, der bis zum unteren Abschnitt des Daches wiederaufgebaut wurde, so daß wir die Hauptkriterien seines Architekturstils fassen können, mit einer Inschrift zu verbinden, die ins Jahr 760 datiert werden kann. Die Hauptbauelemente vom Boden bis zur Dachspitze sind der Sockel, der eigentliche Tempelkörper und das Dach, die alle klar voneinander abgesetzt sind, wie auch die gestuften Dachgeschosse. Wie bei den *candi* von Diëng und Gedong Songo suchte man auch hier die Betonung der Horizontalen durch eine dreiteilige Gliederung der Wandflächen des Baukörpers mittels vertikaler Bänder zu mildern; die mittlere Partie der Fassade war der Eingangshalle vorbehalten, während die Flächen der drei übrigen Wände zur Aufnahme von Nischen mit Götterbildern dienten. Das Hauptbildnis, im Fall des Candi Badut der *lingga*, das phallische Symbol Shiwas, befindet sich noch heute an seinem ursprünglichen Standort in der Mitte der Cella. Da die skulptierte florale Dekoration auf den Wänden des Tempelkörpers und die *kala-makara*-Rahmungen der Nischen und des Eingangs eine stilistische Entwicklung zeigen, die weiter fortgeschritten ist als in Diëng und Gedong Songo, müßte Candi Badut demnach geringfügig jüngeren Datums sein.

Es hat den Anschein, daß der flache, schmucklose Tempelunterbau für die Architektur des 8. Jahrhunderts besonders typisch ist, besitzt doch auch Candi Kalasan, östlich von Yogyakarta gelegen, einen derartigen Sockel. Allerdings ist der *candi*, auf den sich diese Beobachtung bezieht, nicht der heute noch aufrecht stehende Bau, sondern ein anderes, von diesem vollständig ummanteltes Gebäude, und höchstwahrscheinlich befinden sich darüber hinaus in seinem Inneren sogar zwei umbaute *candi*. Eine Inschrift aus dem Jahre 778, die von der Errichtung eines der buddhistischen Göttin Tara geweihten Tempels in dem Dorf Kalasa berichtet, bezieht sich mit Sicherheit nur auf das erste der drei Gebäude, von dem allein bekannt ist, daß es einen einfachen, schmucklosen Sockel besaß.

Architektur des frühklassischen Stils

Die *candi* vom Diëng-Plateau und von Gedong Songo werden traditionell als die ältesten architektonischen Zeugnisse Indonesiens angesehen. Da mit der Erbauung des Candi Gunung Wukir im Jahre 732 begonnen wurde, kann der eigentliche Anfang der Geschichte der Archi-

Abb. 163 *Diëng-Plateau, Zentral-Java; Candi Bima; charakteristisch ist die turmartige Dachkonstruktion, die an nordindische Vorbilder erinnert, 8./9. Jahrhundert.*

Abb. 164 *Diëng-Plateau, Zentral-Java; Candi Bima; auffällig sind bei diesem* candi *die zahlreichen Nischen in der Dachkonstruktion, 8./9. Jahrhundert.*

Abb. 165 Malang, Ost-Java; Kultbild lingga *in der Cella des Candi Badut, 8. Jahrhundert.*

tektur auf der Insel Java wohl noch einige Jahrzehnte früher angesetzt werden. In den folgenden zwei Jahrhunderten führte dann eine fieberhafte Bautätigkeit zur Errichtung einer großen Zahl von *candi*, die die Landschaft Zentral-Javas schmücken, eine Bautätigkeit, die weitgehend auf diese Region beschränkt blieb und unlösbar mit den wechselnden politischen Ereignissen der javanischen Geschichte aus der Zeit der Mitte des 10. Jahrhunderts verbunden ist. Danach verlagerte sich das Machtzentrum in den östlichen Teil Javas, was zur Folge hatte, daß die Geschichte Indonesiens daher in eine zentral-javanische und eine ost-javanische Periode eingeteilt wird – dies eher eine chronologische als eine geographische Unterscheidung! So repräsentiert zum Beispiel Candi Badut in Ost-Java einen Architekturstil, der für Zentral-Java typisch ist, während Tempel des typisch ost-javanischen Stils in Zentral- und Nord-Sumatra anzutreffen sind. Bei Betrachtung der Geschichte Indonesiens hat der Terminus »klassische Zeit« mittlerweile den früher üblichen Begriff »Hindu-Zeit« abgelöst. Dieselben Termini können auch für die Stile der *candi*-Architektur verwendet werden: So ersetzt *candi* »der frühklassischen Zeit«; den älteren Ausdruck »zentral-javanischer« *candi* und *candi* »der spätklassischen Zeit« »ost-javanischer« *candi*.

Die oben bereits genannten *candi*, Gunung Wukir, Badut, Kalasan I und die Tempelgruppen vom Diëng-Plateau und Gedong Songo, gehören alle der frühklassischen Zeit an, der auch einige *candi*, die über den mittleren Teil Zentral-Javas und die Ebene von Prambanan östlich von Yogyakarta verstreut liegen, zuzuweisen sind. Die Mehrheit dieser Gebäude, und hier besonders die buddhistischen Tempel unter ihnen, sind Repräsentanten des Goldenen Zeitalters während der Regierung der Shailendra-Dynastie und damit der Jahre von etwa 750–860.

Der auffälligste Unterschied zwischen den oben genannten ältesten *candi* und denen der Shailendra-Zeit besteht darin, daß die letzteren erheblich größer, komplexer in der Bauweise und luxuriöser dekoriert sind. Auch unternahm man besondere Anstrengungen, um den Eindruck des Aufstrebens zu verstärken, indem man die Zahl der vertikalen Bänder an den Tempelwänden vergrößerte, die sowohl unverziert oder auch mit Spiralmotiven geschmückt sein konnten, genau wie die horizontalen

Abb. 166 Malang, Ost-Java; Rekonstruktionszeichnung des Candi Badut, 8. Jahrhundert (nach: Fontein 1990).

Gesimse auch. Die Architektur der Shailendra-Zeit wird allgemein durch ein Gesimsprofil charakterisiert, das aus einer glatten Plinthe, einem glockenförmigen Karnies und einem Band mit halbkreisförmiger Kontur besteht.
Das berühmteste Bauwerk aus der Regierungszeit der Shailendra-Könige ist der Candi Borobudur, der sich unweit westlich des Candi Gunung Wukir erhebt. Nach Form und Aufbau kann dieses heilige Monument allerdings kaum als *candi* bezeichnet werden, da dessen grundlegender Bestandteil, eine Cella zur Aufnahme der Statue, fehlt. Borobudur besitzt die Form einer Stufenpyramide, die von einem *stupa* bekrönt wird. Sein Hauptzweck war der Ahnenkult oder die Verehrung der Gründer der Shailendra-Dynastie, die nach dem Tode mit den Jinas verschmolzen worden waren. Obwohl seine Form und sein Aufbau vom Üblichen abweichen, stellt Candi Borobudur, was die einzelnen verwendeten Architekturelemente betrifft, keine Besonderheit dar. Sein spezieller Charakter liegt in der einzigartigen Gesamtkomposition und darüber hinaus vor allem seinem Bauschmuck, seinen Skulpturen und seinen Reliefzyklen.
Errichtet auf einem niedrigen ca. 13,70 m hohen Hügel, der sich aus einer weiten Ebene erhebt, hat Candi Borobudur das Aussehen einer niedrigen Kuppel. Er besitzt neun Ebenen, deren unterste als Sockel der Anlage dient und einen quadratischen Grundriß mit einer Kantenlänge von 112,70 m mit Vorsprüngen an allen vier Seiten aufweist. Die glatten Wände dieses Sockels ragen bis in eine Höhe von 3,65 m empor. Die zweite Ebene springt um 7 m von der Sockelkante zurück, so daß Raum für einen breiten Prozessionsweg rund um das ganze Gebäude geschaffen wurde.
Der stufenförmige Teil, der den Baukörper ausmacht, besteht aus fünf Ebenen, die nach oben an Ausdehnung abnehmen. Um jede der vier unteren laufen 2,10 m breite Galerien mit Balustraden, die an allen vier Seiten des Bauwerks in der Mitte von Treppenaufgängen unterbrochen werden, die alle Ebenen des *candi* von der untersten bis zur obersten miteinander verbinden.
Erzählende Reliefs, die aus über 1300 Paneelen mit einer Gesamtlänge von rund 2500 m bestehen, bedecken die Wände und Balustraden der Galerien. Diejenigen der ersten Galerie zeigen die Taten, die Buddha in seinen früheren Leben vollbrachte, und die Geschichte seiner letzten Inkarnation als Prinz Siddharta, jener Lebensabschnitt, in dem er die »Höchste Erleuchtung« erlangte. Die Reliefs der oberen Galerien schildern die Pilgerfahrt des jungen Sudhana, eines Buddha-Nachfolgers, der sich auf der Suche nach der letzten Wahrheit befindet.
Der ursprüngliche Sockel des Denkmals, der später von den Blöcken des breiten Prozessionsweges überdeckt wurde, ist mit Reliefs geschmückt, die das Gesetz von Ursache und Wirkung illustrieren. Diesem Gesetz zufolge hat das menschliche Verhalten die diesem angemessene Auswirkung auf zukünftige Wiedergeburten, mittels deren Verbrechen bestraft werden, Tugend aber den verdienten Lohn empfängt.
Die oberen Ebenen des Borobudur sind von denen anderer *candi* recht verschieden, da er kein Dach besitzt. Statt dessen bestehen die drei oberen Ebenen hier aus runden Terrassen, die mit glatten, schmucklosen Blöcken angelegt wurden. Träger von Schmuck sind die *stupa*, die einen Hohlraum besitzen und – im Kreis auf den drei konzentrischen Terrassen angeordnet – den mittleren *stupa*, dessen Spitze 34,44 m aufragt, stützend umgeben.
Candi Borobudur besaß ursprünglich außerdem 504 lebensgroße Skulpturen sitzender Buddhas (vgl. Kat. 15), die nicht in Cellae aufgestellt waren, wie in anderen buddhistischen Tempeln: 432 von ihnen befanden sich in Nischen, letztere als Bestandteile der Balustraden, und 72 in den Hohlräumen innerhalb der *stupa* auf den kreisförmigen Terrassen unterhalb des Haupt-*stupa*.
Die unterschiedliche Ausführung der unteren, mittleren und oberen Ebene des Borobudur spiegelt die typisch

Abb. 167 Malang, Ost-Java; heutiger Zustand des Candi Badut, 8. Jahrhundert.

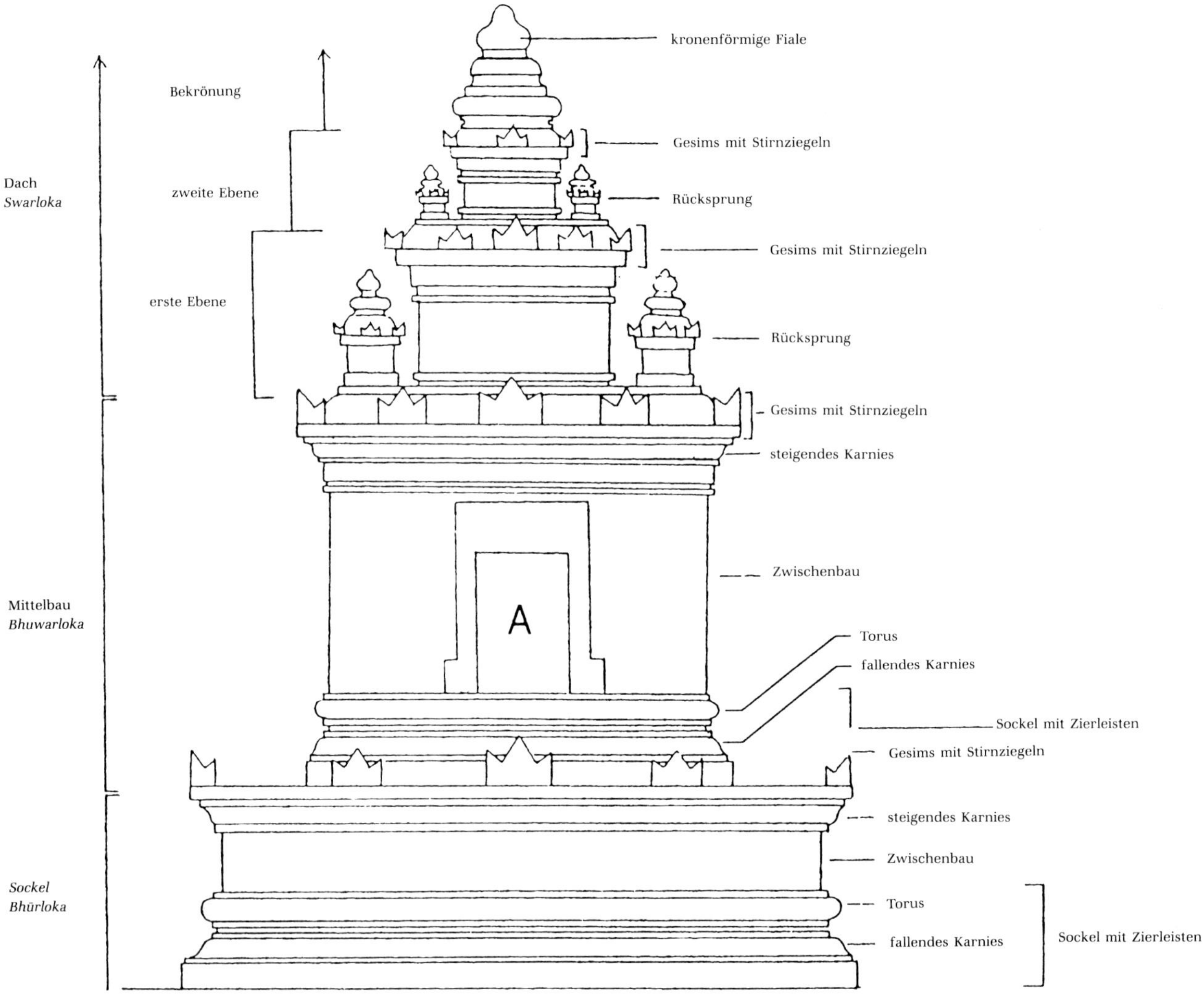

Abb. 168 Schema zum zentral-javanischen Tempeltyp (nach: M. J. Klokke, in: L'art de l'Asie de Sud-Est, 1994).

buddhistische dreigliedrige Einteilung des Universums wider, wie es sich die Indonesier vorstellten. Die untere Ebene stellt *kamadhatu*, die Sphäre des Verlangens, dar, in welcher der menschliche Geist noch an die Begierde gefesselt ist. Darüber liegt *rupadhatu*, die Sphäre der Formen, in welcher der menschliche Geist sich erfolgreich von der Begierde befreit hat, aber noch immer nicht fähig ist, die Welt der Erscheinungen zu überwinden. Der obere Teil mit seinen kreisförmigen Terrassen ist der *arupadhatu*, die Sphäre der Formlosigkeit, in der der befreite menschliche Geist alle irdischen Erwägungen hinter sich gelassen hat.

Die grundlegende, gleichfalls dreigliedrige tektonische Einteilung der anderen *candi* verkörpert auch eine symbolische Dreiteilung, deren Terminologie allerdings unterschiedlich zu deuten ist, da nicht alle Tempel buddhistischen kosmogonischen Vorstellungen entsprechen. Die drei Unterteilungen haben folgende Bedeutung: der Sockel eines *candi* symbolisiert den Bhurloka, die Sphäre der Sterblichen, das Dach den Swarloka, die Sphäre der

Abb. 169 Ansicht des Borobudur; die gewaltige Anlage verdankt ihre Erforschung schon im 19. Jahrhundert dem damaligen Gouverneur Sir Thomas Stamford Raffles (nach: Raffles, Book of Days, 1993).

Götter, wo sich, so die Vorstellung, die Götter zu versammeln pflegen. Schließlich stellt der Zentralteil des Tempels mit seiner Cella und den Kultstatuen den Bhuwarloka, die Sphäre der Gereinigten, dar, in der der Mensch, nach seiner Reinigung, mit seinen mit den Göttern verschmolzenen Vorfahren zusammentreffen kann.

Trotz der Ähnlichkeit in der Symbolik und in der Darstellung des Universums zwischen Borobudur und den anderen *candi* besagt dies nicht notwendigerweise, daß alle bei der Ausführung der erforderlichen religiösen Rituale dieselbe Funktion erfüllten. Einfach ausgedrückt: Menschen besuchten *candi*, um die Götter und die eigenen Vorfahren zu verehren. Die Besucher des Borobudur andererseits kamen als Pilger, um sich in die Wahrheit der Lehre Buddhas zu versenken und ihrer teilhaftig zu werden, indem sie die in den Reliefs wiedergegebenen Erzählungen studierten, und um schließlich durch Meditation zur Erlangung der »Höchsten Wahrheit« zu gelangen.

Man nimmt an, daß die Pilger vor einem Besuch des Borobudur zunächst im Candi Mendut die drei dort verwahrten steinernen Kultstatuen verehrten, die Buddha und die beiden Bodhisattwa Awalokiteshwara und Wajrapani darstellen. Diese ausgesprochenen Meisterwerke »buddhistischer« Kunst in Zentral-Java sitzen einander zugewandt auf Löwenthronen und füllen dabei fast den gesamten Raum der Cella.

Das Heiligtum ist auf einer quadratischen, knapp 3,60 m hohen Basis mit einer Kantenlänge von 22,25 m errichtet

*Abb. 170 Borobudur, Zentral-Java; Blick auf den Zentral-*stupa*, 8./9. Jahrhundert.* ▷

Abb. 171 Borobudur, Zentral-Java; Sicht auf den »versteckten Fuß« an der Südost-Ecke; seine Reliefs wurden erst 1865 hinter einer Stützmauer der unteren Terrasse entdeckt, 8./9. Jahrhundert.

Abb. 172 Borobudur, Zentral-Java; Treppenaufgang mit makara-Skulpturen, 8./9. Jahrhundert.

Abb. 173 Borobudur, Zentral-Java; Buddha-Figur und stupa-Reihen auf der obersten Terrasse, 8./9. Jahrhundert.

Abb. 174 Borobudur, Zentral-Java; Blick auf eine Galerie des Heiligtums, 8./9. Jahrhundert.

Abb. 175 Borobudur, Zentral-Java; Reliefausschnitt vom »versteckten Fuß«: Dem ausschweifenden Lebenswandel (links) wird das Ethos einer geordneten, gottgefälligen Lebensführung (rechts) gegenübergestellt. Die Darstellungen gehen auf einen in vielen Versionen überlieferten Text des Mahayana-Buddhismus zurück, der sinngemäß als »Große Sammlung der guten und bösen Taten

(Mahakarmavibhangga)« *oder vereinfacht als »Himmel und Hölle« bezeichnet wird. In der Form einer Buddha-Predigt paraphrasiert er die Lehre von Ursache und Wirkung. Da man aber nicht weiß, welche Version dieses Textes die Künstler vom Borobudur gekannt haben können, lassen sich die Szenen im Detail nur schwer deuten.*

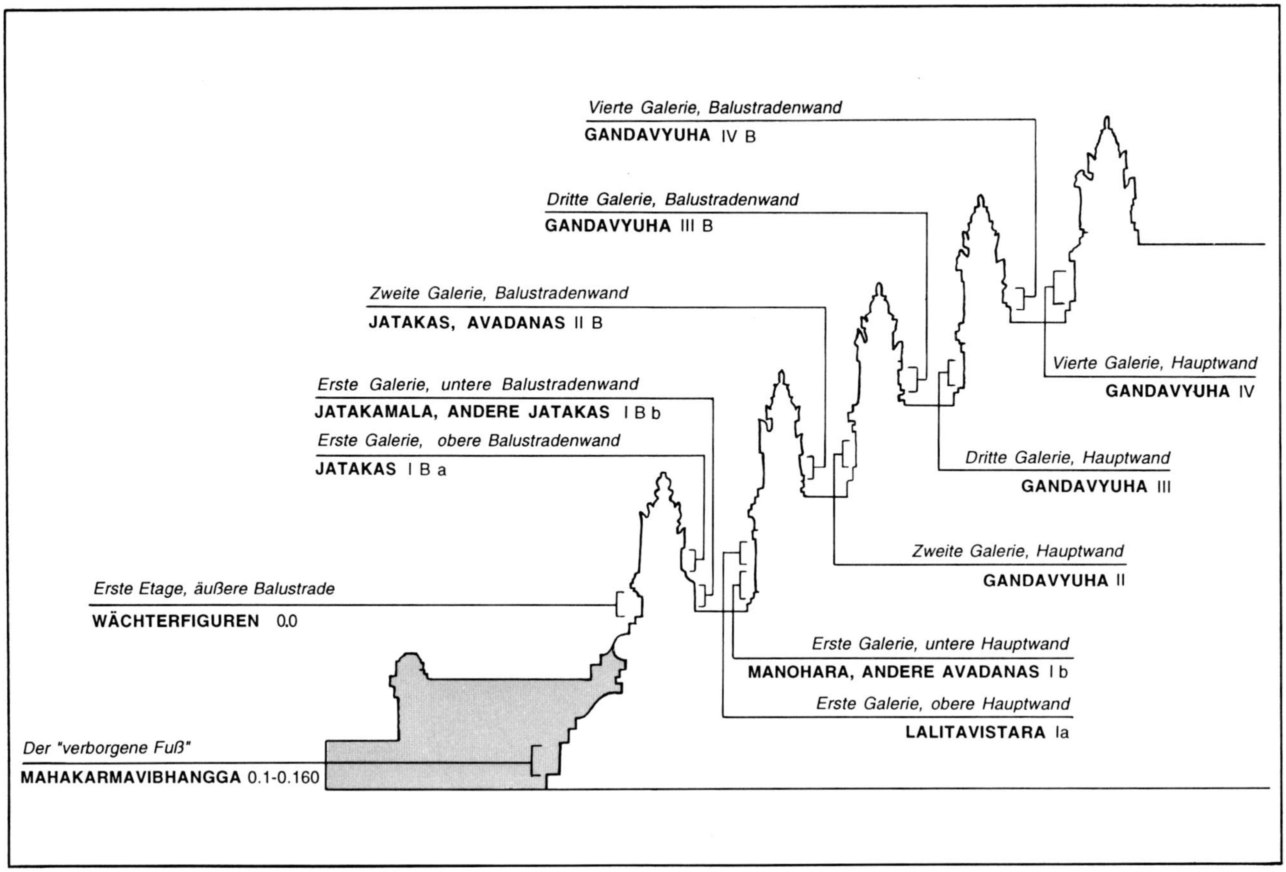

Abb. 177 Borobudur, Zentral-Java; Schema zur inhaltlichen Verteilung der Reliefszenen (Zeichnung: C. Sender):

Mahakarmavibhangga	–	*buddhistische Legenden von »Himmel und Hölle«*
Jataka (Jatakamala)	–	*Legenden zu Taten des Gautama Buddha in seinen früheren Leben*
Avadana (Manohara)	–	*Legenden zu Taten von Bodhisattwas in ihren früheren Leben*
Gandavyuha	–	*Pilgerreise des Sudhana, um ein Bodhisattwa zu werden*
Lalitavistara	–	*Lebensgeschichte des Gautama Buddha.*

Hauptcella, wo ein leeres, seines Kultbildes beraubter Löwenthron alles ist, was hier erhalten blieb.
Alle fünf Cellae waren einst mit einem einzigen, gestuften Dach bedeckt, das von einem *stupa* bekrönt wurde. Nur die erste Stufe dieses Daches ist erhalten, allerdings reicht dies, um zu beweisen, daß sein Grundriß nicht dem des Gebäudes und seines Unterbaus folgte, sondern statt dessen eine oktogonale Form besaß. Auf jeder Seite des Daches ist eine Nische eingelassen, vor die ein miniaturhaftes Gebäude, das mit einem *stupa* geschmückt ist, plaziert wurde, so als hätte man den offenen Raum ausfüllen wollen.
Candi Sari wird gewöhnlich in einem Atemzug mit Candi Kalasan genannt. Beide Tempel sind eng benachbart, und der Stil ihrer Reliefs und Skulpturen ist sehr ähnlich. Dasselbe läßt sich freilich nicht von ihrer Architektur behaupten. Mit Ausnahme des noch erhaltenen Sockels wurde Candi Sari fast vollständig wiederaufgebaut. Das Gebäude besitzt eine rechteckige Form und zwei Geschosse, deren jedes drei in einer Flucht liegende Räume

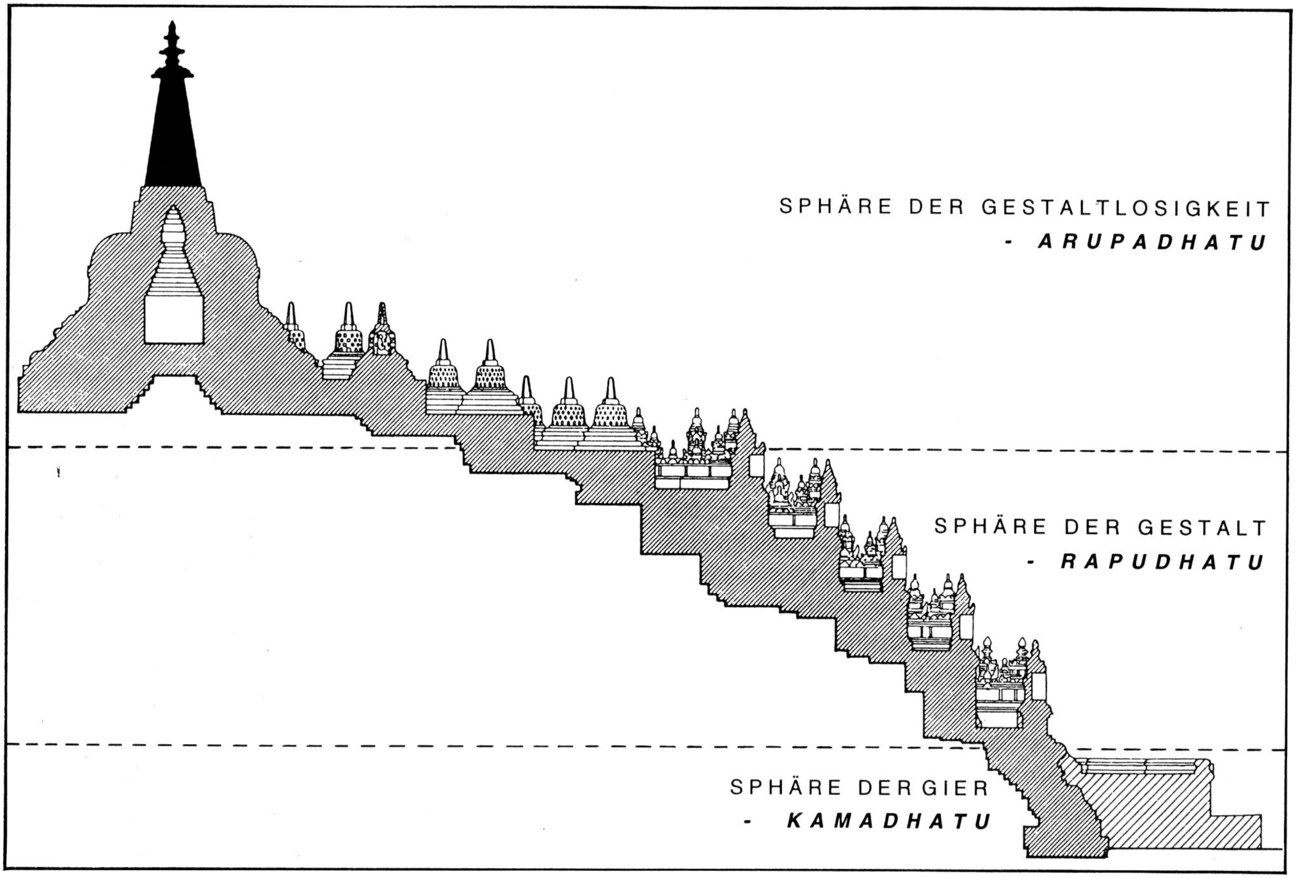

Abb. 178 Borobudur, Zentral-Java; Weltbild mit den drei Sphären des Mahayana-Buddhismus, 8./9. Jahrhundert (Zeichnung: C. Sender).

birgt, die durch enge Durchgänge miteinander verbunden sind. Das zweite Stockwerk besaß einst Fußböden aus Holz, einem Material, aus dem auch die Treppenstufen bestanden, die hinaufführten. Nicht ein einzelnes Dach deckt das Gebäude, sondern jeder der drei Innenräume trägt sein eigenes, von denen wiederum jedes eine Reihe von *stupa* aufweist, die den Eindruck erwecken, als seien sie mit einer Reihe direkt unter ihnen eingelassener Nischen verbunden. Die Wände des Tempelkörpers sind bei beiden Stockwerken in Abschnitte gegliedert, deren mittlerer jeweils mit einem Fenster versehen wurde, das anmutige Gestalten himmlischer Wesen flankieren, so daß insgesamt der Eindruck von Höhe deutlich zum Tragen kommt.
Gleichzeitig mit Candi Kalasan ist auch Candi Sewu in der Ebene von Prambanan entstanden, der einen architektonischen Komplex bildet, bestehend aus einem Haupttempel und 250 Nebengebäuden, die in konzentrischen Quadraten um diesen herum angeordnet sind. Bei ihm handelt es sich wahrscheinlich um das Heiligtum, auf das eine Inschrift aus Kelurak Bezug nimmt, die die Errichtung eines Tempels in einem Jahr überliefert, das dem Jahr 782 entspricht. Eine andere Inschrift, die innerhalb des Tempelbezirks gefunden wurde, belegt, daß der Tempel im Jahre 792 vergrößert oder zumindest erweitert wurde. Die Inschrift erwähnt außerdem den Candi Mañjushrigriha, einen dem Bodhisattwa Mañjushri geweihten Tempel. Der Grundriß des Haupttempels von Candi Sewu entspricht weitestgehend dem des Candi Kalasan, allerdings sind beim Candi Sewu die vier Neben-

Abb. 179 Borobudur, Zentral-Java; oben: Jünger umstehen den Buddha, der rituell gereinigt wird; Ausschnitt aus einer nicht identifizierten Awadana-*Legende, 8./9. Jahrhundert.*

Abb. 180 Borobudur, Zentral-Java; Kopf einer Gottheit (aus dem Lalitawistara*), 8./9. Jahrhundert.*

kapellen, von denen jede ein eigenes, von einem *stupa* bekröntes Dach erhielt, durch enge Durchgänge, die den Baukörper des Tempels umgeben, getrennt.
Leider läßt der Haupttempel von Candi Sewu gegenwärtig in seinem noch ruinösen Zustand nicht viele seiner architektonischen Merkmale erkennen, und sein Wiederaufbau befindet sich noch in der Anfangsphase (1993, jetzt vollendet). Immerhin hat man seine architektonischen Hauptelemente bereits eruiert und eine Rekonstruktion des Haupttempels wenigstens auf dem Papier vollendet. Aus den zur Vorbereitung des Wiederaufbaus dienenden Zeichnungen geht klar hervor, daß der Tempel dem frühklassischen Stil angehört. Erneut wird das Bemühen deutlich, ihn höher aussehen zu lassen, und dies besonders durch die Gliederung der Wände mittels schmuckloser Pilaster, die im Wechsel mit hohen Nischen die Wände in vertikale Zonen einteilen. Ein weiteres Kennzeichen des frühklassischen Stils bildet die geradezu luxuriöse Pracht des Gebäudes und seiner Dekoration.
Die Nebentempel gehören alle demselben Typ an; sie sind klein, weisen eine einzige Cella sowie ein gestuftes Dach auf einer oktogonalen Basis auf und enden in einem *stupa*. Die Basis des *stupa* ist von kleineren *stupa* umgeben, was dem ganzen Aufbau ein geradezu fein ziseliertes, kristallines Profil verleiht. Dieser Eindruck wird durch den Baukörper des Tempels ausgeglichen, dessen Wände von Säulen flankiert werden, die das Kranzgesims des Daches zu stützen scheinen.
Unweit östlich von Candi Sewu liegt noch ein weiterer buddhistischer Tempelkomplex, Candi Plaosan Lor. Seine Zentralgebäude bilden zwei Zwillingstempel, die auf einer Nord-Süd-Achse errichtet wurden und von drei Reihen an Nebengebäuden umgeben werden, die in konzentrischen Quadraten angeordnet sind. Zwei dieser Reihen bestehen aus *stupa*, eine aus kleinen Tempeln. Die beiden Haupttempel ähneln Candi Sari, mit drei Räumen auf jedem der beiden Stockwerke, die wie dort Fenster besitzen, die von Darstellungen himmlischer Wesen, und dies in Hochrelief ausgeführt, flankiert werden. Der grundlegende Unterschied zwischen Sari und Plaosan liegt darin, daß in Plaosan das spitz zulaufende Dach das gesamte Gebäude bedeckt, d. h., daß jeder der Zwillingstempel, der darunter seinen Schutz findet, in einem *stupa* endet. Weiter besteht ein Unterschied darin, daß die Cellae des Candi Plaosan noch heute außergewöhnliche Kultstatuen besitzen, und dies *in situ* auf Lotussitzen dicht vor der Rückwand, während die inneren Räume des Candi Sari heute leer sind.
Candi Sari und Candi Plaosan repräsentieren weder einen spezifischen Stil noch eine spezifische Epoche. Genau wie im Fall des Borobudur stehen Form und Aufbau, die diese Zwillingstempel von den übrigen absetzen, in Zusammenhang mit ihrer religiösen Funktion, die von derjenigen anderer *candi* verschieden ist. Der Stil der Skulpturenausstattung weist sie eindeutig den Denkmälern der Shailendra-Zeit zu, doch resultieren die kleineren Abweichungen aus unterschiedlicher Zeitstellung und unterschiedlichen lokalen Traditionen.
Candi Loro Jonggrang, der eher hinduistisch als buddhistisch ist, wird als Komplex gewöhnlich in den Beginn des 10. Jahrhunderts datiert und als der späteste Tempel frühklassischer Zeit angesehen. Dieser Sicht widerspricht eindeutig die Information, die eine Inschrift liefert, die in das dem Jahre 856 entsprechende Shaka-Jahr datiert wird und die Beschreibung eines Heiligtums enthält, die sich allem Anschein nach auf den Komplex von Loro Jonggrang bezieht. Dies impliziert, daß zumindest einige der Tempel von Loro Jonggrang damals bereits existierten, und dies fast ein Jahrhundert vor dem Ende der frühklassischen Zeit.
Mehrere Argumente unterstützen die Annahme, daß der Komplex von Loro Jonggrang tatsächlich die letzte Schöpfung der frühklassischen Zeit darstellt. Die Bemühungen der Architekten, den Bauten ein zierlicheres Aussehen zu geben in deutlicher Abwendung von der Anfangsphase, in der gedrungene Gebäude mit schweren horizontalen Gesimsen vorherrschend waren, lassen sich hier direkt an den Gebäuden – und dies besonders augenfällig am Shiwatempel selbst – ablesen: Der etwa 3 m hohe Unterbau dient als Sockel für den Baukörper, der wiederum eine zusätzliche, mit Gesimsen geschmückte Basis besitzt und durch ein Gurtgesims in zwei Teile separiert erscheint, als hätte er zwei Stockwerke. Das Dach ist so konstruiert, daß die Übergänge

Abb. 181 Candi Mendut, Zentral-Java; das reliefgeschmückte Heiligtum war ein Pilgerzentrum auf dem Wege zum Borobudur, 8./9. Jahrhundert. ▷

Abb. 182 Candi Mendut, Zentral-Java, 8./9. Jahrhundert. Die Reliefs illustrieren gleichnishafte Fabeln, sogenannte Tantri-Erzählungen. Rechts unten z. B. die Geschichte von den ungleichen Papageien-Geschwistern, von denen eines unter Räubern aufwächst, das andere bei einem Eremiten (Figur rechts außen). Der wohlgeratene Papagei (Mitte) des Eremiten offeriert dem König (links mit Gefolge) Früchte, während der »böse« Vogel ihn attackiert hatte. Moral: Umwelt und Umgang formen den Charakter. ▷▷

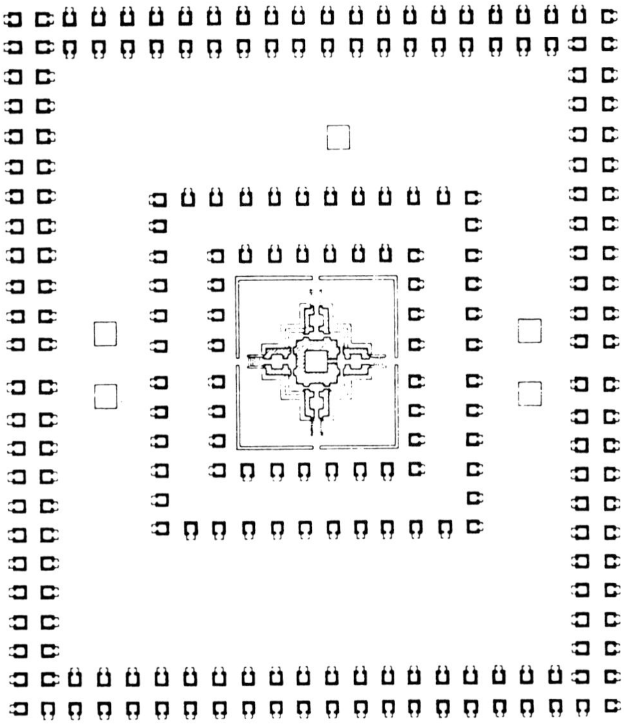

Abb. 184 Candi Sewu, Zentral-Java; Plan der Gesamtanlage, 8./9. Jahrhundert (nach: PKG 21, 1983).

zwischen den Pseudo-Geschossen undeutlich bleiben, die sogar durch die Füllung der Übergangszonen mit glockenförmigem Firstschmuck optisch näher zusammengerückt erscheinen.

Die Verwendung eines Gurtgesimses zu dem Zweck, dem Gebäude ein zweistöckiges Aussehen zu verleihen, ist ein besonderes architektonisches Merkmal an Gebäuden der spät-klassischen Zeit in Ost-Java. Auch das Bestreben, die Unterschiede zwischen buddhistischen und hinduistischen Elementen in der Form des *stupa* oder glockenförmiger Zierelemente ebenso wie in dem Firstschmuck des Turms zu verwischen, ist ein weiteres Anzeichen für eine Errichtung dieser Bauten in der späten frühklassischen Zeit. Ein drittes ist der Umstand, daß die Nebentempel von Loro Jonggrang, die die Ecken des Quadrats einnehmen, zwei Eingänge besitzen und deshalb gleichsam nach zwei Richtungen »blicken«. Die Architekten des Komplexes waren völlig von der äußeren Symmetrie in Anspruch genommen und vergaßen darüber die tiefere Bedeutung des Monuments, alles Symptome einer Kunst, die ganz offensichtlich ihre Blütezeit überschritten hat und einer Phase der Stagnation und Starre entgegengeht.

Candi Loro Jonggrang weist noch ein weiteres besonderes Merkmal auf, nämlich das Vorhandensein separater Tempel für einen jeden Gott der *trimurti*: Der Haupttempel im Zentrum ist Shiwa geweiht, der Tempel zu seiner Rechten Brahma und der zu seiner Linken Wishnu. Dieses Arrangement findet sich auch am Candi Shrikandi auf dem Diëng-Plateau, wo es allerdings in Relief ausgeführt ist.

Darüber hinaus sind weitere drei Tempel Heiligtümern zugewandt, die den Göttern der *trimurti* geweiht sind. In der Mitte, zum Shiwa-Tempel hin, erhebt sich ein Heiligtum, in dem eine Statue des ruhenden Stiers Nandi, Shiwas Reittier, aufbewahrt wird – ein Arrangement, wie es häufig auch in anderen Hindu-Tempeln wie Candi Gunung Wukir, Candi Badut und anderswo anzutreffen ist. Eine weitere, nur für Candi Loro Jonggrang typische und sonst nirgends wiederkehrende architektonische Besonderheit ist der sogenannte *candi apit* oder Hoftempel. Dies sind zwei kleine Tempelbauten, die einander auf der erhöhten quadratischen Terrasse gegenüberstehen, die ihrerseits sechs Haupttempel von den Reihen der Nebenschreine trennt. Die bemerkenswerteste Sonderform dieser beiden Tempel, deren Baukörper gleichfalls in zwei Abschnitte geteilt ist und deren Dächer die Form steiler Pyramiden besitzen, ist ihr gestreckter Aufriß.

Unter den vielen architektonischen Elementen, die den Candi Loro Jonggrang-Komplex in die Übergangsperiode von der früh- zur spätklassischen Zeit verweisen, gibt es mehrere Charakteristika, die typisch frühklassisch sind: Die Kombination von Plinthe, S-förmigem Karnies und halbkreisförmig konturiertem Band als ein grundlegender Bestandteil der Umrißlinie des Gebäudes, der Stil seiner Statuen und die Behandlung des *kala-makara-* und anderer Schmuckmotive sind dafür besonders deutliche Belege, und auch die Reliefzyklen mit Wiedergabe des

◁ *Abb. 183 Candi Kalasan, Zentral-Java; als buddhistische Kultstätte der Tara wird der Tempel in einer Inschrift aus dem Jahre 778 erwähnt. In seiner heutigen Form stammt der Bau allerdings aus späterer Zeit, 8./9. Jahrhundert.*

Abb. 185 Candi Sewu, Zentral-Java; Zentralheiligtum des gewaltigen Tempelkomplexes, der von Herrschern der Shailendra-Dynastie errichtet wurde, 8./9. Jahrhundert.

Ramayana und *Kreshnayana*, die auf der Innenseite der Balustraden der drei Haupttempel skulptiert wurden, repräsentieren denselben Stil. Der Grundriß des Haupttempels zeigt eine Cella in der Mitte, umgeben von vier Seitenkapellen, und erinnert damit an Candi Kalasan. Treppen zur Hauptcella ebenso wie zu den Seitenräumen beim Candi Shiwa erinnern dagegen an die Verhältnisse am Haupttempel von Candi Sewu, an den auch die vier Reihen von Nebenschreinen, die die zentrale Einfriedung umgeben, gemahnen. Damit erscheint es keineswegs ausgeschlossen, daß die Anordnung von Tempelkomplexen wie Candi Sewu, Candi Loro Jonggrang und Candi Plaosan Lor, die jeweils um einen Haupttempel in der Mitte errichtet wurden, die Gedankenwelt einer starken Zentralregierung widerspiegelt, wie es die Shailendra-Dynastie unserer Vorstellung nach wohl gewesen sein dürfte.

Architektur der spätklassischen Zeit

Um die Mitte des 10. Jahrhunderts verlagerte sich das Machtzentrum von Zentral- nach Ost-Java. In sukzessiver Reihenfolge beherrschten die Königreiche von Kadiri (Mitte 10. bis frühes 13. Jh.), Singasari (1222–1292) und Majapahit (1292 – ca. 1500) nicht nur weite Teile Javas, sondern spielten durchaus auch eine Rolle in Regionen außerhalb Javas, so vor allem in Bali und Sumatra.
Leider können wir nur Vermutungen anstellen, wie sich die indonesische Architektur von der Mitte des 10. bis zur Mitte des 13. Jahrhunderts entwickelte und wie der Übergang vom früh- zum spätklassischen Stil erfolgte, weil sich aus der Zeit der Kadiri-Dynastie keinerlei architektonische Reste erhalten haben. So kommt es, daß Candi Kidal, der als der Prototyp des spätklassischen Stils gelten kann, heute den Eindruck vermittelt, diese Veränderungen seien plötzlich aufgetreten. Dieser *candi*, der nach dem *Nagara-Kertagama* und dem *Pararaton* als Gedenk-Tempel für König Anushapati – gestorben 1248 – diente, zeigt nicht ein einziges Merkmal des frühklassischen Stils. Die Tendenz, den frühklassischen Stil hinter sich zu lassen und neue Elemente einzuführen, wie sie für den spätklassischen Stil, besonders deutlich vor allem im Candi Loro Jonggrang, zu beobachten sind, setzte sich allerdings nicht fort, und kein Vertreter der

Abb. 186 Candi Plaosan, Zentral-Java; der Legende zufolge erschien hier eine Statue des Buddha, woraufhin von Priestern der Tempel gegründet wurde, 8./9. Jahrhundert.

Abb. 187 Candi Plaosan, Zentral-Java; Wächterfigur. Solche Figuren flankieren paarweise die Zugänge zum Tempelareal, 8./9. Jahrhundert.

frühen Jahre des spätklassischen Stils ist auf uns gekommen.
So sind alle Eigenarten des frühklassischen Stils im späteren völlig verschwunden, statt dessen wurden die kräftigen, schweren, horizontalen Gesimse mit der Folge von Plinthe, Karnies und halbkreisförmig profiliertem Band durch flache Gesimsbänder ersetzt. Von dem *kala-makara*-Motiv bleibt nur der *kala* übrig, nun bereits mit Unterkiefer vollständig. Die vertikalen Bänder des Tempelkörpers, die man zum Ausgleich der Betonung der Horizontalen durch die Gesimse eingeführt hatte, wurden durch kleine Vorbauten mit Nischen ersetzt, die aussehen, als wären sie an die Mauern des *candi* gleichsam geheftet, in dessen Innerem ein ähnlicher Vorbau auch als Trennwand zwischen dem Eingang und der Cella dient. Bemerkenswert erscheint, daß die Nischen in diesem Fall in derselben Weise gestaltet sind wie der Durchgang, und zwar mit Säulen und einem undekorierten Sturz, der den Kopf des darüber angebrachten *banaspati* stützt. Die

Abb. 188 Candi Sari, Zentral-Java; Rekonstruktionszeichnung des Heiligtums mit drei stupa-*Reihen auf dem Dach, 8./9. Jahrhundert* (nach: Fontein 1990).

Abb. 189 Candi Sari, Zentral-Java; der Grundriß zeigt die drei Cella-Räume des Heiligtums, 8./9. Jahrhundert (nach: M. J. Klokke, in: L'art de l'Asie de Sud-Est, 1994).

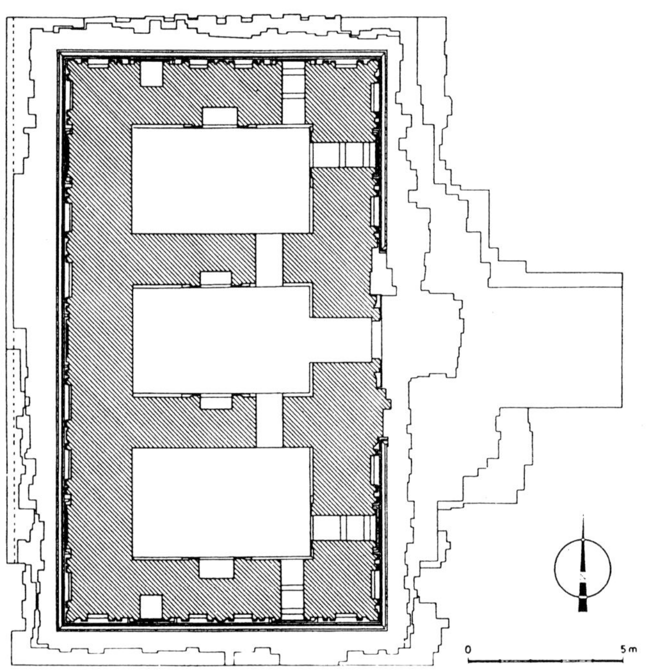

Nischen haben einen Treppenaufgang, der von Brüstungen flankiert wird, die in einer schweren Volute enden. Darüber hinaus sind die Wände des Tempelkörpers mit skulptierten runden Medaillons geschmückt.

Die größten Veränderungen gab es bei der Form des Daches. So waren die Dächer der ältesten javanischen *candi* so konstruiert, daß jedes Geschoß weiten, offenen Raum an allen Seiten frei ließ. Bei späteren *candi* wurde der Übergang von einem Niveau zum anderen mittels Reihen von *stupa*, glockenförmigen Türmchen und Antefixen verdeckt. Bei den *candi* des spätklassischen Stils, wie Candi Kidal, besteht das Dach aus einer Anhäufung dicht übereinander getürmter Schichten ohne deutlichen Übergang, und obwohl diese mit wachsender Höhe in der Größe abnehmen, wird die ohnehin schon geringfügige Differenzierung nochmals weiter durch Antefixe und kleine Vorbauten zu verbergen gesucht. Wenngleich die Lagen und Schichten aus Stein aus dem Aufbau des Daches auskragen und die horizontale Linienführung betonen, ist der allgemeine Eindruck, den diese Konstruktionen vermitteln, doch der eines schlanken Aufrisses. Dieser Eindruck wird noch verstärkt durch die Gliederung der Bänder, die als Träger fungieren, bilden doch diese flachen Bänder ein Gesims, das die Mauern des *candi* bekrönt und einen Ausgleich zu jenen Gesimsen darstellt, die unten die Basis des Tempelkörpers umziehen.

Der schlanke Aufriß des *candi* spätklassischen Stils wird darüber hinaus noch durch den vielfältigen Aufbau des Sockels verstärkt, der eine beträchtliche Höhe erreichen kann. Der Baukörper des Tempels selbst, der eine einzelne Cella birgt, erhält die Form eines ziemlich gedrungen wirkenden quadratischen Blocks, wird dieser doch in der Mitte durch ein Gesims in zwei horizontale Abschnitte unterteilt. Trotz der Massivität der oberen und unteren Bänder, die überzogen erscheint, wird der Eindruck von Gedrungenheit erfolgreich überwunden. So wirken in jedem Fall alle spätklassischen *candi* erheblich höher als ihre frühklassischen Vorgänger.

Candi Kidal ähnelt in Aufriß und Aufbau Candi Jawi, Candi Sawentar und dem »Jahres-Tempel«, einem Teil des Komplexes von Candi Panataran. Candi Jawi, in einem quadratischen, von einem Graben umgebenen

Abb. 190 Candi Sari, Zentral-Java; Sari ist für seinen Reliefschmuck der Außenmauer mit der Darstellung musizierender weiblicher Gottheiten und Bodhisattwas berühmt, 8./9. Jahrhundert.

Tempelbezirk errichtet, liegt in der Nähe der Stadt Pandakan und erhebt sich anmutig bis in eine Höhe von 24 m auf einem quadratischen Sockel mit einer Kantenlänge von 9,40 m. Eines seiner besonderen Kennzeichen ist die Ausbildung seines Doppel-Akroters, dessen unterer Teil die Form eines quadratischen Blocks besitzt im Kontrast zum oberen in Gestalt eines *stupa*: Daran wird deutlich, daß Candi Jawi ein dem Shiwa-Buddha geweihter *candi* ist, eine Besonderheit, die durchaus dem Bericht des *Nagara-Kertagama* entspricht, war doch Kertanagara, der letzte König der Singasari-Dynastie, ein eifriger Anhänger der Shiwa-Buddha-Glaubensrichtung.
Candi Sawentar, der sich unweit der Stadt Blitar in Ost-Java befindet, erhebt sich wie aus einem Teich und war zum Zeitpunkt seiner Entdeckung fast vollständig mit vulkanischem Schutt bedeckt. Dagegen unterscheidet sich der »Jahres-Tempel« von Candi Panataran von den anderen Bauten seines Typs durch die Höhe seines Sockels, der sich nur geringfügig über das umgebende Tempelgelände hinaus erhebt. Sein moderner Name rührt übrigens von dem Shaka-Datum 1291 her, das unserem Jahr 1369 entspricht und auf dem Türsturz über dem Eingang angebracht wurde.
In enger Nachbarschaft zum Candi Kidal, diesem auch datierungsmäßig eng verbunden, liegt Candi Jago, bei dem es sich dem *Nagara-Kertagama* und dem *Pararaton* zufolge um den Gedächtnis-Tempel für König Wishnuwardhana aus der Singasari-Dynastie handelt. Letzterer war 1268 verstorben und wurde hier in einer Statue als die buddhistische Gottheit Amoghapasha dargestellt und verehrt. Trotz der zeitlichen und räumlichen Nähe zum Candi Kidal weicht der Candi Jago in Form und Aufbau völlig von diesem ab. Erhalten ist nur sein Sockel, der einige ungewöhnliche Merkmale aufweist: Er besteht aus drei Ebenen, die versetzt emporsteigen, wenn man am Zugang auf der Westseite des Monuments steht. Da sich das Heiligtum selbst erst in der Mitte der obersten Ebene erhebt, wurde der vordere Teil einer jeden Ebene in eine Art Terrasse umgewandelt, die genügend Raum für zwei schmale, von Brüstungen mit Voluten flankierte Treppenaufgänge bietet. Die Wände des *candi* sind auf allen drei Ebenen mit erzählenden Reliefs geschmückt, so die unterste mit der Geschichte des *Kuñjarakarna*, die zweite mit der Wiedergabe des *Parthayajña* und die dritte, die auch als Basis des eigentlichen *candi* dient, mit der Erzählung von der Hochzeit des Arjuna.
Der gestufte Aufbau signalisiert das Wiederaufleben prähistorischer indonesischer Elemente, von Gebäuden in Gestalt stufenförmiger Heiligtümer, die an Berghängen errichtet wurden. Es ist höchst bedauerlich, daß der Baukörper des *candi* völlig verfallen ist und sich keine Spur seines Daches erhalten hat, von dem man annimmt, daß es vielleicht einen hölzernen Rahmen besaß und mit Palmfasern oder Schilf gedeckt war. Möglicherweise bestand es aus einem System von Dächern mit stufenartig zurückspringenden Absätzen, ähnlich den heutigen balinesischen *meru*-Türmen. Die Tatsache, daß in einzelnen Bauteilen des Candi Jago prähistorische Elemente anklingen, legt nahe, dieses Bauwerk nicht in die Singasari-, sondern in die Majapahit-Epoche, ein Jahrhundert später, zu datieren, eine Sicht, die durch die Wandreliefs gestützt wird, die in einem der Majapahit-Zeit nahestehenden Stil ausgeführt wurden. Bestätigt wird dieser Ansatz auch durch das erstmalige Auftreten der fünf *panakawan* auf einigen dieser Reliefs, die als eine Art Spaßmacher die Helden der Geschichten als deren Diener begleiten. Erstmals während der Majapahit-Epoche gemeinsam greifbar, sind sie noch heute im *wayang*-Schattentheater populär.
Die Tendenz zur Rückkehr zu vorhinduistischen Vorstellungen übte offensichtlich einen starken Einfluß auf die weitere Entwicklung der indonesischen Architektur aus. So kann der Tempelkomplex von Panataran in der Nachbarschaft von Blitar, der bereits im Jahre 1197 unter dem Namen Palah bekannt war und bis weit in die Majapahit-Zeit ein bedeutendes Heiligtum blieb, als ein direkter Vorläufer des heutigen balinesischen Tempels betrachtet werden: Die Gebäude dieses Heiligtums umgeben nun nicht länger den Haupttempel in der Mitte, wie es in Candi Sewu und Candi Loro Jonggrang der Fall ist, sondern sind im hinteren Bereich des Geländes angeordnet, dessen Rückseite der Haupttempel einnimmt. Damit rückt nicht nur der Hauptteil des Tempels auf dem gestuften Sockel nach hinten, auch das gesamte Bauwerk wurde an das hintere Ende des Tempelbezirks verlegt. Anschließend wurden weiter die verschiedensten Gebäude über den Tempelbezirk verstreut errichtet und dies einschließlich offener Bauten ohne Wände, sog. *pendopo*, von denen heute nur noch die quadratische oder rechteckige Plattform übriggeblieben ist. Ferner hat sich dort auch ein Gebäude in Form eines quadratischen Blocks erhalten, das zwar kein Dach mehr besitzt, aber dessen Wände mit Darstellungen zusammengerollter Schlangen *(naga)* bedeckt sind, denen der Tempel auch seinen Namen als »Naga-Tempel« verdankt. Daneben

Abb. 191 Prambanan, Zentral-Java; Candi Loro Jonggrang; Blick auf die Heiligtümer des Shiwa, Wishnu und Brahma. Die Anlage wurde von König Rakai Pikatan in der Mitte des 9. Jahrhunderts errichtet. Für dieses gewaltige Bauvorhaben ließ der Herrscher den Fluß Opak umleiten.

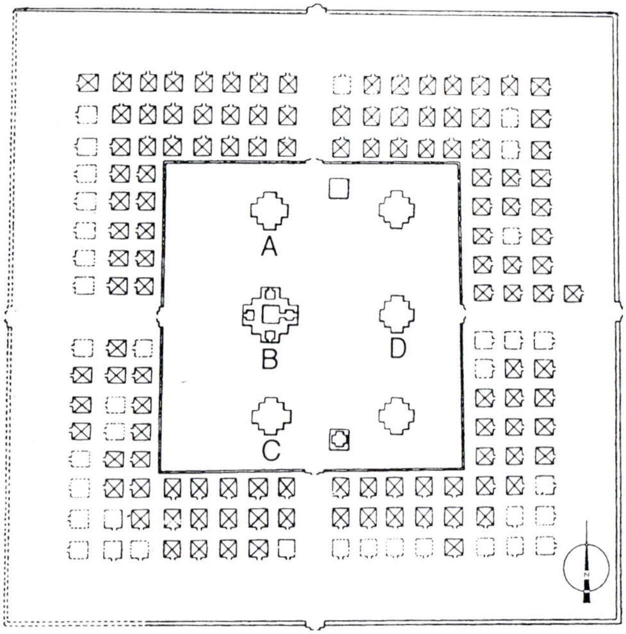

Abb. 192 Candi Loro Jonggrang, Zentral-Java; Grundriß des zentralen Tempelkomplexes, der allseitig von drei Schreinreihen umgeben wird, wobei nur die achsenbestimmenden Zugangswege frei bleiben, 9. Jahrhundert (nach: M. J. Klokke, in: L'art de l'Asie de Sud-Est, 1994).

erhebt sich dort außerdem der sog. und bereits mehrfach erwähnte »Jahres-Tempel«, dessen Grundform dem Candi Kidal gleicht.
Der Haupttempel von Panataran ähnelt dem von Candi Jago vor allem darin, daß er wie dieser ebenfalls einen dreistufigen Sockel aufweist. Seine zweite Stufe ist an der Frontseite verkürzt und schafft damit Raum für eine Terrasse. Die kleinere dritte Plattform wurde im Zentrum der zweiten errichtet, während der eigentliche *candi* in der Mitte der dritten Plattform steht. Sein Baukörper ist völlig verfallen, und von seinem Dach ist nichts erhalten. Vermutlich bestand das Dach aus Holz und war mit Palmfasern oder Schilfgras gedeckt. Möglicherweise bestand es auch schon aus mehreren übereinandergesetzten Dächern wie bei den balinesischen *meru*.
Die bemerkenswertesten Skulpturen des Bildschmucks am Haupttempel von Candi Panataran, der einst einen gleichsam schwebenden Eindruck gemacht haben muß, als er noch voll erhalten stand, sind diejenigen Garudas und der geflügelten *naga*, die die Wände der dritten Ebene des Tempelsockels bedecken. Die Wände der unteren Ebenen sind mit Szenen aus dem *Ramayana* auf der ersten und solchen aus dem *Kreshnayana* auf der zweiten geschmückt.
Die oben genannten *candi*, die aus der Singasari- und der Majapahit-Dynastie datieren, folgen als schlanke und hohe Gebäude mit einer einzigen Cella dem gleichen Modell, mit Ausnahme des Candi Singasari. Letzterer, der sich auf einer quadratischen Plattform erhebt, wird von einem Sockel getragen und besitzt einschließlich des Hauptraums fünf Cellae. Höchst ungewöhnlich ist allerdings, daß sich diese Räume im Sockel befinden, nicht, wie sonst üblich, im Inneren des eigentlichen Tempels, der auch dadurch von der Regel abweicht, als er keinen ins Innere führenden Durchgang aufweist. Seine Außenwände sind mit hohen, schmalen Nischen dekoriert, die von *banaspati*-Köpfen bekrönt werden. Alle fünf Cellae tragen separate Dächer, von denen sich allerdings nur das mittlere, und das auch nur in geringem Maße, rekonstruieren läßt, so daß Candi Singasari einst fünf Türme besessen hätte. Da einige der *banaspati*-Köpfe, aber auch andere Elemente des Gebäudes, unvollendet blieben, kann dies als Indiz für die Annahme gewertet werden, daß die Skulptierung des Bildschmucks von der Spitze aus abwärts erfolgte.

Abb. 193 Prambanan, Zentral-Java; maskenartiger kala-*Kopf über dem Eingang zu einem der Haupttempel, 9. Jahrhundert.*

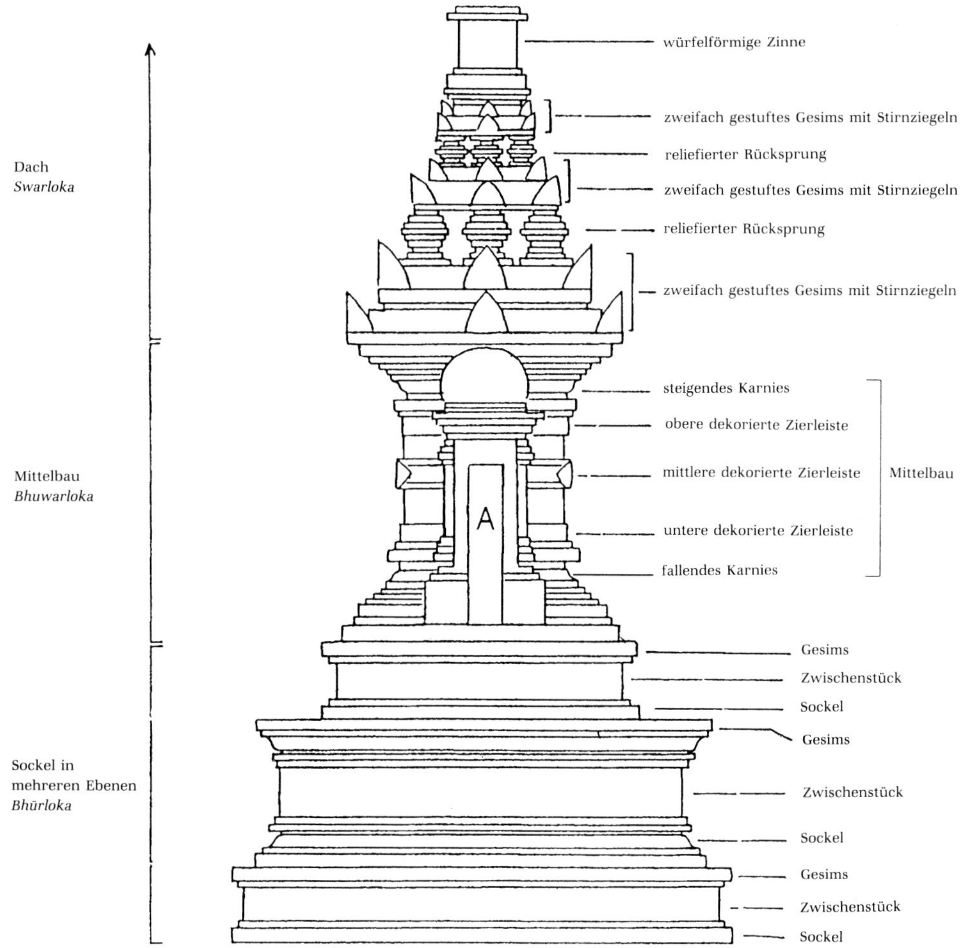

Abb. 194 Schema zum ost-javanischen Tempeltyp (nach: M. J. Klokke, in: L'art de l'Asie de Sud-Est, 1994).

Aus der zweiten Hälfte des 15. Jahrhunderts datieren zwei *candi*, Candi Tigawangi und Candi Surawana, die im Pararaton erwähnt werden und beide in der Nachbarschaft von Kediri liegen. Da heute nur noch ihre Sockel und von einer aufgehenden Architektur keine Spuren mehr vorhanden sind, bleibt die Möglichkeit, daß diese Sockel vielleicht nie Gebäude trugen, sondern diese Anlagen nur aus einer gestuften Plattform bestanden.
Während der Majapahit-Zeit wurden dann auch Tempel errichtet, die – abweichend von den genannten Schemata – einen zylindrischen Körper aufweisen, der sich auf einem quadratischen Sockel erhebt. Ein Beispiel dafür bietet Candi Jabung an der Nordküste Javas, unweit der Stadt Kraksaan. Im Bereich der Achsen des Gebäudes stehen Vorbauten, die wohl aus späterer Zeit stammen, weicht doch deren Bauweise von der des Gebäudes selbst deutlich ab. Während der Vorbau an der Westseite als Torweg diente und in die quadratische Cella führt, enthalten die anderen drei lediglich Nischen, die ebenso wie der Torweg von gehörnten *banaspati*-Köpfen bekrönt werden, die das Kranzgesims des Daches zu tragen scheinen. Das Dach von Candi Jabung ist allerdings so vollständig zerstört, daß weder seine Form noch sein Aufbau bestimmt werden können.
Die Hauptstadt des Königreichs Majapahit lag in einem Gebiet, das heute Trowulan heißt, und gehört damit zu den wenigen Hauptstädten der klassischen Zeit, deren Lage bekannt ist. Nur wenige Gebäude sind erhalten geblieben, und zwar nur solche, die aus Ziegeln errichtet wurden. So läßt z. B. Candi Brahu trotz seines bedau-

Abb. 200 Candi Singasari, Ost-Java; das Shiwa geweihte Heiligtum besitzt eine Haupt-Cella und vier Nebenräume. Der Bauschmuck ist nur in den oberen Zonen vollendet worden, 13. Jahrhundert.

Abb. 201 Candi Singasari, Ost-Java; die furchterregende Wächterfigur gehörte zu einem der vielen Heiligtümer von Singasari, das auch Hauptstadt der gleichnamigen Dynastie war, 13. Jahrhundert.

des und auch die Geschosse der Dächer. Obwohl Sockel wie auch Tempel sehr niedrig gehalten sind, wirken die an sich gedrungenen Körper aufgrund der Verwendung vertikaler Paneele in der Mitte der Wand, wo die Bänder von Kranzgesims und Basis von ihnen durchbrochen werden, deutlich höher. Das Dach besitzt noch eine gestufte Silhouette, doch sind die Zäsuren zwischen den verschiedenen Ebenen bereits hinter Reihen dreifacher Türmchen verborgen. Der Stil der Schrift, die für die kurzen Inschriften auf einigen dieser *candi* verwendet wurde, legt eine Datierung des Komplexes in das Ende des 12. Jahrhunderts nahe.

Außer Candi Gunung Kawi gibt es weitere Felstempel, die aber alle kleiner und von schlankerem Aufriß sind, da die Ausführung ihrer Dächer denen des spätklassischen Stils entspricht. Alle wurden aus dem Fels von Flußufern gehauen und liegen zurückversetzt im Schutz von Nischengewölben. In Tegallingga nahe Gianyar befindet sich neben einem Fels-*candi* auch ein in die Felswand eingetiefter *wihara*.

Die Technik, Gebäude aus den Wänden von Felshängen herauszuarbeiten, war auf Bali anscheinend bereits vor der Anlage von Candi Gunung Kawi recht ausgeprägt. Nahe der schon genannten Stadt Gianyar, am Nordufer des Petanu, liegt der Badeplatz Goa Gajah, was übersetzt »Elefantenhöhle« bedeutet, ein Komplex, der in das 11. Jahrhundert datiert wird und aus drei Teilen besteht: den Badeplätzen mit ihren figürlich gestalteten Wasserspeiern in der Mitte, einer Höhle im Norden, deren Eingang mit der riesigen Darstellung eines aus einem Wald heraustretenden Dämonen geschmückt ist, und dem Relief eines dreifachen *stupa* auf der Südseite, der in den Fluß darunter gestürzt ist. Der Platz aber, wo er sich einst erhoben hat, ist noch sichtbar und läßt erkennen, daß er auf einer quadratischen Basis erbaut war. Es verdient Erwähnung, daß diese *stupa* Akrotere in Schirmgestalt trugen, die aus bis zu dreizehn Mehrfach-Schirmen bestehen konnten.

Wenn die balinesische Kunst der Felsentempel eine lokale, vom direkten Einfluß Javas unabhängige Kunstform darstellt, ist dennoch offenkundig, daß die politische Einmischung der Königreiche Singasari und Majapahit in balinesische Angelegenheiten zur Blüte des ost-javanischen Architekturstils beigetragen hat. Diese Schlußfolgerung können wir anhand des Pura Yeh Gangga in der Nähe des Dorfes Perean, ungefähr 32 km südlich von Denpasar, ziehen, eines alten Gebäudes, dessen Form einen Übergang von den *candi* Javas zu den *meru* Balis bildet. Es vermittelt eine Vorstellung, wie Candi Jago und der Haupttempel von Panataran ausgesehen haben müssen, als sie noch von einer Vielzahl von Dächern bekrönt waren. So bestehen Sockel und zentraler Baukörper des Pura Yeh Gangga aus Stein, wohingegen das siebenstöckige Dach aus Holz und Palmfasern gefertigt wurde. Ein im Tempelbezirk angefundener Block trägt das Shaka-Datum 1256, was unserem Jahr 1334 entspricht, wodurch Pura Yeh Gangga mit Sicherheit der Zeit des spätklassischen Stils angehört, und in der Tat zeigen alle Details wie Gesimse und Bauschmuck Charakteristika, die uns von der Architektur der Majapahit-Zeit wohlvertraut sind.

Der Einfluß von Singasari und Majapahit läßt sich auch auf Sumatra nachweisen, und hier ganz besonders im Gebiet nahe der Provinzhauptstadt Jambi. Hier an den Ufern des Flusses Batang Hari befinden sich eine Reihe von Ziegel-*candi*, die innerhalb weiträumiger Tempelbezirke errichtet wurden. Sie liegen als Zeugnisse buddhistischer Bautätigkeit verstreut in der Nähe des Dorfes Muara Jambi, ohne daß bei ihrer Anordnung in Gruppen ein System erkennbar wäre. Für sich genommen zeigt keiner der Tempel ost-javanischen Einfluß, aber im Bereich der verschiedenen Dekorelemente wie auch bei Statuen und Skulpturenfragmenten erinnert vieles an den Kunststil Singasaris.

Candi wie Candi Tinggi, Candi Gumpung, Candi Kembar Batu, Candi Gedong, Candi Gudang Garam und Candi Kedaton weisen die gleichen Charakteristika auf, so in Gestalt ihrer gestuften Plattformen und aufgrund des Fehlens von Cellae. Eine Abweichung vom spätklassischen Stil bilden die häufig groß angelegten *makara*, in denen hier die Treppenflügel zu enden pflegen.

Ruinen von Gebäuden, die älter sind als die *candi* von Jambi, finden sich im Inneren Sumatras, in der Nähe des Äquators, beim Dorf Muara Takus. Diese Gruppe von Tempeln liegt an einer Biegung des Flusses Kampar und besteht aus vier aus Ziegeln und Stein errichteten Bauwerken, die im Inneren eines quadratischen, mit einer Seitenlänge von je 74 m ummauerten Bezirks liegen. Während drei der vier Anlagen heute zu gestaltlosen Ziegelhaufen zusammengefallen sind, steht einer, Candi Mahligai, noch aufrecht. Er besitzt die Gestalt eines Tur-

Abb. 202 Panataran, Ost-Java; der ›Jahreszahlentempel‹ von 1369. Das ausgedehnte Tempelareal von Panataran weist Inschriften aus fast drei Jahrhunderten auf und hatte während der ost-javanischen Epoche die Funktion eines dem Shiwa geweihten Staatstempels.

Abb. 203 Panataran, Ost-Java; Naga-Tempel; auf den Außenmauern halten neun männliche Figuren die mythische Schlange (naga), *die sich um die Tempelmauern windet, 14. Jahrhundert.*

Abb. 204 Panataran, Ost-Java; Haupttempel, gegr. 1347; Ausschnitt vom Reliefzyklus der zweiten Terrasse des Heiligtums: Szene aus dem Kreshnayana*, die die Entführung der Königstochter Rukmini zeigt.*

mes, der sich auf einem fast 2 m hohen Sockel aus übereinandergeschichteten Lagen erhebt, dessen Höhe durch das Einfügen eines Lotus-Piedestals zusätzlich gesteigert erscheint. Der zylindrische Baukörper des Tempels wird von einem *stupa* bekrönt, den eine separate, mit Steinskulpturen von Löwen geschmückte Basis trägt. Der Bau erreicht insgesamt eine Höhe von 12 m.

Weiter nördlich von Muara Takus liegt im Gebiet von Padang Lawas in der Nähe der Stadt Padang Sidempuan eine Gruppe von Tempeln des spätklassischen Stils, die – angeregt durch den esoterischen Tantrayana-Buddhismus – auf einem hohen Sockel errichtet sind. Auch diese *candi*, die aus Ziegeln erbaut wurden und von der örtlichen Bevölkerung *biaro (wihara)* genannt werden, liegen ohne ersichtlichen Plan verstreut im Gelände. Einige dieser *biaro* stehen noch und lassen, obwohl sie sich nicht in einem besonders guten Erhaltungszustand befinden, die charakteristischen Züge ihrer Architektur durchaus noch erkennen.

Am vollständigsten hat sich von diesen Bauten Biaro Bahal I (Kat. 107) erhalten, der als der Haupttempel einer Gruppe weiterer Kultbauten diente, die in einem ummauerten Bezirk von 57 × 49 m aufgeführt worden waren. Der *biaro* erhebt sich ohne seinen heute verlorenen Firstschmuck mehr als 9 m hoch auf einer 1,80 m hohen, quadratischen Plattform, deren Dekor aus vertikalen Bändern besteht, die die Wand in eine Reihe quadratischer Paneele gliedern, die ihrerseits wieder mit Ziegelreliefs von Löwen geschmückt sind. Auch der auskragende, zur Aufnahme einer Treppe errichtete Teil der Plattform ist mit Ziegelreliefs ausgestattet, hier in Gestalt tanzender *rakshasa* in verschiedenen Posen. Sonst ist die Basis des Tempelkörpers ausgesprochen schlicht gehalten, bietet sie doch nur eine Ansammlung niedriger Profile. Ebenso schmucklos ist auch der eigentliche Baukörper des Tempels geblieben, dessen flache Zierbänder und zwei Figuren in hohem Ziegelrelief, deren Köpfe heute verloren sind, den Eingang der Cella flankieren.

Abb. 205 Gunung Kawi, Bali; die Anlage besteht aus einer Reihe von neun monumentalen candi, *die in bogenförmige Felsnischen (7 m hoch) gesetzt sind und als Kenotaphe verstanden werden müssen. Inschriften weisen auf König Udayana und seine Familie, 11. Jahrhundert.*

Das Dach von Biaro Bahal I unterscheidet sich von den Dächern der anderen Tempel von Padang Lawas durch die zylindrische Bekrönung, die auf einem Lotuspolster ruht und daher als der Rest eines *stupa* angesehen werden kann.

Biaro Bahal II, 460 m östlich von Biaro Bahal I gelegen, ist eine Ruine. Seine aufgehende Architektur besaß eine oktogonale Basis und in den Wänden Nischen, die nach den vier Himmelsrichtungen ausgerichtet waren und steinerne Löwen als Wächter bargen. Höchst bemerkenswert ist die Entdeckung einer ca. 1 m hohen steinernen Statue in der Cella des Tempels, die trotz ihrer schweren Beschädigung aus den vorhandenen Fragmenten zusammengesetzt und als Heruka identifiziert werden konnte, dem »Blutsäufer« in dämonischer Gestalt aus dem tantrischen Pantheon, und dies in Tanzhaltung über einem Toten, der heute fehlt.

Biaro Bahal III, 365 m östlich von Biaro Bahal II gelegen und von ähnlicher Größe, ist weniger gut erhalten. Die Wände des Tempelkörpers weisen bis zur erhaltenen Höhe keinerlei Schmuck auf, mit Ausnahme der flachen Bänder der Basis und des Kranzgesimses.

Der größte aller Tempel auf der Ebene von Padang Lawas ist Biaro Si Pamutung, das Hauptheiligtum einer Gruppe von Kultbauten innerhalb eines 45,7 × 61,0 m großen ummauerten Bezirk. Die Reste einer doppelten Plattform sind noch zu erkennen. Es muß höchst auffällig anmuten, daß in der verbliebenen Architektur zwei Reihen von *stupa* erscheinen, von denen die untere sechzehn, die obere zwölf aufweist. Weiter südlich von Biaro Si Pamutung liegt Biaro Si Joreng Belangah, der keine besonderen Merkmale besitzt und wie die der anderen *biaro* quadratisch mit niedrigen, schmucklosen Wänden angelegt ist, die allerdings aufgrund der relativ hohen Plattform eine ziemliche Höhe erreichen.

Außer den Resten von Gebäuden enthielten einige dieser umfriedeten Bezirke zusätzlich auch skulptierte Steinpfeiler oder Miniaturbauten mit einer Höhe von 1,00 bis

1,50 m. Die Form dieser *stambha*, deren Funktion unklar ist, erinnert gelegentlich trotz beträchtlicher Unterschiede an diejenige von Candi Biaro Bahal I und Candi Mahligai in Muara Takus.
Insgesamt ähneln die *biaro* von Padang Lawas in vieler Hinsicht den Tempeln Ost-Javas, und es gibt auch Elemente, wie etwa die Verwendung von *makara* an den Treppenflügeln, die aus Zentral-Java entlehnt sind. Übernahmen, die der Kunst Südindiens entlehnt zu sein scheinen, treten ebenfalls auf, allerdings mehr in der Plastik als in der Architektur. Wie dem auch sei, alle Ähnlichkeiten und Unterschiede unterstreichen die Position der klassischen Architektur Sumatras als eines eindeutigen Vertreters des spätklassischen Stils. Dieser Befund wird auch durch klar datierte Inschriften, die in der Nachbarschaft dieser *biaro* gefunden wurden, untermauert.

Die Endphase des klassischen Stils

Das Wiedererscheinen vorhinduistischer Elemente in der Entwicklung des spätklassischen Stils sollte sich auch während des Niedergangs der Majapahit-Dynastie im 15. Jahrhundert fortsetzen. Die an den Hängen des Penanggungan und die in seiner Nachbarschaft gelegenen Bauten haben die Form gestufter, an die Steigung des Berges angepaßter Heiligtümer, die dem spätklassischen Stil angehören, wie aus dem Bauschmuck, den Reliefs und der Form des Altars hervorgeht, der dem Zentralkörper eines spätklassischen Tempels ähnelt.
In Zentral-Java, an den Hängen von Gunung Lawu östlich der Stadt Solo, liegt ein Tempel, der, auch wenn seine Grundform wiederum ein gestuftes Heiligtum bildet, nochmals einen anderen Architekturstil vertritt. Dabei handelt es sich um den Candi Sukuh, der aufgrund von Inschriften in die erste Hälfte des 15. Jahrhunderts datiert werden kann und die Gestalt einer gekappten Pyramide besitzt, mit extrem engem Torweg und einer Treppe zur Plattform hinauf. Eine Besonderheit von Sukuh bilden mehrere Obelisken, deren Basen mit Reliefs geschmückt sind, die die Geschichte Garudas und andere bislang nicht identifizierte Mythen darstellen, darunter das bekannteste von allen mit der Wiedergabe einer Schmiedewerkstatt und mit Ganesha als Hauptfigur.
Die Architektur der klassischen Zeit sollte nicht mit der Ankunft des Islam enden, denn sogar während der Blüte des Majapahit-Königreichs besaß diese Religion bereits viele Anhänger in seiner Hauptstadt, wie mehrere Grabsteine in Tralaya, südlich von Trowulan, bezeugen. So setzten auch, nachdem islamische Könige die Vorherrschaft auf Java erlangt hatten, Moscheen und Grabanlagen die Tradition des spätklassischen Stils mit einigen Modifikationen, die den Bedürfnissen des neuen Glaubens entsprachen, fort: Das Minarett der Moschee in Kudus unterscheidet sich kaum von einem *candi*-Gebäude, und »gespaltene« Tore blieben weiterhin ein besonderes Kennzeichen von Moscheen und islamischen Friedhöfen.

Abb. 206 Goa Gajah, Bali; die Ansicht zeigt drei von sechs Nymphen (widadari) *vom berühmten Wasserheiligtum, die erst 1954 bei Ausgrabungen freigelegt wurden, 11. Jahrhundert.*

Candi und ihre Restaurierung

Nach dem Ende der alten Königreiche und damit auch der Pflege der Tempel spielten die *candi* im religiösen Leben der Indonesier keine Rolle mehr. Ihrer Gläubigen beraubt, wurden sie den Kräften der Natur überlassen. Wechsel von Hitze und Regen ließen ihre Strukturen zerbröckeln; der Wind trug Staub und Samen herbei, die sie schon bald in von Gestrüpp überwucherte Erdhügel verwandelten. Die Wurzeln von Bäumen drangen in die Risse der Gebäude ein, verschoben Steine und lockerten die Verbindungen zwischen ihnen. Erdbeben beschleunigten den Verfallsprozeß, der schließlich mit dem Zu-

Abb. 207 Candi Sukuh, Zentral-Java; die hochplastisch gestaltete Szene spielt sich unter dem Ziegeldach einer Schmiedewerkstatt ab. Der am Boden hockende Mann ist mit der Herstellung eines Dolches (kris) *beschäftigt, während in der Mitte der Gott Ganesha im Tanzgestus erscheint. Rechts steht der Gehilfe und bedient einen zylinderförmigen Blasebalg. Die dynamisch und detailreich gearbeitete Darstellung gehörte einst zum Reliefschmuck eines Heiligtums des 15. Jahrhunderts.*

sammenbruch der Bauten endete. Leider bildeten diese zerstörten *candi* eine Quelle jederzeit verfügbaren Baumaterials, und auf diese Weise verschwanden viele der Tempel, ohne die geringste Spur zu hinterlassen. Jahrhunderte vergingen, in denen sogar ihre Existenz in Vergessenheit geriet, so daß sie wiederentdeckt werden mußten, und diese Wiederentdeckung fand oftmals statt, noch bevor die Archäologie dazu eine Gelegenheit hatte. Die bereits bekannten *candi* wurden alle als Ruinen entdeckt, die meist aus einem Haufen loser Steine bestanden. Manchmal wurden Reste eines Tempels allerdings erst durch Ausgrabungen wieder ans Licht gebracht.

Daß die *candi* heute noch aufrecht stehen, wenngleich auch in schwer beschädigtem und zerstörtem Zustand, ist fast gänzlich das Resultat der Restaurierungen, die von der indonesischen Regierung durchgeführt wurden. Restaurierung bedeutet dabei nicht, daß ein Tempel vollständig neu aufgebaut wurde, aber doch soviel, daß alle Anstrengungen unternommen wurden, um den weiteren Verfall aufzuhalten. Grundsätzlich bedeutet Restaurierung Reparatur. Bis zu welchem Ausmaß Reparaturen einen vollständigen Wiederaufbau eines *candi* zur Folge haben können, hängt gänzlich vom Zustand der noch verfügbaren Reste ab. Wenn es möglich ist, die weitverstreuten Steine einzusammeln und an ihrem ursprünglichen Platz anzubringen, so daß alle Bauteile vollständig wiederhergestellt werden können, läßt sich der *candi* zunächst auf dem Papier rekonstruieren und in der Folge dann auch neu errichten. Ist dies nicht der Fall, so kann die Restaurierung nur in dem Maße durchgeführt werden, wie Steine, die sich noch in ihren ursprünglichen Positionen befinden, dies gestatten. Wenn dies nicht möglich ist, sollte keine Neuanordnung irgendeiner Art unternommen werden.

Im allgemeinen tragen die *candi*, die mit zum Teil noch aufrecht stehenden Wänden wiederentdeckt wurden, keine Dächer mehr. Häufig ist dann auch der Sockel des Tempels noch intakt, wenngleich er oft Verluste an Steinen der Außenseite erlitten hat, von denen viele in die Cella gestürzt sein können, andere sind nach außen gefallen und liegen um das Gebäude herum. In der Regel türmen sich die Steine, die von der Ostseite des Gebäudes stammen, an dessen Ostseite auf, die von der Westfront an der Westseite und so weiter. Schließlich bilden diese Steinhaufen zusammen mit den noch stehenden Resten des *candi* einen flachen Hügel und werden dann bald als Baumaterial verwendet. Diejenigen Baumaterialien, die besonders in früherer Zeit fortgeschafft wurden, waren sicher zuerst die obersten, also Bestandteile der Wände des Tempelraumes. Deshalb bereiten Rekonstruktionsversuche vor allem beim Zentralkörper der Tempel die meisten Schwierigkeiten, und oftmals scheitern sie auch. Wenn z. B. der Sockel des Bauwerkes noch intakt ist und auch das Dach aus verstreuten Blöcken schließlich zusammengesetzt werden kann, läßt sich der zentrale Baukörper des Tempels selbst nicht wieder errichten aufgrund zu vieler Details, die unklar bleiben.

Während der ersten Restaurierungsphase werden alle verstreut liegenden Steine gesammelt und nach Art und ursprünglicher Position sortiert. Steine vom Kranzgesims werden mit anderen Steinen vom Kranzgesims zusammengelegt, Steine vom Spitzbogen mit anderen Steinen vom Spitzbogen, glatte Steine mit anderen glatten Steinen, selbstverständlich entsprechend ihrer Größe und Form gruppiert, ein dekorierter Stein seinem Dekor gemäß mit einem verwandten Stein; die an der Ostseite gefunden wurden, werden zusammengelegt, und so auch die von den übrigen drei Seiten stammenden.

Während der zweiten Phase werden die Steine miteinander verbunden. In diesem Fall wird ihre Form sorgfältig untersucht und dann versucht, sie aneinanderzuführen. Wenn die Steine aneinanderpassen, so daß mindestens zwei eine Einheit bilden, sei es, daß sie an der Ober- oder der Unterseite zusammen gehören bzw. links oder rechts, so wird eine maßstabgetreue Zeichnung angefertigt.

In der dritten Restaurierungsphase werden diese vorläufigen Zeichnungen durch Hinzufügungen von Resultaten anderer Zusammensetzungen ergänzt. In dieser Weise beginnt das gesamte Gebäude, Stück für Stück und ein Teil nach dem anderen, auf dem Papier Gestalt anzunehmen. Weil ein *candi* vier Seiten hat, sollten auch die Rekonstruktionen auf dem Papier die vier Seiten des Gebäudes zeigen. Um einen Tempel wiederzuerrichten, muß auch das Innere der Cella rekonstruiert werden, ein Umstand, der besondere Schwierigkeiten bereitet, weil die meisten Blöcke einer Cella im allgemeinen keinerlei Dekoration tragen. Oftmals kann auch nicht mit Sicherheit festgestellt werden, ob zwei glatte Steine, die aneinanderzupassen scheinen, im ursprünglichen Gebäude wirklich zusammengehörten.

Die Steine eines *candi*, die aneinandergefügt werden können, werden dann zunächst auf dem Boden zu Versuchsrekonstruktionen aufeinandergesetzt, von denen jede einen speziellen Abschnitt bildet. Wenn sich diese Rekonstruktion soweit vervollständigen läßt, daß sie den gesamten *candi* zeigt, wird ein Abschnitt nach dem anderen, eine Lage Stein nach der anderen, in umgekehrter Reihenfolge aufgeschichtet, um die Handhabung der Steine zu vereinfachen, wenn das Monument endgültig wiederaufgebaut wird.

Erst wenn die Rekonstruktionszeichnungen unsere Überlegungen bestätigen und die Versuchsrekonstruktionen unanfechtbare Aussagen über die ursprüngliche Gestalt des Gebäudes liefern, können wir die Möglichkeit in Erwägung ziehen, den *candi* wiederaufzubauen. Die Erfahrung hat gezeigt, daß nicht ein einziger *candi* existiert, dessen Steine komplett wiedergefunden wurden. Selbst wenn die Rekonstruktionsversuche auf keine substantiellen Schwierigkeiten stießen und alle Ergebnisse vollständig begründet sind, fehlen immer noch einige Originalsteine. Bei der Rekonstruktion auf dem Papier bleiben daher die Partien fehlender Steine leer, so wie beim wiederaufgebauten *candi* die fehlenden Steine durch neue ersetzt werden.

Abb. 208 Padang Lawas, Sumatra; der berühmte Geologe Junghuhn wies schon 1846 auf die weitverstreuten Reste der Tempel von Padang Lawas hin, für deren Datierung das 11.–14. Jahrhundert angegeben wird.

Abb. 209 Padang Lawas, Sumatra; der Tempel Biaro Bahal II zeigt in der Sockelzone im Ziegelrelief tanzende Dämonen tantrischer Prägung, wohl 13./14. Jahrhundert.

Der Wiederaufbau eines *candi* unter Verwendung des originalen Steinmaterials wird Anastylose genannt, dem griechischen Fachausdruck folgend, der das Errichten oder die Wiederzusammenfügung von Gedenkstelen oder Säulen bezeichnet. Eigentlich könnte diese Arbeit nur dann ausgeführt werden, wenn alle originalen Steine vorhanden sind und ihr ursprünglicher Platz am Bauwerk mit Sicherheit bestimmt werden kann. In Wirklichkeit allerdings ist diese Situation niemals eingetreten und wird auch in Zukunft nicht eintreten, da der Zusammensturz eines Tempels ganz unweigerlich zur Folge hat, daß Steine zerbrechen oder verlorengehen. Dennoch läßt sich eine Anastylose durchführen, wenngleich auch nicht ganz perfekt, falls unter den geborgenen Steinen einige vorhanden sind, die quasi als »Schlüsselsteine« fungieren können. In diesem Zusammenhang meint der Begriff einen Stein, der als Verbindung zwischen zwei Steinlagen oder zwischen zwei Abschnitten eines Gebäudes gedient hat. Gewöhnlich helfen solche »Schlüsselsteine«, zwei Steinschichten einander anzupassen, die nach den Berechnungen nur von einer einzigen Steinschicht getrennt sind. In Candi Merak in Zentral-Java beispielsweise sind ein vollständiger Sockel und ein vollständiges Dach, aber auch der größte Teil des zentralen Baukörpers des Tempels vorhanden. Dennoch kann der Tempel nicht wiederaufgebaut werden, da kein »Schlüsselstein« gefunden wurde, der eine Steinlage des Baukörpers mit der anderen verbindet. Auf der anderen Seite wurden Candi Gebang in der Nähe von Yogyakarta und Candi Jawi in Ost-Java dank der Entdeckung solcher »Schlüsselsteine« wiederaufgebaut, obwohl viele »leere« Stellen übrigbleiben.

In Candi Gebang war der »Schlüsselstein« ein Eckstein, der absolut sicher eine Verbindung zwischen der obersten Steinlage des unteren Abschnitts und der niedrigsten Schicht des oberen Abschnitts des Tempelkörpers herstellte, der bereits auf dem Papier rekonstruiert worden war. Eine ähnliche Situation bestand bei Candi Jawi, wo die Steine des Sockels und der unteren Hälfte des Tempelkörpers vollständig vorhanden waren und die aufgehende Architektur von der Spitze abwärts bis zur Mitte des Baukörpers ebenfalls rekonstruiert werden konnte. Dennoch konnten die obersten Steine der unteren Hälfte und die unterste Steinlage der oberen Hälfte

Abb. 211 Nähe Prabalinga, Ost-Java; Candi Jabung, 14. Jahrhundert (nach: Fortier del Danvin).

nicht perfekt angepaßt werden, obwohl beide aus schmucklosen glatten Steinen bestanden. Die anschließende Entdeckung eines einzigen »Schlüsselsteins« lieferte die Lösung.

Abb. 210 Padang Lawas, Sumatra; bei Biaro Bahal I, ein Heiligtum der spätklassischen Zeit, ist der zylinderförmige Abschluß der Dachkonstruktion besonders auffällig. Die unterste Terrasse ist mit einzelnen Relieffeldern versehen, die Löwengestalten wiedergeben, wohl 13./14. Jahrhundert.

Tatsächlich kann jeder originale Stein als »Schlüsselstein« fungieren, wenn eine Steinlage oder ein Abschnitt des Bauwerks viele seiner originalen Steine verloren hat und wenn die erhaltenen Steine Rekonstruktionsversuche nicht zu erlauben schienen. Wenn ein solcher Stein schmucklos und glatt ist, ohne spezifische Merkmale, und er daher an beliebiger Stelle plaziert oder eingepaßt werden kann, läßt er sich nicht als »Schlüsselstein« verwenden. Ein Stein kann nur dann als »Schlüsselstein« dienen, wenn er spezielle, identifizierende

nawiwaha höchstwahrscheinlich eine Anspielung auf den Kadiri-König Airlangga gegeben, indem dieser mit dem Pandawa-Helden Arjuna identifiziert wird. Wesentliche Inhalte eines *kakawin* sind erotische Begebenheiten sowie Wanderungen und Reisen durch die Landschaft, was zu teilweise ausschweifenden, detailfreudigen Beschreibungen der Schönheit von Frauen sowie der Natur führt. Der Dichter sieht in der Natur und in der Schönheit eine Quelle der Inspiration und sogar der inneren Erkenntnis.

Die narrativen Reliefs übertragen diese Elemente des *kakawin*: Der Darstellung von Landschaften, von Bergen, Wasser und Bäumen ist teilweise sehr viel Aufmerksamkeit im Detail gewidmet, häufig sind auch Darstellungen von Meditationsplätzen und von erotischen Szenen (Kat. 109). Neben der Vermittlung der Inhalte der Geschichten scheint in den Reliefs der ästhetische Aspekt eine wichtige Rolle gespielt zu haben. Der Betrachter der Reliefs sollte zu ähnlichen Wahrnehmungen und Erkenntnissen gelangen wie der Leser oder Zuhörer des Gedichtes.

Zur Veranschaulichung mögen zwei Textstellen aus zwei *kakawin* dienen. Die erste ist dem *Shiwaratrikalpa* von Mpu Tanakung aus der Mitte des 15. Jahrhunderts entnommen. Hier wird eine Reise durch eine Landschaft beschrieben: »Seine Reise brachte ihn zum Nordosten, wo die Täler sehr schön anzusehen waren; die Gärten, Heiligtümer, Einsiedeleien erregten seine Verwunderung. Da lagen weite Felder am Fuße der Berge, mit vielfältigen Getreidegewächsen, die entlang der Hänge wuchsen; ein großer Fluß fiel von den Hügeln hinab, sein Strom bewässerte das Getreide. (. . .) Westlich davon waren Hügelketten mit Reisfeldern bedeckt, ihre Dämme waren scharf und klar zu erkennen. Die Gärten lagen dicht beieinander aufgereiht, und die vielen Kokospalmen waren alle von Nebel beschattet. Die Flügel der Reiher glänzten im Vorbeiflug und waren nur schwach sichtbar in der Entfernung inmitten der Wolken; dann verschwanden sie und verschmolzen mit dem Nebel, denn sie waren schließlich aus der Sicht entschwunden.«[1] Darstellungen solcher Landschaftsbeschreibungen finden sich insbesondere in den Reliefs (vgl. Kat. 147) der Majapahit-Zeit, so z. B. in den Heiligtümern am Penanggungan-Berg. Eine erotische Szene ist dem *Arjunawiwaha* (11. Jh.) entnommen, wo die Verführungsversuche der *Widadari* beschrieben werden: »Eine andere Widadari war an Armen und Brust stark gepudert, so warm, als wenn sie eine Bluse trage; der Puder formte Muster auf ihrer Brust und ihren Schultern. (. . .) Eine ging hinter Arjuna und preßte sich sehnsüchtig an ihn. Was sie tat, war stöhnen vor Lust, und sie ließ seine Hand ihre warme und duftende Brust, die mit Safran eingerieben war, liebkosen. Bei seiner Berührung erzitternd, ließ sie seine Hand ihren Nacken umarmen und ihre Taille streicheln. Ihr Tuch war durchscheinend und sah aus wie eine Wolke, die von hinten angestrahlt ist, wenn es die Mondstrahlen bedeckt.«[2] Diese Szene war offensichtlich sehr beliebt und findet sich in diversen Reliefdarstellungen und Werken (vgl. Kat. 164) der Kleinkunst.

Neben der Frage der Identifizierung der Reliefdarstellungen gibt es in jüngerer Zeit auch Untersuchungen darüber, warum an einem jeweiligen Bauwerk eine bestimmte Geschichte und zudem warum bestimmte ausgewählte Szenen dargestellt wurden. Hierbei sind Überlegungen zum Kontext des Bauwerks wichtig: Beispielsweise Candi Surawana galt der Verehrung eines verstorbenen Fürsten; die hier in Reliefs abgebildeten Geschichten vermitteln dementsprechend Tugenden eines Fürsten. Zum einen wird die Eigenschaft thematisiert, die eigenen Leidenschaften zu kontrollieren: Im *Arjunawiwaha* widersteht Arjuna den Verführungsversuchen der *widadari*, in der *Shri-Tañjung*-Geschichte wird Sulakrama, der seine Begierde nicht zügeln konnte, getötet, in der *Bubuksha*-Darstellung der Asket Gagang Aking belohnt. Daneben erscheint das Ideal eines Kriegers im Kampf, dargestellt durch Arjuna in mehreren Kampfszenen des *Arjunawiwaha*. In einem Bauwerk mit gänzlich anderer Funktion wie in der Meditationshöhle Selamangleng bei Tulungagung ist ebenfalls das *Arjunawiwaha* dargestellt. In Entsprechung zur Funktion als Askese- und Meditationsplatz vermitteln die Reliefs das Askese-Ideal des Arjuna, während seine Eigenschaft als Krieger nicht thematisiert wird und hier deshalb keine Kampfszenen dargestellt sind.

Ein weiterer Grund für die Auswahl von Szenen scheint in der Popularität bestimmter Episoden zu liegen. So wird beispielsweise die Verführungsszene des *Arjunawiwaha* recht häufig dargestellt.

Schließlich kann die Anordnung der Reliefs sehr unterschiedlich sein. Üblich ist die Anbringung der Reliefs in *pradakshina*, d. h. im Uhrzeigersinn und mit der rechten Schulter zum Tempel gewandt; mehrfach, insbesondere bei *candi*, die offensichtlich zur Verehrung eines Verstorbenen errichtet wurden, kommt auch die *prasawya*-Richtung vor. In Candi Surawana allerdings entspricht die Aneinanderreihung der Reliefs nicht dem Gang der Handlung der Geschichte, vielmehr liegen *pradakshina*

Abb. 212 Candi Surawana, Pare, Kediri, Ost-Java. König Hayam Wuruk besuchte unter dem Namen Shurabhana diesen Tempel im Jahre 1361.

Abb. 213 Panataran, Ost-Java; Relief aus dem Ramayana-*Zyklus: der Affengeneral Hanuman eilt zum Meer, 14. Jahrhundert.*

und *prasawya* miteinander verwoben vor; an der Ostseite befinden sich die Szenen, die sich mit den Göttern und der Askese beschäftigen, während an der Westseite die Szenen des Kampfes mit den Dämonen angebracht sind.[3] Offensichtlich haben die Himmelsrichtungen oder die Orientierung eines Tempels eine Rolle gespielt bei der Entscheidung über die Anordnung der Reliefszenen. Ähnliche Überlegungen hat O'Brien zu Candi Jago angestellt.[4]

Neben der Auswahl und Anordnung unterscheiden sich die narrativen Reliefs vor allem hinsichtlich ihres Stils. Gemeinsam ist allen Reliefs sowohl in Zentral- als auch in Ost-Java ein gewisser stilisierter Schematismus: Die Akteure haben kaum individuelle Gesichtszüge, sondern sind durch Attribute wie Kleidung, Kopfschmuck, Haartracht, Körperhaltung (vgl. Kat. 13, 14) charakterisiert; solche Attribute sind meist mit großer Sorgfalt dargestellt. Auch einzelne Landschaftselemente – Berge, Wasser, Wolken – sind detailliert abgebildet. Räumlichkeit wird durch Übereinander- oder Nebeneinanderanordnung von Menschen, Gebäuden, Landschaftsteilen erzielt, wobei Menschen meist größer dargestellt sind als Landschaftselemente; eine echte Tiefenperspektive ist kaum gegeben.

Diese allgemeinen stilistischen Charakteristika gelten sowohl für die zentral- als auch für die ost-javanischen Reliefs. Darüber hinaus sind jedoch wesentliche Unterschiede gegeben: Die zentral-javanischen Reliefs (vgl. Kat. 65) sind lebendiger, naturalistischer, plastischer, tiefer eingemeißelt (Borobudur, Prambanan), während die ost-javanischen Reliefs (vgl. Kat. 149, 151) starrer, stilisierter, flacher eingemeißelt sind. Ein Charakteristikum der ost-javanischen Reliefs ist zudem, daß die Akteure häufig ähnlich den *wayang*-Figuren dargestellt sind: lange Arme, steife Körperhaltung mit seitlich abgewendeten Füßen und Kopf im Seitenprofil bei ansonsten frontaler Körperhaltung. Dabei ist die Ähnlichkeit mit den gedrungeneren balinesischen *wayang*-Figuren größer als mit den verfeinerten javanischen. Ferner ist eine Tendenz zur Füllung jeder kleinsten freien Fläche gegeben, was Stutterheim veranlaßte, von »horror vacui« oder Furcht vor der Tiefe zu sprechen, was dem Bedürfnis nach Magie Ausdruck verliehen habe.[5] Hierfür liefern die Reliefs von Surawana und die *Ramayana*-Reliefs von Panataran anschauliche Beispiele; insbesondere bei den letzteren sind die Wolken- und Rankenmotive vielfach zu dämonischen Köpfen und Wesen umgeformt, die die Darstellungen magisch erscheinen lassen.

Innerhalb des ost-javanischen Reliefstils sind wiederum Unterschiede auszumachen. Von den Archäologen wurden divergierende Klassifizierungen der Stile vorgenommen: Stein Callenfels[6] unterscheidet zwischen einem »Wayang-Stil« und einem »Kakawin-Stil«. Den ersteren nennt er so wegen der Ähnlichkeit der Figuren mit den *wayang*-Figuren; seiner Meinung nach basieren die dargestellten Geschichten auf *lakon*-Varianten (Beispiel: *Ramayana* in Panataran). Der zweitgenannte Stil sei bei Reliefdarstellungen von altjavanischen *kakawin* angewendet (Beispiel: *Arjunawiwaha* in Surawana). Holt unterscheidet zwischen einem frühen Wayang-Stil bei Erzählungen ursprünglich indischer Herkunft (z. B. Candi Jago)[7] und einem späten weichen, halbnaturalistischen Stil bei nicht-indischen Textvorlagen, z. B. bei Pañji-Geschichten.[8] Satyawati Suleiman nennt als Grund für die verschiedenen Stile die Möglichkeit unterschiedlicher lokaler Traditionen, und zwar bedingt dadurch, daß die Bildhauer für verschiedene Auftraggeber arbei-

Abb. 214 Candi Tigawangi, Pare, Kediri, Ost-Java; Ausschnitt aus der Relieffolge Sudamala: *der Held Sadewa (rechts), der die Göttin Durga von einem Fluch befreit hat, im Gespräch mit einem Weisen, 14. Jahrhundert.*

teten. Die differierenden Stile zeigen sich ihrer Meinung nach im wesentlichen in der Kleidung.[9] Klokke[10] stellt eine zeitlich orientierte Stilunterscheidung vor, die sich derzeit als die brauchbarste erweist, da sie die teilweise auftretenden Widersprüchlichkeiten der anderen Klassifizierungen vermeidet: 1) ein früher ost-javanischer Stil, wie er durch die Reliefs von Jalatunda (Kat. 162) und Selamangleng repräsentiert wird (10.–11. Jh.); diese Reliefs sind relativ naturalistisch und plastisch gearbeitet; 2) ein später ost-javanischer Stil, der durch die Reliefs von Jago, Panataran, Surawana, Tigawangi (13.–15. Jh.) vertreten wird; diese Reliefs ähneln den stilisierten *wayang*-Figuren und sind weniger naturalistisch.
Die Besonderheiten des ost-javanischen Reliefstils zeigen sich (a) in der Behandlung der Dreidimensionalität, (b) in der Komposition des Bildes, (c) in der Darstellungsweise der Akteure und (d) in der Behandlung des Hintergrundes.
(a) Während die frühen ost-javanischen Reliefs noch eine gewisse Plastizität aufweisen, wirkt gerade im Unterschied zur zentral-javanischen Reliefkunst die späte ost-javanische nahezu zweidimensional und sehr flach. Tiefenillusion wird erzielt durch das Einfügen von Bäumen und anderen Landschaftselementen sowie Architekturteilen; dabei folgen die Architekturdarstellungen meist nicht den Gesetzen der perspektivischen Darstellung. Typisch für die späten ost-javanischen Reliefs ist die Vogelperspektive (Kat. 147), insbesondere bei Landschaftsdarstellungen.
(b) Die Komposition ist nicht, wie bei den meisten Borobudur-Reliefs, streng symmetrisch, vielmehr richtet sich die Komposition eines Reliefbildes nach den Gegebenhei-

Abb. 215 Candi Jago, Ost-Java; Reliefausschnitt aus den Darstellungen zum Parthayajña: *Arjuna (links) auf seiner Wanderung zum mythischen Berg Indrakila, 13./14. Jahrhundert.*

ten der dargestellten Szene. Einige narrative Reliefdarstellungen sind in voneinander abgetrennten Paneelen in Einzelszenen gegeben (z. B. Kedaton, *Ramayana* in Panataran); dort unterliegen die Reliefs einer in sich geschlossenen Komposition. In den meisten Fällen sind allerdings Reliefbänder mit durchlaufenden Szenen in langen Paneelen gegeben, wobei die Teilszenen nur durch Bäume, Architekturteile oder Ornamentbänder voneinander getrennt sind (z. B. Tigawangi, Jago).

(c) Die Darstellungsweise der Akteure in den ost-javanischen Reliefs ist starrer und stilisierter als in den zentraljavanischen und ähnelt den *wayang*-Figuren (s. o.). Es werden nicht Charaktere, sondern Typen von Personen mit bestimmtem Status dargestellt[11], z. B. Götter, Fürsten, Asketen, Diener. Die Identität oder Funktion der Personen wird durch ihre Körperhaltung und ihre Kleidung sowie ihren Schmuck bestimmt. Dabei haben sich ikonographische Muster herausgebildet[12]:

Götter sind immer auf einem Lotussockel stehend oder sitzend sowie mit einem Nimbus und einem meist kostbaren Kopfschmuck *(makuta)* und kostbarer, geschmückter Kleidung dargestellt. Wichtiges Erkennungszeichen einer Gottheit ist die *upawita* (heilige Schnur, die über die linke Schulter verläuft), wie sie auch bei Götter-Skulpturen gegeben ist.

Königliche Akteure sind häufig mit ähnlich kostbarer Kleidung ausgestattet wie Gottheiten, nämlich einer Krone und der heiligen Schnur. Als Haartracht tragen sie häufig die »Krabbenschere« (z. B. Arjuna, vgl. Kat. 204, in Candi Jago im *Parthayajna*, Hanuman im *Ramayana* in Panataran), wobei das Haar vorn und hinten in einem Bogen zueinander hin geformt ist. Eine andere fürstliche Haartracht ist das *garuda mungkur*, wo der Kopfschmuck mit einer nach hinten gerichteten Garuda-Maske versehen ist (s. Kat. 166). In den Reliefs an der Pendopo-Terrasse von Candi Panataran sowie an Candi Jawi und in einigen Reliefs am Penanggungan-Berg kommt die sog. Pañji-Mütze – eine flache Kappe, die für die Darstellung des Pañji typisch ist – als Kopfbedeckung von Fürsten vor.

Asketen sind meist mit Bart und spärlicher Bekleidung wiedergegeben. Das Haar ist entweder zum *gelung* als Knoten am Hinterkopf hochgewunden oder in einem turbanartigen *ketu* (Kat. 205) zusammengebunden. Buddhistische Mönche oder Einsiedler haben einen kahlen Schädel oder den *ushnisha*-Wulst auf dem Kopf.

Weit aufgerissene Augen, vorstehende Zähne und ein dicker, oft unförmiger Körper kennzeichnen Dämonen. Gewöhnliche Leute und Diener tragen meist einfache Hüfttücher, das Haar in einem einfachen Knoten ohne Schmuck zusammengebunden.

Die *panakawan*, die Begleiter der Edlen, sind von unförmiger Gestalt (Kat. 149) mit meist grobem Gesicht, sie tragen häufig die Pañji-Mütze. Diese Begleiter sind üblicherweise in gleicher Proportion wie die anderen Akteure dargestellt, tauchen allerdings in einigen späten ost-javanischen Reliefs als sehr kleine Figuren auf.
Tiere (vgl. Kat. 148) sind ebenfalls eher schematisch als zoologisch korrekt dargestellt, so daß eine Identifizierung häufig nicht möglich ist. Tiere mit Schlappohren, die gleichermaßen Pferden wie Hasen ähneln, werden unterschiedlich interpretiert. Stein Callenfels[13] beobachtete, daß sie häufig in Verbindung mit Darstellungen von Gott Indra erscheinen; Klokke[14] sieht insbesondere die Zuordnung zu Gott Indra in seiner Funktion als König der Götter, während Stutterheim[15] sie mit dem Götterberg Meru und dem Sonnengott Surya in Verbindung brachte.
Himmlische Wesen wie *widadari* (Himmelsnymphen) sind in der fliegenden Haltung *langgalaka* mit abgewinkelten Beinen dargestellt.
(d) Der Hintergrund kann sehr unterschiedlich behandelt sein. In Candi Jago sind Landschafts- und Architekturelemente im Hintergrund nur dann eingesetzt, wenn sie für die dargestellte Szene wichtig sind, so z. B. die Berglandschaft im *Parthayajna* zur Illustrierung von Arjunas Weg zum Indrakila-Berg. Ganz anders dagegen ist der Hintergrund in den Reliefs an Candi Surawana gestaltet, wo kaum ein freier Platz gelassen ist. Wie oben bereits erwähnt, spricht Stutterheim solchen Darstellungen eine magische Funktion zu. Insgesamt sind wolkenartige Ranken ein typisches Element der gesamten ost-javanischen Reliefkunst, sie begegnen uns in den frühen Reliefs von Jalatunda bis zu den Reliefs am Penanggungan (15. Jh.). Flammenartige Motive treten gelegentlich in Verbindung mit dem Thema der Askese auf; de Vries Robbé[16] sieht in ihnen Symbole für *teja* – das ist der Glanz, der von einem ausgeht, der über besondere innere Kraft *(shakti)* verfügt. Ein anderes Motiv, das dreiecksförmig mit der Spitze nach oben weist und sich häufig unter Götterthronen oder in Einsiedler-*pendopo* befindet, mag eine ähnliche Funktion haben; Stutterheim sah solche Elemente als *gunungan* (Kat. 210) an, dem Szenenabtrenner aus dem *wayang kulit*, und sprach ihnen die Bedeutung als Symbol für den himmlischen Götterberg Meru oder für die Götter schlechthin zu.[17]
Besondere Beachtung verdienen die *panakawan*, die oben bereits erwähnt wurden. Sie sind aus den *wayang-lakon* bekannt. In den *kakawin*-Texten kommen sie nicht vor. Eine Ausnahme stellt die *Sudamala*-Geschichte dar, die allerdings erst in der Nach-Majapahit-Zeit niedergeschrieben wurde und deshalb strenggenommen nicht mehr zur *kakawin*-Literatur zählt[18]; hier wird der *panakawan* Semar genannt. In den späten ost-javanischen Reliefs sind die *panakawan*, meist zu zweit auftretend, ein häufiges, wesentliches Element. Erstmalig erscheinen sie nach herrschender Meinung in Candi Jago (1268) als Begleiter des Arjuna im *Parthayajna* und im *Arjunawiwaha*. Ihr Vorhandensein in den Reliefs hat zu verschiedensten Überlegungen der Archäologen geführt[19]: Sind die Textvor-

Abb. 217 Candi Sukuh, Zentral-Java; Ausschnitt aus der Relieffolge zum Sudamala: *Sadewa (links), begleitet von einem* panakawan, *kämpft gegen einen Dämon, 15. Jahrhundert.*

Abb. 216 Tulung Agung, Ost-Java; Goa Selamangleng mit Meditationsstätte, 11./12. Jahrhundert.

Abb. 218 Canggu, Pare Kediri, Ost-Java, 14. Jahrhundert; erotische Szenen vom Candi Surawana. Typisch für den Reliefstil dieser Anlage ist die Überfülle der Details, so daß die Szene sich in einer äußersten Verdichtung darstellt.

lagen möglicherweise *wayang-lakon* und nicht *kakawin* gewesen? Oder sind sie nur als Auswirkung der *wayang*-Popularität zur Zeit der Entstehung der Reliefs anzusehen? Daß das *wayang kulit* bereits im 11. Jahrhundert bekannt war, geht aus seiner Erwähnung im *Arjunawiwaha* hervor.

Die *panakawan* (Kat. 206, 216) haben im *wayang* und ebenso auch in den Reliefs vielschichtige Funktionen: Vordergründig sind sie Begleiter der Helden, meist der Pandawa. Sie karikieren das Geschehen oder das Handeln des Helden. Hierzu gibt es einige schöne Veranschaulichungen in den *Arjunawiwaha*-Reliefs am Candi Surawana, wo sich in der oben wiedergegebenen Verführungsszene die *panakawan* mit zwei *widadari* erotischen Vergnügungen hingeben. Die *panakawan* vertreten quasi das einfache Volk und wollen dieses mit ihren Späßen ansprechen. Daneben wird ihnen und insbesondere dem Semar aber auch *shakti* zugesprochen; in dem Sinne nehmen sie eine Zwischenposition oder sogar eine Vermittlerrolle zwischen den Göttern und den Menschen ein.

Eine Sonderstellung in der Tempel- sowie in der Reliefkunst kommt Candi Sukuh zu. Dieses Bauwerk liegt zwar in Zentral-Java, am Westhang des Berges Lawu, ist aber von der Zeit seiner wahrscheinlichen Erbauung (15. Jh.) her der ost-javanischen Periode zuzurechnen. Dieses Heiligtum mit vielen erotischen Skulpturen und Reliefs gibt bis heute noch viele Rätsel auf. Diverse Reliefdarstellungen konnten noch nicht zweifelsfrei gedeutet werden. Nur die *Sudamala*-Geschichte[20] sowie das *Garudeya* sind eindeutig identifiziert. Der Stil der Darstellungen weist Merkmale der späten ost-javanischen Reliefkunst mit dem *wayang*-Charakter der abgebildeten Akteure auf, es fehlt allerdings die überbordende Erzählfreude im Detail, wie sie für die sonstigen späten ost-javanischen Reliefs so typisch ist. Es wird vermutet, daß für die Sukuh-Reliefs *wayang-lakon* als Textvorlagen dienten.[21]

1 Canto 2.4 und 2.6, nach Zoetmulder 1974, 203 f.
2 Canto 3.11 und 3.15, nach Kuntara 1990, 130 f.
3 Kieven 1994, 108
4 O'Brien 1988, 1990.
5 Stutterheim 1927, 184; 1989, 165.
6 Stein Callenfels 1925 a.
7 Holt 1967, 82.
8 Beispiel: Surawana, Penanggungan; Holt 1967, 89.
9 Suleiman 1978, 40–43.
10 Klokke 1993, 57.
11 Suleiman 1978, 26.
12 Klokke 1993, 61–69; Suleiman 1978, 32–34.
13 Stein Callenfels 1925 b, 41.
14 Klokke 1993, 148–150.
15 Stutterheim 1926, 339.
16 de Vries Robbé 1984.
17 Stutterheim 1926.
18 Stein Callenfels 1925 a, 156; Zoetmulder 1983, 57.
19 Stein Callenfels 1925 b, 43; Brandes 104, 40; Hazeu 1901 u. a.
20 Stein Callenfels 1925 a.
21 Fontein 1990, 176.

Der Goldschatz von Plosokuning

Wahyono Martowikrido

Die Liebe des Menschen zum Gold ist zweifellos eine Leidenschaft, die bis in die ältesten Zeiten zurückreicht. Zugleich hat diese Leidenschaft die kulturelle Entwicklung vorangetrieben und künstlerisches Gestalten angeregt. Das gelbe Material läßt sich naturwissenschaftlich auf wenige Fakten reduzieren: als Element mit der Bezeichnung Au (aurum), der Ordnungszahl 79, dem Atomgewicht 196,967 und dem Schmelzpunkt bei 1063° C weist es eine Dichte von 18,88–19,4 und eine Härte von 2,5–3 auf. Gold ist zum Teil deshalb so dauerhaft, weil es dem chemischen Zersetzungsprozeß widersteht und die meisten Säuren ihm nichts anhaben können. Das wichtigste Lösungsmittel wurde deshalb *aqua regia*, Königswasser genannt, weil diese Säure sogar das »königliche« Metall zersetzen kann.[1]

Geologisch gesehen ist Gold das Produkt titanischer Kräfte, die vor Äonen die Erdkruste formten. Gold kommt für gewöhnlich in Granit-Quarzen vor, die es in flüssiger Form durchdrang und in Gängen und Lagern einwuchs. Durch Druck wurde es bisweilen an die Oberfläche befördert, kann aber auch durch Erosion der steinernen Schale in Form von Goldstaub, Goldsand oder in Körnerform (Nuggets) zutage kommen. Als sekundäre Lagerstätten sind Goldvorkommen in Flußanschwemmungen anzusehen, wobei sich das Gold aufgrund seiner Schwere langsamer bewegt als andere feste Bestandteile im Flußwasser. Dieses Gold wird durch Waschen gewonnen.

Seit der Vorgeschichte war Gold in Indonesien bekannt. Schmuck, Masken und Plättchen, mit denen die Augen der Toten bedeckt wurden, fand man in Süd-Sulawesi, Bali und West-Java.[2]

In der klassischen Zeit nach 500 n. Chr. sind es dann vor allem schriftliche Quellen, die vom Goldvorkommen und der Verwendung von Gold berichten. Bei den sogenannten »Sima«-Zeremonien[3] wurde Gold an die Teilnehmer verschenkt. Aus diesen Quellen geht auch bereits hervor, daß der Besitz von Gold mit dem sozialen Status und Rang zu tun hatte. In der Inschrift von Canggal (Gunung Wukir, Zentral-Java) aus dem Jahre 732 behauptet König Sanjaya, daß sein Land reich an Goldminen sei. In den Annalen der chinesischen Tang-Dynastie aus der Zeit zwischen 618 und 906 heißt es ebenfalls, daß Java Gold und Silber produziere, und die Song-Annalen der anschließenden drei Jahrhunderte bestätigen dies.[4]

Bisher sind allerdings keine Spuren antiken Goldbergbaus auf Java entdeckt worden. Nach Berichten von Geologen soll es nur geringe Mengen von Goldvorkommen geben, so z. B. in Bogor, Krawang und Gunung Sawal in West-Java. Ein erheblicher Anteil des Rohgoldes, das zu Schmuck verarbeitet wurde, dürfte wohl aus Sumatra gekommen sein. Den Indern war Sumatra in alter Zeit als »Goldinsel« bekannt, und auch in der Kolonialzeit wurde auf Sumatra tonnenweise Gold abgebaut, wobei die Fördermenge an Silber noch höher lag.

Selbst wenn vorläufig nicht eindeutig zu klären ist, woher die Javaner im ersten Jahrtausend ihr Gold bezogen, für die Übereinstimmung der schriftlichen Überlieferung mit den tatsächlichen Verhältnissen spricht nicht zuletzt der Hortfund von Plosokuning.

Im Oktober 1990 wollte Frau Cipto Suwarno aus dem Dorfe Plosokuning (Wonoboyo) ein Stück Land abtragen lassen, um dann ihr tiefer gelegenes Feld an einen benachbarten Bewässerungsgraben anschließen zu können. Ihre Nachbarn stellten sich für die Erdarbeiten zur Verfügung. Als sie eine etwa 2,75 m dicke Erdschicht abgetragen hatten, traf eine ihrer Hacken auf etwas Hartes. Es stellte sich heraus, daß sie auf ein Keramikgefäß gestoßen waren, und dieses Gefäß enthielt antike Goldobjekte. So trug sich der erste von drei Zufallsfunden zu, die sich möglicherweise als das spektakulärste archäologische Ereignis des Jahrhunderts in Indonesien erweisen werden.

Bei dem Fund handelt es sich um Gold- und Silberobjekte, chinesische Keramiken und ein rundes Bronzebehältnis.

Die chinesischen Keramikgefäße vom Typ *martawan* aus der Tang-Zeit und der Bronzekessel werden bei der Antikenverwaltung in Bogem bei Kalasan aufbewahrt, während die Gold- und Silberobjekte ins Nationalmuseum nach Jakarta (vgl. Kat. 34–47) verbracht wurden.

Das Dorf Plosokuning liegt im Verwaltungsbezirk Klaten, etwa 5 km östlich der Tempelanlage von Prambanan. Auf der Straße von Yogyakarta nach Solo biegt etwa 20 km

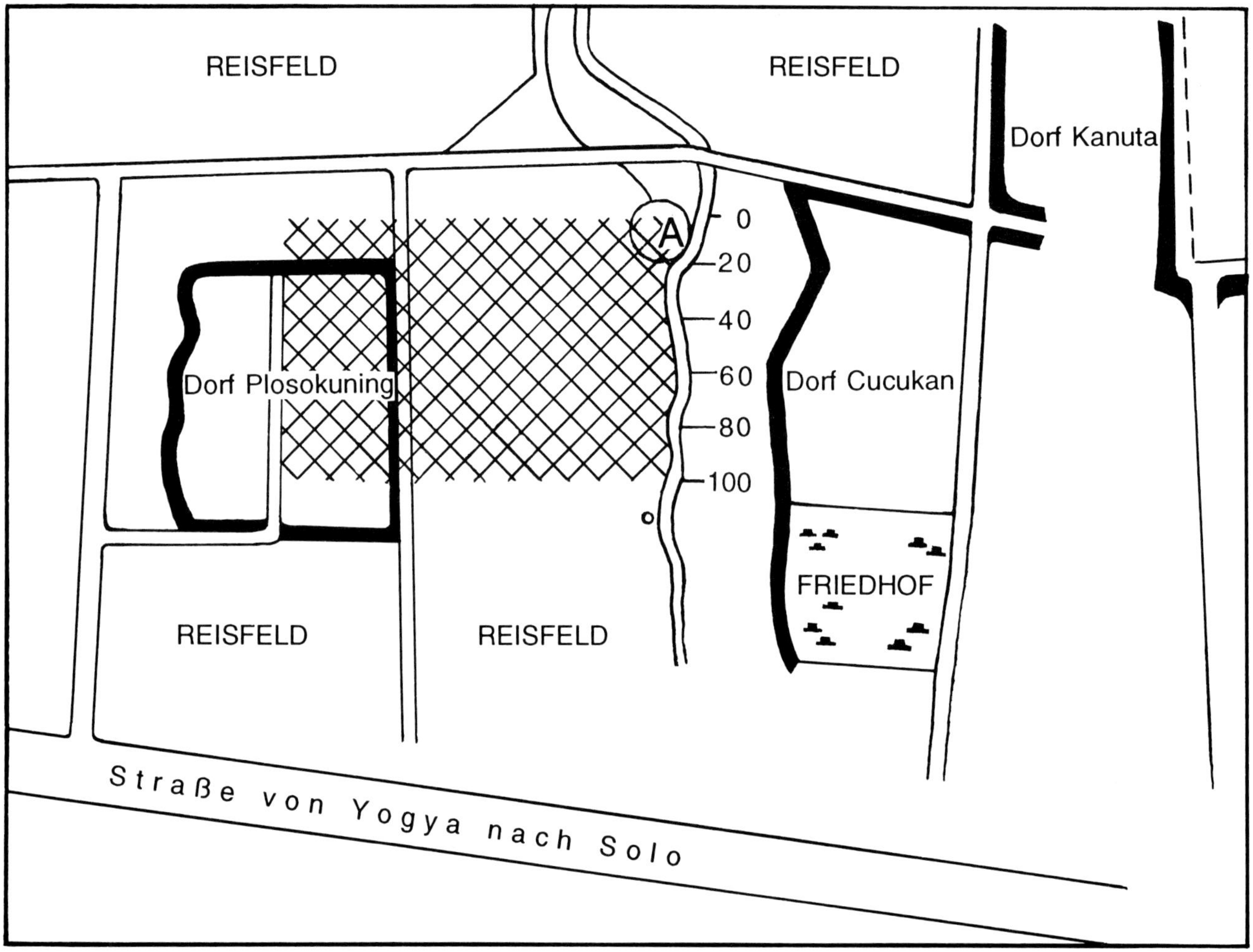

Abb. 219 Plosokuning, Wonoboyo, Zentral-Java; Fundplatz des berühmten Schatzhortes aus dem 9./10. Jahrhundert. A = Hauptfundplatz im Feldareal (Zeichnung: C. Sender).

hinter Yogyakarta eine Abzweigung nach Norden ab. 2 km entfernt liegt Plosokuning mit dem Fundplatz in einem Reisfeld. Am 17. Oktober kamen zunächst drei olivgrüne, glasierte Keramikgefäße, zwischen 30 und 40 cm hoch, mit Schmuck, Münzen und Prunkgerät aus Gold und Silber zutage. Das Gewicht der Goldobjekte allein belief sich auf nicht weniger als 12,5 kg, die Silbersachen wogen 3,95 kg. Der Schmuck besteht aus Ringen mit und ohne Edelsteine, Ohrgehängen, Halsketten, Armreifen, Goldperlen und Diademteilen. Unter den Gerätschaften finden sich unter anderem Schalen unterschiedlicher Form und Größe, Teller, Schöpflöffel, Gefäßausgüsse, eine Schirmzier und eine Tasche.

Die große Überraschung folgte am 26. November 1990, als noch einmal 6396 Goldmünzen (Kat. 36) mit einem

Abb. 220 Blick vom Ratu Boko-Plateau über die Ebene von Prambanan mit dem Fundplatz des Goldschatzes von Wonoboyo, Zentral-Java.

liefert. Zwei Gründe sind dafür ausschlaggebend. Zum einen ist nichts Schriftliches auf vergänglichem Material im Original überliefert, was seinen Grund in den klimatischen Verhältnissen hat, die Baumrinden- und ähnliches Material innerhalb kurzer Frist – in zwei bis drei Generationen – zerstören. Zum anderen beschränkte sich Schriftlichkeit zuerst allem Anschein nach auf den sakralen Bereich, zu dem neben der religiösen auch die politische Sphäre zählte. Auch in den sogenannten Hochkulturen Indonesiens expandierte die Schriftlichkeit nur schrittweise aus dem sakralen in den profanen Bereich von Literatur hinein. Aus diesem Grund sind alle frühen Texte epigraphischer Natur.

Die Geschichte der Epigraphie im indonesischen Archipel zeigt uns, daß es keine eigenständige Schrifttradition vor der Indisierung von Teilen Indonesiens gegeben hat. Die frühen Inschriften sind, beginnend um das Jahr 400 herum, allesamt in indischer Schrift abgefaßt. Dabei handelt es sich um die sogenannte Pallawa-Schrift, benannt nach der südindischen Pallawa-Dynastie, die ihre Sanskrit- und Prakrit-Inschriften in einer eigenen Form der Grantha-Schrift verfaßte. Es gibt keinerlei Hinweise auf direkte Verbindungen zwischen den Pallawa und den Dynastien im Archipel. Das zeitliche Zusammentreffen ist aber eindeutig. Zu der Zeit, für die die ersten Inschriften im Archipel überliefert sind, konsolidierten die Pallawa ihre Macht in Südindien. Interessanterweise stimmen die Inschriften im Duktus jedoch nicht vollständig überein. Die größte Ähnlichkeit besteht mit Inschriften aus Sri Lanka, aber auch hier sind Unterschiede im Duktus vorhanden. Auf dem ganzen indischen Subkontinent einschließlich Sri Lanka gibt es keinen exakten Prototyp. Die genauen Beziehungen zwischen Südindien und den Dynastien im Archipel sind aus dieser Zeit nicht geklärt. Es scheint jedoch, daß es sich keinesfalls um Pallawa-Ableger in Südostasien gehandelt hat und auch sonst der Austausch weniger bestimmend von indischer Seite war, als man früher anzunehmen geneigt war, also wohl nicht durch Import indischer Gelehrter, die ihre Aktivitäten auf den Archipel ausdehnten.[7] Casparis, der sich intensiv mit indonesischer Epigraphie befaßt hat, neigt der Theorie von Bosch[8] zu, der von indonesischen Pilgern ausgeht, die in den religiösen Zentren Indiens studierten und ihre Kenntnisse wieder in ihre Heimat mit zurückbrachten.

Insbesondere nach dem Beginn des 7. Jahrhunderts machte die Pallawa-Schrift eine Entwicklung zu ihrer sogenannten späteren Form durch. Auch in dieser Zeit war die Entwicklung in Südostasien ähnlich oder sogar identisch. Die Parallelen reichten teilweise bis auf den Subkontinent. Ihren Abschluß fand diese Entwicklung in der zweiten Hälfte des 8. Jahrhunderts, als sich langsam regionale Formen herausbildeten. Ein Austausch zumindest innerhalb Südostasiens liegt also auf der Hand, da Zufälle dieser Dimension ausscheiden dürften. Mehr als Mutmaßungen über den Charakter dieses Austausches gibt es allerdings bislang nicht. Auch hier kommt wohl in erster Linie die Mobilität buddhistischer Gelehrter in Frage. Die kulturellen Zentren in Shriwijaya und Java pflegten internationalen Austausch, und daß hierin auch der Austausch religiöser Schriften inbegriffen war, liegt auf der Hand, auch wenn diese Schriften aufgrund des vergänglichen Materials nicht mehr erhalten sind.

Inschriften in der frühen Pallawa-Schrift sind aus drei Regionen bekannt: Taruma in West-Java, Kedah auf der Malaiischen Halbinsel und Kutai in Ost-Kalimantan, wobei die ersten beiden duktusmäßig eine eigene Gruppe bilden.

Eine der Kutai-Sanskrit-Inschriften in früher Pallawa-Schrift aus der Zeit um 400:

çrīmataḥ çrīnarendrasya
Kuṇḍaṅgasya mahātmanaḥ
putro' çvavarmmā vikhyātaḥ
vangçakarttā yathāngçumān
tasya putrā mahātmānaḥ
trayas traya ivāgnayaḥ
teṣān trayāṇām pravaraḥ
tapobaladamānvitaḥ
çrī-Mūlavarmmā rājendraḥ
yaṣṭā bahusuvarṇnakam
tasya yajñasya yūpo'yam
dvijendrais samprakalpitah

Übers.: »Der durchlauchte Fürst Kundangga, der edelgesinnte, hatte einen Sohn mit Namen Aswawarman, der gleich dem Sonnengott sein Geschlecht fortpflanzte. Er hatte drei edelgesinnte Söhne, vergleichbar mit den drei Feuern. Der älteste der drei war König Mulawarman, der, mit großer Frömmigkeit und Sittsamkeit ausgestattet, ein Bahusuwarnaka-Opfer verrichten ließ. Dies ist die Säule, die die Brahmanen aus diesem Anlaß errichtet haben.«

Quelle: Kern 1917 VII, 62–63; Faksimile vgl. S. 265

Die spätere Pallawa-Schrift zeichnet sich u. a. durch die gleichmäßige Höhe der Basiszeichen aus.[9] Inschriften in der späteren Pallawa-Schrift sind aus Java: Die Inschrift von Tuk Mas (ca. 650), Zentral-Java, weist noch Affinitäten zur frühen Pallawa-Schrift auf. Die Sprache dieser Inschrift ist Sanskrit. Bis zu dieser Zeit sind alle Inschriften in Sanskrit oder anderen indischen Sprachen geschrieben. Dagegen sind die frühen Inschriften Shriwi-

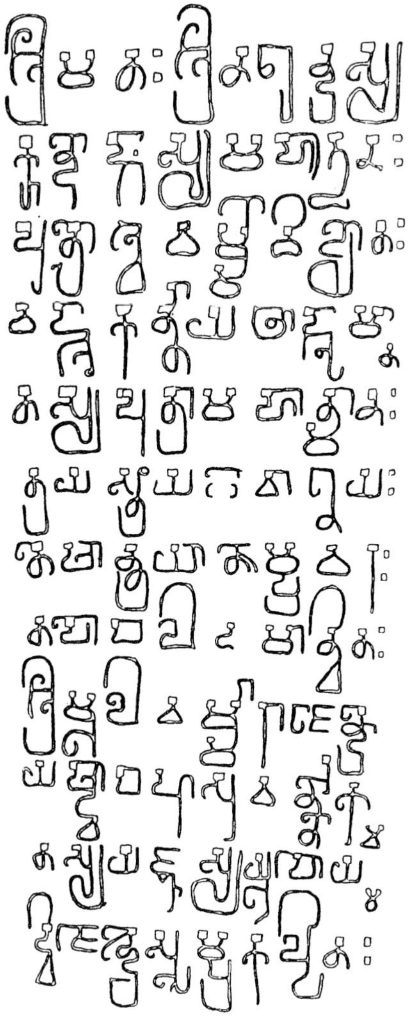

jayas in dieser Schrift bereits in Altmalaiisch, durchsetzt mit Sanskrit-Wörtern (vgl. Kat. 7).
Die letzte Inschrift in Pallawa-Schrift stammt aus Canggal (732 n. Chr.) in Zentral-Java und ist in Sanskrit abgefaßt.
Ein wesentlicher Aspekt der auf diese Phase folgenden Schriften ist die Tatsache, daß es sich um vollständig eigenständige Entwicklungen handelt, die keinerlei Entsprechungen mehr zum Subkontinent aufweisen. Der als nächstes folgende Typus wird heute allgemein als frühe Kawi-Schrift bezeichnet, eine nicht unproblematische Benennung, da Kawi auch die Bezeichnung für altjavanische Literatur ist, die Kawi-Schrift aber nicht nur für altjavanische Sprache verwendet wurde. Ins Auge springend ist der kursive Stil der Schrift, der sich erheblich vom monumentalen Stil der Pallawa-Schrift unterscheidet. Casparis geht davon aus[10], daß die frühe Kawi-Schrift zuallererst für das Beschreiben von *lontar*, also für alltägliche Zwecke, bestimmt war und erst sekundär eine Transponierung in den epigraphischen Gebrauch stattfand. Dies erklärt den Gebrauch von runderen Formen, die für das Beschreiben von pflanzlichem Material *(lontara)* besser geeignet waren als lange vertikale Striche.
Nach einer Phase von ca. 750 bis 850 hatte sich die frühe Kawi-Schrift zu ihrer klassischen Form herausgebildet. Aus der nachfolgenden Zeit ist uns eine relativ große Anzahl von Inschriften überliefert, mehr als ein Drittel aller auf Java gefundenen Inschriften.
Die Periode der späteren Kawi-Schrift erstreckt sich über einen langen Zeitraum von mehr als 300 Jahren. Fast alle Inschriften dieser Periode stammen aus Ost-Java, daneben eine Anzahl aus Bali und nur relativ wenige aus West-Java (Sunda) und Süd-Sumatra. Die spätere Kawi-Schrift hat sich in Ost-Java aus der frühen Kawi-Schrift entwickelt und dominierte mit der Verschiebung des kulturellen Zentrums von Mittel- nach Ost-Java nach und nach die javanische und benachbarte Epigraphie. Dementsprechend teilt man die Schrift dieser Periode in vier Typen ein: von ca. 910 bis 950 ost-javanisches Kawi; von ca. 1019 bis 1042 das Kawi des Airlangga; von ca. 1100 bis 1220 das Kawi der Kadiri-Zeit; und von ca. 1050 bis 1220 die Quadratschrift der Kadiri-Zeit.
Zum ersten Typ gehören die Inschriften von Daksha, Tulodong und Wawa. Sie finden sich fast alle auf sorgfältig bearbeiteten, oft sehr großen Steinen. Die Schrift zeichnet sich durch große Regelmäßigkeit aus, ist aufrecht, funktional und dennoch ästhetisch. Die weitere Entwicklung der späteren Kawi-Schrift wird nicht durch grundsätzliche, sondern durch stilistische Veränderungen geprägt. So erfährt das Kawi der Airlangga-Zeit eine Veränderung zum Dekorativen. Die Breite und Höhe der Basisschriftzeichen ist gleich, und dennoch wird der Eindruck des Plump-Quadratischen durch die Art der vertikalen Verlängerungen einiger Schriftzeichen, wie z. B. ra, pa, sa und da, aufgehoben.

Ausschnitt aus einer Inschrift des Airlangga (= »Calcutta-Stein«; Zeile 6 bis 8) aus dem Shaka-Jahr 963 (= 1041 n. Chr.), wahrscheinlich vom Berg Penanggungan, mit Übersetzung:

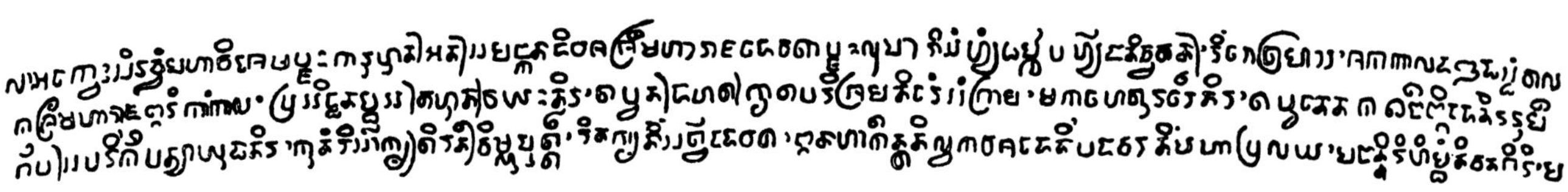

6. la, akweh sira wwang wiçeṣa pjaḥ, karuhun an samaṇkana diwaça crī mahārāja dewatā pjaḥ lumāḥ ri sang hyang dharmma parhyaṅan i wwatan, ring cetramāsa, çakakāla 929, sḍang wāla
7. ka çrī mahārāja irikāng kāla, prasiddha namblas tahun wayah nira, tapwan dahat kṛtapariçrama nireng saṅgrāma, makahetu rarai nira, tapwan enak baṅěṅgi de nira rumĕ
8. gĕp saparingkĕpany āyudha nira, kunang ri sākṣāt iran wisṇumūrtti, rinakṣa ning sarbwadewata, inahākĕn tan ilwa kawaça dening paṅawara ning mahāpralaya, maṅanti ri himbang ni wanagiri, ma
Übers.: »[Ganz Java] sah zu jener Zeit aus wie ein Meer, viele hochgestellte Personen starben, an erster Stelle starb zu jener Zeit Seine Majestät der selige Maharaja, der im Heiligtum zu Wwatan begraben liegt, im Monat Caitra des Shaka-Jahres 929, als seine Majestät der Maharaja noch ein Junge war, er war nämlich 16 Jahre alt, noch nicht sehr geübt im Kriegshandwerk, infolge seines Knabenalters noch nicht kräftig genug, eine vollständige Waffenrüstung zu tragen. Doch da er eine Inkarnation Wishnus ist, wird er von allen Göttern beschützt, vorbestimmt, nicht überwältigt zu werden von den Schwierigkeiten des großen Aufruhrs: Er verbleibt am Rande des Wanagiri-Berges.«

Quelle: Kern 1917 VII, 102–114; Faksimile vgl. oben

Die Inschriften des Kadiri-Typs stellen eine Weiterentwicklung der Airlangga-Schrift dar, ins Auge springend geprägt durch eine vertikale Verlängerung der Buchstaben, aber auch mit anderen, kleineren Veränderungen. Die oben erwähnte Quadrat-Schrift stellt eine Sonderform dar. Sie wurde für sehr kurze Inschriften verwendet, z. B. über Eingängen. Sie ist wuchtig, ornamental und oft nur schwer zu entziffern.
Aus der Epoche der späteren Kawi-Schrift stammen auch die ersten schriftlichen Zeugnisse Balis. Sie sind ebenfalls in diesem Duktus verfaßt. Die Sprache ist sowohl Altbalinesich als Altjavanisch. Interessant ist, daß alle Inschriften dieser Periode in Ost-Java auf Stein sind, auf Bali jedoch auf Kupferplatten. Die Kupferplatten unterscheiden sich in ihrer Form von den javanischen früherer Epochen durch ihr Format, das durch die große Breite und geringe Höhe im Verhältnis ca. 1 : 5 an *lontar*-Blätter erinnert.
Die Inschriften West-Javas und Süd-Sumatras aus dieser Zeit gleichen im Duktus sehr stark den ost-javanischen. Erwähnt werden soll an dieser Stelle auch die in diesem, wenn auch etwas archaischerem Duktus gehaltene Inschrift von Jaiya in Süd-Thailand aus dem Jahr 1230, um die weite geographische Ausstrahlung der insularen Königreiche vor Augen zu führen. Die folgende Periode wird ganz von dem Großreich Majapahit und seinem Vorgänger Singasari dominiert. Die Übergangszeit ist allerdings geprägt von einer epigraphischen Lücke, die auf Java von 1205 bis 1264 und auf Bali sogar von 1204 bis 1296 reicht. Die Kontinuität der Schriftentwicklung wurde jedoch nicht unterbrochen. Im Gegenteil, man kann davon ausgehen, daß die vorwiegende Verwendung der Schrift auf vergänglichem Material dazu beigetragen hat, die Dynamik der Entwicklung zu beschleunigen, da die festen Regeln der Epigraphie kein Hindernis für Veränderungen mehr darstellten. Statt dessen setzte eine Regionalisierung der Schrift ein, im Gegensatz zu den Perioden der frühen und späten Kawi-Schrift, in denen, auch bei Berücksichtigung von Unterschieden im Duktus, doch eine relativ große Einheitlichkeit existierte. In dieser Phase traten weitere Regionalsprachen in die Phase der Literalität ein, so zum Beispiel das Sundanesische in West-Java, das mit dem Aufkommen des eigenständigen Reiches Pajajaran verbunden war. Ebenfalls in diesem Rahmen der Regionalisierung müssen die zahlreichen Inschriften Adityawarmans aus West-Sumatra gesehen werden, die aus dem zweiten Drittel des 14. Jahrhunderts stammen und damit ungefähr das gleiche Alter wie die sundanesischen aufweisen. Der Duktus der Adityawarman-Inschriften strahlte bis nach Nord-Sumatra aus und verband sich dort (Minje Tujuh bei Lhokseumawe im heutigen Aceh) interessanterweise mit kalligraphischen Elementen der langsam Raum greifenden arabischen Schrift. Aller Wahrscheinlichkeit nach hat es eine kontinuierliche Entwicklung der regionalen Schriften von Sunda und West-Sumatra gegeben. Es gibt jedoch keine Belege für diese Kontinuität, da sich die noch existierenden Inschriften auf eng umgrenzte Zeitperioden konzentrieren.

Abb. 222 Batu Sangkar, West-Sumatra; eine der Steininschriften des König Adityawarman aus Bukit Gombak, Sanskrit in lokaler Malayu-Schrift, 1347 (Faksimile vgl. unten).

Die balinesischen wie auch die maduresischen Inschriften haben sich im Duktus nicht so weit vom ost-javanischen entfernt wie etwa die sumatranischen und sundanesischen, sosehr es auch eine Regionalisierung gegeben haben mag, welche einige Buchstaben drastisch verändert hat, so daß man zum Beispiel die Schrift der Adityawarman-Inschriften auch als Malayu-Schrift bezeichnet. Alle diese Inschriften lassen, trotz aller Eigenständigkeit, eine direkte Verbindung zur Kawi-Schrift erkennen.
Die letzten uns bekannten Inschriften stammen aus Zentral- und Mittel-Java aus der zweiten Hälfte des 15. Jahrhunderts. Diese aus abgelegenen Gebirgsgegenden herrührenden Inschriften (Sukuh und Ngadoman) bieten allerdings keine Hinweise auf die weitere Schriftentwicklung. Im Gegenteil, diese Inschriften weisen eher in eine Sackgasse, was die weitere Entwicklung der Schrift betrifft.

Weitere Schriften im Archipel

Im Bereich der Epigraphie haben wir es mit einer weiteren Schrifttradition zu tun, und zwar der Nagari-Schrift oder, genauer, der frühen Nagari-Schrift. Denn die klassische Nagari-Schrift entwickelte sich erst in Nord-Indien

Quelle: Kern 1917 VI, 254

dert sich auch die folgende Übersicht. Das bietet sich um so mehr an, als eine chronologische Einordnung vieler Schriften derzeit noch problematisch, wenn nicht unmöglich ist. Zudem strebt sie keine Vollständigkeit an, sondern beschränkt sich darauf, einige Werke jeder Gattung exemplarisch vorzustellen.[1]

Die parwa-*Literatur*

Altjavanische Werke der Schönen Literatur erfreuen sich noch heute der Beliebtheit eines breiten Publikums ohne Einschränkung durch Stand oder Beruf. Sie wurden und werden gelesen, rezitiert oder dienen den Malern, Schattenspielern und bestimmten Theatergruppen als Vorlage für ihre Schöpfungen.

Unter *parwa* versteht man Nacherzählungen von Abschnitten aus den indischen Epen *Mahabharata* und *Ramayana* in Prosa.[2] Der Begriff selbst geht auf Skt. *parwan* zurück, eine Bezeichnung für größere Abschnitte des *Mahabharata*. Von den 18 *parwan* dieses Werkes sind uns acht in altjavanischer Bearbeitung bekannt. Dazu tritt das letzte Buch des *Ramayana*, das *Uttarakanda*.

Obwohl vier der altjavanischen *parwa* in ihrer Einleitung denselben König als Widmungsträger nennen, nämlich Dharmawangsha Teguh Anantawikramotunggadewa, und obwohl von ihnen das *Wirataparwa* am Schluß ein exaktes Datum nennt, an dem das Buch vor dem Fürsten rezitiert worden ist, nämlich den 14. Oktober bis 11. November 996 n. Chr., ist das Ende des 10. Jahrhunderts als Entstehungszeit nicht unumstritten. Höchstwahrscheinlich sind diese Bücher Teile eines Übersetzungsprojekts, das von dem genannten Herrscher initiiert worden ist. Sprachliche Kriterien lassen darauf schließen, daß mehrere Personen damit beauftragt waren. Über die Funktion dieser Zitate ist man sich nicht einig. Sie können die Funktion eines Verweissystems auf das Original gehabt haben. Sicherlich verleihen sie dem Text etwas von dessen heiliger Autorität.

An einer Stelle des *Wirataparwa*, für die es keine Vorlage im Original gibt, wird das Übersetzungsprogramm vorgestellt. König Janamejaya, der Urenkel der Pandawa, bittet den Weisen Waishampayana, der ihm das *Mahabharata* erzählt: »Ich bitte dich, erzähl die Geschichte, wie sie sich wirklich zugetragen hat, ohne sie mit Verzierungen deiner Erfindungsgabe auszuschmücken; versuch nicht, sie mit den Bildern und spielerischen Freizügigkeiten auszuschmücken, die sich Poeten erlauben.« Und Waishampayana verspricht dem König, er werde die Geschichte der Wahrheit entsprechend erzählen, »ohne Doppelsinn und Wortschwall«.[3] Schlichtheit und Kürze, die auch die Streichung ganzer, für unbedeutend erachteter Episoden einschließt, sind das Kennzeichen dieser Prosa. Sie wirkt darum nicht trocken, denn die altjavanischen Bearbeiter waren versierte Erzähler, die es verstanden, die richtigen Akzente zu setzen.

Oft finden sich an Übergängen zwischen zwei Episoden Bemerkungen wie die folgende: »Von großer läuternder Kraft ist die Geschichte von Astika. So ist langes Leben ihre Wirkung.«[4] Rezitation und Hören dieser Texte ist eine geistige Übung, durch die man spirituelle Verdienste erwirbt, die auch Früchte im Diesseits tragen können. Hier mag ein Grund dafür liegen, daß uns die *parwa* überliefert wurden. Aus ihnen schöpften – auf Bali bis heute – die Schattenspieler ihre Stoffe und sorgten so für ihre Kenntnis bei jung und alt.

Epen

Beliebter sind Rezitationen aus den *kakawin* (von Skt. *kawi*, »Dichter«). *Kakawin* wurden auf Bali auch nach dem Zusammenbruch von Majapahit bis in die jüngste Zeit verfaßt. Die *kakawin*[5], die auf uns gekommen sind, sind Epen, deren Stoffe zumeist indischen Vorlagen entlehnt sind. Doch hat diese Gattung ursprünglich mehr umfaßt. Davon zeugt eine Steininschrift aus dem Jahr 856 n. Chr., in der Gegend von Yogyakarta gefunden und heute im Nationalmuseum in Jakarta.[6] Sie berichtet davon, daß der shiwatische Fürst Jatiningrat nach einem Sieg über seinen buddhistischen Gegner das Reich seinem Nachfolger übergab und bei dieser Gelegenheit einen Tempelkomplex stiftete.[7] Sie ist vom Hofdichter des Königs in altjavanischer Sprache abgefaßt. Er verwendet in ihren 29 Strophen nicht weniger als sechs verschiedene Versmaße und demonstriert so seine Beschlagenheit in indischer Verskunst, der seine Vertrautheit mit den Regeln indischer Poetik nicht nachsteht, wie sein Gebrauch von Stilmitteln zeigt.

Auch in den Dichtungen selbst werden *kakawin* erwähnt. Empfindsame Liebende drücken ihre Sehnsucht und ihren Schmerz in ihnen aus und schreiben sie an Balken und Wände der Pavillons in Palästen und Einsiedeleien oder sogar an einsame Felsen. Hingerissen von der Schönheit der Geliebten wie der Landschaft, durchstreifen Poeten die Berge, nicht ohne Schreibutensilien.

Abb. 225 Tulung Agung, Ost-Java; Blick auf die Landschaft der Meditationsgrotten.

Auch wenn es den Hofdichter[8] gab, so war das Dichten dennoch nicht Sache eines bestimmten Berufszweiges und nicht auf das männliche Geschlecht beschränkt. Beschlagenheit in Künsten und Wissenschaften und damit auch in der Dichtkunst gehörte zum Bildungsideal des hohen Adels. Nur so konnte er seiner Rolle als ihr Förderer gerecht werden. Ein kunstloser Liebesbrief wird kaum den erwünschten Erfolg bei einer Adressatin von Stand gefunden haben. Drastisch bezeugt die Kennerschaft seines königlichen Patrons der Dichter Mpu Panuluh aus dem 12. Jahrhundert:

»Darum schreiben die Fürsten unter den Hofdichtern ihre *kakawin* zur Ehre des Königs. Sie werden mit einem wohlwollenden Lächeln empfangen und mit Geschenken – wie so vielen Schreibtafeln und Griffeln, wie sie wollen – belohnt.

Ich für meinen Teil, mit meiner Phantasie beständig über den Wolken und vergessend, daß ich noch ein unerfahrener Bursche war, wurde von einem unwiderstehlichen Verlangen gepackt, mich der dichterischen Inspiration hinzugeben. Das ist der Grund, warum ich begann, kühn Dichtungen zu verfassen und meine ästhetischen Gefühle in einem (. . .) Gedicht auszudrücken, die Frucht meines Schweifens auf der Suche nach Schönheit, in deren Verlauf ich durch unzugängliche Gegenden streifte, an Gestaden entlang, über Berge, über Felsen und durch Schluchten, und schließlich müde und erschöpft wie von asketischen Übungen auf einem Stein lag, umhüllt vom alles verschleiernden Nebel.

Zurück von meinen Wanderungen hatte ich die Unverfrorenheit, vor Seiner Majestät, König ›Sprossende Schönheit‹ zu erscheinen, um ihm die Geschichte, die ich verfaßt hatte, zu überreichen. Eine Dummheit, das zu tun, denn sie war bar allen poetischen Gefühls und hatte ein regelwidriges Metrum. Sie erregte sofort seinen Zorn aus Enttäuschung, daß seine Lehren im Schreiben von Versen ohne Erfolg geblieben waren. Als sein Temperament sich entlud und er mir heftig eins auf den Deckel gab, jagte er mir einen solchen Schrecken ein, daß ich versuchte, mit meiner Schreibtafel zu parieren.«[9]

Auch wenn man die Topoi der Bescheidenheit abrechnet, erfährt man aus diesem Epilog, daß der Dichter von seinem Herrscher eine gehörige Abreibung erfuhr, weil das Werk, das er abgeliefert hat, nicht den Maßstäben seines königlichen Patrons entsprach.[10] Dieser Epilog zeichnet eindrucksvoll das Bild des jungen Mannes, der, in seiner Phantasie hoch über den Wolken schwebend, seine Inspirationen durch Begegnung mit der Schönheit sucht und zu diesem Zweck die Einsamkeit der Natur durchstreift und erlebt. Enthusiastisches Fortgerissensein von der Schönheit ist sein Ziel. Sucht der Asket in der Einsamkeit der Berge die Vereinigung mit der höchsten Gottheit durch Entsagung und Loslösung von der Welt, so erreicht der Poet sein Ziel höchster Verzückung durch die Welt hindurch, indem er sich ihr rückhaltlos mit allen Sinnen ausliefert. Auch das ist Gotteserfahrung, und so hat auch sein Werk einen religiösen Sinn, ist Gottesdienst. Gelingt es ihm, diese Erfahrung in ein vollkommenes Kunstwerk zu bannen, dann wird es zu einem Gefäß der Gottheit – wie ein *yantra*, ein Kosmossymbol und Meditationsobjekt, das den Betrachter zur Gottheit zu führen vermag. So kann auch die Rezitation eines *kakawin* Segen stiften und das Heil seines Auftraggebers und seines Reichs fördern. Zwischen dem Dichter und seinem Patron besteht eine wechselseitige Abhängigkeit, die sich nicht darin erschöpft, daß der Fürst den Dichter materiell für seine Arbeit entlohnt. Das zeigen die *manggala* genannten einleitenden Strophen, die seit dem 11. Jahrhundert für die *kakawin* verbindlich wurden. Mpu Panuluh schreibt in der Einleitung zu dem bereits genannten Epos, wie er auf dem Gipfel eines Berges meditierend den Gott Wishnu verehrt und ihn sich in seiner Konzentration auf dem Lotus thronend vorgestellt habe mit dem Ziel, ein Kunstwerk zu schaffen und sich eine Position unter den Dichtern zu erwerben. So könne sein Werk nur ein Preis dieses Gottes sein. Obwohl er für seine Person die Fähigkeiten nicht besitze, so habe ihn doch sein König dazu ermuntert und ein Werk bei ihm bestellt, sein König, »der als Fürst Jayabhaya ein Welteroberer ist, denn er ist Wishnu selbst«.[11] Das heißt, Mpu Panuluh verdankt seine Inspiration der Gnade dieses himmlischen Gottes und dem Charisma seiner irdischen Inkarnation.

Es wurde schon erwähnt, daß die Metren der *kakawin* aus Indien stammen. Wie die unserer klassischen Antike gehen sie von der Länge und Kürze der Silben aus. Die Gesänge der Epen *(sarga)* sind in vierzeilige Strophen unterteilt. Das Metrum soll den Inhalten entsprechen und kann innerhalb der Gesänge wechseln. Über die Beherrschung und richtige Wahl der 240 verschiedenen Metren hinaus wird von einem *kawi* jedoch mehr verlangt. Damit sein Werk seine Aufgabe, zu erfreuen und zu belehren, erfüllt, hat der Dichter überdies richtigen Gebrauch von Stilfiguren und poetischem Schmuck zu machen. Außerdem hat er vielfältige Szenen darzustellen wie z. B. die Kämpfe adliger Helden, Schönheit von Landschaft, Palästen und Einsiedeleien, die Anmut von Frauen oder erotische Abenteuer. Meistert er diese Schwierigkeiten, dann kann er sich *kawi rajya*, »Dichter des Staates«, nennen und die erste Position in der Hierarchie der Literaten am Hof einnehmen.

Die Konventionen, in die er eingebunden ist, lassen wenig Raum für naturalistische Schilderungen. Epitheta und Metaphern für die einzelnen Sujets sind festgelegt. Sie wiederholen sich von Werk zu Werk. Ist auch die Landschaft seit dem 11. Jahrhundert javanisch, so ist sie doch idealistisch stilisiert. Es ist aber nicht auszuschließen, daß manche Details symbolisch auf eine geistige Sphäre verweisen. So ist beispielsweise bei der Schilderung einer Einsiedelei die üppig wuchernde Pflanzenwelt ein obligatorisches Detail.

»Seitab lag ein Kloster und schaute über einen mächtigen Fluß mit tiefem Wasser,
Sein Tor ragte rein und sauber empor; die Ziegelmauer war hoch und umlief es ohne irgendeine Spalte.
Die *tanjung, campaka, bana* und *nagakusuma*-Bäume verbreiteten einen linden Duft: ihre Blüten standen in voller Pracht,
und eine ganze Mauer entlang standen sie, herrlich in Reihen;
Bienen summten all die Zeit.
Im Innern standen elegante Pavillons, gedeckt mit *aren*-Fasern, wie eine gemalte Szenerie;
die zarten Schößlinge des *jangha* schlangen sich frei über ihre Simse, umwanden einander mit süß duftenden Blüten.
Blüten der *katanga* waren über die Dächer verstreut; sie waren im Wind herabgefallen;
wie junge Mädchen mit Blumen im Haar, den entzückend, der sie erblickt.«[12]

Über ihre Bedeutung gibt vielleicht eine Stelle aus dem *Adiparwa* Aufschluß. Dort wird erzählt, daß der Eremit Weda seinem Schüler Uttangka die Sorge über seine Einsiedelei anvertraut, weil er für eine längere Zeit einer Zeremonie am Hofe beiwohnen will. Uttangka versieht seine Aufgabe gewissenhaft und mit Sorgfalt; vor allem widersteht er den Verführungskünsten der Gattin seines Lehrers. »Als Weda zurückkam, sah er die Schönheit seiner Einsiedelei und das üppige Wachstum der Blumen, ein Werk Uttangkas, weil er den Anordnungen seines Lehrers gefolgt war.«[13] Hier wird der Lehrer von seinem Schüler informiert, während in der altjavanischen Version ein Blick auf den Zustand der Klause alles sagt. Schönheit und Blumenpracht zeigen ihm, daß die übernatürliche spirituelle Energie *(shakti)* des Platzes intakt und nicht durch eine Verfehlung gestört ist. Durch die immer wiederkehrende Schilderung ihrer Schönheit sind Einsiedeleien in den *kakawin* also als Orte mit besonderer magischer Atmosphäre und Energie (vgl. Kat. 147) ausgewiesen.

Als Ganzes können *kakawin* einen verborgenen symbolisch-allegorischen Sinn tragen. Sie können nämlich zu bestimmten Anlässen verfaßt sein; dann sind die Stoffe so ausgewählt, daß eine Parallelität zwischen dem Mythos und dem aktuellen Anlaß besteht. Die kann der Dichter durch Variation und Akzente noch hervorheben. Diese Parallelität ist möglich aufgrund einer zyklischen Zeit- und Geschichtsauffassung; ihr zufolge wiederholen sich in bestimmten Abständen gleiche Konstellationen und somit vergleichbare Ereignisse. Der Fürst als Inkarnation eines Gottes steht vor ähnlichen Aufgaben wie der Gott selbst in früheren Inkarnationen. Die Beschwörung der mythischen Vergangenheit in einer vergleichbaren Situation klärt über die Gegenwart auf und beschwört Segen für sie.[14] Nach diesen allgemeinen Bemerkungen sollen nun exemplarisch einige *kakawin* näher beschrieben werden.

Das älteste uns bekannte *kakawin*, sieht man von der erwähnten Inschrift aus dem Jahre 856 ab, ist das *Ramayana-kakawin.*[15] Sein Entstehungsdatum ist bis heute umstritten. Die Datierungen schwanken zwischen der Mitte des 9. Jahrhunderts und ca. 930. Es ist mit 2200 Strophen bei weitem das längste aller bekannten *kakawin* und unterscheidet sich von ihnen auch sprachlich und stilistisch. Inhaltlich folgt es, stärker in den ersten zwei Dritteln, dem *Rawanawadha* des indischen Dichters Bhatti, bekannter als *Bhattikawya,* hat aber auch andere Vorlagen benutzt, darunter die *Bhagawadgita* des *Mahabharata* und Walmikis *Ramayana.* Die Wahl des *Bhattikawya* als Vorlage ist erstaunlich, denn es handelt sich hierbei um ein sehr schwieriges Werk, das Bhatti geschrieben hat, um seinen Schülern an ihm Gesetze der Sanskrit-Grammatik und poetische Techniken zu demonstrieren. Daß der altjavanische Dichter an dieser Aufgabe nicht scheiterte, sondern ein Meisterwerk schuf, beweist neben der Höhe seiner Gelehrsamkeit seine erstaunlichen dichterischen Fähigkeiten. Die folgende Inhaltsangabe mag einen Eindruck von der Buntheit und Fülle eines *kakawin* geben.

(*Sarga* 1) Dasharatha, dem König von Ayodhya, werden nach einem Opfer von seinen drei Frauen vier Söhne geboren: Rama, Bharata, Lakshmana und Shatrughna. Sie erhalten eine vorzügliche Erziehung, so daß der Weise *(reshi)* Wishwamitra sie um Hilfe gegen Dämonen, die seine Einsiedelei in Unruhe versetzen, bittet.

(2) Ramas und Lakshmanas Zug durch die Pracht der herbstlichen Berge zur Einsiedelei, herzlicher Empfang dort und erfolgreiche Kämpfe gegen die Dämonen. Auf Wishwamitras Rat ziehen die Brüder nach Mithila zum *swayambara* (Wahl des Gatten durch die Braut), das König Janaka für seine Tochter Sita abhält. Rama vermag als einziger die gestellte Aufgabe zu lösen und gewinnt die ihm von göttlicher Vorsehung bestimmte Braut. Hoch-

Abb. 226 Prambanan, Zentral-Java; Shiwa Tempel, Ausschnitt aus dem Reliefzyklus Ramayana: *Kaikeyi überredet Dasharatha, ihren Sohn Barata an Stelle von Rama zum König zu ernennen, 8./9. Jahrhundert.*

Abb. 227 Prambanan, Zentral-Java; Shiwa-Tempel, Ausschnitt aus dem Reliefzyklus Ramayana: *die Entführung der Sita durch Rawana, 8./9. Jahrhundert.*

zeit und Rückkehr nach Ayodhya; unterwegs schlägt Rama den kriegerischen Asketen Rama Bhargawa in die Flucht.
(3) Rama verzichtet auf den Thron, weil sein Vater seiner Frau Kaikeyi versprochen hat, daß ihr Sohn Bharata ihm später als Herrscher nachfolgen soll. »Niemand wurde vom Volk verehrt, außer Prinz Rama, der göttliche, weil er so mächtig war. Die hohen Würdenträger und die Minister waren voller Freude und Lob und wünschten nichts sehnlicher, denn daß Rama zum Herrscher des Königreichs Ayodhya gekrönt werde. Auch König Dasharatha war überglücklich und sprach ›Rama wird König werden und nicht Bharata.‹ Die Worte des Königs waren dem Volk bekannt, und Armee und Beamte von des Königs Absicht unterrichtet . . . Als die Zeit näherrückte, da die Krönungszeremonien vollzogen werden sollten, und die Opfertische fast fertig angerichtet waren, bestand Königin Kaikeyi auf dem Versprechen, das ihr bei der Hochzeit gegeben worden war: ihr Sohn Bharata sollte zum König gekrönt werden. Und so ging sie zu König Dasharatha, um seine Pläne zunichte zu machen. Prinz Rama solle in die Wälder verbannt und ihr Sohn gekrönt werden. König Dasharatha war aufgebracht und unglücklich, aber da er seinem Versprechen treu bleiben mußte, befahl er seinem Sohn, den Hof zu verlassen, als ob all seine Liebe zu Rama erloschen sei – so dachten die Menschen.« Rama, Lakshmana und Sita ziehen in die Wildnis. Dasharata stirbt vor Schmerz. Bharata sucht Rama und trägt ihm die Herrschaft an, doch der bittet Bharata, an seiner Stelle zu regieren.
(4) Rama, Lakshmana und Sita setzen ihren Weg fort. Unterwegs im Wald Auseinandersetzungen mit Ungeheuern und Dämonen, darunter Shurpanakha, der Schwester des Dämonenkönigs Rawana. Die Dämonen werden erschlagen.
(5) Nur Shurpanakha kann entkommen. Sie flieht zu ihrem Bruder und tadelt ihn für sein untätiges Verhalten, während seine Untertanen umgebracht würden. Sie erzählt von Sitas Schönheit und überredet ihn, sie zu rauben. Der Dämon Marica willigt nach anfänglichen Bedenken ein, Rama und Lakshmana von Sita zu trennen und Rawana so die Entführung zu ermöglichen. Er nimmt dazu die Gestalt eines Zwerghirsches mit goldenem Fell an. Der Plan gelingt: Sita wird von Rawana auf seinem Wagen durch die Luft entführt.
(6) Dem Vogel Jatayu gelingt es, Rawanas Wagen zu zerstören und Sita aufzufangen; doch mit dieser Last ist er Rawana nicht gewachsen. So kann der Dämon mit seiner Beute Lengka erreichen. Auf ihrer Suche nach Sita finden Rama und Lakshmana den schwer verwundeten Vogel, der ihnen vor seinem Tod den Raub aufklären kann. Weitere Abenteuer der beiden Brüder. Dabei erhalten sie den Rat, die Hilfe des Affenkönigs Sugriwa (vgl. Kat. 208) zu suchen. Der ist auf der Suche nach Rama. Sein Bote, der Affenkrieger Hanuman, bringt die beiden zu seinem Herrn, wo Rama seine Stärke beweist. Rama hilft Sugriwa im Kampf gegen seinen Buder Bali, der Sugriwas Gattin entführt hat.
(7) Verzögerung des Zuges nach Lengka durch die Unbilden der Jahreszeit und die Verzauberung des Affenheeres. Schließlich erreichen die Verbündeten den Berg Mahendra und überblicken von ihm aus den Südlichen Ozean.
(8) Hanuman, ein Sohn des Windgottes, macht sich durch die Luft auf, die feindliche Hauptstadt auszuspionieren. Nach Kämpfen mit dämonischen Giganten *(rakshasa)* beobachtet er das Treiben in der Dämonenstadt. Wieder in seiner wahren Gestalt findet er in einem Hain die tieftraurige Sita und wird Zeuge ihrer Treue zu Rama, als sie dem Drängen Rawanas widersteht und ihrer Vertrauten Trijata, der Tochter von Rawanas edel gesinntem Bruder Wibhishana, ihr Herz ausschüttet. Hanuman (Kat. 143) berichtet Sita von Ramas Unternehmungen. Sie gibt ihm einen Brief und Ring an ihren Mann mit. Auf dem Rückweg verwüstet Hanuman den Hain.
(9) Das ruft die Dämonen auf den Plan. Hanuman überwindet seine Angreifer und setzt sein Werk der Zerstörung fort, läßt sich aber dann von den Dämonen gefangen nehmen. (10) Er preist vor Rawana Ramas Tugenden und fordert die Rückgabe Sitas. Rawana befiehlt, ihn zu verbrennen. (11) Als Feuer an ihn gelegt wird, kann sich Hanuman befreien. Mit seinem brennenden Schwanz setzt er Lengka in Brand. Nach dem Abschied von Sita kehrt er zum Heer zurück. Rama erhält Ring und Brief; die Armee setzt sich in Marsch.
(12) Beschreibung von Lengka und (13) Audienz. Bei der Beschreibung von Lengka, der Residenz des Dämonenreiches, werden vor allem die amourösen Begängnisse der *rakshasa* dargestellt. Die Dämonie der *rakshasi*, der weiblichen Partnerinnen, aber scheint in nichts anderem als ihrer sinnlichen Schönheit zu bestehen:
»Alle Sterne waren gegangen im Gefolge des Mondes, um in die westlichen Regionen zu ziehen, wie liebende Diener, die ihren Herren folgen. Da erwachten in Lengka die Frauen. Mit gelöstem Haar und schläfrigen Blicks noch, vom Liebesspiel der Nacht ermüdet, nahmen sie ihr Lager ein. Der Mond war davongelaufen und schließlich verschwunden, um sich mit der Schönheit der Frauen nicht vergleichen zu müssen. ›Oh meine Geliebte, meine jüngere Schwester, mein Herz ist zersprungen, von deinen Pfeilen getroffen, denn deine feingeschwungenen

Brauen sind die Bögen und deine Augen die Pfeile, deine wunderbaren Wimpern aber die Pfeilfedern ... Dein weicher glänzender Haarknoten stößt wie eine Lanze in mein Herz. Berührt von deinen runden Brüsten, birst mir der Verstand. Und deine Lippen, Geliebte, glänzen und übertreffen den Rubin in ihrem Rot, wie roter Lotus umschließen sie deine makellosen, blütenblättergleichen Zähne ...«

Wibhishana rät vom Kampf ab und untermauert seine Argumente mit längeren Ausführungen über Staatskunst und Pflichten des Fürsten. Er fordert die Rückgabe Sitas. (14) Als sich auch andere seiner Meinung anschließen, wird Rawana wütend. (15) Wibhishana geht zu Rama über. Die Verbündeten versuchen, den Ozean zu überqueren. Baruna, der Gott des Ozeans, rät Rama, einen Damm zu bauen. (16) Bau (vgl. Kat. 150) des Dammes.

(17) Überredungsversuche und Listen Rawanas, Sita zu gewinnen. Als er ihr einen perfekt imitierten Leichnam von Rama zeigt, beschließen Sita und Trijata, den Scheiterhaufen zu besteigen; Trijata wird jedoch von einem Omen gewarnt und durchschaut den Betrug.

(18) Ein Spion Rawanas entdeckt die Vorbereitungen der Verbündeten. (19) Rüstungen auf beiden Seiten und erste Scharmützel. (20–24) Kämpfe, in denen mehrfach Wibhishanas Rat die Verbündeten rettet. Rama kann schließlich mit Indras Waffen, Steitwagen und Wagenlenker Rawana besiegen. Im allgemeinen Siegesjubel trauert Wibhishana um seinen gefallenen Bruder. Rama tröstet ihn: er sei wie ein Held gefallen. Verbrennung der Gefallenen und Inthronisation Wibhishanas als König von Lengka. Unter seiner Herrschaft brechen paradiesische Zeiten an. Sita beweist in einer Feuerprobe ihre Treue, die Rama angezweifelt hat. Als sie den Scheiterhaufen besteigt, verwandelt er sich in einen goldenen Lotus; der Feuergott Agni und Shiwa, umringt von Göttern, begrüßen sie. (25) Flug nach Ayodhya in einem goldenen Wagen und Beschreibung der schönen Landschaft. (26) Freudenfest in Ayodhya.

Diese trockene Inhaltsangabe mag einen kleinen Einblick in die Handlung des nicht nur in Indien, sondern auch Südostasien so beliebten Epos, vor allem aber in die Vielfalt der dichterisch zu bewältigenden Fülle an Stoff geben.[16] Jüngere Überlegungen gehen dahin, daß mit Rama und Lakshmana auf den historisch aus Inschriften bezeugten König Rakai Pikatan und seinen jüngeren Bruder Rakai Kayuwangi angespielt wird. Ihr Gegner Balaputra entspräche dann dem Rawana des *kakawin*, und das Epos wäre eine allegorische Darstellung des Sieges einer shiwaitischen Dynastie über die buddhistische Shailendra-Dynastie in Mittel-Java zur Mitte des 9. Jahrhunderts.

Das Arjunawiwaha von Mpu Kanwa

Von den uns bekannten *kakawin* ist das *Arjunawiwaha*[17] das älteste, das den typischen *kakawin*-Stil vertritt. Seinem Epilog nach ist es zwischen 1028 und 1035 in Ost-Java entstanden und dem König Airlangga, einer der größten Herrschergestalten der javanischen Geschichte, gewidmet. Es erzählt in großer Unabhängigkeit von seiner Quelle, dem *Kiratarjuniya* des indischen Dichters Bharawi (6. Jh. n. Chr.), einen Stoff aus dem dritten *parwan* des *Mahabharata*.

Der Dämon Niwatakawaca droht, den Himmel Indras zu zerstören. Weil die Götter nicht im Stande sind, ihn zu überwinden, suchen sie Hilfe bei einem Menschen, der über die ausreichende Kraft *(shakti)* verfügt. Ihre Wahl fällt auf Arjuna, den mittleren der fünf Pandawa. Er hält sich fern von seinen Brüdern in tiefe Meditation versunken auf dem Berge Indrakila auf. Nur wenn seine Askese standhaft ist, wird er der gesuchte Mann sein. Um ihn deshalb auf die Probe zu stellen, senden die Götter sieben himmlische Nymphen aus. Vergeblich lassen sie vor Arjuna all ihre Reize spielen und bieten alle Verführungskünste (Kat. 109, 164) auf. Enttäuscht müssen sie in den Himmel zurückkehren. Bei aller Freude der Götter, ein Zweifel bleibt: Übt Arjuna die Askese aus egoistischen Motiven oder zum Wohle der Welt? Um darüber Klarheit zu gewinnen, sucht ihn Indra in Gestalt eines alten Weisen auf. Nach einem Gespräch über die Scheinhaftigkeit der sichtbaren Welt und den wahren Weg zur Erlösung erklärt Arjuna, er betreibe die Askese, um seinem Bruder Yudishtira später helfen zu können, sein Reich zurückzugewinnen, damit so die Welt wieder in Ordnung komme. Erfreut gibt Indra sich zu erkennen. Nachdem er Arjuna prophezeit hat, er werde die Unterstützung Shiwas finden, setzt Arjuna allein seine Askese fort.

Der König der Dämonen schickt, beunruhigt über die wachsende Stärke Arjunas, seinen Untertanen Muka aus, den Asketen zu töten. Dem gelingt es, in Gestalt eines mächtigen Ebers die Meditation zu unterbrechen. Arjuna greift zu Pfeil und Bogen. Im selben Moment wie er schießt auch ein fremder Jäger auf das Tier. So entsteht ein heftiger Streit um das erlegte Tier. Nach langem Kampf gelingt es Arjuna, den Fuß seines Gegners zu ergreifen. Da entpuppt sich sein Gegner als Shiwa. Arjuna zollt ihm Verehrung und erhält die unüberwindliche Waffe *pashupati*, einen magischen Pfeil. Shiwa verschwindet, und bei Arjuna erscheinen zwei Nymphen aus Indras Himmel, die um Beistand gegen Niwatakawaca bitten. Sie führen ihn zu Indra; der Gott erklärt ihm seine Aufgabe. Zunächst muß jedoch die Nymphe Suprabha zu Niwatakawaca geschickt werden, seine verwundbare Stelle auszuforschen. Sie ist für diese Aufgabe genau die Richtige, denn der Dämon hat schon lange danach geschmachtet, sie zu besitzen. Zusammen mit Arjuna macht sie sich durch die Luft auf den Weg. Im Palast des Dämonenfürsten, wo die Kriegsvorbereitungen auf vollen Touren laufen, tarnt sich Arjuna durch Unsichtbarkeit. Suprabha dagegen wird plangemäß entdeckt und zu Niwatakawaca gebracht. Sie schafft es, ihn hinzuhalten und ihm durch Schmeicheleien sein Geheimnis zu entlocken. In dem Augenblick beginnt Arjuna, das Palasttor zu zerstören. Ein Aufruhr entsteht. Suprabha nutzt die Verwirrung und rettet sich zu Arjuna. Beide fliehen durch die Luft zu Indra. Wütend über den Verrat läßt Niwatakawaca seine Armee gegen den Himmel aufbrechen. Auch die Götter rüsten. Es entbrennt ein heftiger Kampf, bis Arjuna Niwatakawaca durch einen Schuß in die Zunge töten kann. Die gefallenen Götter werden wiederbelebt, und Arjuna empfängt im Himmel seinen verdienten Lohn: Sieben himmlische Tage (d. h. sieben irdische Monate) nimmt er Platz auf Indras Thron. Außerdem wird er mit sieben himmlischen Nymphen vermählt. Doch je weiter die Zeit schreitet, desto größer wird sein Verlangen, zu seinen Brüdern zurückzukehren. In einem himmlischen Wagen wird er zur Erde gebracht, weinende Nymphen zurücklassend.

Mit seiner These, daß dieses *kakawin* zur Feier einer Hochzeit Airlanggas verfaßt worden sei, löste 1938 der niederländische Gelehrte C. C. Berg die Diskussion um die allegorische Bedeutung der *kakawin* aus.[18] Ganz offensichtlich bestehen Parallelen zwischen Arjuna und Airlangga. Über seine javanische Mutter hatte Airlangga Ansprüche auf den ost-javanischen Thron, die durch eine Heirat mit einer Tochter des Königs noch gefestigt wurden. Doch dann überrollte eine Invasion Shriwijayas das Land. Airlangga konnte in die Berge fliehen. Dort verbrachte er verborgen als Asket die nächsten vier Jahre. Dann gelang es ihm in jahrelangen Kämpfen, sein Erbe zurückzuerobern. Als er 1019 gekrönt wurde, hatte er nur einen Teil seines Reichs wiedergewonnen, und erst zehn Jahre später hatte er es wieder ganz unter seiner Krone vereinigt. Die Parallelen zu Arjuna liegen auf der Hand. Wie Arjuna und seine Brüder ist Airlangga seines Erbes beraubt worden. Beide üben Askese, um Kräfte für die Rückeroberung ihres Reichs zu sammeln, damit die Ordnung der Welt durch die Einsetzung des rechtmäßigen Herrschers wieder gewährleistet ist. Soweit ist man sich heute einig. Umstritten ist jedoch, daß eine Hochzeit der aktuelle Anlaß für dieses Gedicht gewesen ist. Arjunas Heirat mit sieben Himmelsnymphen könnte selbst dem polygamen Java der Zeit zu freizügig gewesen sein. Wie dem auch sein mag, an einer solchen Stelle wird einem bewußt, wie fremd uns trotz aller geleisteten Arbeit noch das Denken des Alten Java ist und wie vorläufig unsere Interpretationen sind.

Das Nagara-Kertagama und andere Epen

Eine besondere Stellung unter den überlieferten *kakawin* nimmt das *Nagara-Kertagama* ein. Es folgt keiner indischen Vorlage, nicht einmal einer Geschichte aus der Mythologie, sondern ist, wie sein Autor Prapañca selbst sagt, eine Beschreibung des Landes, *deshawarnana*.[19] Sein bekannterer Titel, *Nagara-Kertagama*, »Nach der geheiligten Tradition geordnetes Reich«, ist dem Kolophon, der lange Zeit einzig bekannten Handschrift, entnommen. Sie wurde 1894 auf Lombok gefunden, in die Niederlande gebracht und vor 25 Jahren dem indonesischen Staat zurückgegeben. Bevor er zu seinem eigentlichen Thema kommt, stellt Prapañca die königliche Familie vor, beschreibt Palast und Hauptstadt und zählt die benachbarten und die abhängigen tributpflichtigen Reiche auf. Der größte Teil seines Werks schildert die zeremonielle Reise seines Herrschers Hayam Wuruk im Jahre 1359 durch das Reich. Vorangegangene Reisen werden erwähnt. Den Abschluß bildet, vergleichbar den Siegesfeiern anderer *kakawin*, das große jährliche Hoffest in Majapahit.

Zum Hofstaat, der den Herrscher begleitete, gehörte auch der Mentor des Dichters, ein hoher buddhistischer Geistlicher, der etwa die Aufgaben eines heutigen Superintendenten ausübte. Sohn eines *kawi*, und selbst *kawi* förderte er die dichterischen Ambitionen seines Schützlings. Prapañca nahm an der Reise teil, und so erzählt er auch von sich, von Abstechern, die er auf eigene Faust gemacht hat, um Freunde, Verwandte oder Sehenswürdigkeiten zu besuchen. Da zahlreiche Orte, Städte, Dörfer, Heiligtümer und Klöster beschrieben werden, ist das Werk eine unschätzbare Quelle für den Historiker. Dementsprechend nennt sich die letzte wissenschaftliche Ausgabe des Werks denn auch »Java in the 14th Century«.[20] Prapañca und sein Mentor sind Buddhisten. Als höchste Form der Gottheit nennt Prapañca im *manggala* das Immaterielle *(sukshma)*; der Mensch kann sie meditierend in seinem Innersten erfahren. In ihrer materiell-immateriellen Form bezeichnet er sie als Shiwa-Buddha.

Abb. 228 Sigiri, Sri Lanka; Felsmalerei: Sogenanntes Wolkenmädchen, das mit seiner rechten Hand Blumen streut und mit seiner linken eine einladende Geste vollführt, 5. Jh. (nach: S. Paranavitana, Ceylon – Tempelbilder und Felsmalereien 1957).

Vor über 200 Jahren gelangte die heute noch gespielte Gamelanmusik in Zentral-Java, dem Machtbereich des Hauses von Mataram, zu großer Blüte. Der Niedergang dieses Reiches und Spannungen innerhalb der königlichen Familie wurden von den Holländern geschickt genutzt, um 1755 den Machtbereich zu teilen und neben dem Herrscher von Solo einen zweiten in Yogyakarta einzusetzen, eine Politik, die 1811 von den Engländern fortgesetzt wurde, so daß am Ende vier Sultanshöfe bestanden, die ihren Ehrgeiz vor allem daransetzten, sich in Musik und Tanz und anderen Prunkentfaltungen gegenseitig zu übertrumpfen. Obwohl heute auch der Rundfunk und die Musikakademien sich an der Pflege der Gamelanmusik beteiligen, sind die Paläste von Surakarta (Solo) und Yogyakarta bis heute wichtige Zentren dieser Kunst. Vor allem von hier hat sie sich über ganz Java verbreitet. Sie dient der konzertanten Unterhaltung und Begleitung von Tanz und Theater bei größeren festlichen Veranstaltungen wie Hochzeiten und nationalen wie islamischen Feiertagen. Hierbei werden vor allem lange Episoden aus dem alten *Ramayana*-Epos im Tanz, im Schattenspiel *wayang kulit* oder Puppenspiel *wayang golek* vorgetragen und vom Gamelan dramatisch untermalt.

Ein Gamelan setzt sich aus einer Reihe verschiedener Instrumente zusammen, die jeweils einen bestimmten musikalischen Part zu übernehmen haben. Da keine Stimme in Noten aufgeschrieben ist, die Musiker alle auswendig spielen, erfordert das subtile Zusammenspiel eine lange und gründliche musikalische Erfahrung. Die Basis bildet der auf Gongs und Metallophonen erzeugte metallene Klang. Hinzu kommen – gewissermaßen als Klangtupfer – ein *gambang*-Xylophon und eine Zither, während eine Flöte (Kat. 172) sowie in manchen Kompositionen das Streichinstrument *rebab* und der Gesang weiblicher wie männlicher Stimmen einen erwünschten Kontrast bilden. Die musikalische Grundlage, auf der alle anderen Stimmen dieser mehrstimmigen Musik beruhen, ist eine Kernmelodie in langen, getragenen Zeitwerten. Diese wird auf zwei unterschiedlich gebauten Metallophongruppen vorgetragen, den *saron*- und *gender*-Instrumenten. Sie verteilen sich auf einen Tonraum von drei Oktaven. Auf den tiefen Instrumenten wird die Kernmelodie gespielt, während auf den ein und zwei Oktaven höheren *saron* und *gender* diese Melodie mit jeweils schnelleren Bewegungen umspielt wird. Bei den *gender*-Metallophonen hängen dünne Metallplatten über Resonanzröhren aus Bambus, wodurch der Klang, ähnlich wie beim Vibraphon, länger nachklingen kann. Angeschlagen werden diese Platten mit Schlegeln, die mit Filz umspannt sind. Zu diesen weichen *gender*-Klängen tritt der harte metallische Klang der *saron*. Hier liegen dicke Metallplatten auf einer Art Trog aus massivem Holz. Die Platten werden mit einem Hammer aus Büffelhorn oder Holz angeschlagen. Das Ende einer Kernmelodie ist daran zu erkennen, daß es von dem sonst nicht vorkommenden Schlag auf dem größten und tiefsten hängenden Gong markiert wird, während die Zwischenteile durch kleinere und höher klingende Gongs unterteilt werden. Dieses sind unter anderem große Kesselgongs, die auf Einzelgestellen liegen und zu einem Gongspiel zusammengestellt werden, das *kenong* genannt wird. Eine weitere Instrumentengruppe stellen die als *bonang* bezeichneten Gongspiele dar, bei denen zwei Reihen von kleineren Kesselgongs nebeneinander auf einem Holzgestell liegen. Die zum Teil umspielende, zum Teil kontrapunktierende, improvisierende Spielweise auf den *bonang* fordert den Musikern allergrößte Intuition und technisches Können ab.

Die rhythmische Begleitung liegt bei der *kendang*-Trommel. Der Trommler ist der eigentliche Dirigent des Orchesters. Er bestimmt die Tempoveränderungen und hält mit seinen Schlägen das Zusammenspiel zusammen. Die Kombination von Kernmelodieträgern, umspielenden und akzentuierenden Instrumenten wird durch zusätzliche Stimmen von *suling*, *rebab* und Gesang erweitert. Das *rebab* übernimmt hierbei eine Art Vermittlerrolle zwischen der Kernmelodie und dem hierzu unabhängigen und polyphon verlaufenden Gesang. Streckenweise stützt das *rebab* die Singstimmen, an anderen Stellen nähert es sich melodisch der Kernmelodie. Das *rebab* ist auch das Hauptinstrument in der freirhythmischen und improvisierten Einleitung, mit der die großen Kompositionen beginnen. Der *rebab*-Spieler gilt als der erfahrenste Musiker des ganzen Ensembles, der alle Stationen in den unterschiedlichen Instrumentalgruppen des Gamelan durchlaufen haben muß.

Die östlich von Java gelegene Insel Bali war einst Teil des großen hindu-javanischen Reiches Majapahit, das im späten 15. Jahrhundert zerfiel, als der Islam immer stärker an Einfluß gewann. Die Balinesen haben es vorgezogen, ihrer hinduistischen Religion und Kultur treu zu bleiben, in der Musik, Tanz und Theater immer eine führende Rolle gespielt haben. So hat sich bis heute auf Bali eine der reichsten Musikkulturen Asiens erhalten. Die religiösen Riten des täglichen Lebens sind der Hauptfaktor in der Bewahrung der Tradition in Musik und Tanz. Deren Aufgabe besteht darin, die religiösen Festlichkeiten, von denen es viele gibt, auszuschmücken. Dabei ist die Musik nie in sich erstarrt, sondern hat sich beständig aus sich heraus erneuert. Das künstlerisch-schöpferische Element ist auf Bali, verglichen mit anderen traditionellen Kulturen, besonders stark wirksam.

Abb. 232 Javanische Musikinstrumente aus dem Besitz von Sir Thomas Stamfort Raffles, die sich heute im British Museum, London, befinden (nach: Raffles, Book of Days, 1993).

Das Musikleben wird heute fast ausschließlich von den Dörfern getragen, in denen sich die Bewohner in verschiedenen, nach Aufgabengebieten unterteilten sogenannten *banjar* zusammengeschlossen haben. In diesen werden im Interesse des Gemeinwohls gemeinsame Aufgaben bewältigt, zum Beispiel das Bewässern der Reisfelder und die Erhaltung der Tempelanlagen. Einer dieser *banjar* ist auch die Musikvereinigung, die fast jedes größere Dorf besitzt. In ihr trifft man sich vier- bis fünfmal in der Woche, nach getaner Feldarbeit, um in der Musikgruppe zu üben oder die Tänze für das nächste Fest einzustudieren. Auf diese Weise sind auch Musikformen wiederbelebt worden, die bereits als fast ausgestorben galten. Zu diesen gehört auch die Musik der *gandrung*-Gruppen, die den *gandrungan*-Tanz begleiten, in denen Knaben in Mächenkostümen tanzen. Es handelt sich um eine profane Darbietung, die an den Fürstenhöfen beheimatet war. *Gandrung*-Gruppen bestehen vorwiegend aus *grantang* genannten Bambusxylophonen. Das Zusammenspiel ist ähnlich organisiert wie beim Gamelan der Gongs und Metallophone.

Das alte, hochgradig stilisierte und aus Java stammende *gambuh*-Theater ist heute nur noch selten anzutreffen. Es war die Hauptquelle der neueren balinesischen Tänze und des Tanztheaters. Die Handlung spielt in Ost-Java zur Zeit der letzten hindu-javanischen Dynastie von Majapahit und ist angefüllt mit Kriegen und Romanzen der Könige und Adeligen. Die langsamen Bewegungen der Akteure und die alten Kostüme erinnern an die szenischen Darstellungen der Tempelanlagen von Borobudur. Ein Ensemble besteht aus einigen großen, tiefklingenden *suling*-Flöten, einem *rebab*, einem großen, hängenden Gong, einigen kleinen Gongs sowie zwei *kendang*-Trommeln. Entgegen der in Bali sonst gebräuchlichen, *selisir* genannten fünfstufigen Tonleiter beruht die *gambuh*-Musik auf einer siebenstufigen Skala, die dem zentral-javanischen *pelog* ähnelt.

Einer der eindrucksvollsten Tänze ist der dramatische,

Kommt der Dalang an den Ort der Aufführung, ist die Bühne schon von seinen Helfern aufgebaut. In einem etwa 5 m langen Rahmen ist ein weißer Baumwollschirm mit einem schmalen roten Saum straff gespannt. In seiner Mitte hängt eine Lampe, früher eine Öllampe mit einem oder zwei Dochten, heute eine Petromaxlampe oder ein elektrischer Strahler. Unter dem Schirm liegen parallel zwei Bananenstämme so übereinander, daß sich die spitzen Haltestäbe der Figuren hineinstecken lassen.

Auch die Kiste mit den Figuren ist schon gebracht worden. Sie steht links vom Platz, den der Dalang gleich einnehmen wird. Eine solche Kiste enthält meist 180 bis 250 Figuren. An den Höfen gibt es jedoch auch doppelt so große Sätze. Ein großer Teil der Figuren ist schon herausgenommen und rechts und links von der Spielfläche in der Mitte des Schirms an den beiden Flanken der Bühnen, die zum Spiel nicht genutzt werden *(simpingan)*, eingesteckt worden. Ihr Gesicht ist der Bühne abgewandt, und ihre Größe nimmt nach außen hin zu. Welche Figuren dort aufzubauen sind, ist festgelegt. Man folgt dabei ästhetischen Kriterien, die nichts mit der Zugehörigkeit der Figuren zu einer der beiden Parteien zu tun haben[5], sondern auf Körpergröße, Kleidung, Kopfhaltung und Gesichtsfarbe beruhen. Ein Teil, darunter die Affen, Götter, Dämonen, Korawa und Krieger aus Übersee bleiben wohlgeordnet, damit man sie beim Spiel schnell finden kann, auf Matten in der Kiste, während vor allem die Spaßmacher, Tiere, Wagen, das Tableau der Armee auf Matten neben dem Dalang rechts auf dem Deckel der Kiste liegen. Dorthin kommen ebenfalls die Figuren, die beim Stück gebraucht werden.

In der Mitte des Schirms steckt der *kayon* (indonesisch *gunungan;* Kat. 209, 210), ein etwa 75 cm hohes blattförmiges Requisit. Es ist das Pausenzeichen, kann aber auch die Elemente symbolisieren. Es stellt den Lebensbaum, heiliges Symbol der Vereinigung von Oberwelt und Unterwelt, dar. Am Ende der Ouvertüre, um 21 Uhr, klopft der Dalang fünfmal mit seinem *cempala*, einem hölzernen kegelförmigen Hämmerchen mit Einkerbungen, so daß man es auch zwischen den Zehen halten kann, gegen die Kiste; er zieht den *kayon* aus dem Schirm und murmelt dabei ein *mantra*. Die Vorstellung beginnt. Sie wird bis gegen 6 Uhr dauern. Während dieser Zeit darf der Dalang seinen Platz nicht mehr verlassen. Er oder sie – es gibt auch weibliche Dalang, allerdings seltener – verleiht den Figuren, Männern wie Frauen, Leben und Stimme und leitet das Orchester. Klopfzeichen mit dem *cempala* oder Anspielungen im Text signalisieren den Musikern, welches Stück sie spielen oder ob sie Lautstärke und Tempo ändern sollen. Heute sehr beliebte musikalische Einlagen der Sängerinnen im Orchester erlauben kleine Verschnaufpausen.

Im Aufbau ähneln sich die Stücke sehr stark. Obligatorisch ist eine Gliederung in drei Akten von je drei Stunden Dauer. Jedem ist eine der drei *pathet* genannten Stimmungen des Gamelans zugeordnet. Aber auch die Struktur der einzelnen Akte ist nicht in das Belieben des Dalang gestellt, sondern folgt festen Regeln. Ganze Textpassagen sind festgelegt, ebenso der Ablauf mancher Szenen, die Spielweise, Sprache und Redewendungen bestimmter Figuren. Gerade zu Beginn des Stückes ist der Dalang stärker gebunden. Das ist auch eine Hilfe für ihn, denn so kann er sich warmspielen. Für die Zuschauer heißt das, daß sie ihre Aufmerksamkeit zunächst anderen Dingen zuwenden und oft erst gegen Mitternacht, wenn die Diener und Spaßmacher auftreten, bei der Sache sind.

Mittlerweile hat der Dalang die Figuren von zwei weiblichen Hofbeamten auf den Schirm geführt und sie rechts am Rand der Spielfläche in den unteren Bananenstamm – sie sind Dienerinnen – gesteckt. Nun erscheint der Fürst; er wird vor sie plaziert, natürlich im oberen Stamm. Dann erscheinen die Edlen des Reichs, Prinzen und Berater, je nach den Erfordernissen des Stücks, zur Audienz und nehmen gegenüber vom Herrscher – im unteren Bananenstamm – Platz. Dann beginnt der Dalang mit einer poetischen Beschreibung des Reichs in archaisierender Sprache: Sie ist in allen Stücken gleich, egal, welches Reich beschrieben wird. In ihm erkennen die Javaner die Hauptstadt ihres Fürstentums. Doch paßt die Beschreibung mit der Erwähnung des Hafens und der Kaufmannsviertel eher auf die Hafenstädte der Küstenfürstentümer des 16. Jahrhunderts wie Demak oder Gresik als auf Surakarta oder Yogyakarta.[6]

Nun zeichnet der Dalang den Herrscher und damit den idealen Herrscher überhaupt, um mit einer stimmungsvollen Schilderung der Audienz zur Handlung überzuleiten. In der Audienz kommt das Problem, um das es im Stück gehen wird, kurz zur Sprache. Eine Szene mit einem überraschenden Besuch kann sich anschließen. Danach zieht sich der Herrscher in das Innere seines Palasts zurück, wo ihn seine Frauen erwarten. Eine witzige Szene zwischen zwei Dienerinnen, Mutter und heiratsfähiger Tochter, zieht kurz die Aufmerksamkeit aller Zuschauer auf sich. Auf dem Versammlungsplatz wird das Heer zusammengetrommelt und nimmt Aufstellung. Beim Aufbruch kommt es zu erheiternden Zwischenfällen, wenn Pferde bocken oder sich ein Fahrrad als widerspenstiges Gerät erweist. Dann sehen wir das Heer auf dem Marsch. Es gilt ein Hindernis, etwa eine zerstörte

Brücke oder einen Erdrutsch, in gemeinsamer Anstrengung aller Kräfte zu überwinden, ein Appell zum *gotong royong*, der traditionellen Form kollektiver Selbsthilfe.
Es folgt eine ähnlich wie die erste, jedoch kürzer gestaltete Audienzszene am Hofe des Gegners. Auch der Aufbruch des feindlichen Heeres kann gezeigt werden. Dann kommt es zum ersten Zusammenstoß der beiden Armeen. Noch fällt niemand, und das Treffen endet ohne eine Entscheidung. Der Gegner ist stärker als erwartet: Die passende Strategie muß gefunden werden. Dazu wird ein Bote zum weisen Stammvater Abiyasa, der als Eremit in den Bergen lebt, ausgesandt.
Es ist Mitternacht geworden, der zweite Akt beginnt. Der Bote befindet sich tief besorgt um die Zukunft seines Landes mit seinen Dienern (*panakawan*, »Begleiter«) auf dem Weg zur Einsiedelei. In Yogyakarta beginnt diese Szene mit der Schilderung des *gara-gara*, des Aufruhrs in der Natur, verursacht durch eine Unordnung in der Welt. Sie ist so stark, daß sie die kosmische Ordnung gefährdet; eigentlich ist sie nichts anderes als das Problem, das im Stück von der guten Seite gelöst werden muß. In Surakarta beschränkt man die *gara-gara*-Szene auf besondere Dramen. Trotz der Ernsthaftigkeit der Lage nehmen nun die Scherze und Clownerien der *panakawan* (vgl. Kat. 206, 207, 216–218) breiten Raum ein. Bis zum Ende des Stücks werden sie von nun an das Publikum immer wieder erheitern. In der Aussprache mit dem Einsiedler erhält der Bote die erhofften Hinweise zur Lösung des Konflikts. Auf dem Rückweg trifft der junge Held auf Feinde, die ihm den Weg verstellen, Wegelagerer in dämonischer Gestalt, die im Dienste des Gegners aus Übersee stehen. Doch er kann sie in einem *prang kembang*, »Blumenkrieg«, genannten Kampf besiegen. Die Botschaft des Einsiedlers erreicht ihre Adressaten.
Im dritten Akt überwiegen Kampfszenen, unterbrochen von kurzen Beratungen und Späßen der *panakawan*. Sie gipfeln in einem wilden Gefecht, *prang amuk-amukan*, »amokartiger Kampf«, genannt. Den Abschluß bilden ein Siegestanz und eine kurze, oft nur angedeutete Audienzszene. Ihr folgt ein Tanz mit einer Wayang-golek-Figur, einer Holzpuppe mit an Stäben geführten Armen. Golek bedeutet im Javanischen »suchen«, so sollen die Zuschauer aufgefordert werden, den Sinn des Stückes zu suchen.
Auf Bali sind Bühnen und Stücke den javanischen vergleichbar.[7] Oft errichtet man für den Dalang und seine Musiker eine provisorische Plattform, die man mit Matten verkleidet. Bei Dorffesten schlägt man sie gern an einer Wegkreuzung im Dorf auf. Auch hier werden bestimmte Figuren rechts und links der Spielfläche in Bananenstämme eingesteckt, jedoch nach Zugehörigkeit zu einer der beiden Parteien. Die Aufführung dauert hier nur drei Stunden, von 21 Uhr bis Mitternacht, und ist dynamischer als die javanische. Zwei Audienzen der beiden verfeindeten Parteien stehen am Anfang. Den Dienern kommt über die Clownerien hinaus eine weitere wichtige Funktion zu. Da ihre Herren als Helden der alten Zeit Altjavanisch sprechen, haben sie den Inhalt ihrer Gespräche balinesisch zu referieren, natürlich nicht ohne die zugehörige Zutat an witzigen Kommentaren.
Der technische Apparat der anderen Wayang kulit-Gattungen Javas, Balis und Lomboks (Wayang Sasak) ist ähnlich. Was variiert, sind in erster Linie die begleitende Musik und die Ikonographie der Figuren. Auf Java sind in den letzten beiden Jahrhunderten viele neue Arten des Wayang kulit kreiert worden. Von ihnen hat nur das Wayang gedhog ein gewisses Interesse gefunden; die anderen haben sich auf Dauer nicht durchsetzen können. Deshalb seien hier nur einige genannt:
Wayang gedhog: Geschichten vom Prinzen Pañji, der nach javanischer Auffassung zur Zeit des Reiches von Kediri (12./13. Jh.) gelebt haben soll. Die Helden tragen andere Kleidung als die des Wayang purwa. Während letztere z. B. ihren Kris unter einem Tuch verhüllt im Gürtel tragen, zeigen ihn die des gedhog offen.
Wayang madya: von Mangkunagara IV. (Regierungszeit 1853–81) geschaffen, um die »historische« Lücke zwischen den Stücken des Wayang purwa und Wayang gedhog zu schließen.
Wayang suluh: während des Unabhängigkeitskampfes 1946 entstanden, um Ereignisse und Probleme der Gegenwart unverschlüsselt darzustellen; es benutzt Figuren, die Menschen von heute, auch Politiker, darstellen. Heute ist es verschwunden.
Wayang wahyu: früher auch Wayang katolik genannt; ein Schattenspiel mit biblischen Stoffen, das von javanischen Katholiken entwickelt wird.
Wayang Ramayana: eine balinesische Variante des dort so bezeichneten Wayang parwa. Während auf Java die Stoffe des Ramayana und Mahabharata zum Wayang purwa zählen, unterscheiden die Balinesen zwischen beiden Epenkreisen. Eine Aufführung des Wayang Ramayana verlangt ein größeres Orchester und ist dementsprechend teurer.
Interessant ist auf Bali ein rein zeremonielles Wayang, das Wayang lemah. Es begleitet zeitlich die Zeremonien

Abb. 233 Kompletter Wayang kulit Kotak *im* Kraton Ngayogyakarta Hadiningrat, *Yogyakarta 1989.* ▷

eines *pedanda* (Priester aus der Brahmanen-Kaste), kann also wie die Zeremonie zu jeder Tages- und Nachtzeit stattfinden und von unterschiedlicher Dauer sein. Es kommt ohne Bühnenpodium aus; der Dalang hockt am Boden *(lemah)* auf einer Matte. An Stelle eines Schirms wird ein weißes oder rot-weiß-schwarz gezwirntes Band gespannt. Zur Rezitation einer Geschichte werden Figuren mehr gezeigt als dramatisch bewegt. So verläuft dieses Wayang oft wenig beachtet von den Teilnehmern der Zeremonie. Als Spieler lädt man gern alte Dalang ein. Ihre spirituelle Kraft ist der segenbringenden Rezitation der alten Geschichten besonders angemessen.

An dieser Stelle seien zunächst noch andere Wayang-Arten erwähnt, deren technischer Apparat sich grundlegend vom Wayang kulit unterscheidet. Sie erfreuen sich in ihren Verbreitungsgebieten einer soliden Beliebtheit. Das Wayang beber, schon durch eine Quelle vom Beginn des 15. Jahrhunderts bezeugt, ist nur in einem kleinen Teil Javas bekannt. Seine Geschichten sind auf Papier- oder Stoffbahnen gemalt. Sie sind auf Stäben aufgerollt und können somit während der Aufführung in Löcher in der Kiste, in der sie gewöhnlich aufbewahrt werden, gesteckt werden. So kann sie der Dalang während des Vortrags der Geschichte abrollen *(beber)* und mit Hilfe eines Zeigestocks, dessen Spitze durch die Papier- oder Stoffbahnen scheint, die Szenenfolge erläutern. Ein kleines Orchester begleitet ihn. Das Wayang beber spielt auch eine Rolle bei Purifikationsriten.

Das Wayang klitik wird mit flachen, bemalten Holzfiguren gespielt. Ihre Arme aus Leder werden wie die der Wayang kulit-Figuren bewegt. Ein Schirm fehlt, und statt der Bananenstämme finden sich auch Holzbalken mit vorgebohrten Löchern, um die Haltestäbe der Figuren aufzunehmen. Früher wurde eine weiße Leinwand gespannt mit einer Öffnung, vor der die Figuren agierten. Eine Aufführung des Wayang klitik ist billiger als eine Purwa-Vorstellung, was diesem Wayang einen Markt sichert. Die Stücke handeln zumeist vom Prinzen Damar Wulan, der zur Zeit von Majapahit gelebt haben soll. Verbreitet ist dieses Wayang in Zentral- und Ost-Java.

Das Wayang golek (Kat. 226–232) arbeitet mit plastisch geschnitzten Holzfiguren. Die beweglichen Arme (aus Holz) werden an Stäben geführt. Der Kopf steckt in einer Spindel, die – drehbar – durch den Körper geht und in einem spitzen Haltestab ausläuft. Nur der Oberkörper ist modelliert. Darunter ist der Holzblock so geschnitten, daß er vom Spieler gehalten werden kann. Er wird von der Stoffkleidung der Figur verdeckt. Das Wayang golek benötigt keinen Schirm, wohl aber zwei zusätzliche Bananenstämme. Sie werden an beiden Seiten der Bühne angebracht, so daß alle knapp hundert Figuren eines Satzes vor dem Spiel eingesteckt werden können. Üblicherweise wird es von einem Dalang gespielt, doch können heute auch mehrere Spieler die Figuren führen. Dann sitzen sie hinter einer Stoffkulisse mit kleinen Gucklöchern, überlassen die Rezitation der Texte jedoch dem Dalang. Das Repertoire ist weitgespannt. Neben Stoffen aus den indischen Epen können auch Abenteuer des Menak Amir Hamzah, der sein Schwert für die Verbreitung des Islam führte, gezeigt werden. Zwischen dem west-javanischen (Sunda) und mittel-javanischen Wayang golek bestehen unter anderem Unterschiede in Kleidung und Spielweise der Arme.

Unter Wayang topeng (Kat. 221–224) versteht man Tanzaufführungen dramatischen Charakters, in denen die Tänzer Masken tragen. Während sich das Topeng babakan auf die Darstellung einiger Szenen einer Geschichte beschränkt, zeigt das Topeng dalang eine zusammenhängende Szenenfolge. Ein Dalang trägt die Texte vor.

Großer Beliebtheit erfreut sich das Wayang wong (indonesisch: Wayang orang), ein Art Tanzoper. Auch dieses kennt einen Dalang, der Erzählungen, überleitende Passagen und Gesänge vorträgt. Im Unterschied zum Topeng ist jedoch nur ein Teil der Schauspieler maskiert. Außerdem sprechen sie ihre Rollen selbst. Eine Aufführung dauert von etwa 9 Uhr abends bis Mitternacht. Die Truppen spielen in festen Häusern, vergleichbar unserem Theaterbetrieb. Vor dem Zweiten Weltkrieg waren die Aufführungen an den Höfen berühmt, sie zeigten oft mehrteilige Zyklen in ungeahnter Ausstattungspracht. Wie im Wayang purwa stellen auch hier die *panakawan*, die Spaßmacher und Diener, eine besondere Attraktion für das Publikum dar.

Viele Wayang-Arten dienen der reinen Unterhaltung. Aber das oben erwähnte Wayang lemah zeigt die zweite, die rituelle Funktion der alten Wayang-Gattungen wie den priesterlich-magischen Charakter des Dalang-Berufs. Gemäß dem horazischen »aut prodesse volunt aut delectare poetae« will auch das Wayang nützen und unterhalten. Sein Nutzen besteht jedoch nicht in den Lehren, die ein Stück enthalten kann, sondern auch im Entbinden segensreicher Kräfte bis hin zum Exorzismus. Dementsprechend ist der Dalang Unterhaltungskünstler, Lehrer und Priester in einer Person.

Wissen und Fähigkeiten seines Standes wurden traditionell meist innerhalb der Familie weitergegeben. Schon als Junge begleitete der angehende Dalang seinen Vater oder Lehrer zu den Aufführungen und half beim Aufbau der Bühne, zu Hause auch beim Pflegen und Ausbessern der Figuren. So wurde er von jung an mit dem Metier vertraut. Als Kind konnte er mit Figuren aus Karton, wie sie heute auf Jahrmärkten verkauft werden, oder aus

Abb. 234 Wayang kulit-*Aufführung auf Bali. Die Aufnahme hinter dem Bildschirm zeigt, daß auf Bali die Spielszenen auch heute noch ausschließlich mit dem Licht einer Kokosölleuchte illuminiert werden.*

Blättern üben. Später studierte er exemplarisch an einer Szene Spiel- und Rezitationstechniken ein. Auch bot sich manche Möglichkeit, vor einer Aufführung unter den kritischen Augen eines kleinen Publikums mit den Figuren seines Lehrers zu üben, eine harte und gute Schule, denn seine Zuschauer hielten mit Kritik nicht zurück. Früher war es üblicher als heute, zwei Aufführungen hintereinander zu geben, die erste davon tagsüber. Hielt ihn sein Meister für gut genug, vertraute er ihm die Tagaufführung an. Die Ausbildung galt als abgeschlossen, wenn sein Lehrer einem Auftraggeber vorschlug, statt seiner doch seinen Schüler spielen zu lassen. Auch esoterisches Wissen und magische Kraft gingen vom Lehrer auf den Schüler über. Ein Dalang mußte sein Leben lang darauf bedacht sein, seine spirituelle Kraft durch entsprechende Übungen zu mehren. Dementsprechend besteht die Auffassung, daß nur Dalang aus einer alten Dalang-Familie in der Lage sind, ohne Gefährdungen bestimmte exorzistische Rituale zu vollziehen. Wie hoch die Kunst des Dalang angesehen wird, zeigt die Tatsache, daß es Fürsten nicht verschmähten, selbst als Schattenspieler aufzutreten. Doch seitdem es auch Kurse gibt, in denen man diese Kunst erlernen kann (s. u.), verschiebt sich das Bild vom Dalang als Mittler zwischen der Gemeinschaft und numinosen Mächten hin zum Dalang als modernem intellektuellem Künstler.

Die Ikonographie javanischer wie balinesischer Figuren weist zahlreiche Übereinstimmungen mit den indo-javanischen Tempelreliefs auf. In dieser Zeit lag ihr gemeinsamer Ursprung. Bei allen Unterschieden ihrer stilisti-

schen Entwicklung – vielleicht drängte das Bilderverbot des Islam die Javaner zu stärkerer Stilisierung – ist ihre Verwandtschaft bis heute evident. Wer die Figuren der einen Insel kennt, erkennt meist auch ihre Geschwister (z. B. Kat. 196, 204) von der anderen.
Zwei Komplexe von Formen sind für ihre Identifikation von Belang: 1. Kleidung, Schmuck, Frisur und dergleichen bestimmen ihren Rang. 2. Augenform, Nase, Haltung und Körperbau deuten auf ihren Charakter. Trotz der großen Zahl an Figuren sind die einzelnen Elemente nicht frei kombinierbar. Das gilt besonders für die edlen Figuren, die mehr Typen als Individuen vorstellen. Nur bei den Dienern finden sich stärkere Abweichungen, z. T. als Folge karikierender Übertreibung körperlicher Abnormitäten. Eine weite Beinstellung deutet auf Impulsivität und Grausamkeit, denn sie gestattet es spieltechnisch, die Figur treten zu lassen.[8] Das schmale Auge (Kat. 197, 211) – dank fast geschlossener Lider, also kein Schlitzauge – verrät Selbstkontrolle, das weit geöffnete (Kat. 220) unbeherrschte Gier. Nur wer nicht Herr seiner Begierden ist, reißt seine Augen weit auf und starrt alles gierig an; ein edler Charakter hält seine Lider gesenkt und zeigt, daß er seine Emotionen unter Kontrolle hat. Der Gegensatz zwischen diesen Extremen zeigt sich besonders deutlich im *prang kembang* (s. o.). Cakil, der erste der Wegelagerer, die sich dem jugendlichen Helden auf seinem Rückweg von der Klause in den Weg stellen, demonstriert seine Gefährlichkeit. Er attackiert den Helden mit imponierender Beweglichkeit, mit großem Kraftaufwand und bedrohlichem Fuchteln mit seinen Waffen. Doch der pariert ruhig, fast unberührt von dem Geschehen um ihn herum, um im ersten geeigneten Moment blitzschnell tödlich zuzustoßen. Da zeigt sich, daß er immer Herr der Lage war.
Ein bedeutsamer Unterschied zwischen javanischen und balinesischen Figuren resultiert aus dem abweichenden Herstellungsprozeß. Die balinesische Figur wird nach dem Ausschneiden und Ausstanzen zunächst schwarz grundiert, bevor sie bemalt wird. So zeichnet sich später ihre dunkle Silhouette deutlich gegen den Schirm ab. Javaner malen direkt auf das Leder. Die Farben ihrer Figuren schimmern durch Leder und Schirm hindurch. Bei der Herstellung neuer Figuren benutzt man auf beiden Inseln alte als Vorlage. Man kann auch eine Puppe, die man gern haben will, ausleihen. Doch das dürfte bei dem harten Konkurrenzkampf der Dalang untereinander, der sie auch vor unfairen Mitteln nicht zurückschrecken läßt, eher die Ausnahme sein. Man überträgt zunächst die Umrisse auf ein Stück Büffelleder und stanzt sie dann aus. Man beginnt bei dem Kopf, weil er als der schwierigste und wichtigste Teil gilt. Auf Java schuf man in den letzten Jahrhunderten neben neuen Figuren auch Varianten *(wanda)* der alten ererbten. Dabei beschränkte man sich auf leichte Abänderungen der Proportionen, beispielsweise die Verlängerung des Hinterarms, die Verstärkung des Halses, eine etwas andere Neigung des Kopfes usw. Dalang können verschiedene *wanda* einer Figur in ihrem Satz haben.
Die beliebtesten Gestalten und Stücke sind bis heute die der alten indischen Epen *Ramayana* und *Mahabharata*. Beide schildern den Kampf von Inkarnationen des Gottes Wishnu gegen dämonische Mächte: Im *Ramayana* hat er als Rama mit Unterstützung einer Affenarmee den Dämonenfürsten Rawana zu besiegen, um seine entführte Gattin Sita (jav. Sinta) zurückzugewinnen. Im *Mahabharata* hilft er als Kreshna seinen Vettern, den Fünf Pandawa, ihr von den Hundert Korawa geraubtes Reich zurückzugewinnen. Ihre Stoffe sind in indo-javanischer Zeit vielfach literarisch verarbeitet worden und im Wayang bis heute lebendig geblieben. Auf Bali zählt man diese Stücke zum Wayang parwa (Skt. *parwan*, »Buch des *Mahabharata*«) und Wayang Ramayana (Kat. 208). Ort ihres Geschehens ist für die Balinesen Indien. Anders auf Java. Hier nennt man das Repertoire Wayang purwa »wayang der alten Zeit«. Seine Helden, die Pandawa und Korawa, gelten als Vorfahren der javanischen Fürsten; ihre Reiche werden auf Java angesiedelt. Es umfaßt die Geschichten aus der Urzeit (autochthone Ackerbau- und Reismythen) bis zum Tode von Pariksit, dem Enkel der Pandawa. Das javanische Mittelalter stellt das Wayang gedhog mit seinen Stücken um den Helden Pañji dar (s. o.), und die zeitliche Lücke zwischen beiden Zyklen sollte das Wayang madya (s. o.) schließen.
Nach der Wayang-Mythologie sind Pandawa und Korawa Nachkommen der Götter Wisnu (Wishnu) und Brama (Brahma), Söhne des Gottes Guru. Letzterer, obwohl Herr des Himmels, ist eine schwache Gottheit. Seine vier Arme beispielsweise gelten den Dalang als Makel. Mächtiger ist sein Bruder Ismaya. Unter dem Namen Semar (Kat. 216) begleitet er auf Erden in dicker, unförmiger Gestalt mit Triefaugen und einer Knollennase, aus der dicker Rotz läuft, als Diener seine Herren, die Pandawa. Widerfährt ihnen Unheil, gegen das sie machtlos sind, begibt er sich stracks zornig in den Himmel und läßt die Götter unter seiner gefürchteten Waffe erzittern, seinen gewaltigen Blähungen aus seinem imposanten Bauch und Hinterteil. Wie die anderen Götter hat auch er einen Himmel und göttliche Nachkommen, doch auf Erden begleiten ihn drei Söhne (Kat. 217), die er meditierend erschaffen hat. Durch Meditation ist auch die Welt aus der höchsten Gottheit hervorgegangen, ein Indiz mehr für Semars Außergewöhnlichkeit.

Heute treten die vier *panakawan* gemeinsam auf, früher waren es je nach lokaler Tradition nur ein oder zwei Söhne, die ihrem Vater folgten. In ihren Mund kann der Dalang – und viele nutzen es weidlich – witzige und satirische Anspielungen auf Aktuelles vom Tage legen. Auf ihren Auftritt und ihre Späße wartet das Publikum. Gespräche verstummen, wenn sie auf dem Schirm erscheinen. Doch bei aller Zeitbezogenheit ihrer Reden sind sie paradoxerweise zeitlos. Ihre Herren gehen, sie bleiben und begleiten seinen Nachfolger. So ist Semar zum Symbol des javanischen Volkes geworden. In seinem Verhältnis zu seinem Herrn spiegelt sich die gegenseitige Abhängigkeit von Herrscher und Volk, die beide eine Einheit bilden wie Kris und Scheide. Mit diesem Vergleich streifen wir das weite Feld der javanischen Mystik. Beide sind für den Javaner eng miteinander verbunden.[9] Vielfach bedient sich die Mystik des Wayang als eines Modells, um daran ihre Lehren zu verdeutlichen. Typische Gedanken dieser Art, die auch den Zuschauern einer Aufführung präsent sind, enthält die sehr populäre Schrift mit dem Titel »Suluk Gatholoco«:

Gatholoco stellt drei *santri,* Studenten der islamischen Theologie, ein Rätsel: »Was ist älter, der Dalang, die Figuren, die Lampe oder der Schirm?«

Für den ersten ist es der Schirm. Muß nicht der Schirm zuerst angebracht werden, bevor die Figuren in den *simpingan* (s. o.) gesteckt und die Lampe aufgehängt und angezündet werden kann? Vor ihnen ist der Schirm da als Weltall mit Oben (Zenit) und Unten (Nadir).

Für den zweiten ist der Dalang der erste, denn der Dalang muß alles aufbauen, Schirm, Lampe und Figuren. Die Figuren und alles andere sind gemacht, um die Bedürfnisse des Dalang zu erfüllen. Bevor nicht der Dalang ist, kann das andere nicht sein. Die Geschichte mit den Figuren und ihren unterschiedlichen Charakteren lenkt der Dalang, der die Lampe nach seinem Belieben leuchten läßt.

Für den dritten sind die Figuren das Älteste, denn schon drei Monate vor einer Aufführung, wenn der Dalang noch gar nicht feststeht, das Stück noch nicht bekannt, der Platz für die Aufführung noch nicht bestimmt ist, weiß man schon mit Sicherheit, daß man ein Wayang

Abb. 235 Wayang kulit-*Aufführung auf Bali. Die Aufnahme vermittelt einen Eindruck von der szenischen Wirkung des Schattenspiels.*

geben will und spricht mit Verwandten und Freunden darüber. Man spricht zuerst über das Wayang, nicht über Lampe, Schirm, Figuren oder Dalang.
Gatholoco erklärt, daß alle Lösungen falsch sind. Die Lampe ist das erste. Auch wenn der Schirm gespannt ist, die Figuren in dem *simpingan* stehen oder neben dem Dalang an ihrem Platz liegen, Dalang und Musiker und Sängerinnen bereit sind, so kann doch der Dalang nicht beginnen, bevor nicht die Lampe angezündet ist. Zuschauer wie Ausführende sitzen im Dunkeln und können nichts sehen, weder zuschauen, noch agieren. »Wenn die Lampe brennt, wenn sie hoch aufleuchtet, dann ist der Schirm sichtbar, Hoch und Tief, Rechts und Links, Pandawa und Korawa.«
Doch auch das ist noch nicht die endgültige Lösung, denn das erste ist der Herr des Hauses, auf dessen Verlangen das Wayang stattfindet, Kyai Sepi, »der einsame Herr«, genannt. Damit wird die Wayang-Aufführung zur Allegorie des Seins: Der Schirm ist der Körper, die Figuren die Einzelseelen und der Dalang der Geist des Propheten Muhammad. Die Lampe ist die Gottheit, deren Glanz die Körper vollkommen durchdringt. Über allen steht die absolute Gottheit, verborgen wie der Herr im Innern des Hauses. Auch die *lakon* (Wayang-Theaterstücke) selbst sind Träger mystischen Gedankenguts. Jedes Stück läßt sich symbolisch als Darstellung der geistig-moralischen Entwicklung des Menschen verstehen.[10] Die Schilderung des Reichs und die erste Audienz mit der Herausforderung durch den Gegner sind Symbol der Geburt des Menschen; die folgende Szene im Palast zeigt die Geborgenheit des Kindes in der Familie. Der Aufbruch der Truppen mit allen Problemen (das Pferd läßt sich nicht besteigen) entspricht den Schwierigkeiten der Pubertät. Der Mensch braucht und sucht einen Lehrer. Im *prang kembang* (Blumenkrieg) beweist er dann, daß er in der Lage ist, die moralischen Probleme des täglichen Lebens zu lösen: Er tötet die wegelagernden Dämonen: »Kurz kann man diesen Kampf als einen Kampf zwischen Gut und Böse deuten; das Böse kann man unterteilen in allerlei Begierden und Sehnsüchte. Ein Kampf also, der in jedem menschlichen Herzen stattfindet.«[11] Das Gute im Menschen siegt über die dämonischen Kräfte seines Innern. Hier beweist der Held, daß er durch gute Lehren die Kräfte gewonnen hat, auch die kommenden größeren Versuchungen und Gefährdungen zu meistern.
Das Drama *(lakon)* Dewa Ruci gehört zu den wenigen, die spezielle mystische Ausdeutungen zulassen. Wrekudara (Bima), der zweite der Pandawa, wird von seinem Lehrer Durna ausgeschickt, das Wasser des Lebens zu suchen. Durna steht auf seiten der Korawa und versucht, durch diese unmögliche Aufgabe Wrekudara schon vor der großen Auseinandersetzung auszuschalten. Doch der nimmt als gehorsamer Schüler die Aufgabe auf sich. Nach zwei gescheiterten Versuchen wird ihm aufgetragen, das Lebenswasser im Ozean zu suchen. Dort hat Wrekudara zuerst eine gewaltige, drachenartige Schlange zu überwinden. Erschöpft vom Kampf trifft er dann in der Mitte des Ozeans auf eine Gottheit von der Größe eines kleinen Kindes, die ihm ansonsten völlig gleicht, Dewa Ruci. Der Gott fordert den hünenhaften Wrekudara auf, durch sein linkes Ohr in sein Inneres zu gehen. Das gelingt, und erstaunt entdeckt er im Innern des Kindes eine ganze, unendliche Welt. Der Weg zum Selbst und zur höchsten Erkenntnis führt durch das eigene Innere. Die menschliche Seele ist größer als die Welt.[12]
Ein *lakon* hat also mehrere Bedeutungsebenen. Auf einer faktisch-historischen Ebene erzählt er eine Geschichte aus dem javanischen Altertum, auf einer symbolischen vermittelt er Einsichten über das Verhältnis des Menschen zu Gott, und auf einer allegorischen deutet er die gegenwärtige Situation auf dem Hintergrund eines vergangenen Geschehens. Das entspricht der javanischen Auffassung von Geschichte, die davon ausgeht, daß sich Zeiten zyklisch wiederholen.[13] Da Wayang-Aufführungen so ein Mittel sein können, in allegorischer Verhüllung *(pasemon)* eine gesellschaftliche und politische Situation zu deuten, haben sich die javanischen Fürsten ihrer oft in dieser Absicht bedient.
Da die Charaktere der meisten Figuren feststehen und beim Schaffen neuer Stücke nicht geändert werden dürfen, werden viele zu Exempeln für ethische Verhaltensweisen. Kumbakarna etwa, der rechtschaffene, asketischen Übungen zugeneigte Bruder des gewalttätigen Rawana, der das Verhalten seines Bruders tadelt, ihm aber trotzdem aus Liebe zum Vaterland im Kampf gegen Rama beisteht, wird zum vielzitierten Vorbild für den guten Patrioten: »Ob recht oder nicht, es ist mein Land.« Die Prinzessin Srikandi hält treu und heldenhaft zu ihrem Gemahl Arjuna. Von ihm hat sie – für eine Frau ganz untypisch – das Bogenschießen gelernt; aber sie läßt sich von ihm nicht alles bieten, sondern zerschmettert Geschirr und läßt seine Tauben aus dem Schlag, wenn sie sich über ihn ärgert. Sie wurde zum Vorbild für die moderne emanzipierte Javanerin und Indonesierin. Togog (Kat. 218) ist ein Diener der Gegner der Pandawa. Er sieht aufs Geld, nicht auf den Charakter seiner Herrschaft. So sucht er eine Stellung bei den Aggressoren aus Übersee, die besser zahlen können als die heimischen Pandawa. Er ist der Prototyp des Kollaborateurs mit den Kolonialherren und später den Neokolonialisten. Mit der Durga, der gefürchteten Gemahlin des Gottes Guru in

Abb. 236 Wayang golek-*Aufführung in Yogyakarta. Gegeben wird Hanuman Duta, d. h. Hanuman als Gesandter, aus dem* Ramayana.

häßlicher Gestalt, identifizierte man die niederländische Königin Wilhelmina, wie man überhaupt die fremden Eindringlinge vorzugsweise als Dämonen mit ihren habgierig aufgerissenen Augen sah. Auch einzelne Personen können sich eine Identifikationsfigur aus dem Wayang suchen. Sukarno ließ sich gern mit dem dynamischen und heldenhaften Gatutkaca vergleichen. Seinen Außenminister Subandrio bezeichnete man hinter dessen Rücken als Sangkuni, den ränkevollen Anstifter der Korawa zu bösen Taten.

Die ersten europäischen Gelehrten, die sich gegen Ende des 19. Jahrhunderts der Erforschung des Wayang zuwandten, hielten es für eine autochthon javanische Kunst. Sind auch die Stoffe des Repertoires indisch – so ein Argument –, ist doch seine technische Terminologie austronesisch. Zudem war damals das indische Schattentheater noch unbekannt. Heute ist man anderer Ansicht. Die Verbreitung des Wayang in den bedeutendsten indischen Einflußsphären sowie substantielle Übereinstimmungen mit indischen Schattentheatertraditionen deuten darauf hin, daß es aus Indien in den Archipel gekommen ist. Frühe Inschriften vor der Jahrtausendwende kennen zusammen mit Maskentänzern und Dienern vorderindischer Provenienz unter dem Hofpersonal auch Wayang-Spieler. Daß es sich bei diesem Wayang um Schattentheater handelte, belegt eine berühmte Stelle aus dem altjavanischen Epos *Arjunawiwaha* des 11. Jahrhunderts: »Wenn manche Leute dem Wayang zuschauen, weinen sie, von Kummer überwältigt, obwohl sie wissen, daß es sich nur um geschnittenes Leder handelt, das in die Handlung verwickelt ist.«[14]

Abb. 237 Wayang golek-*Aufführung in Yogyakarta. Szene aus dem* Ramayana *mit Hanuman am rechten Bildrand.*

Nach javanischer Tradition wurde das Wayang um 939 vom javanischen König Jayabhaya von Mamenang geschaffen. Bis zur Ankunft der *wali songo*, der neun Verkünder des Islam auf Java Anfang des 16. Jahrhunderts, seien die Bilder der Figuren auf Palmblätter *(lontar)*, später auch auf Papier, gezeichnet worden. Die *wali songo* hätten als erste Leder benutzt. Sie hätten die Darstellungsweise der Figuren entsprechend den Vorschriften des Islam geändert, das Gesicht im Profil gezeigt und eine Reihe von Neuerungen wie den *kayon* oder bewegliche Arme eingeführt. Im Laufe der Zeit seien weitere Neuerungen wie das Einstanzen von Augen, Ohr und Mund und die Einführung der *slendro*-Stimmung des begleitenden Gamelan-Orchesters mit ihren gleichmäßigeren Intervallen hinzugekommen. Hält vieles einer nüchternen historischen Analyse auch nicht stand, wahr daran ist, daß die Missionare des Islam im 16. Jahrhundert es verstanden haben, das Wayang ihren Zwecken entsprechend umzufunktionieren.

Die weitere Entwicklung des Wayang vollzog sich zunächst bis zu ihrer Unterwerfung durch das zentral-javanische Mataram in der 1. Hälfte des 17. Jahrhunderts vornehmlich in den Hafenstädten der javanischen Nordküste. Mit der politischen verlagerte sich auch die kulturelle Hegemonie nach Zentral-Java. So wurde etwa die reichhaltige Bibliothek des Hofes von Surabaya nach seiner Eroberung 1625 nach Zentral-Java gebracht. Mataram und nach seiner Teilung die Höfe von Surakarta und Yogyakarta entwickelten das alte Erbe weiter. Neben den Höfen haben auch lokale Traditionen bestanden, die jedoch nicht das gebührende Interesse der Forschung gefunden haben. Leider, denn nach dem Zweiten Welt-

Abb. 238 Tanzaufführung zum Ramayana *in Yogyakarta mit den Protagonisten Sita, Jatayu und Rawana, 1995.*

krieg setzte sich der Surakarta-Hofstil mehr und mehr gegen sie durch und läßt sie in Vergessenheit geraten. Erste Schritte in diese Richtung wurden – unbeabsichtigt – in den 20er Jahren getan, als von den rivalisierenden Höfen Förderkurse für Dalang (bereits ausgebildete und keine Anfänger!) mit dem Ziel, die Qualität der Aufführungen zu verbessern, eröffnet wurden. Absolventen boten dann später eigene Kurse an. So wurden langsam das Monopol der alten Familien, das traditionelle Lehrer-Schüler-Verhältnis, aber auch lokale Traditionen geschwächt. Verstärkt wurde der Trend durch gedrucktes Studienmaterial mit Texten, die auswendig gelernt wurden und so zur Standardisierung beitrugen. Nach dem Zweiten Weltkrieg mündete diese Entwicklung konsequent in die Einrichtung von Studiengängen an staatlichen Akademien.

Das kurze Schicksal neugeschaffener Wayang-Arten beweist die Lebenskraft des Wayang purwa. Doch der Übergang von der kolonialen Feudalgesellschaft zum modernen Indonesien mit seinem Streben zu einer hochtechnisierten Industrienation hinterläßt seine Spuren. Für die ästhetisch reizvollen Nuancen einer flackernden Öllampe ist wenig Platz, wenn ein elektrischer Strahler in Verbindung mit einem Lautsprecher es ermöglicht, ein größeres Publikum zu erreichen. Radio und Fernsehen werden von den Dalang nicht verschmäht, versprechen sie doch zusätzliche Einnahmen und Popularität. So ist das Wayang in den Sog des Kommerzes geraten. Das zwingt zur Anpassung an den Publikumsgeschmack. Ihm zuliebe dehnt man die komischen Szenen aus, sorgt auch dort für Komik, wo sie traditionell undenkbar ist. So ironisiert der sehr gefragte Ki Anom

Suroto einen poetischen traditionellen Text durch Anachronismen, wenn er das Äußere einer Prinzessin schildert: »Ihre Augenbrauen sind wie der junge Mond am ersten Tag, offensichtlich mit dem Stift nachgezogen, ... ihre Arme geschwungen wie der Stoßzahn des Elefanten, die Finger wie die Triebe der *tanjung*-Pflanze, endend in langen Nägeln, die mit Cutex lackiert sind.«[15]
Damit ist dem Kommerz nur recht, was den Dalang der Kommunistischen Partei Indonesiens (PKI) billig war: Sie brachen mit der strengen Etikette der höfischen Audienzszene und ließen entsprechend den Richtlinien ihrer Partei die Figuren vor den Augen ihres Herrschers kontroverse Diskussionen führen. Einlagen von populären Liedern unterbrechen heute mehr und mehr den Gang des Stücks, ihre diatone Begleitung durch das Keybord wird nicht als störend empfunden. Manche Dalang ergreifen diese Möglichkeit, so für eigene Liedkreationen zu werben. Es gibt mittlerweile auch kommerzielle Aufführungen gegen Eintrittsgeld; da die lange Dauer einer ganzen Nacht zahlungswillige Zuschauer abschrecken kann, wird sie rigoros verkürzt. Noch schneller speist man Touristen ab.
Der Einsatz moderner Technik hat eine weitere Konsequenz. Obwohl es heute mehr Dalang gibt als je zuvor[16], sind es doch nur wenige, die immer wieder gefragt werden und von ihrem Metier leben können. Die aber können auch ökonomisch alle Vorteile der neuen Zeit für sich verbuchen, während die anderen an den Rand gedrängt werden und mit ihnen, so befürchtet man, auch das Wayang. Denn stärker als ihre berühmten Kollegen müssen sie auf neue Attraktionen sinnen, die auf die Dauer die Substanz des Wayang angreifen werden. So kommt es beispielsweise vor, daß während der Aufführung Tänzerinnen die Bühne betreten, um mit Zuschauern zu tanzen.
Auch Pläne von staatlicher Seite werden das Wayang nicht unangetastet lassen. Man ist daran interessiert, diese Kunstform als Medium zu gewinnen, um eigene Programme beim Volk populär zu machen. Familienplanung, neue Reissorten oder der Gebrauch moderner Arzneimittel können derartige Themen sein. Aber es geht auch um die Vermittlung ethischer Werte, die von den Protagonisten auf dem Schirm verkörpert werden, wie Wahrhaftigkeit, Mitgefühl, Gerechtigkeit, Verantwortungsbewußtsein oder Eigeninitiative.[17] Um die Kommunikation zwischen Regierung und Dalang zu gewährleisten, sind die Dalang heute in lokalen Vereinigungen organisiert, die unter einem Dachverband zusammengeschlossen sind, der ins Erziehungs- und Kulturministerium eingebunden ist. Seit 1969 werden Wayang-Wochen durchgeführt, deren 6. und vorläufig letzte 1993 stattfand. Zu ihnen sind Dalang aller Gattungen aus ganz Indonesien geladen. Ein vieldiskutiertes Thema ist ein gesamtindonesisches Wayang, das Wayang Indonesia, das zentrale Thema der 2. Wayang-Woche von 1974. Als einer weiten Popularisierung des Wayang abträglich sieht man einmal seine lange Dauer, zum andern seine Sprache. So fördert man Aufführungen in der Bahasa Indonesia, der Nationalsprache. Das ist problematischer, als es auf den ersten Blick scheint. Das Javanische verfügt nämlich über verschiedene Sprachebenen mit zum Teil unterschiedlichen Vokabularien zum Ausdruck differenziert abgestufter hierarchischer Unterschiede. So kam es für die demokratisch orientierte Unabhängigkeitsbewegung der 20er und 30er Jahre als künftige Nationalsprache nicht in Frage. Unter der ethnisch gemischten Bevölkerung des größeren Städte gewinnt dieses neue Wayang Indonesia an Anhängerschaft. Das ist ganz im Sinne der Kulturpolitik. Sie sieht im Wayang eine prominente Manifestation der indonesischen Kultur und somit ein geeignetes Medium zur Stärkung eines indonesischen Identitäts- und Selbstwertgefühls. Das veranlaßte den Erziehungs- und Kultusminister zu der Erklärung, er habe die Absicht, das Wayang aufgrund der durch es vermittelten ethischen Werte als Schulfach einzuführen. Ob dem Wayang diese Ehe mit der Politik im Konkurrenzkampf gegen die modernen Massenmedien helfen wird, bleibt abzuwarten. Immerhin hat es die Wechsel einer 1000jährigen Geschichte überdauert, ohne Symptome von Altersmüdigkeit zu zeigen.

1 Literatur: Spitzing 1981; Groenendael 1987, kommentierte Bibliographie.
2 Groenendael 1985, Kap. 6.
3 So der Dalang laut Tageszeitung Suara Karya vom 2. 2. 94.
4 Ausführlich in Groenendael 1985, Kap. 6.
5 Das wird in der Literatur meist falsch dargestellt, obwohl man seit der Veröffentlichung von Auszügen aus der Sastra Miruda genannten javanischen Lehrschrift über das Wayang durch Serrurier (1896) darüber hätte Klarheit haben müssen. Da die Javaner die Pandawa als rechte und die Korawa als linke Seite bezeichnen, hat man das auf die Bühne übertragen. Ausführlich dazu Soetrisno 1976.
6 Ras 1992, 69.
7 Hobart 1987.
8 Roger Long 1982, 61–64.
9 Magnis-Suseno 1982, Zoetmulder 1935 und 1971.
10 Mangkoenagoro 1933.
11 Mangkoenagoro 1933, 87.
12 Deutung des *lakon* bei Magnis-Suseno 1982, 99–105.
13 Ricklefs 1973, insbes. Kap. VII.
14 Arjunawiwaha 5,9.
15 Wibisono 1973, 5.
16 Singgih Wibisono 1974, 61 spricht von 40 000 Dalang aller Gattungen.
17 Der Erziehungsminister während der 6. Wayang-Woche.

Katalognummern 1–252

1
Statuette eines Mannes

Jakarta, Museum Nasional, Prähistorische Sammlung,
Inv. Nr. 4451
Bronze
H. 24,5 cm
Cibarusah, West-Java
Erste Hälfte 1. Jt.

Diese Bronze-Statuette eines Mannes wurde in einer Bodentiefe von eineinhalb Metern im Dorf Satus gefunden. Das Dorf liegt in der Nähe von Cibarusah im Distrikt Bekasi, unweit Bogor (West-Java). Die mit kurzen Hosen bekleidete Figur steht aufrecht mit gespreizten Beinen und Armen, die Hände ruhen auf den Hüften. Die einfache Kopfbedeckung besteht aus einem um den Kopf gewundenen Tuch. Auch der Schmuck ist einfach: eine Halskette aus Perlen und schlichte Reife an den Handgelenken.

Die Datierung dieser Statuette bereitet Schwierigkeiten, da über den archäologischen Kontext, in welchem sie gefunden wurde, keine Nachrichten vorliegen. Van Heekeren nannte ihren Stil unbestimmbar bzw. schwer einzuordnen, und Bernet Kempers ließ die Möglichkeit offen, sie als Produkt ländlicher Volkskunst aus relativ moderner Zeit einzuordnen. Allerdings erinnert die ungewöhnliche Haltung des Mannes stark an Figuren, die Bronzedolche dekorieren, wie sie in Dongson (Vietnam) und in einem Grab in Changsha (Hunan-Provinz, China) aus der Zeit der Kämpfenden Reiche (480–221 v. Chr.) gefunden wurden. Es scheint deshalb nicht ausgeschlossen, daß diese Statuette einen der frühen Bewohner der Insel Java darstellt.

J. F.

Lit.: van der Hoop 1941, 253, fig. 76; van Heekeren 1958, 38; Bernet Kempers 1959, pl. 5; *Koleksi Pilihan* 1, Nr. 6; Bellwood 1985, fig. 9.10. Die Dolche: Goloubew 1929, pl. 19b; Bellwood 1985, fig. 9.10; *Kaogu* 1984.

3
Zeremonialgefäß

Jakarta, Museum Nasional, Inv. Nr. 6060
Bronze
H. 85 cm, B. 48 cm
Asemjaran, Insel Madura
Bronze-Eisen-Zeit, 1. Jt. v. Chr.

Das wie ein Glaskolben oder vielleicht ein Fischerkorb *(kepis)* geformte große Bronzegefäß wurde von einem Bauern im Dorf Asemjaran bei Banyuates an der Nordküste der Insel Madura gefunden.
In flachem Relief überzieht ein klares Muster aus breiten Spiralbändern und Dreiecken den Gefäßkörper. Die Dreiecke sind alternierend mit der Miniaturzeichnung eines Vogels verziert. Zwei kleine Griffe sind einander gegenüberliegend an dem sich verjüngenden Gefäßhals angebracht, während sich ein dritter, etwas größerer Griff am Boden befindet. Die anscheinend funktionslose Anbringung dieses dritten Griffes läßt vermuten, daß das Gefäß an einem durch alle Griffe gezogenen Gurt getragen wurde.
Mit Ausnahme des Vogeldekors in den Dreiecken gehören die ornamentalen Motive dieses Gefäßes nicht zum üblichen Repertoire der Dongson-Bronzen, und der generelle Eindruck ist ebenfalls anders als bei den meisten Bronzen, die mit dieser Kultur in Verbindung stehen. Es ist deshalb von besonderem Interesse, daß eines von zwei bislang gefundenen Gefäßen, die Kat. 3 in Form und Dekor ähneln, aus einer Gegend in der Nähe des Kernlandes von Dongson stammt. Es wurde in Kandal in Kambodscha gefunden und befindet sich heute im Museum Phnom Penh. Eine weitere Parallele, 1922 in Lolo, Kerinci (West-Sumatra), entdeckt, ist in zwei Hälften gegossen, die mit Eisennieten zusammengehalten werden. Darüber hinaus sind schlägellose Bronzeglocken mit einem ähnlichen Spiralornament in Battambang (Kambodscha) und in Selangor und Johor (Malaysia) gefunden worden. Wahrscheinlich gehören alle drei Gefäße einem Post-Dongson-Stil an, der sich über ein weites Gebiet in Südostasien verbreitete, seine Ursprünge aber in Vietnam hatte.

J. F.

Lit.: Bernet Kempers 1953–1954, fig. 8; van Heekeren 1958, fig. 14; Bernet Kempers 1959, pl. 12; Soejono 1984a, 72; Tirtowijoyo und Soepono 1984b, 38–39; Bellwood 1985, 288–289. Das Gefäß von Kerinci: Bosch 1922; Suleiman 1975, pl. 3; *Koleksi Pilihan* 1, Nr. 10. Das Phnom Penh-Gefäß: Malleret 1956.

6060.

3 A
Gong

Leiden, Rijksmuseum voor Volkenkunde, Inv. Nr. 1304-1
Geschenk Prof. A. Baessler, Juli 1902
Bronze
H. 42 cm, Dm. 81 cm
Südchina
2. Hälfte 1. Jt. v. Chr.

Obwohl China als Herkunftsgebiet für diesen Gong angegeben wird, darf dieses Objekt doch ebenso als repräsentativ für die Vorgeschichte Indonesiens angesehen werden; denn vergleichbare Instrumente sind sowohl auf dem Festland als auch im Inselbereich Südostasiens gefunden worden. Man spricht in diesem Zusammenhang von »Dongson«-Objekten. Die Benennung erfolgte nach einem archäologischen Fundort im heutigen Vietnam. Ihr Verbreitungsgebiet ist außerordentlich weit gespannt. Sie gelangten möglicherweise als frühe Tauschware von Thailand und Südchina aus bis nach Neuguinea. Während zwei Bronzeäxte vom Sentani-See im Norden Neuguineas (heute im Rijksmuseum) nach dem heutigen Stand der Forschung wohl die am weitesten östlich gefundenen Belege darstellen, sind die Gongs die größten und auffälligsten Artefakte der metallzeitlichen Kultur im Inselgebiet Südostasiens vor der Ausbreitung von Hinduismus und Buddhismus. Man nimmt an, daß sie zwischen 600 v. Chr. und 100 n. Chr. dorthin gelangten.[1]
Außer den charakteristischen Kreis- und »Diamant«-Motiven auf Schlagplatte und Mantel des Gongs sind Vögel und Schiffe dargestellt. Speziell die Wiedergabe der Vögel teilt der hier gezeigte Gong mit vielen Parallelbeispielen. Auch die Froschfiguren auf der Schlagplatte sind ein derart typisches Merkmal.[2] Schefold[3] vergleicht die geometrischen Ornamente mit Hausverzierungen auf den Mentawai-Inseln vor der Westküste Sumatras.

Zur Kategorie der Dongson-Gongs gehört auch die nach einem Dorf auf Bali benannte Pejeng-Variante.[4] Das größte Exemplar befindet sich dort im Tempel Pura Panataran Sasih. In der Proportion besteht im allgemeinen zwischen Durchmesser und Höhe ein Verhältnis von 1 : 3 oder 1 : 4. Die Wiedergabe des menschlichen Antlitzes erinnert an Maskenverzierungen der Kilenge (West-Neuengland)[5]. So scheinen neuzeitlichere Motive tief in der Vorgeschichte zu wurzeln. Die Form des Pejeng-Gongs erinnert auch an die *moko* genannten Metallobjekte, die als Tauschware auf der ost-indonesischen Insel Alor gefunden wurden.[6]
Die Verwendung der Gongs als Musikinstrumente ist naheliegend. An den Griffen konnte das Instrument in einen hölzernen Rahmen eingehängt werden. Auf diese Weise erzeugte man einen tiefen, dunklen Ton. Ein Gong diente aber wohl auch als Ritualgegenstand im politischen und kultischen Leben der Gesellschaft. Durch weitreichende Tauschbeziehungen erworbene Objekte erhöhten zweifellos das Ansehen des Besitzers. Schließlich darf auch eine Beziehung der Dongson-Gongs zum Totenkult nicht ausgeschlossen werden, hat man sie doch als Grabbeigaben gefunden. »Der Klang des Gongs wurde als Stimme der Toten interpretiert, vor allem als Stimme des Stammvaters der Gemeinschaft. Diese Funktion teilt der Gong mit anderen Instrumenten wie heiligen Flöten und Stierhörnern in anderen Ländern.«[8] P. t. K.

1 Taylor, 59.
2 Heger 1902, 31 f.
3 Schefold 1979/80, 14 f.
4 Bernet Kempers 1988, 327–340.
5 Gerbrands 1978.
6 Bernet Kempers, op. cit., 327.
7 Bernet Kempers, op. cit., 74.

4
Zeremonialaxt

Jakarta, Museum Nasional, Inv. Nr. 1442
Bronze
L. 78 cm, H. 41,5 cm
Roti, Provinz Nusa Tenggara Timur
Bronze-Eisen-Zeit, 1. Jt. v. Chr.

Drei Bronze-Beile der gleichen markanten Form wurden in der Nähe von Landu auf der Nordseite der Insel Roti im Jahre 1875 ausgegraben. Eines der Beile ging bei einem Brand während der Kolonialausstellung in Vencennes 1931 verloren. Bruchstücke eines Beilkopfes des gleichen Typs wurden am Sentani-See in Irian Jaya gefunden.
Der gebogene Griff läuft in einen Krokodilskopf aus. Die dünne kreisförmige Klinge ist mit dem flachen, runden Kopf des Griffes mittels eines Schaftes in Gestalt eines Mannes, der mit angezogenen Knien hockt, verbunden. Der Oberkörper des Mannes sowie sein Kopf mit einem ausladenden zeremonialen Kopfschmuck sind auf der Klinge als Flachrelief abgehoben. Den Griffkopf zieren konzentrische Kreise, Spiralen und Riefelungen ähnlich denen auf Dongson-Artefakten. Der Kopfschmuck gehört einem Typus an, wie er heute noch von bestimmten Stämmen in Irian Jaya getragen wird.
Die dünne Klinge legt den Schluß nahe, daß diese elegant geformten und fein dekorierten Beile nicht für den täglichen Gebrauch gedacht waren, sondern vielmehr zeremoniellen Zwecken dienten oder eine Funktion im Totenkult hatten. Bronze-Gerätschaften von derselben oder in der Nähe gelegenen Inseln, wie Kat. 2, weisen auf eine blühende Bronze-Industrie mit Fertigkeiten in der Produktion originaler, markanter Zeremonialgeräte hin.
Der Beiltyp unterscheidet sich grundsätzlich von den javanischen Hellebarden des *candrasa*-Typs. J. F.

Lit.: von der Hoop 1941, 197–199; Galis 1956; van Heekeren 1958, 10–11, fig. 7; Bernet Kempers 1959, pl. 11; Soejono 1972; Soejono 1984a, 69; Bellwood 1985, 287, fig. 9. 12.

5
Wassergefäß

Surabaya, Museum Mpu Tantular
Bronze
H. 32 cm
Rengel, Tuban, Ost-Java
Bronze-Eisen-Zeit, 1. Jt. v. Chr.

Diese lebensnahe Wiedergabe eines Elefanten wurde im Inneren eines großen Kesselgongs (Durchmesser 93 cm) vom Typ Heger I entdeckt, der in Rengel bei Tuban an der Nordküste von Ost-Java gefunden wurde. Der Gong enthielt darüber hinaus einige Bronzeäxte, eine Lanzenspitze und einen Meißel.
Der erhobene Rüssel ist teilweise abgebrochen, das rechte Vorderbein ebenfalls beschädigt. Auch der Kesselgong erlitt beträchtlichen Schaden. Im einzigen Bericht über diesen verhältnismäßig jungen Fund (nach 1975) wird der Elefant als Statuette bezeichnet. Jedoch lassen sein hohler Körper und die Tatsache, daß der Schwanz zu einem gebogenen Griff umgeformt ist, wobei das andere Ende am Hinterkopf befestigt ist, vermuten, daß dieses Stück als Wassergefäß benutzt wurde, vielleicht zu zeremoniellen Zwecken. Außer den schmalen Öffnungen an beiden Enden des Griffs gibt es keine weitere Ein- bzw. Ausgußvorrichtung als die am Ende des Rüssels. Folglich konnte der hohle Körper des Elefanten nur gefüllt werden, indem er eingetaucht wurde. Im buddhistischen und hinduistischen Ritual scheint allein die Verwendung von Gefäßen mit nur einer großen Öffnung einen unerschöpflichen Vorrat von heiligem Wasser bedeutet zu haben.
Da Kesselgongs anscheinend häufig Tauschhandelsobjekte waren, wurden sie oft noch lange nach ihrer Herstellung eingesetzt; es ist deshalb möglich, daß der Kesselgong von Tuban und sein Inhalt in einer Zeit vergraben wurden, als bereits indisierte Staaten auf Java bestanden. Die naturnahe Modellierung dieses Elefanten unterscheidet sich allerdings von der eher stilisierten, ornamentalen Herangehensweise der indo-javanischen Bronzegießer, so daß eher von einer zeitlich früheren Einordnung auszugehen ist. J. F.

Lit.: Bintarti 1985, Tafel 1.

6

Stehender Buddha

Jakarta, Museum Nasional, Inv. Nr. 6057
Bronze
H. 75 cm
West-Sulawesi, Sikendeng
wohl 7. Jh.

Trotz der starken Beschädigungen hat diese zweitgrößte buddhistische Bronze, die je in Indonesien gefunden wurde, wenig von ihrer majestätischen Präsenz verloren. Die Falten des leichten Gewandes, das eng um den Körper geschlungen ist, zeichnen sich als dünne parallele Rillen ab. Bronze-Bilder des Buddha in der Tradition der Statuen von Amarawati (Andhra Pradesh, Indien) wurden an vielen Orten in Südostasien gefunden, von Dong Duong (Vietnam), Pong Tük (Thailand) bis nach Sulawesi und Java. Ein verbindendes Merkmal der Amarawati-Stile ist die lineare Behandlung der Gewandfalten, aber die Technik der Ausführung der Linien dieser Falten variiert bei den südostasiatischen Beispielen stark. Diese Unterschiede und dazu beachtliche Abweichungen in der Kopfform und der Körpermodellierung legen nahe, daß trotz einer allgemeinen Ähnlichkeit mit dem Amarawati-Stil die Gruppe der Statuen eher heterogenen Ursprungs mit unterschiedlichen Datierungen sein mag.
In der umfangreichen Literatur, die diesen Buddha-Bildnissen gewidmet ist, neigen die früheren Veröffentlichungen dazu, sie näher am originalen Amarawati-Stil der frühen Jahrhunderte unserer Zeitrechnung zu datieren, während Forscher in neuerer Zeit diese Statuen eher als Ableger und spätere Anlehnungen an die Amarawati-Schule sehen. Folglich haben unterschiedliche Ansichten zur stilistischen Abfolge zu stark unterschiedlichen Datierungen dieser Statuen geführt.
Obwohl die Ausführung des Faltenwurfs die Statue als ein Werk in der Amarawati-Tradition charakterisiert, sind die nächsten stilistischen Parallelen nicht in Indien selbst zu finden, sondern in der Schule von Anuradhapura in Sri Lanka. Bis zur Verlegung des Herrschaftssitzes nach Polonnaruwa im Jahre 1070 war Anuradhapura die Hauptstadt eines singhalesischen buddhistischen Königreiches. Insbesondere während ihrer formativen Epoche wurde die singhalesische buddhistische Skulptur von gängigen Stilen auf dem indischen Subkontinent stark beeinflußt. Der Stil, der mit Amarawati assoziiert wird, trug insbesondere zur Entstehung des Anuradhapura-Stils bei. Die geschwungene Haarlinie und insbesondere das Fehlen einer *urna* weisen auf die Bildhauer-Schule von Anuradhapura hin.
Die Statue wurde 1921 in Sikendeng gefunden, einem Dorf am Fuße eines Hügels oberhalb des Flusses Karama, nördlich von Mamuju an der Westküste von Sulawesi. Kurz nach der Entdeckung der Buddha-Statue führte der in Regierungsdiensten stehende Linguist A. A. Cense eine ausführliche Untersuchung des Fundes durch, ohne jedoch irgendwelche Siedlungsreste ausfindig machen zu können, bis auf ein Relikt aus prähistorischer Zeit. Im nahe gelegenen Wulu wurde eine Bronzeglocke mit einer *wajra*-Spitze südindischen Stils gefunden. Da Spuren eines Tempels oder überhaupt von Besiedlungsresten fehlen, haben einige Forscher die Bronze zu einem Importstück – vielleicht aus Sri Lanka – erklärt. In diesem Zusammenhang sei allerdings daran erinnert, daß entlang der Ostküste von Kalimantan, auf der gegenüberliegenden Seite der Makassar-Straße, eine beachtliche Anzahl von sowohl buddhistischen als auch shiwaitischen Überresten lokalisiert wurde. Dazu gehörte der große Buddha von Kota Bangun, der beim Brand in der Kolonialausstellung in Vincennes 1931 zerstört wurde.
Die getrennt gegossenen Hände waren in die Armstutzen der Statue eingelassen und mit Hilfe eines Stiftes befestigt. Aller Wahrscheinlichkeit nach war die rechte Hand in der Geste, die die Abwesenheit von Furcht symbolisiert, erhoben (Skt. *abhaya-mudra*), während die linke Hand einen Zipfel des Mönchsgewandes hielt. F. D. K. Bosch sah in diesem gußtechnischen Detail einen Hinweis darauf, daß die Statue lokal von Bronzegießern mit begrenzten technischen Fähigkeiten hergestellt worden sei. Dagegen gilt es zu bedenken, daß die ausgezeichnete Ausführung der Gewandfalten und der hoheitsvolle Gesichtsausdruck kaum auf eine schülerhafte Arbeit schließen lassen. Die Technik von getrennt gegossenen Armen wurde auf Java auch während des 8. und 9. Jahrhunderts angewandt. J. F.

Lit.: Bosch 1933; van Erp 1933a; JBG 2 (1934), 107; Blom 1953, 62–64; Dupont 1958–1959; AIA Nr. 22; *Koleksi Pilihan* 1, Nr. 17.

6057.

7
Inschriftenstein

Jakarta, Museum Nasional, Inv. Nr. 155
Stein
H. 157 cm, B. 148 cm, T. 20 cm
Telaga Batu, Palembang, Süd-Sumatra
7. Jh.

Auf dem von einer siebenköpfigen Schlange bekrönten, stelenartigen Stein ist die umfangreichste Inschrift Shriwijayas eingemeißelt. Sie gehört sicherlich zu den beeindruckendsten politischen Dokumenten des vormodernen Südostasien. Ihre ungewöhnliche Größe und äußere Erscheinung – sie ist 148 × 118 cm groß, wird von einer siebenhäuptigen Kobraschlange[1] überragt und steht auf einem Podest, dessen Mitte einen Wasserabfluß in Form einer *yoni* (Vagina) aufweist – erklären sich aus ihrer Funktion: Angehörige des Hofes, Fürsten und Häuptlinge des Reiches hatten das Wasser zu trinken, das beim Verlesen der Schwüre (bzw. der Selbstverfluchungen bei deren Nichteinhaltung) über die Inschrift gegossen wurde. Die Inschrift beginnt mit einer Liste von etwa zwei Dutzend verschiedenen Amtsträgern und Dienern, die von Kronprinzen über Häuptlinge, Heeresführer, Richter, Aufseher, Schlachter, Schiffskapitäne und Händler bis hin zu königlichen Wäschern und Sklaven reicht. Es folgt dann eine Aufzählung aller nur denkbaren Verbrechen gegen den Fürsten von Shriwijaya. Die Amtsträger und Diener hatten zu schwören, diese Verbrechen nicht zu begehen, andernfalls würden sie mit dem Tode bestraft. In einigen Fällen heißt es sogar ausdrücklich: »Du wirst durch den Schwur (bzw. Fluch – *mammam*) getötet werden, der von dir getrunken wurde.« Als besonders schweres Verbrechen galten Verschwörungen mit den Feinden Shriwijayas, um den Kraton, seine Schätze und »königlichen Frauen« *(bini haji)* auszuspionieren oder gar zerstören zu wollen. Nicht minder hart bestraft wurden alle Versuche, das Volk aufzuwiegeln oder gar durch Zauberei zum Wahnsinn zu treiben – eine offenbar sehr gefürchtete Gefahr, wenn man bedenkt, daß der Begriff »Amok laufen« der malaiischen Sprache entstammt. Besonders harte Strafen wurden Angehörigen des Hofes und der eigenen Familie des Fürsten angedroht, falls sie sich mit Feinden außerhalb des Reiches gegen den Fürsten Shriwijayas verbünden. In diesem Fall heißt es gar: »Du wirst zusammen mit deinen Kindern und Frauen verspeist *(nimakan)* werden!« Ob es sich hierbei um eine Androhung rituellen Kannibalismus handelt oder »nur« mit dem Tod durch die siebenköpfige Kobraschlange gedroht wird, ist unklar und in unserem Zusammenhang letztlich irrelevant. Anzunehmen ist dagegen, daß diese Form erzwungener Selbstverfluchung ihre Wirkung zumindest zeitweise nicht verfehlt haben dürfte! In der geschilderten Situation prekärer Vorherrschaft im eigenen Flußsystem und über seine Nachbarn bedurfte der Herrscher Shriwijayas offenbar dieses eigenwilligen neuen »Herrschaftsinstrumentes«, das er systematisch in seiner Hauptstadt und in den jüngst unterworfenen Außenregionen einsetzte. H. K.

[1] Bisweilen wird angenommen, daß der nun einmal genannte Name des Fürsten von Shriwijaya, Jayanasa, ein Schreibfehler für Jayanaga (»die Schlange des Sieges«) sei. Dieser Name würde die siebenhäuptige Kobraschlange der Inschrift erklären und den »Selbstverfluchungsschwüren« eine noch höhere Brisanz verleihen.

8
Stehender Buddha

Jakarta, Museum Nasional, Inv. Nr. 6023
Bronze
H. 37 cm (ohne Ösen)
Palembang, Sumatra
9.–10. Jh.

Der Buddha hebt seine rechte Hand in der Geste, die die Abwesenheit von Furcht symbolisiert (Skt. *abhaya-mudra*), während seine linke den Zipfel der Mönchsrobe hält, die beide Schultern bedeckt. Als Charakteristikum seiner Identität zeigt sich ein deutlicher Schädelauswuchs (Skt. *ushnisha*), doch fehlt das Stirnmal (Skt. *urna*). Zwei Ösen unter den Füßen weisen darauf hin, daß die Statue ehemals auf einem Sockel angebracht war.
Die Statue befindet sich im Einklang mit der Tradition Zentral-Javas, vertreten vor allem durch den Borobudur, auch darin, daß hier eine stehende Figur mit einer über beide Schultern drapierten Robe wiedergegeben wurde. Scheint sie ganz allgemein den Bronzestatuen Zentral-Javas nahezustehen, weisen doch die beiden Bodhisattwa-Statuen, mit denen sie zusammen ausgegraben wurde, Merkmale auf, die deren lokale Herstellung nahelegen (Kat. 9).
In den vergangenen Jahren hat ein erneutes Interesse speziell an Shriwijaya zur archäologischen Erforschung der Gegend in und um Palembang geführt, wird doch hier die Hauptstadt dieses maritimen Königreichs vermutet. Obwohl die Untersuchungen beträchtliche Mengen an Scherben chinesischer Keramik lieferten, wurde keine Entdeckung größerer buddhistischer Statuen gemacht, vergleichbar jener, die seinerzeit aus dem Komering-Fluß geborgen werden konnte.
Allerdings wurden zwei große buddhistische Steinstatuen in der Nähe gefunden, darunter eine monumentale Buddha-Skulptur von mehr als 3,3 m Höhe, und zwar am Berg Siguntang, die laut jüngster Studie von Nik Hassan Shuhaimi aus dem 7. bis 8. Jahrhundert stammen sollen. Die Gewandfalten und die Form des Kopfes weisen darauf hin, daß sie das Produkt einer Schule ist, die sich deutlich von der unterscheidet, die einst den bronzenen Buddha und die Bodhisattwas aus dem Komering-Fluß geschaffen hat. Die zweite Statue eines Bodhisattwa, auch aus Stein, ist 1,72 m hoch und weist allem Anschein nach singhalesische Einflüsse auf.
Berücksichtigt man die wenigen archäologischen Spuren, so ist es vielleicht nicht verwunderlich, gerade hier eine derartige Spannbreite stilistischer Unterschiede vorzufinden; so müssen diese nicht unbedingt darauf

hinweisen, daß die Statuen aus anderen Gebieten Indonesiens oder Südostasiens importiert worden waren, erwies sich doch, daß z. B. der monumentale Buddha am Berg Siguntang aus einem lokal gebrochenen Gestein skulptiert worden war, obwohl man bislang das Gegenteil angenommen hatte. J. F.

Lit.: OV 1930, 156, Tafel 45c; AIA 1931, Tafel 10; Schnitger 1937, Tafel 8; Bernet Kempers 1959, Tafel 174–176; AIA Nr. 24; Tokio 1980, Nr. 27; Suleiman 1981, 4.

9
Achtarmiger Awalokiteshwara

Jakarta, Museum Nasional, Inv. Nr. 6024
Bronze
H. 53 cm
Palembang, Sumatra
9.–10. Jh.

Diese Statue des Awalokiteshwara ist die größte dreier Bronzen, die im November 1930 aus dem Komering-Fluß in Palembang geborgen werden konnten, als ein Schwimmbagger sie zusammen mit der Bronzestatue eines stehenden Buddha (siehe Kat. 8) und einer sitzenden Maitreya-Figur vom Flußgrund an die Oberfläche brachte.
Von den acht Armen Awalokiteshwaras blieb nur einer erhalten. Während der Buddha derselben Gruppe einen Stil repräsentiert, der dem zentral-javanischer Statuen nahekommt, vertritt die vorliegende Bronze einen regionalen Stil, der vielleicht in Palembang eines seiner Zentren besaß. Sein ungewöhnlich hoher, aufwendiger Kopfschmuck, der an den Stil von Kurkihar erinnert, ist bei Statuen aus Zentral-Java nicht anzutreffen, dagegen findet sich eine direkte Parallele, wie Satyawati Suleiman herausgestellt hat, in Gestalt eines achtarmigen bronzenen Awalokiteshwara, der in Bidor, Perak, in Malaysia gefunden wurde. Letztere, weitaus besser erhalten, läßt die gleiche Behandlung des Haares erkennen, das in Flechten über die Schultern fällt, und des *dhoti* (Gewand), der von einem einzigen Gürtel gehalten wird. Allerdings ist hier noch ein Tigerfell über dem *dhoti* wiedergegeben, ganz in der Art, wie es auch bei dem Shiwa Mahadewa aus Tegal (siehe Kat. 51) belegt ist.
In Anbetracht der gut dokumentierten Herkunft dieses Awalokiteshwara aus einem Gebiet, das eng mit dem

Mandala oder *garbadhatu-mandala* bilden könnten. In diesem Mandala ist Wairocana die zentrale Figur. Der Vergleich zu japanischen Mandalas dieses Typs ergibt zwar viel interessante Parallelen, aber da keine vollständige Übereinstimmung zwischen den ikonographischen Programmen besteht, bleibt diese interessante Theorie unbewiesen. J. F.

Lit.: Juynboll 1909, 89–90 und pl. 12; Bernet Kempers 1933a, 28, 65–67; Bernet Kempers 1969, pl. 62; Chandra 1980; Singhal 1985; Amsterdam 1988, no. 24.

11 ▷
Hängelampe

Jakarta, Museum Nasional, Inv. Nr. 8319–8320
Bronze
H. 47,5 cm, B. 43 cm
Purwojati, Kretek, Wonosobo, Zentral-Java
wohl 8. Jh.

Zwei symmetrisch gebogene Stangen, die zusammen eine Juwel-Form *(ratna)* bilden, verbinden den *kala*-Kopf im oberen Teil mit der Basis für die Öllampe unten. Die Teile sind getrennt gegossen worden und werden durch Nieten zusammengehalten. Als die Lampe 1955 vom Archäologischen Dienst des Museums in Indonesien erworben wurde, bestand sie aus zwei Teilen. Der eigentliche Behälter für das Öl und den Docht fehlte bereits zu diesem Zeitpunkt. Er war einst auf der Basis in Form eines *kumbha* (Gefäß), von Flammen umgeben, angebracht. Der oberste Teil, an dem eine lange Kette befestigt war, hat die Gestalt eines fliegenden Garuda, der in seiner linken Hand eine Schlange hält. Dieser Garuda hat einen kurzen Schnabel und Menschenbeine. Das sind typische Merkmale für die Darstellungen des mythischen Vogels, die aus der ersten Hälfte der zentral-javanischen Periode stammen (siehe auch Kat. 61, 63).
Der bronzene Ölbehälter einer Lampe mit herzförmigen Bögen ist in der Sammlung des National Research Centre for Archaeology, Jakarta, erhalten geblieben. 1935 war in Gemutuk, am südlichen Abhang des Berges Slamet (nördliches Zentral-Java), eine Lampe gefunden worden, die der hier gezeigten in Form und Struktur sehr ähnlich ist. Eine kleine Keramikschale chinesischer Herkunft lag zerbrochen daneben. Es könnte also sein, daß die hier gezeigte Lampe ebenfalls mit einem aus einem anderen Material hergestellten Ölbehälter versehen war. Die Bögen der Lampe von Gemutuk (jetzt im Museum Nasional, Inv. Nr. 6622) schmücken zwei Vogelfiguren, die den *kala*-Kopf an der Spitze flankieren. Außerdem sind blätterförmige Verzierungen an den Enden der Krümmungen hinzugefügt worden. Das könnte auf den frühen Beginn einer stilistischen Entwicklung hindeuten, die schließlich die einfachen Bögen des hier ausgestellten Lampentyps in gewundenen, kordelartigen Bögen der Majapahit-Periode enden läßt.
Obwohl die Möglichkeit eines rituellen Gebrauches dieser Lampe nicht auszuschließen ist, kann nur ihre säkulare Funktion mit Sicherheit belegt werden. Zwei Bogenlampen von ähnlicher Form und Konstruktion sind auf einem Borobudur-Relief zu sehen. Dort sorgen sie für Licht in einem Palastraum, in dem eine Königin einen Prinzen zur Welt bringt. J. F.

Lit.: AIA Nr. 65. Gemutuk-Lampe: van Dapperen 1935, Abb. 9. Jakarta-Lampe: Soekatno 1981, Nr. 84.

12 ▷▷
Kandelaber

Yogyakarta, Sono Budoyo Museum
Bronze
H. 38 cm
Kretek, Wonosobo, Zentral-Java
8.–9. Jh.

Der dreiarmige Kandelaber trägt Lotusblüten als Ölbehälter. Der hohle, profilierte Schaft endet in einem Lotuskissen, über dem sich ein dreifach geschweifter Ring in Form eines Juwels erhebt (Skt. *ratna*). Daran sind die drei Lampenarme befestigt. Der mittlere vertikale, nach oben reichende Arm erweckt den Eindruck einer umgedrehten Säule, während die beiden Seitenarme der gewellten Form eines Lotusstengels oder Rhizoms mit schuppigen Blättern nachempfunden sind.
Bei den meisten javanischen Bronzelampen ist der Rand der Ölbehältnisse nach außen gewölbt, um eine Tülle zur Aufnahme des Dochtes zu formen. Im vorliegenden Fall besteht das Zentrum jedes Ölbehälters aus einem kleinen, hohlen und aufrechten Zylinder mit einem Spalt an

8319.

einer Seite. Er diente offensichtlich dazu, einen Docht in vertikaler Position zu halten, während das Öl durch den Spalt in den Docht gezogen wurde.
Diese ausgesprochen elegant wirkende Lampe erregte erst die Aufmerksamkeit der Forschung, als sie vor etwa achtzig Jahren in die Sammlung der hervorragenden Kennerin javanischer Kunst, A. J. Resink-Wilkens, gelangt war. Anscheinend bestanden seinerzeit jedoch einige Zweifel an ihrer Echtheit, denn zum Photo, das der Archäologische Dienst anfertigte, heißt es im Jahresbericht (Oudheidkundig Verslag, 1915, 74): »moderne Lampe mit antiken Motiven«.
Daß der Kandelaber mit seiner juwelförmigen Mitte und den drei Armen altjavanischen Ursprungs ist, steht heute außer Frage. Reliefdarstellungen an den Wänden der Cella der Nebentempel von Candi Sewu, Prambanan, belegen dies deutlich. Dort allerdings tragen die Lotusblüten Nischen, die einst Bronzestatuen statt Lampen aufnahmen. *Ratna*-förmige Aufsätze erscheinen auf mehreren Reliefs am Borobudur.
Die abweichende Patina der drei lotusförmigen Behälter könnte zwar den Verdacht nahelegen, daß es sich hierbei um moderne Restaurierungen handelt. Allerdings hätte ein Restaurator kaum die Dochthalter gefertigt, von denen kein weiteres Beispiel in der altjavanischen Kunst bekannt ist. Daß solche Möglichkeiten tatsächlich im alten Java existierten, läßt sich von zwei Lampen mit Armen ableiten, die in den *Karmawibhanga*-Reliefs am verborgenen Fuß des Borobudur (0.24 und 0.155) wiedergegeben sind (vgl. Zeichnung links). Beide Beispiele zeigen deutlich, daß die Flammen aus der Mitte des Ölbehältnisses aufsteigen und nicht aus der Seite, wie es für die übliche Art der Dochtanbringung typisch wäre. Die beiden Illustrationen alter Lampen lassen vermuten, daß der zentrale Lampenschaft auf einem Sockel gestanden hat und nicht auf einem Holzstock aufmontiert und in Prozession umhergetragen wurde, wie einige Forscher vermutet haben. Die beiden in Zeichnung abgebildeten Beispiele scheinen recht hoch gewesen zu sein, dürften fast die Größe eines Menschen gehabt haben und waren gewiß größer als die Lampe Kat. 12. Derart ausladend große Lampen mit vielen Brennstellen sind vielleicht in der Hauptcella von Candi Shiwa in Prambanan benutzt worden. Dort sind die Wände der Hauptcella mit sich wiederholenden, batikähnlichen Mustern in Flachrelief bedeckt, die in dem unbeleuchteten Raum, den nur durch die Türöffnung Tageslicht erreicht, kaum sichtbar sind. Viele andere Tempel einschließlich des Nandin-Tempels gegenüber dem Candi Shiwa weisen einfache Steinkonsolen auf, die aus den Wänden hervortreten, um als Basis für Lampen zu dienen. Am Candi Shiwa wollten die Architekten und Künstler anscheinend ihren eleganten Wanddekor nicht durch Konsolen verunzieren.
Während der Majapahitperiode (14.–15. Jahrhundert) wurden Bronzelampen häufig mit Motiven geschmückt, die dem Überirdischen verpflichtet waren. In der zentral-javanischen Epoche waren Lampen Objekte mit tiefer religiöser Bedeutung, denen Ehrerbietung zustand. Zwei Passagen im buddhistischen *Karmawibhanga*, die beide am Borobudur in Bilder umgesetzt wurden, verdeutlichen diesen Zusammenhang. Im fünften Abschnitt werden diejenigen, die die Lampen von *stupa* und Tempeln zerstören, zur Wiedergeburt als abstoßend häßliche Menschen verdammt, während der fünfundsiebzigste Abschnitt das Verdienst der Schenkung einer Lampe an den Tempel erwähnt. Zu den Belohnungen des Stifters im zukünftigen Leben gehören »unfehlbare Sehkraft, scharfe Einsicht und große Glückseligkeit«. J. F.

Lit.: OV 1915, 74; Stutterheim 19134b, insb. 184; van Erp 1943b, insb. 152 und Abb. 5; Bosch 1960, Tafel 38a; Bernet Kempers 1959, Tafel 177; Fontein 1989, 21–23 und 66–67.

13

Shri-Lakshmi, von zwei Elefanten flankiert

Yogyakarta, Museum Sono Bodoyo, Inv. Nr. 1304
Andesit
H. 47,5 cm, B. 169 cm
Zentral-Java
wohl 9. Jh.

Die Göttin des Glücks, Shri-Lakshmi, die Gattin Wishnus, sitzt mit gekreuzten Beinen in der *wirasana*-Pose gegen ein rundes Kissen gelehnt auf einem Lotusthron. Ihr Kopf wird von einem Nimbus umrahmt, Hinweis auf ihren überirdischen Status. In ihrer rechten erhobenen Hand hält sie eine von einem Juwel bekrönte Blüte des roten Lotus; auf der Handfläche ihrer linken, im Schoß ruhenden Hand liegt eine Blüte. Die Göttin wird flankiert von zwei Elefanten, die sie mit heiligem Wasser aus Gefäßen *(kendi)* besprengen, so als ob sie das Ritual einer Königsweihe vollzögen. Beide Elefanten tragen große Glocken, die an einem Halsband um ihren Nacken hängen. Auf ihrem Rücken ist jeweils ein Lotussockel mit einem großen Juwel befestigt.
Diese glücksverheißende Dreiheit diente einst als Türsturz zur Cella eines Tempels. Darüber befand sich ein *kala*-Motiv (Dämonenmaske); die seitlichen Dekorelemente sind Teil der Türrahmenverzierung, die das *kala*-Motiv oben mit dem *makara*-Paar (See-Ungeheuer) unten verband.
In Indien wurden früh schon Tempeleingänge mit Darstellungen der Shri-Lakshmi geschmückt. Die Architektur-Abhandlung *Manasara* (ca. 6. Jh. n. Chr.) enthält in der Tat Anweisungen an Tempelbaumeister, ein Bild der Shri über dem Eingang anzubringen. Diese Anweisung mag in Zentral-Java bekannt gewesen sein, wo die Eingänge mehrerer Tempel einschließlich jener von Loro Jonggrang mit Bildnissen dieser Gottheit bekrönt sind. Allerdings existiert nur ein einziges weiteres javanisches Beispiel einer Türsturzskulptur, die sie zwischen Elefanten zeigt, wiewohl diese Darstellung in Indien recht üblich ist. Die obere Hälfte des zweiten Sturzes dieses Typs liegt im Tempelareal von Candi Sajiwan bei Prambanan. Dort tragen die Elefanten auf ihren Rücken zwergenähnliche *kornak*, die ein Schwert (oder einen Stachel) in ihrer rechten erhobenen Hand halten. Unglücklicherweise hat die Skulptur zusätzlichen Schaden erlitten, nachdem sie erstmalig von Th. van Erp, wahrscheinlich um 1905, photographiert worden war. Die untere Hälfte des Sturzes mit den Körpern der Shri, der beiden Elefanten und zwei flankierenden Gottheiten wurde bislang nicht gefunden. Allerdings konnte bei den derzeitigen Rekonstruktionsarbeiten am Candi Sajiwan eine Platte mit einem *kala*-Motiv, die auf den oberen Teil paßt, mit diesem zusammengefügt werden.
Nach van Erp wurde der Türsturz 1902 in den Trüm-

mern von Candi Nagasari ausgegraben, einem von etwa einem Dutzend Tempeln in der Ebene von Sorogedug südlich von Ratu Boko, die völlig verschwunden sind. Reverend J. F. G. Brumund, der die Gegend um 1850 besuchte, vermerkte für Candi Nagasari lediglich einen von Strauchwerk bedeckten Schutthaufen. Dennoch zeigte er sich von der hohen künstlerischen Qualität der Steinmetzarbeiten beeindruckt, die er als »Kunstwerk von großem Wert, wie ich es noch nie zuvor gesehen habe« bezeichnet. In der zweiten Hälfte des 19. Jahrhunderts wurden fast alle Steine von Candi Nagasari und der anderen benachbarten Tempel als wohlfeiles Baumaterial für Zuckermühlen und Dämme verwendet.

In seinem Bericht über Candi Nagasari stellt Brumund einen großartigen *yoni*-Sockel heraus. Dieses Stück wurde später nach Tanjungtirta (bei Kalasan) transportiert und scheint von dort ins Museum Nasional in Jakarta (Inv. Nr. 1302) gelangt zu sein. Van Erp schien überzeugt, daß dieser *yoni*-Sockel von Candi Nagasari stammte. Bernet Kempers hingegen erwähnt Candi Krapyak, einen anderen der verschwundenen Tempel, als möglichen Herkunftsort. Frühe Berichte und Inventare legen die Vermutung nahe, daß *yoni*-Sockel von beiden Tempeln nach Tanjungtirta gebracht wurden. Allerdings spricht die auffallende stilistische Ähnlichkeit zwischen dem Dekor am *yoni*-Sockel und auf dem Türsturz zugunsten einer Herkunft von Candi Nagasari.

Das Vorhandensein eines *yoni*-Sockels in Candi Nagasari würde für ein Shiwa-Heiligtum sprechen, während Candi Sajiwan, wo der andere Shri-Lakshmi-Türsturz mit Elefanten gefunden wurde, definitiv buddhistisch ist. Daraus läßt sich schließen, daß man auf Java der indischen Tradition folgte und die Türeingänge sowohl hinduistischer wie buddhistischer Tempel mit Darstellungen der Göttin Shri schmückte. In buddhistischem Kontext bedeutet die Göttin zwischen zwei Elefanten die Darstellung der Königin Maya, die von Elefanten gebadet wurde, bevor sie den zukünftigen Buddha gebar.

Ein Bronzegefäß *(kendi)* von genau demselben Typus wie die von den Elefanten gehaltenen Gefäße wurde in Padang Lawas (Sumatra) gefunden. Eine 76 cm hohe Skulptur der Shri-Lakshmi zwischen Elefanten aus dem Dorf Mojowarno, Jombang, in Ost-Java, wurde von A. G. Vorderman im Jahre 1893 erwähnt und 1907 von Knebel inventarisiert. Der Verbleib ist unbekannt. J. F.

Lit.: Brumund 1854, 43; ROC 1902, Tafel 22, 158; ROC 1915, 44, Nr. 1304 (Verbeek, Nr. 327); Bosch 1919, Tafel 7; Krom 1926, Tafel 11 (*yoni*-Sockel) und Tafel 14a (Türsturz); Stutterheim 1926a, Abb. 16; Yogyakarta ca. 1934, 8, Nr. 7; van Erp 1943c; Bernet Kempers 1959, Tafel 161 (Türsturz) und Tafel 166 (*yoni*-Sockel); Brüssel 1977, Nr. 10. *Kendi*: van Erp 1939, 16, Abb. 4. Ost-javanische Shri-Lakshmi: Vorderman 1893, 495; Knebel 1907, 122, 142.

14

Relieffragment

Yogyakarta, Museum Sono Bodoyo, Inv. Nr. 5
Andesit
H. 37 cm, B. 40 cm
Zentral-Java
wohl 9. Jh.

Das in Hochrelief gearbeitete Fragment gehörte zum Wanddekor eines *candi* und stellt entweder eine Gottheit oder einen Bodhisattwa dar. Ein Teil des Nimbus und der hohe Kopfschmuck sind erhalten, die Ohrringe jedoch sind weggebrochen und das Attribut zur Linken – vielleicht die Spitze eines Fliegenwedels – kaum mehr zu erkennen.
Die Herkunft dieser bezaubernden Darstellung ist nicht verzeichnet, sie dürfte aber von einem der Tempel in der Nähe von Prambanan oder in der Ebene von Sorogedug stammen. J. F.

Lit.: Frédéric 1964, Tafel 173; AIA Nr. 11; Brüssel 1977, Nr. 41.

15
Statue des Buddha Amitabha

Jakarta, Museum Nasional, Inv. Nr. 226
Andesit
H. 106 cm
Candi Borobudur, Zentral-Java
wohl 9. Jh.

Der Buddha sitzt mit gekreuzten Beinen, die Augen geschlossen, tief in der Meditation versunken. Seine Hände hält er im Schoß in einer symbolischen meditativen Haltung (Skt. *dhyana-mudra*). Er ist in ein dünnes, durchscheinendes Mönchsgewand gekleidet; wie bei allen sitzenden Buddha-Figuren am Borobudur ist seine rechte Schulter bloß. In strenger Entsprechung zur Beschreibung von Buddhas Erscheinung in den kanonischen Texten sind die dicht nebeneinandergesetzten Haarlocken und die *urna* auf seiner Stirn im Uhrzeigersinn gedreht (Skt. *pradakshinawartakesha*). Langgezogene Ohrlöcher deuten auf das frühere Vorhandensein von Ohrgehängen hin, die einen Teil des Schmucks ausmachten, den der zukünftige Buddha ablegte, als er beschloß, den Weg zur höchsten Erleuchtung zu suchen. Auf dem Kopf erhebt sich der hervortretende Wulst (Skt. *ushnisha*), ein weiteres Körpermerkmal (Skt. *lakshana*) des Buddha. Während die recht fein ausgeformte Nase an indische Gupta-Vorbilder erinnert, weist das Gesicht im übrigen typisch javanische Züge auf, so daß die Statue weicher wirkt als viele ihrer indischen Vergleichsstücke.

Diese Skulptur ist eine von 504 Buddha-Statuen am buddhistischen Heiligtum Candi Borobudur (in der Nähe von Muntilan, Zentral-Java). Am Borobudur gelang es den Architekten, drei oder mehr verschiedene Konzepte in einer einzigen harmonischen architektonischen Schöpfung zu verschmelzen. Da ist zunächst der *stupa*, das Totenmonument für einen buddhistischen Heiligen, das den Triumph des *Nirwana* über die Kette der Wiedergeburten (Skt. *samsara*), der Wurzel allen Leidens, symbolisiert. Hinzu kommt die Vorstellung vom Berg Sumeru, der sich als kosmischer Berg aus dem Zentrum der Welt erhebt, um Himmel und Erde miteinander zu verbinden. Die Umsetzung dieser beiden Konzepte verbanden die Borobudur-Architekten mit der Anordnung von Buddha-Figuren, so daß insgesamt ein gewaltiges, dreidimensionales Mandala entstand.

Die 368 Buddha-Statuen, die in den Nischen oberhalb der ersten Balustrade sowie an den drei Hauptwänden der Borobudur-Terrassen plaziert sind, zeigen an jeder der vier Seiten des Monuments unterschiedliche symbolische Gesten (Skt. *mudra*). Sie entsprechen den Standardregeln der buddhistischen Ikonographie. Auf der Nordseite zeigen die Statuen die Handhaltung, die das Fehlen von Furcht symbolisiert (Skt. *abhaya-mudra*); auf der Ostseite die Handhaltung des Berührens der Erde (Skt. *bhumisparsha-mudra*); auf der Südseite die Handhaltung der Gunstgewährung (Skt. *wara-mudra*); und auf der Westseite die Meditationshaltung (Skt. *dhyana-mudra*).

Diese Handhaltungen identifizieren die Buddhas als Amoghasiddhi im Norden, Akshobhya im Osten, Ratnasambhawa im Süden und Amitabha im Westen. Die hier gezeigte Statue stellt den Buddha Amitabha dar und stammt von einer der 92 Nischen auf der Westseite des Monuments.
Im allgemeinen steht über diesen vier Richtungsbuddhas der Buddha Wairocana, dessen Hände die Geste des Drehens des Rades der Lehre (Skt. *dharmacakra-mudra*) annehmen. Alle 72 Buddhas, die von den durchbrochenen *stupa* auf der kreisförmigen Terrassse der oberen Borobudur-Ebenen umschlossen werden, zeigen diese *mudra*, und die Texte, die in den Reliefs der obersten Galerien des Borobudur illustriert sind, nämlich *Gandawyuha* und *Bhadracari*, scheinen den Betrachter auf den Eintritt in das Reich des Höchsten Buddha Wairocana vorzubereiten.
Jedoch zeigen alle 64 Buddhas in den Nischen oberhalb der vierten Hauptwand die Geste der Erklärung (Skt. *witarka-mudra*), und es herrscht in der Forschung keine Übereinstimmung darüber, welcher Buddha dargestellt ist. Da die an den Wänden illustrierten heiligen Texte keine Erklärung für diese offensichtliche Abweichung von der Standard-Ikonographie anbieten, sind andere Texte herangezogen worden, um diese Statuen zu identifizieren. Allerdings haben Bemühungen, diese Diskrepanzen mit Hilfe anderer Texte zu erklären – etwa des *Sang Hyang Kamahayanikan*, eines im alten Indonesien bekannten Textes, der frühestens aus dem 10. Jahrhundert stammen dürfte, oder des berühmten *Lotus des wahren Gesetzes* (Skt. *Saddharmapundarika-Sutra*) –, noch zu keiner vollkommen befriedigenden Lösung geführt. Möglicherweise hatte die *witarka-mudra* für die Javaner eine andere Bedeutung. Das System der Borobudur-Buddhas könnte also eine indonesische Variante des allgemeinen Systems sein und nicht auf den Texten basieren, die uns überliefert sind.
Mehr als zweihundert der Buddha-Statuen vom Borobudur haben ihre Köpfe verloren. Während der Restaurierung des Borobudur unter der Leitung der UNESCO hat man versucht, fünfzig dieser Köpfe, die in ganz Indonesien sowie im Ausland verstreut sind, den Körpern *in situ* anzupassen, aber das Computerprogramm, das für diesen Zweck entworfen wurde, erbrachte nur begrenzte Ergebnisse. J. F.

Lit.: AIA Nr. 3; Brüssel 1977, Nr. 25c. Zu den Buddhas vom Borobudur: Krom 1927; Mus 1935, 351; Stutterheim 1956b, 33–90; van Lohuizen-de Leeuw 1965; Fontein 1966; de Jong 1974; Bernet Kempers 1976, 159–171; Khandelwal 1977; Boeles 1985.

16
Statue des Buddha Maitreya

Jakarta, Museum Nasional, Inv. Nr. 248c/5269
Andesit
H. 112 cm, B. 63 cm
Candi Plaosan, Zentral-Java
9. Jh.

Vor der zum reich verzierten Nimbus ausgearbeiteten Rückenplatte – ein Blütenband und stilisierte Flammen bilden den Rahmen – sitzt mit unverschränkten Unterschenkeln (*paryanka*, »um der Schoß herum«) eine männliche Gestalt. Die rechte Hand vollzieht die Geste der Wunschgewährung, die Linke umfaßt den Stengel eines blauen Lotus *(utpala)*, der vom sowohl in buddhistischem wie hinduistischem Kontext allgegenwärtigen rosa Lotus (*Nelumbium* sp. W.) zu unterscheiden ist, wenngleich auch beide zu den Nymphäaceen zählen (vgl. Kat. 26). Die Lotusblüte erscheint abgesetzt unter einem blühenden Zweig des »Naga«-Baumes *(Mesua ferrea)*.
Diese Pflanze und das Abbild eines *stupa*, Symbol und Mal der Buddha-Lehre, bilden typische Attribute des Buddha Maitreya, der als künftiger Buddha 5000 Jahre nach dem Erscheinen des historischen Buddha Gautama Shakyamuni die bis dahin vergessene Lehre der Welt erneut offenbaren soll.
Der künftige Buddha Maitreya (der Gütige) wird im Unterschied zum historischen Buddha, der dem Kriegeradel *(kshatriya)* entstammte, in eine Brahmanenfamilie (Priesterstand) hineingeboren werden. Dieser Zeit harrt er in Gestalt des Bodhisattwa Natha Maitreya im Tushita-Himmel, dem Aufenthaltsort »der freudigen Götter«, entgegen. Daher auch seine hochrangige Ausstattung mit Kopfzier, Kollier, Armschmuck und üppigen Ohrgehängen. Die Erleuchtung wird ihm unter einem Naga-Baum zuteil werden. Der *stupa* spielt in diesem Zusammenhang auf die Wiederaufnahme der echten Lehrtradition des Buddha Gautama an. Die Zukunftsvision verbindet sich also mit einer Besinnung auf die Anfänge: Auf Buddha Maitreya wird bereits in den ältesten buddhistischen Quellen verwiesen.
Die Herkunftsangabe Plaosan für die Statue Kat. 16 sollte wohl im Zusammenhang mit einer Inschrift vom gleichen Ort aus der Mitte des 9. Jahrhunderts gesehen werden. Darin wird ein buddhistisches Heiligtum erwähnt, das speziell von Besuchern aus »Gurjaradesha«, womit offensichtlich Bewohner von Gujerat in Indien gemeint sind, häufig aufgesucht wurde. I. M. N./E. E.

Lit.: Java und Bali 1980; Schumann 1993; Klokke 1993, 101.

17
Sitzender Buddha

Jakarta, Museum Nasional, Inv. Nr. 588
Bronze mit Gold- und Silbereinlagen
H. 17 cm
Ampel, Solo, Zentral-Java
9. Jh.

Der Buddha, dessen Thron und Sockel heute verloren sind, sitzt in der sogenannten westlichen Haltung (Skt. *pralambapada*), die rechte Hand im Gestus der Erklärung (Skt. *witarka-mudra*) erhoben; seine Linke im Schoß hält den Zipfel des Mönchsgewandes. Die *urna* und die Unterlippe sind mit Gold, die Augen mit Silber eingelegt. Die Handhaltung des Buddha ist eigentlich für stehende Buddha-Figuren typisch, und dies nicht nur in den verschiedenen Regionen des indonesischen Archipels, sondern auch in anderen südostasiatischen Ländern. Deutlich sind indische Einflüsse auszumachen: Liegende Statuen weisen durch die eingelegten Augen und die Lippe nach Bengalen und Bihar, während der spitze Schädelwulst (Skt. *ushnisha*) an das Gebiet von Negapatam in Südindien denken läßt. Haltung und Form des Körpers entsprechen weitgehend der vergoldeten Bronzefigur eines sitzenden Buddha, der aus Sidorejo nahe Cilacap in Zentral-Java stammt und sich heute im Museum Nasional Jakarta befindet (Inv. Nr. 8242). Ähnlichkeiten ergeben sich auch zu dem vergoldeten Bronze-Buddha im Museum of Fine Arts in Boston. Allerdings zeigen sich bei diesen beiden genannten Bronzen darüber hinaus deutlich fremde Aspekte, so daß die Möglichkeit eines Importes dieser Statuen von außerhalb Javas nicht außer acht gelassen werden kann. Bei dem sitzenden Buddha aus Jakarta scheinen diese unterschiedlichen Einflüsse souverän verarbeitet und angepaßt worden zu sein. Damit ergibt sich ein Datierungshinweis auf die erste Hälfte des 9. Jahrhunderts, als dieser Prozeß der Anpassung seine Vollendung erreicht hatte. J. F.

Lit.: Groeneveldt 1887, 172; ROC 1912, 13; Brüssel 1977, Nr. 32.

18
Stehender Awalokiteshwara

Jakarta, Museum Nasional, Inv. Nr. 7515 a
Bronze mit Gold- und Silbereinlagen
H. 42 cm
Angeblich aus Sragen, Zentral-Java
Zweite Hälfte 9. Jh.

Vollkommen geradansichtig steht Awalokiteshwara auf einem doppelten Lotussockel mit quadratischem Postament. Er erhebt seine rechte Hand in der furchtabwehrenden *(abhaya-mudra)*, die linke Hand in der erklärenden Geste *(witarka-mudra)*. Der durchbrochen gearbeitete Nimbus weist oben einen stilisierten *kala*-Kopf (Monsterkopf) und an den unteren Enden zwei stilisierte Fisch-Elefanten *(makara)* auf; das Oval des Nimbus besteht aus einem flach reliefierten Band und ist mit abwechselnd runden und rechteckigen Formen verziert. Dieses Muster weisen gelegentlich Steinskulpturen von Nalanda auf, abgeleitet ist es mit aller Wahrscheinlichkeit von früher gemusterten Bändern, die abwechselnd Blüten und Samengefäße wiedergeben. In Java können diese Bänder exakt datiert werden aufgrund des Beispiels der Stele von Talaga Tañjung (Museum Nasional Jakarta, Inv. Nr. D 20), die auf das Shaka-Jahr 783 (861 n. Chr.) datiert ist. Das vereinfachte spätere Muster mit geometrischen Formen wie bei dieser Bronzestatue des Awalokiteshwara erscheint auch in den Nimben der Steinstatuen von Candi Plaosan.

Zwischen den Füßen des Awalokiteshwara erscheint eine Lotusknospe aus dem Lotussockel. Dasselbe Ornament wiederholt sich in dem sorgfältig ausgearbeiteten Kopfschmuck, der von einer kleinen Figur des Buddha Amitabha bekrönt wird. Ein abnehmbarer Baldachin, der abgebrochen war, als das Stück ins Museum in Jakarta gelangte, ist inzwischen restauriert worden.

Unterlippe und *urna* sind mit Gold eingelegt, die Augen mit Silber. Die Verwendung eingelegter Edelmetalle auf Lippen, Augen und *urna* ist typisch für die Bronzewerkstätten von Bihar. Die häufige Anwendung dieser Technik auf Java für buddhistische wie shiwaitische Statuen bestätigt den starken und weitverbreiteten Einfluß der Bronzebilder aus Nordindien (s. Kat. 17, 25). Der durchbrochene Nimbus ist ein weiteres Kennzeichen von Bronzen aus Nalanda und Kurkihar, das stilisierte *kala-makara*-Motiv dagegen muß als typisch javanisch gelten und läßt keinen Zweifel an der ursprünglichen Herkunft der Bronze Kat. 18 aus Zentral-Java. J. F.

Lit.: AIA Nr. 28; JBG 9 (1941–1947), 98, pl. 3; Brüssel 1977, Nr. 46.

19
Statuette des Buddha

Jakarta, Museum Nasional, Inv. Nr. 9010
Bronze, vergoldet
H. 24 cm, B. 7,2 cm
Manyargading, Jepara, Zentral-Java
7.–8. Jh.

Der Buddha steht aufrecht auf einem Lotuskissen, das zerbrochen und teilweise verlorengegangen ist. In seinem dicht gelockten Haar hebt sich der im Vergleich zu seiner Kopfgröße kleine Wulst ab. Auch das Kennzeichen der gelängten Ohrläppchen ist vorhanden. Seine rechte Hand vor dem Körper bildet die *witarka-mudra*[1], eine Geste, die anzeigt, daß er lehrt. Währenddessen hält seine linke Hand eine Schale.[2] Sein Gewand bedeckt beide Schultern und reicht bis zur Mitte der Waden. Es umhüllt auch Vorder- und Rückseite seines Körpers. An seinen Fußknöcheln sind die Enden einer Hose oder wahrscheinlich eines *dhoti* zu sehen. Seine Füße sind fast parallel nach vorne gerichtet. Unter ihnen befindet sich ein zerbrochenes Lotuskissen, von dem nur ein kleines Stück des oberen Teils erhalten geblieben ist. Zwei lange Ösen – unter dem Fragment des Kissens sichtbar – sind unter den Fußflächen angebracht. Sie dienen der Unterstützung der Standfestigkeit der Statuette auf dem Kissen. Auf der Rückseite der Statuette, unterhalb des Nackens, befinden sich zwei Ösen, die, eine über der anderen, horizontal angebracht sind. Diese Ösen hielten einen Schirm, der jetzt fehlt.

Die Darstellung des Buddha mit einem Gewand, das beide Schultern bedeckt, ist typisch für die Zeit vom 6. bis zum frühen 8. Jahrhundert. Danach wurde Buddha gewöhnlich so dargestellt, daß eine Schulter von seinem Gewand bedeckt war und seine rechte Schulter frei blieb. Die Statuette Kat. 19 kann verglichen werden mit einer Buddha-Steinstatue von unbekannter Herkunft, die sich in der Sammlung des Museum Nasional Jakarta (Nr. 233a) befindet und auf das 7. Jahrhundert datiert wird. Eine sehr ähnliche Statue mit einer *witarkamudra* der rechten Hand hält eine kleine Schale in der linken. Sie wurde in Kota Bangun, Kalimantan, gefunden. Der Unterschied liegt im Gewand, das nur die linke Schulter des Buddha bedeckt.[3] W. M.

1 Nach Fontein (et al.) 1971, 148, ist es die *abhaya-mudra*.
2 Nach Fontein (et. al.) 1971 eine Almosenschale.
3 Bernet Kempers 1959, Tafel 97, 49.

20a, b, c
Triade mit den Bildnissen Buddhas sowie der Bodhisattwa Wajrapani und Lokeshwara

Privatsammlung
Silber
H. 15,2 cm sowie 10,8 cm und 10,7 cm
Zentral-Java
9. Jh.

Der Buddha ist in der sog. europäischen Sitzhaltung, *pralambapada*, auf einem rechteckigen Thron mit durchbrochener Rückenlehne dargestellt. Er hat die rechte Hand erhoben mit nach außen weisender Handfläche, also im Gestus der *abhaya-mudra*, der »fürchtet Euch nicht« bedeutet. Die Linke ruht in der meditativen Haltung, *dhyana-mudra*, auf dem Schoß, während die Füße auf ein kleines Lotuskissen vor dem Thron aufgesetzt sind. Die Mönchskutte über der linken Schulter folgt im übrigen den Konturen des Körpers, wie bei den meisten Buddha-Figuren dieser Periode. Das Bildnis strahlt insgesamt eine ebenso große Ruhe und Einfachheit aus wie die berühmten steinernen Skulpturen des Candi Mendut, und auch die Ikonographie stimmt überein.
Ausgehend von der Anordnung im Tempel von Mendut, sollte das Bildnis des Lokeshwara rechts neben Buddha, links von diesem dann der Bodhisattwa Wajrapani plaziert werden. Der Lokeshwara nimmt die *ardhaparyanka* ein, indem er auf einem ovalen Lotuskissen sitzt und sein rechter Fuß auf einem Lotus ruht, der aus dem Sockel »herausgewachsen« ist. Seine Rechte zeigt sich im Gestus des *wara-mudra*, der schenkenden Haltung, indem sie sich zum Betrachter hin auf dem Knie aufliegend öffnet. Die Linke scheint einen Lotusstengel zu halten, und in

26
Der jugendliche Bodhisattwa Mañjushri

Jakarta, Museum Nasional, Inv. Nr. 5899
Silber
H. 29 cm
Ngemplak Semongan, Zentral-Java
Frühes 10. Jh.

Diese in jeder Weise vollendete Statue wurde im Oktober 1927 von einem Bauern im Dorf Ngemplak Semongan, südwestlich von Semarang (Zentral-Java), gefunden. Sie besteht aus massivem Silber von 92 Prozent Reinheit und wiegt mehr als 8 Kilogramm.
Der Bodhisattwa sitzt in entspannter Pose (Skt. *lalitasana*), die rechte Hand ruht in der wunschgewährenden Geste (Skt. *wara-mudra*) auf seinem rechten Knie. Die erhobene linke Hand hält den Stengel eines blauen Lotus (Skt. *utpala*). Auf den spitzen Blütenblättern liegt ein Buch. Die Mitte der auffälligen Halskette bildet ein rechteckiges Amulett, zu dem zwei nach außen gebogene Tigerzähne gehören. Die übrigen Anhänger der Kette haben teilweise die Form von Tigerklauen (Skt. *wyaghra-nakha*). Den Unterkörper bekleidet ein Tuch mit floralem Dekor, in der Hüfte von einem Gürtel mit verzierter Schnalle gehalten. Das Haar ist bis auf drei lange Haarsträhnen (Skt. *tricira*) geschoren. Die mittlere Strähne wird auf der Kopfspitze von einer Spange zusammengehalten, deren Vorderseite mit einem Schmuck in Dreiecksform verziert ist. Die anderen beiden Strähnen – wie Widderhörner gebogen – fallen hinter den Ohren auf die Schultern herab. Kopfschmuck, Halskette, das Attribut und die Gestik der Hände charakterisieren diese einzigartige Skulptur als eine Darstellung des Bodhisattwa Mañjushri, der häufig in jugendlicher Erscheinung (Skt. *kumara-bhuta*) abgebildet wurde. Die Halskette mit Tigerzähnen und -klauen sollte Knaben magischen Schutz verleihen. Diese Tradition indischen Ursprungs scheint in Indonesien bis in die moderne Zeit hinein fortbestanden zu haben. Noch zu Beginn dieses Jahrhunderts trugen Kinder in Aceh (Nord-Sumatra) Halsketten mit Tigerklauen-Amuletten.
Die Statue wurde in strenger Entsprechung zu den geläufigen ikonographischen Regeln des ostindischen Pala-Königreichs angefertigt und erinnert an Bronze-Statuen von Nalanda und Kurkihar. Von den wenigen erhaltenen Beispielen indischer Skulpturen aus Edelmetallen sei der silberne Wishnu aus Triwikrama, der in Wikramapura (Indisches Museum, Kalkutta) gefunden wurde und aus der Verfallszeit des Pala-Sena-Königreiches (ca. 12. Jh.) stammen mag, genannt. In dieser Skulptur zeigt sich auch, daß Statuen aus Edelmetallen nur bei den besten Künstlern in Auftrag gegeben wurden. Außer diesem späteren Beispiel allerdings ist nichts Vergleichbares in Indien erhalten geblieben, und es wurden auch keine Prototypen in Bronze mit Pala-Herkunft gefunden, die als Modell für dieses Meisterwerk des Silbergusses gedient haben könnten. So läßt sich deshalb auch nicht mit Sicherheit behaupten, dieses Bildnis des Mañjushri sei aus Indien importiert worden, wie gelegentlich vorgeschlagen wurde.
In der Schlinge, mit der die Statue ursprünglich auf ihrem heute verlorenen Thron oder Sockel befestigt war (eine ähnliche Schlinge befindet sich am rechten Fuß), wurde ein Silberblatt mit dem Text des buddhistischen »Glaubensbekenntnisses« in früher *Nagari*-Schrift (manchmal auch *Siddham* genannt) gefunden: »Von allen Phänomenen, die einer Ursache entspringen, hat der Tathagata (Buddha) deren Ursache und Ende bedeutet. Dies ist die Lehre des großen Asketen.« Aller Wahrscheinlichkeit nach stammt es aus dem frühen 10. Jahrhundert. Unglücklicherweise ist dieses Dokument erst neuerlich verlorengegangen.

J. F.

Lit.: Bosch 1929b; Rawson 1967, Abb. 197; Brüssel 1977, Nr. 42; *Koleksi Pilihan* 1, Nr. 29. Der Wishnu aus Wikramapura: Huntington 1985, 413 und Abb. 18–33. Aceh-Halsketten: Veltman 1904, 341–380, Tafel VII, Nr. 17; Djajadiningrat 1934, 510.

Entsprechend der Form und Größe ihrer Lotussockel können die Statuetten in drei Gruppen eingeteilt werden. Obwohl es offensichtlich ist, daß Form und Größe mit der Stellung der Figuren variieren, könnten sie zugleich einen Hinweis auf die Abschnitte des Mandala, in dem jede einzelne dieser Figuren plaziert sein sollte, geben. J. F.

Lit.: Soenarto 1980; Sedyawati 1989a; Chandra und Singhal 1989; Mallmann 1975, 405, 409; Vira und Chandra 1967; Krom 1913; Bosch 1961c.

A
Wajraraga

Inv. Nr. BG 132 (ehemals 111402)
Bronze; H. 5,9 cm

Wajraraga, Bodhisattwa der Liebe, gehört zu den sechzehn Wajrabodhisattwa, die die vier Tathagata (Jinas) in den vier Schreinen umgeben, die wiederum den zentralen Schrein des Wairocana einfassen. Wajraraga, mit Pfeil und Bogen bewaffnet, gehört zur Wajra-Familie und nimmt den Platz südlich des Jina Akshobhya im Ost-Schrein des Mandala der Diamantsphäre ein. J. F.

Lit.: Soenarto 1980, Abb. 4.11; Chandra und Singhal 1989, 4, Nr. 9.

B
Wajraraksa

Inv. Nr. BG 124 (ehemals 1405)
Bronze; H. 5,9 cm

Diese Gottheit scheint zu applaudieren und könnte deshalb den Wajrabodhisattwa Wajrasadhu darstellen, der gewöhnlich seine Zustimmung *(sadhu)* durch Händeklatschen gibt. Die Haltung der Hände könnte jedoch auch dahingehend gedeutet werden, daß sie einst ein jetzt fehlendes Attribut hielten.
Wajraraksa ist einer der sechzehn Wajrabodhisattwa und einer der vier in der Karma-Familie, die den Jina Amoghasiddhi im Nordschrein des Mandala der Diamantsphäre umgeben. J. F.

Lit.: Soenarto 1980, Abb. 4.9; Chandra und Singhal 1989, 6, Nr. 42 (Fehlinterpretation als Wajragarbha).

C
Wajrakarma (?)

Inv. Nr. BG 136 (ehemals 1394)
Bronze; H. 5,5 cm

Der Bodhisattwa hält einen vierfachen *wajra* (Skt. *wishwawajra*) in der rechten, vor die Brust gehobenen Hand, während ein *khatwanga*, an dem eine Glocke befestigt ist, aufrecht in der linken Handfläche ruht und gegen die Schulter gelehnt ist. *Wishwawajra* und Glocke sind die Attribute von Wajrakarma, einem der sechzehn Wajrabodhisattwa und einer der vier Figuren der Karma-Familie, die den Jina Amoghasiddhi umgeben.
Im Wairocana-Mandala, das als Durgatiparishodhana bekannt ist, gibt es zwei weibliche Gottheiten, Wajraduti und Wajrakali, die beide mit einem *wajra* in der rechten Hand und einem *khatwanga* in der linken gezeigt werden. Möglicherweise ist eine dieser Gottheiten hier dargestellt. J. F.

Lit.: Soenarto 1980, Abb. 4.12; Mallmann 1975, 405, 409.

D
Wajrabhasa (?)

Inv. Nr. BG 140 (ehemals 1410)
Bronze; H. 5,8 cm

Der Bodhisattwa hält einen *stupa* in der rechten, auf seinem rechten Oberschenkel ruhenden Hand. In einigen japanischen Mandalas wird ein Wajrabodhisattwa, der ein *stupa*-förmiges Attribut in der rechten Hand hält, als Wajrabhasa identifiziert. Als einer der sechzehn Wajrabodhisattwa ist Wajrabhasa eine der vier Figuren der Lotus-Familie, die den Jina Amitabha im Westschrein des Mandala der Diamentsphäre umgeben. J. F.

E
Wajradhupa, Göttin des Weihrauchs

Inv. Nr. BG 139 (ehemals 1409)
Bronze; H. 6 cm

Dhupa hält einen Weihrauchbrenner mit langem Griff in ihrer linken Hand. Als eine der Göttinnen der Opfergaben (Skt. *puja*) ist sie eine der vier Göttinnen des äußeren Kreises und hat ihren Platz in der Südostecke des

J

M

B

G

R

P

L

E

Q

Quadrats, das die fünf Schreine des Mandala der Diamantsphäre umschließt. J. F.

Lit.: Soenarto 1980, Abb. 4.1.

F
Wajraloka oder Wajradipa, Göttin der Lampe

Inv. Nr. BG 126 (ehemals 1396)
Bronze; H. 5,6 cm

In der linken, im Schoß liegenden Hand hält die Göttin einen Gegenstand, der wie eine kleine Lampe aussieht, deren Licht sie mit ihrer rechten Hand abschirmt.
Wajraloka oder Wajradipa, die Göttin der Lampe, ist eine der vier Göttinnen der Opfergaben des äußeren Kreises und hat ihre Position in der Nordwestecke des Quadrats, das die fünf Schreine des Mandala der Diamantsphäre umschließt. J. F.

Lit.: Soenarto 1980, Abb. 4.6; Krom 1913, Abb. 23; Bosch 1961, Tafel IIIC; Chandra und Singhal 1989, 7, Nr. 48.

G
Wamsha, Göttin der Flöte

Inv. Nr. BG 137 (ehemals 1407)
Bronze; H. 5,8 cm

Die Göttin der Flöte (Skt. *wamsha*) ist eine der vier himmlischen Musikerinnen. Sie ist dargestellt, wie sie Querflöte spielt.
Die vier Musikerinnen erscheinen in mehreren Mandalas. Jedoch im Mandala der Diamantsphäre scheinen die ersten drei von ihnen nicht aufzutauchen, obwohl alle vier unter den Surocolo-Bronzen dargestellt sind. J. F.

Lit.: Soenarto 1980, Abb. 4.4.

H
Mukunda, Göttin der Trommel

Inv. Nr. BG 133 (ehemals 1403)
Bronze; H. 4,8 cm

Mukunda und *muraja* sind die Namen zweier verschiedener Trommelarten, und die Göttinnen, die diese Instrumente spielen, tragen deren Namen. Beide gehören zu den vier himmlischen Musikerinnen. Mukunda hält eine sanduhrförmige Trommel in ihrer linken Hand und schlägt sie mit der rechten. J. F.

Lit.: Soenarto 1980, Abb. 4.3.

I
Muraja, Göttin der Trommel

Inv. Nr. BG 135 (nicht in Soenarto)
Bronze; H. 5,4 cm

Muraja ist eine kleinere Trommelart, die dem indischen *tabla* ähnelt. Drei dieser Trommeln sind vor der sitzenden Göttin aufgestellt. Die Bedeutung der Geste ihrer Hände ist unklar; sie stellt vielleicht eine Tanzgeste dar. Muraja ist eine aus der Gruppe der vier himmlischen Musikerinnen, die im Surocolo-Mandala dargestellt sind. J. F.

J
Wajragiti, Göttin des Gesangs

Inv. Nr. BG 138 (ehemals 1408)
Bronze; H. 5,8 cm

Die Göttin des Gesangs begleitet sich selbst auf der Harfe (Skt. *wina*) mit sieben Wirbeln. Harfen, wie sie auf den Reliefs von Borobudur und Jalatunda abgebildet sind, haben zehn bzw. sieben Wirbel. Gita oder Wajragiti ist eine der acht Göttinnen der Opfergaben und eine der vier, die im Inneren des Kreises der fünf Schreine des Mandala der Diamantsphäre ihren Platz haben. Sie nimmt den Nordwestabschnitt des Kreises ein.
Wajragiti wird normalerweise von Wajralashi, Wajramala und Wajranrtya begleitet. In einigen Mandala-Typen wurden diese Göttinnen durch die vier himmlischen Musikerinnen Wamsha, Mukunda, Muraja und Wina ersetzt. Da die ersten drei dieser Gruppe im Surocolo-Fund dargestellt sind, ist es möglich, daß die Göttin des Gesangs, die sich selbst auf der *wina* begleitet, in Wirklichkeit die Göttin Wina ist, die vierte Göttin dieser Gruppe.
Unter den publizierten Mandala-Typen gibt es nur eines, in dem beide Gruppen von Göttinnen zusammen erscheinen. Dies ist das Wajrasattwa-Mandala entsprechend

C

K

A

I

N

D

F

H

O

dem *Samputa-tantra*.[1] Allerdings enthält dieses Mandala viele mehrarmige Figuren und folgt offensichtlich einer anderen ikonographischen Tradition. J. F.

[1] Raghu Vira und Lokesh Chandra 1967, Vol. 12, Nr. 3.

Lit.: Soenarto 1980, Abb. 4.5; Krom 1913, Abb. 37; Bosch 1961c, Tafel IIb.

K
Shukarasya, die göttliche Sau (?)

Inv. Nr. BG 130 (ehemals 1400)
Bronze; H. 7,9 cm

Der Kopf dieser weiblichen Gottheit, die in *pratyalidha*-Haltung steht, ist eindeutig der einer Sau. Sie hält ihre linke Hand auf ihrer Brust und hält einen *wajra*; die erhobene rechte Hand hat ihr Attribut verloren. Shukarasya ist eine aus der Gruppe der vier weiblichen Wächter, die die vier Tore des Mandala bewachen. Die anderen drei haben den Kopf einer Stute (Hayasya), einer Löwin (Simhasya) und eines Hundes (Swanasya). In anderen Mandalas erfüllen Wajrankusha und drei andere männliche Gottheiten oder Wajrankushi und drei andere weibliche Gottheiten die gleiche Aufgabe.
Obwohl die Identifizierung als Shukarasya plausibel ist, ist es auch möglich, daß die Statuette Wajrawarahi oder Wajramukhi darstellt, eines der zwanzig göttlichen Wesen des äußeren Quadrates. J. F.

Lit.: Soenarto 1980, Abb. 5.2.

L
Hayasya, die göttliche Stute (?)

Inv. Nr. BG 128 (ehemals 1398)
Bronze; H. 8,2 cm

Die Göttin in *alidha*-Pose hält einen Elefantenhaken (Skt. *ankusha*) in der rechten Hand und einen Eberkopf in der linken. Edi Sedyawati bezeichnet diese Statuette als die pferdeköpfige Hayasya. Allerdings ähnelt der Kopf mit seinen großen Hauern eher dem eines Schweines, und da Shukarasya, die göttliche Sau (siehe Kat. 28 K), angeblich einen Schädelbecher hält, würde der abgetrennte Eberkopf ein passender Ersatz sein für solch ein Attribut, das von einer eberköpfigen Gottheit gehalten wird. J. F.

Lit.: Soenarto 1980, Abb. 5.1.

M
Wächterfigur (?)

Inv. Nr. BG 127 (ehemals 1397)
Bronze; H. 7,9 cm

Diese weibliche Gottheit steht in *pratyalidha*-Haltung, die ausgestreckte linke Hand hält ein beschädigtes Attribut, vielleicht einen Dolch, während die rechte einen *wajra* umschließt. J. F.

Lit.: Soenarto 1980, Abb. 5.3.

N
Winayaka mit Pfeil und Bogen (?)

Inv. Nr. BG 144 (ehemals 1417)
Bronze; H. 8,2 cm

Die Gottheit steht in *pratyalidha*-Haltung mit gespanntem Bogen. Von ihrer linken Hand, die den Bogen hält, hängen vier abgetrennte Köpfe herab, an ihren Haaren gehalten. Unter den zwanzig göttlichen Wesen, die das äußere Quadrat des Mandala der Harten Sphäre in Japan bewachen, wird eine Gottheit mit Pfeil und Bogen »Winayaka mit Pfeil und Bogen« genannt. Manchmal ist sie mit einem Eberkopf dargestellt. J. F.

Lit.: Soenarto 1980, Abb. 5.5.

O
Wajrasphota (?)

Inv. Nr. BG 129 (ehemals 1399)
Bronze mit Silberkette; H. 7,6 cm

Die Gottheit steht mit gespreizten und gebeugten Beinen in der Haltung, die *mandala* genannt wird. In ihrer linken Hand hält sie einen Spiegel oder die Sonnenscheibe, an der einige Glieder einer Kette, einzeln gegossen und wahrscheinlich aus Silber, befestigt sind. Edi Sedyawati bezeichnet diese Figur als Wajrasphota, die Göttin der Kette, die eine der vier Wächter der Tore des Mandala der Diamantsphäre ist.
Bisher gibt es jedoch kein publiziertes Mandala, bei dem die vier weiblichen Wächter zusammen mit den vier tierköpfigen erscheinen. Da die Kette eine Hinzufügung zur Statue zu sein scheint, bleibt die Identifizierung unsicher.

Japanische Mandalas weisen Figuren mit Sonnen- oder Mondscheibe auf, dazu gehören Candraprabha und Narayana. Die Identität dieser Figur bleibt deshalb unbestimmt. J. F.

Lit.: Soenarto 1980, Abb. 5.4.

P
Wajranrtya, Göttin des überschwenglichen Tanzes

Inv. Nr. BG 131 (ehemals 1401)
Bronze; H. 7,9 cm

Die Göttin balanciert auf ihrem rechten gebeugten Bein auf einem kleinen runden Lotussockel, während das linke Bein mit ausgestrecktem Fuß diagonal in die Höhe gereckt ist. Es wäre verlockend, diese elegante und lebendige Statuette als eine Darstellung der Göttin (Wajra-)Nrtya zu identifizieren, deren Tanz nach Marie-Thérèse de Mallmann von »überschwenglichem Stil« ist. Sie ist eine der vier Göttinnen des inneren Kreises und im Nordostabschnitt des Kreises plaziert.
Japanische Mandalas porträtieren die Göttin in sitzender Position, wobei ihre Arme Tanzgesten zeigen. Dieser platzgebundene Tanz erinnerte Stutterheim an den balinesischen *kebyar*, doch dabei handelt es sich um eine moderne Kreation, die nichts mit dem Tanz der Mandalas zu tun hat. J. F.

Lit.: Soenarto 1980, Abb. 5.6.

Q
Wajralashi (?)

Inv. Nr. BG 134 (ehemals 1404)
Bronze; H. 8,9 cm

Die Göttin steht mit rechtem gebeugtem Bein und der linken Hand auf der Hüfte ruhend. Eine Lotuspflanze windet sich am geraden linken Bein entlang, leicht durch die linke Hand, kreuzt den Rücken und taucht auf der rechten Schulter wieder auf, wo sie von der erhobenen rechten Hand umfaßt wird. Als einzige weitere Figur, die auf einen kleinen runden Lotus gestellt ist, scheint sie das Gegenstück von Wajranrtya (Kat. 28 P) zu sein und personifiziert vielleicht Wajralashi, die Göttin des langsamen Tanzes. Die Göttin nimmt den südöstlichen Abschnitt des Kreises ein, der die fünf Schreine des Mandala der Diamantsphäre umgibt. J. F.

Lit.: Soenarto 1980, Abb. 5.7.

R
Wajrasattwa (?)

Inv. Nr. BG 122 (ehemals 1392)
Bronze; H. 10,2 cm

Der Bodhisattwa sitzt in *sattwaparyanka* auf einem doppelblättrigen Lotusthron. Die linke Hand ruht auf dem Oberschenkel, und die rechte ist vor die Brust gehoben, womit er die Haltung des Wajrasattwa einnimmt. Allerdings sind die üblichen Attribute, *wajra* und Glocke *(ghanta)*, nicht mehr zu erkennen.
Obwohl das Surocolo-Mandala wahrscheinlich einst auch größere Statuen als die meisten der in diesem Schatz gefundenen Stücke umfaßte, machen technische wie auch stilistische Unterschiede es unwahrscheinlich, daß diese größere Figur Bestandteil der Reihe war. Da Wajrasattwa in *sattwaparyanka* einer der sechzehn Wajrabodhisattwa ist, würde man eine Figur dieser Gottheit kleiner erwarten, von ähnlicher Größe wie die übrigen Wajrabodhisattwa. J. F.

Lit.: Soenarto 1980, Abb. 2.1.

29
Meditierender Mönch

Prambanan, Museum, Suaka Peninggalan Sejarah & Purbakala, Jateng
Andesit
H. 106 cm
Candi Plaosan, Zentral-Java
Mitte 9. Jh.

Zwei Statuen tief in Kontemplation versunkener Mönche und zwei Köpfe – aller Wahrscheinlichkeit nach ursprünglich ähnlichen Statuen zugehörig – kommen vermutlich aus der Gegend des Dorfes Prambanan mit den beiden großen buddhistischen Heiligtümern Candi Sewu und Candi Plaosan. Ein Kopf im Museum Nasional zu Jakarta, der sich ehemals in der Kläring-Sammlung befand, soll aus Candi Sewu stammen, während ein anderer, der ebenfalls im Museum Nasional aufbewahrt wird (Inv. Nr. 1330), in Candi Plaosan gefunden wurde. Alle vier stellen Mönche mit geschorenen Köpfen und langen Ohrläppchen dar, so daß die Vermutung naheliegt, in ihnen Prinzen oder Adlige zu erkennen, die sich ihres persönlichen Schmucks nach Ablegung des Gelübdes entledigt haben. Die hier ausgestellte Statue ist als einzige völlig intakt auf uns gekommen und zeigt einen sitzenden Mönch in meditativer Haltung mit gekreuzten Beinen, sein Kopf erscheint leicht geneigt, und seine Hände hält er im Schoß in der symbolischen Meditationsgeste *(dhyana-mudra)*. Die dünne Mönchsrobe läßt seine rechte Schulter frei.

Die subtilen Unterschiede in Gesichtsform und -ausdruck lassen vermuten, daß diese Statuen nicht nur einen Typ oder eine Klasse von Menschen darstellen, sondern daß sie lebende Personen zu porträtieren versuchten. Im buddhistischen Kontext, in dem diese Statuen aufgefunden wurden, sind Porträts höchstwahrscheinlich Wiedergaben der Stifter.

Der buddhistische Tempelkomplex von Candi Plaosan besteht aus einem Paar zweistöckiger Hauptgebäude *(wihara)* in einem rechteckigen Hof, der von drei Reihen von Nebengebäuden umgeben ist. Die innere Reihe wie auch die Gebäude an den vier Ecken sind kleine Tempel. Alle anderen Bauten sind *stupa*. Nach der großen Anzahl von Kurzinschriften zu schließen, die auf Blöcken der Nebengebäude eingraviert erhalten blieben, wurde der Komplex Plaosan durch die großzügige Hilfe zahlreicher Würdenträger und des Königs selbst errichtet.

An den Wänden der zwei Hauptgebäude sind in Hochrelief Gestalten eingemeißelt, die aller Wahrscheinlichkeit nach die Stifter dieser *wihara* darstellen. Stifter als Individuen festzuhalten und so eine Aufzeichnung ihrer verdienstvollen Taten zu bewahren ist ein alter buddhistischer Brauch; dennoch sind nur in Candi Plaosan auf Java so viele Namen und Titel festgehalten worden. Dieses Umfeld, wo dem persönlichen Verdienst so vieler einzelner Stifter derartige Aufmerksamkeit zuteil wurde, war wohl auch für die Porträtskulpturen verantwortlich, sei es als Relief oder rundplastisch. J. F.

Lit.: AIA Nr. 5; Brüssel 1977, Nr. 54; Mainz 1980, Nr. 10. Candi Plaosan: de Casparis 1958; Bernet Kempers 1959, Tafel 132; Damais 1968. Köpfe von Candi Sewu: Krom 1912; Krom 1926, Tafel 6; Bosch und Le Roux 1931, 666; Bernet Kempers 1959, Tafel 134; Rowland 1967, Tafel 190.

30

Kupferplatte mit Darstellung der Hariti mit ihrem Sohn Priyankara

Leiden, Kern Institut, zur Verwahrung im Rijksmuseum voor Volkenkunde, Inv. Nr. B–79–I
H. 37,5 cm, B. 17 cm
wohl aus Cebongan, Zentral-Java
8.–9. Jh.

Die Kupferplatte zeigt in klaren, einfachen Linien das Bildnis einer Frauengestalt mit Kind, zusammen mit einer buddhistischen Gebetsformel *(dharani)* in Sanskrit. Obwohl die ungeordnete Frisur der Mutter sie als Dämonin charakterisiert, beugt sie sich doch liebevoll herunter, um ihr Kind anzuschauen und mit einer zärtlichen Geste ihrer rechten Hand zu liebkosen.

Die Inschrift auf der Platte, zum ersten Mal von Stutterheim gelesen, aber später von Lokesh Chandra korrekt interpretiert, identifiziert die Mutter als Hariti (eine, die stiehlt), eine kinderverschlingende Menschenfresserin, die von dem Buddha Shakyamuni selbst zum Buddhismus bekehrt worden war und von jener Zeit an die Beschützerin aller Kinder wurde. Die indische Ikonographie-Monographie *Nispannayogawali* (frühes 12. Jahrhundert) schreibt vor, daß Hariti zusammen mit ihrem Sohn abgebildet werden sollte. Aller Wahrscheinlichkeit nach ist sie hier mit ihrem Lieblingssohn Priyankara, dem jüngsten ihrer fünfhundert Kinder, dargestellt. In der Inschrift wird die Göttin als »sie, deren Schoß ein Blitz- und-Donner-Kind trägt« angerufen, d. h. ein Kind, das trotz der hohen Säuglingssterblichkeit jener frühen Zeit überleben konnte. Eine Legende erzählt, wie Hariti als Menschenfresserin die fünfhundert Kinder einer Stadt verschlang. Eine andere Überlieferung, die man offensichtlich in Zentral-Java kannte, behauptet, daß Hariti fünfhundert Söhne hatte, die alle gesund und stark waren. Am Candi Mendut, in der Nähe von Borobudur, bewachen Hariti und der *yaksha* Atawaka, ein weiteres menschenfressendes Ungeheuer, das zum Buddhismus bekehrt und somit Vegetarier wurde, den Eingang zur Cella des Tempels, umgeben von ihren Kindern. Ähnliche, heute fast völlig zerstörte Reliefs verzierten einst den Eingang zum restaurierten Candi Banyunibo, in der Nähe von Ratu Boko (Prambanan, Zentral-Java).
Die Gravur von Hariti und ihrem Sohn Priyankara ist das einzige erhaltene Exemplar einer figürlich verzierten buddhistischen Formel *dharani* aus Zentral-Java. Coomaraswamy hat zu Recht darauf hingewiesen, daß »diese eindrucksvolle Darstellung wenigstens eine Vorstellung vom Stil der Wandmalereien, die einmal existiert haben müssen, gibt«.
Obwohl der genaue Herkunftsort dieser gut erhaltenen Kupferplatte nicht bekannt ist, wurde schon 1915 berichtet, daß das Stück aus der Sammlung von G. Dom stammt. Dieser lebte in Cebongan in der Nähe von Sleman, Yogyakarta, und sammelte alte javanische Skulpturen aus dieser Gegend. Nicht weit entfernt liegt Batang, wo 1914 ein Hort von fünfundzwanzig buddhistischen Bronzefiguren entdeckt worden war. J. F.

Lit.: ROC 1914, 60–61; Stutterheim 1926c, Abb. 58; Stutterheim 1956a; Coomaraswamy 1965, 209; Chandra 1977, 466–471; Amsterdam 1988, Nr. 64. Mendut-Reliefs: Bernet Kempers 1959, Tafeln 56–57. Banyunibo-Reliefs: OV 1941–1947, 42–44, Abb. 8, 10–20.

31
Tempelglocke

Yogyakarta, Museum Sono Bodoyo
Versilberte (?) Bronze
H. 58,5 cm
Candi Kalasan, Zentral-Java
wohl 9. Jh.

Diese größte je in Indonesien gefundene Tempelglocke wurde in der Nähe von Tanjung Tirta, westlich von Candi Kalasan (Zentral-Java) im November 1927 freigelegt, als die Einführung einer neuen Zuckerrohrsorte ein tieferes Pflügen erforderte. Ein ganz in der Nähe gefundener chinesischer Krug enthielt eine Eisenkette, an der die Glocke offensichtlich einstmals befestigt war.
Die *stupa*-förmige Glocke ruht auf einem doppelten Lotuskissen, das auf einem massigen Wulst aufliegt. Ein reich dekoriertes zentrales Band mit Antefixen unterstreicht die Ähnlichkeit der Glocke mit dem zentralen *stupa* von Borobudur. Perlenbänder mit Papageien hängen in Schwüngen von diesem Band herab. Dieses Girlanden- und Vogelmotiv kommt im zentral-javanischen Architekturdekor häufig vor. Hier allerdings hat der Bronzegießer geschickt Monotonie vermieden, indem er die Papageien in unterschiedlichen lebensnahen Posen zeigt.
Ein zweites doppeltes Lotuskissen auf der Glockenspitze dient als Sockel für einen kauernden Löwen. Den Bauch zu Boden gepreßt, hebt der brüllende Löwe mit weit geöffnetem Maul seine Vorderpranken. Die Glocke hing an einem schweren Ring auf dem Rücken des Löwen. Löwen auf Glocken werden meist in aufgerichteter oder sich aufbäumender Haltung wiedergegeben. Hier mag die kauernde Haltung des Tieres von dem beträchtlichen Gewicht der Glocke bestimmt worden sein, die Unterstützung erforderte. Die ohne Klöppel gegossene Glocke wurde, wie die meisten buddhistischen Tempelglocken in Süd- und Ostasien, mit einem Schlegel oder Holzhammer zum Tönen gebracht.
Im Löwenmotiv der Spitze fließen gleich mehrere buddhistische Assoziationen zusammen: Der historische Buddha galt als Löwe des Shakya-Klans, und das Brüllen des Löwen ist eine Metapher für die erste Rede, die Botschaft Buddhas an die Welt. Auch das Gähnen des Löwen (Skt. *simhawijrmbhita*) wird manchmal als eine Metapher für das erleuchtete Verhalten von Bodhisattwas und Heiligen verwendet. Beim Schlagen der Glocke gingen diese symbolischen Botschaften an die Welt.
Obwohl in Zentral- und Ost-Java viele Glocken gefunden wurden, ist kein weiteres Beispiel von dieser Größe und Gußqualität bekannt. Eines der Reliefs am verborgenen Fuß von Borobudor (0.131) zeigt die Übergabe einer noch größeren Glocke an einen Tempel. Die Begleitanweisung an den Bildhauer, die über der Paneele eingemeißelt ist, lautet *ghanta*, das Sanskrit-Wort für Glocken anscheinend beliebiger Größe.
Die Bronzeglocke weist eine silbrige Patina auf, aber bis heute wurden keine Untersuchungen durchgeführt, um herauszufinden, ob dieser silbrige Glanz das Ergebnis eines hohen Silbergehaltes der Legierung ist, eines auf der Bronzeoberfläche angebrachten Belages oder eines anderen technischen Verfahrens.
Candi Kalasan gehört zu den wenigen zentral-javanischen Tempeln, deren Zeitstellung genau bekannt ist. Eine in der Nähe gefundene Inschrift berichtet von der Gründung eines der Tara geweihten Tempels im Jahr 700 der Shaka-Zeitrechnung (778) an einem Ort namens Kalasa. Das jetzige Bauwerk stammt aus einer späteren Zeit und ist das Ergebnis mehrerer einschneidender Veränderungen des ursprünglichen Baus. Obgleich man diese großartige Glocke gern mit dem Kloster in Verbindung brächte, das ehemals zu Candi Kalasan gehörte, erbrachten Ausgrabungen in der unmittelbaren Nachbarschaft der Fundstelle keine stützenden Beweise dafür. Man nimmt an, daß sich das Kloster südlich des Tempels befand.

J. F.

Lit.: OV 1927, 105–106; OV 1928, 87–88; Bosch 1929a; Bosch 1929b; Sono Budoyo 1934, Nr. 41; Bernet Kempers 1959, Tafel 109; Sono Budoyo 1982–1983, 21, Nr. 2.

36
Fünf Münzen

Jakarta, Museum Nasional, Inv. Nr. 8918
Gold
L. 0,7 cm, B. 0,6 cm
Plosokuning, Wonoboyo, Jogonalan, Klaten, Zentral-Java
wohl 9./10. Jh.

Der Fund von Wonoboyo enthält 6396 Goldmünzen und ungefähr 600 Silbermünzen. Sie wurden in einem olivgrünen Gefäß der Tang-Zeit gefunden.
Das Gewicht der Goldmünzen liegt zwischen 2,2 und 2,6 g. Ihre Form ist der einer leicht abgeflachten Diskusscheibe ähnlich, und sie sind mit geprägten, sich gegenüberliegenden Mustern verziert. Die Vorderseite ist gestempelt mit dem Dewanagari-Zeichen »ta« für *tahil*, obwohl das Gewicht der Münze 1 *masa* beträgt (1 *tahil* = 16 *masa*). Durch die von Jan Wisseman Christie[1] vorgenommene Klassifizierung der Münzen stellte sich heraus, daß der Goldschmied mindestens acht oder mehr Formen oder Münzstempel benutzt hat, um sie zu prägen. Dieser Typ Goldmünzen wird »piloncito« genannt. Soweit bekannt, wurde die älteste Goldmünze im Königreich von Mataram (in der Nähe von Yogyakarta) im späten 8. oder frühen 9. Jahrhundert geprägt. Diese Auffassung basiert auf einer Inschrift, die sich am Fuße eines silbernen Ehrenschirmes befindet und die auf 843 datiert ist.[2]

W. M.

1 Christie Wissemann (1995) im Druck.
2 Prasasti Sucen I, Buchari, 1985/86, 203.

37
Fünf Münzen

Jakarta, Museum Nasional, Inv. Nr. 8919
Silber
Dm. 0,12–0,15 cm
Plosokuning, Wonoboyo, Jogonalan, Klaten, Zentral-Java
wohl 9./10. Jh.

Die auf einer Seite konkav gewölbten Silbermünzen wurden in einem bronzenen Behälter gefunden. Insgesamt enthielt dieses Gefäß neben Objekten aus anderem Material – u. a. Bergkristall, das Fragment einer Kupferplatte – 600 solcher Münzen. Dazu gehören auch die *atak* genannten Doppelstücke.
Die Silbermünzen sind mit dem gestempelten Dewanagari-Zeichen »ma« auf der Vorderseite und einer »Sandel-

holzblüte« auf der Kehrseite verziert. Silbermünzen wurden in Java häufiger benutzt als Goldmünzen.
Es zeigte sich, daß die Münzen aus der Sammlung, die in Wonoboyo gefunden wurde, über den Zeitraum eines Jahrhunderts hergestellt worden sind, nämlich in der Zeit vom frühen 9. Jahrhundert – was durch das Zeichen »ma« auf einigen der Silbermünzen deutlich wurde – bis zum Jahre 929. Die Goldmünzen innerhalb dieser Periode bleiben einheitlich. W. M.

38
Griff einer Waffe

Jakarta, Museum Nasional, Inv. Nr. 8967
Gold, Stein
L. 20 cm, Dm. 2,6 cm
Plosokuning, Wonoboyo, Jogonalan, Klaten, Zentral-Java
Frühes 10. Jh.

Dieses bogenförmig geschwungene Objekt stellt das Fragment eines Waffengriffes dar, wobei an eine dolchartige Stichwaffe zu denken wäre, aber auch ein Messer könnte ergänzt werden. Sowohl die Klinge wie eine Spitze am oberen Ende des Griffs fehlen.
Ornamente in Gestalt floraler Wellenranken bilden den Dekor, unterteilt in Längsrichtung durch mit Kügelchen verzierte Streifen. Das Goldblech ist wohl zunächst im Verfahren der »verlorenen Form« gegossen und später der Untergrund ausgestanzt worden. Anscheinend wurden zwei Goldbleche hergestellt, die man durch eine Naht mit Goldfäden zusammenfügte und dem steinernen Kern anpaßte. W. M.

39
Tasche

Jakarta, Museum Nasional, Inv. Nr. 8916
Gold
H. 9,2 cm, B. 10 cm, T. 2,3 cm; Deckel: B. 10,2 cm, H. 2,4 cm; L. des Trägerbandes: 85,5 cm
Plosokuning, Wonoboyo, Jogonalan, Klaten, Zentral-Java
Frühes 10. Jh.

Die Tasche ist rechteckig und hat einen ebenfalls rechteckigen Deckel, der genau auf den Körper paßt. Mit Hilfe einer Öse auf jeder Seite ist der Deckel an der Tasche befestigt, und durch die Ösen läuft das Trägerband, eine goldene Kordel, die aus feinen Strängen von Golddraht geflochten ist. Mit einer Breite von 9,3 cm ist der untere Bereich der Tasche etwas schmaler als der obere.
Mit Ausnahme des Bodens sind alle Seiten der Tasche mit Ziselierungen in Form von Schnörkeln und floralen Motiven verziert. Auf einer Seite ist zusätzlich zu dem Basisdekor ein geflügeltes Schneckengehäuse *(shankha)* abgebildet. Der *shankha* wiederum befindet sich zwischen einem Schwert *(khadga)* auf der linken und einer Keule *(gada)* auf der rechten Seite. Auf drei Seiten ist als markantes Dekorelement je eine Lotusblume dargestellt, die aus einer vierten entspringt, welche unter dem geflügelten *shankha* plaziert ist. Auf der gegenüberliegenden Seite befindet sich ein Rad *(cakra)* mit Flammendekor an seinen Seiten. Es ist zwischen einem Bogen *(dhanu)* auf der linken und einem Schirm *(cattra)* auf der rechten Seite angeordnet. Diese Verzierungen sind über drei Lotusblumen arrangiert, deren Stiele aus einer vierten Lotusblume entspringen, welche unterhalb des *cakra* plaziert ist.
Während Schneckengehäuse, Keule, Rad und Lotus sich als Attribute dem Gott Wishnu zuordnen lassen, scheinen Schwert (Waffe des Bodhisattwa Mañjushri), Rad (der buddhistischen Lehre), Bogen (als Sinnbild für die Treffsicherheit der Intelligenz) und der Schirm (Symbol für den Sieg der Lehre des Buddha) eher dem Bereich des Buddhismus zuzugehören.
In der Tasche könnten Schriften bzw. heilige Texte beider Religionen aufgewahrt worden sein: des Hinduismus wie des Buddhismus, die ohnehin in Indonesien nie scharf getrennt wurden.

W. M. / E. E.

40
Fünf Ornamente eines Diadems

Jakarta, Museum Nasional, Inv. Nr. 8883
Gold
H. 13,8–15,5 cm, B. 10,5–11,5 cm
Plosokuning, Wonoboyo, Jogonalan, Klaten, Zentral-Java
Frühes 10. Jh.

Die fünf Ornamente in Form von Blättern, von denen eines größer ist als die übrigen, waren Bestandteil eines Diadems. Die Blattform ist dreieckig mit geschwungenen Rändern. Alle Blätter sind mit ähnlichen Reliefs von floralen Motiven dekoriert. In der Mitte eines jeden Blattes befindet sich eine Blume mit vier Blütenblättern, die von insgesamt drei konzentrischen Kreisen erhabener Punkte eingerahmt wird. Die Freiräume zwischen den Kreisen sind mit Dreiecks- und Schnörkel-Motiven verziert, während die Freiräume außerhalb der Kreise mit Reliefs von floralen Motiven ausgefüllt sind. Ein etwa 4 mm breiter Bereich an den Rändern der Objekte ist nicht dekoriert.
Auf der Rückseite des großen Blattes sind im unteren Bereich fünf ringförmige Ösen angebracht, zwei weitere befinden sich an den Seiten und eine Öse an der Spitze des Objekts. Die größte Öse ist in der Mitte angenietet. Alle Ösen sind horizontal angeordnet. Die kleineren Blätter tragen an denselben Stellen Ösen in Ringform, lediglich die Ösen eines Blattes sind schmale, gebogene Bänder, die an beiden Seiten angelötet wurden.
Vermutlich hat man die Blätter durch Hämmern des Goldblechs hergestellt. Die Reliefs sind in kombinierter Technik durch Ziselieren und Klopfen entstanden. Möglicherweise erreichte man die Formen der Reliefs durch Pressen des Goldblechs auf einem vorgeformten Kalkstein.
Mit Hilfe von Fäden wurden diese Objekte an einem Stirnband befestigt, wobei das größte Blatt sich vorne in der Mitte befand, während die kleineren Blätter an den Seiten angebracht waren. Die Verwendung solcher Diademe ist an verschiedenen Statuen von männlichen und weiblichen Gottheiten zu erkennen. W. M.

41
Zwei Paar Schnurgewichte

Jakarta, Museum Nasional, Inv. Nr. 8901 und 8911
Gold
H. 4 cm, Dm. 3,8 cm; H. 1,7 cm, Dm. 1,3 cm
Plosokuning, Wonoboyo, Jogonalan, Klaten, Zentral-Java
Frühes 10. Jh.

Die Gewichte bestehen aus drei übereinandergesetzten und miteinander verbundenen Ringen verschiedener Größen. Auf einer Seite befindet sich eine Längsöffnung.

Die äußeren Seiten eines Ringpaares sind mit eingeritzten Parallellinien verziert, die an eine Schnur erinnern. Das andere Paar ist nicht dekoriert.
Diese Objekte wurden verwendet, um Kordeln zu beschweren, mit denen ein Gewand in der Taille festgehalten wurde. Die beiden Enden der Kordel werden verknotet und hängen herab. Über den Knoten konnten solche Gewichte angebracht werden, indem man die Kordel einfach durch die Längsöffnung einführte.
Derartige Kordeln sind noch immer bei den *warok* von Ponorogo, Ost-Java, in Gebrauch, von denen man sagt, sie könnten die Schnurenden als Waffen verwenden. Mit den Gewichten am Ende seien die Kordeln tödliche Waffen.[1] Bisweilen verwenden sie Gewichte im langen, geflochtenen Haar und können einen Gegner durch geschickte Kopfbewegungen kampfunfähig machen.
Der Gedanke, diese Objekte als Schnurgewichte zu bestimmen, geht auf ein spanisches Gemälde aus dem letzten Jahrhundert zurück, auf dem eine Person von den Philippinen in traditioneller Kleidung abgebildet ist. Zu der Kleidung gehören auch Schnurgewichte, die diesen Objekten ähnlich sind.[2] W. M./H. C.

1 Die *warok* von Ost-Java sind Männer, denen man große Meisterschaft in der indonesischen Kampfkunst Pencak Silat nachsagt.
2 Persönliche Information von Nancy Tingley, Kuratorin des Los Angeles County Museum.

42
Halsband (?)

Jakarta, Museum Nasional, Inv. Nr. 9007
Gold
Dm. 29 cm, H. 2,5 cm
Plosokuning, Wonoboyo, Jogonalan, Klaten, Zentral-Java
Frühes 10. Jh.

Dieses Halsband, aus einer Goldblechplatte hergestellt, ist rund und hat einen leicht ausgestellten unteren Rand.

Der mittlere Bereich ist breiter als der Rest, der obere Rand in diesem Bereich läuft spitz zu. Am oberen Rand befindet sich eine Dekorreihe aus dreieckigen *tumpal*-Motiven, darunter eine Reihe runder Ornamente. Der untere Bereich ist mit nach unten weisenden Lotusblättern verziert. An beiden Enden sind Ösen aus Golddraht angelötet.
Ursprünglich war dieses Halsband wohl rückwärtig durch eine Bronzeplatte verstärkt. Diese Annahme stützt sich auf die Beobachtung, daß viele der Objekte des Wonoboyo-Schatzes im rückwärtigen Bereich eine solche Verstärkung aufweisen. An den Enden des Halsbandes sind Spuren einer gebogenen Goldplatte erkennbar, die die Bronzeplatte gehalten hat. Der Raum zwischen Gold und Bronze war ursprünglich mit feinem Ton angefüllt, um eine Veränderung der Form zu verhindern. Der Ton und die Bronzeverstärkung fehlen heute.
Man hielt dieses Schmuckstück zunächst für die Fußspange eines Elefanten. Im alten Java wurden Elefanten für Zeremonien geschmückt, und zu ihrem Schmuck zählten unter anderem Fußspangen. Bei genauerer Betrachtung solcher Fußspangen auf Tempelreliefs fällt jedoch auf, daß diese zylindrischer waren und eher die Form eines Armreifs hatten.[1] Andererseits erinnert die Form dieses Objekts deutlich an zeitgenössische Halsbänder aus Bali und Aceh. Doch auch diese Zuordnung ist nicht zweifelsfrei, denn während diese modernen Halsringe flach sind, ist das hier gezeigte Halsband konkav.

W. M.

[1] Vgl. Bernet Kempers 1959, pl. 80; Gupta 1983, pl. 4.

43
Halskette

Jakarta, Museum Nasional, Inv. Nr. 8874
Gold
Anhänger: L. 2,5–5,5 cm, B. 1,4–2,5 cm
Plosokuning, Wonoboyo, Jogonalan, Klaten, Zentral-Java
Frühes 10. Jh.

Diese Halskette besteht aus einem Strang von 30 kleineren Anhängern und einem größeren Hauptanhänger. Die Anhänger haben unterschiedliche Größen und eine blattähnliche Form, oben geschwungen und flach an der Basis. Die Oberfläche des geschwungenen Bereichs ist plastisch mit floralen Motiven verziert. Auf dem größeren »Blatt« besteht der Dekor aus dreieckigen Formen, die mit floralen Motiven angefüllt sind. Am Ende, nahe den dreieckigen Ornamenten, befindet sich eine Reihe von runden Objekten, und auf der Spitze ist ein langes Rechteck angebracht, das die Schnur hält. Der vordere Teil des Rechtecks ist mit einem Relief mit Schnörkel-Motiven dekoriert.
Der Hauptanhänger ist eine Kombination von zwei »Blättern«, hat ein spitzes Ende und ist mit Reliefs floraler Motive verziert.
Die Form der Anhänger konnte als Nachahmung des Samens einer Frucht identifiziert werden; es handelt sich um die Pflanze *koro pedang* oder Schwertbohne (*Canavalia ensiformia* (L.) D. C.).[1] Diese zur Familie der Leguminosen zählende Hülsenfrucht ist in den Tropen als Kulturpflanze verbreitet. Eßbar sind nicht nur die jungen Hülsen, sondern vor allem die Samen gelten gekocht als Delikatesse.

W. M.

[1] OPTOM, Seameo, Biotrop Bogon (Kulturpflanzen Indonesiens), 1991, 67, no. 314.

44
Halskette

Jakarta, Museum Nasional, Inv. Nr. 8879
Gold, Ton
Anhänger: L. 5–5,5 cm, B. 1 cm
Plosokuning, Wonoboyo, Jogonalan, Klaten, Zentral-Java
Frühes 10. Jh.

Diese Kette besteht aus einem Strang von Anhängern in Tiergestalt. Alle Anhänger sind zylindrisch mit spitzem Ende. Die Schnur wird durch ein Loch in den Augen gezogen. Insgesamt hat die Kette 29 Anhänger. Auf dem Rücken, nahe dem Hals des Tieres, ist eine Reliefverzierung angebracht, ansonsten sind die Körper glatt. Ein Mittelgrat läuft auf dem Rücken der Tiere entlang, während der untere Bereich abgeflacht ist.
Feiner Ton füllt die Objekte im Innern. Viele von ihnen sind durch die Hitze der Lava, von der sie im Jahr 929 n. Chr. verschüttet wurden, »explodiert«.
Bei den Tieren handelt es sich wahrscheinlich um *samber lilen*, eine Käferart mit Schattierungen in glänzendem Grün, die von Javanern gerne als Brosche getragen wird. Die Formgebung der Objekte erfolgte vermutlich, indem man ein Modell aus Ton als Kern herstellte und es mit Goldblech bedeckte. W. M.

45
Kelle

Jakarta, Museum Nasional, Inv. Nr. 8992
Gold
L. 14,5 cm, H. 11 cm
Plosokuning, Wonoboyo, Jogonalan, Klaten, Zentral-Java
Frühes 10. Jh.

Die Kelle besteht aus einem S-förmigen Griff mit einer floralen Verzierung und einer kleinen Schale am anderen Ende. Griff und Schale sind aus einem Stück gearbeitet, wohingegen die Verzierung separat hergestellt wurde. Der Griff ist im Querschnitt achteckig geformt. Die Schale hat die Form einer Halbkugel mit zwei Verzierungen, deren Spitzen über den Schalenrand hinausstehen. Blattverzierungen in Griffnähe setzen sich auf der Schalenoberfläche fort. Bei genauer Betrachtung zeigt sich, daß diese Linien durch Punzieren mit einem sehr spitzen Stichel erzeugt worden sind.

Die Form der Schale ist wahrscheinlich einer Blume oder dem Blatt einer bestimmten Pflanze nachempfunden worden. Auf ihrer Unterseite sind zwei altjavanische Schriftzeichen zu erkennen, die die Lesung *suwa* ergeben, wahrscheinlich handelt es sich um eine Abkürzung für *suwarna* mit der Bedeutung »Gold«. Die Verzierung des Griffendes dürfte nach dem Sproß eines Farnbaumes gestaltet worden sein.

Kelle und Griff wurden im Guß- und Hämmerverfahren hergestellt, die florale Verzierung entstand separat in der Gußtechnik der »verlorenen Form«. Das Innere der Verzierung ist mit feinem Lehm gefüllt.

Aufgrund ihrer Form mit dem stark geschwungenen Griff eignete sich die Kelle am besten zum Schöpfen aus einem Behältnis, das nicht zu tief war und eine breite Öffnung hatte, etwa einer großen Schale. W. M.

46
Palmblattschale

Jakarta, Museum Nasional, Inv. Nr. 8997
Gold
L. 15,6 cm, B. 5,7 cm, H. 6,6 cm
Plosokuning, Wonoboyo, Jogonalan, Klaten, Zentral-Java
Frühes 10. Jh.

Form und Dekor dieses Gefäßes ahmen ein Behältnis aus einem Palmblatt (Lontarpalme) nach, wie es besonders im östlichen Teil Indonesiens wie Madura, Bali, Lombok und auf den Kleinen Sunda-Inseln früher sehr gebräuchlich war. In Zentral-Java werden derartige Gefäße heute nicht mehr benutzt, was aber nicht bedeuten muß, daß sie nicht im 10. Jh. durchaus üblich waren.
Einige Wissenschaftler sind der Auffassung, daß die Schale eines Nautilus nachahme, d. h. einen Perl- oder Schiffsboot genannten Kopffüßler, der in eine spiralig gewundene, vielkammrige Kalkschale eingeschlossen ist. Der »gewöhnliche« Nautilus kommt im Gebiet der Molukken häufig vor. Die Imitation der Musterung dieses Meerestieres hätte jedoch anders aussehen müssen.

Daß es sich um die Miniaturausgabe eines Palmblattgefäßes handelt, wird vor allem durch die Querstange und den abgesetzten oberen Rahmen deutlich, Bestandteile eines wirklichen Palmblattgefäßes. Der Rahmen sollte als Einfassung verhindern, daß der Rand beschädigt wurde. Das Blatt mußte gedehnt werden, um ihm die konkave Form geben zu können. Gefäße dieser Art werden im Mittelteil zwischen Bambusstangen oder elastische Holzstützen geklemmt, um das Blatt zu verstärken. Ein Querstab aus Bambus oder Holz wird mit Bambus oder Rattan am Rahmen befestigt, und um diesen Griff widerstandsfähiger zu machen, wird er so gedreht, daß er nicht mehr in der Mitte sitzt. Diese versetzte Querstange erleichtert die Benutzung des Gefäßes als Wasserschöpfer.
Das Modellgefäß wurde durch Hämmern geformt, die Blattrippen sind graviert und ziseliert worden. Auf der Innenseite ist ein Teil des Bodens beschädigt, während von außen keine Beschädigungen sichtbar sind. Das bedeutet, daß die Schale aus zwei Lagen Goldblech angefertigt wurde, was jedoch von außen und am oberen Rand nicht zu bemerken ist. Da das Miniaturgefäß zum Schatz von Wonoboyo gehört, darf eine Verwendung als Zeremonialgerät als wahrscheinlich gelten. W. M.

51
Shiwa Mahadewa

Jakarta, Museum Nasional, Inv. Nr. 6050
Bronze mit Gold- und Silbereinlagen
H. 107,5 cm
Tegal, Zentral-Java
wohl 9. Jh.

Der vierarmigen Gottheit in königlicher Bekleidung fehlen die Attribute, die sie ehemals in ihren rechten Händen hielt. Die Geste der rechten oberen Hand läßt vermuten, daß sie einst einen Gebetskranz gehalten hat. Die obere linke Hand umfaßt einen Fliegenwedel, während die untere Linke ein Gefäß vom *kendi*-Typ mit gekrümmter Tülle hält, die möglicherweise verbogen wurde. Die heilige Schnur *(upawita)* hat die Form einer Schlange, von der ein Teil des Kopfes abgebrochen ist. Eine einfache Schnur mit einer verzierten Schnalle verläuft über die linke Schulter zur rechten Hüfte. Über dem Tuch, das den Körper unterhalb der Taille bedeckt, trägt er ein Tigerfell, der Kopf zeichnet sich deutlich als Flachrelief auf dem rechten Bein ab. Große Ringe an den Fußsohlen der Statue dienten dazu, sie an dem nun fehlenden Lotussockel zu befestigen. Am Rücken zwischen den Schulterblättern befindet sich ein weiterer Ring für die Anbringung eines Nimbus oder Baldachins.

Die Augen einschließlich des dritten Auges auf der Stirn sind mit Silber, die Unterlippe in Gold eingelegt; diese Technik ist für Statuen üblich, die von Bronzeskulpturen Ostindiens beeinflußt sind. Im vorliegenden Fall betont der Kontrast zwischen den glänzenden Augen, der Unterlippe und der bräunlichen Bronzepatina die Intensität des Gesichtsausdrucks. Claire Holt bemerkte dazu: »Geballte Energie strahlt diese Figur aus und unterscheidet sich damit grundsätzlich von der nach innen gerichteten Versunkenheit buddhistischer Bildnisse.«

Die außergewöhnliche Kunstfertigkeit in der feinfühligen Modellierung der Hände, die detaillierte Ausführung des reichen Schmucks und der hohe Kopfschmuck (Skt. *jatamukuta*) tragen dazu bei, diese Großbronze als eines der qualitätvollsten Werke unter den javanischen Bronzen herauszustellen. Einzig die Tatsache, daß die Statue in den Kali Wadas-Fluß geworfen worden war, bewahrte sie vor der Zerstörung, denn Werke der Metallkunst wurden mit Vorliebe dem Schmelztiegel überantwortet. 1933 entdeckte ein Bauer, der ein Bad nehmen wollte, das kostbare Objekt. Obwohl Nimbus, Sockel und zwei der Attribute verlorengingen, erlitt die Statue selbst nur leichten Schaden – ein Finger der unteren rechten Hand und der Schlangenkopf der *upawita* sind abgebrochen.

Weder in Indonesien noch in Indien hat auch nur eine weitere Statue dieser Größe, Qualität und dieses Stils überlebt.
Während an der Nordküste von Zentral-Java zwischen Kendal und Pekalongan 1975–1976 vom Archäologischen Dienst Untersuchungen durchgeführt wurden, ist in den am weitesten westlich gelegenen Gebieten von Zentral-Java, in Tegal und Brebes, keine systematische Suche nach archäologischen Überresten vorgenommen worden. Steinstatuen aus diesem Gebiet stehen häufig stilistisch mit dem Dieng-Plateau in Verbindung, aber Reste von *candis* wurden bisher nicht entdeckt. Der Shiwa aus Tegal und die Tara von Bumiayu (Kat. 25), zwei der schönsten Bronzen überhaupt, stammen aus dieser Gegend und belegen recht deutlich, daß es hier einst eine viel lebhaftere kulturelle Entwicklung gegeben hat, als die Oberflächenfunde bisher vermuten lassen. J. F.

Lit.: JBG 1 (1933), 222–223; JBG 2 (1934), 112 und Tafel 4, Abb. 4; Holt 1967, 51, Tafel 36; AIA Nr. 52; Satari 1978; Tokyo 1980, Nr. 26; *Koleksi Pilihan* 1, Nr. 19.

52
Stehender vierarmiger Shiwa

Kalasan, Museum, Suaka Peninggalan Sejarah und Purbakala, DIY, Bogem
Bronze
H. 46 cm
Kricak Lor, Yogyakarta, Zentral-Java
9. Jh.

Diese im Dorf Kricak Lor, Tegalrejo, im Jahre 1984 gefundene Bronze stellt einen vierarmigen Shiwa dar. Die Götterfigur steht aufrecht in starrer Körper- und Beinhaltung auf einem doppelten Lotussockel, der auf einer zweistufigen Basis aufliegt. In der unteren rechten Hand hält er einen Dreizack *(trishula)*, in der unteren linken Hand ein Wassergefäß *(kamandalu)*. Die beiden erhobenen Hände halten einen Gebetskranz und einen Fliegenwedel. Auf der unteren Stufe der Basis ist die kleine Figur eines liegenden Nandin-Stiers, »Reittier« des Gottes, angebracht.
Obgleich die Statue fraglos javanischer Herkunft ist, gehört sie doch zu einer Gruppe von Bildnissen, die offensichtlich von Metall-Statuetten eines Stils inspiriert waren, der in Chittagong im Südosten Bangladeshs während des 8. und 9. Jahrhunderts geläufig war. Ein sehr ähnliches Stück im Rijksmuseum voor Volkenkunde, Leiden (Inv. Nr. 1403–2839), mit leicht abweichender Ikonographie scheint zur gleichen Kategorie zu gehören.
Die Ikonographie, die Form des Nimbus, Details auf der Thron-Rückseite ebenso wie die Basis mit ihrer Auskragung erinnern allesamt an Beispiele aus Chittagong. Als nennenswerte Abweichungen von den indischen Prototypen lassen sich folgende Details feststellen: Während bei den meisten indischen Stücken die Rückenlehne des Thrones offengelassen und das Hauptbild mit Stützen befestigt wird, zeigen die javanischen Beispiele den Rücken meist in massiver Ausführung. Historische Quellen und alte Inschriften belegen zur Genüge, welch bedeutende Rolle Nalanda und seine buddhistische Universität in der Verbreitung des Buddhismus in Südostasien spielten. In den vergangenen Jahren sind jedoch auch andere Zentren zumal als Ideenspender für die Bronzegießer ausgemacht worden. So wie Bihar seinen Namen vom Sanskrit *wihara* (buddhistischer Tempel oder Kloster) ableitet, kann der Name Chittagong zurückgeführt werden auf Caityagrama (Land der Caityas). Sowohl die dort hergestellten buddhistischen als auch shiwaitischen Statuen haben zentral-javanischen Bildwerken einen deutlichen Stempel aufgedrückt. J. F.

Lit.: Fontein 1990, 202. Leiden-Statue: Amsterdam 1988, Nr. 22. Bronzen von Chittagong: Mitra 1982, Tafel 32–33; Bandyopadhyay 1981, 39.

53

Shiwa und Parwati

Jakarta, Museum Nasional, Inv. Nr. 6091
Stein
H. 98 cm
Klaten, Zentral-Java
8.–9. Jh.

Dieses Paar stellt Shiwa und seine Gemahlin Parwati dar. Parwati ist geringfügig kleiner als Shiwa wiedergegeben. Beide stehen zusammen auf einem rechteckigen Lotussockel *(padmasana)*, jeweils mit geschlossenen Füßen. Die Spitzbogenform der Rückenplatte wiederholt sich im Nimbus der beiden Figuren.

Parwati trägt eine hohe Krone und die für weibliche Götterfiguren typische doppelte, auf der Brust gekreuzte heilige Schnur. Die rechte Hand zeigt die *wara*-Geste der Wunschgewährung, während die linke Hand eine blaue Lotusblume hält.

Shiwa, ebenso in *samabhangga*-Haltung, steht zu ihrer Rechten. Er ist mit vier Händen dargestellt: Seine hinteren Hände halten in der Rechten einen Gebetskranz *(akshamala)* und in der Linken einen Fliegenwedel *(camara)*, die vordere linke Hand umfaßt einen Krug *(kamandalu)*, während die rechte abgebrochen ist. Shiwas Flechtenkrone mit dem Halbmond als Symbol des Lebens und dem Totenschädel als Sinnbild des Todes weisen auf die Eigenschaften als Zerstörer und Erneuerer hin.

Beide Figuren tragen eine recht breite Schärpe um die Hüften sowie einen Keuschheitsgürtel *(uncal)*, der mit Blumen und Perlen geschmückt ist.

Die statische Darstellungsweise der Doppelfigur ist typisch für die Zeit der frühen zentral-javanischen Skulpturen. Daß Parwati nur geringfügig kleiner als Shiwa dargestellt ist, entspricht der indischen Tradition.

I. M. N./L. K.

54
Shiwa und Parwati

Jakarta, Direktorat Perlindungan und Pembinaan Peninggalan Sejarah und Purbakala
Gold, Silber
H. 20 cm
Höhle von Seplawan, Zentral-Java
wohl 9. Jh.

Im Jahr 1979 untersuchte ein Archäologenteam lokale Altertümer, um die Behörden in der Begutachtung touristischer Möglichkeiten zu beraten. Dabei drangen die Wissenschaftler auch in eine tiefe Kalksteinhöhle am Berg Seplawan im Dorf Donorejo im Distrikt Kaligesing, Regierungsbezirk Purworejo (Zentral-Java) ein. Auf fünfhundert Metern zogen sich im Inneren der Höhle Stalagmiten und Stalaktiten hin, und auf einem hohen, wie ein Altar geformten Felsen entdeckten sie ein großes Bronzegefäß, das mehrere Gegenstände enthielt, darunter diese Gold- und Silberstatuette eines Paares.

Sie besteht aus einer hohlen, quadratischen Silberbasis, auf der ein in Gold gegossener, doppelter Lotussockel mit vier goldenen Nieten befestigt ist. Lotussockel und Basis enthielten gelbe und bräunliche Erde, Halbedelsteine in verschiedenen Farben, Perlen sowie Blattgold und Silberfragmente in unterschiedlichen Formen. Dieser Inhalt ähnelt dem von Kästchen oder anderen Behältnissen, die in oder in der Nähe von Tempelfundamenten gefunden wurden und die eine sakrale Funktion gehabt haben dürften.

Die Doppelstatuette stellt ein göttliches oder königliches Paar dar, der Mann ist ein wenig größer (12 cm) wiedergegeben als die Frau (11 cm). Die männliche Figur streckt ihren rechten Unterarm aus und hält die Handfläche nach oben. Ihre linke Hand ergreift die rechte Hand der Partnerin, die in ihrer Linken vor der Brust einen runden Gegenstand hält, vielleicht ein Juwel. Beide tragen aufwendigen Kopfschmuck vom *jatamukuta*-Typ, und hinter ihren Köpfen befinden sich ovale Nimben mit einem Flammendekor. Schirme oberhalb der Köpfe bilden die Bekrönung. Gewänder mit Blumenmusterbändern bekleiden nur die Unterkörper beider Figuren und werden an der Hüfte mit Schärpen gehalten, die zu aufwendigen blütenförmigen Schleifen auf dem Rücken gebunden sind. Die einzige Statue, die eine ähnliche Schleife auf dem Rücken zeigt, ist die Prajñaparamita aus Muara Jambi (siehe Kat. 95).

Neben dem Höhleneingang wurden die Fundamentreste von zwei Bauten gefunden, von denen eines einen *yonilinggam*-Altar beherbergte; die *yoni* war aus einem tuff-

artigen Stein gefertigt und der *linggam* aus Andesit. Diese Entdeckung läßt vermuten, daß die Höhle als Shiwa-Heiligtum diente. Unter den übrigen Objekten, die zusammen mit der Statuette gefunden wurden, sind besonders ein Silberlöffel und -diadem sowie eine goldene Krugtülle zu nennen. Ein Behälter, der nahe dem altarförmigen Felsen gefunden wurde, enthielt eine silberne Blumenvase eines Typs, der häufig in den Reliefs am Borobudur zu sehen ist. Alle diese Objekte könnten wohl aus dem 9. Jahrhundert stammen.
In Anbetracht des shiwaitischen Kontextes scheint es naheliegend, die Doppelstatuette als Shiwa und seine Gemahlin Parwati zu identifizieren. Eine Doppelstatue aus Klaten (Museum Nasional Jakarta, Inv. Nr. 6091) zeigt die beiden Gottheiten in nahezu gleicher Größe, so wie es auch der Fall ist bei einer Bronzestatue von Shiwa und Parwati aus Kretek (Zentral-Java). Andere Statuen, die wahrscheinlich als Paare angefertigt wurden, zeigen Shiwa ein wenig größer. Dies entspricht indischen ikonographischen Traditionen, wie sie ebenso in anderen südostasiatischen Ländern, etwa dem Mon-Königreich von Dwarawati befolgt wurden. Die gegossenen Goldstatuen von Shiwa und Parwati im Goldschatz von Gemuruh, Banyukembar, Leksono, Wonosobo (Zentral-Java), jetzt im Museum Nasional Jakarta (Inv. Nr. 519 a), zeigen Shiwa größer als Parwati. Das trifft auch für ein Paar Silberstatuetten im Rijksmuseum Amsterdam (Inv. Nr. MAK 524 a und b) zu. Das ungewöhnliche ikonographische Merkmal des Händehaltens hat eine Parallele in einer Steinskulptur unbekannter Herkunft im Museum Nasional Jakarta (Inv. Nr. 251). Obwohl für diese Statue keine nahe stilistische Parallele zu existieren scheint und ihre ungewöhnlichen Merkmale die Entdecker sogar zögern ließen, sie einem frühen Herstellungszeitpunkt zuzuschreiben, gibt es keinen Grund dafür, ihr Alter anzuzweifeln. Der Gemuruh-Schatz enthält viele Objekte mit ungewöhnlichen stilistischen Kennzeichen, für die es keine Parallelen im reichhaltigen Material aus weniger wertvollen Metallen gibt. Wahrscheinlich weist unser Wissen über die stilistische Vielfalt von Goldstatuen viele Lücken auf. Objekte aus Edelmetallen wurden in großer Anzahl eingeschmolzen. Die Überlieferung weiß zu berichten, daß während des 19. Jahrhunderts bestimmte Distrikte in der Gegend um das Dieng-Plateau ihre Steuern in Gold bezahlten, indem sie solche antiken Goldschätze einschmolzen. J. F.

Lit.: Soekatno 1982; Jakarta 1986, 12. Zu Gemuruh: Brandes 1904 c. Dwarawati: Dupont 1959, 11; Rijksmuseum 1985, Nr. 194; AIA Nr. 12. Rückseite der Prajñaparamita aus Muara Jambi: McKinnon 1985.

534a

55
Ganesha

Jakarta, Museum Nasional, Inv. Nr. 534a
Bronze
H. 20 cm
Wahrscheinlich aus Padang Lawas, Sumatra
9.–10. Jh.

Der kugelbäuchige Ganesha sitzt in ungezwungener Haltung (Skt. *lalitasana*) auf einem runden Kissen, das wiederum auf einem Lotussockel mit einer einzigen nach unten weisenden Blütenreihe aufliegt. Die glatte Rückenlehne des Throns wird von einem Zierrand aus züngelnden Flammen gesäumt und von einem Baldachin überhöht. Das rechte Bein Ganeshas stützt sich auf eine Lotusblüte mit kurzem Stengel, der aus einem trapezförmigen Sockel mit einer Auskragung in der Mitte herauswächst, auf dem das Reittier des Gottes, die Ratte, erscheint. Der vierarmige Ganesha weist die traditionellen Attribute auf: in der unteren rechten Hand eine Schüssel mit Süßem, woran er mit seinem Rüssel nippt, in der oberen rechten einen Gebetskranz. In seiner oberen linken hält er eine Axt (beschädigt) und in seiner unteren linken einen abgebrochenen Stoßzahn. Die heilige Schnur (Skt. *upawita*) fällt von seiner linken Schulter, wird dann von seinen rechten Armen verdeckt und endet oberhalb des rechten Ohres in Form eines *naga*.
Die Ikonographie dieser Bronze entspricht weitestgehend ostindischen Prototypen, abgesehen davon, daß die Schüssel mit Süßem in der rechten anstatt in der sonst üblichen linken Hand gehalten wird. Die Formen von Sockel und Nimbus entsprechen soweit indischen Exemplaren, so daß nur weniges diese Arbeit von einem indischen oder im heutigen Bangladesh gefertigten Vorbild unterscheidet. Die Bronze wurde auf Sumatra gefunden, wo in der Tat importierte Objekte häufiger als auf Java belegt sind, dennoch verbleiben bezüglich der genauen Herkunft Unsicherheiten: So vermelden die Berichte der Batavischen Gesellschaft von 1904 »den Erhalt einer Mitteilung betreffs der Verschiffung einer kleinen Bronzestatue des Ganesha, der vor einiger Zeit in Padang Lawas (Tapanuli) ausgegraben wurde«. Absender war der holländische Kolonialbeamte R. C. van den Bor in Sarulangun, Jambi. Möglicherweise durch die Tatsache, daß der Absender in Jambi lebte, in die Irre geleitet, erwähnt derselbe Bericht an anderer Stelle, daß die Statue aus Jambi kam. Der Mitgliederliste zufolge, die in den Jahresberichten der Batavischen Gesellschaft erhalten ist, lebte van den Bor von 1904 bis 1908 an mehreren verschiedenen Orten in Jambi. Da der erste Hinweis ein jetzt verlorengegangenes Dokument zu zitieren scheint, ist es mithin wahrscheinlicher, daß die Statuette tatsächlich in Padang Lawas gefunden wurde, wie die Mitteilung der Verschiffung verlauten läßt, und nicht in Jambi. Ein Bronze-Ganesha gleichen Typs tauchte übrigens auf dem New Yorker Kunstmarkt im Jahre 1980 auf; sein jetziger Standort ist unbekannt. Bezüglich einer anderen Bronze, die südindische Charakteristika aufweist und ebenfalls aus Padang Lawas stammt, siehe Kat. 76. J. F.

Lit.: NBG 1904, 45 und 125–126.

56
Shri Dewi

Yogyakarta, Museum Sono Bodoyo
Bronze
H. 21 cm
Herkunft unbekannt, Zentral-Java
9.–10. Jh.

Die Göttin sitzt in *sattwaparyanka*-Haltung, den rechten Fuß auf den linken Schenkel gelegt, auf einem doppelblättrigen Lotusthron auf einer glatten, gegossenen rechteckigen Basis. In ihrer linken Hand hält sie den Stengel einer Reisähre, die aus der linken Seite des Sockels herauswächst. Ihre rechte Hand vollzieht die wunschgewährende Geste (Skt. *wara-mudra*). Ihre königliche Tracht mit reich dekoriertem hohem Kopfschmuck, heiliger Schnur *(upawita)* und gekreuzter Schnur *(channawira)*, die gewöhnlich von Frauen und Jungen getragen wird, wird vervollständigt vom blütenmustertragenden Gewand. Hinter ihrem Kopf befindet sich ein ovaler, mit stilisierten Flammen gerahmter Nimbus. Die Statuette ist mit einer rostfarbenen Patina bedeckt, die bei javanischen Bronzen selten auftritt.
Um die Identifizierung dieser schönen Bronze hat es in der Vergangenheit heftige Diskussionen gegeben. Krom sah darin die Göttin Marici, die den Stengel der Ashoka-Blume in ihrer linken Hand hält. Da es sich jedoch eindeutig um eine Reisähre handelt, muß diese Zuschreibung abgelehnt werden.
In indischen ikonographischen Texten heißt es, daß die Göttin Wasudhara, die Gemahlin des Jambhala, die *wara-mudra* mit der rechten Hand ausführt und eine *dhanya*-Ähre in der linken trägt. Albert Le Bonheur weist darauf hin, daß das Wort *dhanya* den Künstlern weiten Spielraum für die Interpretation ließ, da der Begriff verschiedene Sorten Getreide einschließlich Reis bedeutet. (Die

Übersetzung »corn«, die von indischen und holländischen Forschern verwendet wurde, hat die semantische Verwirrung noch vergrößert.) Es war von daher nur natürlich, daß die Javaner die Göttin mit der Ähre jener Getreidepflanze darstellten, die die Grundlage ihrer Nahrung bildet.

In der Hindu-Mythologie wird die Göttin Shri-Lakshmi, die Gemahlin von Wishnu, häufig mit Kuwera in Verbindung gebracht, dem brahmanischen Gegenstück zu Jambhala, dessen Gemahlin Wasudhara ist. In Indien wurden Bildwerke mit den ikonographischen Merkmalen der Wasudhara und der inschriftlichen Bezeichnung Shri Dewi gefunden.

Obwohl von daher die Identifizierung mit Shri naheliegen könnte, ist ihre Verbindung mit dem populären Kult der Reisgöttin nicht völlig klar. Darstellungen der Göttin mit einer Reisähre sind überraschenderweise gering an Zahl. Hariani Santiko erwähnt nur drei Beispiele aus Stein. Eines davon stellt die Göttin als die Gemahlin Wishnus dar (Sono Budoyo Museum, Yogyakarta). Von den Bronzen des Wasudhara-Typs ist die Statuette Kat. 56 die einzige, bei der eine Reisähre deutlich sichtbar ist. Der Stil des Nimbus und die schlanken Gliedmaßen der Göttin lassen als Datierung das Ende der zentral-javanischen oder die frühen Jahre der ost-javanischen Periode vermuten. Es ist möglich, daß sich der Kult der Shri Dewi als der javanischen Reisgöttin erst nach der Ära entwickelte, in der diese Bronze gegossen wurde.

Stutterheim, der mit der Sammlerin A. J. Resink-Wilkens bekannt war, verzeichnete als Herkunft das Dorf Wanajaya. Ob damit ein Dorf dieses Namens im Distrikt Pare (Kediri, Ost-Java) oder ein anderes gleichen Namens gemeint war, bleibt unklar. J. F.

Lit.: Krom 1923, 3, Tafel 108; Krom 1926, Einführung 9, Tafel 20; Bernet Kempers 1933a, 45–46; Stutterheim 1934b, 167–189; Bernet Kempers 1959, Tafel 112; Musée Guimet 1971, 198–203; Brüssel 1977, Nr. 76; Santiko 1980; Amsterdam 1988, 22–23.

57
Ring mit *Shri*-Zeichen

Privatsammlung
Gold
B. 3,9 cm
Zentral-/Ost-Java
9.–10. Jh.

Der Ring besitzt eine flache, mandelförmige Platte mit einem abgeschrägten, breiten Rand, unter dem sie zurückspringt. Auf das spitze Oval sind das Zeichen *shri* (Glück, Reichtum) und kleine *shakti*-Flammen graviert. Die Silbe ist wie eine Lotusknolle geformt, entsprang doch Lakshmi, auch Shri genannt, beim Buttern des Milchozeans einem Lotus[1].

Ringe wie dieser mit mandelförmigen, glatten Oberflächen kommen häufig vor[2]. Manchmal ist die Verzierung reicher: Insbesondere wird häufig das Hauptmotiv Shri beidseitig von einem *ankhusa* (Elefantenrüssel) flankiert, was als Darstellung der Shri Lakshmi zu verstehen ist, die zwischen zwei Elefanten thront, die sie mit Wasser übergießen, was auf die Geburt Buddhas anspielt[3] oder Glück und Wohlstand verheißt. Im Hinduismus ist Shri oder Lakshmi die Gemahlin Wishnus, die Überbringerin von Segen, Wohlstand, Glück und Fruchtbarkeit. J. P.

1 Dowson 1961, 176.
2 Bosch 1927, 314 (a), I, a 314 (b), VIc, 316 (b), XIIa, b, c.
3 Java und Bali, 1980, Nr. 97.

58
Fingerring

Jakarta, Museum Nasional, Inv. Nr. 1326
Gold
H. 3,2 cm, Dm. 2,6 cm
Pateman, Purbolinggo, Banyumas, Zentral-Java
wohl 10. Jh.

Die Verzierung des Ringes hat die Form eines doppelten Lotuskissens, wobei die Enden der Blütenblätter spitz hervorstehen. Eine runde Platte, die mit einer Gravur in Form einer stilisierten Shri aus altjavanischen Schriftzeichen verziert ist, befindet sich oben auf dem Lotus. Shri ist die Göttin der Fruchtbarkeit oder als Gattin Wishnus die Göttin der Erde. Das Zeichen »Shri« wurde für einige Objekte benutzt, da man glaubte, daß es die Kraft besitzen würde, dem Träger Fruchtbarkeit oder Reichtum zu schenken.
Der Reif des Ringes hat breite Schultern. Seine Innenseite ist glatt, während die Außenseite siebeneckig geformt wurde. Die Form des Ringes ist durch Gußtechnik, die Verzierungen sind durch Gießen, Gravieren und Punzieren entstanden, und die Teile wurden zusammengelötet. W. M.

58 A
Zierstück

Jakarta, Museum Nasional, Inv. Nr. 1531
Gold
H. 6,5 cm
Grending, Purwokerto, Banyumas, Zentral-Java
10. Jh.

Aus zwei Teilen, die durch Nieten locker miteinander verbunden sind, besteht dieses zierliche Goldornament, dessen Verwendung nicht bestimmbar ist. Zunächst war ein Kronenaufsatz in Erwägung gezogen worden, aber diese Interpretation ist eher unwahrscheinlich.
Lebhafter, sehr plastisch herausgearbeiteter Pflanzendekor ist für das leicht ovale Unterteil kennzeichnend, das gekrümmte Oberteil sitzt auf einer Lotusblüte auf.
Als Kriterium für die Datierung dient das kranzförmig angeordnete »Busen«-Ornament, das häufig bei Objekten aus dem Fund von Plosokuning anzutreffen ist. W. M.

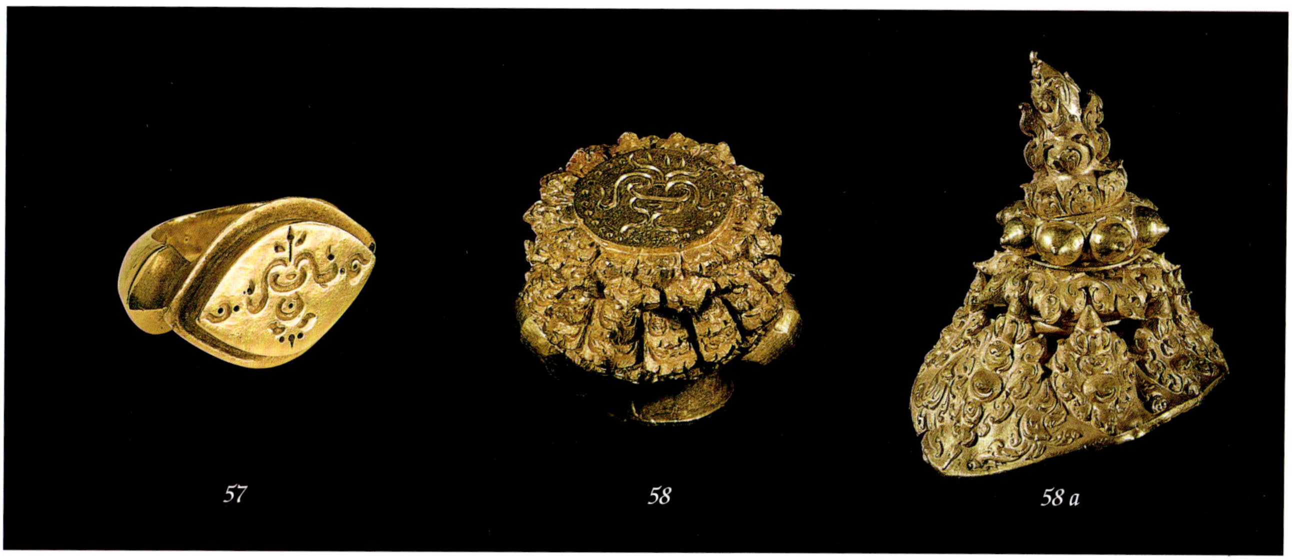
57 *58* *58 a*

59
Aufsatz in Gestalt einer Schlangenfrau

Jakarta, Museum Nasional, Inv. Nr. 8009
Bronze
H. 25 cm
Solo, Zentral-Java
9.–10. Jh.

Über einem hohlen Schaft, der auf das obere Ende eines Stabes paßt, befindet sich ein Lotus in ungewöhnlich stilisierter Form und mit Perlenschnüren verziert. Er dient als Plattform für die Darstellung einer Frau, die mit beiden Händen eine große, aufgerichtete Schlange an ihrem aufgeblähten Hals festhält. Sie trägt die prächtige Kleidung einer Göttin oder Königin. Das Schwanzende der Schlange liegt zwischen den Füßen. Aus dem Maul der Schlange *(naga)* hängt eine Schnur mit Perlen oder Juwelen, und auf ihrem Kopf balanciert sie eine kleine, mit einem Fuß versehene Platte.

Indien weist ebenso wie Indonesien eine reiche Überlieferung im Hinblick auf Schlangen auf. *Naga* und *nagini* erscheinen häufig auf den Reliefs des Borobudur. Dort werden die *naga* jedoch ausnahmslos als menschliche Wesen mit drei- oder fünffachen Schlangenköpfen abgebildet. Die Tradition der Darstellung von *naga* in Menschengestalt war so stark, daß die Bildhauer auch daran festhielten, als dieses Motiv nur wenig Sinn ergab, wie zum Beispiel in der Episode aus dem Leben des Buddha, als der *naga* Mucilinda den Bodhisattwa vor Regen schützt. Dieser Geschichte kann nur ein *naga* mit dem Körper einer Schlange gerecht werden. Am Borobudur wird Mucilinda als *naga* in Menschengestalt, dem Bodhisattwa huldigend, abgebildet. Es besteht die Möglichkeit, daß der *naga* einen Umwandlungsprozeß durchgemacht hat, ähnlich dem seines ewigen Gegners, dem Garuda, der allmählich von einem Vogelmenschen zu einem Raubvogel umgestaltet wurde.

Der *naga*, auf dem Borobudur-Relief als Schlangenmensch dargestellt, übernahm später seine wahre Schlangengestalt. Die Schlangenfrau des Aufsatzes kann eine *nagini* in einem Zwischenstadium der Entwicklung, in dem Mann oder Frau und Schlange voneinander getrennt wurden, verkörpern. Allerdings könnte sie auch eine Schlangenbeschwörerin darstellen, so daß der Lotussockel, auf dem sie steht, in Wirklichkeit ein mit Juwelen geschmückter Korb wäre, ein Gerät ihres Gewerbes. Solch ein Korb wird im *Bhuridatta Jataka* (Pali Nr. 543) erwähnt. Eine derartige Erzählung mag wohl den Künstler dieser reizenden Skulptur inspiriert haben. Daß es sich aber nicht genau um diese *naga*-Erzählung

handelt, wird durch die Tatsache erhärtet, daß zwei Paar Vogelfüße die Füße der Schlangenfrau flankieren. Sie dürften zu einem verlorengegangenen Paar Garudas gehört haben.
Es liegt auf der Hand, daß diese rätselhafte Skulptur das Fragment eines größeren Stückes bildet. Vielleicht gehörte sie zu einer Lampe, deren Ölbehälter oben auf dem Schlangenkopf hätte befestigt sein können. Das Objekt wurde angeblich in der Nähe von Solo gefunden und im April 1953 vom Archäologischen Dienst für das Museum Nasional erworben.
Die Formgebung der Schlangenfraufigur, ihr Gewand und ihr Schmuck weisen auf eine Entstehungszeit in der ausgehenden zentral-javanischen Periode. J. F.

Lit.: Bernet Kempers 1959, Tafel 181. *Bhuridatta Jataka*: Cowell 1978, 80–113.

60
Vierarmiger Wishnu

Jakarta, Museum Nasional, Inv. Nr. A2/486
Figur: Gold, Basis: Silber
H. 18,8 cm
Pahingan, Temanggung, Zentral-Java
8.–9. Jh.

Der stehende Wishnu hält das Rad (Skt. *cakra*) und die Muschel (Skt. *shankha*) in seiner rechten und linken oberen Hand, während die linke untere eine Keule (Skt. *gada*) umfaßt. Die untere rechte Hand, gewöhnlich in der Haltung des wunschgewährenden Gestus dargestellt (Skt. *wara-mudra*), weist hier ein quadratisches Zeichen in der Handfläche auf, das aber auch als kleine quadratische Dose interpretiert werden kann. Dieses besondere ikonographische Merkmal weicht von der indischen Standardtypologie ab und ist auch bei der Wishnu-Darstellung in Treibarbeit (Kat. 61) sichtbar. An seinem rechten Ohr trägt Wishnu eine runde Scheibe, an seinem linken ein längliches Gehänge, also einen asymmetrischen Schmuck, wie er oft auch bei zentral-javanischen Steinskulpturen belegt ist. Darüber hinaus ziert Wishnu eine heilige Schnur mit einer dekorativen Schnalle. Sein Lendentuch mit Blumenmuster ist auf einer Seite emporgezogen und gibt so einen Teil seines rechten Oberschenkels frei.
Die Statuette ist 1863 im Dorf Pahingan bei Parakan, Temanggung, am Hang des Berges Sundoro ausgegraben worden, d. h., der Fundort liegt in der Nähe des Diëng-

Plateaus, so daß sich auch der besondere Stil dieser Region mit dem Objekt in Verbindung bringen läßt.
Die Statuette ist nahezu singulär, wurde doch bislang nur noch eine weitere Gold-Statuette des Wishnu, weniger gut modelliert, aber von ähnlicher Ikonograpnie, in Indonesien gefunden. 1840 aus dem Boden in Muara Kaman im Sultanat Kutai (Ost-Kalimantan) geborgen, wurde sie Teil der Sultansinsignien und so bei festlichen Anlässen vom Kronprinzen getragen. J. F.

Lit.: NBG 1863, 305; NBG 1864, 7, 60 und 135; Groeneveldt 1887, Nr. 486; ROC 1911, 279–280; AIA Nr. 92; Tokyo 1980, Nr. 53. Der Wishnu aus Kutai: OV 1925, 141–142.

61
Vierarmiger Wishnu

Jakarta, Museum Nasional, Inv. Nr. A 31/486a
Gold
34,5 × 17,5 cm
Gemuruh, Zentral-Java
8.–9. Jh.

Das in Gold getriebene Flachrelief, das mit drei weiteren als Hortfund geborgen wurde, gibt Gott Wishnu in prächtiger königlicher Tracht wieder, deutlich reicher mit Schmuck bedeckt als der Gott Shiwa, eines der Parallelobjekte dieses Schatzes. Drei der vier Hände Wishnus umfassen die traditionellen Attribute: die Muschel und das Rad in den beiden oberen Händen, die Keule in der unteren Linken. Die untere Rechte, sonst meist im Gestus des Wunschgewährens (Skt. *wara-mudra*), erscheint hier nach außen gewandt mit einer Art Quadrat in der Handfläche. Letzteres kann entweder ein spezielles Mal oder, wie Brandes vorschlug, eine kleine Dose darstellen. Diese auffallende Abweichung von der Standardikonographie findet sich übrigens auch bei der Goldstatuette des Wishnu aus Pahingan, Temanggung, und ist mithin der gleichen Region zugehörig (siehe Kat. 60).
Die hohe, kegelförmige Krone Wishnus (Skt. *kiritamukuta*) erinnert vom Typ her ebenso an südindische Statuen wie die dreifache heilige, aus Perlen bestehende Schnur. Der Gott steht auf einer Lotusblume, und es scheint, als regne es vom Himmel Blumen auf ihn herab. Sein Reittier Garuda ist rechts von ihm dargestellt, diesmal als geflügelter Mensch mit einer Schlange in Händen und nicht als Vogel. Diese Besonderheit legt eine Datierung an den Anfang der zentral-javanischen Periode nahe.
Der Schatz, dem das Stück angehört, kam 1903 im Weiler Gemuruh im Dorf Banyukembar, Leksono bei Wonosobo, am Hang des Dieng zutage. Er enthielt fünf Statuetten und vier getriebene Flachreliefs – alle aus Gold – und bildete damit einen der umfangreichsten Hortfunde an Goldobjekten Zentral-Javas. J. F.

Lit.: NBG 1903, 118, XCI–XCII; Brandes 1904c, Tafel 4; AIA, Nr. 91; *Koleksi Pilihan* 1, Nr. 27.

65
Göttin oder Königin mit Dienerin

Kalasan, Museum, Suaka Peninggalan Sejarah und Purbakala, DIY, Bogem, Inv. Nr. BG 616
Andesit
70 × 65,5 cm
Duri, Tirtomartani, Kalasan, Zentral-Java
wohl 9. Jh.

Eine Göttin oder Königin mit Nimbus lehnt sich auf ihrem Thron in entspannter Haltung mit erhobenem rechtem Knie, das von einem Band (Skt. *gapatta*) gestützt wird, gegen ein Kissen. In ihrer Rechten hält sie eine Blume, während weitere von oben herabzufallen scheinen. Zu ihrer Linken steht eine Dienerin (Skt. *camaradharini*) in dreifacher Drehung (Skt. *tribhanga*) mit einem Fliegenwedel.

Die meisten Tempelreliefs in Zentral-Java sind aus relativ kleinen Blöcken herausgehauen worden, die man zuvor sorgfältig zusammengesetzt hatte. Dieser Umstand brachte für den Bildhauer gewisse Einschränkungen mit sich, mußte er doch vermeiden, daß die Fugen zwischen den Steinen durch die Gesichter der Figuren schnitten. Als Konsequenz daraus mangelte es auch den Bildhauern der Reliefs am Borobudur an voller Flexibilität in der Komposition.

Die Reliefs an den drei Haupttempeln von Loro Jonggrang, Prambanan, bilden eine Ausnahme. Relativ große, rechteckige Platten wurden für diese ausgesucht und gaben den Bildhauern so viel größere Gestaltungsfreiheit; und in der Tat nutzten sie diese Gelegenheit und schufen einige der lebendigsten und dynamischsten Szenen im Bereich javanischer Skulptur.

Im Dorf Tirtomartani, Kalasan, etwa auf halbem Wege zwischen Candi Kalasan und Candi Loro Jonggrang, kamen von einem weiteren Tempel Reliefs zutage, die gleichfalls auf großen Steinplatten angebracht waren, wie es auch hier der Fall ist. Insgesamt wurden drei dieses Stils geborgen, sie gaben das gleiche Thema wieder und lassen sich in die nämliche Gegend zurückverfolgen. Das zweite, leicht angeschlagene Relief, das eine Göttin oder Königin in Konversation mit einer Dienerin zu ihren Füßen abbildet, befindet sich gegenwärtig im Büro des Archäologischen Dienstes in Bogem. Während ein erst kürzlich veröffentlichter Ausstellungskatalog als Herkunftsort fälschlicherweise Kalibeng, Klaten, nennt, stammt es tatsächlich aus Kalibening, Kalasan. Im gleichen Katalog wird die Königin versuchsweise als Sita identifiziert, der Heldin des *Ramayana*-Epos. Allerdings scheinen die anderen Reliefs, die gleichfalls Göttinnen oder Königinnen in Begleitung einer Dienerin zeigen, keinen narrativen Charakter aufzuweisen und machen damit die genannte Gleichsetzung fragwürdig. Leider ist der Aufbewahrungsort eines dritten Reliefs, das vor mehr als sechzig Jahren von Karl With abgebildet wurde, heute unbekannt.

Die Maße dieser drei Platten, die Details der Throne, die Kleidung und der Schmuck der Göttinnen oder Königinnen legen ebenso wie die Blumen, die vom Himmel herabzufallen scheinen, die Vermutung nahe, alle drei stammten aus dem gleichen Zusammenhang. Allerdings bleibt unklar, ob sie zu einem der vielen heute verschwundenen Tempel dieser Gegend gehörten, deren Reste noch aufrecht standen, als während des 19. Jahrhunderts die ersten Untersuchungen durchgeführt wurden, oder zu anderen nicht registrierten Bauwerken.

Wenn den Reliefs auch die dynamische Bewegung und volle Freiheit der Komposition fehlt, wie sie so charakteristisch für die Darstellungen des nahe gelegenen Prambanan-Tempels erscheinen, verdeutlichen die Eleganz und Qualität der Arbeiten dennoch, daß sie einst Bestandteil eines Monuments von großer künstlerischer Qualität waren. J. F.

Lit.: BG 616 unveröffentlicht. Das Relief in Bogem (BG 02): Brüssel 1977, Nr. 74. Das dritte Relief: With 1922, Tafel 57.

66
Wasserspeier

Jakarta, Museum Nasional, Inv. Nr. 416b
Stein
H. 50 cm, L. 91 cm, B. 19,5 cm
Herkunft unbekannt
9.–10. Jh.

Dieser Wasserspeier *(jaladwara)* hat die Form eines geöffneten Mauls des See-Ungeheuers *makara*, in dem oberhalb der Wasseröffnung eine kleine Vogelgestalt hockt. Auf dem *makara* ist ein Löwenkopf *(simha)* mit zwei Tatzen wiedergegeben, aus dessen Maul ein stilisierter Wasserstrahl hervortritt.
Wasserspeier dieser Art sind an vielen Tempeln üblich, um den Regen vom Gebäude nach außen abzuleiten.
Das gemeinsame Auftreten von *makara* und *simha* erinnert an die Eingänge der zentral-javanischen Tempel, wo üblicherweise der *kala*-Kopf als Symbol der Sonne und des Himmels sowie der Zeit zusammen mit dem *makara* als Symbol des Wassers und der Erde angebracht sind, um somit das Universum zu versinnbildlichen. Dabei ist der dämonische *kala*-Kopf über dem Ein- oder Durchgang angebracht und jeweils ein *makara*-Kopf rechts und links der Schwelle. Ebenso markieren *kala*-Köpfe Treppenläufe am oberen Ende und *makara*-Figuren das untere Ende. Der *kala*-Kopf wird häufig auch als *simha*-Löwe angesehen, bzw. der *simha* gilt ebenfalls als Sonnensymbol, so daß in diesem Wasserspeier die gleiche Symbolik wie bei den Tempelein- und -durchgängen vorliegen dürfte.
Interessant ist die Anzahl von acht Zähnen im Unterkiefer des *makara*. Sie könnten als Gesamtheit des Irdischen gedeutet werden, während die eine Wasseröffnung das Absolute symbolisiert; die Zahlen 8 und 1 treten in der hinduistisch-buddhistischen Symbolik häufig zusammen als Versinnbildlichung der Einheit von Irdischem und Absolutem auf.
Makara-Darstellungen kommen vorrangig in Zentral-Java, nicht in Ost-Java vor und wurden aus der indischen Kunst übernommen. Der Wasserspeier stammt also offensichtlich aus Zentral-Java; Vergleiche mit anderen Wasserspeiern an datierten Tempeln, z. B. am Loro Jonggrang in Prambanan, legen eine zeitliche Einordnung ins 9./10. Jahrhundert nahe. L. K.

67
Architekturfragment in Gestalt einer *naga*-Schlange

Jakarta, Museum Nasional, Inv. Nr. 416d (= 4364)
Andesit
L. 65 cm, H. 50 cm
Ungaran, Semarang, Zentral-Java
wohl 9. Jh.

Die Seitenwangen von Tempeltreppen enden zumeist in skulptierten Darstellungen des *makara* genannten mythischen Tieres, dessen hauptsächliches Merkmal ein Rüssel, ähnlich dem eines Elefanten, ist. In der zentral-javanischen Kunst tritt *makara* gemeinsam mit *kala*, dem Kopf eines Ungeheuers, auf. Während *makara* mit Wasser und Erde in Verbindung gebracht wird und folglich in niedriger Position angebracht ist, wird *kala* mit Feuer und Himmel assoziiert und ist über Eingängen und an anderen hochgelegenen Tempelteilen plaziert. Das Architekturfragment Kat. 67 und sein Gegenstück sind einzigartig, weil sie abweichend von der Regel nicht *makara*, sondern *naga* (mythische Schlangen), die auf Wolken schweben und von floralen Arabesken umgeben sind, darstellen. Sowohl *naga* als auch Wolken sind – ähnlich wie *makara* – dem Element Wasser verbunden. Wie in der zentral-javanischen Kunst üblich, sind diese *naga* anthropomorph gestaltet. Nur aufgrund ihres Kopfschmucks, der aus den Köpfen von drei Schlangen gebildet ist, können sie als *naga* identifiziert werden. Während Kat. 67 eine weibliche Schlange wiedergibt, verkörpert das in der Ausstellung nicht gezeigte Gegenüber einen männlichen *naga*. M. K.

Lit.: NBG 1901, CCIII; Brandes 1901; ROC 1902, pl. 3.

68
Dolch- oder Schwertgriff

Jakarta, Museum Nasional, Inv. Nr. A 85
Gold
L. 22,3 cm, Dm. 9,2 cm
Cirebon, West-Java
9./10. Jh.

Das aus einem doppelten Lotus hervorgehende, separat gearbeitete Ende dieses Griffes ist nicht mehr vorhanden. Das Objekt besteht aus zwei Teilen, dem eigentlichen Griff und der Verzierung. Zwischen beiden befindet sich ein scheibenähnliches Zierstück, das sich am anderen Ende des Griffes kleiner wiederholt. Der Griff ist im Querschnitt achteckig. Seine Verzierung besteht aus sechs parallelen Relieflinien in Verbindung mit eingravierten, schrägen Parallellinien, die ihre Richtung wechseln. Das Endstück des Griffes ist mit Blütenmotiven geschmückt. Dieser Griff ist als die obere Verzierung eines Schirmes identifiziert worden. Eine genaue Betrachtung zeigt jedoch, daß diese Ansicht revidiert werden muß. Am Ende des Griffes befindet sich eine kleine achteckige Scheibe, deren Ecken jeweils mit einem Goldblatt bedeckt sind, die teilweise abgerissen sind und fehlen. Einige Blätter sind jedoch noch übriggeblieben und an ihrer Oberfläche verziert. Die Dekoration besteht aus eingravierten Blumenmotiven und Tupfen. Wenn das Objekt als Zierteil einer Schirmspitze identifiziert wird, würde sich eine Verzierung an dieser Stelle nicht lohnen. Außerdem ähnelt das Ornament des Griffteils dem der Messergriffe, die in Wonoboyo gefunden wurden. Die Ähnlichkeit mit dem Griff eines Dolches wurde auch von Jan Fontein herausgestellt.[1]
Auf Reliefs und an Statuen wird der Griff eines Schwertes oder Dolches gerne als ›H‹-Form dargestellt. Diese Form des Profils ergibt der Doppelgriff in der Tat.

W. M.

[1] Fontein 1990, 284.

69
Schließe einer heiligen Schnur

Jakarta, Museum Nasional, Inv. Nr. A 147
Gold, gegossen und ziseliert
L. 13,5 cm
Gemblung, Zentral-Java
9.–10. Jh.

Diese Schließe war dazu bestimmt, die heilige Schnur *(upawita)* eines adligen oder wohlhabenden Angehörigen einer der brahmanischen Sekten auf Java zu halten. Sie ist mit Pflanzenornamenten verziert, die als kleinteiliges Flachrelief gegossen wurden. Obwohl der Begriff *upawita* nur einmal in der altjavanischen Literatur erscheint, und dort könnte es sogar eine Fehlschreibung für *upadhita*

sein, gibt es während der indo-javanischen Periode zahlreiche Beweise für den Gebrauch solch kostbarer Schließen: Abbildungen sowohl der zentral- als auch der ostjavanischen Periode bilden Schließen verschiedener Form ab, manchmal sind sie mit eingelegten Edelsteinen geschmückt. Vorliegende Exemplare, die mit kostbaren Steinen verziert sind, bestätigen diese Praktik. Schließen, die auf Bildhauerarbeiten des 14. Jahrhunderts vorkommen, zu einer Zeit, als dreifache und fünffache Perlenstränge die einfacher geflochtene Schnur der früheren Perioden ersetzten, waren besonders verschwenderisch verziert.
Die Schlichtheit der Ornamentierung in Verbindung mit der Herkunft des Objektes aus dem Ort Gemblung, Binangun, Rembang, in Zentral-Java legt eine Datierung in die zentral-javanische Periode nahe. J. F.

Lit.: AIA Nr. 103; *Koleksi Pilihan* 1, Nr. 28; Zoetmulder 1982, 2138 *(upawita)*.

70
Armreif

Privatsammlung
Gold
Dm. 6,8 cm
Zentral-Java
9.–10. Jh.

Der in Treibarbeit gefertigte Armreif besteht aus zwei Teilen, die mit einem Stift und einer Nut aneinander befestigt sind. Die hohlen Teile bilden ein abgerundetes Zwölfeck, dessen Außenpartie mit rechteckigen Blumenreliefs verziert ist. Diese Reliefs werden durch kleine waagerechte Rankenmotive voneinander getrennt. Die volle, schwere, stark hervortretende Ornamentik im Verbund mit glatten, undekorierten Teilen ist für die mitteljavanische Periode charakteristisch. J. P.

71
Ohrring

Privatsammlung
Gold
Dm. 5,3 cm
Zentral-Java
9.–10. Jh.

Der hohle, in Treibarbeit hergestellte Ohrring ist an seiner Innenseite glatt, außen dagegen mit sechs Blumenmotiven dekoriert, die sich mit kleinen horizontalen Mustern und Palmetten abwechseln. Die schwere, volle Ornamentik ist typisch für den zentral-javanischen Stil und damit Kriterium für eine Datierung in diesen Zeitabschnitt. J. P.

72

Opferschale *(talam)*

Privatsammlung
Bronze
Dm. 49 cm
Zentral-Java
9.–10. Jh.

In das Zentrum großer, flacher Opferschalen wurde, wie auch hier, häufig ein Lotusmotiv oder ein geflügeltes Meeresschneckengehäuse[1] graviert. Hier umgibt dieses Zentrum ein breit umlaufendes Band, dessen Inneres mit sich abwechselnden spitzen und nierenförmigen Gravurelementen geschmückt wurde. Die Mitte selbst bildet einen *ratna*-förmigen Krug, den Topf des »Überflusses«[2], mit einer Lotuspflanze, an der sich aufrecht stehend eine Blüte erhebt, während sich zu beiden Seiten gleichfalls Lotusstengel ranken, die auch in einer offenen, allerdings nach unten gerichteten Blüte enden.
Noch heute werden derartige Opferschalen, aber auch Tabletts, auf der Insel Bali[3] für die *amerta*-Zeremonie, bei der der Priester *amerta*, heiliges Wasser, erzeugt, gebraucht. Dabei stellt er auf die Schale die *ghanta*, eine Glocke, die *dhupa*, einen Weihrauchbrenner, sowie den *amerta*-Krug, eine Sitte, die sich bis in die indo-javanische Periode zurückverfolgen läßt.[4] J. P.

1 Java und Bali, Nr. 56.
2 Lohuizen-de Leeuw 1984, Nr. 97 u. 103.
3 Uhlig 1979, 136(B), Abb. (I).
4 Zu diesen Attributen s. Lohuizen-de Leeuw 1984, Nr. 61, 82 u. 90.

73
Pfau

Privatsammlung
Vormals Sammlung J. E. van Lohuizen-de Leeuw
Bronze
H. 9,8 cm
Zentral-Java
9.–10. Jh.

Der Vogel, ein Pfau mit geöffnetem Schnabel und langen geschweiften Schwanzfedern, erhebt sich auf einem glatten, nahezu halbkugelförmigen Sockel. Obwohl Vögel[1] wie auch *makara*[2] in der zentral-javanischen Periode gern als Bekrönung von Stäben gewählt wurden, kann man häufig nicht mit Bestimmtheit sagen, wozu diese Ornamente dienten. Denkbar sind sie als Lampendekor, doch hat sich bis heute kein intaktes Objekt dieser Spezies gefunden, obwohl Exemplare mit einem großen kugelförmigen Sockel durchaus belegt sind.[3]
Übrigens soll der Pfau aus den Federn, die einst Garuda verloren hat, entstanden sein, und wie Garuda gilt auch er als Schlangentöter. Darüber hinaus ist er ein Symbol der Liebe und Unsterblichkeit. J. P.

1 Bernet Kempers 1959, Abb. 314.
2 Lohuizen-de Leeuw 1984, Nr. 145; Bernet Kempers 1959, Abb. 313.
3 Lerner et al. 1991, Nr. 153.

74

Maske, menschliche Silhouette und halbmondförmiges Ornament

Yogyakarta, Museum Sono Bodoyo
Gold
Maske: H. 15 cm, Silhouette: H. 31 cm, Ornament: B 15 cm
Nayan, Yogyakarta, Zentral-Java
8.–9. Jh.

Im Frühling 1960 entdeckten drei Bauern in einer Schlammwand neben einem Reisfeld am Rand des Dorfes Nayan, Maguwoharjo, Depok, nördlich der Hauptstraße von Yogyakarta nach Solo, einen irdenen Krug. Er enthielt vier Stücke aus Blattgold, die sich als Silhouette eines Mannes ohne Kopf, eine kleine Maske eines Mannes und ein mondsichelförmiges Ornament, vielleicht eine Brustplatte, herausstellten. Das Pektoral ist in Treibarbeit mit einer von Rankenwerk umgebenen Lotusknospe verziert. Die auffallend individuellen Gesichtszüge der Maske legen die Vermutung nahe, daß es sich um ein Porträt handelt, d. h. die Wiedergabe eines schnauzbärtigen Javaners.
Zwei frühere Funde, beide innerhalb einiger Kilometer von Nayan, scheinen ähnlichen Typs zu sein. Während der Ausgrabung und Rekonstruktion des nahe gelegenen Candi Gebang im Jahre 1936 wurde ein zerbrochenes Bronzegefäß gefunden, das neben dem Tempel vergraben war. Unter den zusammen mit dem Krug ausgegrabenen Stücken war ein goldenes, mondsichelförmiges Ornament, ähnlich dem von Nayan, in der Mitte mit einem einzelnen Halbedelstein eingelegt. Außer einigen knopfförmigen Teilen gehörten zu diesem Fund auch Blattgold- und -silberstreifen, ähnlich der Nayan-Silhouette, aber keine Maske.
Als weitere Parallele wäre der Fund von Plembon, Taji, Prambanan, aus dem Jahre 1959 zu nennen. Die Objekte ähneln denen von Nayan, aber die Maske gibt nicht individuelle menschliche Züge wieder, sondern einen Buddha, und zwar vollständig mit langen Ohrläppchen und dem Schädelwulst.
Die Entdeckung von drei einander so ähnlichen Funden innerhalb eines Radius von 10 Kilometern läßt auf eine lokale Tradition schließen, aber die ursprüngliche, wahrscheinlich rituelle Funktion dieser Objekte bleibt eine Sache der Mutmaßung. Sukarto hat sie als Vorläufer des Blumenbildnisses interpretiert, das entsprechend der Erwähnung in Prapañcas *Nagara-Kertagama* (65,1) bei der posthumen *shraddha* (Gedenkzeremonie) für Königin Rajapatni im Jahre 1362 verwendet wurde. Das Blumenbildnis (Skt. *pushpa*), vielleicht eine Puppe aus geflochtenem Bambus, wurde auf einem Löwenthron plaziert, nachdem die Seele der verstorbenen Königin der Bitte des Priesters gefolgt war, in die *pushpa* herabzusteigen. Der Gebrauch solch zeitweiliger Aufenthaltsorte der Seelen ist in Java noch bei den Bewohnern der Tengger-Berge (Ost-Java) üblich, wo viele präislamische Traditionen erhalten geblieben sind. Die Verwendung von Puppen bei Totenzeremonien ist auch bei den Kalang in Zentral-Java üblich. Soekmono hat auf die Ähnlichkeit mit balinesischen *adegan* genannten Bildnissen hingewiesen, die aus Holz oder Palmblättern, Gold- oder Silberplättchen oder aus chinesischen Münzen zusammengefügt werden. Drei Löcher an den Rändern der Maske rechts und links der Wangen dienten wohl zur Befestigung an einem Stück Stoff. Zwei dieser Löcher enthalten noch eine Goldöse. J. F.

Lit.: OV 1937, 24 und Abb. 11; Sukarto 1960; Pigeaud 1960–1963, 3: 74, 4: 176–181; Soekmono 1965, insb. 44; AIA Nr. 99abc; Tokio 1980, Nr. 56; Seltmann 1987.

75 a

75 c

75 a, b, c

a) Statue des Bhattara Guru (?)

Jakarta, Museum Nasional, Inv. Nr. 8454
Vulkanisches Gestein
H. 77 cm
Candi Gurah, Ost-Java
11./12. Jh.

b) Statue des Sonnengottes Surya

Jakarta, Museum Nasional, Inv. Nr. 8455
Vulkanisches Gestein
H. 76,5 cm
Candi Gurah, Ost-Java
11./12. Jh.

c) Statue des Mondgottes Candra

Jakarta, Museum Nasional, Inv. Nr. 8456
Vulkanisches Gestein
H. 78,5 cm
Candi Gurah, Ost-Java
11./12. Jh.

Im Jahre 1957 erhielt der Archäologische Dienst Indonesiens die Information, daß Bauern im Dorf Tiru (Gurah bei Kediri, Ost-Java) beim Graben eines Brunnens auf eine ungewöhnlich fein gearbeitete Skulptur gestoßen seien. Untersuchungen vor Ort und Ausgrabungen im Laufe der folgenden zwei Jahre brachten die Überreste eines shiwaitischen Tempelkomplexes ans Tageslicht, der aus Ziegeln und Stein erbaut und von einer etwa

75c

76
Rückenlehne eines Throns

Jakarta, Museum Nasional, Inv. Nr. 6115
Bronze
B. 56 cm, H. 47 cm
Biaro Bara, Padang Lawas, Sumatra
11.–12. Jh.

Der bronzene »Glorienschein«, bedeckt von einer dunklen, grünen Patina, wird von einem Monster-Kopf (Skt. *kirtimukha*; Javanisch: *kala*), dessen Unterkiefer zwei nach außen gewandte Elefantenköpfe flankieren, mit spitzförmigem Kopfschmuck bekrönt. Aus ihren Mäulern ergießt sich gleichsam ein gewelltes Band aus Perlen und Flammen, das unten in den offenen Mäulern eines See-Ungeheuer-Paares *(makara)* endet. Dieser »Glorienschein« aus Flammen umschließt einen runden Nimbus, der auf einer Lotuspflanze ruht, mit einem Loch in der Mitte und einer Umrandung aus Lotusblättern. Auf der Rückseite hinter den *makara* sind Doppelringe angebracht, mit denen der »Glorienschein« an seinem zugehörigen Sockel oder Thron befestigt werden konnte. Zusätzlich hielten zwei oben hinter dem *kala*-Haupt fixierte weitere Ringe einst die Stütze eines Baldachins.

Dieses exzellente Beispiel der Kunst des Bronzegusses, das trotz des Fehlens seines Kultbildes beeindruckt, muß sich hinter einem Sitzbildnis befunden haben, das – wohl auch aus Metall gefertigt – annähernd 30 cm groß war. Die Thronlehne ist 1936 von F. M. Schnitger aus dem *biaro* (von Skt. *wihara*, Heiligtum) von Bara, im Bereich von Padang Lawas (siehe Kat. 107), ausgegraben worden. Ein farbiger Bericht über diese Bergungsaktion, die zeitweilige Aneignung des Stückes durch einen lokalen *raja* und seine nachfolgende Zurückgewinnung für das Museum in Jakarta mittels einer List wurde von seinem Entdecker in holländischer und später 1939 auch in englischer Sprache veröffentlicht.

Der Stil des »Glorienscheines« und die Technik der Befestigung an seiner Basis erinnern an südindische Bronzen, obwohl direkte Parallelen fehlen. Sowohl die Tempelruinen wie auch viele der hier gefundenen Objekte weisen häufig südindische Charakteristika auf, und dies vielleicht deshalb, weil die Handelsrouten von der Ost- zur Westküste Sumatras während der klassischen Periode durch dieses Gebiet verliefen. Einige Stücke wie z. B. eine bronzene weibliche Figur, die in Biaro Bahal I geborgen werden konnte, sind definitiv südindischer Herkunft. Eine andere Bronzegruppe, die Lokanatha aus Gunungtua, Tapanuli, könnte gleichfalls für eine in Indien entstandene Statue gehalten werden, wiese nicht die Inschrift aus dem Jahr 1039 eindeutig auf ihre lokale Herkunft.

Biaro Bara liegt am Südufer des Panei-Flusses, nicht weit von den drei *biaro* von Bahal am Nordufer entfernt. Sein Hof ist der größte aller Tempel in Padang Lawas (78 × 87 m). Im Innern des Haupttempels fand Schnitger einen *naga*-Steinsockel mit einer Dekoration in zentraljavanischem Stil. Da solche Sockel normalerweise in Shiwa geweihten Tempeln vorkommen, legt dieser Fund die Annahme nahe, daß Biaro Bara ein shiwaitisches Heiligtum inmitten von Tempeln der tantrisch-buddhistischen Sekte war. In diesem Fall könnte das fehlende Kultbild eher einen Hindu-Gott als eine Figur aus dem buddhistisch-tantrischen Pantheon dargestellt haben. 1982 wurde darüber hinaus in Tandihat eine Steinstatue des Ganesha entdeckt, ein zusätzlicher deutlicher Hinweis auf die Existenz des Hinduismus in Padang Lawas.

J. F.

Lit.: Schnitger 1936b; JBG 3 (1936), 200, Nr. 6115; Schnitger 1937, Tafel 34; Schnitger 1939, 102–105, Tafel 8; Mulia 1980b.

◁ 77

Bodhisattwa Padmapani

Privatsammlung; Sammlung Webster vor 1898, Pitt-Rivers Museum, Farnham, Dorset, England
Bronze
H. 24,2 cm
Ost-Java
11. Jh.

Diese wichtige, reich verzierte Bronze war möglicherweise Teil einer größeren Gruppe von Bronzefiguren. Es ist Padmapani oder »der, der den Lotus trägt« und in *wajraparyanka*-Haltung auf einem ovalen Lotuskissen sitzt, das wiederum auf einem reich verzierten Thron aufliegt. So ist auch seine Rückenlehne auf beiden Seiten mit Blumenmotiven und in etwa halber Höhe mit zwei *makara*-Köpfen geschmückt. *Makara* – eine Art Fisch-Elefant mit großen Stoßzähnen, mithin ein See-Ungeheuer – gilt als Symbol für Wasser und Finsternis und bildet den Gegenpol zu dem sog. *kala*-Kopf, einem Sonnensymbol, das hier allerdings nicht dargestellt ist. Der obere Teil der *prabha*, der Aureole, ist zu beiden Seiten von *shakti*-Flammen umlodert und geht in der Spitze in einen großen *chattra*, einen Sonnenschirm, über. Bisher ist nur ein weiterer so reich verzierter Thron dieses Stils bekanntgeworden: Es ist die Hauptfigur aus dem sog. Nganjuk-Mandala.[1]

Die Rechte des Bodhisattwa erscheint in der *wara-mudra*, der Handhaltung des Schenkens, während die Linke einen Stengel über dem Knie hält, der aus dem Lotuskissen sprießt, sich am Arm emporrankt und in einer *padma*, einer roten Lotusknospe, endet. Vorn an der fünfzackigen Krone ist ein Abbild seines Vaters, des Jina Amitabha, deutlich zu erkennen und hinter seinem Haupt noch eine weitere Aureole mit *shakti*-Flammen. J. P.

1 Krom 1914, Abb. XIII.

Lit.: Lunsingh Scheurleer et al. 1988, Nr. 48; Huntington 1990, Abb. 86.

78

Göttin Candi auf ihrem Reittier

Privatsammlung; vormals in der Sammlung des Pfarramtes der Kirche in Malang sowie der Sammlung Zorab
Bronze
H. 14,6 cm
Ost-Java
11. Jh.

Die Göttin kniet auf ihrem *wahana*-Reittier, einem brüllenden Löwen, der sich heranpirscht und beide Vorderpranken angriffslustig erhoben hat. Das Maul ist weit geöffnet, und die Mähne liegt gelockt auf dem Nacken. Die Brust erscheint reich mit Schmuck behängt, wie er ähnlich auch Hals und Brust der Göttin schmückt. Während sie auf dem Rücken des Tieres kniet, stützt sie sich, um die Balance zu halten, mit den Zehen auf dessen Hinterleib ab. Sie trägt einen langen *dhoti* und eine Schärpe um ihre Taille geschlungen, die seitlich gebunden wurde und deren Enden nach unten fallen. Die vierarmige Gottheit weist ein dämonisches Äußeres auf mit runden Augen und scharfen, vorspringenden Eckzähnen. Vor der Brust hält sie den *wajra*, den Donnerkeil, wohingegen das Attribut in der hinteren rechten Hand – wohl das *cakra*-Rad – heute weggebrochen ist. Mit der linken oberen Hand hält sie ein geflügeltes *shankha*-Schneckengehäuse und mit der linken vorderen den Griff einer heute ebenfalls weggebrochenen Keule oder eines Schwertes. J. P.

79
Bodhisattwa Wajrasattwa

Privatsammlung; früher Sammlung Nauta
Gold
H. 5,1 cm
Ost-Java
Frühes 11. Jh.

Das Miniaturbildnis zeigt den Bodhisattwa Wajrasattwa im *sattwaparyanka*, dem Lotussitz, vor einer Aureole mit seiner Rechten vor der Brust, als hielte er einen Donnerkeil *(wajra)*. Seine Linke bildet eine Geste, als ruhe in ihr eine Glocke *(ghanta)*. Obwohl man vermuten könnte, die Attribute seien verloren, ist dies hier sicher nicht der Fall, da in den Händen nicht genügend Raum vorhanden ist, weshalb hier nur die Gebärde gilt.

Es gibt zwei verschiedene Wesen im esoterischen Buddhismus, die denselben Namen tragen: einmal ist es der Adi-Buddha Wajrasattwa[1], zum anderen der Wajra-Bodhisattwa Wajrasattwa.[2] Einziger Unterschied zwischen der indischen und der indonesischen Ikonographie ist die Beinhaltung. So sitzt ersterer im sog. *wajraparyanka* mit gekreuzten Beinen, der zweite dagegen im *sattwaparyanka* mit übereinandergeschlagenen Beinen. Letzterer stellt keine Hauptgestalt des Pantheons dar, sondern ist deutlich untergeordnet. Der Wajrasattwa, der sicher Teil eines großen Mandala war, trägt viele Juwelen und ein Gewand mit einer großen, um die Hüften geschlungenen Schärpe. Ein Edelstein, der einst die Krone zierte, ist heute verschwunden.

Der Stil des Objektes erinnert an den der sog. Nganjuk-[3] oder Surocolo-Gruppe (Kat. 28). Dennoch ist die Figur vermutlich etwas später entstanden. J. P.

1 Lohuizen-de Leeuw 1984, Nr. 2.
2 Fontein 1990, Nr. 64 und 65.
3 Krom 1914, 59–72, Abb. XII–XXIII.

80
Tempelglocke

Jakarta, Museum Nasional, Inv. Nr. 9581
Bronze
H. 31 cm
Ngrejo, Kalangbret, Kauman, Tulungagung, Ost-Java
1289 n. Chr.

Der Glockenkörper ruht auf einer doppelten Lotusbasis, die von einem halbkreisförmigen Wulst unterstützt wird. Über dem glatten Körper dient ein weiterer Doppellotus, dessen Blütenblätter in der oberen Reihe aufwärts gerichtet sind, als Sockel für zwei ineinander verschlungene Drachenschlangen *(naga)*. Diese Tiere haben Hörner auf ihren Nasen, und aus ihren offenen Rachen schlängeln sich gewundene Zungen. Die Kette mit einem Haken am Ende ist an einem Ring oberhalb der *naga*-Köpfe befestigt.

Auf dem geschuppten Leib einer der beiden *naga* gibt eine mitgegossene Inschrift die Jahreszahl »1211« der Shaka-Zeitrechnung an, die dem Jahr 1289 entspricht. Damit gehört die Glocke als letzte zu einer Gruppe von vier anderen ähnlicher Form, die durch ihre Inschriften in das späte 13. Jahrhundert datierbar sind. Die erste dieser Glocken befindet sich im Linden-Museum in Stuttgart und trägt ein Datum, das dem Jahr 1276 entspricht. Eine ähnliche Glocke, die in das Jahr 1284 datiert ist, gehört zu einer Privatsammlung in Washington. Ein besonders schönes Exemplar soll eine 1287 datierte Glocke gewesen sein, die sich einst im Museum von Jakarta befand. Leider ist sie durch ein Feuer im Pavillon von Holländisch-Ostindien während der Kolonial-Ausstellung in Vincennes in Frankreich 1931 zerstört worden.

Außer der verlorenen Glocke, die gleichfalls von einer *naga* bekrönt war, hat jedes der anderen datierten Exemplare ein Griffende in Form eines aufrecht auf seinen Hinterpranken stehenden Löwen. Bislang ist übrigens kein anderes Exemplar mit einem Aufsatz von ineinander verschlungenen *naga* bekanntgeworden.

J. F.

Lit.: NBG (Februar 1910) 16–17, XXXIII; AIA Nr. 59; *Koleksi Pilihan* 1, Nr. 16. Glocke von 1276: Linden-Museum 1984, Nr. 52. Glocke von 1284: Amsterdam 1988, Nr. 73; Amsterdam 1989, Nr. 357. Glocke von 1286 (ehemals Jakarta-Museum, Inv. Nr. 958 f): NBG 1896, 25, und CIV; ROD 1923, 59; Krom 1926, Tafel 42; Bosch und Le Roux 1931.

83
Schöpfkelle für *amerta*-Wasser

Privatsammlung
Silber
L. 33 cm
Lumajang, Ost-Java
13.–15. Jh.

Diese Schöpfkelle für das »Heilige Wasser« *(amerta)* besteht vor allem aus einer silbernen runden Schale in Form einer aufgeschnittenen kleinen Kokosnuß[1], an deren Wandung im Bereich von Blütendekor ein Stiel montiert worden ist. Der Pflanzenschmuck erinnert an *amerta*-Töpfe[2], die einen Deckel in Gestalt des Berges Meru besitzen, eines Felsenmotivs, das sehr geeignet erscheint, auf den Meru-Berg[3] anzuspielen, der ja als Hüter des Lebenselexiers *amerta* fungiert. Auf vielen Reliefdarstellungen Javas sind derartige Schöpfkellen abgebildet worden.[4]

J. P.

[1] Grant 1969, 117.
[2] Lohuizen-de Leeuw 1984, 125, Nr. 91.
[3] Bernet Kempers 1959, 20 und 21.
[4] Stutterheim 1925, Tafelband, Abb. 34, Nr. XIIIa und Abb. 53, Nr. XIXc.

84
Almosenschale

Privatsammlung
Silber
Dm. 20,5 cm
Lumajang, Ost-Java
12.–14. Jh.

Unter dem glatten Rand der runden Schale wurde ein Reliefband aus Ranken graviert, in dem ein Blumenmotiv in einem Oval vorkommt. Wir wissen, daß derartige Schalen[1] in ganz Süd- und Südostasien von Mönchen benutzt werden, die mit ihnen herumziehen, um sich bei den Laien ihr tägliches Essen zu holen.[2] Möglich erscheint, daß diese Schale einst zu einem *amerta*-Topf gehört hat.[3]

J. P.

[1] Ein Buddha-Bildnis mit einer solchen Opferschale s. Fontein 1971, Nr. 23.
[2] Dale Saunders 1960, 143 und 144.
[3] Lohuizen-de Leeuw 1984, Nr. 91.

85
Gießer

Privatsammlung
Bronze
B. 17,4 cm
Ost-Java
13.–14. Jh.

Die zylindrische Röhre des Gießers geht in den Körper einer *naga*-Schlange mit weit aufgesperrtem Maul über, in dem man die scharfen Zähne deutlich sehen kann. Schlangen sind die Beschützer der Juwelen und werden daher in der indonesischen Kunst oft mit einem *ratna*-Juwel auf dem Kopf abgebildet.[1] Der Gießer diente wahrscheinlich als Tülle einer großen steinernen *amerta*-Vase, in der das Wasser der Unsterblichkeit aufbewahrt wurde.
In Belahan, einem Badeort, hat sich die Skulptur einer steinernen, stehenden, vierarmigen Göttin erhalten, die in ihren Händen zwei *amerta*-Vasen hält (s. Kat. 122 zu einer bronzenen *amerta*-Vase)[2], bei denen allerdings die einst sicher aus Bronze gefertigten *naga*-Tüllen heute verschwunden sind. J. P.

1 Bernet Kempers 1959, Abb. 220.
2 Resink 1967, 252(b), Abb. 2a.

86
Ring

Privatsammlung
Gold und Glaspaste
Dm. 2,7 cm
Ost-Java
11.–12. Jh.

Den dicken schweren Ring ziert im Zentrum ein von vier umlaufenden Häkchen gehaltener Stein aus Glaspaste, den ein umlaufendes Rankenband zusätzlich hervorhebt. Das eigentliche, sich verjüngende Ringband zieren annähernd parallel angeordnete, reliefartig hervortretende Muster aus gedrehten Schnüren. J. P.

87
Ohrring

Privatsammlung
Gold
B. 2,9 cm
Ost-Java
12.–13. Jh.

Rein äußerlich erinnert die Form dieses Ohrringes an eine geöffnete Nuß oder einen Käfer mit ausgebreiteten Flügeln. Seine Mitte bildet ein senkrechter Rand mit Pflanzendekor, aus dem kleine Blüten hervortreten. Oberhalb der »Flügel« befindet sich ein kleiner Bogen, mit dem der Schmuck am Ohr befestigt werden kann und auf dem zwei stilisierte Augen zu erkennen sind.
Die Form des Ohrrings hat sich wahrscheinlich aus einer Lotusknospe entwickelt, lassen sich doch die einzelnen Stadien dieser Entwicklung auf verschiedenen dekorativen Tempelreliefs in Kambodscha[1] nachvollziehen. Zahlreiche Schmuckstücke dieser Art wurden gefunden und miteinander verglichen. Als Ergebnis läßt sich eine Entwicklungslinie aufzeigen, die belegt, wie sich aus einem Lotusmotiv die spätere V-Form herausbildete.[2] J. P.

1 Zu dieser Entwicklung s. Bosch 1960, Abb. 36b, c und d.
2 Stutterheim 1937, Fig. 42 (mittlere Reihe).

88
Siegelring

Privatsammlung
Gold
B. 2,3 cm
Ost-Java
12.–13. Jh.

Der glatte Ring besitzt eine dicke, glatte, ovale Platte, auf die in versenktem Relief ein Text in stilisierter Kadiri-Schrift graviert ist, die frühestens aus dem 12. Jahrhundert stammen kann. Die Übersetzung lautet: »*pralina*«[1], was soviel wie »verschwunden, gestorben« bedeutet.[2]
Ringe dieser Spezies wurden als Siegel benutzt, wie sich u. a. anhand von Terrakotta-Tontafeln ersehen läßt, wie sie in Mojokerto ausgegraben wurden.[3] J. P.

1 Holle 1877, 7, Nr. 76; 16, Nr. 76; 25, Nr. 76.
2 Juynboll 1923, 388; Miksic 1990, 110.
3 Karow 1987, Nr. 298.

89
Fingerring

Jakarta, Museum Nasional, Inv. Nr. 6147/A 370
Gold
Dm. 2,8 cm, L. 3 cm
Aus der Umgebung von Yogyakarta
wohl 10. Jh.

Die Ringplatte besteht aus einem Oval mit zugespitzten Enden. Die Oberfläche ist mit Schriftzeichen verziert, die an Dewanagari-Buchstaben erinnern.
Die Inschrift besteht aus drei Zeichen, die jedoch nicht gelesen werden können. Es gibt mehrere Ringe dieser Art, die zum Teil mit eingravierten Schnörkelmustern verziert sind, während die anderen ein buchstabenähnliches Muster haben. Diese Inschriften stellten wohl eine Art von »magischer Schrift« (Javanisch *rajah*) dar.
W. M.

90
Zwei Armreife

Jakarta, Museum Nasional, Inv. Nr. A 923/1268
Silber, Gold
Dm. 8 cm, Dm. des Hohlreifs 1 cm
Ngaturan, Perbuan, Sernarang, Zentral-Java
10./11. Jh.

Die hohlen Armreife sind aus Silber gearbeitet, ihre Enden gehen in goldene Köpfe über, sie dürften Schlangenköpfe darstellen. Am Silberteil mit jeweils vier Nieten befestigt, bilden Girlanden mit floralen Mustern die Verzierung an der Nahtstelle. Das Innere ist mit 2,5 mm dicken Bronzekügelchen gefüllt.
Die Reife wurden aus gerolltem Silberblech hergestellt. Die Verbindungsstücke wurden erhitzt und gefeilt, so daß sie kaum sichtbar sind. Die vier Schlangenköpfe aus Gold hat man separat in der Gußtechnik der »verlorenen Form« gefertigt. W. M.

87

88

90

89

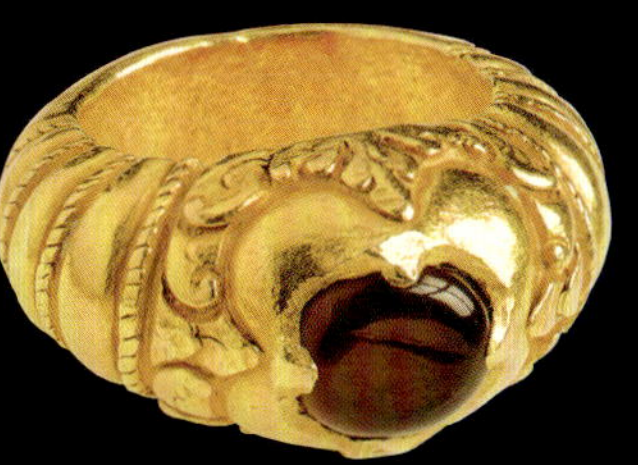

86

91
Spiegel

Privatsammlung
Bronze
H. 17 cm
Ost-Java
11.–12. Jh.

Die Vorderseite des Spiegels ist einfach als glatte, runde Scheibe gebildet, während die Rückseite mehrere konzentrische Kreise und eine reliefartig hervortretende weibliche Brust als Mitte aufweist. Der Handgriff hat die Form eines T, dessen Enden nach oben gekehrt erscheinen. Seine Vorderseite wurde mit einer Inschrift in »kadirischer Quadratschrift«, also Buchstaben, die zu Rechtecken stilisiert wurden[1], geschmückt, deren Aussage eine glückverheißende Bedeutung verkündet: »beschenkt mit Schönheit und Glück«. J. P.

[1] s. dazu einige Beispiele: Loohuizen-de Leeuw 1984, Nr. 109–111.

92
Spiegel

Privatsammlung
Bronze
H. 17 cm
Ost-Java
13.–14. Jh.

Der Spiegel ist an der Vorderseite als flache Scheibe gestaltet, seine Rückseite dagegen ist mit konzentrischen Kreisen verziert und in der Mitte mit dem Rudiment einer weiblichen Brust. Den Handgriff bildet eine schwangere Frau, die ihre rechte Hand in Brusthöhe aufhält. In der Linken, die herabhängt, hält sie einen *kamandalu*, einen rituellen Wasserkrug. Sie erscheint gegen einen Lotusstengel mit zwei Blättern gelehnt, der in einer offenen Lotusblüte endet, die ihrerseits wieder die Scheibe des Spiegels trägt.
Die Darstellung einer Schwangeren mag an das rituelle Bad erinnern, das Frauen im siebten Monat auf ihrem

Weg zum Tempel zu nehmen pflegen als Vorbereitung auf die *tingkeban*[1], spezielle Festlichkeiten gerade in dieser Schwangerschaftsperiode. J. P.

[1] Koentjaraningrat 1990, 352 und 353.

93
Widder

Privatsammlung
Bronze
B. 14 cm
Ost-Java
12.–13. Jh.

Der Widder, an dessen Brust ein Ring zur Befestigung eines Stricks angebracht ist, erhebt sich auf einer Basisplatte, an der Räder befestigt sind. Um den Hals trägt das Tier eine Schnur mit Glöckchen. Der Kopf mit den großen, schneckenförmig gedrehten Hörnern ist typisch ost-javanisch, wie sie auch an verschiedenen Ohrgehängen mit Widderköpfen vorkommen.[1]
Der Widder ist das *wahana*, das Reittier des Gottes Agni, des Feuergottes. Gelegentlich wird auch das Reittier der Göttin Saraswati – eine Gans – durch einen Widder ersetzt, werden dieser doch in dem Distrikt Dacca in Indien diese Widder geopfert oder ihr zu Ehren Widderkämpfe veranstaltet.[2]
Mehrere Beispiele derartiger kleiner »Widder-Wagen« haben sich erhalten[3], doch ist ihr Zweck unklar: Unwahrscheinlich scheint, daß es sich bei diesen kleinen Wagen, auch mit Reitern[4] oder einem Tier mit Schlappohren[5], einfach um Spielzeug handelt. J. P.

[1] Java und Bali 1980, 87, Nr. 161.
[2] Stutley 1985, 126.
[3] Fontein 1971, Nr. 56; Lunsingh Scheurleer 1988, Nr. 109.
[4] Lohuizen-de Leeuw 1984, Nr. 140.
[5] Lohuizen-de Leeuw 1984, Nr. 139.

94
Die Göttin Hariti

Mojokerto, Museum Purbakala, Inv. Nr. 643
Bräunlicher Sandstein
H. 62 cm
Sikuning, Arjuna-Berg, Ost-Java
wohl 13. Jh.

Die mit einem aufwendigen Kopfputz und einer Überfülle an Schmuck aus schweren Ohrgehängen, einer Perlenhalskette, zwei juwelenbesetzten Gürteln, Armbändern und doppelten Fußbändern ausgestattete weibliche Figur läßt königlichen oder göttlichen Status vermuten, was durch den Nimbus bestätigt wird. Ein kleines Kind zu ihrer Rechten, das sie an der Hand hält, während sie auf ihrer linken Hüfte ein Baby in einer Schlinge *(selendang)* trägt, verweist auf den mütterlichen Aspekt. Diese auf ganz besondere Weise das Menschliche mit dem Göttlichen verbindende Statue wurde 1915 im Wald von Sikuning am Nordhang des Arjuna-Berges (Ost-Java) in der unmittelbaren Nachbarschaft der Überreste eines kleinen Tempels von 3,20 × 1,67 m gefunden. Bei Ausgrabungen, die im gleichen Jahr von Leydie Melville durchgeführt wurden, fand man eine weitere, etwas kleinere, 57 cm hohe Statue. Stilistisch ähnlich und aus derselben Gesteinsart sowie von vergleichbarer Größe gearbeitet, stellt sie zwei sich an der Hand haltende Götter dar. Shiwa und seine Gemahlin Parwati werden händehaltend dargestellt.
Die einzige Gottheit, die häufig mit Kindern assoziiert wird, ist die buddhistische, von einer Menschenfresserin zur Göttin gewandelte Hariti. Ein früher Hinweis auf ihren Kult als Beschützerin der Kinder wurde in Zentral-Java (siehe Kat. 30) entdeckt. Zwei balinesische Statuen legen Zeugnis davon ab, daß sich der Hariti-Kult zu einem frühen Zeitpunkt auch bis nach Bali verbreitet hatte. Eine Statue von der »Elefantenhöhle« Goa Gajah in der Nähe von Bedulu, Bali, zeigt die Göttin mit sieben ihrer Kinder und mag aus dem späten 10. Jahrhundert stammen. Ein zweites balinesisches Beispiel aus dem Pura Panataran Panglang in Pejeng und auf 1091 datiert, zeigt sie mit fünf Kindern. Während die Zahl fünf das Vertrautsein des Bildhauers mit der indischen Tradition nahelegt, wonach Hariti 500 Kinder gebar – oder, entsprechend einer anderen Version, verschlang –, nimmt man heute allgemein an, daß Men Brayut, wie sie in Bali genannt wird, achtzehn Kinder hatte.
In zwei altjavanischen literarischen Werken aus der Kediri-Periode (vor 1222), dem *Smaradahana* und dem *Bhomantaka*, wird diese Mutter vieler Kinder erwähnt.

Allerdings haben die Herausgeber und Übersetzer beider Texte diese Passagen als spätere Einfügungen angesehen. Insbesondere die Passage im *Bhomantaka* mit der Kinderzahl achtzehn macht die Möglichkeit einer späteren balinesischen Einfügung wahrscheinlich. Obwohl sich also der eindeutige literarische Beweis für einen Hariti-Kult während der ost-javanischen Periode nicht erbringen läßt, scheint es denkbar, daß der balinesische Kult der Men Brayut seine Wurzeln in einer älteren javanischen Tradition hatte. Kürzlich erst hat Edi Triharyantoro zwei Terrakotten im Trowulan-Museum als Darstellung der Hariti identifiziert. Beide wurden in Kepiting im Dorf Temon bei Trowulan ausgegraben und stammen aus dem 14. oder 15. Jahrhundert.
Krom, der als erster auf die Einzigartigkeit dieser Statue hinwies, fand zugleich das Bemühen des Bildhauers um eine natürliche Darstellung der Mutter mit Kindern wenig gelungen. Vielleicht war er in diesem Urteil von der damals vorherrschenden Tendenz beeinflußt, Abweichungen von der indischen ikonographischen Norm als Symptome des Verfalls zu betrachten. Er glaubte, daß der angebliche Mangel an Spontaneität mit dem Aufkommen eines starr frontalen Skulpturstils während der Majapahit-Periode zusammenhinge. Zu der Zeit, als Krom diese Betrachtungen anstellte, hatte er wahrscheinlich noch keine Gelegenheit gehabt, die Statuen aus Jebuk, Tulungagung (siehe Kat. 129, 133), zu sehen, die 1922 und 1934 ins Jakarta-Museum gelangten. Statt diese Hariti-Statue für ein frühes Beispiel des Niedergangs oder für ein isoliertes Experiment ohne dauerhafte Folgen in der Entwicklung der ost-javanischen Kunst zu halten, sollte man es als ein frühes Werk auf der Suche nach größerer künstlerischer Freiheit betrachten, die schließlich zu solchen Meisterwerken wie den Statuen von Jebuk führte. J. F.

Lit.: OV 1915, 2, 142; ROC 1915, 200, Nr. 1744; Krom 1923, 2: 352, 3: Tafel 94 (Mitte); Krom 1926, 67, Tafel 44. Balinesische Skulptur: Stutterheim 1929a, Abb. 25, 130–131, 76, 85, 142 und Abb. 38; Goris o. J., 191–192, Abb. 3.08; Grader 1939. Terrakotten: Triharyantoro 1988. Altjavanische Texte: Poerbatjaraka 1931, Canto 31: 5; Teeuw 1946, 12: 6.

95
Statue der Prajñaparamita, Göttin der Transzendenten Weisheit

Jakarta, Museum Nasional, Inv. Nr. 1403/XI 1587
Andesit
H. 126 cm
Candi Singasari, Ost-Java
um 1300

Die Göttin der Transzendenten Weisheit sitzt in der Lotushaltung (Skt. *padmasana*) auf einem runden Lotuskissen mit rechteckiger Basis. Ihre Hände bilden vor der Brust die Geste, die das Drehen des Rades der Lehre symbolisiert (Skt. *dharmacakra-mudra*). Ein vom Sockel aufsteigender Lotus-Stengel windet sich um den linken Arm der Göttin. Auf der Lotusblüte liegt ein Buch, das *Sutra der transzendenten Weisheit (Prajñaparamita-sutra)*.
Die Göttin trägt prächtigen Schmuck: eine heilige, dreifache Perlenschnur, aufwendige Arm- und Halsbänder und einen ornamentalen, konischen Kopfschmuck (Skt. *kiritamukuta*). Ein gemustertes geschlungenes Tuch *(kain)* bedeckt den Unterkörper und die gekreuzten Beine. Diese Entfaltung dekorativer Details steht in starkem Kontrast zur Schlichtheit der Rückenplatte, an der die Wappentiere fehlen, die so oft an der Rückseite eines Thrones zu sehen sind. Über dem Querbalken der Thronrückseite erhebt sich ein Glorienschein in Form eines Spitzbogens, den eine Flammenbordüre rahmt.
Die Üppigkeit des Schmuckes kontrastiert auch mit dem nach innen gerichteten, ernsten Gesichtsausdruck der Göttin. Er verdeutlicht auf eindrucksvolle Weise die Ausstrahlung geistiger Kraft. In dieser vorzüglich gearbeiteten und perfekt erhaltenen Statue der Prajñaparamita ist dem Künstler die vollkommene Vermischung des Göttlichen mit dem Menschlichen, des Überweltlichen (Skt. *lokottara*) mit dem Weltlichen (Skt. *lankika*), gelungen. Das transzendente Wissen verbindet sich mit dem äußerlichen Glanz der Welt der Erscheinungen, von der es sich selbst befreit hat. Es gibt keine zweite javanische Statue, die in einer visuell so überzeugenden Art zugunsten der These der Porträtskulptur spricht, in der Götter menschliche Gesichter haben und Könige göttliche Attribute tragen. In der Tat ist dies die einzige Statue, die als königliches Porträt angesehen wurde, noch bevor die These von der Porträtskulptur in der wissenschaftlichen Literatur eingeführt wurde. Die genaue Herkunft dieser Statue kann nur vermutet werden.
Als die Prajñaparamita im Jahre 1818 oder 1819 von dem holländischen Kolonialbeamten D. Monnereau entdeckt wurde, nannten die Javaner sie Putri Dedes (Prinzessin

Dedes), nach der ersten Königin von Singasari, von der alle Könige von Singasari und Majapahit abstammten. Nach J. B. Jukes, der Singasari im Jahre 1844 besuchte, wurde einer der verfallenen Tempel südlich von Candi Singasari »Cungkup (Candi) Putri« (»Tempel der Prinzessin«) oder »Cungkup Wayang« genannt. Jessy Blom hat vorgeschlagen, daß die Prajñaparamita einst in diesem heute vollständig verschwundenen Tempel aufbewahrt wurde. 1820 gab Monnereau die Statue an C. G. C. Reinwardt, der sie nach Holland brachte, wo sie schließlich im Rijksmuseum voor Volkenkunde, Leiden, aufgestellt wurde. Im Januar 1978 wurde sie an Indonesien zurückgeben, wo sie im Museum Nasional in Jakarta ihren Platz fand.

Unser Wissen über Putri Dedes basiert größtenteils auf einer legendären Tradition, die wohl erst gegen Ende des 15. Jahrhunderts in schriftliche Form gebracht wurde. Damals erschien mit der Chronik *Pararaton* ein farbig ausgeschmückter Bericht ihres ereignisreichen Lebens und des rapiden Machtaufstiegs ihres zweiten Gatten Ken Angrok, des ersten Königs von Singasari. Danach war Putri Dedes die Tochter von Mpu Purwa, einem buddhistischen Priester einer Mahayana-Sekte. Sie wurde gewaltsam entführt von Tunggul Ametung, dem Herrscher von Tumapel, der sie zu seiner Frau machte. Kurz danach jedoch wurde er von Ken Angrok umgebracht, der nach der Legende der Sohn eines Gottes und der Gattin eines Bauern war. Ken Angrok nahm die schwangere Dedes zur Frau. Nachdem Ken Angrok 1222 den König von Daha (Kadiri) gestürzt hatte, wurde er der erste König von Singasari. König Rajasa oder Amurwabhumi, wie er fortan genannt wurde, starb im Jahre 1227 und hatte als Nachfolger Anushapati, den Sohn von Dedes mit ihrem ermordeten ersten Ehemann.

Außer der Tatsache vielleicht, daß Dedes die Tochter eines buddhistischen Priesters einer Mahayana-Sekte war – und eine Identifizierung mit der Göttin Prajñaparamita würde deshalb in hohem Maße angemessen erscheinen –, gibt es keine Bestätigung für die mündliche javanische Tradition des frühen 19. Jahrhunderts, wonach die Prajñaparamita-Statue ein Porträt von Putri Dedes ist. Im Gegenteil, im *Pararaton* nennt Ken Angroks Berater, der Brahmane Lohgawe, Ken Dedes *ardhanareshwari*, eine Bezeichnung für die Göttin Parwati. Andererseits aber ist die nachträgliche Identifizierung einer Königin mit der Göttin Prajñaparamita klar dokumentiert: in Prapañcas *Nagara-Kertagama* wird Königin Rajapatni, Tochter des Königs Kertanagara und Gemahlin von König Kertarajasa (1293–1309) so genannt. Es gibt drei weitere Steinstatuen, die eine Göttin mit der Geste der *dharmacakra-mudra* darstellen und konsequenterweise als Prajñaparamita identifiziert werden. Da ist zunächst eine Statue ohne Kopf (137 cm) zu nennen, die 1901 nahe Candi Singasari gefunden wurde, aber bereits 1822 von J. Th. Bik gesehen und gezeichnet worden war. Sie besteht aus einer Gesteinsart, die sich vom Material aller anderen Singasari-Statuen unterscheidet. Die Rückenplatte in Gestalt einer Thronrückseite wird von Wappen-*wylaka* flankiert, die auf keinem anderen Singasari-Stück auftauchen. Jessy Bloms Vorschlag, dieser Statue einen Kopf zuzuweisen, der 1927 bei Singasari ausgegraben wurde (Blom 1939, Nr. 19, pl. 3D), konnte kürzlich bestätigt werden. Unglücklicherweise ist der Kopf so stark zerstört, daß sich lediglich mit Sicherheit der Kopfschmuck des *jatamukuta*-Typs ausmachen läßt. Eine weitere Prajñaparamita ohne Kopf (105 cm) wurde in Candi Bayalangu, Tulungagung, Kediri (Ost-Java) gefunden. P. V. van Stein Callenfels identifizierte diese Stätte mit Bhayalangö im *Nagara-Kertagama* (Canto 74 : 1) als Gedenkschrein für Königin Rajapatni. Sie starb im Jahre

97

Statue des Ganesha

Leiden, Rijksmuseum voor Volkenkunde, Inv. Nr. 1403-1681
Vulkanisches Gestein
H. 152 cm
Singasari, Ost-Java
13. Jh.

Die Erscheinungsform des Ganesha verbindet einen gedrungenen menschlichen Körper – massige Beine und Füße sowie ein hervorquellender Bauch sind seine Merkmale – mit einem Elefantenkopf. Sowohl in der indischen als auch in der javanischen Überlieferung gibt es eine ganze Reihe von Legenden darüber, auf welche Art und Weise Ganesha zu diesem Elephantenkopf kam (vgl. Kat. 132). Mit Götterstatuen im allgemeinen teilt er die Vielarmigkeit als Zeichen des Übernatürlichen. Als Motiv des Sitzes von Kopf- und Ohrschmuck ist mehrfach ein Totenschädel zu erkennen, und die über die linke Schulter gewundene heilige Schnur hat die Gestalt einer Schlange. Diese beiden ikonographischen Details betonen die Beziehung zu Shiwa in seinem Bhairawa-Aspekt (siehe Kat. 103, 104).

Als besonders typische Attribute des Ganesha gelten Axt und Gebetskranz in den »hinteren« erhobenen Händen und die Schädelschalen in den »vorderen«. Ganesha taucht seinen Rüssel in die linke Schale.

Die aus der großen Zahl erhaltener Ganesha-Statuen zu erschließende Beliebtheit dieses Gottes resultierte in der Periode der ost-javanischen Reiche nicht zuletzt aus einem Mythenstrang, der in dem berühmten literarischen Werk *Smaradahana* verarbeitet wurde.

In diesem Epos aus der Kadiri-Zeit, verfaßt wohl gegen Ende des 12. Jahrhunderts, wird Ganesha als Sohn des Shiwa und seiner Partnerin Parwati-Uma eingeführt. Als Nilarudraka und seine Dämonenschar die Götter bedrohen, verweist Shiwa auf seinen kindlichen Sohn als Retter. Mit Hilfe von Magie und Joga wächst er schnell heran. Nach wechselvollen Kämpfen zwischen beiden Parteien fliehen die Götter schließlich, und Ganesha allein stellt sich dem Dämonenfürsten mit seiner Axt *(kutara)* entgegen. Nachdem er Nilarudraka erschlagen und enthauptet hat, kühlt er in dessen Schädel seinen erhitzten Rüssel. So rettete er die Götterschar und wurde in seinem kämpferischen Aspekt zum Überwinder aller Widrigkeiten. E. E.

Lit.: Sedyawati 1994, passim; Zoetmulder 1974, 291 ff.

98

Durga erschlägt den Dämon Mahisha

Leiden, Rijksmuseum voor Volkenkunde, Inv. Nr. 1403–1622
Vulkangestein
H. 157 cm
Candi Singasari, Ost-Java
um 1300

Triumphierend auf einem Büffel stehend, nimmt die Göttin Durga eine dramatische Pose ein. Mit sechs ihrer acht Hände erhebt sie die Waffen, die die Götter ihr schenkten und mit denen sie gerade den Büffel-Dämon getötet hat. Obwohl ihre Hände stark beschädigt sind, ergibt ein Vergleich mit der Durga von Candi Jawi (Kat. 101) und

einer kleineren nur 61,5 cm hohen, kopflosen Durga unbekannter Herkunft im Museum Nasional Jakarta (Inv. Nr. 146), daß alle drei Statuen einst die Attribute, die in Kat. 101 aufgezählt sind, gehalten haben.

Ein Vergleich der Durga-Statuen von Singasari und Jawi zeigt eine Anzahl deutlicher Unterschiede zwischen diesen beiden Skulpturen, die demselben ikonographischen Typ angehören und auch ungefähr derselben Datierung sind. Der auffallendste Unterschied besteht wohl in der Positur – mitreißend dramatisch und herausfordernd bei der Singasari-Statue, aus ästhetischem Gestaltungseffekt sorgfältig angeordnet in der von Jawi. Während der Faltenwurf der Gewänder bei beiden Statuen sehr ähnlich ist, steht der Gesamteindruck der Pracht, den das kostbare, sich batikartig wiederholende Muster des Singasari-Gewandes erzeugt, im Gegensatz zur Schlichtheit des Gewandes der Jawi-Durga. Dieser Kontrast setzt sich bis zur Ausführung der Büffel fort; denn während

der Singasari-Stier mit einem prächtigen Geschirr verzierter Kreuzbänder ausgerüstet ist, scheint der Jawi-Büffel soeben von den Reisfeldern zu kommen. So als ob betont werden sollte, daß es im größten Moment des Sieges keinen Grund mehr gibt, den Asura Mahisha herabzusetzen, zeigt die Singasari-Statue eine voluminöse junge Gestalt in Proportionen, die der Gesamtkomposition angemessen sind, wohingegen die Jawi-Skulptur ihn zwergenhaft erscheinen läßt.

Der nach innen gerichtete, gelassene Gesichtsausdruck und der außerordentlich prächtige Eindruck des Gewandes, des Kopfputzes und des Schmucks kennzeichnen die Singasari-Statue als ein hervorragendes Beispiel für den Stil, der mit Singasari verbunden ist und in vielerlei Hinsicht das perfekte Gegenstück zur Prajñaparamita (Kat. 95) darstellt. Die Durga-Statue gehört zu den wenigen Skulpturen, deren exakter ursprünglicher Aufstellungsort sich rekonstruieren läßt.

1804 nahm der Entdecker von Singasari, der holländische Kolonialbeamte Nicolaus Engelhard, sechs Statuen von dem kurz vorher entdeckten Fundort mit. Darunter befanden sich Nandishwara und Mahakala aus den Nischen, die den Eingang zur Hauptkammer flankierten, ein Ganesha aus der östlichen und die Durga aus der nördlichen Cella. Der Lotussockel, der sich noch *in situ* befindet, stimmt in den Dimensionen mit der Durga-Statue überein. Das Bildnis von Bhattara Guru in der südlichen Cella, das aufgrund der Schäden, die es erlitten hatte, zurückgelassen wurde, bestätigt, daß die Standardikonographie der javanischen Shiwa-Tempel in Candi Singasari übernommen worden ist. Während die übrigen Statuen 1819 auf Schiffen nach Holland gebracht wurden, stellte man die Durga vorläufig im Botanischen Garten von Bogor auf und schickte sie 1827 ebenfalls nach Holland. Seit jener Zeit ist sie Teil der Sammlung in Leiden.

Candi Singasari, im Dorf Candirenggo, Singasari, Malang (Ost-Java) gelegen, ist ein unvollendeter Tempelbau, der aus einem massigen, quadratischen Sockel und vier Vorsprüngen besteht, die sich auf einer quadratischen, erhöhten Terrasse erheben. Jede der vier Seiten des Unterbaus weist eine Cella auf, diejenige auf der Westseite, die von zwei kleineren Nischen flankiert ist, dient als Eingang zum zentralen Raum. Die anderen drei Kulträume, die früher die großen Statuen beherbergten, sind nur von der erhöhten Terrasse aus zugänglich. Der eigentliche Tempelkörper ist von außen unzugänglich, obwohl sein hohles Inneres mit der Innenseite der Aufbauten und dem Hauptraum verbunden ist. Die schmalen, hohen Nischen am Tempelbau waren früher durch Dächer über den Eingängen zu den Kulträumen teilweise dem

Blick verborgen. Wahrscheinlich enthielten sie keine Skulpturen.
Kala-Köpfe über diesen Nischen stützen das Gesims des pyramidenförmigen Daches, das nur teilweise rekonstruiert werden konnte. Obwohl die Statuen aus dem Tempelinneren fertig bearbeitet sind, erreichte die Verzierung des Tempeläußeren nie ihre Vollendung. Der Dekor, mit dessen Detailausführung im obersten Teil begonnen wurde, war nur bis zum unteren Ende des Dachgesimses fertiggestellt. Während die *kala*-Köpfe, die die Gesimse stützen, bis in all ihre reich verzierenden Details ausgeführt wurden, sind diejenigen über den Cella-Eingängen nur grob behauen worden.
Nach dem *Pararaton* wurde in Singasari ein Tempel in Gedenken an König Kertanagara, dessen Ermordung 1292 das Ende der Singasari-Dynastie markierte, errichtet. Das historische Datum, das sich auf den Tod des Königs und den Untergang seines Kraton und seine Dynastie bezieht, läßt unterschiedliche Interpretationen zu. So gibt es bis heute keine Übereinstimmung unter den Wissenschaftlern über die genaue Datierung von Candi Singasari. Ob es sich um das in der Chronik *Pararaton* »Purwapatapan« genannte Bauwerk handelt, läßt sich nicht mit Sicherheit nachweisen, wenn es auch sehr wahrscheinlich ist, daß der Grund für seinen unvollendeten Zustand im Untergang der Dynastie zu suchen ist. Deshalb könnte die Bildhauerarbeit dem späten 13. oder frühen 14. Jahrhundert zugeschrieben werden.
Eine Inschrift, die auf 1351 datiert wurde, berichtet von der Errichtung eines Schreins in Gedenken an die Priester, die ihr Leben zusammen mit ihrem König beim Staatsstreich von 1292 verloren hatten. Die Bildhauerarbeiten von Candi Singasari und das Bauwerk selbst könnten diesem tragischen Ereignis ihre Entstehung verdanken. J. F.

Lit.: Brandes 1909, Tafeln 28–29 und 43–45; Krom 1923, 2: 68–94; Bosch 1923a; Krom 1926, Tafel 26; Blom 1939, 48, 82, 107; Boeles 1942; Bernet Kempers 1959, Tafel 237; Rawson 1967, Abb. 226; Santiko 1987, 603, Abb. 34a.

99
Gruppenstatue dreier Gottheiten

Jakarta, Museum Nasional, Inv. Nr. 2082
Andesit
H. 200 cm
Sumberjati, Kediri, Ost-Java
14. Jh.

Die vor einer Rückenplatte in Hochrelief herausgearbeitete Figurengruppe gibt in der Mitte eine männliche Gestalt wieder. Sie wird von zwei wesentlich kleiner dargestellten Frauenbildnissen zu beiden Seiten gerahmt. Die heute flach gerundet erscheinende Oberseite der Rückenplatte ist beschädigt, sie bildete ursprünglich einen Spitzbogen. Auch Teile der Basisplatte sind weggebrochen.
Zwei der vier Hände der männlichen Gestalt berühren mit den Zeigefingern ein flammendes Rad *(cakra)*, links von der Figur aus gesehen und rechts eine von Dreiecksornamenten gerahmte Schnecke mit Gehäuse. Die rechte vordere Hand hält zwischen Daumen und Zeigefinger einen Perlenkranz *(ganitri)* mit einem oben vorspringenden Juwel *(wajra* oder *lingga)*. Diese Handhaltung ist heute noch charakteristisch für hinduistische und buddhistische Priester auf Bali bei der Zubereitung heiligen Wassers. Die Handlung wird von einem Spruch begleitet, der die Reinheit der Welt und des Körpers beschwört.[1] Mit dem linken gesenkten Arm stützt sich der Mann auf eine verzierte Keule.
Der Kopfputz besteht aus einer Krone mit Diadem, bei dem drei rautenförmige, edelsteinbesetzte Attaschen hervorgehoben sind. Die Mitte der Krone ist mit einem Schädel-Mondsichelmotiv geschmückt, wie es für den Gott Shiwa kennzeichnend ist, zugleich aber auch als Siegel ost-javanischer Herrscher seit der Kadiri-Epoche vorkommt. Auch die Ornamente im oberen Teil der Krone deuten auf wertvolle Steine in Goldfassung hin. Die beidseitig in jeweils drei Enden auf dem Nimbus erscheinenden Verzierungen sind wohl als Bänder an der Rückseite von Krone und Diadem zu verstehen. Vom Diadem fließen Perlenschnüre mit *makara*-Motiven über beide Schultern herab.
Der überaus prächtige Halsschmuck läßt unter anderem ein herzförmiges Motiv erkennen, wie es seit der Singasari-Periode (1222–1292) häufig vorkommt. Über die linke Schulter zur rechten Hüfte verläuft eine vierreihige Perlenschnur mit Schließe, eine »heilige« Schnur, wie sie von Göttern und Königen getragen wird.
Die dreifach gestaffelten Unterarmreife, die in der Kadiri-Zeit (1017–1222), während der Singasari-Periode und der frühen Majapahit-Zeit (1292–1328) noch nicht nachweisbar sind, treten erst bei Skulpturen auf, die im Verlaufe der Majapahit-Zeit in restaurierte Verehrungstempel gestiftet wurden, etwa für die Könige Wishnuwardhana und Kertanagara, und zwar in den Regierungszeiten der Regentin Tribhuwana (1328–1350) und ihres Sohnes Hayam Wuruk (1350–1392).
Der aufgebogene Saum des knöchellangen Wickeltuches erweckt den Eindruck, als ob es sich um einen Rüschen-

besatz handle, ein Charakteristikum der frühen Majapahit-Zeit, das für Statuen vom Candi Jago, Candi Singasari und Candi Kidal noch nicht belegt ist. Candi Kidal war der Verehrungstempel für König Anushanatha, der 1248 ermordet wurde. Dagegen wiesen dieses modische Detail die Statue Kat. 99 und die Bildnisse der Tempelwächter von Panataran (1347) auf. Für die spätere Majapahit-Zeit ist es ebenfalls nicht bezeugt. Auch die Widergabe des über dem Gürtelgehänge erscheinenden oberen Teiles vom Wickeltuch ist auf eine bestimmte Gruppe von Statuen begrenzt, die aus der frühen Majapahit-Zeit stammen.

Zu seiten der beherrschenden Mittelfigur stehen zwei weibliche Gestalten auf doppelten Lotuskissen. Beim Vergleich der Kronen und der übrigen Schmuckteile entsteht der Eindruck, als habe mit der reicheren Ausstattung der rechten (von der Mittelfigur aus) ein hierarchischer Unterschied angedeutet werden sollen.

Die Gestalt links vollzieht mit der Geste der übereinandergelegten Hände, wobei der Daumen der rechten, zur Faust geballten Hand nach oben zeigt, eine sehr typische Bewegung, wie sie bei balinesischen Priestern zu beobachten ist (*sikhara-mudra* oder halbe *herdaya-mudra*). Es handelt sich dabei um Gesten aus dem priesterlichen Ritual, vor allem im Zusammenhang mit Totenzeremonien.

Die Frauenfigur rechts macht eine Handbewegung, die nicht mit dem Meditationsgestus *(dhyani-mudra)* verwechselt werden sollte; denn die Daumen berühren sich nicht. In der offenen Handfläche liegt eine Blüte. Auch dies erinnert an Bräuche des balinesischen Hinduismus: mit einer Blüte in der Hand wird zu den Göttern oder Ahnen gebetet.

Über den Frauengestalten wachsen Lotuspflanzen empor, wobei nicht feststellbar ist, ob sie aus einer Vase hervorgehen, wie es für die Majapahit-Zeit charakteristisch ist.

Die Mittelfigur wurde als eine kombinierte Darstellung der Götter Wishnu und Shiwa angesehen[2], wobei die Attribute Schneckengehäuse, Keule und Rad für Wishnu kennzeichnend wären, der Kranz sich dagegen auf Shiwa bezöge. Stutterheim, der bereits die abweichende Wiedergabe des Schneckenattributs bemerkte, entschied sich für Wishnu.[3] In der Tat ist die Schnecke/Gehäuse-Kombination nicht recht erklärbar. Es dürfte sich um eine Anspielung auf Tod und Wiedergeburt handeln[4], so daß an eine esoterische Bedeutung gedacht werden könnte. Auch eine symbolische Umsetzung der Befreiung der Seele ist in Betracht gezogen worden.[5]

Bleibt noch auf die Frage einzugehen, wer mit dieser Gruppenstatue gemeint ist. Mit anderen Worten: welche historischen Mitglieder eines Königshauses haben sich in diesen Götterbildnissen in Erinnerung gebracht?

Bosch[6] identifizierte sie mit Kertarajasa Jayawardhana (1293–1309) alias Raden Wijaya und Sohn von Mahisa Campaka.[7] Mahisa Campaka stammte entweder aus der Königsfamilie von Singasari oder war vor dem Fall Singasaris 1292 ernannt worden. Aus dem *Nagara-Kertagama*[8] geht hervor, daß Kertarajasa in Gestalt einer Shiwa-Statue im hinduistischen Tempel von Simping verehrt wurde. Der Haupttempel dieser Anlage wurde, weil völlig verfallen, unter König Hayam Wuruk zwischen 1361 und 1363 erneuert.[9] Da mit Simping der Tempel von Sumberjati gemeint sein und nach Ansicht mehrerer Wissenschaftler die Gruppenstatue von dort stammen könnte[10], wäre in der Mittelfigur Shiwa mit Aspekten des Wishnu dargestellt.

Seltsamerweise hat bis heute kein Archäologe versucht, das Dreigespann mit Kertarajasas Sohn Jayanagara (1309 bis 1328) und seinen Halbschwestern Tribhuwana, Prinzessin von Jiwana (ranghöher und deshalb mit höherer Krone dargestellt), und Rajadewi, Prinzessin von Daha (rangniederer und deshalb mit kleinerer Krone wiedergegeben[11]), zu verknüpfen. Jayanagara hing dem Wishnuismus an und wurde nach seinem Tode 1328 im Palasttempel (Bubat) und in Sila Petak in Gestalt einer Wishnu-Statue verehrt.[12] Der Totenschädel in der Krone könnte sich auf das königliche Siegel beziehen und der Perlenkranz nicht auf den Gebetskranz des Shiwa, sondern auf ein priesterliches Utensil anspielen. Die beiden weiblichen Figuren wären dann als zwei Gemahlinnen des Wishnu zu deuten: die Erdgöttin (Bhu) und die Reisgöttin (Shri) oder aber, wie Bernet Kempers vorschlug[13], Lakshmi und Shri. So wären die Mitglieder der königlichen Familie in diesen Göttern verehrt worden.

In den Quellen wird die postume Verehrung der Fürsten mit dem Begriff »*dhinarma*« bezeichnet, d. h. »erinnert werden in«, wobei eine religiöse Stiftung angebunden wird. Solche Bildnisse der Erinnerung oder Verehrung konnten durchaus in mehr als einem Exemplar auftreten, und auch die göttlichen Bezüge durften unterschiedlich sein: Betonte Wishnu den kriegerischen Aspekt – wie es einem Herrscher zukommt –, so stand Shiwa als göttlicher Lehrer und Asket ebenfalls für den Schutz des Palastes und der königlichen Familie. Abgesehen davon hatten sie zu ihren Lebzeiten auch buddhistischen oder tantrischen kultischen Praktiken anhängen und sich nach dem Tode mit Buddha, einem Bodhisattwa oder Bhairawa identifizieren können.

Stutterheim hat vorgeschlagen[14], die Gruppenstatue aus Sumberjati um 1363 unter König Hayam Wuruk anzusetzen.

H. H. / E. E.

1 Hooykaas 1973, 151, fig. 79.
2 Groeneveldt 1887, 92.
3 Stutterheim 1936, 257; das übliche Meeresschneckengehäuse des Wishnu wurde als der Turbinella-Art zugehörig identifiziert (Jochim 1907). Im vorliegenden Fall handelt es sich aber eher um eine Baumschnecke, die auf Bali *tumbisi* oder *temisi* genannt wird. Sie lebt im Verbund mit der Betel-Pflanze und wird mit der Medizin in Verbindung gebracht.
4 Moens 1919.
5 Bernet Kempers 1958.
6 Bosch 1915.
7 Wie im Pararaton erwähnt.
8 *Nagara-Kertagama* 47, 3.
9 *Nagara-Kertagama* LXI, 4a und LXX, 1b–3a.
10 Bosch 1916; Poerbatjaraka 1921, 28; Krom 1923, II, 167 und 1931, 365; Stutterheim 1936.
11 *Nagara-Kertagama* IV, 1–3.
12 *Nagara-Kertagama* 48, 3.
13 Bernet Kempers 1958.
14 Stutterheim 1936.

100
Statue der Parwati

Jakarta, Museum Nasional, Inv. Nr. 1794
Vulkangestein
H. 200 cm
Candi Rimbi, Ost-Java
14. Jh.

Aus einem mächtigen Block vulkanischen Gesteins wurde in kräftigem Hochrelief die Gestalt einer Frau herausgearbeitet, wobei in abgestufter Reliefhöhe ihre rückwärtigen erhobenen Arme und die rahmenden Gefäße mit Lotuspflanzen enger mit der Rückenplatte verbunden blieben.

Die linke, hintere Hand hält einen Wedel *(camara)*, die rechte einen Gebetskranz *(ganitri, akshmala)* aus Perlen mit einem ovalen Mitteljuwel in Gestalt eines *lingga* oder *wajra*. Die vorderen Unterarme und Hände sind weggebrochen, so daß die Geste, die sie damit vollführte, nicht mehr eindeutig bestimmbar ist. Überaus reicher Schmuck bedeckt die Arme.

Das Diadem entspricht dieser üppigen Ausstattung mit seinen rautenförmigen, edelsteinbesetzten Aufsätzen. Auch die gelängten Ohrläppchen und der obere Ohrbogen sind mit Schmuck versehen. Zu seiten der aufgetürmten Krone sind die zum Teil ebenfalls in Gold- und Edelsteinornamenten auslaufenden Enden von Bändern sichtbar. Hinter den Ohren fallen Schmucktressen, die in aufsteigenden *makara*-Köpfen enden, auf die Schultern herab.

Übereinander plazierte Kolliers kreuzt eine vierreihige heilige Schnur mit Schließe, den hohen Rang der Dargestellten betonend. Der detailliert ausgearbeitete Schmuck aus Perlen und Edelsteinen in Goldfassungen setzt sich in ausladenden Gehängen über dem Wickeltuch, das den Unterkörper bedeckt, fort. Schärpen in stilisierter Fältelung hängen von den Hüften herab.

Die aus Gefäßen hervorwuchernden Lotuspflanzen füh-

ren unterschiedliche Phasen der Blätter- und Blütenentwicklung vor.[1]
Die Frauengestalt mit Wedel und Gebetskranz, den Attributen des Gottes Shiwa, weist auf Parwati hin – auch Uma oder Dewi genannt. Sie ist Shiwa als Partnerin beigegeben. Die Haltung der vorderen Arme läßt sich wohl zum Gestus der Meditation ergänzen. Diese Deutung legt auch der ruhige, konzentrierte Ausdruck des jugendlichen Gesichts mit gesenkten Augenlidern nahe. Es dürfte sich allerdings nicht um ein Bildnis der Göttin Parwati im engeren Sinne handeln, sondern zugleich um die Widergabe einer Verstorbenen fürstlichen Geblüts.
Um die Zuweisung der Statue einzugrenzen, muß zunächst auf Fundort und -umstände eingegangen werden. Sie wurde 1815 von J. W. B. Wardenaar an einem Ort namens Rimbi, südwestlich von Jombang (Ost-Java) entdeckt.[2] Wardenaar war Reserveoffizier und arbeitete Anfang bis Mitte des 19. Jahrhunderts als Zeichner für die niederländische Regierung. Auf seinen Reisen auf Java legte er eine Sammlung von Statuen an, die am 31. Mai 1868 in Surabaya versteigert wurde.[3] Damals erwarb die Batavische Gesellschaft das Objekt und fügte es ihrer Museumssammlung unter der Inv. Nr. 256a ein.[4]
Krom und andere Wissenschaftler[5] glaubten zunächst, in dieser Frauengestalt das Gegenstück zu der männlichen Figur mit der Inv. Nr. 256 vor sich zu haben. Beide (siehe Kat. 99) weisen fast die gleichen Maße auf und auch die gleichen stilistischen Merkmale. So wurde die Frauenfigur zu Parwati, der Gemahlin des für eine Wiedergabe Shiwas erachteten Männerbildnisses. Später erst brachte man die Männergestalt mit dem Tempel von Sumberjati, südöstlich von Blitar, in Beziehung[6], und diese Anlage wiederum wurde mit dem »Tempel von Simping« identifiziert, der im *Nagara-Kertagama* als Erinnerungsstätte des ersten Königs der Majapahit-Dynastie, Kertarajasa (1293–1309), erwähnt wird.[7] Folglich hielt man die Gruppenstatue Kat. 99 für eine Götter/Königsdarstellung des Kertarajasa. Bekannt ist überdies, daß das Heiligtum von Sumberjati unter König Hayam Wuruk in den Jahren 1361–62 restauriert worden war.
Der Tempel von Rimbi steht mit Tribhuwana Wijayottunggadewi, Fürstin von Jiwana und Tochter des Kertarajasa in Zusammenhang. Sie war eine Enkelin des letzten Singasari-Königs Kertanagara, und die berühmnte Rajapatni war ihre Mutter.[8]
Da weder Kertarajasa noch sein Sohn Jayanagara (1309 bis 1328) als zweiter Herrscher von Majapahit einen Sohn hatte, übernahmen Tribhuwana und ihre Mutter ab 1328 die Regentschaft, bis ein geeigneter männlicher Kandidat vorhanden wäre. Das war dann Tribhuwanas Sohn Hayam Wuruk, der 1334 geboren wurde. Nach dem Tode der Rajapatni bestieg er als offizieller Herrscher unter dem Namen Rajasanagara den Thron.
In der Epoche der beiden Regentinnen und auch unter Hayam Wuruk wurden viele Bauwerke wieder instand gesetzt und vor allem mit neuen Statuen ausgestattet. Diese Restaurierungsarbeiten könnten im Zusammenhang mit dem Tode des Ersten Ministers, des Patih Gajah Mada im Jahre 1364 stehen. Damals unternahm der im *Nagara-Kertagama* verherrlichte Fürst eine Reise durch sein Land und ordnete an vielen Stellen den Wiederaufbau der verfallenen Heiligtümer an.
Nach dem *Pararaton*[9] erhielt Tribhuwana in Panggih am Fuße des Pantarapura im Bereich einer religiösen Stiftung *(dharma)* einen Erinnerungstempel. In welcher göttlichen Erscheinung sie allerdings verehrt wurde, ist nicht überliefert. Nach dem *Nagara-Kertagama* sollen sie und ihr Gatte dem Pfade des Buddha gefolgt sein. Speziell Tribhuwana, so heißt es, habe nach dem Tode ihrer Mutter, der Rajapatni, die als buddhistische Nonne starb, sorgfältig auf die Einhaltung aller diesbezüglichen Usancen geachtet.
Allerdings ist auch belegt, daß sich die Könige und Königinnen dieser Zeit sowohl mit shiwaitischen wie wishnuitischen und buddhistischen Gottheiten identifizierten.
Um eine Majapahit-Statue handelt es sich bei der vorliegenden Plastik mit Sicherheit, dafür steht das Kennzeichen der Lotus-Vasen. Stutterheim dachte in Anbetracht des überreichen Schmucks an eine Königin höchster Abkunft, was für die Regentin Tribhuwana zutreffen würde. Sollte also die Statue anläßlich ihrer postumen Totenfeier *(shradda)* 12 Jahre nach ihrem Tode gestiftet worden sein, dann würde sie aus den frühen 80er Jahren des 14. Jahrhunderts stammen und könnte von ihrem Sohn Hayam Wuruk in Auftrag gegeben worden sein.

H. H./E. E.

1 Stutterheim 1912, 258.
2 Callenfels 1916, 530.
3 Notulen 1869, 22.
4 Groeneveldt 1887, 94.
5 Krom 1912, 473, 475.
6 Callenfels, op. cit.
7 *Nagara-Kertagama* LXXIV, 1.
8 Steininschrift von Nglawang in: Brandes, Krom 1913, Nr. 84.
9 Brandes, Krom, 1920, 139.
10 Stutterheim, op. cit., 266.

101
Durga erschlägt den Dämon Mahisha

Surabaya, Museum Mpu Tantular, Inv. Nr. 1955
Vulkanisches Gestein
H. 94 cm
Candi Jawi, Ost-Java
14. Jh.

Das altindische *Markandeya Purana* und das *Matsya Purana* erzählen die epische Geschichte des Kampfes zwischen den Asura-Dämonen, angeführt von ihrem König Mahisha, und den Göttern unter der Führung von Indra. Nachdem die Götterarmee besiegt war und Mahisha Anspruch auf die Macht im Himmel erhob, leitete Brahma die besiegten Götter an, Wishnu und Shiwa um Hilfe zu ersuchen. Aus der wundersamen Kraft ihres vereinigten Zorns wurde die Göttin Durga geboren. Alle Götter beeilten sich, sie mit den mächtigsten Waffen auszustatten in der Hoffnung, daß es ihr gelinge, Mahisha zu besiegen. Nachdem sie die Armee der Asuras in die Flucht geschlagen hatte, griff Durga Mahisha selbst an, der die Gestalt eines Büffels angenommen hatte. Auf dem Büffel stehend, tötete sie ihn, wonach der besiegte Dämon aus dem Körper herausfuhr.

Durga, die Siegerin über den Asura-Dämon Mahisha (Skt. *Durga Mahishasuramardini*), stellt ein häufiges Motiv javanischer Steinskulpturen sowohl in der zentral- als auch der ost-javanischen Periode dar und bezeugt damit die dauerhafte und weitverbreitete Popularität dieser Göttin in Indonesien. In javanischen, Shiwa geweihten Tempeln nimmt ihr Bild normalerweise die nördliche Cella oder Nische ein. Als J. Knebel in den Jahren 1903–1905 erstmals eine detaillierte und systematische Untersuchung von javanischen Durga-Figuren vornahm, bildeten 97 Statuen die Grundlage seiner Studie. Die jüngsten Arbeiten von Hariani Santiko (1983 und 1987) basieren auf 135 Statuen, und selbst ihre Listen sind nicht komplett.

Die Statuen der Durga Mahishasuramardini zeigen die Göttin mit zwei bis zehn Armen. Am häufigsten kommt die achtarmige Durga vor. Hariani Santiko listet 48 Beispiele aus Zentral-Java und 56 aus Ost-Java auf. In der puranischen Literatur übersteigt die Anzahl der Waffen, die Durga von den anderen Göttern verliehen werden, bei weitem diese Anzahl der Arme. Folglich ist es nur eine Auswahl an Waffen, die als Attribute der Göttin gezeigt werden. Eine balinesische Durga-Statue ist sogar mit einem typisch balinesischen *keris* als einer ihrer Waffen dargestellt.

Von den frühesten Anfängen an weisen javanische Bildnisse der Durga Mahishasuramardini auffällige Unterschiede zu indischen Beispielen auf. In der Regel stellen indische Statuen den Kampf zwischen der Göttin und dem Büffel dar, während bei den javanischen Beispielen der Kampf schon gewonnen ist: der Büffel liegt in statischer, ruhender Haltung und könnte eher als Reittier denn als der Feind der Göttin aufgefaßt werden. In Indien ist der Büffel zugleich der Dämon, und Darstellungen, die sowohl den Büffel als auch den Asura wiedergeben, sind eher die Ausnahme. In Java dagegen gehört die zwergenähnliche Gestalt des Asura, der aus dem Büffel heraustritt, als fester Bestandteil zur Ikonographie der Durga. Diese offensichtliche javanische Bevorzugung von Dopplungen, indem Mahisha sowohl als Büffel als auch als ein Asura gezeigt wird, mag eine Parallele haben in den Reliefs des Candi Shiwa in Prambanan. Dort sind die vielfältigen Dämonen, die von der Hand Ramas den Tod finden, häufig in doppelter Ausführung abgebildet, so wie Zwillinge, die sich im Augenblick des Todes voneinander trennen.

Die Durga von Candi Jawi weist viele Charakteristika auf, die typisch sind für die dynamische ost-javanische Interpretation des klassischen Themas. Die Göttin steht mit weit gespreizten Beinen fest auf Rücken und Kopf des liegenden Büffels. In drei linken Händen hält sie eine Muschel (Skt. *shankha*), einen reich verzierten Schild (Skt. *khetaka*) und einen Bogen (Skt. *dhanu*); die vierte Hand ruht auf dem lockigen Haar des Asura. In drei rechten Händen hält Durga ein Rad (Skt. *cakra*), das auf dem erhobenen Zeigefinger balanciert, ein Schwert (Skt. *khadga*) und einen Pfeil (Skt. *shara*); die vierte Hand zieht am Schweif des Büffels. Das Schwert mit seiner kurzen, breiten Klinge ist von einem Strahlenkranz umgeben, wie er typisch für Majapahit-Statuen ist. Der Nimbus hinter dem mit aufwendigem Kopfschmuck bedeckten Kopf zeigt aufwärts fliegende Bänder, ein Kennzeichen ost-javanischer Bildhauerarbeiten.

Die in dramatischer Geste erhobene rechte Hand mit dem Rad korrespondiert zur Haltung des linken Beines, und diese Betonung der Diagonale weist den zusätzlichen Armen einen zweitrangigen Platz zu und steigert zugleich die natürliche Spontaneität dieser vor Kraft vibrierenden Szene. Die sehr sorgfältige Ausführung und die Eleganz solcher Details wie Schmuck und Schilddekor in Verbindung mit der Qualität der Bearbeitung von Körper und Gesicht heben dieses Werk als eines der schönsten unter den Durga-Statuen Ost-Javas heraus.

Der erstaunlich gute Erhaltungszustand ist darauf zurückzuführen, daß die Statue jahrhundertelang im Bereich des Candi Jawi bei Prigen, Pasuruan, am Fuße

des Berges Welirang (Ost-Java) begraben lag. Dieser Tempel war zum Gedenken an König Kertanagara, der im Jahre 1292 starb, errichtet worden. Der Dichter Prapañca, der Candi Jawi im Gefolge von König Hayam Wuruk von Majapahit im Jahre 1361 besuchte, beschreibt in seinem *Nagara-Kertagama* den Tempel als die Kombination eines Shiwa-Heiligtums mit einem buddhistischen Heiligtum. Die Tatsache, daß Candi Jawi von einem *stupa* bekrönt ist, daß jedoch alle Statuen, die an der Stätte geborgen wurden, shiwaitisch sind, scheinen Prapañcas Worte zu bestätigen. Der Dichter erwähnt darüber hinaus, daß der Tempel im Jahre 1331 von einem Blitz getroffen wurde, der Schaden aber vor König Hayam Wuruks Besuch repariert war. Eine Inschrift mit dem Shaka-Datum 1254 (1332) aus der unmittelbaren Nachbarschaft läßt vermuten, daß diese Restaurierung ausgeführt wurde, kurz nachdem der Schaden passiert war.

Zwischen 1938 und 1941 führte der Archäologische Dienst an der Stätte Ausgrabungen durch, und es gelang, Rekonstruktionen der Basis, des größten Teiles des Tempelkörpers und seines Oberbaus getrennt durchzuführen. Allerdings konnte die genaue Höhe des Tempelkörpers zu der Zeit nicht bestimmt werden, eine vollständige Rekonstruktion des Monuments wurde verschoben. Nach erneuten Untersuchungen wurde das gesamte Monument zwischen 1975 und 1980 wieder nach neuesten Erkenntnissen zusammengesetzt.

Der Tempel, ein hohes, turmartiges Gebäude mit einer Treppenflucht an der Ostseite, erhebt sich auf einer erhöhten und von einem Graben umgebenen Terrasse. Zu den übrigen Bauten im Tempelbezirk gehört ein sogenanntes gespaltenes Tor *(candi bentar)*, bis heute ein vertrauter Anblick in balinesischen Tempelbezirken. Eines der Reliefs, die die Basis des Monumentes schmücken, zeigt in der Tat die Vogelperspektiven-Ansicht eines Tempelkomplexes, der in vielerlei Hinsicht der Anlage von Candi Jawi ähnelt.

Während der Ausgrabungen von 1938 wurden nur die Überreste einer großen Shiwa-Statue gefunden, die Prapañcas Worte bestätigt: »und im Inneren ein Abbild Shiwas, prächtig, unmeßbar seine Majestät«. Zu den übrigen ausgegrabenen, weit besser erhaltenen Statuen gehören ein Nandishwara und die Durga Mahishasura-mardini. Ihre ausgezeichnete Qualität beweist, daß die Worte Prapañcas in diesem Fall keine leere Prahlerei waren. J. F.

Lit.: Kneben 1903; Knebel 1905; Knebel 1905b; Boeles 1942; Santiko 1983; Renik 1985; Santiko 1987, 586, Abb. 7. Candi Jawi: OV 1938, 16, Abb. 46; Stutterheim 1941; Bernet Kempers 1959, Tafeln 243–246; Bernet Kempers 1978, 204–207; Hadimuljono 1982–1983; *Mengenal Koleksi* 1979–1980, 5–7, Nr. 2.

102
Statue der Bherkuti

Jakarta, Museum Nasional, Inv. Nr. 112a
Andesit
H. 138 cm
Candi Jago, Tumpang, Malang, Ost-Java
13. Jh.

Die Bherkuti-Figur steht auf einem Lotussockel in Standbein-Spielbein-Haltung mit seitlich gebeugter Körperhaltung *(bhanga)*. Aufwendig geschmückt mit reichem Kopf- und Körperschmuck, trägt sie einen gemusterten Sarong (Hüfttuch), ähnlich dem der Prajñaparamita (siehe Kat. 95). Lotuspflanzen winden sich zu ihrer Rechten und Linken empor. In ihren vier Händen hält sie die Attribute, die sie als Bherkuti kennzeichnen: Mit dem rechten oberen ausgestreckten Handrücken stützt sie eine Lotusblüte, die aus dem Lotusstengel zu ihrer Rechten erwächst. Die linke obere Hand hält eine *tridandi*, einen kurzen Pflanzenstengel mit drei Enden. Die linke untere ausgestreckte Hand umfaßt ein Gefäß *(kamandalu)*, während die rechte untere Hand vor der Brust eine Gebetsschnur *(akshamala)* berührt.

Die Freiheit der Ausführungen sowohl des Schmucks wie der Gesichtszüge als auch die Feinheit der Handhaltung der vorderen Hand erinnern sehr an die Prajñaparamita-Statue.

Nach Bernet Kempers stammt die Figur vom Candi Jago. Darauf verweist auch die Inschrift auf der Rückenplatte rechts und links vom Nimbus, die in Nagari-Schrift die Sanskrit-Worte *Bharali Bherkuti* wiedergibt; das Wort *»Bharali«* taucht auch bei vier weiteren kleinen Skulpturen vom Candi Jago als Inschrift auf (Fontein 1990, 154). Die Bherkuti-Figur gehört zu einer Gruppe von vier Statuen, die ehemals eine Darstellung des Bodhisattwa Amoghapasha, die sich noch *in situ* befindet, flankierten. Die übrigen befinden sich im Museum Nasional Jakarta, nämlich Tara, Sudhanakumara und Hayagriwa.

Bherkuti gilt als Begleiterin von Amoghapasha, der eine Erscheinungsform des Awalokiteshwara ist. Awalokiteshwara (Kat. 9) seinerseits ist dem Dhyani-Buddha Amitabha, dem Buddha der Barmherzigkeit, zugeordnet (siehe Kat. 16).

Candi Jago wurde zwischen 1268 und 1280 als Gedenktempel für den vierten Singasari-König Wishnuwardhana (1248–1268) erbaut. Wishnuwardhana selbst wurde hier als Amoghapasha deifiziert. Dem *Nagarakertagama* zufolge wurde er in einem anderen Tempel als Shiwa vergöttlicht dargestellt. Damit deutet sich bereits das für die Folgezeit so charakteristische Nebeneinander

von Buddhismus und Hinduismus, wie es sich auch im Beinamen des Königs Kertanagara (1268–1292), »Shiwa-Buddha«, ausdrückt.
Wie die weibliche Statue aus Jebuk (Kat. 133) zeichnet auch das Bildnis der Bherkuti die feine Herausarbeitung der Lotuspflanzen aus. L. K.

Lit.: Bernet Kempers 1959, Tafel 253/254; R. S. Gupte 1972, 105.

103
Statue des Bhairawa

Leiden, Rijksmuseum voor Volkenkunde, Inv. Nr. 1403–1680
Andesit
H. 167 cm, B. 78 cm
Candi Singasari, Ost-Java
um 1300

Die furchterregende, vierarmige Gottheit Bhairawa sitzt auf ihrem Reittier, dem Schakal. Beide zusammen sind auf einen Sockel plaziert worden, dessen Fuß mit Totenschädeln eingefaßt ist. Bhairawa ist völlig nackt dargestellt, geschmückt mit einer Kette mit Köpfen und einem Gürtel aus Glocken. Sein Kopfputz und Ohrschmuck sind mit Schädeln verziert, ebenso wie die Oberarmbänder an zweien seiner vier Arme. In der linken, vorderen Hand hält er einen Schädelkelch (Skt. *kapala*) vor seiner Brust; die rechte, vordere Hand umfaßt einen nach unten gerichteten Dolch. In den beiden erhobenen Armen sind Dreizack (Skt. *trishula*) und Trommel (Skt. *damaru*) zu erkennen. Im halbgeöffneten, dämonisch grinsenden Mund werden die beiden Zahnreihen von Fangzähnen gerahmt. Die wallenden Haarlocken heben sich von der glatten Rückenplatte, in die die Worte *cakracakra* in *Nagari*-Schrift eingemeißelt worden sind, ab. Auf der rechten Seite ist ein Teil der Rückenplatte abgebrochen; es ist möglich, daß sich hier der restliche Teil der Inschrift befand.

Obwohl indische Ikonographie-Abhandlungen anscheinend keine Beschreibung enthalten, die genau zu dieser Statue passen würde, und die Bedeutung der Inschrift rätselhaft bleiben muß, dürfte die Identifizierung der Statue als Bhairawa, einer dämonischen Gestalt Shiwas oder seines buddhistischen Gegenstückes Mahakala, außer Zweifel sein.
Nach einem auf den 28. Februar 1827 datierten Brief von Nicolaus Engelhard, einem holländischen Kolonialbeamten, an den Gelehrten C. J. C. Reuvens entdeckte Engelhard den Candi Singasari im Jahre 1803. Der Brief zählt sechs Statuen auf, die von diesem Fundort stammen, einschließlich der Durga (Kat. 98) und diesem Bhairawa. 1804 schaffte Engelhard alle sechs von Singasari fort und ließ nur eine beschädigte Statue des Bhattara Guru in der südlichen Cella des Haupttempels zurück. In den folgenden zwanzig Jahren gelangten die Statuen schließlich nach Holland. Wohl wegen der dichten Vegetation scheint Engelhard die Ruinen von mindestens vier weiteren Gebäuden südlich des Candi Singasari weder besucht noch von ihrer Existenz gewußt zu haben. Diese Gebäudereste wurden 1820 von D. Monnereau entdeckt.
Die Statuen von Durga, Ganesha, Mahakala, Nandishwara und dem Stier Nandi scheinen Teil des üblichen ikonographischen Programmes eines Shiwa gewidmeten Tempels zu sein. Die Abmessungen der leeren Sockel und das Vorhandensein der beschädigten Bhattara Guru-Statue am Ort bestätigen die übliche Anordnung der Bildhauerarbeiten. Der Bhairawa dagegen, obwohl in Engelhards Brief als eine der Statuen, die aus diesem Tempel stammen, erwähnt, paßt nicht in das ikonographische Programm des Candi Singasari. Keines der Argumente, die für seinen ursprünglichen Standort in der Hauptcella des Candi Singasari vorgebracht werden, überzeugt vollkommen. Zwei viel kleinere Darstellungen des Bhairawa als Gehilfe anderer Gottheiten, die beide in der Nähe des Candi Singasari gefunden wurden, ähneln in Stil und Ikonographie dieser monumentalen und imposanten Statue.
Es handelt sich zum einen um eine 215 cm hohe Statue einer vierarmigen Parwati mit zwei Gehilfen. Der Nimbus über den beiden Gehilfen enthält rechts Darstellungen von Ganesha und Shiwa sowie links von Bhairawa und Karttikeya. Der Bhairawa ist fast eine exakte Kopie der großen Statue.
Zum zweiten wäre eine Statue zu nennen, die ein kleines Bildnis von Bhairawa aufweist, und zwar eine Darstellung von Camundi, einer dämonischen Gestalt der Dewi. Sie wurde 1927 in Ardimulyo gefunden, etwas mehr als eine Meile nördlich von Singasari, und vom Besitzer des

LA.18.

Landes, auf dem sie gefunden wurde, absichtlich zerschlagen, da sie im Verdacht stand, bösen Einfluß auf seine Familie zu haben. Glücklicherweise gelang es dem Archäologischen Dienst, viele der Fragmente zusammenzutragen und einen größten Teil der Statue zu rekonstruieren. Die achtarmige Camundi wird von Bhairawa zu ihrer Linken und Ganesha zu ihrer Rechten gerahmt. Der Bhairawa stellt gleichsam das Ebenbild der Monumentalstatue Kat. 103 dar. Interessant ist vor allem, daß die Camundi inschriftlich auf 1292 datiert ist.
Wissenschaftliche Untersuchungen von Jessy Blom und P. H. Pott verweisen darauf, daß die große Bhairawa-Statue einst im nun verschwundenen Candi B von Singasari aufgestellt gewesen sein mag. Gemäß der alten Chronik *Pararaton* gab es ein Purwapatapan-Heiligtum in Singasari, wo König Kertanagara tantrische Zeremonien durchführte. Jessy Blom hat betont, daß eher Candi B der Haupttempel dieses *Purwapatapan* gewesen sein könnte, und es ist möglich, daß der Aufstellungsort von Shiwabuddha (Shiwabuddhalaya), der in der Inschrift von Gunung Butak (1294) genannt wird, sich gleichfalls auf diese Anlage bezieht. Nach einer Beschreibung des Reverend J. G. F. Brumund war das Gebäude in drei Räume unterteilt, so daß die Parwati die südliche, der große Bhairawa die zentrale und die Camundi von Ardimulyo die nördliche Kammer des Tempels belegt haben könnten. In diesem Fall wäre der Bhairawa von einem dämonischen und einem friedfertigen Aspekt der Dewi flankiert gewesen.
Unter der Annahme, daß der Bhairawa eine Porträtstatue ist, haben verschiedene Autoren Hypothesen hinsichtlich der Identität der königlichen Personen, mit denen diese Statue und die Gottheiten der Camundi-Statue verbunden sein sollten, aufgestellt. Die Korrektur des Datums an der Camundi-Statue von 1332 auf 1292 durch Louis-Charles Damais entkräftet allerdings diese Spekulationen. Zwei historische Persönlichkeiten werden mit dem Bhairawa-Kult in Verbindung gebracht: Adityawarman, der von 1347 bis 1377 ein west-sumatranisches Königreich regierte, und Kertawarddhana. Er heiratete die Regentin Tribuwana und nahm den Namen Cakradhana oder Cakreshwara an. Kertawarddhana starb 1386. Die Daten beider Personen machen ihre Verbindung mit dieser Statue sehr unwahrscheinlich, wenn nicht unmöglich.

J. F.

Lit.: Brandes 1909, Tafel 52; Moens 1924; Stutterheim 1934a; Blom 1939, II, 106–107, 143–145; Berg 1951–1952, bes. 401–402; Bernet Kempers 1959, Tafel 236; Pott 1966, 130–132. Das Camundi-Bildnis: Damais 1962; Santiko 1982.

104
Statue des Bhairawa

Jakarta, Museum Nasional, Inv. Nr. 6470
Stein
H. 414 cm
Sungai Langsat, West-Sumatra
Ende 13./14. Jh.

Diese monumentalste aller Skulpturen aus der hinduistisch-buddhistischen Epoche Indonesiens wurde auf Sumatra gefunden. Über einer rechteckigen Basisplatte erhebt sich auf einem vorn gerundeten, mit acht Totenschädeln verzierten Podest eine männliche Figur. In Hochrelief herausgearbeitet, ist sie mit einer stelenartigen Rückenplatte verbunden. Die untersetzte Gestalt steht auf einem menschlichen Wesen, dessen Kopf vom Betrachter aus nach links weist und das wie zusammengefaltet mit untergeschlagenen Beinen auf einem doppelten Lotuskissen liegt. Die Enden des zu einer Art Knoten verschlungenen langen Haares erscheinen als einwärts gedrehte Locken auf der Stirn. Die gelängten, durchstochenen Ohrläppchen weisen keinen Schmuck auf. Das doppelte Lotuskissen ist links und an der Unterseite beschädigt, während große Teile der vom Betrachter aus rechten Seite der Rückenplatte weggebrochen sind.
Die bewegungslos aufrecht stehende Figur des Mannes hält mit der linken Hand einen Totenschädel an den Körper gepreßt, während die Rechte ein auf der Oberfläche leicht beschädigtes Messer gepackt hat, dessen unteres, spitzes Ende zum linken Ellenbogen zielt. Arme und Beine sind lockig behaart. Der Kopf mit weich gerundetem Gesicht sitzt auf einem kurzen Hals auf, das hervorquellende Augenpaar mit nach unten weisenden runden Pupillen wird von einem dritten, auf der Stirnmitte kaum sichtbaren Auge ergänzt. Die äußeren Enden der buschigen Brauen sind zahnförmig aufgebogen. Derartige »Zähne« müssen als Kennzeichen dämonischer Wächterfiguren bei javanischen und sumatranischen Skulpturen gelten. Trotz Beschädigungen an Nase und Mund ist zu erkennen, daß die Schneidezähne lang und spitz hervorgehoben waren, ebenfalls ein Merkmal dämonischer oder göttlicher Wesen mit dämonischen Eigenschaften. Drei Reihen kunstvoll gelockten Haares bilden den Schnurrbart. Das Kopfhaar baut sich zu einem unverhältnismäßig großen Knoten auf, die Enden ganz ähnlich gestaltet wie bei der kleinen Figur unter den Füßen.
In einem Dreieck auf der Vorderseite der Frisur ist eine kleine Gestalt sichtbar, bei deren Sitzhaltung sich schwerlich entscheiden läßt, ob es sich um den eigent-

6470.

lichen oder nur den ›halben‹ Lotussitz *(wajrasana)* handelt. Die linke Hand vollzieht die Meditationsgeste, die rechte – mit abgebrochenen Fingerspitzen – zielt nach unten. Ein hoch aufragender Kopfputz ziert den Kopf.

Unterhalb des ausbuchtenden Knotens wird das Haar der stehenden Gestalt von einem mit Ornamenten versehenen Band gehalten, das wohl als mit Perlen und Edelsteinen verziert zu verstehen ist. Ein ebenfalls mit Perlen und Edelsteinen verziertes Diadem verläuft über der Stirn, dessen dreiecks- und rautenförmige Dekorteile mit gefaßten Edelsteinen versehen sind. Das Mittelmotiv ähnelt einer vierblättrigen Blüte, während die herzförmigen Partien wohl Lotusknospen wiedergeben sollen. Das Diadem sitzt auf einer Art gemustertem Kopftuch, das in der Mitte den Haarbausch freigibt. Das Tuch verschwindet oder endet unter dem Haarband.

Bei der glatten gekrümmten Schläfenbedeckung läßt sich nicht entscheiden, ob es sich um eine künstliche Haarangabe oder um eine Stoffpartie handelt. Aufgemalte Haarlinien sind heute noch auf Java und Bali bei Akteuren traditioneller Tänze üblich. Auch Braut und Bräutigam werden bei Hochzeitszeremonien auf diese Weise geschminkt, ein Brauch, der nicht nur für Java und Bali, sondern auch für Sumatra zutrifft. Lange Perlenschnüre, die in einem Schmuckteil in Gestalt eines *makara*-Kopfes enden, wobei aus dem Maul lockige Haarsträhnen hervortreten, die in Perlenquasten auslaufen, fallen vom Diadem herab hinter den Ohren auf die Schultern der männlichen Figur. Durch die Öffnungen der verlängerten Ohrläppchen winden sich zweifach Schlangen.

Ein breiter, flach aufliegender Halsschmuck mit Spiralornamenten und ähnlicher Edelsteinzier wie das Diadem im Mittelteil vervollständigt den Schmuck. Eine im Altjavanischen *sampet* genannte Schärpe, die von Weisen, Asketen und mit Askese in Verbindung stehenden Gottheiten getragen wird, verläuft über die linke Schulter. Den Oberarm- und Handgelenkschmuck bilden ebenfalls sich ringelnde Schlangen. Ein knielanges, umgeschlungenes Tuch bekleidet den Unterkörper. Rechtecke mit Schädel und Halbmond *(candrakapala)* sollen offenbar ein textiles Muster veranschaulichen. Über dem Wickeltuch sitzt eine Schärpe, die rautenförmige Muster aufweist und überdies das in Java ›*kawung*‹ genannte Muster, das von einem aufgeschnittenen Zuckerpalmensamen abgeleitet ist. Auf beiden Hüften ist die Schärpe verknotet und hängt in langen spitzen Enden auf der Rückenplatte herab. Über der Schärpe befindet sich noch ein Gürtel, der nach seiner Ornamentierung aus Perlenschnüren und herzförmigen Schmuckteilen mit Anhängern besteht. Ein Dämonenantlitz mit nach oben gelängten Ohren, hervorquellenden Augen und großen Fängen im Oberkiefer bildet die Gürtelschnalle. Zungengleich hängt eine breite Perlenschnur aus dem Maul des Ungeheuers, die am Saum des Gewandes zwischen den Knien des Mannes in einer Glocke endet. Den Fußknöchel- und Zehenschmuck bilden wiederum Schlangen. Abweichend von der Mehrzahl der javanischen und sumatranischen Statuen, bei denen nur die großen Zehen beringt sind, wurden hier großer und kleiner Zeh geschmückt.

Ein doppelter Nimbus aus Flammen und Bändern kleiner Perlen umgibt den Kopf. Die Wiedergabe von Stoffbändern auf der Rückenplatte soll wohl andeuten, daß sie auf dem Hinterkopf angebracht vorzustellen sind oder wohl eher zu den verzierten Schmuckbändern des Kopfes gehören. Während zur Rechten der Figur auf der Rückenplatte die Darstellung einer Sonne zu erkennen ist, war wohl links auf dem abgebrochenen Teil die Sichel des abnehmenden Mondes dargestellt.

Die monumentale Gestalt dürfte ein Bildnis des Hindu-Gottes Shiwa in seinem Schrecken verbreitenden Aspekt als Bhairawa, Mahakala oder Cakra-Cakra sein. Die kleine Figur im Dreieck des Haarknotens wurde als Dhyanibuddha Akshobhya mit der Geste der Erdberührung *(bhumisparsha-mudra)* identifiziert.[1] Dieser Buddha wird mit dem Osten oder dem Zentrum eines »heiligen Kreises« *(mandala)* in Verbindung gebracht. Die kleine Buddha-Statue weist darauf hin, daß in der Gestalt der männlichen Figur synkretistische Vorstellungen des tantrischen Hinduismus und Buddhismus zum Ausdruck kommen. Die kleine menschliche Gestalt unter den Füßen des Bhairawa ist als Leichnam zu verstehen, neben den Totenschädeln des Podestes Indiz für den Bhairawa als »Herrn« des Todes und der Toten. Stätte des Geschehens ist ein Begräbnisplatz, wo die Toten entweder begraben oder verbrannt wurden.

Im Unterschied zu den Denkmälern Zentral- und Ost-Javas wurde die archäologische Hinterlassenschaft Sumatras, und hier ganz besonders jene von den Ufern des Flusses Batang Hari, sehr spät von den Europäern entdeckt. Das lag nicht nur an der Feindseligkeit der angestammten Bevölkerung (erst 1858 wurde Jambi an der Mündung des Flusses unter Militärverwaltung gestellt)[2], sondern auch an der abweisenden Natur mit fast undurchdringlichen Wäldern, schwer zugänglichen Schluchten und Gebirgen. Der erste Europäer, der einen Hinweis auf Altertümer auf Sumatra gab, war Capt. S. C. Crooke, der 1820 nach Jambi gelangte. Zwischen 1877 und 1879 richtete die holländische Geographische Gesellschaft im Gebiet des Batang Hari eine Expedition aus, die jedoch vor allem an der Erforschung der geographischen Gegebenheiten, der Landschaft sowie von

Flora und Fauna interessiert war. Einige der archäologischen Stätten von Muara Jambi wurden allerdings in das Unternehmen eingeschlossen und einige Statuen entdeckt, die hinduistische und buddhistische Gottheiten darstellten. Bei den fünf photographischen Aufnahmen des Expeditionsphotographen D. D. Veth[3] handelte es sich um die früheste Dokumentation für die einstige hinduistische und buddhistische Vergangenheit Sumatras. Gegen Ende des 19. Jahrhunderts war zwar bekannt, daß am Oberlauf des Batang Hari weitere archäologische Zeugnisse vorhanden waren, aber erst 1906 ließ Ch. L. J. Palmer van den Broek dem Indologen C. M. Pleyte Photos und eine etwas eingehendere Beschreibung von der Lokalisierung zukommen.[4]

Das Gebiet, in dem sich die Altertümer fanden, gehörte zu dem um Pagarruyung zentrierten Reich der Minangkabau, das bis Pulau Punjung reichte. Jenseits begannen die sog. »Grenzgebiete« *(rantau)*, die von Vasallenfürsten regiert wurden. Das erste Grenzgebiet – Lubuk Lubang – liegt zwischen dem Batang Hari und dem Nebenfluß Pangean, etwa vier Kilometer flußabwärts von Pulau Punjung. Der Pangean ist bis nach Sijungjung schiffbar. Lubuk Lubang bestand aus zwei einheimischen Häusergruppen, Rambahan mit elf sog. *adat*-Häusern und Lubuk Lubang selbst mit nur fünf. Gleichwohl ist die Lage strategisch bedeutsam, handelt es sich doch um den Zugang zu den Hochländern von Padang. An beiden Orten deuten die Reste von Erdwällen auf alte Siedlungen hin. Weitere sechs Kilometer flußabwärts liegt, ebenfalls auf dem Nordufer des Batang Hari, eine Hochebene mit den Häusergruppen von Sungai Langsat und Padang Rotjo (»Feld der Statuen«).[5] Bei Sungai Langsat kam das Kolossalbildnis des Bhairawa zutage, während in Padang Rotjo die Reste eines Ziegelbauwerks und die Basis einer Statue mit einer Sanskrit-Inschrift, allerdings in Sumatra-Kawi-Schrift, erhalten geblieben war. Die In-

schrift bezog sich auf die Darstellungen der Amoghapasha-Statue von Rambahan, die Basis gehörte also zu dieser Gruppenstatue. Der Archäologe und Direktor des Museums von Palembang, F. M. Schnitger, führte 1935 und 1937 Erkundungsexpeditionen zu den Altertümerstätten Sumatras durch, die er als »hinduistisch« bezeichnete, wobei dies nicht in der religiösen Bedeutung gemeint war, sondern buddhistische Hinterlassenschaft einbegriff.[6]
Daraufhin beschloß der holländische Antikendienst, die Monumentalstatue des Bhairawa auszugraben und in die Zivilisation zurückzubringen. Die Basis allein wog drei Tonnen, die Statue vier. »Dreihundert Kulis mühten sich ab, um die Statue mit starken Tauen vom hohen Flußufer abzuseilen.«[7] Auf einem Floß ruderte man den Koloß tagelang stromaufwärts von Sungai Langsat nach Sungai Dareh. Dann ging es auf einem Lastwagen weiter nach Sijungjung: »Während der Fahrt brach ein schwerer Sturm los, und unmittelbar vor dem Lastwagen stürzte ein mächtiger Baum nieder, der das Bildnis beinahe zerschlagen hätte. Es hatte ganz den Anschein, als ob der Geist des einstigen Königs Protest einlege«, schreibt Schnitger.[8] »In Sijungjung wurde die Statue auf ihre Basis gewuchtet und vor üppig blühenden Bougainvilleen aufgerichtet, wobei der rötliche Widerschein der Blüten den harten kalten Stein weicher zu machen schien. Vor allem bei Sonnenuntergang legte sich ein sanfter, geheimnisvoller Schimmer über das Bildnis, als ob es sich danach sehne, das Licht zu absorbieren.«[9] Nach einigen Monaten nur wurde beschlossen, die Statue nach Bukit Tinggi, das damals noch Fort de Kock hieß, zu bringen, weil es dort bereits ein Museum gab. Man stellte sie auf einem Hügel im Botanischen Garten im Angesicht des heiligen Vulkans von Sumatra, dem Merapi, auf. 1937 wurde sie dann in das heutige Museum Nasional nach Jakarta gebracht. In den neunziger Jahren erhielten Palembang, Jambi und Padang Kopien, die gleichsam den »Geist« der Statue auf die Insel zurückbringen sollten.
Die Statue hatte in einer Lichtung nahe am Flußufer auf dem Rücken gelegen, halb in der Erde versunken, während die Basis hochkant aus dem Boden ragte. Beide Teile scheinen für die späteren Bewohner teilweise stets sichtbar gewesen zu sein. Die Basis auf der seinerzeit sich horizontal darbietenden Seite weist vier schalenförmige Vertiefungen auf. Pleyte merkte bereits an, daß die Bewohner sie offenbar als Reismörser benutzt hatten. Als die Basis dann 1935 wieder mit der Statue vereinigt wurde, lagen die Vertiefungen an der linken Seite. Auf Sumatra bezeichnen Blöcke für das Zerstoßen von Reis den gesellschaftlichen Status ihres Besitzers: je mächtiger er ist, um so mehr Vertiefungen weist sein Mörser auf. Man betrachtet den Reismörser als Boot und glaubt zugleich, daß er Regen oder Überschwemmungen bewirken kann. Diesen Blöcken wurden Opfer dargebracht, um Regen herbeizuzaubern; und das Wasser, das sich in den Vertiefungen ansammelte, galt als heilkräftig. Auch eine gute Ernte sollten Opfer bewirken. Die Reismörser waren aber zugleich auch mit dämonischen Kräften behaftet und konnten denjenigen töten, der böse Absichten hegte. In überwiegendem Maße aber waren sie positiv besetzt.
In einigen Gebieten Indonesiens wird der Mörser mit Tod und Fruchtbarkeit zugleich in Verbindung gebracht. Bei bestimmten Totenritualen wird er rhythmisch gestoßen. Daher dürfte es kaum verwundern, daß die Basis einer Statue, die mit Todessymbolen ausgestattet war, als Mörser Verwendung fand, nachdem das Bildnis von seinen hindu-buddhistischen Anhängern nicht mehr verehrt wurde.
Obwohl inschriftlich nicht gesichert, nimmt man in der Forschung allgemein an, daß sich König Adityawarman in dieser Statue ein Denkmal setzte. H. H.

1 In älteren Arbeiten (Pleyte 1907, 176) wurde die Statue als Shiwa Mahakala bezeichnet, der kleine Buddha als Amitabha.
2 Van Hasselt, Suelleman 1881, I, 243.
3 135–139 des Bildbandes.
4 Palmer van den Broek 1907; Pleyte 1907.
5 Palmer van den Broek 1907, 219.
6 Schnitger (Brill) 1936a und b; Dissertation Wien (1937) und Forgotten Kingdoms 1938.
7 Schnitger 1938, 32.
8 Schnitger 1938, 32.
9 Schnitger 1938, 32.

105
Architekturfragment

Jakarta, Museum Nasional, Inv. Nr. 444
Stein
H. 48 cm, B. 74 cm, T. 61 cm
Ost-Java
15.–16. Jh.

Dieses Eckelement eines Tempels zeigt einen aus Rankenwerk hervorwachsenden menschlichen Oberkörper. Es kann nicht eindeutig bestimmt werden, ob es sich hier

um eine weibliche oder männliche Gestalt handelt. Die beiden vorderen Arme vollziehen die Gruß- oder Verehrungsgeste *(anjali-mudra)*, während die beiden hinteren Arme jeweils ein Attribut, einen kurzen Lotusstengel mit Knospe und einen Donnerkeil *(wajra)*, halten. Der aufwendige Kopfschmuck ist typisch für Skulpturen der späten Majapahit-Zeit, d. h. 15. bis 16. Jahrhundert.

Dargestellt ist somit der Götterkönig Indra als einer der acht Weltenwächter (Lokapala oder Dikpala), die die acht Himmelsrichtungen bewachen: Indra steht für den Regen im Osten, Agni für das Feuer im Südosten, Yama für den Tod im Süden, Surya für die Sonne im Südwesten, Waruna für das Wasser im Westen, Wayu für den Wind im Nordwesten, Kuwera für den Reichtum im Norden, Ishana oder Shiwa im Nordosten. Als Lokapala zeichnen Gott Indra die Attribute Lotus und *wajra* aus.

Vermutlich waren an den übrigen Ecken des Tempels, von dem das Fragment stammt, die anderen Weltenwächter abgebildet. Ein Beispiel für solch eine Anordnung ist im unteren Dachgesims des sog. Jahrestempels von Panataran (1369) gegeben. Stilistisch auffallend ähnliche Fragmente finden sich auch in Candi Surawana (um 1380), wo vier Lokapala-Figuren erhalten sind. Da beide Bauten aus dem späten 14. Jahrhundert stammen, liegt es nahe, das hier ausgestellte Stück in die gleiche Zeit zu datieren.

L. K.

Lit.: Lokapala: R. S. Gupte 1972, 105; Panataran: Abbildung in Bernet Kempers 1959, pl. 274.

106
Architekturfragment mit *kala*-Kopf

Jakarta, Museum Nasional, Inv. Nr. 402e
Stein
H. 68 cm
Zentral-Java
9./10. Jh.

Das Architekturfragment mit gezacktem oberem Rand zeigt einen reliefierten *kala*-Kopf ohne Unterkiefer. Der *kala* hat große, hervortretende Augen, wie sie für Dämonendarstellungen typisch sind, sowie stark ausgeprägte Wangen. Die Haare sind als pflanzliche Ranken dargestellt; der Kopf ist von einer spitzen dreieckigen Form überhöht. Im Oberkiefer ist eine Reihe großer Zähne zu erkennen.
Rechts und links vom Kopf ist je eine fliegende Gestalt mit einem Pflanzenstengel in der Hand wiedergegeben.
Kala-Köpfe sind ein unabdingbares Element in der javanischen Tempelarchitektur: Sie schmücken jeden Eingang oder Durchgang sowie die Tempelnischen.
In Zentral-Java treten sie immer gemeinsam mit den *makara* auf, das sind Fabeltiere in Gestalt eines fischartigen Elefanten oder See-Ungeheuers. Ist der *kala*-Kopf oberhalb einer Türöffnung angebracht, so rahmen die *makara* die Türschwellen zu beiden Seiten. Dem *kala-makara*-Motiv werden verschiedene Bedeutungen zugesprochen: Der *kala* ist ein Symbol der Sonne und des Himmlischen, der *makara* hingegen steht für das Wasser und das Irdische, so daß beide zusammen den Kosmos versinnbildlichen. In Ost-Java wird der *kala* meist *banaspati* genannt, was soviel bedeutet wie »Herr der Wälder«. Der *kala*-Kopf ist immer als dämonisches Wesen ausgebildet und soll ähnlich den Dwarapala-Figuren (siehe Kat. 107) Böses abwehren. *Kala* bedeutet wörtlich auch »Zeit« und ist damit als Gott der Zeit zu betrachten. Als solcher verschlingt er den Menschen, der sich beim Betreten eines Heiligtums von einer Bewußtseinsebene in eine andere begibt, und reinigt den Eintretenden. Bhatara Kala, der Gott der Zeit, wie er im *wayang kulit* genannt wird, spielt eine wichtige Rolle bei Reinigungszeremonien *(ruwatan)*, die heute noch in Java durch Vorführung spezieller Wayang-*lakons* abgehalten werden.
In ost-javanischen Tempeln ist im Gegensatz zu Zentral-Java der Unterkiefer des *kala* meist ausgebildet, die *kala*-Köpfe sind hier wuchtiger und plastischer reliefiert (z. B. in Candi Kidal); *makara*-Köpfe sind in Ost-Java selten.
Stilistisch gesehen – von der Art der Behandlung des Haarrankenwerks sowie der Schlichtheit des Gesichts – weist der hier ausgestellte Kopf in die mitteljavanische Periode des 9./10. Jahrhunderts. In Zentral-Java findet sich häufig die Darstellung fliegender himmlischer Wesen zu beiden Seiten des *kala*, wie es auch hier der Fall ist. Beispiele dafür sind: Candi Merak, Tempel im Außenhof von Prambanan, Candi Kalasan. L. K.

Lit.: Vogler 1949; Bosch 1967, 163 ff.; Stutterheim 1926, 339, 344.

von stilisierten Wolken. In der Mitte unter der Gestalt Arjunas befindet sich eine runde Öffnung, die Wasser in ein Becken leitete. Die Anbringung ist wohl ähnlich zu denken wie im Falle des Jalatunda-Reliefs (Kat. 62). Die Plazierung einer Skulptur mit der Darstellung der Verführung Arjunas an einem Wasserheiligtum entspricht der Geschichte insofern, als sich die Nymphen ihr zufolge badeten und schmückten, bevor sie versuchten, den Helden zu verführen.
Nach der Häufigkeit der Darstellungen an Tempeln und anderen Denkmälern zu schließen, erfreute sich das Thema »Arjuna und die Nymphen« in ganz Ost-Java großer Beliebtheit. Reliefs des Motivs sind in der Höhle Selamangleng, Tulungagung (Ende des 10. Jahrhunderts), am Candi Jago (13. Jahrhundert), in der Höhle Guwa Pasir, Tulungagung (14. Jahrhundert), am Candi Kedaton (1370), Candi Surawana (14. Jahrhundert) und in der Stätte Nr. LXV am Berg Penanggungan (15. Jahrhundert) zu finden. Der Bericht der Archäologischen Kommission von 1902 bringt Abbildungen zweier weiterer Steinskulpturen mit Arjunas Verführung. Auch eine herzförmige Schamzier in Goldtreibarbeit, heute im Museum Nasional Jakarta, gibt dieses Motiv wieder. Im Mpu Tantular-Museum, Surabaya, wird eine etwas kleinere (58 cm) Brunnen-Skulptur, die dem hier ausgestellten Stück ähnelt, aufbewahrt. In Bali ist die Geschichte durch die Jahrhunderte hindurch populär geblieben, wie eine Gruppe von balinesischen *Arjuna-Wiwaha*-Gemälden aus dem 19. Jahrhundert belegt.
Ursprünglich (JBG 6, 125) galt Gampengrejo nördlich von Kediri als Herkunftsort des hier besprochenen Reliefs, aber im Museumsinventar wurde der Distriktname später durchgestrichen und zu Tugurejo, dem Namen eines Dorfes in Kediri, geändert. J. F.

Lit.: JBG 6 (1939), 125, Abb. 12; Bernet Kempers 1959, Tafeln 191–192 (Selamangleng), Tafel 193 (Guwa Pasir), Tafel 251 (Candi Jago), Tafeln 302–303 (Surawana), Tafel 305 (Kedaton) und Tafeln 327–328 (Penanggungan); Worsley 1986. Zusammenfassung des *Arjuna-Wiwaha*: Zoetmulder 1974, 234–249. Kieven 1994. Weitere Skulpturen: ROC 1902, Tafel 4; ROC 1914, 208, Nr. 678.

110
Hängelampe

Jakarta, Museum Nasional, Inv. Nr. 1073a
Bronze
H. 35,5 cm
Rembang, Zentral-Java
wohl 14. Jh.

Der viereckige, flache Ölbehälter, dessen Ecken zu Tüllen geformt sind, um die Dochte unterzubringen, ist in vier Abschnitte unterteilt. Von diesen sind drei abgebrochen. Ein zweistufiger Sockel, der sich in seiner Form von einem Viereck an der Basis zu einem beringten Zylinder darüber verjüngt, erhebt sich in der Mitte. Auf beiden Stufen befindet sich eine viereckige Platte, auf der jeweils kleine Figuren stehen. Ein Bogen, der die Lampenkette an einem Haltering in Juwel-Form *(ratna)* hielt, überragt die oberste Platte. Florale Verzierungen verbinden die Teile vertikal. Einige dieser höchst zerbrechlichen Bestandteile der Lampe sind verlorengegangen.
Die Statuette eines langohrigen Vierfüßlers (vgl. Kat. 117), der einen Mann und eine Frau trägt, steht auf der oberen Plattform. Der Mann mit einem kunstvollen Kopfputz schwingt einen *keris*, um die Frau, die vor ihm sitzt, vor der Bedrohung durch einen bewaffneten Angreifer zu beschützen. Der Angreifer ist – nach seiner grimmigen Erscheinung zu urteilen – ein Dämon. Er benutzt die Pflanzenverzierung, um von der unteren Plattform hochzuklettern und das Paar darüber zu erreichen. Auf der unteren Plattform formieren sich weitere Figürchen zu drei separaten Szenen: ein Mann, der an einen Baum gefesselt ist; ein Mann, der von einem Angreifer mit der Axt getötet wird, während eine Frau diesen Vorgang als Zeugin beweint; eine trauernde Person, die den Kopf eines Leichnams, der, wie heute noch auf Bali üblich, in ein Tuch gewickelt ist, hält. Aller Wahrscheinlichkeit nach stellen alle vier Szenen verschiedene Episoden derselben Erzählung dar.
Gegenüberstellungen von Helden, wie die zwischen

Muka, Arjuna und Shiwa, werden in der Lingobhawa-Episode des *kakawin Arjunawiwaha* (Arjunas Hochzeit) beschrieben. Gelegentlich lieferten sie die Inspiration für Verzierungen von Lampen der ost-javanischen Periode. Selten jedoch sehen wir eine solch dramatische Aktion, wie sie in diesem einzelnen Stück konzentriert ist. Die literarische Quelle dieser Szenen ist noch nicht identifiziert worden. Das Thema des Mannes, der an einen Baum gefesselt ist, tritt in einigen alten javanischen Legenden auf. Im *Sudamala*, einer Erzählung, die auf den Reliefs von Candi Sukuh und Candi Tigawangi bildlich dargestellt ist, wird der verzauberte Sadewa gefangen, an einem Baum festgebunden und von der Göttin Durga bedroht.

In der als Schattenspiel aufgeführten *Sri Sedana*-Erzählung wird der Bauer Buyut Wangkeng von dem Dämon Kaladan an einen Baum gebunden, nachdem er sich geweigert hat, den Aufenthaltsort der Prinzessin Shri Dewi preiszugeben. Das altjavanische *Tantri Kamandaka*, eine Sammlung uralter Erzählungen, enthält die Geschichte eines heimtückischen Goldschmiedes, der veranlaßt, daß ein unschuldiger Brahmane des Mordes angeklagt und an einen Baum gefesselt wird. Vorläufig läßt sich jedoch ein Zusammenhang der Szenen und der Erzählungen nicht herstellen.

Die Lampe wurde dem Museum 1892 von einem Vertreter der chinesischen Gemeinde von Rembang (Zentral-Java) geschenkt. Aus diesem Ort soll die Lampe stammen.

Ein weiteres Stück des gleichen Typs, mit denselben figürlichen Szenen wurde vor 1855 in Bagelen ausgegraben und dem Museum im selben Jahr geschenkt (Museum Nasional, Inv. Nr. 1072). J. F.

Lit.: NBG 1892, 112 und CLXIX–CLXX; van Erp 1941, bes. 108, n. 1; Bernet Kempers 1959, Tafel 312. Lampe, die die Lingobhawa-Episode darstellt: Siswadhi 1977; Stutterheim 1926a, Abb. 130. Geschichten über Männer, die an einen Baum gebunden sind: Hooykaas 1931, 141, 145 und Tafel 16; Rassers 1925; van Stein Callenfels 1925, 91, 121 und Abb. 7. Lampe von Bagelen: AIA Nr. 67; TBG 3 (1855), *berigten* VII (Beschreibung durch E. Netscher).

111
Schamzier

Privatsammlung
Gold
H. 7,9 cm
Ost-Java
14. Jh.

Die herzförmige, in Treibarbeit gefertigte Schamzier schmückt als Zentralmotiv ein Götterbildnis mit erhobenen Händen inmitten einer Blumenlandschaft, als hielten diese Hände eine Aureole. Der Rand wird durch die Wiedergabe eines Flechtbandes verstärkt. Auf der Rückseite sind zwei Ösen vorhanden, wurden doch derartige Zierteile, von denen sich nur wenige erhalten haben, mittels einer Kette getragen. Als Themen der Dekoration wurden entweder die anmutige Shri Tañjung[1] oder der meditierende Arjuna[2] gewählt, der auch auf einem Relief des Candi Kedaton eine derartige Schamzier trägt.[3] Da das vorliegende Beispiel aufgrund der Relieftiefe sicher von einem Mann getragen wurde[4], ist wohl auch hier Arjuna dargestellt. J. P.

[1] Fontein 1990, 294, Nr. 113.
[2] Krom 1923, Teil III, Abb. 110.
[3] Stutterheim 1926, 101, Fig. 140 und O. D. Foto Nr. 255.
[4] Jessup 1990, 218, Fig. 180.

112
Schamzier

Jakarta, Museum Nasional, Inv. Nr. 1493/A 103
Gold, getrieben
H. 8,5 cm, B. 9,5 cm
Madiun, Ost-Java
wohl 14. Jh.

Der in Treibarbeit hergestellte Dekor des herzförmigen Schmucks zeigt im Zentrum eine Frau, die auf einem Fisch mit Elefantenrüssel reitet und damit aller Wahr-

scheinlichkeit nach Shri Tañjung verkörpert, die Heldin der altjavanischen Fortsetzung des *Sudamala*, wie sie die Reliefs von Candi Sukuh aus dem 15. Jahrhundert in Zentral-Java schildern.

Zusammengefaßt ergibt sich folgende Handlung: Der Adlige Sidapaksa wurde mit einem Auftrag des Königs, der sich in dessen Gattin, Shri Tañjung, verliebt hatte, zum Palast von Indra geschickt. Bei sich trug er einen Brief, der den Gott erzürnen und damit zum Tode des Überbringers führen sollte. Als Sidapaksa dennoch unverletzt zurückkehrte, berichtete ihm der König, daß Shri Tañjung ihm während seiner Abwesenheit untreu gewesen sei, obwohl sie sich in Wirklichkeit allen amourösen Annäherungsversuchen des Königs sittsam widersetzt hatte. Sidapaksa glaubte ihm, brachte seine Gattin zu einem Friedhof und tötete sie dort. Als aber aus ihrem Blut ein süßer Duft entströmte, war dies ein unbestreitbarer Beweis ihrer Unschuld, und er wurde von Gewissensbissen überwältigt. Inzwischen stieg Shri Tañjungs Seele in die Unterwelt hinab, gelangte zunächst in die Hölle und erreichte schließlich, nachdem sie den Fluß auf dem Rücken eines Fischelefanten überquert hatte, das Tor des Himmels. Als ihr dort der Zugang mit der Begründung verweigert wurde, ihre Zeit sei noch nicht gekommen, brachte sie Shiwas Gattin Ra Nini, die einst von einem Fluch durch Shri Tañjungs Vater Sadewa befreit worden war, wieder zurück ins Leben.

Die Erzählung von Shri Tañjung scheint in der vorliegenden Fassung in Banyuwangi entstanden zu sein, also im äußersten Osten Javas. Während des 17. Jahrhunderts war Banyuwangi Teil des Königreiches von Blambangan, dem letzten indo-javanischen Staat Javas. Daß die Erzählung selbst bedeutend älter ist, wird u. a. sowohl anhand der Reliefs der ost-javanischen Tempel Candi Jabung (1354), Candi Surawana (14. Jh.) als auch der *pendopo*-Terrasse von Candi Panataran (1375) belegt, die alle Episoden der Shri Tañjung-Legende schildern. Allerdings überrascht, daß speziell jene Episode, die den Schlüssel zur Identifizierung der Reliefs liefert, also ihr Ritt über den Fluß auf dem Rücken des Fischelefanten, in der

modernen Version dieser Erzählung, so wie sie von Prijono herausgegeben wurde, nicht erscheint. Statt dessen berichtet dieser Text von einem »Krokodil mit Dämonenkopf«, das den Fluß bewacht, so daß im dunkeln bleibt, wie es Shri Tañjung schließlich doch noch überzusetzen gelang.
Shri Tañjung und ihr Mischwesen sind auch auf anderen Objekten nachweisbar, so eingeschnitten in einen Ziegel am Tor von Bajangratu in Trowulan, als Teil des Dekors eines Terrakotta-Pfeilers im Museum of Fine Arts, Boston (Inv. Nr. 1975.326), auf Lampen im Museum Nasional Jakarta (Inv. Nr. 1076 a), aber auch auf einem *keris* oder dem Boden einzelner Tierkreisbecher. Die augenscheinlich weitverbreitete Popularität dieser Erzählung macht die Identifizierung aller Darstellungen einer Frau auf dem Rücken eines Fisches mit Shri Tañjung in hohem Grade wahrscheinlich, allerdings nur, wenn die Szene als Teil einer Serie von Illustrationen erscheint.
Auf der Skulptur der Camundi von Ardimulyo (Singosari), die von 1292 datiert, ist eine auf einem Fisch reitende Frau eine der sekundären Figuren, die von P. H. Pott versuchsweise als Göttin Triweni, die Hüterin des Zusammenflusses dreier Flüsse, identifiziert wurde. Danach erscheint es möglich, daß einige, die als Shri Tañjung-Darstellungen angesprochen wurden, in Wirklichkeit die Göttin Triweni oder Yuktatriweni wiedergeben.
Obwohl bislang viele Wissenschaftler der Meinung waren, Goldplatten dieser Art seien von Frauen getragen worden, um ihre Scham zu bedecken, scheint es weder schriftliche noch bildliche Beweise dafür zu geben, die den tatsächlichen Gebrauch dokumentieren. Eine sonderbare Ausnahme bildet eine Bildhauerarbeit von Candi Sukuh in Zentral-Java, dem 15. Jahrhundert zuzuweisen, wo zwei Tiere, ein Garuda und ein Schwein, derartige Zierplatten tragen. Man vermutet jedoch, insbesondere was das Schwein betrifft, daß das Tier nur deshalb damit versehen wurde, um einen Teil eines *candrasengkala* zu bilden. Letzteres ist ein einem Rebus ähnliches Chronogramm, in dem vier Objekte, die jeweils besonderen Zahlenwerten entsprechen, so zusammengefügt wurden, daß sie eine vierstellige Zahl bilden, die ein Jahr der Shaka-Zeitrechnung repräsentiert. J. F.

Lit.: AIA, Nr. 102; *Koleksi Pilihan* 1, Nr. 26; Tokio 1980, Nr. 70. Andere Darstellungen: Bernet Kempers 1935, 19, Abb. 27; Galestin 1939 b; Bernet Kempers 1959, Tafel 320; Worsley 1986. Bildhauerarbeiten von Sukuh: Stutterheim 1926 c; Stutterheim 1937 a, 32–33, Abb. 23, B 28. Shri Tañjung-Erzählung: Zoetmulder 1974, 435–436; Prijono 1938, Canto 5: 121–122; Pott 1966, 131–132 (Triweni).

113
Schamzier

Jakarta, Museum Nasional, Inv. Nr. A 105/6104
Gold
B. 14,7 cm, H. 12,2 cm
Mergopatut, Sawahan, Nganjuk, Ost-Java
wohl 14. Jh.

Dieses herzförmige Objekt mit geschwungenem Rand hat eine konvexe Oberfläche, die mit Reliefs von floralen Motiven, verschlungenen Bändern und menschlichen Figuren verziert ist. Letztere bilden auch mit drei sitzenden Frauen den Hauptdekor. Die größte von ihnen befindet sich in der Mitte, ihr abgewinkeltes rechtes Bein ruht auf ihrem linken Oberschenkel, ihr linkes Bein ist nach unten abgewinkelt. Sie trägt eine Krone. Leider fehlen Nase, Mund und ein Teil ihrer rechten Schulter. Sie trägt eine Halskette, fünf Armreife an jedem Arm und außerdem vermutlich Fußspangen. Ihre linke Hand weist mit geöffneter Handfläche nach unten, während sie mit dem Finger ihrer rechten Hand auf die vor ihr sitzende Frau zeigt. Sie trägt eine Art *dodot* oder *dhoti*, also eine um die Taille geschlungene Stoffbahn, deren Ende zwischen den Beinen hindurch von vorne nach hinten gezogen wird. An der Taille wird der Stoff mittels einer Kordel oder eines Stoffstreifens befestigt. Die Frau sitzt auf einem stilisierten *kala*-Kopf.
Die Frau, die vor ihr zu ihrer Rechten sitzt, ist kleiner

dargestellt. Ihre Beine sind nach hinten abgewinkelt. Eine Locke ist nahe ihrem rechten Ohr zu sehen. Sie trägt eine Halskette und mehrere Armbänder. Auf ihrem Schoß liegt ein in ein Tuch gewickeltes Baby, dessen Gesicht deutlich zu erkennen ist. Die Frau hinter der Mittelfigur ähnelt in Größe und Körperhaltung derjenigen zu ihrer Rechten. Auf ihrem Schoß hält sie eine *kendaga*, eine große runde Metalldose mit Deckel. W. M.

114
Priesterglocke mit Löwe

Jakarta, Museum Nasional, Inv. Nr. 7979
Bronze
H. 19,5 cm
Herkunft unbekannt, Ost-Java
wohl 14. Jh.

Die *stupa*-förmige Glocke weist einen Griff mit einem Wulst in der Mitte auf, um besser in die Hand zu passen. Das Griffende wird von der Figur eines brüllenden Löwen gebildet. Im Vergleich zu dem Löwen, der die große, zentral-javanische Glocke von Candi Kalasan (Kat. 31) bekrönt, wird deutlich, daß der hier gezeigte Löwe noch weiter entfernt ist vom tatsächlichen Aussehen dieser Spezies, die kein indonesischer Künstler je gesehen hatte. Anscheinend um seine völlige Domestizierung zu betonen, trägt das eher hundeähnliche Wesen ein Zierhalsband.
Unter den Ritualglocken aus Ost-Java gibt es eine Vielzahl verschiedenartiger Formen der Griffenden. Bosch hat einmal die Embleme, die diese Glocken bekrönen, nach der Reihenfolge ihrer Häufigkeit verzeichnet: *nandin* (Stier), *simha* (Löwe), *naga* (Drache oder Schlange), *trishula* (Dreizack), *cakra* (Rad) und viele andere Embleme, die nur selten angetroffen werden. Stier und Dreizack deuten auf einen Zusammenhang mit Shiwa-Kulten hin, wohingegen Löwen wahrscheinlich mit buddhistischen Ritualen verbunden gewesen sind. Dar-

aus ist jedoch nicht auf eine direkte Verbindung mit Ritualen bestimmter religiöser Gruppen zu schließen, denn eine Anzahl von Glocken, die 1938 bei Jalen, Campurdarat, Tulungagung (Ost-Java), entdeckt wurden, zeigen *wajra*, Stier, Löwe und Rad, d. h. also Embleme von mehr als einer der Gruppen. Auf Bali werden nur Priesterglocken mit dem *wajra* am Griffende verwendet, während in der Tengger-Region Ost-Javas die Mannigfaltigkeit der Embleme, die typisch für die Majapahit-Periode war, bis in die moderne Zeit beibehalten wurde. J. F.

Lit.: AIA Nr. 61; Scholte 1919, bes. 68; Bosch 1961b.

◁ 115

Priesterglocke mit hockender Figur

Jakarta, Museum Nasional, Inv. Nr. 8114
Bronze
H. 4,5 cm
Herkunft unbekannt, Ost-Java
13.–14. Jh.

Das Griffende dieser einfach gestalteten Handglocke besteht aus einem Mann, der auf einem Lotussockel hockt und seine hochgezogenen Knie mit den Armen umklammert. Seine hervortretenden Augen und die dichten, lockigen Augenbrauen ähneln denen eines Dämons, aber der sanfte Ausdruck seines Gesichts spricht für die Darstellung eines erleuchteten Asketen.
Glocken mit sitzenden oder hockenden Figuren am Griffende kommen in verschiedenen Sammlungen vor. Das Nationalmuseum Jakarta besitzt mehrere Exemplare, von denen die hier gezeigte Glocke die feinste in Ausführung und Gußqualität ist. Die ost-javanische Literatur enthält zahlreiche Erzählungen von Männern, die sich von der Welt zurückzogen, um in Höhlen abgelegener Bergregionen Askese zu praktizieren. Es ist nicht bekannt, ob Glocken mit Emblemen in der Gestalt solcher Asketen eine spezielle Funktion hatten.
Diese Glocke wurde im Oktober 1953 vom Archäologischen Dienst erworben und an das Museum Nasional in Jakarta weitergegeben. Ihr Herkunftsort ist unbekannt und die Datierung ungewiß. J. F.

Lit.: unveröffentlicht. Weitere Glocken: Linden-Museum 1984, Nr. 76–78; Amsterdam 1988, Nr. 70.

116

Anhänger (Haarschmuck?)

Jakarta, Museum Nasional, Inv. Nr. 6816/A 112
Gold
H. 13 cm, B. 7,9 cm
Herkunft unbekannt, Ost-Java
14.–15. Jh.

Drei symbolische Darstellungen – ein Paar *naga*, eine geflügelte Muschel und die Gestalt eines Gottes auf einem Pferd – sind so kunstvoll zu einem Gehänge zusammengefügt worden, daß es als eines der schönsten bezeichnet werden kann, die sich aus der Majapahit-Periode erhalten haben.
Zentrales Motiv ist die Wiedergabe des Sonnengottes Surya mit einem Reittier. Umgeben werden sie von einem Sonnenkranz, der als ein Flammenring mit spitz zulaufenden Strahlen erscheint, eine traditionell übliche Darstellungsweise, die sogar die Ankunft des Islam überdauert hat. Direkt über dem Kranz zeigt eine leere Höhlung die Stelle an, die einst ein wertvoller Stein geziert hat.
Unter diesem Kranz bildet eine geflügelte Muschel, ein Symbol, das oft mit Wishnu, dem Gott des Lichtes, verbunden ist, das Mittelmotiv, das zwei abwärts gerichtete *naga* mit nach außen gerichteten Rachen mit spitzen Zähnen flankieren. So wie der Sonnengott den Platz einnimmt, der vormals der *kala* oder Dämonenmaske vorbehalten war, so haben die Wasser-*naga* mit ihren langen geschuppten Körpern die *makara* oder See-Ungeheuer ersetzt, also das klassische *kala-makara*-Motiv. Diese gezielte Veränderung scheint der alten symbolischen Polarität von Licht und Dunkelheit, Feuer und Wasser neue Bedeutung gegeben zu haben.
Ein Schlußstein, der einst den oberen Abschluß des Gewölbes der im frühen 13. Jahrhundert entstandenen Cella von Candi Sawentar bei Blitar in Ost-Java bildete, gibt den Sonnengott ähnlich gerahmt wieder, jedoch reitet er hier auf einem Tier mit längeren Ohren, vielleicht dem mythischen *ashwin*. Das Tier wird dabei nicht an einem Zügel geführt, sondern an einem Strick, der durch die Nase gezogen wurde, so wie es auch heute noch bei Wasserbüffeln gebräuchlich ist.
Die Assoziation von *naga* mit Göttern und Königtum wurde in zunehmendem Maße während der Majapahit-Periode üblich und überlebte sogar das Aufkommen des Islam. So sind *naga* auch auf verschiedenen Paraphernalien zu sehen, die in Verbindung mit traditionellen Herrschern auch der späteren indonesichen Geschichte stehen.

Die Flitterplättchen, die an den Rändern des Schmuckstückes mit Golddraht befestigt sind, sind wohl erst in jüngerer Zeit als Verzierung angebracht worden, denn auch ein Gehänge im Tropen-Institut Amsterdam weist Zierelemente gleicher Form auf.
Darüber hinaus spricht die Tatsache, daß sich beide Objekte über einen Zeitraum von 50 Jahren bis zu einem chinesischen Sammler in Tulungagung in Kediri, Ost-Java, zurückverfolgen lassen, für die Annahme, daß diese auf Anordnung dieses Sammlers hinzugefügt wurden. J. F.

Lit.: AIA Nr. 100; *Koleksi Pilihan* 1, 242, Tafel 30; van Lohuizen-de Leeuw 1979, 126–144; Galestin 1939a. Candi Sawentar: ROC 1908, 44–45, Tafel 102; Montana 1985, 735.

117
Fragment einer Lampe

Jakarta, Museum Nasional, Inv. Nr. 1073c
Bronze
H. 28,5 cm
Tenggung, Tulungagung, Ost-Java
wohl 14. Jh.

Dieses Fragment des mittleren Teils einer Hängelampe wurde 1903 zusammen mit zwanzig weiteren Zeremonialgegenständen aus Bronze im Ort Tenggung in der Nähe von Tulungagung (Ost-Java) gefunden. Es stellt einen Mann dar, der prächtig gekleidet ist und auf einem langohrigen Tier reitet. In seiner rechten Hand hält er einen kurzen Stab. Möglicherweise hielt früher auch die linke Hand ein Attribut, welches verlorengegangen ist. Die Beine des Vierfüßlers stehen auf Schienen in Form stilisierter Flammen. Der Oberkörper des Reiters wird von einem flammenden Strahlenkranz, der von in der Luft treibenden Bändern begleitet wird, eingerahmt. Verschiedene Typen langohriger, vierfüßiger Tiere erscheinen in der alten javanischen Kunst. In Prambanan behüten sie die Himmelsbäume an den Sockeln der Tempel. Ihr Ursprung kann zu den *ashwin* – pferdeköpfigen, langohrigen Zwillingstieren, die den Sonnengott Surya begleiten oder den Sonnenwagen ziehen – zurückverfolgt werden. Aufgrund der Verbindung zu Surya wurde sein Pferd Uccaishrawasa ebenfalls mit langen Ohren dargestellt. Während es plausibel erscheint, das Tier als mit Surya verbundenes Pferd zu identifizieren – ein passendes Thema für den mittleren Teil einer Lampe –, bleibt die Identität des Reiters ungewiß. Vielleicht ist Suryas Sohn Karna gemeint, der eine bedeutsame Rolle in der altjavanischen Literatur spielt, inspiriert durch das indische Epos *Mahabharata*. Im *Korawashrama* besteigt er tatsächlich Suryas Pferd Uccaishrawasa. Zur Darstellung von Surya, der auf seinem langohrigen Tier reitet, vgl. Kat. 116. J. F.

Lit.: NBG 1903, 68, 105 und C 1; Stutterheim 1926b; Swellengrebel 1935, 175; Bosch 1960, 182–184.

118
Stabaufsatz mit zwei *naga* und Klingen

Jakarta, Museum Nasional, Inv. Nr. 844
Bronze
H. 17,5 cm
Kebonsari, Pasuruan, Ost-Java
13.–14. Jh.

In diesem Aufsatz werden zwei Motive, die häufig zum Schmuck von Zeremonialobjekten verwendet werden – der *naga*-Drache und der Dreizack –, zu einem einzigen Emblem verbunden. Eine Plattform, die von vier Stützen in Form von kunstvoll gearbeiteten Pflanzenornamenten getragen wird, ruht auf einem mit Ringen versehenen, hohlen Schaft. Auf ihr erheben zwei Drachen, Rücken an Rücken, ihre Häupter und Schwänze. Jeweils dort, wo sich Häupter und Schwänze treffen, befinden sich drei Klingen, von denen die beiden äußeren jeweils eine Schneide, die mittlere zwei besitzen. Zwei besonders fein gearbeitete Pflanzenornamente stehen auf der Plattform im rechten Winkel zu den Drachenkörpern.
Während die *naga* mit ihren nach oben gerichteten Nüstern und offenen Mäulern typisch ost-javanisch sind, gleichen die Klingen weitgehend denen, die unter den Zeremonialobjekten des Schatzes von Selumbung, Gandusari, Blitar, auf Ost-Java gefunden wurden. Eine Schlitztrommel *(kentongan)* aus dem Shaka-Jahr 1209 (1287 n. Chr.) und ein achteckiges Bronzegefäß aus dem Shaka-Jahr 1185 (1263 n. Chr.) befanden sich auch unter den dort gefundenen Stücken. Eine Datierung in das 13. Jahrhundert ist für alle Objekte dieses Fundes sehr wahrscheinlich. Unter den Aufsätzen des Schatzes von Selumbung kommt auch ein *naga*-Exemplar ähnlichen Typs wie das vorliegende vor, allerdings mit Klingen, die an den Schwänzen befestigt und nach unten gerichtet sind. Ein Aufsatz einfacheren Stils wurde 1939 in Ost-Java in Prigen, Bangil, ausgegraben. Er kombiniert nach unten gerichtete Klingen mit einem Klingen-Dreizack, der von *naga* getragen wird. Ein anderes Exemplar, dessen beide einschneidige Klingen fehlen, befand sich einst in der Sammlung von Spinks & Son in London.
Unter all diesen Beispielen ist das von Kebonsari allerdings von höchster Qualität. Der Aufsatz ist wahrscheinlich wenig später als das Parallelobjekt aus Selumbung entstanden, an der Wende des 13. zum 14. Jahrhundert. Da die Mehrzahl derartiger Aufsätze aus Hortfunden mit zahlreichen Zeremonialgegenständen stammt, die ganz offensichtlich mit Absicht vergraben wurden, kann man nur darüber spekulieren, weshalb sie einst unter die Erde kamen. Die Tatsache, daß einer der umfangreich-

sten Funde auf der Insel Bali gemacht wurde, legt den Schluß nahe, daß in diesem Fall die Islamisierung keine Rolle gespielt haben wird. Obwohl jeder dieser Funde Zeremonialobjekte enthält, scheinen die Aufsätze eher Embleme des Königshauses oder des Adels gewesen zu sein, die bei Paraden loyaler Gefolgsmänner mitgeführt wurden, als Kultobjekte bei Prozessionen. Übrigens läßt sich der Gebrauch derartiger Aufsätze in javanischen Kratons bis in unsere Tage nachweisen. So zeigt ein Photo, das der javanische Photograph K. Caphas am Hof von Yogyakarta um 1880 aufnahm, einen in *pamor*-Technik gefertigten Aufsatz in Gestalt eines Doppel-Garuda mit Klingen auf den Häuptern. J. F.

Lit.: NBG 1882, 61; Groeneveldt 1887, 235; AIA Nr. 78. Der Selumbung-Fund: OV 1928, 97–98; Crucq 1929a; Bernet Kempers 1959, Tafel 267 (Mitte). Der Dreizack von Prigen, Bangil: OV 1939, 24 und Abb. 39. Das Photo von K. Cephas: Groneman 1895, Tafel IX,2.

119
Aufsatz für den Stab eines Bettelmönches

Jakarta, Museum Nasional, Inv. Nr. 6067
Bronze
H. 38,5 cm
angeblich von Mojokerto, Ost-Java
wohl 14. Jh.

Khakkhara ist eine lautmalerische Sanskritbezeichnung für einen Stab mit einer beringten Spitze, die ein klingelndes Geräusch erzeugt. Er war allgemein Attribut buddhistischer Bettelmönche in Indien und Südostasien, so wie es der Bischofsstab für einen Bischof des frühen Christentums war. Der *khakkhara* diente einem doppelten Zweck. Das sanfte Geklingel machte alle auf das Näherkommen seines Trägers aufmerksam. Indem er seinen Stab als Alarmsignal benutzte, um Insekten und andere niedrige Lebensformen, die seinen Weg kreuzten, zu warnen, vermied es der Mönch, sich gegen die Vorschrift des *ahimsa* (Nichttöten) zu versündigen. Da es den Mönchen nicht erlaubt war, um Speisen zu betteln, konnte ein Mönch außerdem mit seinem Stab rasseln, um die Gläubigen daran zu erinnern, daß sie ihn aus eigenem Antrieb mit Nahrung versorgen sollten. Wenn wir auch die erste detaillierte Beschreibung eines indischen *khakkhara* dem chinesischen Buddhistenpilger Yi Jing

122

Kanne für heiliges Wasser

Jakarta, Museum Nasional, Inv. Nr. 6436
Bronze
H. 40 cm
Bataan, Bondowoso, Ost-Java
14.–15. Jh.

Der ovale Körper der Kanne erhebt sich auf einem hohen Fuß, der durch eine Scheibe in zwei Teile gegliedert wird. Den eigentlichen Fußbereich zieren stilisierte Felsornamente. Oberhalb des zentralen Gefäßkörpers trägt er eine Lotusblüte in Gestalt stilisierter Berge, einen langen Schaft, der einer Serie von übereinanderliegenden, in der Größe variierenden Sonnenschirmen gleicht (Skt. *chattra*) und abschließend von einem runden Krug bekrönt ist. Drei der Schirme tragen applizierte Bergmotive. Den Griff der Kanne bildet der geschwungene Hals eines *naga* mit offenem Maul und scharfen Zähnen. Speziell dieser Typ von Wasserkessel, von dem sich viele Exemplare erhalten haben, wurde während der indo-javanischen Epoche als Prunkgerät für heiliges Wasser bei verschiedenen Ritualen benutzt. Noch heute wird aufgrund der zentralen Rolle von heiligem Wasser bei Ritualen die Religion von Bali als *agama tirtha* oder »Religion des heiligen Wasser« bezeichnet. Der Legende nach wurde es als Elixier der Götter von diesen durch das Rühren des Urozeans erzeugt, wobei der Berg Sumeru als Rührstab und die Schlange Basuki als das Seil dienten, um ihn zum Rotieren zu bringen.
In diesem Gefäß sind symbolisch grundlegende Bestandteile alter indischer Mythen dargestellt worden, so die lange und sich verengende Folge von Sonnenschirmen mit den stilisierten Bergmotiven, die den Berg Sumeru verkörpern mit dem ovalen Gefäßbauch als Urozean. Der *naga* repräsentiert Basuki, die Riesenschlange.
Ein Artikel von Ananda Coomaraswamy führte F. D. K. Bosch zu der Überlegung, daß im Gegensatz zu bisherigen Annahmen das lange, vertikale Oberteil und nicht der gebogene Hals des *naga* als Tülle des Gefäßes dient. So wurden Gefäße des *kendi*-typs in Indien auf dieselbe Art benutzt, wie es die Beschreibung des chinesischen Pilgers Yi Jing schildert, und für Java existiert ein überzeugender Beweis in einer Lampe im Museum Nasional Jakarta mit der Inv. Nr. 6027, auf der zwei Personen auszumachen sind, die Wasser aus Gefäßen mittels ihrer oberen Enden gießen. Von unserem Standpunkt aus mag es vielleicht ziemlich unpraktisch sein, Gefäße untertauchen zu müssen, um sie zu füllen, dies kann aber ihren Ruf als *bhadragata* – unerschöpfliches Gießgefäß – auch

äußerlich betont haben. Der Legende nach spielte die Schlange nur als Antriebsseil zum ›Herausbuttern‹ des Elixiers der Unsterblichkeit eine Rolle, deshalb wäre es in der javanischen Welt, in der Funktion und Symbol untrennbar miteinander verbunden sind, völlig unpassend gewesen, das heilige Wasser aus Basukis Maul strömen zu lassen. Hinzu kommt, daß die Sonnenschirme von einem Gefäß als Symbol des Überflusses, *purnakalasa*, bekrönt werden. Eine solche Öffnung ist viel eher geeignet, um aus ihr das heilige Wasser fließen zu lassen.
Die Kanne wurde 1938 zusammen mit einigen anderen Bronzen und Geräten aus Eisen in Bataan, Tenggarang, Bondowoso, im Bereich Ost-Javas gefunden. Der ost-javanische Ursprung anderer Gefäße desselben Typs wie z. B. ein Gefäß im Rijksmuseum voor Volkenkunde, Leiden, Inv. Nr. 1403/2346, das in Trenggalek, Kediri, gefunden wurde, bestätigt die Datierung in die ost-javanische Periode, wie sie für die meisten Objekte dieses Typs angenommen wird. J. F.

Lit.: Coomaraswamy 1928–1929; Bosch 1934; OV 1938, 24; JBG 6 (1939), 100, Nr. 6436; AIA Nr. 73; *Koleksi Pilihan* 1, Nr. 20.

123
Becher

Jakarta, Museum Nasional, Inv. Nr. 5460
Bronze
H. 11 cm, Dm. 14,7 cm
Surabaya, Ost-Java
1327 n. Chr.

Während der ost-javanischen Periode spielt heiliges Wasser in Ritualen eine zunehmend wichtige Rolle. Es wurden verschiedene Typen von Wassergefäßen aus Bronze gefunden, die aus dieser Periode stammen. Manche von ihnen haben eine Form, die mit dem Berg Meru in Verbindung gebracht wird, dem heiligen Berg, der einem javanischen Mythos zufolge heiliges Wasser hervorbringt. Das Charakteristikum dieses Becher-Typs sind die Tierkreiszeichen, die in der unteren Reihe umlaufend dargestellt sind. Sie umfassen Pfeil und Bogen (Schütze), eine Garnele (Steinbock), ein Wassergefäß (Wassermann), einen Fisch (Fische), einen Widder (Widder), einen Stier (Stier), zwei Langusten (Zwillinge), einen Krebs (Krebs), einen Löwen (Löwe), eine Frau (Jungfrau), zwei Waagschalen (Waage) und einen Skorpion (Skorpion). Die Motive der oberen Reihe konnten bisher nicht befriedigend identifiziert werden. Sie stellen elf Figuren im *wayang*-Stil und einen Vogel dar. Die Figuren halten teilweise ihre Hände nach oben, ein Mann trägt einen Spaten über der Schulter. Über dem Vogel erscheint häufig ein Datum, wie auch im vorliegenden Fall. Becher dieser Art sind bei der Bevölkerung in der Gegend des Berges Bromo in Ost-Java noch heute als Gefäße für heiliges Wasser in Gebrauch. I. M. N. / M. K.

Lit.: NBG 1914, 190; cf. Moeller 1985, 41–46; Lunsingh Scheuerleer und Klokke 1988, 143.

124
Wassergefäß

Jakarta, Museum Nasional, Inv. Nr. 807
Bronze
H. 11 cm, Dm. 20 cm
Ost-Java
13.–14. Jh.

Charakteristisch für diese runden, zum Boden hin ausbuchtenden Gefäße ist der weit überstehende Rand, den mehrere konzentrische Schmuckbänder mit Perlenmotiven umziehen. Wahrscheinlich gehörte zu diesem Gefäßtyp ein Deckel, der jedoch in den seltensten Fällen erhalten ist. Trotz ausgeprägt flachem Boden wurden diese Gefäße – dies zumindest legen wenige Parallelbeispiele nahe – auf Dreifüße aufgesetzt.
Die Gießtülle ist mit einem *makara*-Motiv als Ausguß verziert. Über die Verwendung als Zeremonialgerät bei hinduistischen oder buddhistischen Ritualen dürfte kein Zweifel bestehen. Der Dekor in Gestalt des Wasserungeheuers *makara* – bisweilen als vom Krokodil abgeleitet interpretiert – nimmt Bezug auf den Inhalt: Weihwasser wurde in solchen Gefäßen aufbewahrt. I. M. N.

125
Stabaufsatz

Privatsammlung
Bronze
H. 24,1 cm
Ost-Java
14. Jh.

Der Dämon Ratmaja steht auf der Bekrönung einer zylindrischen Hülle, die einem Stab aufgesetzt wurde. In seiner Linken hält er eine Blumenzier, auf der sich einst eine Lampenschale mit Docht befand[1], in der Rechten das *amerta*, das Gefäß für das heilige Wasser, das er den Göttern geraubt hat[2] (s. Kat. 122). J. P.

1 Ein anderes Stück aus derselben Werkstatt, s. O. D. Foto Nr. 1801.
2 Zoetmulder 1974, 386–387.

126
Wolken- und Blitz-Dekor

Jakarta, Museum Nasional, Inv. Nr. 839d
Bronze
H. 48 cm
Batu Agung, Jembrana, Bali
14.–15. Jh.

Der mittlere Teil dieses Aufsatzes besteht aus vier länglichen Bronzescheiben, durch Perforation gestaltet als ein sich wiederholendes Muster stilisierter Wolken. Sie sind zusammengefügt und rechtwinklig so angeordnet, daß sie ein Kreuz bilden, und verjüngen sich gegen die Spitze hin, die von einem vierzackigen *wajra* (Donnerkeil) bekrönt wird. Der untere Abschnitt hat die Form eines röhrenförmigen Schaftes, der sich leicht verjüngt und in einem kleineren, vierzackigen *wajra* endet. Dieser Schaft diente als Halterung, um den Aufsatz auf das obere Ende eines Holzstabes zu stecken. Die Verbindung stilisierter Wolken mit *wajra*, Symbolen des Gewitters, läßt vermuten, daß der Aufsatz die dunklen Wolken eines Gewitters, aus dem Blitze, mächtige Waffen der Götter, herausschießen, symbolisieren sollte. Die einfache, zweidimensionale Gestaltung des Wolkenmusters erinnert an ein Exemplar (Kat. 127), das wie mit einem Netz von Klingen ausgestattet wurde. Beide stammen aus dem Hortfund von 1888 aus Batu Agung auf Bali, Provinz Jembrana.
Obwohl bislang unklar ist, ob die Objekte dieses Fundes in Java oder in Bali hergestellt wurden, ist die Form dieses Aufsatzes mit Donner und Blitz unzweifelhaft javanischen Ursprungs. So läßt sich ein Objekt sehr ähnlicher Form im oberen Bereich eines Reliefs von Candi Sukuh unter dem Zeremonialgerät eines Schwertschmiedes ausmachen. Auf der Rückseite einer Bima-Statue von Candi Sukuh, die sich jetzt in der Sammlung von KRT Hardjonagoro in Solo befindet und 196 cm mißt, ist ein ähnliches Objekt dargestellt worden. Die Statue trägt eine Inschrift, die einer Datierung von 1443 entspricht. Die Größe des Aufsatzes auf der Rückenplatte der Statue mit seinen 83 cm läßt vermuten, daß es sich um eine Waffe, möglicherweise eine Keule *(gada)* handelt. Ein ähnliches Bronzeobjekt im Rijksmuseum voor Volkenkunde in Leiden, mit der Inv. Nr. 3335, wurde von Juynboll als das obere Ende einer Keule interpretiert.
Es ist offensichtlich, daß Objekte dieses Typs auch nach der Islamisierung in Java in Mode blieben. So gab es hölzerne Keulen dieser Form, von denen berichtet wird, daß sie noch gegen Ende des 19. Jahrhunderts bei *wayang wong*-Aufführungen benutzt wurden. Ein

anderes Exemplar in *pamor*-artig geschmiedetem Eisen im Radya Pustaka-Museum, Solo, soll als Kopie einer der Krönungsinsignien im Kraton von Solo im 19. Jahrhundert entstanden sein. J. F.

Lit.: NBG 1888, 106; Serrurier 1896, 183, Abb. 27; Juynboll 1909, Nr. 3335, 144–145; Stutterheim 1956a.

127
Stabaufsatz mit Rädern und Klingen

Jakarta, Museum Nasional, Inv. Nr. 839h
Bronze
H. 42 cm
Ost-Java, Fundort Jembrana (Bali)
14.–15. Jh.

Der Aufsatz besteht aus drei übereinander angeordneten Rädern, deren Durchmesser nach oben abnimmt, mit neun, sieben und fünf Speichen. Auf jedem Rad steht eine entsprechende Anzahl von Miniaturklingen aufrecht. Die offenen Räder mit ihren Speichen und Klingen, die vor allem in ihrer Silhouette markant hervortreten, verleihen ihm eine außergewöhnliche Leichtigkeit und eine Wirkung äußerster Schlichtheit, im Gegensatz zum barockartigen Überfluß der Zierdetails vieler anderer Stabaufsätze.
Der Künstler, der einst dieses Zeremonialobjekt von selten abstrakter Schönheit geschaffen hat, mag von einer Passage der populären Legende von Garudas Suche nach dem Elixier der Götter inspiriert gewesen sein, mittels dessen der Gott seine Mutter Winata aus der Sklaverei zu erlösen hoffte. So berichtet der erste Teil des indischen Epos *Mahabharata* auch in altjavanischer Fassung, dem sog. *Adiparwa*, von Garuda, als dieser sich dem Palast nähert, wo das Elixier aufbewahrt wird, folgendes: »Dort vor dem Elixier sah er ein Eisenrad mit einer geschliffenen Kante und scharfen Klingen, das sich hell leuchtend wie Feuer und Sonne unaufhörlich bewegte und mit seiner mörderisch scharfen Kante vor Räubern des Elixiers schützen sollte, eine unübertrefflich schreckliche Erfindung, die von den Göttern ersonnen war« (nach der Übersetzung von J. A. B. van Buitenen). Eine Nachbildung dieser himmlischen Sicherung gegen Diebe, die mittels des hohlen, zentralen Schaftes oben auf einen Stab montiert wurde, war sicher ein besonders geeignetes Symbol, um in Prozessionen als magischer Schutz der königlichen Schätze mitgeführt zu werden.
Der Aufsatz war Bestandteil eines Hortfundes von mehr als vierzig Bronzeobjekten, die auf Bali, in Batu Agung, Jembrana, vor mehr als hundert Jahren geborgen werden konnten. Jembrana, der am weitesten westlich gelegene Distrikt Balis, war in früheren Zeiten von den zentralen Gebieten der Insel etwas isoliert und hatte über den Seeweg engeren Kontakt zu Ost-Java als auf dem Landweg mit dem Ostteil der Insel. Wie groß die Isolation gewesen sein muß, bezeugt u. a. die Tatsache, daß Jembrana keinerlei Zahlungen für den Unterhalt des Haupttempels von Bali, Pura Besakih, zu leisten hatte.

Dieser Schatz ritueller Objekte von Batu Agung ist der bislang einzige größere Fund dieser Art auf Bali. Unklar bleibt, ob diese Stücke javanischen oder balinesischen Ursprungs sind oder vielleicht eine Mischung beider möglichen Provenienzen. Die Ähnlichkeit einiger dieser Objekte mit Stücken, die in Java gefunden wurden, spricht allerdings zugunsten der ersten Möglichkeit. J. F.

Lit.: NBG 1882, 62; Groeneveldt 1887, 234; NBG 1888, 106 und 148; AIA Nr. 82; Juynboll 1906, 43; Stutterheim 1930a; Swellengrebel 1960, 3–4; van Buitenen 1973, 89.

128
Statue einer Göttin

Jakarta, Museum Nasional, Inv. Nr. 154b
Stein
H. 80 cm
Ost-Java
14.–15. Jh.

Eine weibliche Gottheit sitzt in Lotushaltung mit gekreuzten Beinen auf einem Sockel, der aus einem Vogelwesen mit menschlichem weiblichem Oberkörper gebildet wird. Vogelschwingen umschließen den Sockel. Der weibliche Oberkörper ähnelt in vielen Details dem der Göttin selbst, so beispielsweise hinsichtlich des Hals- und Haarschmucks. Beide Figuren haben einen einfachen Nimbus sowie nach oben fliegende Bänder, die für ost-javanische Darstellungen von Himmelswesen und Göttern üblich sind. Das Haar der Göttin ist zweifach gebunden. Auffallend ist die große Spange der zwischen den üppigen Brüsten verlaufenden heiligen Schnur *(upawita)*.
In der rechten erhobenen Hand hält die Göttin ein Schwert mit Strahlenkranz, die linke, teilweise zerstörte Hand ruht auf einer Art Teller oder einem großen Blatt und scheint mit gekrümmten Fingern einen Gegenstand zu halten, der über die Handfläche hinausreicht, vielleicht eine Gebetsschnur oder eine große Blüte.
Das Vogelwesen als Reittier ist ein Hinweis auf die Göttin Lakshmi, die Gemahlin des Gottes Wishnu; denn die Gemahlinnen der Götter werden üblicherweise von den gleichen Reittieren getragen wie die Götter selbst. Das Reittier von Wishnu ist der Himmelsadler Garuda (siehe Kat. 142). Ungewöhnlich mutet dann aber die vollkommen menschliche Gestalt des Vogeloberkörpers an. Das Schwert in der rechten Hand deutet auf Lakshmi in der Manifestation als Mahalakshmi hin, die ähnliche Eigenschaften wie Durga, die Gemahlin Shiwas, hat (siehe Kat. 98, 101).
Im Museum Nasional Jakarta befindet sich die Figur einer Göttin (Inv. Nr. 154a), die in Haltung und Schmuck sowie Stil der Skulptierung ähnliche Details aufweist. Sie sitzt auf einer liegenden menschlichen Gestalt. Ihre Haartracht ist zu einer kostbaren Krone *(kiritamukuta)* gebildet, in der linken Hand hält sie einen Totenschädel, während die rechte erhobene Hand zerstört ist. Stilistisch kennzeichnet sie eine qualitätvollere Ausführung. Ergänzt man in der erhobenen Hand ein Flammenschwert, so dürfte die Identifizierung mit Durga gegeben sein.
Beide Figuren verkörpern den Aspekt der Zerstörung und könnten vom selben Heiligtum stammen. Stilistisch weisen sie in die Zeit des 14./15. Jahrhunderts. Für diese Datierung spricht z. B. die Art des Halsschmucks, die auch bei der Prajñaparamita-Statue (Kat. 95) sowie der stehenden Göttin aus Jebuk (Kat. 133) anzutreffen ist: feine Perlenschnüre hängen in kleinen Ketten von einem Kollier herab. In die gleiche Periode der späten ost-javanischen Kunst weisen die Wiedergabe der Flammen, die das Schwert umgeben, sowie die fliegenden Bänder. Eine ähnliche Figur einer Durga, die allerdings auf einem Nandi reitet, befindet sich im Tempelareal des Candi Tiga wangi (Ende 14. Jh.) bei Pare/Kediri. L. K.

Lit.: Gupte 1972, 56.

154 b

129
Götter- oder Königspaar

Jakarta, Museum Nasional, Inv. Nr. 5442
Andesit
H. 80 cm, B. 167 cm
Jebuk, Tulungagung, Ost-Java
Spätes 14. – frühes 15. Jh.

Die männliche Figur, das Knie des rechten Beines angezogen, bietet mit dem gebeugten, seitwärts gedrehten linken Bein den Sitz für die weibliche Figur. Ihre rechte Hand reicht über die Schultern des Mannes und faßt in seine rechte erhobene Hand. Seine linke Hand ruht auf ihrer linken Hüfte. Mit ihrer Linken hielt sie wohl ehemals den Spiegel, der nun in ihrem Haar zu schweben scheint. Ihr seitlich gewandter Kopf drehte sich dem Spiegel zu, und diese Kopfhaltung war wohl ursprünglich der Bewegung ihrer linken Hand, die den Spiegel hielt, angepaßt.

Das Paar sitzt auf einem doppelten Lotussockel mit glatter, teilweise beschädigter Rückenplatte. Trotz der starken Beschädigungen strahlt dieses außergewöhnlich qualitätvolle Beispiel einer Majapahit-Skulptur noch immer viel von seiner außergewöhnlichen Intimität aus.

Die ursprüngliche ikonographische Quelle dieser höchst bemerkenswerten Doppelstatue scheint eine indische Darstellung der sogenannten *Alingana-murti* des Shiwa zu sein. Bildnisse dieses Typs zeigen den Gott Shiwa in »königlicher Zwanglosigkeit« (Skt. *lalitasana*) sitzend mit seiner Gefährtin Uma auf dem Schoß. Obwohl Steinstatuen der *Alingana-murti* des Shiwa in Indien recht verbreitet sind, waren es wahrscheinlich Bronzewerke, die die Inspiration für indonesische Bildhauer lieferten. Als Beispiel sei eine Bronze aus Paharpur (Indian Museum, Kalkutta) genannt. Sie stammt aus dem 12. Jahrhundert und stellt Shiwa sitzend mit Uma auf seinem Schoß dar. Ihre rechte Hand liegt auf seiner Schulter, während ihre linke einen Spiegel emporhält. Die vier Arme des Shiwa, drei mit ihren üblichen Attributen und eine Uma umarmend, sowie die Gegenwart von Shiwas und Umas Reittieren, Bulle und Löwe, ebenso wie die Tatsache, daß Ganesha und Kartikeyya das göttliche Paar flankieren, all das entspricht der indischen Ikonographie. In der javanischen Interpretation sind die Intimität und Sinnlichkeit, von denen das Bronzebild durchdrungen ist, völlig bewahrt, aber gleichzeitig hat der javanische Künstler eine von den starren Regeln befreite, nahezu weltliche Version des Themas geschaffen. Der bloße Wechsel in der

Position des rechten Beines der männlichen Figur hat die Komposition vollkommen verändert. Zudem fehlen alle Hinweise auf Shiwa, während Umas Attribut, der Spiegel, hier eher nur ein typisch weibliches Accessoire zu sein scheint. Man könnte versucht sein, diese Abweichungen als Ausdruck künstlerischer Freiheit und Erfindungskraft seitens des Bildhauers aus Jebuk zu sehen. Eine zentral-javanische Statue von Shiwa und Parwati (Museum Nasional Jakarta, Inv. Nr. 249), von der die Jebuk-Skulptur nahezu eine Kopie sein könnte, läßt dagegen vermuten, daß sich der Künstler an ein früheres javanisches Vorbild hielt. Der Forscher N. W. Hoepermans, der zwischen 1864 und 1867 einen Survey alter javanischer Denkmäler durchführte, entdeckte diese Statue in einer Lichtung im Teakholzwald von Pakuncen, in der Nähe des Weilers Jebuk, Punjul, im Bezirk Kalangbret, Tulungagung (Ost-Java). Ganz in der Nähe fand er die Statue einer stehenden Göttin (Kat. 133). Hoepermans erkannte sofort, daß beide von der gleichen Hand stammten. Es kam auch das Fragment eines steinernen Kopfschmucks *(makuta)* zutage, das 1914 P. J. Perquin im Dorf Lurup in dieser Gegend sah. Wahrscheinlich gehörte dieses Bruchstück zur männlichen Figur der Doppelstatue.

Die menschliche Nähe, die das Paar ausstrahlt, hat wohl die These beeinflußt, daß es sich um ein Beispiel einer Porträt-Skulptur handele, die ein königliches Paar darstelle, das im Tod mit den Göttern vereinigt worden sei. Krom, der diese Interpretation vorschlug, verwies auf eine Passage in Prapañcas *Nagara-Kertagama*, wonach König Kertanagara (der im Jahre 1292 starb) und seine Hauptgemahlin Königin Bajradewi in Gestalt einer Statue in einem Heiligtum in Sagala verehrt wurden. Die Königin sei als Ardhanari (Shiwas Gemahlin) dargestellt gewesen.

Die Figur der Königin erinnert in vieler Beziehung an die Skulptur der stehenden Göttin von Jebuk, Kat. 133, in der die verstorbene Satyawati Suleiman eine Darstellung der Majapahit-Königin Suhita vermutete. Königin Suhita regierte das Majapahit-Königreich von 1429 bis 1447 und heiratete Bhra Hyang Parameshwara Ratnapangkaja, der 1446 starb. Da die Ehe kinderlos blieb, wurde ihr Bruder Kertawijaya ihr Nachfolger. Er regierte von 1447 bis 1451.

Es gibt keine lokale mündliche Tradition, die diese Doppelstatue mit einem speziellen König oder einer Königin verbindet, so wie es bei der Prajñaparamita (Kat. 95) der Fall war. Zu Hoepermans Zeiten sprach die ansässige Bevölkerung vom *reca penganten* (Brautpaar). Obgleich die Existenz zweier Statuen von solch außergewöhnlicher Qualität annehmen läßt, daß es einen Tempel von größerer Bedeutung in der Gegend gegeben haben muß, sind Spuren eines Bauwerkes bisher nicht entdeckt worden. Keine der lokalen Ortsbezeichnungen steht in Verbindung mit den Namen irgendwelcher Gedenktempel, die im *Nagara-Kertagama* und *Pararaton* erwähnt werden. Es gibt folglich keinen Beweis, der die Identifizierung dieses »Brautpaares« mit speziellen historischen Personen stützt. Dennoch haben die Statuen von Jebuk stets einen besonderen Platz unter denjenigen eingenommen, die als Porträt-Skulpturen gelten. Der Grund ist zweifellos darin zu suchen, daß die Ähnlichkeit der Gesichtszüge der beiden weiblichen Figuren zugunsten der Porträthaftigkeit spricht.

Ebenso wie das königliche oder göttliche Paar sich von den möglichen indischen Prototypen unterscheidet, ist es auch verschieden von den eher starren Porträt-Statuen von Candi Sumberjati und Candi Rimbi (Museum Nasional Jakarta, Inv. Nrn. 256 und 257). Trotz ihrer Abweichungen von der indischen Standardikonographie stellen diese zwei zuletzt genannten Statuen eindeutig Götter dar, möglicherweise Götter mit den Gesichtszügen von verstorbenen Angehörigen der Königsfamilie. Während hier der göttliche über den menschlichen Aspekt dominiert, ist es bei den Statuen von Jebuk genau umgekehrt.

Krom datierte die Doppelstatue Kat. 129 ins späte 14. Jahrhundert. Er ging offensichtlich davon aus, daß das 15. Jahrhundert eine Periode zunehmenden Verfalls, politisch wie künstlerisch, gewesen sei, gekennzeichnet von vielen internen Streitigkeiten. So schrieb er die starreren, stereotypisierten Majapahit-Statuen dieser Zeit des Verfalls zu. Dagegen gilt es einzuwenden, daß Majapahit zwar seine Vormachtstellung im indonesichen Archipel außerhalb Javas verloren hatte, der Niedergang jedoch nicht so rapide und die Folgen interner Streitigkeiten nicht so gravierend waren, wie Krom dachte. Überdies mag der spontanere und natürlichere Skulptur-Stil, für den die Jebuk-Statuen ein erstklassiges Beispiel geben, einen separaten Stil repräsentiert haben, der nicht notwendigerweise der Vorläufer des konventionalisierten Stils des 15. Jahrhunderts gewesen sein muß, sondern eine zeitgenössische Entwicklung mit besonderem lokalen Charakter. Folglich sollten weder eine Datierung ins 15. Jahrhundert noch eine Verbindung mit Königin Suhita völlig ausgeschlossen werden. J. F.

Lit.: Knebel 1908, 200; NBG 1913, 111; ROD 1913, 320–321; OV 1914, 194; ROD 1915, 309–310, Nr. 2003; Moens 1921; Krom 1923, 2: 322–323, 3: Tafel 94 (links); Bernet Kempers 1959, Tafeln 262–264; Noorduyn 1978.

130
Kultbild in Gestalt einer *yoni*

Jakarta, Museum Nasional, Inv. Nr. 359a (= 3647)
Andesit
H. 60 cm
Ost-Java, möglicherweise aus dem Kraksaan-Gebiet
wohl 13. Jh.

Das außerordentlich reich verzierte Podest *(yoni)* bildete ursprünglich den Sockel für einen *lingga* (phallisches Symbol, das die Schöpferkraft Shiwas zum Ausdruck bringt). Die Assoziation der *yoni* mit dem weiblichen Geschlechtsorgan ergibt sich aus der vulvaförmigen Abflußtülle. In den ältesten javanischen Hindu-Tempeln waren *lingga* und *yoni* das Hauptkultbild und wurden im zentralen Tempelraum aufbewahrt. Im Verlauf des Rituals zu seiner Verehrung *(puja)* wurde Wasser über den *lingga* gegossen und als somit geheiligtes Wasser unter der Abflußtülle der *yoni* wieder aufgefangen. Die Tülle wird von einem *naga* (mythische Schlange) getragen, einem Motiv, das mit Wasser in Verbindung gebracht wird. Es heißt, daß *naga* einen Edelstein auf ihrem Kopf tragen. Florale Motive und sog. »Schlappohren-Tiere« umziehen in horizontalen Bändern den Sockel. Die Bedeutung dieser »Schlappohren-Tiere« ist bislang ungeklärt. Wie auch hier haben sie oft ein nach oben weisendes Horn zwischen den beiden großen Ohren. M. K.

Lit.: NBG 1893, CXCIX; ROC 1902, 11–12, pl. 6.

131

lingga und *yoni*

Jakarta, Museum Nasional, Inv. Nr. A 80/780
Gold
yoni ohne Vorsprung: L. 5,8 cm, B. 5,8 cm, H. 5,5 cm
lingga: Dm. 2,7 cm, H. 5 cm
Herkunft unbekannt
13.–14. Jh.

Das sockelartige, würfelförmige Unterteil mit geschwungenem Vorsprung, der mit einer Rinne versehen ist, weist in der Mitte die Darstellung einer Lotusblüte auf. Ein viereckiger Einschnitt im Goldblech dient zum Einpassen des zylinderförmigen, oben nach außen gerundeten Aufsatzes, der aus einem doppelten Lotuskissen aufstrebt und Gravuren aufweist. Basis und Oberkante des Sockels tragen an den Außenkanten eine reliefierte Verzierung aus Lotusblütenblättern. Die eingezogene Mitte umgibt ein Zierstreifen aus achtblättrigen Rosetten, abgeteilt durch ein Ornament aus einem Gefäß mit Untersatz zwischen zwei Säulen.

Dieses kleine goldene Kultobjekt stellt *lingga* und *yoni* dar, das stilisierte phallische Symbol des Gottes Shiwa und das Sinnbild der Parwati, der Partnerin des Shiwa. *lingga* und *yoni* sind auch Symbol der männlichen und weiblichen Elemente. Der tantrische Shiwaismus glaubt an die Vorstellung, daß die Vereinigung der beiden Elemente das Universum erschafft. Die Verehrung Shiwas in dieser Form gründet wohl in einem Phalluskult um natürliche Steinmale, die als Urbild kosmischer Zeugungskraft galten.

Viele Shiwa-Tempel in Ost- und West-Java haben als Hauptstatue der Verehrung *lingga* und *yoni* anstelle von Shiwa und Parwati. In den Tempeln ist die Abflußrinne der *yoni* immer nach Norden gerichtet, vermutlich aufgrund der Tatsache, daß Durga (eine andere Personifizierung von Shiwas Gattin) die nördliche Hemisphäre beherrscht. W. M.

132

Statue des Ganesha

Jakarta, Museum Nasional, Inv. Nr. 199c
Stein
H. 70 cm
Ost-Java
13. Jh.

Ganesha, der elefantenköpfige Sohn Shiwas und Parwatis, sitzt auf einem Lotusthron mit Rückenplatte und Nimbus. Er hat vier Arme und trägt eine Flechtenkrone *jatamakuta*.

Ganesha gilt als Gott der Weisheit und des Lernens sowie als Heerführer der Ganas, des Gefolges des Shiwa, weswegen er auch Ganapati genannt wird. Ganesha zählt zu den am häufigsten dargestellten Gottheiten in Zentral- und Ost-Java. Heute wird er des öfteren als Emblem wissenschaftlicher Einrichtungen, wie z. B. der Gajah-Mada-Universität in Yogyakarta, verwendet.

Die Ikonographie der Ganesha-Skulpturen folgt einem meist gleichbleibenden Muster, dem auch die hier ausgestellte Figur in den wesentlichen Merkmalen entspricht: in sitzender Haltung gegeneinandergelegte Fußsohlen, korpulenter Körper mit dickem Bauch, mit seinem Rüssel aus einer meist in der linken unteren Hand gehaltenen Schale trinkend, einen abgebrochenen Stoßzahn in der rechten unteren Hand haltend, in den beiden oberen Händen Gebetskranz *akshamala* und Axt *parashu*. Seltener hält Ganesha auch den Fliegenwedel *camara* und den Stachelstock *ankusha* in den Händen. Gebetskranz und Axt sowie das dritte Auge auf der Stirn weisen ihn als Sohn Shiwas aus, ebenso die *upawita* mit Schlangenkopf und das *candra-kepala*-(Mondsichel-Totenschädel-)Motiv im Kopfschmuck, der meist als *jatamakuta* ausgebildet ist.

Edi Sedyawati (1994) untersuchte 169 Ganesha-Statuen aus Zentral- und Ost-Java im Hinblick auf deren Ikonographie. Ihren Ergebnissen zufolge ist die Tendenz festzustellen, daß in Zentral-Java die rechte obere Hand die Gebetsschnur und die linke obere die Axt trägt, während es sich in Ost-Java eher umgekehrt verhält. Obwohl die hier ausgestellte Ganesha-Skulptur dem zentral-javanischen Typ entspricht, weist sie, stilistisch gesehen – so insbesondere aufgrund ihres Reichtums an Schmuckelementen –, in die Singasari-Zeit, d. h. in das 13. Jahrhundert.

Über die Geburt und die Bedeutung Ganeshas finden wir in diversen indischen puranischen Texten sowie in einigen altjavanischen *kakawin* unterschiedliche Angaben. Dem Brahmawaiwarta-Purana zufolge kommen nach der Geburt Ganeshas in Menschengestalt viele Götter zu seiner Huldigung, darunter auch der Saturn-Planetgott Shani, der von einem Fluch betroffen ist: Wen er ansieht, wird zerstört. Parwati fordert ihn auf, ihren Sohn anzublicken, woraufhin Ganeshas Kopf unmittelbar vom Körper abgetrennt wird. Auf der Suche der Götter nach einem neuen Kopf wird das Haupt eines schlafenden Elefanten genommen und auf den Rumpf des Ganesha aufgesetzt. Im Matsya-Purana wird eine andere Version erzählt: Parwati formt während eines Bades aus Ölen und Exkrementen ihren Sohn Ganesha und stellt ihn als Wächter vor das Bad; Shiwa fordert Einlaß, der ihm von Ganesha verweigert wird, woraufhin Shiwa ihm den Kopf abschlägt. Als er von seiner Gemahlin erfährt, wer Ganesha ist, nimmt er den Kopf des nächsten Wesens, das auftaucht – nämlich ein Elefant –, und setzt seinem Sohn den Elefantenkopf auf.

Im *Smaradahana*, einem altjavanischen *kakawin* aus der Kadiri-Zeit Ende des 12. Jahrhunderts, wird berichtet, daß Ganeshas Elefantenkopf bereits im Mutterleib gebildet wurde, als seine Mutter sich beim Anblick des Elefanten Airawata als Reittier Indras erschreckte. Hier wird auch von der Herkunft des abgebrochenen Stoßzahnes erzählt, was bereits auf indische puranische Texte zurückgeht: Ganesha bewacht den Schlafraum seines Vaters Shiwa und wird von Parashu-Rama angegriffen, der zu Shiwa vordringen will. Im Kampf schleudert Rama die Axt *parashu*, die ihm seinerzeit von Shiwa verliehen wurde, auf Ganesha. Der fängt die Axt mit seinem Eckzahn auf, woraufhin dieser abbricht. Einer anderen indischen Version zufolge greift Ganesha während eines Kampfes, in dem ihm die Waffen ausgehen, zu seinem Eckzahn und reißt ihn sich selbst aus. Dem Agni-Purana zufolge wirft Ganesha seinen Eckzahn nach dem Mond, der ihn auslacht, weil er von seinem Reittier heruntergefallen ist. Wegen des nur einen Stoßzahnes wird Ganesha auch Ekadanta (der Einzahnige) genannt.

Ganesha-Figuren finden sich in den javanischen Tempeln immer in einer Nische oder einem Innenraum an der Seite, die dem Haupteingang gegenüberliegt. So steht eine Ganesha-Figur im Shiwa-Tempel von Prambanan, wo sich der Eingang an der Ostseite befindet, an der Westseite. Entsprechend befindet sich die Figur im Candi Sambisari mit Eingang im Westen in einer Nische an der Ostseite. L. K.

Lit.: Sedyawati 1994, 46 ff.; puranische Texte: Wilkins 1882, 323–334; Moor 1968, 97; Smaradahana: Zoetmulder 1974.

133
Statue einer Göttin oder Königin

Jakarta, Museum Nasional, Inv. Nr. 6058
Andesit
H. 156 cm
Jebuk, Tulungagung, Ost-Java
Spätes 14. – frühes 15. Jh.

Das Bildnis der Göttin oder Königin steht auf einem doppelten Lotuskissen. Sie ist förmlich mit Schmuck überladen. Zusätzlich zu einem Diadem, schweren Ohrgehängen, Halsbändern, einer heiligen Schnur aus fünf Perlenschnüren, Arm- und Fußbändern trägt sie um die Hüften mehrere Schmuckgürtel mit Gehängen, die fast bis zu den Fußknöcheln reichen. Auch Finger und Zehen zieren Ringe. Das Oberteil des aufwendigen Kopfschmucks fehlt, ebenso die linke Hand.

In ihrer rechten Hand hält sie eine Lotusknospe. Die Rückseite des Lotussockels zeigt stilisierte Wellen eines Teiches, aus dem Lotuspflanzen in unterschiedlichen Stadien des Wachstums hervorsprießen. Obwohl die Darstellung einer schönen weiblichen Figur in Verbindung mit üppiger Lotusvegetation auf dem Rücken unmittelbar an die berühmte Pfeilerfigur von Mathura (Lucknow Museum) erinnert, darf man bezweifeln, daß der javanische Künstler dieses Meisterwerk alter indischer Skulptur kannte. Beispiele sich aufwärts windender Lotusstengel, die aus dem Lotussockel sprießen und stehende Figuren flankieren, bietet Candi Jago (Tumpang, Ost-Java). Statuen der Majapahit-Periode werden mit aus Krügen wachsenden Lotuspflanzen wiedergegeben. Allein bei diesem Meisterwerk der Majapahit-Skulptur hat der Bildhauer die Lotuspflanzen auf dem Rücken der Statue angebracht und damit eine überraschende und zugleich harmonische und höchst ästhetische Wirkung erzielt. Während die Lotusstengel bei den übrigen Skulpturen auf eine Erneuerung des Lebens nach dem Tod anzuspielen scheinen, wächst hier gleichsam die ganze Figur zusammen mit den Pflanzen aus dem Lotusteich heraus.

N. W. Hoepermans, der Java von 1864 bis 1867 besuchte, fand die Statue in einer Lichtung im Teakholzwald von Pakuncen in der Nähe des Weilers Jebuk. Dort wurde auch die Doppelstatue (Kat. 129) gefunden. Hinsichtlich der Beziehung zwischen beiden Objekten vergleiche dort.

J. F.

Lit.: Knebel 1908, 200; ROD 1913, 320; ROD 1915, 309–310, Nr. 2003; van Stein Callenfels 1916a; JBG 2 (1934), 107–108; ABIA 1935, Tafel 9; Bernet Kempers 1959, Tafeln 265–266; AIA Nr. 17.

134
Anhänger in Schildkröten-Form

Jakarta, Museum Nasional, Inv. Nr. 8812
Gold
L. 3,9 cm, B. 3,4 cm
Dukuh Krajan, Cibuaya, Karawang, West-Java
wohl 12. Jh.

Die Schildkröte hat eine halbkugelige Form mit flachem Boden. Die Oberfläche ihres Körpers ist mit Reliefs floraler Motive dekoriert. Der Kopf ist vorne angebracht, die Augen, die Nase und der »lächelnde« Mund sind sichtbar. Die vier Beine sind gleichfalls mit Reliefs floraler Motive verziert. Mit ihrem Schwanz ist die Schildkröte an einem Zylinder von etwa 5 mm Durchmesser und 2,3 cm Länge befestigt, durch den eine Schnur hindurchgeführt werden kann.
In den Boden des Anhängers ist eine L-förmige Öffnung geschnitten, die während des Löt- und Heizprozesses als Ventilation diente. Wahrscheinlich lag dem Objekt eine Form aus Kalkstein zugrunde, auf die das Goldblech gepreßt wurde. Das Innere ist mit feinem Ton gefüllt, der Boden mit einem Stück Goldblech abgedeckt. Die Verbindungen wurden anschließend gelötet. Getrennt stellte man einen Zylinder aus Goldblech her, der gerollt und an den Enden gelötet wurde. An jedem Ende des Zylinders befindet sich ein Ring aus Draht. Der Zylinder wurde an den Schwanz der Schildkröte angelötet.
Im Hinduismus gilt die Schildkröte *(kurma)* als heiliges Tier, denn sie wird als *watara*, d. h. als Manifestation von Wishnu angesehen. In der hinduistischen Mythologie heißt es, daß die Götter und die Dämonen einst den Ozean oder das Milchmeer aufquirlten, um das Wasser des Lebens bzw. den Unsterblichkeitstrank zu gewinnen. Wishnu nahm daraufhin die Gestalt einer Schildkröte an, um dem Berg Mandara als Fundament zu dienen, wobei der Berg den Quirlstock bildete, während Naga Basuki, die Schlange, als Rührseil fungierte. W. M.

135
Halsschmuck

Jakarta, Museum Nasional, Inv. Nr. A 142/8212
Gold
max. B. 11 cm
Herkunft unbekannt
wohl 10. Jh.

Das Kollier besteht aus einem mondsichelförmigen Mittelteil mit Spitzbogen-Außenkante. Diese mit floralen Motiven verzierte und einst mit Edelsteinen, deren Fassungen erhalten sind, besetzte Platte endet an beiden Seiten in einer Öse. Ein in diese Vorrichtungen eingehängter einfacher Golddraht vervollständigt das Ensemble zum Rund des Halsschmucks.
Zieht man zum Vergleich die als reich geschmückt wiedergegebenen Statuen und Statuetten sowohl aus dem buddhistischen wie aus dem hinduistischen Bereich heran, so läßt sich zwar keine unmittelbare Übereinstimmung mit dieser Art von Halsschmuck nachweisen (vgl. Kat. 24, 48, 51, 96, 129, 101, 109, 133), aber der generelle Typ des zentral aufgebauten Kolliers ist doch seit der frühesten Zeit belegt. Selbst die immer üppigere Ausstattung der Götter/Fürstenbildnisse aus der ost-javanischen Periode zeigt noch die Verwendung der einmal gefundenen Form, die sich bis heute besonders in Aceh und im Minangkabau-Gebiet von Sumatra sowie auf Bali großer Beliebtheit erfreut. W. M.

136
Oberarmreif

Jakarta, Museum Nasional, Inv. Nr. 1482
Gold
L. 16,5 cm, H. 9,6 cm
Muteran, Mojokerto, Surabaya, Ost-Java
14. Jh.

Das aus einem Stück Goldblech hergestellte Objekt ist im oberen Bereich dreieckig ausgeformt, während der untere Bereich die Form einer Akkolade hat. Beide Seiten gleichen Blättern mit abgerundeten Enden, an denen Ösen aus mit Kügelchen verziertem Draht angebracht sind.
Verschnörkelte Ranken überziehen die Oberfläche des Objekts. In der Mitte des Hauptblattes befindet sich eine halbkugelige Form, die von vier kleineren ähnlichen Formen umgeben ist. Die Darstellung wirkt, als würden die Halbkugeln von jeweils vier Henkeln oder »Krallen« in einer Höhlung festgehalten. Diese runden Formen können als Dekor in Gestalt der Blüte der Gewürznelke be-

134

136

135

137

trachtet werden. Die Dekorteile sind umsäumt von Reihen von Punkt-Reliefs, die entweder durch Hämmern oder durch Pressen gegen eine Kalksteinform entstanden sind. Diese Deutung beruht auf der Beobachtung, daß die Rückseite des Reifs keine Spuren trägt, wie sie gewöhnlich bei Objekten erkennbar sind, die in Ziseliertechnik ausgeführt wurden. Auf der Vorderseite dagegen sind deutlich sichtbare Ritz- und Klopfspuren zu erkennen.
Auf der Rückseite des Armreifs sind Spuren einer ursprünglichen Verstärkung durch ein anderes Metallblech – wahrscheinlich aus Bronze – feststellbar. Die gefalteten Ränder des Objekts weisen darauf hin. Wahrscheinlich war der Raum zwischen dem Bronzeblech und dem Gold wie üblich mit feinem Ton ausgefüllt.

W. M.

137
Oberarmschmuck

Jakarta, Museum Nasional, Inv. Nr. 1481
Gold
H. 10,5 cm
Muteran, Mojokerto, Surabaya, Ost-Java
wohl 14. Jh.

Der aus Goldblech gearbeitete Reif mit ovaler Mitte wird an den Seiten schmaler. Das Oval wird von einem Gesicht mit breitem Lächeln geschmückt, über dessen Augen florale Muster aufsteigen. Die gesamte ovale Fläche ist von einer Reihe Parallellinien in Reliefarbeit eingerahmt. Die hervortretenden Augen, der weit geöffnete Mund mit vier großen Eckzähnen und herausgestreckter Zunge sind Kennzeichen einer *kala*-Maske. Schnörkelmuster auf Wangen und Kinn sollen offensichtlich Barthaare wiedergeben. Auf beiden Seiten der »Flügel« befinden sich Löcher, die darauf hinweisen, daß der Oberarmreif festgebunden wurde.
Was die Technik der Goldschmiedearbeit anbelangt, so wurde vermutet, daß es sich um eine Treibarbeit handelt, es gibt jedoch keinen Hinweis auf eine Bearbeitung mit Punzen auf der Rückseite. Anzeichen einer Zieselierarbeit sind nur auf der Vorderseite vorhanden, und zwar befinden sie sich unter der Nase. An dieser Stelle sind die Spuren einer bogenförmigen Ziselierarbeit sichtbar. Der Haarschmuck, der sehr fein ist, wurde nicht durch Treibtechnik erzeugt, denn es gibt auf der Innenseite keine Spuren der Bearbeitung. Besonders im tiefgefurchten Teil des Reliefs befinden sich viele Löcher. Das kann als Anzeichen dafür gesehen werden, daß das Objekt durch Ziselierung entstanden ist. W. M.

138
Anhänger mit *kala*-Dekor

Jakarta, Museum Nasional, Inv. Nr. 8380
Gold, Edelstein
Dm. 4 cm
Wajak Lor, Boyolangu, Ost-Java
14. Jh.

Der runde Anhänger wurde aus einer Goldplatte angefertigt. Ein Gesicht mit vorspringenden Augen, vorgewölbter Nase und einem breit lachenden Mund ist als Relief gestaltet. Die Zähne sowie vier Fangzähne sind detailliert ausgearbeitet. Über den Augen befindet sich ein florales Motiv in Dreiecksform. Innerhalb dieses Dreiecks sitzt in der Mitte der Stirn in einer Höhlung ein roter Stein, vermutlich ein Karneol. Er wird von vier Krallen aus spitzem Draht gehalten. Über dem Stein, am oberen Ende des Anhängers, befindet sich ein horizontal angeordneter Zylinder, durch den die Schnur gezogen werden kann. An beiden Enden des Zylinders ist ein mit Kügelchen verzierter Draht angebracht. Das mit allen Attributen des Dämonischen ausgestattete Antlitz stellt einen *kala*-Kopf dar. *Kala* werden magische Kräfte zur Abwehr böser Geister zugesprochen. W. M.

139
»Heilige Schnur«

Jakarta, Museum Nasional, Inv. Nr. 8423
Gold
L. 147 cm
Herkunft unbekannt
wohl 13./14. Jh.

Die Deutung des zu einer langen Schnur geflochtenen Zopfes aus feinem Golddraht als »heilige Schnur« beruht

138

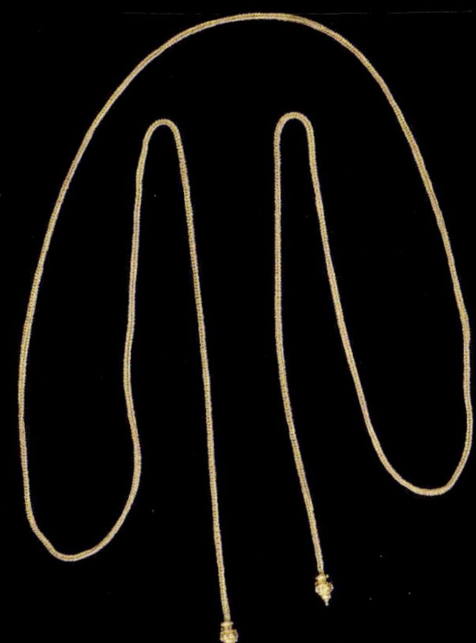

139

140

141

143
Statue des Hanuman

Jakarta, Museum Nasional, Inv. Nr. 209c (= 3398)
Andesit
H. 93 cm
Pasuruan, Malang, Ost-Java
13. Jh.

In der mit übereinander gekreuzten Beinen auf einem Lotussockel hockenden Gestalt ist Hanuman, der Affen-Held aus dem *Ramayana*-Epos, wiedergegeben. Er hilft Rama, seine Frau Sita zu finden, die von dem Dämon Rawana entführt und nach Lengka (Sri Lanka) verschleppt wurde. In seiner Funktion als General einer Armee von Affen gelingt es ihm, Rawana und sein Dämonenheer vernichtend zu schlagen.
Runde, große Augen, die vorgeschobene Unterpartie des Gesichts mit gefletschten Zähnen und eine stumpfe Nase stellen den animalischen Aspekt heraus, während Krone und Schmuck alle Kennzeichen von Götterattributen aufweisen.
Reliefs mit Episoden aus dem *Ramayana* sind besonders im Tempelkomplex von Prambanan (9. Jh.) und in Panataran (14. Jh.) hervorzuheben. Die mit dem Affenheer zusammenhängenden Ereignisse der Rama-Geschichte scheinen sich auf Java besonderer Beliebtheit erfreut zu haben (siehe Kat. 47).
Das Auftreten von Hanuman-Statuen spricht für die Existenz eines Hanuman-Kults während der ost-javanischen Periode. Vermutlich wurde er um seiner Zeugungskraft willen verehrt. In manchen Darstellungen ist sein Schwanz als *lingga* (Phallus) mit einer *yoni* (Vulva) verbunden. Im vorliegenden Fall allerdings ist sein Schwanz links angebracht und im Vergleich zu späteren Darstellungen kurz. I. M. N. / M. K.

Lit.: NBG 1889, LXII; cf. Klokke 1994, pls. 11–12.

144
Statue einer männlichen Figur (Kertolo?)

Jakarta, Museum Nasional, Inv. Nr. 310d (= 5136)
Andesit
H. 68 cm
Berg Penanggungan, Ost-Java
14.–15. Jh.

Dieses Bildnis einer untersetzten männlichen Gestalt, derb und expressiv, konnte bislang noch nicht befriedigend identifiziert werden. Stutterheim schlug vor, daß es Bima darstellen könnte, einen der fünf Pandawa-Brüder, der Protagonisten des *Mahabharata*-Epos. Vor dem Hintergrund der Existenz einer ganzen Reihe von späten ost-javanischen Bima-Darstellungen wurde zur Diskussion gestellt, ob sich gegen Ende der Majapahit-Periode (spätes 14. bis 15. Jh.) ein Bima-Kult entwickelt haben könnte. Diese Bima-Statuen zeichnen sich durch einen Kopfschmuck aus, der auch für zeitgenössische *wayang*-Figuren von Bima typisch ist. In modernem Javanisch wird dieser Kopfschmuck *gelung supit urang* genannt. Die hier gezeigte Figur hat jedoch eine andere Haartracht. Ein Büschel dicker Locken wird durch ein Band zusammengehalten. Bildnisse mit ähnlicher Haartracht sind als Darstellungen des Dieners Kertolo gedeutet worden. Er gehört in das Gefolge des Pañji, einer überaus populären Heldenfigur, die erstmalig in der späten Maja-

pahit-Zeit in Erscheinung trat. Jan Fontein ist daher der Meinung, daß die Statue Kat. 144 Kertolo wiedergibt.

M. K.

Lit.: NBG 1920, XXVIII, Stutterheim 1935a, 38, Anm. 4; 1935b, 141; Fontein et al. 1971, 63, 147, Nr. 20; Soebadio 1993, 125; cf. Stutterheim 1935b, 141.

145
Statue des Karttikeya

Jakarta, Museum Nasional, Inv. Nr. 202
Andesit
H. 85 cm
Yogyakarta, Zentral-Java
9.–10. Jh.

Eine männliche Gestalt mit jugendlichen Körperformen und Gesichtszügen sitzt rittlings mit angewinkelten Beinen auf einem Pfau und umklammert mit dem rechten Arm den Hals des Vogels. In der linken, auf dem Bein aufliegenden Hand befindet sich eine Blüte. Reicher Schmuck an Handgelenken, Oberarmen und Fußknöcheln, an Hals und Ohren weist das Bildnis als Darstellung einer Gottheit aus.
Auch der auf mächtigen Beinen stehende Pfau trägt einen Halsschmuck. Dieses Reittier läßt die Darstellung der jugendlichen Gottheit als Karttikeya, Sohn von Shiwa und Parwati und Bruder des Ganesha, identifizieren. Ganesha ist der Gott, welcher in der javanischen Kunst am häufigsten abgebildet wurde. Offensichtlich war er außerordentlich beliebt und ist es unter Hindus noch heute.
Abbildungen von Karttikeya sind dagegen in Java selten. Die meisten stammen aus Zentral-Java. Er ist als junger Mann dargestellt, was an dem Ornament hinter seinem Kopf, von dem eine dreieckige Spitze auf der rechten Seite zu sehen ist, ersichtlich wird. Auch die Kette, die sich auf seiner Brust kreuzt, ist ein Kennzeichen junger Männer. Karttikeya wird als Kriegsgott angesehen. Geschaffen wurde er als Gegner des Dämons Taraka (oder Tavaka), von dessen Bedrohung er die Götter befreit.

I. M. N. / M. K.

146
Türwächter *(dwarapala)*

Jakarta, Museum Nasional, Inv. Nr. 210
Stein
H. 112 cm, B. 46 cm, T. 43 cm
Kedu, Zentral-Java
9.–10. Jh.

Der Türwächter in kniender Position hält in der linken Hand eine Keule, die Rechte ruht auf seinem Knie. Er hat ein grobes, schrecklich aussehendes Gesicht mit hervortretenden Augen, einer großen Nase, starken Eckzähnen und Bart, das Haar ist gelockt. Als Schmuck trägt er ein Kopfband aus Blumen sowie ein Halsband. *Dwara* bedeutet Tür und *pala* Wächter, *dwarapala*-Statuen kommen sowohl bei hinduistischen als auch buddhistischen Heiligtümern als Türwächter-Figuren vor. Durch ihr abschreckendes Äußeres sollen sie die Kraft haben, böse Geister abzuwehren. Meist sind zwei *dwarapala*-Figuren zu beiden Seiten eines Ein- oder Durchgangs aufgestellt.
Die *dwarapala*-Figuren sind häufig überproportional groß dargestellt, so insbesondere in Candi Sewu in Zentral-Java und bei Candi Singasari in Ost-Java. I. M. N.

147 A–C
Reliefplatten mit Landschaftsdarstellungen

Insgesamt mögen die drei Reliefs ursprünglich zu einer zusammenhängenden narrativen Szene gehört haben, die aber nicht mehr vollständig ist. Durch fast alle Platten windet sich z. B. ein grobsteiniger Weg.
Dies ist ein Charakteristikum auch anderer Landschaftsdarstellungen der Majapahit-Zeit. Reliefs an einem Heiligtum am Penanggungan-Berg (Situs 65) wären hier als Beispiel aufzuführen. Diese Reliefs weisen darüber hinaus große stilistische Ähnlichkeiten auf. Das Bergmassiv des Penanggungan ist mit Meditationsplätzen und Heiligtümern aus dem 10.–16. Jahrhundert förmlich überzogen. Möglicherweise stammen die hier ausgestellten Platten auch vom Penanggungan. Im Tantu Panggelaran wird folgende Legende über den Penanggungan berichtet: Als der heilige Berg Meru aus Indien nach Java gebracht wurde, brachen Teile während der Reise ab und bildeten fortan die Vulkankette auf Java. Der Hauptteil des Berges wird mit dem höchsten Gipfel Javas, dem Sumeru, gleichgesetzt; die Spitze jedoch hatte sich vorher gelöst und mußte abgesetzt werden: der Penanggungan. Analog zum Meru hat auch der Penanggungan die charakteristische Form, bestehend aus dem Hauptgipfel und den diesen umgebenden vier niedrigeren Spitzen sowie weiteren vier Hügeln am Fuß des Berges. Damit ist das häufig in buddhistischer und hinduistischer Kosmologie gegebene Schema »4 + 1« bzw. »5 + 1« gegeben, 4 bzw. 8 für die Himmelsrichtungen und 1 für das Absolute.
In den altjavanischen *kakawin* und den späteren *kidung* nimmt die Schilderung von Landschaften und Naturschönheiten einen großen Raum ein und stellt häufig die Handlung der Geschichte symbolisch dar. Die Dichter *(kawi)* erfreuten sich an der Schilderung der Natur und gingen ihr bis in kleine Details nach. Die Natur galt als Quelle für die Inspiration des Dichters.
Die Reliefdarstellungen entsprechen häufig diesen Charakteristika der *kakawin* und *kidung*. Gleichzeitig vermitteln sie uns ein Bild von der Landschaft Javas im 14./15. Jahrhundert, die sich in weiten Teilen bis heute kaum verändert hat. Typisch für die formale Gestaltung ist das bei ost-javanischen Reliefs häufige Nebeneinander von

Vogelperspektive und dem Versuch tiefenräumlicher Darstellung. L. K.

Lit.: Pigeaud 1960–63; Pigeaud 1924; Penanggungan-Reliefs: Holt 1967, pl. 71; Bernet Kempers 1959, Abb. 327/328; *kakawin*: Zoetmulder 1974, 172, 202 ff.

A
Reliefplatte

Jakarta, Museum Nasional, Inv. Nr. 436a
Stein
H. 68 cm
Ost-Java
14./15. Jh.

In eine Landschaft eingebettet liegen zwei kleine *pendopo* – offene, auf Pfosten errichtete Hallen –, jeweils auf einem Sockel erhöht. In den beiden *pendopo*, die mit nach hinten in die Breite verlaufender Perspektive dargestellt sind, erkennt man dreieckige Formen, sogenannte *teja*, Symbole für den Glanz, der von einem Menschen ausgeht, der in Askese und Meditation innere Kraft *(shakti)* gesammelt hat. In Candi Jago in Ost-Java erscheint ein solcher *pendopo*. So wird in der Geschichte *Arjunawiwaha* der Askeseplatz des Arjuna dargestellt. Die *pendopo* sind im oberen Drittel der Reliefplatte inmitten von Bäumen wiedergegeben. Der linke Pavillon scheint sich in einer Höhle zu befinden. Den unteren Teil füllen Darstellungen von Hügeln und Bergen sowie ein sich schlängelnder Weg, der mit großen, dicken Steinen gepflastert ist. In vielen abgelegenen Dörfern Javas gibt es noch heute solche grobgepflasterten Wege. Zwischen den Hügeln verstreut stehen einige kleine Bäume, am unteren Rand ist ein kleiner Teich abgebildet. Die Proportionen sind so angelegt, daß das Hauptaugenmerk auf den oberen Teil gelenkt wird, während der untere die Weite der Landschaft und die Abgeschiedenheit der *pendopo* verdeutlichen soll.
All diese Elemente weisen darauf hin, daß hier eine Einsiedelei dargestellt ist. Im *Nagara-Kertagama* (32: 2) sowie im *Tantu Panggelaran* werden *pertapaan* (Meditationsplätze, Einsiedeleien) beschrieben, die offensichtlich zur Majapahit-Zeit recht verbreitet waren. Meist befinden sie sich an Berghängen, im Wald, in einer Höhle oder oberhalb von Fluß- oder Bachläufen. L. K.

Lit.: Java und Bali 1980.

B
Reliefplatte

Jakarta, Museum Nasional, Inv. Nr. 436c
Stein
H. 68 cm
Ost-Java
14./15. Jh.

Auf diesem Relief kehrt der Weg aus großen runden Steinen wieder, der sich durch die Landschaft windet. Hier ist die Darstellung gekennzeichnet durch einen großen mittleren Bereich, der netzartig mit Stegen überzogen ist, dazwischen befinden sich schraffierte Parzellen, offensichtlich die Darstellung von Reisfeldern *(sawah)* aus der Vogelperspektive. Am oberen und unteren Rand begrenzen hügelartige Formen die Felder, während links oben drei kleine Architekturformen, *pendopo* oder Rasthütten, wie sie auch heute zwischen den Reisfeldern stehen, als Schattenplätze gemeint sein könnten. Vor allem während der Mittagshitze ruhen sich die Bauern in solchen Hütten von der schweren Feldarbeit aus. Unterhalb dieser *pendopo* ist undeutlich ein Büffel zu erkennen, der anscheinend einen Pflug hinter sich herzieht. Auch diese Szene ist noch heute auf Java allgegenwärtig. L. K.

Lit.: Java und Bali 1980.

C
Reliefplatte

Jakarta, Museum Nasional, Inv. Nr. 436d
Stein
H. 68 cm
Ost-Java
14./15. Jh.

Gemeinsam mit den Reliefs A und B gibt auch die vorliegende Darstellung eine hügelige Landschaft wieder, die von einem grobgepflasterten Weg durchzogen wird. Die Hügel sind hier allerdings wuchtiger und ohne Gliederung. Nur wenige Bäume lockern die anscheinend karge Landschaft auf. Zwei längsrechteckige Formen im unteren Bereich sollen wohl in Draufsicht parzellierte Gemüsefelder darstellen. Für die höheren Berggegenden ist der Gemüseanbau bis heute charakteristisch. L. K.

147 A

147 B

147C

150
Schmuckplatte

Jakarta, Museum Nasional, Inv. Nr. A 110/6914
Gold
H. 12 cm
Kediri, Ost-Java
14.–15. Jh.

Einen Höhepunkt im *Ramayana*-Epos stellt das technische Kunststück der Affenarmee dar, die über den Ozean hinweg zum Königreich des Dämonenkönigs Rawana einen Damm baut. Anscheinend übte diese Episode eine besondere Faszination auf die javanischen Künstler aus, denn sie haben die bemerkenswerte Heldentat in verschiedenen Medien verarbeitet.

Der Goldschmied, der das besonders ansprechende Stück schuf, formte das Dramatische der Episode um in ein scherzhaftes, humorvolles Zwischenspiel. Zwei Affen werfen Felsbrocken ins Meer, wobei die aufschäumende Brandung die Bewegung ihrer Arme widerspiegelt. Sie sind erschrocken über das plötzliche Auftauchen einer Krabbe, die sie mit ihren Scheren bedroht. Im Hintergrund deutet ein netzartiges Muster von Quadraten das solide Mauerwerk des Damms an.

Es dürfte kaum das große indische Epos von Walmiki gewesen sein, das den javanischen Goldschmied inspirierte, sondern eine lokale indonesische Version; im malaiischen *Hikayat Seri Rama* spielt nämlich eine Krabbe in Rawanas vergeblichem Kampf, die Vollendung des Damms zu verhindern, eine besondere Rolle. Dieses Detail findet weder im indischen Epos noch im altjavanischen *Ramayana* eine Erwähnung, aber dem Goldschmied muß es bekannt gewesen sein.

Als früheste Darstellung der *Setubandha* (Dammbau-) Episode ist die im letzten Relief der Balustrade des Shiwa-Tempels vom Loro-Jonggrang-Komplex in Prambanan bekannt. Die Konstruktion des Dammes, die Gefahr, der ihre Erbauer ausgesetzt sind, sowie die schließliche Überquerung dieses Dammes bilden die Schlußszene in der Darstellung des Epos an diesem Monument. Die nachfolgenden Kämpfe und der Fall von Rawanas Königreich sind an der Balustrade des Brahma-Tempels dargestellt. Die Tatsache, daß die Fertigstellung des Dammes als das Ereignis gewählt wurde, an welchem die Darstellungsfolge unterteilt wird, verleiht dieser Episode als dem entscheidenden Wendepunkt in der Geschichte Nachdruck. In den Reliefs des Panataran-Tempelkomplexes (Blitar, Ost-Java, Mitte des 14. Jahrhunderts) wird ihr eine weitaus weniger herausragende Stellung zugewiesen; allerdings ließ hier die begrenzte Fläche, die den Bildhauern zur Verfügung stand, die volle Entfaltung des dramatischen Potentials der Geschichte nicht zu.

Vor einigen Jahren wurde eine weitere Wiedergabe der *Setubandha*-Episode entdeckt, die der Szene der Goldplakette Kat. 150 in Stil und Auffassung sehr nahekommt. Bei der Restaurierung der Moschee von Mantingan (bei Jepara, Zentral-Java, 1559) fand man auf der Rückseite mehrerer Steine, die beim Bau der Moschee Verwendung gefunden hatten, sowie einiger der in die Wände eingelassenen verzierten Medaillons Szenen aus dem *Ramayana*. Der Stil dieser Steinreliefs erinnert an Panataran, was sich z. B. in den Wolkendarstellungen in Gestalt von Dämonen zeigt. Unter den nur bruchstückhaft erhaltenen Reliefs findet sich u. a. auch die Szene der steinewerfenden Affen, die auf der Brandung reiten. In auffallender Weise ähnelt sie der Darstellung auf der Schmuckplatte Kat. 150.

Daß die *Setubandha*-Geschichte als ein geeignetes Thema für die bildliche Darstellung galt, wird aus einer Passage im *Parthayajña*, einem metrischen Gedicht aus dem letzten Jahrhundert des Majapahit-Königtums, deutlich. Es beschreibt einen Besuch Arjunas in einer Einsiedelei, deren Wände mit der Darstellung der den Damm bauenden Affen geschmückt sind.

Die Schmuckplatte, deren Verwendung nicht bekannt ist, scheint also ein allgemeines Interesse an diesem Thema während des 14. und 15. Jahrhunderts widerzuspiegeln. Als sie ins Museum gelangte, äußerte man die Ansicht, ob nicht die kleinen Haken oberhalb der netzartigen Quadrate möglicherweise für die Aufhängung von blattförmigen Anhängern gedacht waren, wie sie für Majapahit-Schmuck durchaus belegt sind. Diese Vermutung läßt sich nicht erhärten (siehe Kat. 116).

J. F.

Lit.: JBG 7 (1940) 90, pl. 4; AIA Nr. 101; *Koleksi Pilihan* 1, Nr. 32. Prambanan: Stutterheim 1925b, 173, pl. 64–65. Panataran: Stutterheim 1925b, 188, pl. 182–183, 55 (die Geschichte mit der Krabbe). Mantingan: Laporan 1982, 4–13; Tjandrasasmita 1985. *Parthayajña*: Zoetmulder 1974, 368.

151
Architektur-Dekor

Jakarta, Museum Nasional, Inv. Nr. 6076
Terrakotta
H. 29,5 cm
Ost-Java
14.–15. Jh.

In der Metropole des ost-javanischen Königreichs von Majapahit (14./15. Jh. n. Chr.) beim heutigen Trowulan waren viele Bauwerke mit verzierten Dachziegeln geschmückt. Aber auch die Säulen der offenen pavillonähnlichen Bauten waren von figürlichen, sonnengetrockneten und nur leicht gebrannten Tonskulpturen ummantelt, die Verzierung und Schutz zugleich bildeten. Nur wenige architektonische Reste sind von der einst prächtigen Hauptstadt und ihren ausgedehnten Palastanlagen erhalten geblieben, so daß die Beschreibung in Prapañcas *Nagara-Kertagama* (1365 n. Chr.) nur schwerlich nachvollziehbar ist – sofern hier nicht überhaupt etwas übertrieben wird. Ausgrabungen des Antikendienstes dürften zu wichtigen neuen Ergebnissen hinsichtlich Größe, Bedeutung und Aussehen der Stadt führen. Bisher sind einige Tempel, ein Wasserheiligtum und ein Tor, ausnahmslos Ziegelkonstruktionen, freigelegt worden.
Zahlreich sind die Tonfigurenfragmente, die in der Gegend von Trowulan gefunden wurden. Sie haben wohl teilweise zum Dachdekor gehört, teilweise aber auch zur Säulenzier – wie die zylindrische Hohlform der besonders gut erhaltenen Figur Kat. 151 belegt.
Eine weibliche Gestalt schmiegt sich in koketter Haltung in ein Dekormotiv, das offensichtlich Wolken symbolisiert. Sie hat ihre linke Hand erhoben und berührt ihr Haar. In ihrer rechten Hand hält sie eine kleine Tonlampe mit einer einzigen Tülle, die einen Docht aufnehmen kann; dies ist der Grundtyp von bereits in zentraljavanischer Zeit üblichen Lampen. Sie hat diese Lampe in ihren Schal *(selendang)* eingehüllt. Eine schwere Kette bildet den Halsschmuck, das schlichte Gewand läßt die linke Brust unbedeckt. Die ein wenig lasziv wirkende Darstellung könnte eine der Nymphen aus dem himmlischen Reich des Indra sein. Sie werden ausgeschickt, um Arjuna in seiner Meditation zu versuchen. Die bildliche Umsetzung so populärer Epen wie des *Arjunawiwaha* und anderer Legenden mag den eleganten Bauten von Majapahit in mehrfacher Weise dienlich gewesen sein: Dekor, Schutz und mythischer Bezug fügten sich bestens ineinander. J. F.

Lit.: JBG 3 (1936), 190–191, pl. 2; Bernet Kempers 1959, pl. 322.

152
Nymphe

Privatsammlung, vormals Sammlung van Aalst
Gold
H. 9,2 cm
Ost-Java (gefunden 1910 bei Patyet)
14. Jh.

In tänzerischer Haltung hält die in Treibarbeit gefertigte Nymphe ihren Sarong mit der Linken vor der Brust und mit der Rechten den Saum ihres *slendang*. In Kniehöhe öffnet sich der Sarong, so daß das Unterkleid sichtbar wird, das mit Punkten, Ranken und einem einäugigen *kala*-Kopf[1] als Schutzbildnis dekoriert ist; letzterer ist ein Sonnensymbol, das oftmals vor allem oberhalb von Tempeltoren vorkommt[2] und auch als Dekoration für Ohrgehänge gewählt wurde, um den Ohreingang gegen Einflüsse von außen zu schützen.[3]
Das Erscheinungsbild der eleganten Figur erinnert deutlich an ähnliche Darstellungen im Bereich der Terrakotta-Kunst von Majapahit.[4] Kennzeichnend für diesen Stil sind das hochgesteckte Haar, die zwei Wölbungen auf der Stirn und die runden Ohrgehänge. Trotz ihrer »Schlichtheit« läßt sich die Nymphe in Stil und Repoussétechnik – so besonders auffällig im Bereich der Füße und Hände – mit der bekannten Sutasoma-Goldarbeit vergleichen, die wahrscheinlich von demselben Goldschmied gefertigt worden ist.[5]
Sowohl in der *Arjunawiwaha*-Erzählung[6] wie in der Geschichte von Sutasoma[7] sind es die Nymphen, die von den Göttern auf die Erde gesandt werden und versuchen, die Asketen durch ihre Anmut bei ihrer Meditation zu stören. Vielleicht ist auch die Nymphe mit der Erzählung von Sutasoma in Verbindung zu bringen.

J. P.

1 Bernet Kempers 1959, Abb. 316.
2 Bernet Kempers 1959, Abb. 274.
3 Java und Bali 1980, 128, Nr. 157.
4 Fontein 1980, 279 und 281.
5 Fontein 1980, Nr. 112.
6 Zoetmulder 1974, 234–237.
7 Ensink 1967, 37.

153
Ein Paar Ohrscheiben

Privatsammlung
Gold
Dm. 6,2 cm
Ost-Java
13.–14. Jh.

Die großen Ohrscheiben sind eine Art Dose, deren Unterseite wie ein Deckel funktioniert. Die Vorderseite schmückt im Zentrum ein Sonnenornament mit kleinen Halterungen für einen Stein. Es wird gerahmt von einem perlenartigen Band sowie einem Blumenmuster mit vier Girlandenmotiven, die durch vier Spitzen voneinander getrennt werden. Der höher gelegene Außenrand ist mit einem aneinandergereihten Augendekor verziert, das zusätzlich von einem Perlenband umschlossen wird. Auf der Rückseite ist eine Blume mit vier spitzen Blättern abgebildet, die jeweils von einem Bogen umgeben sind. Die Blume selbst befindet sich in einem Viereck, dessen Ecken ein Wolkenmuster füllt. Die übrigen Fächer bedecken runde, spiralartige und spitze Blumenmuster.
Von derartigen Ohrscheiben in Gestalt eines Döschens sind nur wenige Exemplare erhalten geblieben.[1] Bronze- und Silberstatuetten[2], aber auch Steinskulpturen in Zentral- und Ost-Java[3] belegen bildlich, daß diese großen Schmuckstücke als Ohrzier getragen wurden. J. P.

[1] Kunst van de Indische Archipel 1947, 105 und 106, Nr. 99; Oosterse Schatten 1954, Abb. 58, Nr. 683; Fontein 1971, 135, Nr. 104; Jessup 1990, 142, Fig. 101 und 102, Nr. 55a, b.
[2] Fontein 1990, 195, Nr. 46.
[3] Bernet Kempers 1959, Abb. 257.

154
Zwei Ohrclips mit *shankha* und *cakra*

Privatsammlung
Gold
L. 2 cm
Ost-Java
14.–15. Jh.

Die Ohrclips sind an der Innenseite mit einer Goldplatte verstärkt und aus vielen losen Elementen wie Spiralen, Drähten und Kügelchen in Granuliertechnik verziert worden. Sie besitzen keine Vorderseite, sondern wurden beidseitig getragen. Auf der einen ist ein *shankha*-Motiv, eine Schnecke, auf der anderen ein *cakra*-Motiv, ein Rad, wiedergegeben. Ein Scharnier hält die beiden Teile zusammen, die mit einem kleinen Riegel verschlossen werden. Die Ohrclips wurden an Teilen des langgezogenen Ohrläppchens getragen[1], an dem unten meistens ein großes, schweres Ohrgehänge mit zusätzlichen Schmuckstücken[2] zu hängen pflegte.
Die *shankha* und die *cakra* sind Attribute des Gottes Wishnu. Das Meeresschneckengehäuse wurde als Kriegstrompete, deren Klänge die Feinde in Verwirrung bringen sollte, gebraucht; seinen Verehrern aber garantiert sie Sicherheit und Freiheit. Darüber hinaus findet sie auch als Opfergefäß Verwendung. *Cakra* ist das Rad, das die Zeit symbolisiert, in der sich alles formt und alles wieder auflöst. J. P.

[1] Pott 1972, 83, Abb. 1; 84 und 85, Abb. 3.
[2] Fontein 1990, 166, Nr. 27.

155
Ohrring

Privatsammlung
Gold
H. 3,2 cm
Sumatra
13.–14. Jh.

Der schwere Ohrring weist auf seiner Schauseite üppig wuchernden Blütendekor auf. Das Schmuckstück, das fälschlicherweise oft als ein sog. »Vogelring« bezeichnet wird, wurde am gestreckten, gelängten Ohrläppchen – und hier meist an der Vorderseite – getragen. J. P.

156
Zwei Ohrringe in *makara*-Gestalt

Privatsammlung
Gold
H. 4,7 cm
Ost-Java
13.–14. Jh.

Die Vorderseiten haben die Form eines *makara*-Kopfes mit hervortretenden Augen, dessen Maul geöffnet er-

154

155

153

156

157

scheint sowie die nach vorn weisenden Zähne freigibt. Auf dem erhobenen Rüssel, unter dem Kinn und auf dem Kopf ist jeweils ein dreieckiger Blumendekor vorhanden, der in einer scharfen Spitze endet. Auf der Rückseite der Ohrgehänge befindet sich ein Gegengewicht in S-Form. In der Mitte und auf der Unterseite ist dieses Gegengewicht reich mit spitzen Pflanzenornamenten geschmückt, wie sie für die späte ost-javanische Periode so charakteristisch sind.

Makara-Darstellungen flankieren oftmals Eingänge[1] oder dienen als Wasserspeier.[2] Dieses »See-Ungeheuer«[3] ist Symbol der Finsternis und damit Gegenpol zu *kala*, dem Sonnenelement. Vielleicht hat der Umstand, daß *makara*-Wesen auch als Symbol von Kama, dem Gott der Liebe, belegt sind, zur Wahl des Motivs dieser Ohrgehänge beigetragen. J. P.

1 Bernet Kempers 1959, Abb. 90 u. 101.
2 Java und Bali 1980, 23.
3 Eines seiner Epitheta ist *jala-rupa*, Wasserform, s. Dowson 1961, 195.

157
Zwei Ohrgehänge in Gestalt des *ratna*-Motivs

Privatsammlung
Gold
H. 4,7 cm
Ost-Java
13.–14. Jh.

Die beiden Ohrgehänge sind an der Frontseite mit einem vierblättrigen *ratna*-Juwelenmotiv geschmückt, das hier allein der Dekoration und nicht wie in anderen Fällen als Rahmung eines eingesetzten Edelsteins dient. Es ist von Blumenornamenten umgeben, deren Enden oben und unten spitz zulaufen. Auf der Rückseite der Ohrgehänge ist ein Gegengewicht in Gestalt eines S vorhanden, das kleine, nach außen gewandte Pflanzenelemente zieren.

Derartiger Ohrschmuck findet sich häufig im Bereich der ost-javanischen Kunst[1], wie er z. B. an einem der berühmten *kala*-Köpfe von Candi Jago vorkommt.[2] J. P.

1 Galestin 1939, 78, F6.
2 Bernet Kempers 1959, Abb. 232.

158
Fragment einer Lampe

Privatsammlung; vormals Sammlung Zorab
Bronze
H. 20,7 cm
Ost-Java
14.–15. Jh.

Die Gestalt einer Frau steht auf einer Basisplatte, aus der zwei stilisierte *shakti*-Flammen züngeln. Mit der Rechten hält sie eine Opferschale auf ihrem Haupt, in der Linken eine Art Kalebasse an einer Schnur. Wer diese Dame ist, die sich gerade auf dem Weg zu einem Tempel befindet, ist unbekannt. Sie ist jedoch im freien Stil der späten ost-javanischen Periode gefertigt worden, wie er auch bei den ost-javanischen Terrakottawiedergaben[1] und Beispielen der Bronzekunst[2] der Majapahit-Periode (1292/3 bis ca. 1525) belegt ist. J. P.

1 Müller 1978, Abb. 164.
2 Lerner 1991, Nr. 186.

Lit.: Tropenmuseum 1966, Nr. 17.

158

159

159
Lampe mit Wiedergabe der Göttin Shri

Privatsammlung
Bronze
H. 18,3 cm
Ost-Java
14. Jh.

Das als Hängelampe gestaltete Objekt besitzt eine schiffsförmige Schale mit zwei Mündungen für die Aufnahme zweier Dochte. In der Mitte wird sie durch eine Zwischenwand in Gestalt der Göttin Shri geteilt, die, auf einem großen Kissen sitzend, vor allem in ihrer Armhaltung anmutig und typisch ost-javanisch gestaltet wurde. Eine Aureole hinter ihr tut kund, daß es sich hier nur um eine Göttin handeln kann, an deren Seiten *shakti*-Flammen kraftvoll emporzüngeln. Über dem *ratna*-förmigen Gestell der Lampe – dies ein feststehendes traditonelles Bildschema – befindet sich ein Lotus, und auf dem Scheitelbogen des *ratna*-Motivs, das von *shakti*-Flammen gerahmt erscheint, kann eine Kette mit Haken zum Aufhängen der Lampe befestigt werden. J. P.

160
Kama und Ratih

Privatsammlung
Bronze
H. 11 cm
Ost-Java
15. Jh.

Dieses flache Fragment der mittleren Trennwand einer Lampe ist in Gestalt zweier *wayang*-Figuren gegossen worden. Rechts steht Kama, der Gott der Liebe, der in seiner Linken einen Bogen aus Zuckerrohr und in seiner Rechten einen Pfeil hält, während ihm seine Geliebte Ratih, sonst gleichfalls mit einem Pfeil, hier allerdings mit einer Blütenknospe, erscheint.
Kama inspirierte den Künstler zur Herstellung einer Lampe[1], die im Schlafgemach benutzt wurde, ist doch auch *madhu-dipa*, die Lampe des Honigs oder des Frühlings[2], ein Epitheton für den Liebesgott Kama. J. P.

[1] Eine vollständige Lampe findet sich bei Heine-Geldern 1925, Abb. 20(a) und Lohuizen-de Leeuw 1984, Nr. 152 und 153.
[2] Dowson 1961, 147.

161
Lampe mit Wiedergabe eines *panakawan*

Privatsammlung; vormals Sammlung J. E. van Lohuizen
Bronze
H. 13,9 cm
Ost-Java
14.–15. Jh.

Die Mitte der schiffsförmigen Lampenschale, die zwei »Mündungen« zur Aufnahme der Dochte aufweist, ist als Trennwand im Gestalt des *panakawan* Bagong[1] gegossen worden, der laut Überlieferung einst aus dem Schatten des *panakawan* Semar entstanden sein soll. Ein *ratna*(juwel)-förmiger Bogen (vgl. Kat. 110), der von zwei Stäben getragen wird, umrahmt die Erscheinung.
Was paßt besser zu einer Lampe als dieser *panakawan*, die so beliebte *wayang*-Figur, die aus dem Schatten entstanden ist? Und so kann man sich vorstellen, daß sich dieses Bild auch als Schatten sehr viel größer auf der Wand abzeichnen konnte. J. P.

1 Psota 1993, 56, 57, Abb. 109.

162
Stabaufsatz

Privatsammlung
Vormals Sammlung Domela Nieuwenhuis
Bronze
H. 22,5 cm
Ost-Java
14.–15. Jh.

Der zylinderförmige Schaft des Stabaufsatzes endet in einer viereckigen Plattform, deren Ecken einäugige *kala*-Köpfe verzieren. Auf dieser steht eine Männerfigur mit vorgesetztem linkem Fuß, bei der es sich möglicherweise um Pañji, den Prinzen von Koripan[1], handelt. Auf seinem Haupt trägt er das sog. *tekis* oder *pañji*-Käppchen und um die Hüften ein Lendentuch mit langen Schärpen. In der Rechten hält er ein langes, breites Messer, das stark an einen *wedung*[2] erinnert, eine Waffe, die allein den Prinzen und Edelleuten des *kraton*, also Vertrauenspersonen aus der direkten Umgebung des Fürsten, zu tragen erlaubt war. Möglicherweise gehört die Figur zu der Gruppe der Bhayankaris, »der Schrecklichen«, die als Beschützer von Fürst und *kraton* fungieren[3]. Mit der Linken umfaßt sie einen Stengel, auf dem blütenartig eine runde Schale befestigt ist, in der sich ein Ring mit vier Füßchen befindet, in dem der Weihrauchkegel festgeklemmt wurde.[4] Lampen besitzen dagegen oft einen Behälter, der in eine Tülle für die Anbringung eines Dochtes mündet.

J. P.

1 Zu Pañji s. Zoetmulder 1974, 427–430.
2 Jasper et al. 1930, Teil V, 223, Fig. 312.
3 s. Chutiwongs 1990, 84.
4 Zu einer »Lampe« in einem solchen Binnenwerk s. Fontein 1990, Nr. 79 und O. D. Foto Nr. 6501.

Lit.: Chutiwongs 1990, 134, Nr. 35.

163
Lampe mit Shri-Tañjung

Privatsammlung
Bronze
H. 30,8 cm, Kette: L. 69,8 cm
Ost-Java
14.–15. Jh.

Die Lampe erhebt sich über einem Fuß, geschmückt mit Blumenmotiven, auf dem ein großer *makara*, ein Mischwesen aus Fisch und Elefant, erscheint. Zu seinen beiden Seiten befindet sich je ein Lampen-Schälchen zur Aufnahme des Öls und der Dochte. Auch der Rüssel wurde als Dochtträger verwendet. Auf dem Wesen reitet eine weibliche Figur, die in der indischen Ikonographie als die Göttin Ganga angesprochen würde, in der indonesischen aber Shri-Tañjung darstellt, von der folgende Legende berichtet:

Als der Fürst von Sinduraja einen seiner höchsten Würdenträger, Sidapaksa, auf eine Mission zu dem Palast Indras gesandt hatte, verführte der König in dessen Abwesenheit dessen Gemahlin. Bei seiner Rückkehr hörte er davon, da der König das Gerücht verbreitet hatte, seine Frau sei ihm untreu gewesen, und so tötete er sie. Doch die Göttin Durga hatte Mitleid mit ihr und schickte sie in den Himmel, wobei sie auf ihrer Reise den Fluß der Unterwelt auf einem Fisch überquerte[1].
Das Thema erfreute sich speziell im 13. und 14. Jahrhundert großer Beliebtheit[2], und dies insbesondere bei Lampen, wie sie in Schlafgemächern benutzt wurden.

J. P.

1 Prijono 1938.
2 Eine Darstellung Shri-Tañjungs in Stein findet sich bei Bernet Kempers 1959, Abb. 299 und in Gold Abb. 320.

164
Schamzier

Privatsammlung
Gold
H. 5,7 cm
Ost-Java oder östliche Inselwelt, gefunden auf Ternate
15.–17. Jh.

Die in Treibarbeit gefertigte Schamzier gibt eine Szene aus dem *Arjunawiwaha*, dem Arjuna-Epos, wieder. Umgeben von einer Felslandschaft, wie sie für ost-javanische Darstellungen typisch ist, meditiert Arjuna, während zu seinen Seiten zwei Nymphen ihn mit anmutigen, herausfordernden Bewegungen zu verführen suchen.[1] Im Vordergrund erscheinen Attribute, die zur Meditation gehören und die auch unter den Motiven auf Lampen vorkommen.[2] Ein gerundeter Perlrand verleiht der Platte mehr Stabilität.
In der Gestaltung der Personen wie an den Gesichtern der Nymphen lassen sich stilistisch Prä-Hindu-Elemente ausmachen, die in der späten ost-javanischen Periode am Tempelkomplex von Sukuh[3] belegt sind. J. P.

[1] Zoetmulder 1974, 234.
[2] Lohuizen-de Leeuw 1984, Nr. 157.
[3] Bernet Kempers 1959, Abb. 329–338.

165
Krone

Jakarta, Museum Nasional, Inv. Nr. E 587
Gold, Rubine, Diamanten, Smaragde, Perlen, Email
H. 16,5 cm, Dm. 19,3 cm
Banten, West-Java
18. Jh.

Sowohl die in durchbrochener Arbeit gefertigten, stilisierten Blattmotive der Krone, ein stark abstrahierter, sich wiederholender Lebensbaum, als auch das Email auf dem oberen Segment belegen den starken Einfluß islamischer Formgebung in der Kunst dieses streng muslimischen Sultanats Banten. Obwohl die Krone nur 200 Jahre alt ist, geht sie mit Sicherheit auf Vorläufer zurück, die der Salokoa-Krone von Gowa aus dem 14. oder 15. Jahrhundert ähnlich waren. Eine mögliche Quelle für die *stupa*-ähnliche Form beider Kronen ist der helmartige Kopfschmuck mit Dekor in Form der Haarlocken Buddhas, der von den Wajrayana-Priestern bei ihren Ritualen getragen wurde, Angehörigen einer buddhistischen Sekte, die von den Herrschern von Majapahit gefördert wurde. Der oberste Teil eines derartigen *stupa*-förmigen Kopfschmucks bildet ebenfalls eine mögliche Quelle für die späteren, weltlichen Kronen. Der Aufsatz besitzt die Form eines *wajra* – das Erleuchtung symbolisierende Zepter des buddhistischen Priesters –, dessen geschwungene Spitzen einen Kristall umschließen. Ein ähnliches Stück, das durch ein Feuer in der Kolonial-Ausstellung von Paris 1931 zerstört wurde, enthielt noch den Kristall. In Anbetracht dieser Vorläuferform sind die geschwungenen Spitzen auf der Banten-Krone, die einen Stein umklammern, und die vertikal geschwungenen Teile der Gowa-Krone, die eine Abstrahierung von Spitzen sein könnten, die einen Abschlußstein halten, besonders bemerkenswert. Wenn diese Theorie zutrifft, wäre die Krone von Banten ein wichtiges Beispiel für den Synkretismus, der die indonesische Kunst und Gesellschaft durchdringt – in diesem Fall eine Fusion von indischer und islamischer Metaphorik. H. I. J.

Lit.: Informationen über *wajra* sowie den rituellen Kopfschmuck der *Wajrayana* und ähnliche Objekte in Tibet und Nepal wurden von Dra. Pauline Lunsingh Scheurleer vom Rijksmuseum Amsterdam beigesteuert. Van Dongen, Forer und Van Gulik 1987, 110 f.; Scheurleer und Klokke 1988; Jessup 1990, cat. 134, fig. 175.

166
Tanzkrone

Jakarta, Museum Nasional, Inv. Nr. E827
Gold, Rubine, Rattan
41,5 × 24,5 × 30 cm
Klungkung, Bali
19. Jh.

Der Ursprung der Tänze auf Bali liegt sicher in einer Huldigung an die Götter, die mit ihrer Vorführung in Tempelbezirken verbunden war. Auch wenn indessen heute einige balinesische Tänze weltlichen Charakter haben, sind im Akt des Tanzens – wie in jeder anderen Form des künstlerischen Ausdrucks in Bali – immer noch Elemente eines Opfers an die göttlichen Mächte enthalten. Die hinduistische Gleichsetzung von Königen mit Göttern hat dabei einen gewissen Einfluß auf die Kostüme gehabt – und hier besonders auf die Kostüme solcher Tänze, die in den Tempelbereichen der Paläste *(puri)* unter der Schirmherrschaft von Prinzen aufgeführt wurden. Die hier angesprochene Krone hat die aufwärts geschwungene Baumgestalt *(kekayon)* des Lebensbaumes bzw. Heiligen Berges, die für den Kopfschmuck bei *baris*- und *legong*-Tänzen verwendet wurde. Der *baris*-Tanz ist ein von Männern aufgeführter Kriegstanz; dagegen wird der *legong*, der sich aus dem noch aus der Majapahit-Zeit stammenden Tempeltanz *gambuh* entwickelt hat, von Mädchen getanzt, die noch nicht die Pubertät erreicht haben. Während der Aufführung ist der Kopf der Tänzerin mit frischen Blumen bedeckt, die wie die Goldblumen auf der Krone erzittern, das Licht reflektieren und im Gleichklang mit den Bewegungen der Tänzerinnen ihren Duft verströmen.
Der Reichtum dieses rubinbesetzten Stückes mit seinen flügelartigen Seitenteilen *(lar sumping)*, dem Pfauenschwanz, der auf der Rückseite hinter der *gunungan*-Form aufgefächert erscheint, sowie dem als Talisman dienenden Garuda-Kopf *(mungkur)*, der den Rücken des Tänzers bewacht, legt nahe, daß die Krone von den Palast-Tänzern von Klungkung benutzt wurde. H. I. J.

Lit.: De Zoete und Spies (1938) 1973; Bandem und de Boer 1981; Jessup 1990, cat. 92.

167 a, b
Oberarmspangen-Paar *(kelat bahu)*

Jakarta, Museum Nasional, Inv. Nr. E 1316, E 1336
Gold, Diamanten
8,7 × 9,8 × 3,5 cm
Kutai, Kalimantan
19. Jh.

Spangen wie diese schmücken in allen Teilen Indonesiens, in denen die indische Kultur den Tanz beeinflußt hat – und dies ist besonders in Java und Bali der Fall –, die Arme der Tänzer. Kalimantan ist eines der Gebiete in Indonesien, in denen sich die frühesten Zeichen eines Kontaktes mit Indien erhalten haben – es existieren Inschriften aus dem 5. Jahrhundert –, doch in späteren Jahrhunderten sind indische Einflüsse eher über Java eingedrungen. Die Wahl des mythischen Vogels Garuda als Spangenmotiv soll dem Tänzer dessen Schutz zuteil werden lassen. Die Träger dieses Schmuckes dürften einen Tanz aufgeführt haben, der eher durch die indische Tradition als durch einheimische Quellen aus Kalimantan beeinflußt war. H. I. J.

Lit.: Jessup 1990, cat. 94 a + b, fig. 135.

168
Pektoral *(hiasan dada)*

Jakarta, Museum Nasional, Inv. Nr. E 821
Gold, Rubine, Diamanten
B. 12,8 cm, H. 8,5 cm, Kette 9,7 cm
Klungkung, Bali
wohl 19. Jh.

Dieser Anhänger erinnert an den Schmuck balinesischer Tänzer. Eine Gestalt in Form eines Blattes oder umgekehrten Berges *(gunungan)* ist auch vergleichbar den *cupeng* oder *badong* (Platten zur Bedeckung der Scham), wie sie einst von Frauen getragen wurden. Der hohe Standard der Handwerksarbeit und die Üppigkeit der Steine machen eine Herkunft dieses Stückes aus der Sammlung des Palastes *(puri)* von Klungkung recht wahrscheinlich. H. I. J.

Lit.: Jessup 1990, cat. 63, fig. 117.

172
Flöte *(suling)*

Jakarta, Museum Nasional, Inv. Nr. E833
Holz, Gold, Rubine, Diamanten, Halbedelsteine, Glas, Schildpatt
L. 97,5 cm, T. 4,6 cm
Klungkung, Bali
19. Jh.

Diese mit reichem Dekor verzierte Flöte mit sechs Grifflöchern stammt vermutlich aus derselben Werkstatt wie die *rebab* und könnte somit zum selben *gambuh*-Ensemble gehört haben. Darauf weisen die Ähnlichkeiten in der Verarbeitung der Steine und dem floralen Dekor der goldenen Bänder hin. Zu einem *gambuh*-Ensemble gehören insgesamt drei Längsflöten. Neben der *rebab* und der menschlichen Stimme ist die Flöte das eigentlich melodieführende Instrument und zugleich das einzige Blasinstrument eines Gamelan-Ensembles. H. I. J. / H. C.

Lit.: Jessup 1990, cat. 90, fig. 132.

173
Votivplakette

Privatsammlung
Gold und Rubine
H. 17,5 cm
Nord-Bali
18.–19. Jh.

Der vierarmige Gott Shiwa, dessen vordere Hände eine Blume vor der Brust halten, erscheint in stehender Haltung auf einer offenen Lotusblüte. Seine rechte hintere Hand umfaßt die *aksha-mala*, die Gebetskette, und seine linke hintere Hand eine geschlossene Blüte. Beidseitig wird der Gott von je einer Schlange flankiert, die sich von oben nach unten schlängeln und ihre Köpfe nach außen drehen. Hinter dem Gott, dessen Augen ebenso wie die der Schlangen mit Rubinen besetzt sind, ist eine Aureole wiedergegeben, aus der *shakti*-Flammen lodern. J. P.

174
Säulenbasis *(sendi)*, Wishnu reitet auf Garuda

Denpasar, Museum Negeri Bali, Inv. Nr. DM 4337
Nangka (Jackfruchtbaum)-Holz, Farbstoffe, Fischleim als Bindemittel, Blattgold
H. 71,5 cm, B. 70,2 cm, T. 41,5 cm
Singaraja (?), Nord-Bali
Spätes 19. Jh.

Sendi sind Basen für die Säulen, die in balinesischen Zeremonial-Pavillons, von den Kreuz-Balken ausgehend, die Dachbalken abstützen. Sie waren häufig mit Skulpturen geschmückt, wie auch in diesem Beispiel, das den Schutz des Gebäudes beschwören soll. Wishnu läßt sich anhand des Behälters mit geweihtem Wasser in seiner rechten Hand identifizieren sowie durch sein Reittier, den mythischen Vogel Garuda. Nach einer Variante des Garuda-Mythos stahl er zwar den Göttern das heilige Wasser der Unsterblichkeit, trank aber nicht selbst davon, sondern brachte es zur Heilung seiner kranken Mutter. Garuda wiederum wird von einem Elefanten, einer *naga* und einem *karang*-»Monster« getragen – alle drei Symbole des Schutzes. Die Üppigkeit der Skulptur ist typisch für jenen Aspekt der balinesischen Kunst, der die Architektur von Tempeln, Haus-Pavillons und Toren durchdringt.
H. I. J.

Lit.: Jessup 1990, cat. 104, fig. 156.

175

Ritueller Fächer *(jogan)*

Jakarta, Museum Nasional, Inv. Nr. E 13
Gold, Silber
B. 54,8 cm, H. 27,7 cm, T. 3 cm
Riau Lingga, Ost-Sumatra
19. Jh.

Dieser Ritualfächer in Blatt- bzw. Bergform – ursprünglich zugehörig zu den Insignien des Sultans von Riau Lingga – beschwört den Symbolismus des *kayon* oder *gunugan* des *wayang*-Dramas mit all den darin enthaltenen Aspekten der Berg- und Lebensbaum-Mythologie. Der malaiische Text ist in arabischer Schrift abgefaßt und besagt, daß die malaiischen Herrscher (gemeint ist die Malakka-Linie) vom Berg Siguntang kommen und aus der Linie von Iskandar Dhulkarnain (Alexander der Große) stammen, welcher – wie auch in anderen muslimischen Gesellschaften – als Welteneroberer in der Legende und im Epos lebendig ist. Diese Geschichte ist in der »Sejarah Melayu«, der Chronik der Malakka-Herrscher, nachzulesen.
Die rituelle Ausdruckskraft eines Ursprungs-Mythos in der symbolgeladenen *gunungan*-Form weist auf die Bedeutung der königlichen Genealogien hin. H. I. J. / F. Sch.

Lit.: Notulen 1904; *Koleksi Pilihan* Museum Nasional 1980, 288, pl. 80; Jessup 1990, cat. 48, fig. 171.

176

▷

Zeremonialbehälter *(wadah)*

Jakarta, Museum Nasional, Inv. Nr. E 369
Silber, Bergkristall, Gold
40 × 64,2 × 14,7 cm
Banjarmasin, Südkalimantan
19. Jh.

Das elegante Zeremonialobjekt – aus dem Kraton von Banjarmasin – war Bestandteil eines Sets von Insignien, das dem *upacara* in Java entsprochen haben dürfte. Ein *upacara* – ein Set von Goldobjekten – wurde in Java stets in der Prozession mitgetragen, die den Herrscher umgab, wenn er sich zu zeremoniellen Gelegenheiten der Öffentlichkeit zeigte. Eine solche Prozession bot eine Gelegenheit zur Demonstration königlicher Machtentfaltung und war entsprechend prunkvoll ausgestaltet. Begleitet von Schirmen, Flaggen und mitgetragenen Waffen, zeigte sich der Herrscher selbst in vollem Ornat mit Amtskette, Zepter *(tongkat)*, goldenem Hut *(kuluk)* und zeremoniellen Schuhen. Das *upacara* wurde dem Herrscher vorausgetragen.
Die in Gold gearbeiteten *upacara* der Höfe von Yogyakarta und Surakarta umfassen eine Gruppe von Tieren und anderen Objekten, von denen die *harda walika*, eine *naga*-Form, besonders ins Auge fällt. Weiterhin gehören zu einem solchen Set ein Spucknapf, ein Betel-Service, verschiedene Toiletten-Artikel, eine Lampe und Modelle verschiedener Tiere, nämlich einer Gans, eines Rehs, eines Pfaus, eines Hahns und einer Schlange. Im einzelnen sollen diese Gegenstände die folgenden Eigenschaften des Herrschers symbolisieren: Gans = Reinheit, Reh = Intelligenz, Hahn = Mut, Pfau = Schönheit, Schlange = Macht, Kosmetik-Artikel = Sauberkeit und Perfektion, Lampe = Wissen, Spucknapf = Vertrauenswürdigkeit (in dem Sinne, daß das, was einmal ausgespuckt wurde, nicht mehr zurückgenommen werden kann).
Dieses Stück zeigt den starken Einfluß Javas auf den Hof von Banjarmasin. Das Set mag einst vollständig gewesen sein, nun sind jedoch nur noch dieses Stück und ein Vogel vorhanden. H. I. J. / H. C.

Lit.: Jessup 1990, cat. 139, fig. 27.

179

180
Sirih-Blatthalter

Privatsammlung
Gold, Silber, Rubine und Zirkone
H. 22,4 cm
Klungkung (?), Süd-Bali
18.–19. Jh.

Dieser Blatthalter für die Sirih-Zeremonie ist einst aus einer dünnen Silberplatte gefertigt und dann in eine tütenartige Form gebracht worden, deren Spitze zu einem runden Knopf verarbeitet wurde. Der obere Rand wird von einem schmalen, reliefgeschmückten Goldband umhüllt, unter dem auf dem eigentlichen Kragen ein großer *kala*-Kopf erscheint, also des Monsters, das in seinen kleinen Krallen Ranken hällt, die den Rand üppig verzieren. Das Ganze ist mit Rubinen und Zirkonen, die in Cabochon-Form und Facetten geschliffen wurden, besetzt.
In derartigen Haltern pflegte man die Sirih-Blätter anzubieten, aus denen man den Sirih-Kautabak herstellte. Die einfachsten Modelle dieser Halter werden aus einem Bananenblatt gebildet, das, zu einer Tüte gedreht, mit einem kleinen Holzstift zusammengehalten wird – Tüten, wie man sie noch heute auf Bali sehen kann. J. P.

181
Spucknapf *(paidon)*

Jakarta, Museum Nasional, Inv. Nr. E 7
Gold
11,7 × 19,3 cm, Fuß 6,3 cm
Riau Lingga, Ost-Sumatra
19. Jh.

Die Anordnung der ziselierten und getriebenen Motive auf Körper und ausladendem Rand dieses Spucknapfes – wegen des ergiebigen Speichelflusses, der durch das Kauen des Betelpriems stimuliert wird, ein wichtiger Bestandteil eines jeden *sirih*-Sets – ist ein hervorragendes Beispiel für die Art der Metallgestaltung auf Sumatra. Wie auch die Behälter mit Deckel *(cupa)* aus Palembang (siehe Kat. 182) weist er die rote Bemalung auf, die für Regionen charakteristisch ist, die dem Einfluß der Bugis ausgesetzt waren. Dies war besonders in Riau Lingga der Fall, wo der Staat von einer malaiischen Riau-Dynastie und den buginesischen Yangdipertuan Muda (Vize-Herrschern) gemeinsam regiert wurde. H. I. J.

Lit.: Notulen 1904; Jessup 1990, cat. 43.

besserung und weiteren Entfaltung des Geschmacks hinzugefügt werden, ohne jedoch eine zusätzliche Rauschwirkung hervorzurufen. Der Betelpriem wird in einem Stück in den Mund geschoben und gekaut, wobei er eine leicht berauschende Wirkung erzeugt. Außerdem wird der Speichelfluß stark angeregt, und die intensive Rotfärbung der Areka-Nuß läßt auch den Speichel rot werden. Intensives Betelkauen über einen langen Zeitraum hinweg verursacht denn auch eine bleibende Rotfärbung von Zähnen und Zahnfleisch.
Bislang war der Betelpriem ein Genußmittel, das ohne besonderen Anlaß in alltäglichen Situationen konsumiert wurde und so bis in die jüngste Vergangenheit in ganz Indonesien weit verbreitet war. Erst seit kurzem gerät es allerdings aus der Mode, weil die Rotfärbung der Zähne nicht mehr dem geltenden Schönheitsideal entspricht. In seiner Funktion zur Begrüßung von Gästen sowie im Rahmen vieler Zeremonien hat das Betelkauen seine wichtige Rolle bis heute dennoch behalten.

H. I. J. / H. C.

Lit.: Notulen 1904, 121, No. 8 und Bijlage 7. CXIII; Jessup 1990, cat. 41a + b, fig. 126.

184
Betel-Schere in Gestalt eines Pferdes *(kacip)*

Jakarta, Museum Nasional, Inv. Nr. E942
Eisen, Gold
L. 26,6 cm, B. 8 cm
Badung, Bali
19. Jh.

Aufwendige Scheren wie diese werden zum Zerbrechen der Frucht der Areka-Palme verwendet. Goldarbeiten an Mähne und Schweif des Pferdes, die überzeugende Nutzung der Klingenrundung zur Wiedergabe der schwellenden Brust des Pferdes sowie die Vitalität des ganzen Stückes sind typisch für balinesisches Kunsthandwerk. Man beachte die Verwendung des *banji*-Motivs, ein verbreitetes balinesisches Motiv chinesischer Herkunft, das die Bewegung der Himmelskörper darstellt und die Sonne symbolisiert.

H. I. J.

Lit.: *Koleksi Pilihan* Museum Nasional 1984, 541, pl. 126; Jessup 1990, cat. 46.

185 a, b

Zwei Behälter für Tabak und *sirih*-Blätter *(wadah)*

Jakarta, Museum Nasional, Inv. Nr. E670, E671
Gold
11,4 × 9,7 × 4,8 cm und 11,3 × 10 × 5 cm
Bangkalen, Madura
19. Jh.

Die beiden Behälter haben die übliche Form, die zum Anbieten von *sirih*-Blättern und Tabak verwendet wurde. Da keine Zeremonie ohne die Verwendung von Betelpriem auskam und zudem jedem Gast Betel angeboten wurde, durfte das Betel-Service in keinem Haus fehlen. Bis heute findet sich ein einfaches Service aus Messing oder Holz in vielen indonesischen Haushalten. Die Ausgestaltung der teilweise edelsteinbesetzten Behälter in Gold und Silber an den Fürstenhöfen dagegen ging über die Funktionalität weit hinaus und war Bestandteil der allgemeinen Prachtentfaltung in der Umgebung des Fürsten, die der Demonstration seiner Herrscherwürde diente. Wertvolle Betel-Gerätschaften gehören an den Fürstenhöfen zum *pusaka*, den ererbten Insignien und Kleinodien, und haben somit fast sakrale Bedeutung.

Üblicherweise besteht ein Betel-Service aus mehreren Dosen und Behältern mit oder ohne Deckel, die auf einem Tablett zusammengestellt sein können. Auch gibt es Gürtel, die den Betelgenuß unterwegs ermöglichten. In jedem Fall gehören zu einem Betel-Service zwei größere ungedeckelte Behälter wie diese, in die die länglichen Blätter des Betelpfeffers *(sirih)*, einer Schlingpflan-

zenart, sowie feingeschnittener Tabak eingefüllt wurden. Ebenso wichtig sind eine kleinere Dose für die Betelnuß sowie ein dicht schließender Behälter für den stark hygroskopischen Kalk. Weitere Dosen für die geschmacksverstärkende Pflanzenpaste *gambir* sowie für verschiedene Gewürze zur Abrundung des Geschmacks können hinzukommen. Für den gehobenen Bedarf sollten auch eine Schere zum Abschneiden von Teilen der Arekanuß sowie der Spucknapf nicht fehlen, denn das Kauen des Betelpriems regt den Speichelfluß an.
Das schwere, ziselierte und getriebene Goldblech dieser Stücke hat Perforierungen zu Zwecken der Luftzirkulation im Boden. Das diagonal angeordnete, flammenartige *tumpal*-Motiv, bestehend aus gewundenen, mit Blätterwerk verzierten Strängen, erinnert an das Batikmuster *parang rusak* (›zerbrochenes Schwert‹), das in Zentral-Java dem königlichen Gebrauch vorbehalten war. Madura, die Insel, die der Nordküste Ost-Javas unmittelbar vorgelagert ist, war stark von Java beeinflußt, und die javanischen Herrscherfamilien unterhielten hier beste Verbindungen.
Die Qualität dieser *wadah* weist mit großer Wahrscheinlichkeit auf eine höfische Herkunft, in diesem speziellen Fall auf den Hof von Bangkalen im Westen der Insel hin, also dem Ort, der Surabaya in Ost-Java am nächsten gelegen ist.

H. I. J.

Lit.: Van der Hoop 1949, 303; Jessup 1990, cat. 40a + b, fig. 10.

186
Tabakspfeife

Jakarta, Museum Nasional, Inv. Nr. E1094
Gold, Rubine, Diamanten
L. 23 cm, B. 12,1 cm
Lombok
19. Jh.

Diese exquisit gearbeitete Pfeife in Gestalt eines *naga* mit edelsteinbesetztem Kopf und vier Bändern aus Edelsteinen am Übergang vom Holm zum Mundstück könnte Teil des Lombok-Schatzes gewesen sein, der geraubt wurde, als die niederländischen Streitkräfte 1894 den Palast des Raja in Cakranagara plünderten. Die Mischung aus Phantasie und Realismus in diesem Stück ist typisch balinesisch – Lombok wurde von einer Dynastie regiert, die von den Rajas von Karangasem abstammte – und steht damit in deutlichem Kontrast zur stark abstrahierten Formgebung des islamisch beeinflußten Sumatra.

H. I. J.

Lit.: Jessup 1990, cat. 44, fig. 11.

187
Lanze *(tombak)*

Jakarta, Museum Nasional, Inv. Nr. 1658
Spitze: Gold, Eisen, Nickel-Einlagen *(pamor)*, Silber oder Zink;
Schaft: *timaha*-Holz
L. 277,6 cm, B. 5,7 cm (Schaft 3,3 cm)
Yogyakarta, Zentral-Java
17. Jh.

Diese Prunklanze – allein für zeremonielle Zurschaustellung, nicht für militärische Zwecke gedacht – stammt von Raden Tumenggung Merto Negoro, also aus herrschaftlichem Besitz, und ist damit Hinweis auf ihre Zugehörigkeit zu den *pusaka* (Insignien). Die exquisit gearbeitete Schlange, die die Klinge trägt, erinnert hier an den *naga*, der häufig auf königlichen Krisen vorkommt (vgl. Kat. 190). Die Einlegearbeiten in Gold sind typisch für die Schmiedekunst Zentral-Javas. Bevor die javanischen Fürstenhöfe durch die niederländischen Kolonialherren gegen Ende des 18. Jahrhunderts militärisch entmachtet wurden, waren die javanischen Herrscher durchaus in der Lage, Armeen zu rekrutieren und Kriege zu führen. So konnte zum Beispiel der relativ kleine Küstenstaat von Jepara unter König Yunus im Jahr 1513 mit einem Heer von fünftausend Soldaten einen Angriff auf Malakka an der Westküste des heutigen Malaysia führen. Die Sorge um Verluste an Menschenleben führte jedoch zu Überlegungen, wie man kräftesparend militärische Auseinandersetzungen führen könnte. Manchmal ließ man speziell ausgebildete Vorkämpfer als Stellvertreter der beiden feindlichen Parteien gegeneinander kämpfen. Diese Praktik konnte auch mit Thronfolgestreitigkeiten in Zusammenhang stehen, die mittels Waffengewalt ausgetragen wurden. So wurde Panembahan Seda-ing-Krapyak (1601–13) nach dem Tod von Sultan Panembalan Senopati von Mataram als Nachfolger eingesetzt, und sein jüngerer Bruder forderte einen jeden zum Duell heraus, der wagen würde, Krapyak das Recht auf den Thron streitig zu machen. Eine andere Möglichkeit, überflüssige Opfer an Menschenleben zu vermeiden und gleichzeitig militärische Präsenz zu demonstrieren, war die Etablierung eines Elite-Corps als Leibwache des Fürsten. Eines der frühesten Beispiele einer solchen Leibwache war die Elite-Truppe *Tamtama* des Sultans Trenggana (1521–46) von Demak. Anwärter für dieses Corps mußten übermenschliche Kräfte und magische Unverwundbarkeit nachweisen können.

Vor diesem Hintergrund gewinnen bestimmte *pusaka*-Waffen besondere Bedeutung. Vielen von ihnen – und hier besonders dem Kris – wurden magische Kräfte zugesprochen, und allein der Besitz einer solchen Waffe konnte einem Herrscher oder einem Elite-Soldaten den Anspruch auf seine Position sichern.

Es ist leicht nachzuvollziehen, wie einzelne Waffen von daher eine Bedeutung erlangen konnten, die weit über ihre reale Wirksamkeit hinausreichte und damit dazu beitrug, daß die Waffenschmiedekunst zu einem der höchstentwickelten Zweige des indonesischen Handwerks wurde.

H. I. J. / H. C.

Lit.: Jessup 1990, cat. 11, fig. 7.

◁ 188
Schild *(perisai)*

Jakarta, Museum Nasional, Inv. Nr. E315
Gold, Eisen
Dm. 46,5 cm, T. 9,3 cm
Banjarmasin, Kalimantan
19. Jh.

Dieser Schild war Teil der königlichen Insignien des Sultans von Banjarmasin, wo Goldschmiede vermutlich schon zur Zeit des Majapahit-Reiches (13. bis 15. Jh.) wirkten, war Kalimantan doch seit der Frühzeit Indonesiens als Herkunftsland für Gold bekannt. Raffiniert ist die Ausführung der ziselierten und getriebenen Partien, insbesondere im Bereich des alles bedeckenden Musters, das dem Rund entsprechend gestaltet wurde. Ein zentrales Lotus-Motiv bildet das Herz einer Sonne, die wellenartige Flammen in *tumpal*-Dreiecksform oder Kris-ähnlicher Form ausstrahlt. Den Flammen sind konzentrische Ringe mit kleinen Rauten unterlegt, die an Korbflechtarbeiten aus Kalimantan erinnern, während der äußere Ring Blätter-, Fächer- oder *gunungan*-ähnliche Formelemente enthält, die geschickt in einer fortlaufenden Schlangenlinie angeordnet sind. Wie bei vielen Arbeiten aus Kalimantan der Fall, sind die Techniken verschiedenen regionalen Traditionen entlehnt, die Einzelheiten – in diesem Fall die Anlehnung an Korbflechtarbeiten – deuten dennoch auf lokale Besonderheiten des Entstehungsgebietes. H. I. J.

Lit.: Jessup 1990, cat. 26, fig. 66.

189a, b
Kris-Halter und Kris

Jakarta, Museum Nasional, Inv. Nr. E1018, E1015
Holz, Farbe, Blattgold, Eisen, Gold, Rubine, Diamanten, Elfenbein
Halter: 125,8 × 30,7 × 52 cm, Kris: 53 × 17,5 cm
Lombok
19. Jh.

Obwohl sie als Skulpturen spektakulär sind und einst den Ehrenplatz des Herrschers in Bali und Lombok flankierten, wurden Kris-Halter nicht für die heiligsten Krise hergestellt, die vielmehr in *pusaka*-Truhen aufbewahrt und nur zu zeremoniellen Gelegenheiten entnommen wurden. Dargestellt ist hier der populäre Hanuman, der weiße General der Affen-Armee aus dem hinduistischen *Ramayana*-Epos.

Die beiden großen indischen Epen, das *Mahabharata* und das *Ramayana*, wurden spätestens seit dem 10. Jh. in Indonesien bekannt und prägen bis heute die Mythologie und Kunst Javas und Balis. In der bildenden Kunst wie auch in den Tanzdramen und den Wayang-Spielen sind die beiden Epen zwei wesentliche Quellen für die dargestellten Charaktere und Geschichten.

Das *Ramayana*-Epos berichtet von der Entführung und Befreiung Sitas, der Gemahlin des Königssohns Rama: Einst tyrannisierte der König der Dämonen Rawana, Herrscher von Sri Lanka, die Götter und Menschen. Doch die Götter konnten nichts gegen Rawana unternehmen, weil ihm versprochen worden war, daß er von keinem Gott besiegt werden könne. So beschloß die Versammlung der Götter, daß Wishnu menschliche Gestalt annehmen solle, um Rawana zu töten. Als Inkarnation Wishnus wächst Rama gemeinsam mit seinem Bruder Lakshmana auf und gewinnt die schöne Prinzessin Sita zur Frau, weil er als einziger Bewerber in der Lage ist, den Bogen ihres Vaters zu spannen. Aufgrund eines Nachfolgestreites um den Thron seines Vaters begibt sich Rama für 12 Jahre in die Verbannung. Seine Frau Sita und sein treuer Bruder Lakshmana begleiten ihn. Der Dämonen-König Rawana wird auf die Schönheit von Sita aufmerksam gemacht und begehrt sie. Er sendet einen Dämon in Gestalt eines goldenen Rehs zur Wohnstätte der drei im Inneren des Waldes. Rama und Lakshmana lassen sich, um das Reh zu jagen, fortlocken, und so hat Rawana Gelegenheit, Sita zu entführen und nach Sri Lanka zu verschleppen. Der Vogel Jatayu, der alles beobachtet hat, wird zwar von Rawana tödlich getroffen, kann aber den beiden Brüdern noch den Weg nach Sri Lanka weisen. Mit Hilfe des Heeres der Affen, deren Anführer Hanuman die feindliche Festung auskundschaftet, gelingt es Rama und Lakshmana nach schrecklichen Kämpfen, in den Palast von Rawana vorzudringen. Rama selbst ringt sechs Tage und Nächte mit Rawana, bevor er den Dämonen-König endlich töten und Sita befreien kann. Bevor Sita mit Rama heimkehrt, durchschreitet sie unbeschadet ein Opferfeuer und beweist damit, daß Rawana ihr nicht zu nahe getreten ist.

Hanumans goldgesäumter Lendenschurz sowie Halskette, Ohrgehänge *(sumping)*, Schulterstücke, Armreife und Fußspangen aus Gold zeigen seinen hohen Rang an. Der Kris, ebenfalls aus Lombok, besitzt ein *wrangka* (Futteral) in *gayaman*-Form (glatt, mangoförmig) und ist auf der Klinge mit den *pamor*-Motiven *tunggal kukus* (Wellenband) und *kembang pala* (Muskatnußblüte) geschmückt.
H. I. J. / H. C.

Lit.: Jessup 1990, cat. 66a + b, fig. 157.

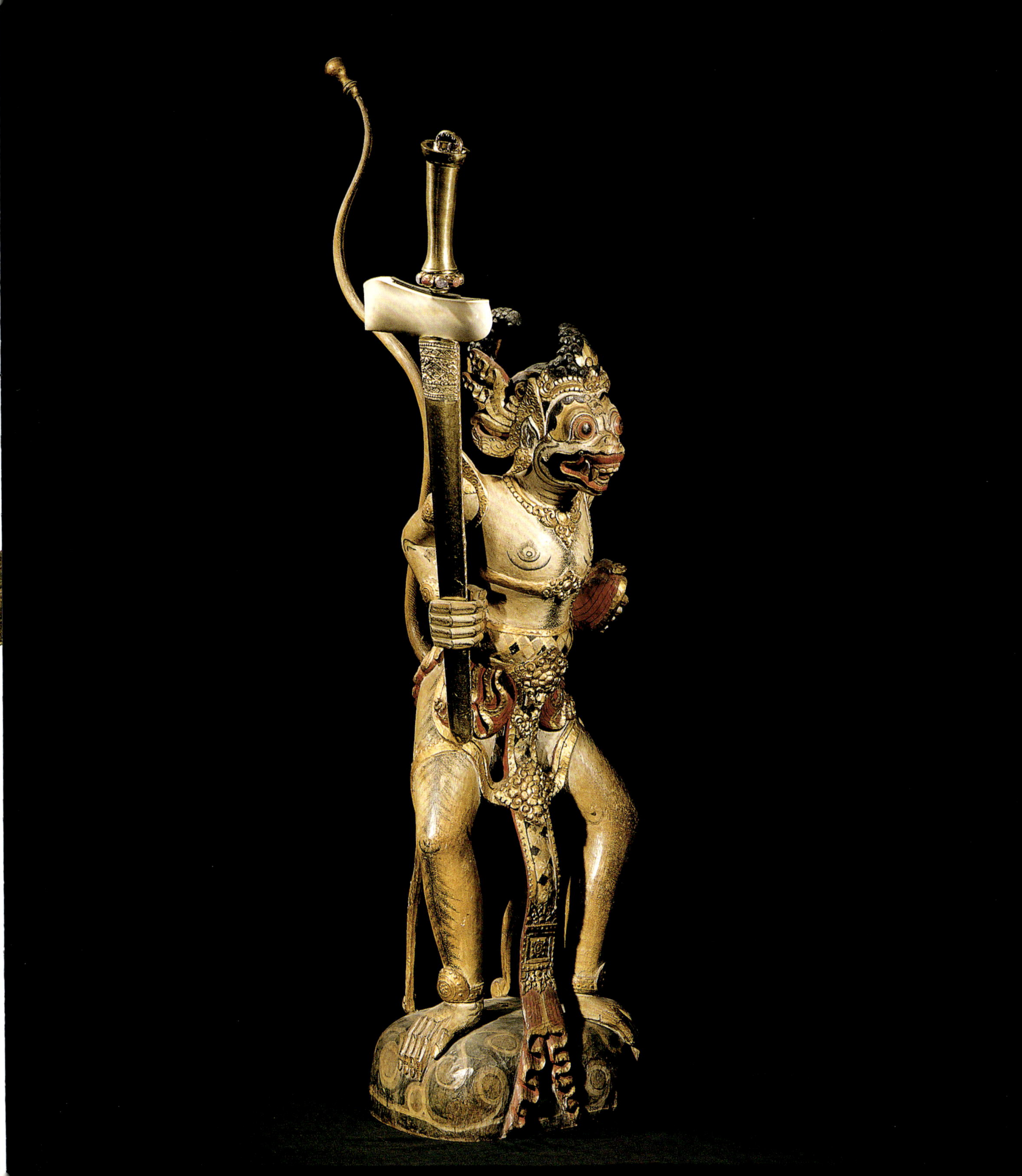

194

Krisgriff

Privatsammlung
Gold mit Edelsteineinlagen
H. 11,1 cm
Klungkung, Bali
18.–19. Jh.

Hier hat der Krisgriff die Gestalt des Windgottes Bayu in einer leicht zur Seite gebeugten Haltung. Sein linker Arm hängt an der Seite herab, seine Rechte umschließt eine *amerta*-Flasche mit dem Wasser der Unsterblichkeit vor der Brust. Darüber hinaus trägt er reichen Schmuck, der aufwendig mit Edelsteinen verziert ist, die umlaufend auch in den *selut*-Ring eingesetzt sind, auf dem der Gott steht. Die Klinge wie auch die dazugehörende Scheide sind heute verloren. J. P.

195
Skelett-Modell *(ukur)*

Jakarta, Museum Nasional, Inv. Nr. E1019
Gold
L. 136,7 cm, B. 30 cm, T. 1,5 cm
Lombok
19. Jh.

Ukur (auf hochbalinesisch *sukat*) sind Skelett-Modelle von Verstorbenen, die gewöhnlich aus *kepeng* – chinesischen Münzen – hergestellt wurden. Mit Baumwollfäden wurden die Münzen so zusammengesetzt, daß die exakten Körpermaße festgehalten wurden, um sicherzustellen, daß der Körper in seiner nächsten Reinkarnation korrekt rekonstruiert werden könne. Derartige Modelle wurden mit dem Körper während der Feuerbestattung verbrannt, was ihre ausdrückliche Bestimmung allerdings in Frage zu stellen scheint. In jedem Fall bildet dieser Zweck einen Widerspruch zum Prinzip der Verbrennung, einem Akt der Befreiung der Seele von ihrer irdischen Form, der es ihr ermöglichen soll, zu einer höheren Stufe des Seins aufzusteigen.
In vornehmen Familien wurden die *ukur* aus Goldplättchen mit getriebenen Mustern angefertigt und mit Draht zusammengebunden, wie auch in diesem Fall. Wirz zufolge waren sie auf einer Unterlage aus Bambusstöcken befestigt, ein Rahmen, der allerdings für dieses Stück nicht mehr existiert. Nach Aussage von Covarrubias wurden die goldenen Exemplare nicht zusammen mit dem Leichnam verbrannt, sondern als Erbstücke aufbewahrt und durch einen *kepeng*-Ersatz ausgetauscht, bevor der Begräbnisturm angezündet wurde. Das würde auch die Existenz dieses Exemplars erklären, das von Lombok stammt, einer Insel, auf der die balinesische Kultur eine große Rolle spielt. H. I. J.

Lit.: Wirz 1928, 28; Covarrubias 1937, 366 f., Jessup 1990, cat. 154, fig. 189.

196
Wayang kulit, Arjuna

Privatsammlung
Büffelleder, Holz (Haltestab), Büffelhorn (Führungsstäbe), Knochen (Gelenke)
H. 49,5 cm
Surakarta, Java
20. Jh.

Arjuna, der dritte Sohn Pandus, ist mehr noch als sein Bruder Yudishtira der Prototyp des feinen, edlen Helden. Er ist tapfer, hilfsbereit und von vollendeten Manieren, zeigt dabei jedoch auch Schwächen, vor allem dem weiblichen Geschlecht gegenüber. Da er außerdem keinem Kampf aus dem Wege geht, ist er eine der beliebtesten Figuren der *wayang*-Mythologie. Sein vollkommenes Äußeres in Verbindung mit seinem einnehmenden Wesen verfehlt vor allem seine Wirkung auf die Damenwelt nicht. Er hat den Gott Indra, den Herrn des Himmels und der himmlischen Nymphen, zum göttlichen Vater. So ist auch er der Held in zahlreichen amourösen Abenteuern. Zusammen mit seinem Vetter Kreshna gilt er aber auch als Inkarnation des Gottes Wishnu.
Im javanischen *wayang* existieren drei verschiedene Figuren von Arjuna mit ebenfalls verschiedenen Namen: als junger Mann heißt er Pamade, »der Mittlere (der fünf Pandawa)«. Arjuna nennt man ihn, als er später aus Trauer über das verlorene Reich Ngastina auf Gold- und Juwelenschmuck verzichtet. So zeigt ihn diese Figur. Als Einsiedler schließlich, mit wild über Rücken und Hüften wallendem Haar, wird er Mintaraga genannt. Zu diesen Versionen gibt es wie auch zu anderen häufig verwandten Figuren Varianten (»*wanda*«), die sich durch leicht geänderte Proportionen der Körperteile und durch Farben voneinander unterscheiden. Diese Figur stellt nach Auskunft des *dalang* Soetrisno aus Klaten das *wanda kinanti* dar. Dazu weiß die javanische Überlieferung, daß es um 1680 als Reaktion der *dalang* auf neue *wanda* des Hofes, deren Nachbildung und Gebrauch ihnen untersagt worden war, geschaffen wurde. Derselben Quelle nach haben die Höfe dieses *wanda* nicht in ihre Sätze aufgenommen.
Das Gesicht ist vom gleichen Typus wie das Yudishtiras (Kat. 211). Arjuna trägt den modischen Zopf »*supit urang*, Garnelenschwanz«. Er ist mit einer runden goldenen Spange am vorderen Zopf befestigt. Ein kleines goldenes Schmuckstück darin deutet sein Diadem an. Der Ohrschmuck ist – typisch für dieses *wanda* – nur aufgemalt, nicht eingestanzt (vgl. Kat. 216).
Als Prinzen und Herrscher weist ihn das rund nach hinten gebauschte Hüfttuch (*bokongan*, vgl. Kat. 211) mit Gürteltuch und Gürteltasche aus.
Der hölzerne Haltestab, dessen oberes Ende den Zopf verstärkt, weist keine Gebrauchsspuren auf und ist demnach neu angebracht worden. Nach der Qualität der Figur – man beachte die Musterung der Kleidung – dürfte der ursprüngliche Haltestab aus Büffelhorn bestanden haben. P. P.

Lit.: Hardjowirogo 1968, 140–143.

197
Wayang kulit, Ngamarta (Yudishtira)

Privatsammlung
Büffelleder, Büffelhorn (Haltestab), Holz (Führungsstäbe), Knochen
H. 37,5 cm, B. 17 cm
Provinz Gianyar, Bali
1. Hälfte 20. Jh.

Ngamarta ist der auf Bali übliche Name Yudishtiras. Die balinesiche Ausführung der Figur weicht ikonographisch jedoch von der javanischen (vgl. Kat. 211) ab. Sie ist eher dem javanischen Puntadewa, dem jugendlichen Yudishtira, vergleichbar. Beide tragen den runden fürstlichen *bokongan* (s. Kat. 196) als Gewand und vollständigen Schmuck. Der Haarknoten ist mit goldenen Blumen und einer Spange verziert, das Ohr mit Ohrpflock und einem länglichen Ornament geschmückt. Auf die Oberarmspange hat er verzichtet. Das entspricht seiner bescheidenen Gesinnung, die Rechtschaffenheit und Pflichterfüllung über Glanz und Ehren stellt.
Drei der Gelenkknöpfe sind aus Knochen, der vierte ist durch einen geknoteten Wollfaden, eine weniger aufwendige Verbindung, ersetzt. P. P.

198
Wayang kulit, Bima

Privatsammlung
Büffelleder, Holz (Haltestab), Führungstäbe fehlen, Knochen
H. 46 cm, B. 23 cm
Ubud, Provinz Gianyar, Bali
1. Hälfte 20. Jh.

Bima ist der zweite Sohn Pandus. Sein göttlicher Vater ist der Windgott Bayu. Über ihn hat er den Affenkrieger Hanuman des *Ramayana* zum Halbbruder. Diese Verwandtschaft machen ikonographische Besonderheiten der Figur sichtbar: Die Kralle an den Händen (*kuku pancanaka*, Skt. »die fünf Nägel«) und eine besondere Form der Oberarmspange werden nur von Bayu und seinen Söhnen getragen, während das schachbrettartig gemusterte Hüfttuch in seltenen Fällen auch bei anderen Figuren vorkommen kann (s. Kat. 214). Auch die Physiognomien von Bima und Bayu gleichen sich: eine starke Nase, das runde Auge und ein kräftiges Kinn. Entsprechend ist Bimas Körper athletischer gebaut als der seiner Brüder und anderer edler Prinzen. Er trägt einen nach vorn gebogenen Haarzopf (*gelung supit urang*, s. Kat. 196), in den ein großer Ohrschmuck mit drei goldenen Strahlen ausläuft. Im vorderen Zopf über der Stirn ist ein kleines Ornament, Andeutung eines Diadems, sichtbar. Statt einer Schnur trägt Bima eine Schlange um den Hals. Physiognomie und Körperbau weisen ihn als einen Haudegen aus; von der verfeinerten Etikette am Hof hält er nichts. Seine gefährlichste Waffe ist die Kralle. Ein Gegner, den er mit ihr geritzt hat, ist verloren. Bima ist schnell und schreckt in der Rage des Kampfes vor nichts zurück, läßt sich sogar dazu hinreißen, auf seinem besiegten Gegner zu tanzen. Dementsprechend ist seine Figur aus dickerem Leder gearbeitet als normalerweise die der edlen Krieger; die Durchbrechungen sind weniger fein und auf Strapazierbarkeit angelegt. So liegt die Qualität der Figur vor allem in der gekonnten Anlage ihrer Umrisse. P. P.

199
Wayang kulit, Drestajumna

Privatsammlung
Büffelleder, Büffelhorn (Haltestab), Holz (Führungsstäbe), Knochen
H. 41 cm (ohne Haltestab), B. 16,5 cm
Provinz Gianyar, Bali
1. Hälfte 20. Jh.

Drestajumna ist ein Schwager der Pandawa, die nach indischer Überlieferung mit seiner Schwester Draupadi verheiratet sind. So ergreift er im großen Krieg des *Bharatayuddha* die Partei seiner Schwäger; er überlebt, wird jedoch nach dem Sieg im Schlaf von einem Parteigänger der Korawa umgebracht.
Die Figur zeigt ihn in Kleidung und Physiognomie als edlen Prinzen. Man beachte in diesem Zusammenhang den kunstvoll gezwirbelten Schnurrbart und die glückbringende, fast bis zum Unterkiefer reichende Schläfenlocke. Von Feinheit zeugen auch seine schlanken Finger. Er trägt ein mit Edelsteinen besetztes Diadem, das tief in die Stirn gezogen ist. In den nach vorn gebundenen Haarzopf (vgl. Kat. 204) ist ein nach hinten schauender, einäugiger Garuda-Kopf gebunden. Ein goldener Ohrpflock mit rotem Ornament ragt mit den Rändern unter dem Haltestab hervor. Über das kurze, weiß gesäumte Jäckchen läuft eine Schnur. Sie ist mit einer Schnalle am Gürtel befestigt (vgl. Kat. 204). Doppelte Armspangen, Arm-

reife, einfache Fußreife sowie Fingerringe ergänzen seinen Schmuck. Drestajumna trägt das *bokongan* genannte Hüfttuch, das nur Fürsten und Prinzen zusteht. Unter dem großen Knoten verbirgt sich ein *kris*.
Der Haarknoten dieser sehr fein gearbeiteten und bemalten Figur ist durch die Beanspruchung beim Spiel an der schmalsten Stelle gerissen und mit feinem Draht geflickt. P. P.

Gesichtsschnitt der Figur, Arme und Hände entsprechen bis auf die fehlende Zeichnung des Bartes denen edler Krieger, sind jedoch kleiner. Die Augenform der Frauen wird also im *wayang* nicht wie in der Malerei von der der Männer unterschieden. P. P.

Lit.: Covarrubias 1937, 192.

200
Wayang kulit, Kunti

Privatsammlung
Büffelleder, Büffelhorn (Haltestab), Holz (Führungsstäbe), Knochen
H. 32 cm (ohne Haltestab), B. 12 cm
Provinz Gianyar, Bali
20. Jh.

Kunti ist Pandus erste Frau und Mutter seiner ältesten Söhne (Kat. 211). Sie stellt bereitwillig ihren Zauberspruch ihrer jüngeren Mitfrau Madrim zur Verfügung und macht es so Pandu möglich, zwei weitere Söhne zu bekommen. Während Madrim nach Pandus Tod den Scheiterhaufen ihres toten Gatten besteigt, widmet sich Kunti der Erziehung seiner fünf Söhne, der sog. Pandawa (Patronymikon von Pandu).
Auf ihre Mutter- und Witwenschaft deutet wohl die ungewöhnliche Darstellung dieser Figur, ungewöhnlich vor allem wegen des nackten Oberkörpers mit den vollen Brüsten, den man sonst nur von Frauen niederen Standes, Dämoninnen und Hexen gewohnt ist. Ihr fehlt ferner der übliche Ohrknopf. Eine achtförmige Durchbohrung des Ohrläppchens deutet darauf hin, daß sie ihn abgelegt hat. Auch der Kopfputz ist ungewöhnlich. Von der üppigen Schläfenlocke abgesehen, sind die Haare unter einem ausladenden, turbanartigen Kopfputz verborgen. Seine rot-grünen Stoffbahnen sind golden gesäumt und oben an beiden Enden in zwei Knoten aufgewölbt. In der Mitte steckt eine goldene Nadel mit einem Stein.
Bis auf ein Schmuckstück hinter dem Ohr *(sumping)* und ein breites Kollier ist sie schmucklos. Ihr »Rock«, ein in zwei Bahnen um die Hüften geschlungenes Tuch, ist farblich auf den Kopfputz abgestimmt, mit den auffälligen, goldgeränderten Blumen und dem breiten, rot-goldenen Saum jedoch anders gemustert. Er wird von einem Hüfttuch und einem goldenen Gürtel, dessen geknotete Enden bis zu den Unterschenkeln herabfallen, gehalten.

201
Wayang kulit, Siti Sundari

Privatsammlung
Büffelleder, Büffelhorn (Haltestab), Holz (Führungsstäbe), Knochen
H. 29,7 cm (ohne Haltestab), B. 12,3 cm
Provinz Gianyar, Bali
1. Hälfte 20. Jh.

Siti Sundari ist eine Tochter des Fürsten Kreshna, des Vetters und Verbündeten der Pandawa. Sie wird die erste Frau von Arjunas (Kat. 204, 196) Sohn Abimanyu.
Die Figur zeigt eine typische Prinzessin des balinesischen *wayang*. Dementsprechend ist sie kleiner als die edlen Helden, denen sie im Gesichtsschnitt gleicht. Man beachte die Zeichnung von Auge und Unterlippe sowie die sorgfältige Ausarbeitung der Zähne.
Siti Sundaris üppige Haarfülle quillt unter einem Diadem mit fein ziseliertem Goldreif hervor und hängt in Locken bis über die Hüften herab. Am Hinterkopf fällt ein großer rückwärtsschauender Garuda auf; sein rotes Auge und der zahnbesetzte Oberkiefer sind gut zu erkennen, während die untere Hälfte des Schnabels unter der geschwungenen Zunge nur angedeutet ist. Ein Ohrschmuck läuft nach hinten in den Locken aus. Eine goldene Schnur, in die Juwelen gefaßt sind, hängt vom Hals bis unter den Leib herab und steigt dann bis zum Rand des Brusttuchs empor, unter dem sie mit einer ebenfalls besetzten Spange befestigt ist. Diese Spange verdeckt etwas die schlanke Taille der Prinzessin.
Unter einem rot-golden gehaltenen *dodot* (s. Kat. 212) mit reichem, ausgestelltem Faltenwurf schaut ein geblümter Stoff hervor, dessen Saum ein flaches *tumpal*-Motiv aufweist. P. P.

197

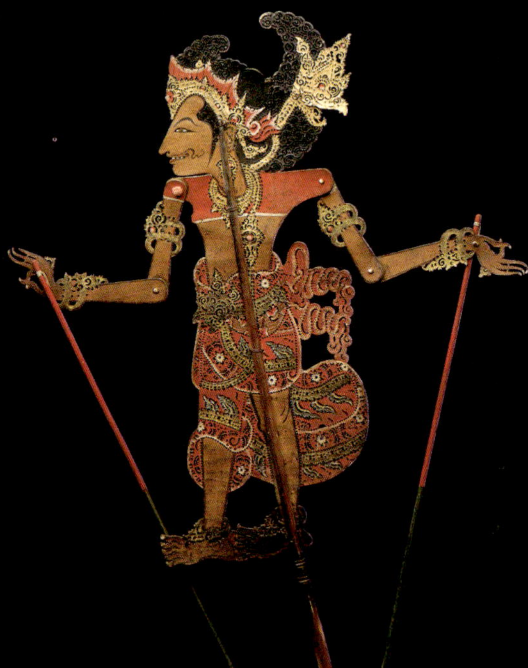

199

198

200

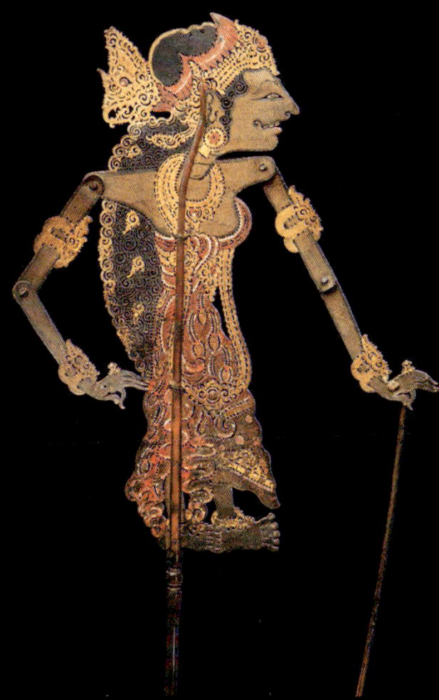

201

202
Pohon kepuh, Hexenbaum

Privatsammlung
Büffelleder, Büffelhorn
H. 50 cm (ohne Haltestab), B. 41 cm
Provinz Gianyar, Bali
20. Jh.

Der *kepuh* genannte Baum *(Bombax malabarium)*, ein wilder Kapok-Baum, wird auf Bali auf Friedhöfen angepflanzt. Auf diesen Ort weist die links an den Stamm gelehnte Bahre. Ein irdener Krug für geweihtes Wasser sowie ein Brenner für Weihrauch sind nach einer Zeremonie neben ihr liegengeblieben, ebenso wie rechts inmitten gebleichter Schädel eine Schale für Opfergaben. Ihr Fuß wird teilweise von einem Hund verdeckt, der sich an einem Leichnam gütlich tut. Die Krone wird von allerlei Tieren, Hexen und dämonischen Wesen bevölkert. Ins Auge springt eine hermaphroditische Hexe mit Flammenhaar, mit gespreizten Beinen in der Krone stehend. Die Augen sind – ein ikonographisches Merkmal der Hexen – weit aufgerissen, und der Mund zeigt die übergroßen Eckzähne, Sitz böser dämonischer Kräfte, weshalb die Balinesen darauf bedacht sind, sie vor ihrer Hochzeit in einer aufwendigen Zeremonie abzufeilen. Die Hexe hält an einer Kette einen großen Krug. Eine Kollegin mit dunkler Haut und Pockennarben hat ihr anderes Ende ergriffen.

Andere dämonische Wesen haben sich an diesem Ort eingefunden. Ein Flammenkopf schwebt durch die Äste. Außer den obligatorischen Hauern trägt er im Oberkiefer einen großen Schneidezahn. Neben dem angewinkelten Fuß der oberen Hexe hängt über einem Ast ein Dämon, nur aus einem Arm und einer Hand bestehend. Sein Schultergelenk läuft in einen Kopf mit Flammenhaar aus. Ein Pendant zu ihm bildet ein Bein, das am Haupt des Leichnams unter dem Baum steht; Mund und Auge im Oberschenkel weisen es als übernatürliches Wesen aus. Ihnen ist wohl auch der weiße Kopf mit dem aufgerissenen Mund und dem langen scharfen Zahn zuzurechnen.

Tiere, insbesondere Vögel (Krähen, eine Eule und ein Reiher), Schlangen, aber auch ein fliegender Hund bevölkern den Baum. Im balinesischen Leben spielt die Furcht vor schwarzer Magie eine nicht unbedeutende Rolle. Um nicht ihr Opfer zu werden, hat man zahlreiche Vorsichtsmaßnahmen zu beachten. Vor allem hinter Seuchen und rätselhaften Todesfällen kann Hexerei stehen. In diesem Falle kann ein Exorzismus mit Hilfe eines *wayang* Abhilfe schaffen. Man sucht dann einen Schattenspieler, der sich stark genug fühlt, das Drama Calonarang aufzuführen. Es erzählt von der gleichnamigen Witwe, die zur Zeit des Königs Airlangga (11. Jh.) lebte. Sie stand in einem so üblen Ruf, daß sich niemand traute, ihre Tochter zu heiraten. Aus Rache beschwor sie auf Friedhöfen magische Kräfte und brachte so eine schwere Epidemie über das Land. Das *wayang*-Stück mit ihrem Namen zeigt ihre Überwindung durch den Weisen Barada und ihre Entsühnung. Eine Aufführung ist sowohl vom Schattenspieler gefürchtet, weil ihn die Gegenwehr der Hexen bedroht, als auch von den Hexen, weil er während der Aufführung die hexenden Schülerinnen der Calonarang nicht mehr mit ihren mythologischen Namen benennt, sondern mit Namen der Dorfbewohner. So ist ein Dorf oft noch lange nach einer Aufführung zerstritten. P. P.

203
Wayang kulit, Garuda

Privatsammlung
Büffelleder, Holz
H. 48 cm (ohne Haltestab), B. 28,5 cm
Provinz Gianyar, Bali
20. Jh.

Der Vogel Garuda ist in der Frühzeit der Welt, als die Götter und Dämonen gemeinsam den Milchozean quirlten, um den Unsterblichkeitstrank des *amerta* zu gewinnen, aus einem magischen Ei geschlüpft. Obwohl stärker als die Götter, stellt er sich Wishnu als Reittier zur Verfügung.

Die Figur zeigt den Kopf des Vogels im Halbprofil mit zwei runden Augen, wie sie im balinesischen *wayang* für Tiere und Dämonen typisch sind (vgl. Kat. 220). Der aufgerissene Schnabel läßt Zunge und den roten Kiefer mit den Zähnen, vor allem den beiden Hauern, sehen. Die Schnabelspitzen sind vergoldet. Sein Körper ist anthropomorph, nur die Füße mit den scharfen Krallen und dem Dorn deuten wieder auf den Vogel. Umrahmt wird der Körper von den Flügelfedern; die Schwanzfedern ragen über den Kopf.

Er trägt ein Diadem mit einem großen Juwel über der Stirn. Durch die einfache Frisur ist ein Goldband geschlungen. Um den Hals läuft eine goldene Schnur, die unter der linken Hand endet. Er trägt eine kurze, goldgesäumte Hose und ein Hüfttuch, das zwischen den Beinen in einer schönen Falte herabhängt. Oberarmspangen und Armreife sind doppelt, Fußreife einfach, jeweils mit einem kleinen Blattornament verziert. Rätselhaft ist das rautenförmige Ornament mit der quadratischen Musterung auf dem Körper und im Gesicht.

In der Rechten trägt er ein herzförmiges Gefäß mit dem *amerta*. Der Nektar war zeitweilig in seinem Besitz und diente ihm dazu, seine Mutter aus der Knechtschaft freizukaufen.

P. P.

204
Wayang kulit, Arjuna

Privatsammlung
Büffelleder, Büffelhorn, Knochen
H. 40,5 cm, B. 14,5 cm
Provinz Gianyar, Bali
1. Hälfte 20. Jh.

Arjuna ist der Prototyp des feinen, edlen Helden. Ihm fliegen die Herzen der Frauen zu, und dementsprechend ist die Zahl seiner amourösen Abenteuer. Die zeigen Schattenspieler gern, wenn sie den weiblichen Teil des Publikums beeindrucken wollen. Doch Arjuna ist auch ein großer Krieger und läßt sich gern in Kämpfe verwickeln. Beide Aspekte zeigt die ausgestellte Figur: Seine höfische Eleganz kommt in den fein gearbeiteten Durchbrechungen zum Ausdruck. So hat die Figur unter den Kämpfen ihres Helden stark zu leiden und muß verhältnismäßig schnell ersetzt werden. Doch vorher versucht man ihre Lebensdauer durch Reparaturen zu verlängern. So ist die ausgestellte Figur an verschiedenen, stark beanspruchten Stellen mit rotem Faden (hinterer Oberarm) und Bast (Kinn, Haarknoten) repariert. Außerdem verstärkt ein nachträglich eingezogener Steg aus Horn den Haarknoten.
Arjuna hat das typische Gesicht des edlen Kriegers mit schmalem Auge, gerader Nase, leicht geöffnetem Mund und schmalem Kinn. Er trägt einen kleineren Zopf als sein Bruder Bima, den modischen »Garnelenzopf, *gelung supit urang*«, in den der Ohrschmuck ausläuft. Eine goldene Schnur fällt vom Hals über die Brust, wo ein Juwel eingearbeitet ist, herab und läuft in einem Bogen bis zum Gürtel, wo sie mit einer Spange (s. Kat. 199) befestigt ist. Seinen Rang als Königssohn bezeugen das Diadem, als Dreieck im vorderen Zopf über der Stirn sichtbar, und das üppig gemusterte, nach hinten drapierte Hüfttuch *(bokongan)*. Es wird von einem roten Gürteltuch *(sabuk)* gehalten. Unter seinem hinteren Knoten verbirgt sich sein *kris*.
Arjuna trägt üppige Oberarmspangen. Der Reif um sein Handgelenk gleicht dem seines Bruders Bima, eine ikonographische Besonderheit Balis. Auf Java ist dieses Modell Bayu und seinen Söhnen vorbehalten. P. P.

205
Wayang kulit, Batara Narada

Privatsammlung
Büffelleder, Büffelhorn
H. 44 cm (ohne Haltestab), B. 16,5 cm
Provinz Gianyar, Bali
20. Jh.

Batara (Gott) Narada ist der Götterbote. Sein Gesicht ist auf Bali vom Typ der edlen Krieger, jedoch mit stärkerer Nase und Kinn (vgl. Bima, Kat. 198). Ein kleiner Kinnbart dient gleichzeitig der Verstärkung der Figur, indem er Kinn und Schulter miteinander verbindet. Auffällig ist die weit ausladende turbanartige Kopfbedeckung. Sie ist typisch für Götter und Geistliche. Ein goldenes Band mit zwei Juwelen hält sie zusammen. Sie wird unten von einem Diadem mit einem weiteren großen Juwel über der Stirn gesäumt. Es läuft in einen goldenen Ohrschmuck aus. Als hohen Geistlichen weist ihn ferner seine lange gemusterte Jacke aus (vgl. Kat. 214). Sie steht vorn etwas offen und läßt über der Hose ein Stück Bauch – grün wie Gesicht und Körper – sehen. Über die Schulter ist ein Tuch *(slendang)* geworfen, das auf dem Rücken in Falten herabhängt, auch das ein Attribut eines Geistlichen. Bei Figuren dieses Typs ist nur der vordere Arm – er hat den Führungsstab verloren – beweglich. P. P.

206
Wayang kulit, Tualen

Privatsammlung
Büffelleder, Büffelhorn (Haltestab), Holz (Führungsstäbe), Knochen
H. 41 cm (ohne Haltestab), B. 16,5 cm
Provinz Gianyar, Bali
1. Hälfte 20. Jh.

Tualen ist einer der vier *penasar*. Das sind Diener der adligen Helden, vergleichbar den javanischen *panakawan*. Je zwei stehen auf seiten der guten und der schlechten Partei. Im balinesischen *wayang* erfüllen sie über ihre Clownerien und verbalen Späße hinaus eine sehr wichtige Funktion. Da die Gespräche ihrer Herren auf Altjavanisch geführt werden, was nicht jeder Zuschauer versteht, haben sie deren Inhalt auf Balinesisch zu referieren. Das geschieht natürlich nicht ohne witzige Kommentare, komische Mißverständnisse und satirische Seitenhiebe auf aktuelle Ereignisse. So werden ihre Figuren in jedem Stück ausgiebig eingesetzt. Dementsprechend

207

205

206

204

sind sie aus dickem Leder gestanzt und stabil gebaut. Die Kunst ihrer Gestaltung liegt nicht im feinen Ausarbeiten ornamentaler Details, sondern im Entwurf ihrer Silhouette. Wenn die gut gelungen ist, können die *penasar* vor dem von einer flackernden Lampe erleuchteten Schirm sehr ausdrucksvoll und lebendig wirken.
Tualens Gestalt ist gedrungen und dick. Ein ansehnlicher Bauch wölbt sich unter einer dicken Brust hervor, das Gesäß ist ausladend, die Beine sind kurz und stämmig. Beide Arme sind an derselben Achse hinten im Nacken angesetzt, so daß der Körper gänzlich im Profil erscheint. Der mächtige Kopf sitzt ohne Hals direkt auf dem Körper. Sein Profil ist vom extrem langen Abstand zwischen der kurzen Nase und der Oberlippe geprägt. Sein halbkreisförmiger Augapfel hängt unter dem gerade durchgezogenen Lid. Charakteristisch für Tualen ist ferner der Haarschopf, der in die kurze, gewölbte Stirn springt. Ein zweiter auf dem Schädel ist mit einem breiten, gemusterten und goldgesäumten Band hochgebunden. Ohrschmuck, Armreife und Fingerringe sind sein einziger Schmuck. Ein schmaler, schachbrettartig gemusterter Lendenschurz fällt in längeren Falten herab.
Tualens Unterkiefer ist wie der aller *penasar* beweglich. Während der Schattenspieler die Figur am Haltestab hält, kann er ihn mit dem Daumen an einer Schnur herabziehen. Eine »Feder« aus Büffelhorn bringt ihn wieder in die Ausgangsposition. So können die langen Reden, welche die *penasar* aufgrund ihrer Übersetzerrolle führen müssen, durch Bewegung aufgelockert werden. Es ist erstaunlich, wie durch diese Vorrichtung in der Hand geschickter *dalang* der Gesichtsausdruck der Figur wechseln kann. P. P.

207
Wayang kulit, Merdah

Privatsammlung
Büffelleder, Büffelhorn (Haltestab), Holz (Führungsstäbe), Knochen
H. 29,8 cm (ohne Haltestab), B. 15,5 cm
Provinz Gianyar, Bali
1. Hälfte 20. Jh.

Merdah ist als Diener der guten Seite Tualens Kollege. Er ist kleiner als sein Gefährte, gleicht ihm aber sonst in vielen Zügen wie Haartracht, Augenform, dem dicken Körper und den stämmigen kurzen Beinen. Trotzdem ist er nicht mit Tualen zu verwechseln, denn eine dicke, knollenförmige Nase fast direkt über der Oberlippe verleiht ihm seine unverwechselbare Physiognomie. Wie bei Tualen ist der kleine Hornstab, der dem Zurückschnellen des Mundes dient, so über dem Auge angebracht, daß er beim Herunterziehen des Kiefers auf dem Spielschirm ein Senken des Augenlids suggeriert.
Die Figur ist trotz ihrer gedrungenen Gestalt aus strapazierfähigem Leder geschnitten. Dennoch ist die vordere Falte des Hüfttuchs abgebrochen. P. P.

208
Wayang kulit, Sugriwa

Privatsammlung
Büffelleder, Büffelhorn (Haltestab), Holz (Führungsstäbe), Knochen
H. 49 cm (ohne Haltestab), B. 20 cm
Süd-Bali
20. Jh.

Sugriwa ist ein Affenkönig. Er hilft mit seinem Heer Rama, die geraubte Sita zurückzugewinnen.
Als Affen weisen ihn physiognomische und körperliche Besonderheiten aus, während er die gleiche Kleidung wie menschliche Herrscher trägt.
Affen werden wie manche Dämonen im Halbprofil mit zwei runden Augen dargestellt. Typisch sind die kurze, unmittelbar unter dem Auge ansetzende Nase und der Wulst zwischen Nase und Oberlippe. Das Maul mit den langen Eckzähnen steht offen und zeigt das rote Fleisch der Kiefer. Unübersehbar ist der Schwanz; mit Ringen und an der Spitze mit einem Juwel geschmückt, wird er von einer goldenen Spange über dem Kopf gehalten. Ein weiteres Charakteristikum der Affen ist die reiche Körperbehaarung, durch feine Pinselstriche am Körper, vor allem an Hals und Brust, und den Extremitäten angedeutet. Dazu kommen der Bart um das Maul und die ausgeprägten buschigen Augenbrauen. Während die Hände menschlichen gleichen, sind die Füße mit den langen Zehen und Krallen unverkennbar die eines Affen. Auch das Ohr ist einem aufgestellten tierischen nachgebildet.
Als König trägt er ein Diadem mit Stirnjuwel in Verbindung mit einem *prabha* (s. Kat. 212). Davon hebt sich als Kopfzierat ein dunkler, zweiäugiger Garuda-Kopf ab. Ein weiterer, jedoch einäugiger, befestigt seine Schnur am Gürtel; ihr anderes Ende ist um den Hals geschlungen. Weitgehend vom Führungsstab verdeckt, kreuzt sie

die Träger des *prabha* mit einer juwelenverzierten Schnalle.
Das reich und sehr sorgfältig ornamentierte Hüfttuch (*dodot*, s. Kat. 212) – man beachte die abweichende Musterung des Saumes – bedeckt das vordere Bein und ist hinten über den Schwanz geschwungen. Doppelte Oberarmspangen und Armreife sowie einfache Ringe an den Enkeln vervollständigen den Schmuck. P. P.

209
Wayang kulit, Kayonan

Leiden, Rijksmuseum voor Volkenkunde, 4281-125
Büffelleder, der Haltestab aus Büffelhorn oder Holz fehlt
H. 52 cm
Bali
um 1900

Wie der balinesische Begriff *kayonan* dem javanischen *kayon* entspricht, so auch der Gebrauch des Requisits. Im Gegensatz zum javanischen ist der *kayonan* auf beiden Seiten polychrom bemalt. Der fehlende Haltestab ist, wie Durchbohrungen zeigen, am Stamm des Baumes entlanggeführt worden. Er entspringt einem goldgefaßten und blau geflügelten roten, fast kreisförmigen Oval, dem Gefäß mit dem Unsterblichkeitstrank *amerta*. Die Deutung der senkrechten Stege, die den Baum mit dem unteren Ende des *kayonan* verbinden, ist unklar. Das zentrale rote und die flankierenden blauen Ornamente der Basis können eine Darstellung des Weltberges mit zweien seiner flankierenden Stützberge sein.
Die unteren Äste tragen goldene Blätter, aus denen Flammen lodern. Im Gegensatz zum javanischen *kayon* ist das sehr ornamental gestaltete Gezweig des *kayonan* nicht von Tieren bewohnt. Dagegen hängen in der Nähe des Stammes grüne Früchte von den Zweigen. Der Stamm endet in einem kleinen roten Punkt, vergleichbar dem Juwel, das die Kronen und Mützen von Königen und Priestern ziert. Die Variationsbreite der *kayonan* zeigt eindrucksvoll die Tafel bei F. Wagner, 131. P. P.

Lit.: Wagner 1959; Bosch 1948.

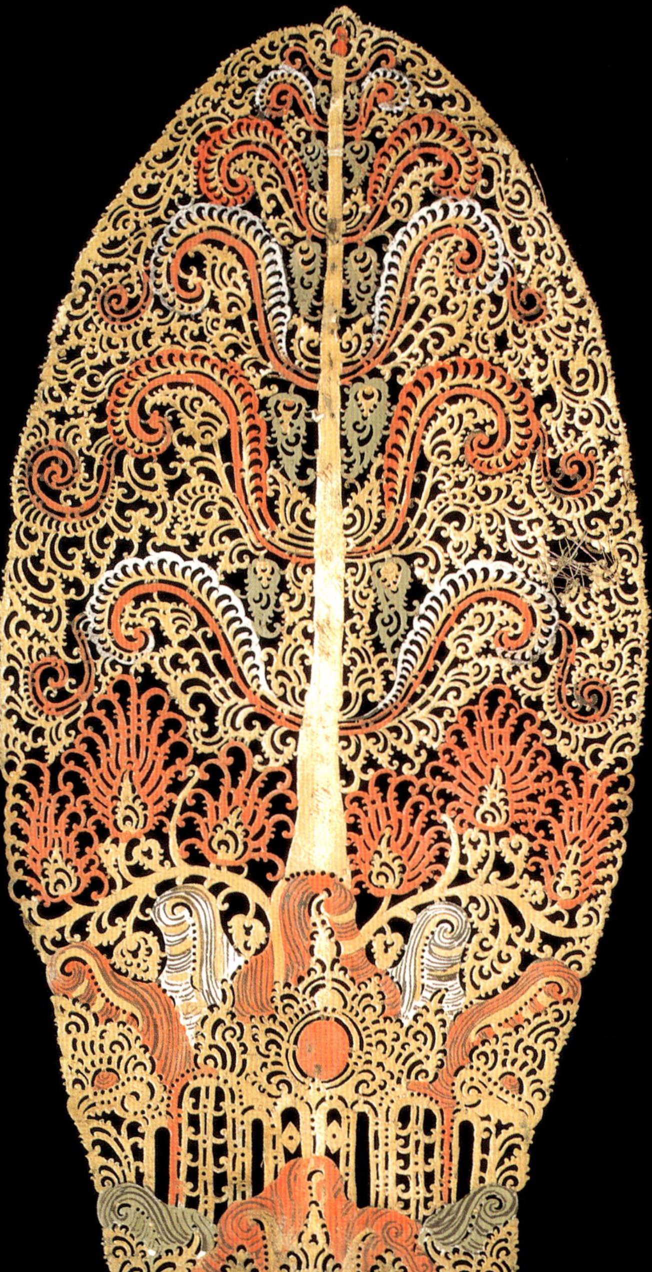

210
Gunungan oder *kayon*

Leiden, Rijksmuseum voor Volkenkunde, 37-897
Büffelleder, der Haltestab fehlt
H. 82,5 cm
Surakarta, Java
2. Hälfte 19. Jh.

Dieses Requisit, über dessen ursprüngliche Bedeutung in der Literatur viel gerätselt worden ist, existiert in verschiedenen Varianten und hat im *wayang* mehrere Funktionen. Vor der Aufführung steckt es in der Mitte des Schirms. Zieht es der Schattenspieler aus dem Bananenstamm und murmelt eine kurze Formel darüber, weiß das Publikum, daß das *wayang* beginnt. Während der Aufführung kann es einen Szenenwechsel oder eine Pause andeuten; es kann die Elemente wie Wind oder Feuer, aber auch Berge oder Hindernisse symbolisieren. So ist seine Rückseite feuerrot oder blau. Nehmen Helden eine andere Gestalt an, dann werden sie von ihm verdeckt und kommen in ihrer neuen Gestalt unter ihm hervor. Seine Bezeichnungen *gunungan* und *kayon* lassen sich auf sein Äußeres beziehen, legen aber auch eine symbolische Ausdeutung nahe. *Gunungan* – von *gunung*, »Berg«, abgeleitet – kann auf den Weltberg *Meru* verweisen; ihn haben die Götter nach javanischer Mythologie von Indien nach Java gebracht. Ebenso kann man bei *kayon*, das von *kayu*, »Baum«, abgeleitet ist, an die Form eines Blattes oder einer Baumkrone, die auf dem Stamm des Haltestabes steht, denken und ihn als Repräsentanten des Wunschbaumes verstehen.

Ein Tempel mit verschlossenen Türen wird von zwei *buta* (dämonischen Wesen) mit Schild und Keule namens Kala und Anukala bewacht. Er symbolisiert wohl die uneinnehmbare Burg, die das *amerta*, den Unsterblichkeitstrank, birgt. Die Flanken des Daches werden von zwei *naga*-Drachen mit flammendem Haar beschirmt. Ihre Schlangenkörper laufen in leichter Kurve zum Rand des *gunungan* und dann an ihm empor bis zur Spitze. Aus dem Tempel erhebt sich ein Baum. Seine Zweige sind von verschiedenen Tieren bevölkert. Am Stamm fällt ein einäugiger *kala-banaspati*-Kopf mit hervorstehenden Hauern und breiter Zunge (für den Javaner ein Symbol für die Gefahren des Lebens) über einem Schlangenkörper auf. Über dem Dach gehen ein Tiger und ein Büffel aufeinander los. Kämpfe zwischen den beiden Tieren wurden zu bestimmten Gelegenheiten an den Höfen veranstaltet. Tiger und Büffelstier deuten wohl auf den Antagonismus der beiden Parteien im *wayang* hin. Dabei symbolisiert der Stier die gute, javanische Seite; er steht häufig auf der Fahne des Tableaus, das die marschierende Armee zeigt. Es ist in diesem Zusammenhang nicht ohne Reiz zu wissen, daß in den ersten Zeiten ihres Kontakts bei derartigen Gelegenheiten die Niederländer auf den Tiger, die Javaner auf den Büffelstier wetteten; im allgemeinen gewannen die Javaner.

Ein Schattenspieler besitzt mindestens zwei unterschiedliche *kayon*, von denen einer als männlich und der andere als weiblich gilt. P. P.

Lit.: Bosch 1948.

ist hinten ein *garuda mungkur*, ein »nach hinten schauender Garuda« eingebunden. Die Spitze seines Oberkiefers berührt ein nicht selten als Flügel mißdeutetes Schmuckstück. Es heißt »*prabha*, Glanz« und wird auf dem Rücken getragen. Auch javanische Fürsten haben dieses *prabha* zu großen feierlichen Audienzen noch angelegt. Es ist mit Trägern an den Schultern befestigt und kreuzt die Schnur, die vom Hals herabläuft, in einer juwelenbesetzten Spange. Die Schnur selbst ist mit einer kleinen Spange, die vorn als kleiner, einäugiger *naga*-Kopf erkennbar ist, am Gürteltuch befestigt. *Prabha* und der Typ der Kleidung weisen ihn als Herrscher aus. Unter einem großen, kunstvoll drapierten Tuch *(dodot)*, das in mehreren Falten herabhängt, trägt er zwei Hosen, eine, die bis zu den Knien, und eine weitere, die bis zu den Knöcheln reicht. Rot-gelb gemustert hebt sich eine schmale Schärpe vom *dodot* ab. Unter ihr kommen vier goldene Streifen *(uncal kencana)*, am besten erkennbar der in der Mitte des vorderen Beins, hervor. Sie hängen an einem Schamschild, der über dem Winkel der Schärpe vor dem Unterleib sichtbar ist. Reife an Ober- und Unterarm sowie an Enkeln vervollständigen den Schmuck. P. P.

Lit.: Hardjowirogo 1968, 136, 204–5; Mellema 1954, 15–17.

213
Wayang kulit, Durmagati

Leiden, Rijksmuseum voor Volkenkunde, 37-822
Büffelleder, Büffelhorn
H. 50 cm
Surakarta, Java
2. Hälfte 19. Jh.

Durmagati ist ein prominenter Vertreter der Hundert Korawa. Sie haben sich unrechtmäßig in den Besitz des Reiches von Ngastina gebracht und versuchen den rechtmäßigen Besitzern, ihren Vettern, den fünf Pandawa, auf alle möglichen Arten zu schaden und sie aus der Welt zu schaffen. Auf Java gelten sie auch als Verkörperungen von Lastern und schlechten Eigenschaften. Dieser Vorstellung entspricht die Figur von Durmagati. Sein Auge ist weiter aufgerissen als das von Jayadrata (Kat. 212) und zeigt das Weiß des Augapfels. Der Mund läßt im Oberkiefer das Zahnfleisch sehen. Dazu kommt eine breite, wie der »Steven einer Prau« hervorstehende Nase.

Durmagati trägt ein einfaches Diadem, das jedoch protziger ist als das von Yudishtira und Arjuna. Den Ohrschmuck dominiert eine große Blume über der Ohrmuschel.
Seinen kurzen gedrungenen Körper hat Durmagati in prächtige Kleidung gehüllt und zeigt damit eine den Korawa eigene Vorliebe für Prunk. Auffällig ist die gestreifte Jacke mit dem Rüschenkragen. Die fein gemusterte weiße Hose kontrastiert reizvoll mit dem roten *dodot* (vgl. Kat. 212), trotz aller Pracht jedoch einfacher als der von Jayadrata, denn Durmagati ist kein Fürst.
P. P.

Lit.: Hardjowirogo 1968, 213.

214
Wayang kulit, Kapiwara (Hanuman als Einsiedler)

Leiden, Rijksmuseum voor Volkenkunde, 37-824
Büffelleder, Büffelhorn
H. 48 cm
Surakarta, Java
2. Hälfte 19. Jh.

Der Affenkrieger Hanuman, der Rama entscheidend bei der Rückgewinnung seiner geraubten Gemahlin Sinta (Sita) hilft, ist eine der beliebtesten mythologischen Gestalten in Südostasien. Auch die Javaner kennen die Überlieferung, daß er noch zur Zeit des *Mahabharata* als Einsiedler gelebt und den Pandawa in schwierigen Situationen mit seinem Rat geholfen hat.
Als Geistlichen charakterisieren ihn seine turbanartige Kopfbedeckung, der lange, *jubah* genannte Mantel und das über die Schulter gelegte Tuch *(slendang)*. Darunter trägt er eine kurze Hose. Das Gesicht mit der platten Nase und der wulstigen Oberlippe ist typisch für Affen. Seinen Schwanz hat er mit Ringen geschmückt. Ein besonderes Kennzeichen für Hanuman sind die langen Krallen an den Händen. Sie sind ein Merkmal, das ihn mit seinem Adoptivvater, dem Windgott Bayu, und dessen Söhnen (s. Kat. 198, Bima) verbindet. Nur ein Arm ist beweglich. Mit dem anderen stützt er sich auf einen Stab mit einem Dreizack *(trishula)* und erweckt so in seiner gebeugten Haltung den Eindruck eines alten Mannes. P. P.

215

216

217

215
Wayang kulit, Limbuk

Leiden, Rijksmuseum voor Volkenkunde, 37-851
Büffelleder, Büffelhorn
H. 45 cm
Surakarta, Java
2. Hälfte 19. Jh.

Limbuk ist eine Dienerin im Palast des Herrschers, der zu Beginn des ersten Aktes eines Stückes gezeigt wird. Wenn sich der Herrscher nach der Audienz in den Palast zurückgezogen hat und von seinen Frauen begrüßt worden ist, unterbricht eine erste komische Szene die sehr förmlichen Dialoge und Beschreibungen. Jetzt tritt Limbuk mit ihrer Mutter Cangik auf. Sie unterhalten sich darüber, daß es für Limbuk an der Zeit ist, sich nach einem Mann umzusehen. Die Komik dieser Szene liegt nicht nur in dem Anachronismus, daß Limbuk als Mädchen unserer Zeit gezeigt wird, sondern auch in der Figur Limbuks selbst. Sie ist alles andere als ein begehrenswertes junges Mädchen.
Als Dienerin am Hofe trägt Limbuk einen schön gemusterten *dodot*, vergleichbar dem einer Prinzessin, jedoch bis auf Ohrpflock und Armreif keinen weiteren Schmuck. P. P.

216
Wayang kulit, Semar

Leiden, Rijksmuseum voor Volkenkunde, 37-725
Büffelleder, Büffelhorn
H. 46,5 cm
Surakarta, Java
2. Hälfte 19. Jh.

Zu den beliebtesten und gleichzeitig rätselhaftesten Gestalten des *wayang* zählt der Diener Semar. Er ist als Sohn des Gottes Sang Hyang Tunggal, der im Schattenspiel nicht gezeigt wird, ein Bruder des im *wayang* obersten Gottes Guru oder Betara Manikmaya. Als der Ältere ist er mächtiger als sein jüngster Bruder. Obwohl er als Gott mit dem Namen Betara Ismaya einen eigenen Himmel, eine göttliche Gemahlin und göttliche Kinder hat, lebt er in häßlicher Gestalt auf Erden als Diener adliger Herren, die Inkarnationen von Göttern sind. Er ist ihr Beschützer und kann, wenn ihnen Unrecht widerfahren ist, im Himmel sehr nachdrücklich für sie eintreten, indem er seine gefürchtete Waffe auf die Götter losläßt, nämlich seine gewaltigen Blähungen. Er wird von seinen irdischen Kindern begleitet, die er durch Yoga erzeugt hat (vgl. Kat. 218, Nalagareng). Ihre Funktion in den Stücken ist die von Spaßmachern. Wie sie als Diener vieler Generationen von Herren außerhalb der Zeit stehen, so auch als Spaßmacher. Anspielungen auf aktuelle Tagesereignisse werden von ihnen erwartet und nicht als Stilbruch empfunden.
Die Figur zeigt einen dicken alten Mann mit ungeheurem Bauch und Gesäß, darunter ein Paar kurzer dicker Beine. Sein Gesicht erscheint nicht ganz im Profil: Hinter seiner dicken Nase, aus der Rotz läuft, ist der Wangenknochen sichtbar. Das Auge soll als eine Art Triefauge gesehen werden; darauf deutet die javanische Bezeichnung *rembesan* hin. Es ist denen der balinesischen Diener Tualen und Merdah (Kat. 206, 207) ähnlich. Seine Zähne sind bis auf einen im vorspringenden Unterkiefer ausgefallen. Ein kleiner weißer Haarschopf springt nach vorn; sonst ist er kahl geschoren. Der Ohrschmuck, ein goldener Zweig, ist nur aufgemalt (vgl. Arjuna, Kat. 196). Weitere Schmuckstücke sind ein Ohrpflock, schlichte Armreife am Handgelenk und Fingerringe. Als Kleidungsstück trägt er nur ein Tuch mit buntem Blumenmuster.
Ein besonderes Charakteristikum, das sich bei Dienern nicht selten findet, ist das Fehlen der Schultern, so daß der Körper vollkommen im Profil dargestellt ist. Die Arme sind an einem gemeinsamen Drehpunkt befestigt. Der anders proportionierten Figur ist ein anderer, kürzerer und breiterer Führungsstab angepaßt.
Die ausgestellte Figur von Semar zeigt ein *wanda* (s. Kat. 196) mit weißem Gesicht und schwarzem Körper, das bei einer Aufführung gegen Morgen hin gebraucht wird. P. P.

217
Wayang kulit, Nalagareng

Leiden, Rijksmuseum voor Volkenkunde, 264-122
Büffelleder, Büffelhorn
H. 40 cm
Surakarta, Java
um 1900

Semar hat auf Erden drei Söhne, alle drei ohne eine Frau durch Askese und Meditation hervorgerufen. Heute begleiten ihn alle drei, früher trat er je nach Zugehörigkeit des Schattenspielers zum Hofe des Herrschers *(kasepuhan)* oder Kronprinzen *(kanoman)* nur mit den beiden älte-

sten, Nalagareng und Petruk, oder mit dem jüngsten, Bagong, auf.
Nalagareng ist ein kleines Kerlchen, ein notorischer Lügner. Der Gesichtsausdruck ist geprägt von einer dicken knollenförmigen Nase (vgl. Kat. 207) und einem runden, nackten Auge, dessen Pupille leicht rückwärts gewandt nach oben schaut. Der vordere Teil des Kopfes ist kahl, die Haare sind kurz geschoren bis auf einen dünnen Schopf, der aus Haar angesetzt ist. Das fliehende fleischige Kinn geht direkt in den gedrungenen Körper über. Zum runden Bauch, dem starken Gesäß und den kurzen stämmigen Beinen stehen die dünnen verkrüppelten Ärmchen in auffälligem Kontrast. Sie sind direkt am Körper angesetzt. Der vordere Fuß ist verkrüppelt. Nalagareng tritt außerdem mit den Zehenspitzen auf, weil er unter dem Fuß durch Frambösie hervorgerufene Geschwüre hat.
In seinem rot-weiß gemusterten Sarong steckt als Waffe eine Art Haumesser. Als Schmuck trägt er ein rundes Pektoral, Ohrknopf, Reife um die Handgelenke, einen Ring am Zeigefinger der vorderen und einen weiteren am kleinen Finger der gespreizten hinteren Hand. P. P.

218
Wayang kulit, Togog

Leiden, Rijksmuseum voor Volkenkunde, 37-854
Büffelleder, Büffelhorn
H. 44,8 cm
Surakarta, Java
2. Hälfte 19. Jh.

Togog, im *wayang* meist Lurah (Dorfältester) Wijayamantri genannt, hat sich aus Habgier bei den barbarischen Aggressoren aus Übersee als Diener verdingt. Da er sehr auf seinen Vorteil bedacht ist, wechselt er im Gegensatz zu Semar und seinen Söhnen häufig seinen Herrn. Trotzdem redet ihn Semar mit dem ehrenvollen »*kang*, älterer Bruder« an. Einem javanischen Mythos zufolge soll er zusammen mit Semar (Ismaya) und Batara Guru, dem Herrn des Himmels, aus einem Ei entsprungen sein. Er ist der ältere Bruder der beiden, aber ohne Nutzen für die Welt, da er aus der Schale entstanden ist. Javaner sehen in ihm den Landsmann, der die Dienste der Kolonialherren, und nach der Unabhängigkeit die der Ausländer, sucht, weil bei ihnen mehr zu verdienen ist, während Semar und seine Söhne ihren angestammten Herren treu bleiben, weil sie das bessere Benehmen und den besseren Charakter haben.
Während Togogs Körperbau einschließlich der Anordnung der Arme dem Semars ähnelt, ist seine Physiognomie völlig anders. Sie wird von dem großen schnabelförmigen, zahnlosen Mund und dem weit aufgerissenen Auge geprägt. Man erkennt nicht nur den gesamten Augapfel, sondern obendrein auch noch die innere Haut des Lides, ein Symbol für seine immense Habgier, das er mit den Dämonen teilt. Die extrem kleine Nase ist vor dem Auge in die riesige Oberlippe eingezeichnet. Togog ist mit einem *kris* und einem Hackmesser, das zur Hofkleidung gehören kann, bewaffnet. Beide trägt er im Gürtel seines Sarongs, dessen Muster für ihn typisch ist. P. P.

219
Wayang kulit, Hahn

Leiden, Rijksmuseum voor Volkenkunde, 37-873
Büffelleder, Büffelhorn
H. 32,5 cm
Surakarta, Java
2. Hälfte 19. Jh.

Obwohl das *wayang* keine Kulissen benutzt, kennt es doch eine Reihe von liebevoll gestalteten Tieren (s. Spitzing, Abb. 41–52, 61 und 107–110), dazu Waffen, Kutschen und das Tableau einer marschierenden Armee (s. Spitzing, Abb. 62, 68, 70, 71 und 91). Viele dieser Figuren besitzen keinen eigenen Haltestab, sondern werden bei Gebrauch in einen kurzen breiten Stab eingeklemmt. Bei der ausgestellten Figur ist der Haltestab am oberen Ende viergeteilt; so können jeweils zwei Enden Hals und Schwanz verstärken. P. P.

Lit.: Spitzing 1981.

220
Wayang kulit, Dämon

Leiden, Rijksmuseum voor Volkenkunde, 37-813
Büffelleder, Büffelhorn
H. 59,5 cm
Surakarta, Java
2. Hälfte 19. Jh.

Dämonen stehen im javanischen *wayang*, sofern es sich nicht um das Gefolge Rawanas *(Ramayana)* handelt, im

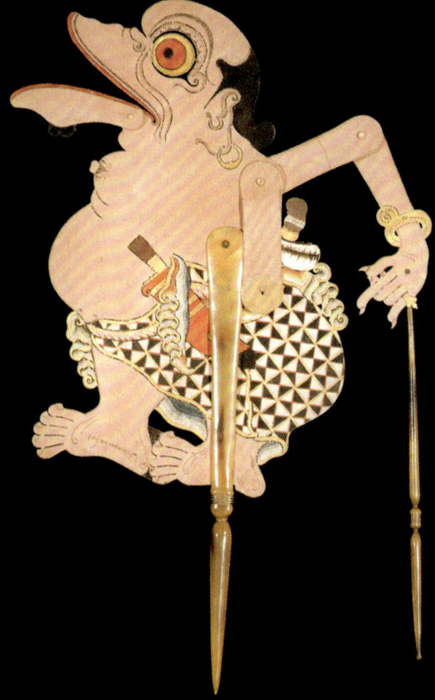

218

219

220

Dienste der barbarischen Mächte aus Übersee. Oft sind sie Wegelagerer, die mit dem Feind zusammenarbeiten. Zu erkennen sind sie an ihren riesigen Körpern, an ihrer Physiognomie und an der Haltung ihrer Hände. Die hintere Hand steht fest und zeigt die Geste manus in fica; Mittel- und Ringfinger der vorderen sind zum Daumen – man beachte den spitzen Nagel – gekrümmt.
Auf dem mächtigen Nacken dieser Figur sitzt ein Eberkopf mit offenem Maul, das das Zahnfleisch und die starken Hauer zeigt. Haupt und Barthaare sind, anders als bei Dämonen Sitte, kurz geschoren. Trotz seines prachtvollen Sarongs mit dem gold-schwarzen, in sich gemusterten Karo, der die barbarische Lust am Protz ausdrückt, weist ihn die Kleidung als einfachen Mann aus. Man vergleiche damit die raffinierte schlichte Eleganz von edlen Figuren wie Yudishtira und Arjuna (Kat. 211, 196). Seinem geringen Rang entspricht der einfache Schmuck. Die Scheide seines *kris* ist mit einem auffälligen einäugigen *kala*-Kopf bemalt. P. P.

221
Maske der Ragil Kuning

Leiden, Rijksmuseum voor Volkenkunde, 1296-24
Holz
H. 16,5 cm
Pekalongan, Nordküste Javas
vor 1901

Ragil Kuning ist als Pañjis Schwester eine umworbene Schönheit. So kommt es ihretwegen zum Krieg, weil sie die Hand eines Bewerbers aus Übersee ausschlägt. Als Gunung Shari bei Pañji um sie anhält, kann sie Bedingungen an ihn stellen: Er darf keine Glücksspiele spielen, sie nicht häufig allein lassen, kein Opium rauchen und sich nicht in Angelegenheiten der Küche mischen.
Die Maske zeigt mit dem vollen Gesicht und dem kleinen Mund ein weibliches Schönheitsideal. Schönheitsflecken auf den Wangen, die aufgelegten goldenen Rhomben und das geschweifte Band mit dem Stirnornament (Sektenzeichen) sind keine ikonographischen Besonderheiten dieser Figur, nicht einmal ein Privileg des Adels, wie ein Vergleich mit der Maske des Dieners Penthul (Kat. 223) zeigt. P. P.

Lit.: Poerbatjaraka 1968, S. 167.

222
Maske des Klana

Leiden, Rijksmuseum voor Volkenkunde, 4410-12
Holz
H. 18,5 cm
Java
19. Jh.

Klana ist ein Widersacher Pañjis, des edlen javanischen Prinzen von Koripan, in dem sich Arjuna inkarniert hat. Klana dagegen zeigt einen weniger verfeinerten, bisweilen ausgesprochen rohen Charakter. Seine Masken weisen eine breite Spannweite von unterschiedlichen Typen auf. Im Maskenspiel kann Klana ein umherziehender Ritter oder ein Händler aus Übersee sein. Dementsprechend hat er eine rote Gesichtsfarbe, runde, weit geöffnete Augen, einen offenstehenden Mund mit buschigem Bart und nicht selten mit Hauern bestückt und eine hervorspringende Nase. Diese Variante zeigt ihn mit einem Diadem als Ritter. P. P.

Lit.: Pigeaud 1938, Abb. 16.

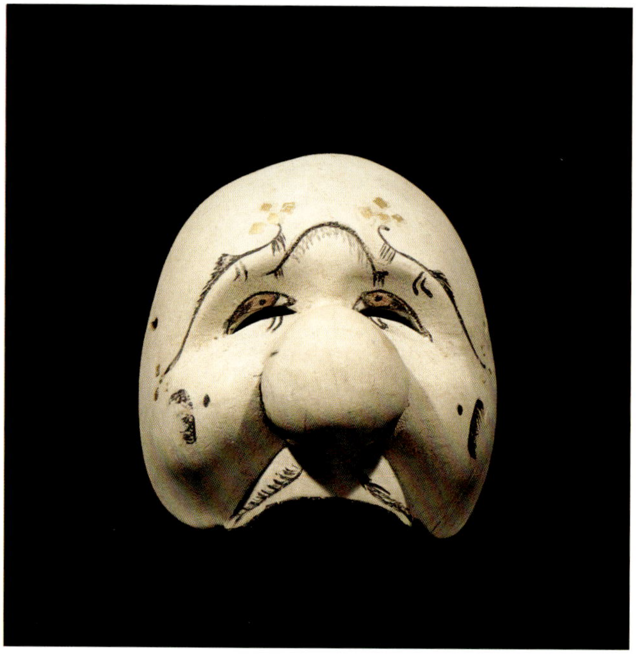

223
Maske des Penthul

Leiden, Rijksmuseum voor Volkenkunde, 1296-52
Holz
H. 14,5 cm
Pekalongan, Nordküste Javas
vor 1901

Penthul, ein Spaßmacher, ist einer der beiden Diener des alten Pañji. Seine Auftritte sind aber nicht auf Geschichten dieses Zyklus beschränkt, auch in Maskenzügen etwa kann er seine Possen reißen. Für seine Beliebtheit sprechen die vielen *wanda*, die im *wayang gedog* von ihm existieren.
Penthul bedeutet »Knauf« und »Tölpel«. Spielt die zweite Bedeutung auf seine Funktion im Spiel an, so die erste auf seine knollenförmige Nase. Man hat sie als Darstellung eines Rhinoskleroms (»chronische, knotige Verdickung von Nase, Mund und Larynx . . .«, Pschyrembel, Klinisches Wörterbuch, 256. Aufl.) gedeutet. Gebrechen und Abnormitäten sind bei Dienern der *wayang*-Gattungen üblich (vgl. Kat. 217, Nalagareng, und Kat. 207, Merdah).
Penthuls Auge entspricht, obwohl schmal, nicht dem Typ des edlen Auges. Es sitzt schräg mit stark nach unten weisendem hinterem Augenwinkel im Kopf; außerdem ist der untere Rand der Augenhöhle gekrümmt. Verstärkt wird die Neigung des Auges noch durch die langen, bis zu den Wangenknochen herabgezogenen Augenbrauen. Figuren mit diesem Augentyp sollte man mit Vorsicht begegnen. P. P.

Lit.: Noosten und van Koenigswald 1937.

224
Maske der Kumudaningrat als Klana

Leiden, Rijksmuseum voor Volkenkunde, 1296-11
Holz
H. 18,3 cm
Pekalongan, Nordküste Javas
vor 1901

Die Prinzessin Kumudaningrat ist das zweite Kind eines Fürsten von Ngurawan. Die Maske zeigt sie als Klana. Verkleidungen sind in den Pañji-Geschichten nicht ungewöhnlich. Die Maske zeigt ein Gesicht des feinen Typs, vergleichbar dem von Ragil Kuning (Kat. 221). Ihr Mund ist jedoch weiter geöffnet und die Unterlippe etwas vorgeschoben. Die vollen Locken umrahmt ein Diadem mit einer kleinen Verzierung über der Stirn. P. P.

225
Schattenspiel-Öllampe

Leiden, Rijksmuseum voor Volkenkunde, Inv. Nr. 3155-149
Messing-Guß
H. 73 cm (ohne Kette)
Region Surabaya
Ende 19. Jh.

Von den Figuren des Schattenspiels wird der Zuschauer mittels einer durchsichtigen Leinwand getrennt. Dabei ist durchaus beabsichtigt, daß die Akteure in ihrer silhouettenhaften Erscheinung an geisterhafte Wesen gemahmen, zumal die Schattenspiel-Aufführungen meist nachts stattfinden. In der Dunkelheit erhöht sich die magische Ausstrahlung des Geschehens.
Um die Schattenwirkung hervorzurufen, bedarf es einer Lichtquelle, die schräg oben in der Mitte der Leinwand angebracht wird. Früher – und bis heute noch bei besonders der Tradition verpflichteten Aufführungen – waren es Öllampen, die diesen Zweck erfüllten. Durch geschickte Führung der Lampe kann der *dalang* die Schatten in Bewegung versetzen, wobei das flackernde Licht der Öllampe ohnehin die Dramatik erhöht, ein Effekt, den die moderne Beleuchtung nicht in demselben Maße erzielt.[1]
In ihrem Dekor nimmt die aus Abtropfschale, dem Ölbehälter mit der Tülle für zwei Dochte und einer Zierplatte zusammengesetzte Lampe Bezug auf den Verwendungszweck: Die in durchbrochener Arbeit gehaltene Schmuckplatte, von zwei *naga*-Schlangen eingefaßt, variiert mit ihrer stilisierten Berg- bzw. Blattform sowie den symmetrisch angeordneten Zweigen ein für das Schattenspiel unentbehrliches Utensil. Es ist dies der *gunungang* (Berg) oder *kayon* (Baum).[2]
Die Schlange als beschirmendes, übelabwehrendes Symbol ist auf vielfältige Weise mit Mythen und Legenden verbunden, ebenso wie der Berg als Zentrum des Kosmos und der Baum als Lebensspender.[3] E. E.

1 Seltmann 1980, 186 f., 205 f.; Pink, in diesem Band 291 ff.; vgl. Jessup 255.
2 Kat. 209, 210 (Pink).
3 Jessup, in diesem Band 146 ff.

226

Wayang golek, Subadra

Leiden, Rijksmuseum voor Volkenkunde, 1297-60
Holz, Stoff
H. 57 cm
West-Java (Sunda)
vor 1901

Dewi wara (die edle Frau) Subadra ist eine Inkarnation der Göttin Shri Dewi, der Gemahlin Wishnus. Sie wird die Frau Arjunas, einer Teilinkarnation von Wishnu. Ihr Sohn Abimanyu fällt im *Bharatayuddha,* hinterläßt jedoch einen Sohn, der zum Ahnen der javanischen Fürsten wird.

Dem Mythos nach war sie in ihrer Jugend sehr häßlich, blühte jedoch erwachsen zu einer vollkommenen Schönheit auf. So ist sie hier dargestellt. Sie trägt den einfachen indischen Haarknoten, geschmückt mit einem Diadem. Dazu Ohrschmuck, Ohrpflock, doppelte Armspangen und Armreife. Ihr goldbesticktes Mieder wird um die Taille von Gürtel und langer Schärpe zusammengefaßt. P. P.

227

Wayang golek, Parmadi (Arjuna)

Leiden, Rijksmuseum voor Volkenkunde, 300-602
Holz, Stoff
H. 52 cm
West-Java (Sunda)
2. Hälfte 19. Jh.

Auch im *wayang golek* ist Arjuna der vollkommene höfische Held, deutlich nicht nur an seinen edlen Gesichtszügen, sondern auch an der bescheiden geneigten Haltung seines Kopfes (Kat. 204). Man beachte die fein geschwungenen Augenbrauen und den Schönheitsflecken auf der Wange. Die Frisur stellt eine rundplastische Umsetzung des »Garnelenzopfes« dar, d. h., das volle schwarze Haar wurde in zwei Schwüngen so angeordnet, daß es Krabbenscheren glich (vgl. Kat. 204). Während der vordere Teil aufliegt, buchtet die hintere Partie weit aus, so daß das Gesicht ganz im Sinne des Charakters besonders fein wirkt. Unter dem Diadem schaut eine kleine Locke hervor. Bis auf den Ohrschmuck und Sterne im vorderen Zopf hat er auf Schmuck verzichtet. P. P.

228

Wayang golek, Shrikandi

Leiden, Rijksmuseum voor Volkenkunde, 1297-59
Holz, Stoff
H. 57 cm
West-Java (Sunda)
vor 1901

Dewi wara Shrikandi ist eine jüngere Schwester von Draupadi, der Gemahlin Yudishtiras. Als junges Mädchen lernt sie aus Verliebtheit bei Arjuna das Bogenschießen. Später wird sie von ihm geheiratet.

Ihr Charakter gilt als männlich, eine Reminiszenz daran, daß ihr Vorbild im indischen Epos der Hermaphrodit Shikandhi ist. Er tötet wie Shrikandi in der *wayang*-Mythologie den gewaltigen Held Bisma (Bhishma). Ihr männlicher Charakter drückt sich in der erhobenen, selbstbewußten Haltung des Kopfes aus. Shrikandi trägt eine aufwendigere Frisur als Shembadra mit einem auffälligen Vogelschmuck. Ganz undamenhaft hat sie einen Köcher umgehängt.

Die selbstbewußte Shrikandi, die ihrem Mann Arjuna treu und tapfer im Kampf zur Seite steht, hat sich die indonesische Frauenbewegung zur Symbolfigur gewählt. P. P.

233
Wayang golek, Figur des Yudishtira

Leiden, Rijksmuseum voor Volkenkunde, Inv. Nr. 1297–32
H. 53,2 cm
Bogor, West-Java
19. Jh.

Wayang-Figuren aus für diese Objektgattung so früher Zeit sind im allgemeinen derart verbraucht, daß sie vollkommen unansehnlich geworden oder so stark repariert worden sind, daß sie jegliche Authentizität verloren haben. Die hohe Qualität der Figur und der Erwerbsort »Buitenzorg«, heute Bogor, legen die Vermutung nahe, daß die Puppe aus dem Besitz des Regenten von Cianjur stammt, der die sundanesisch geprägte Kultur West-Javas mit Elementen aus den zentral-javanischen Gebieten anzureichern trachtete.
Das sehr schlicht wirkende Batik-Gewand des Yudishtira gibt dem Kenner der reglementierten Verwendung bestimmter Stoffmuster zu verstehen, daß es sich um das königliche *parang rusak*-Motiv handelt. Und in der Tat ist Yudhistira der Pandawa-Herrscher von Ngamarta (siehe Kat. 211), dessen ausgeglichenes Wesen der vollkommenen Gerechtigkeit verpflichtet war. Seine Zurückhaltung und Freundlichkeit, vorzüglich zum Ausdruck gebracht in dieser *wayang golek*-Figur, drängen bisweilen dynamische Fähigkeiten zurück. E. E.

Lit.: Rijksmuseum Leiden 1987, Nr. 34.

233 A
Hochzeitspaar

Stuttgart, Linden-Museum, Inv. Nr. SA 357a/b
Holz, polychrom bemalt
H. 55 cm und 44 cm
Zentral-Java
Spätes 19. Jh.

Beide vollständig erhaltenen Figuren übermitteln eine gute Vorstellung vom Ornat eines Hochzeitspaares während einer bestimmten Phase der ausgedehnten Feierlichkeiten. Wie jedes javanische Hochzeitspaar trägt es die zu diesem Anlaß erlaubte fürstliche Kleidung, selbst wenn es sich um keine adligen Brautleute handelt. Darauf verweist besonders das traditionelle Muster *(parang rusak)* der Batikgewänder. In althergebrachter Weise bleibt der Oberkörper des Mannes frei, während die Frau ein miederartiges Oberteil trägt. Zur Festgewandung des Bräutigams gehört auch der *kuluk*, eine Kopfbedeckung, die an einen Fes erinnert und anläßlich höchster Feste getragen wurde.
Dem wichtigen Zeremoniell angemessen haben beide Brautleute ein reichhaltiges Ensemble von Schmuckstücken angelegt. Dazu gehören u. a. goldene Pektorale, Fingerringe, Armreife und aufwendig gearbeitete Hochzeitsgürtel. Auffällig sind die mächtigen Oberarmreife mit dem beliebten Motiv der bekrönten Schlange *(naga)*. Ebenso interessant wirkt der Brustschmuck der Frau *(kalung bulanon)*, der aus drei Halbmonden besteht. Als Dekor dient hier ein Blüten- und Rankenmuster, der im Original durch eingelegte Edelsteine (Rubine) komplettiert wird. F. S. / M. S.

236
Prunksessel

Leiden, Rijksmuseum voor Volkenkunde, Inv. Nr. 2582-1
Holz, vergoldet
H. 113 cm, B. (vorn) 58 cm
Bali
19. Jh.

Der geschnitzte, vergoldete Prunksessel variiert in seinen floralen Verzierungen vor allem das Motiv der Lotuspflanze in Kombination mit Blattwerk, das die Rückseite der Rückenlehne symmetrisch angeordnet schmückt. Die Frontseite der Armlehnen bilden zwei Löwenköpfe. Übelabwehrend sind sie mit dämonenhaft hervorquellenden Augen und gefletschten Zähnen dargestellt. Die Mähne ist in stilisierten Locken arrangiert.

Während speziell auf Sumatra und Java Tiger heimisch sind, muß die Darstellung des Löwen und die damit verbundene Symbolik aus Indien übernommen worden sein. Diese Beziehung wird in der Schilderung einer Treibjagd im *Nagara-Kertagama* aus dem 14. Jh. besonders deutlich; denn darin vermischt sich die Beschreibung des Jagdgeschehens als fürstliches Vergnügen, wie es in vielen Kulturkreisen und sehr früh belegt ist, mit dem literarischen Genre der Tierfabel, das auf indische Vorbilder zurückgeht. Mit der übernommenen Literaturgattung gelangten Inhalte in das javanische Repertoire der Dichtung, die in der realen Welt keine Entsprechung hatten. So führt in einer Versammlung der Tiere,

die über das rechte Verhalten angesichts der Jäger diskutieren, der Löwe als »König der Tiere« den Vorsitz. Unter dem Wild aber kann er sich nicht befunden haben; denn in der Inselwelt gab es diese Art von Großkatze nicht. Die Legende bringt auch den Buddha mit dem Königstier Löwe in Verbindung, wird er doch mit einem Löwenthron assoziiert. In jedem Falle war auch in Indonesien das Bildnis des Löwen mit Vorstellungen von Herrschaft verknüpft und deshalb als Emblem eines fürstlichen Prunksessels bestens geeignet. E. E.

Lit.: vgl. Kat. 10; Pigeaud 1960–1963, vol. IV, 145 ff.

237
Männlicher Kopf

Hannover, Sammlung Lüth, Inv. Nr. 22/67/94
Terrakotta
H. 21,5 cm
Ost-Java, Majapahit-Reich, 15. Jh.

Der dunkelgraue Terrakottakopf besticht durch seine kraftvolle Ausstrahlung. In den ausgeprägten Gesichtszügen fallen die runden, hervortretenden Augen auf. Wulstförmig aufgelegte, stark geschwungene Augenbrauen enden in kleinen Bögen an der Nasenwurzel. Die Nase selbst ist fleischig und gerade. Über dem geschlossenen Mund mit vollen Lippen findet sich ein Schnurrbart, bei dem eingravierte Linien kräftigen Haarwuchs andeuten. Das breite Kinn ist ebenfalls von einem kurzen Bart bedeckt, der sich bis fast zu den Ohren emporzieht. In einem Ohrläppchen hat sich noch der Ohrschmuck in Form eines blütenförmigen Pflocks erhalten. Das straff zurückgekämmte Haar liegt eng am Kopf und wird durch eingravierte Parallellinien strukturiert. Am Hinterkopf war es zusammengebunden und in einem Bogen am Oberkopf befestigt. Dieser Teil ist jedoch nicht mehr erhalten. Ganz offensichtlich wurde hier kein Javaner porträtiert. Wegen der hervorquellenden Augen ist es auch unwahrscheinlich, daß es sich um die Darstellung eines Ausländers handelt. Eher weist dieses Merkmal auf einen dämonischen Aspekt hin. Nun aber zeigen die meisten dämonischen Gestalten oder Wächterfiguren einen geöffneten Mund mit Fangzähnen. Die Kombination von hervortretenden Augen und normal geformtem Mund ist sehr selten anzutreffen. Sie wird mit Asketen oder Dienerfiguren in Verbindung gebracht.[1] Auch Bima wird mit solchen Gesichtszügen wiedergegeben, hat dann aber meist eine Lockenfrisur.[2] Bima spielte in der Majapahit-Zeit eine Hauptrolle in einem geheimen tantrischen Kult, der die Befreiung der Seele vom Körper und die Verschmelzung mit Shiwa/Bhairawa zum Ziel hatte.[3]
Eine Thermolumineszenzbestimmung ergab eine Datierung um 1450.[4] B. K. M.

1 Fontein 1990, 130, 164, 167, 243; Stutterheim 1925, Taf. XIII g.
2 Stutterheim 1956, Abb. 15–17, 20.
3 Stutterheim, op. cit., 107–143.
4 Wir danken Herrn Dr. Goedicke vom Rathgen-Forschungslabor in Berlin für die Durchführung der TL-Bestimmung.

238
Kopf eines Fürsten

Hannover, Sammlung Lüth, Inv. Nr. 22/49/94
Terrakotta
H. 18 cm
Ost-Java, Majapahit-Reich, 14./15. Jh.

Aus der Gegend des ehemaligen Fürstenhofes von Majapahit, nahe bei Trowulan gelegen, stammt eine große Anzahl von Terrakottaobjekten. Leider sind sie zum größten Teil nur als Fragmente erhalten. Neben Baukeramik, Gefäßen und Tierskulpturen gibt es zahlreiche Menschendarstellungen, einige durchaus porträthaft, andere humoristisch oder der hinduistisch-buddhistischen Glaubenswelt entstammend. Die Skala reicht von kleinen, nur wenige Zentimeter großen Figürchen mit schematischen Gesichtszügen bis hin zu über einen halben Meter hohen Skulpturen.[1]
Auch der hier abgebildete Kopf gehörte zu einer dieser größeren Skulpturen, von denen bisher nur wenige veröffentlicht sind. Intensiv und gleichsam freundlich forschend blicken die weit geöffneten Augen aus dem breiten Gesicht. Die kräftigen Augenbrauen weisen runde Einkerbungen auf. Ein Schnurrbart verdeckt die Oberlippe, ein weiterer kleiner Bart ziert die Kinnspitze. Als Kopfschmuck dient eine schmale, mit Blüten besetzte Krone, die nach hinten weit ausläuft, dort aber ziemlich beschädigt ist. Sie ähnelt dem Kopfschmuck gewisser *wayang*-Figuren. In den Ohrläppchen stecken runde, mit Kreisen verzierte Ohrpflöcke.
Direkte Vergleichsstücke waren in der Literatur nicht aufzufinden. Am ähnlichsten ist noch ein Terrakotta-Kopf aus Thailand, Lamphun-Provinz (?), aus dem 13. Jahrhundert.[2] Dies mag nicht zu weit hergeholt sein, da es einen intensiven Austausch im religiösen Bereich sowie Handelsbeziehungen zwischen dem Festland und Java gab.
Eine TL-Bestimmung konnte in diesem Fall nicht durchgeführt werden, da nicht genug an entsprechenden Mineralien im Ton enthalten waren. Dies ist ein Phänomen, das bei vielen Terrakotten aus der Majapahit-Zeit anzutreffen ist.

B. K. M.

1 Pal, Pratapaditya 1987, Abb. 76, 80; Muller 1978, 17–23.
2 Pal, op. cit., 72.

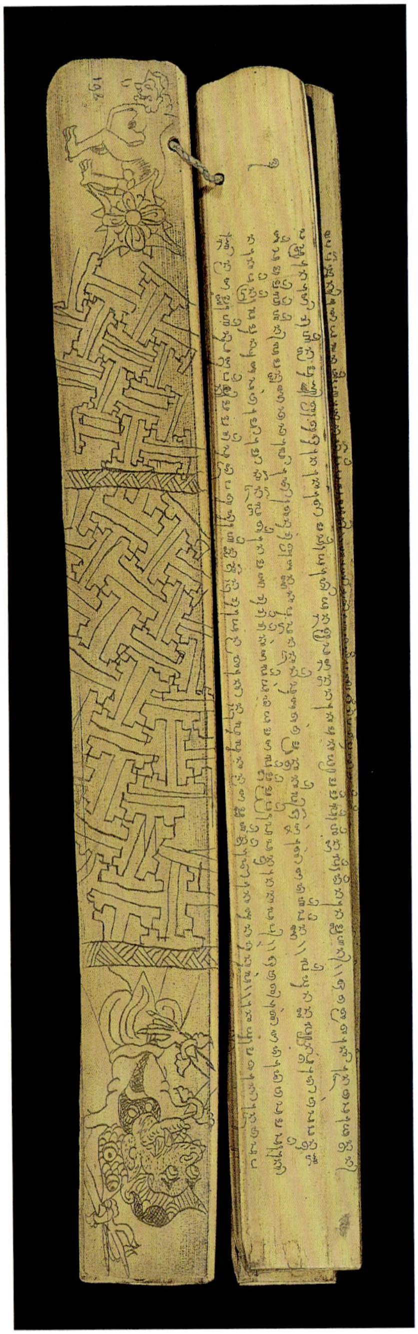

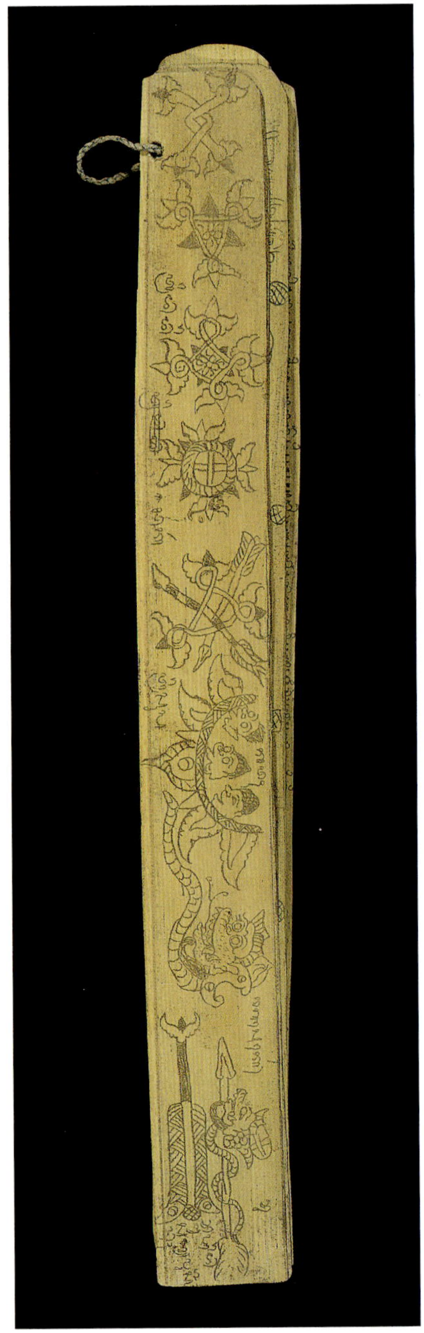

239 a–c
Manuskript, balinesich – Weissagung und Schutzzauber

Berlin, Staatsbibliothek zu Berlin – Preußischer Kulturbesitz
Ms. Schoemann III. 19 a–c
Palmblatt
19 a: 34,5 × 3,5 cm, 5 Blätter; 19 b: 35 × 4,5 cm, 2 Blätter
Bali
1. Hälfte 19. Jh.

Ms. 19 a und 19 b sind jeweils mit einem Band zusammengebunden und lassen sich auffächern.
Ms. 19 a enthält in balinesicher Schrift einen Divinationstext. Texte dieser Art, die in didaktischer Weise geschrieben sind, werden *wariga* genannt. Mit ihnen lassen sich auf der Grundlage des balinesischen Kalenders günstige und ungünstige Tage vorhersagen. Wahrsagungen waren seit jeher auf Java und Bali – aber auch anderswo – von großer Bedeutung und wurden als Voraussetzung für Wohlergehen in der diesseitigen Welt angesehen. Dieser *wariga*-Text endet abrupt.
Ms. 19 c enthält verschiedene Abbildungen von Dämonen und magischen Figuren und war zum Schutz gegen böse Einflüsse bestimmt. Einige der Figuren sind mit ihren Benennungen beschriftet, welche sehr schlecht lesbar sind. F. Sch.

Lit.: Pigeaud 1975, 154–156; 1967, 279–282.

240 a–c
Manuskript, javanisch – Pañji Jaya Kusuma

Berlin, Staatsbibliothek zu Berlin – Preußischer Kulturbesitz
Ms. Or. quart. 2112
Dünnes gelbes Papier
34,5 × 21,5 cm, 286 beschriebene Seiten
Javanische Nordküste (Pasisir)
1887

Das Manuskript ist in kunstvoller javanischer Schrift im Duktus der javanischen Nordküste abgefaßt. Der Text ist in *macapat*-Versen, einer im Gegensatz zum *kakawin*, die aus Indien importiert und in der klassischen Literatur vorherrschend war, einheimischen Versart, geschrieben. Es sind zahlreiche polychrome Abbildungen im *wayang*-Stil enthalten. Der Schreiber gibt seinen Namen mit Koesoemohatmodjo an. Der Text ist unvollständig, der Beginn fehlt ebenso wie einige weitere Seiten.
Die Geschichte gehört zu den Pañji-Erzählungen, einem zeitweilig sehr beliebten Genre der mitteljavanischen und neujavanischen Literatur. Die Pañji-Erzählungen spielen alle im höfischen javanischen Milieu und haben einen Prinzen als Protagonisten, der mit der Prinzessin eines anderen Herrscherhauses verlobt wird. Die Heirat wird durch Probleme, die zuvor vom Prinzen gelöst werden müssen, verzögert: Entführung der Prinzessin, Angriff von außen, etc. Bei der Lösung dieser Probleme tritt der Prinz unter zahlreichen Verkleidungen und Pseudonymen auf. Viele dieser Pseudonyme haben den Bestandteil Pañji (wörtlich: Mann von hohem Adel). Zum Schluß wird die Ehe geschlossen, und die Harmonie ist wiederhergestellt.
Der historische Kern der Pañji-Geschichten – soweit es einen gibt – liegt im dunkeln und war bislang Gegenstand verschiedener Spekulationen. Die immer noch unbefriedigende Forschungslage hat eine detaillierte Aufarbeitung von Geschichte und Struktur dieses Genres bis heute nicht erlaubt.
Pañji-Geschichten waren nicht nur auf Java und Bali populär, sondern sind auch im malaiischen Kulturraum zu finden, ebenso wie in Kambodscha, Thailand und Burma. Möglicherweise steht diese Verbreitung im Zusammenhang mit der großen überregionalen Ausstrahlung javanischer Kultur zur Zeit Majapahits.
Pañji Jaya Kusuma ist bisher nicht ediert worden, gehört aber zu den bekannteren Panji-Geschichten und ist von Poerbatjaraka in einer inhaltlichen Zusammenfassung wiedergegeben.
In dieser Geschichte verliert Pañji seine Frau zweimal. Beim ersten Mal wird sie noch in der Hochzeitsnacht getötet. Später findet Pañji sie als Inkarnation der Tochter des Herrschers von Kadiri wieder und heiratet sie erneut. Später werden sie während einer Seereise wieder

a

getrennt. Pañjis Frau Shri wird nach Bali verschlagen und wird dort in Männerverkleidung zum Herrscher. Pañji greift als Heerführer des Reiches Urawan Bali an und findet auf diese Weise schließlich wieder zu seiner Frau.

Die gezeigten Abbildungen handeln von der Episode in Kadiri. Ein Herrscher aus Übersee, synonym für Barbaren, will die Tochter des Herrschers von Kadiri heiraten, die dem Pañji versprochen ist. Er sendet einen unterworfenen einheimischen Fürsten als Boten mit einem Werbegesuch. Dieses wird abgelehnt. Unterdessen trifft Pañji die in Verborgenheit lebende Schwester seiner Verlobten, nämlich seine inkarnierte, ehedem ermordete Frau Shri (a). Später kommt es zum Krieg mit

b

c

Jayalalana, dem Herrscher aus Übersee. Dieser wird von Pañji besiegt und getötet.
Die Abbildungen sind ganz im *wayang*-Stil gehalten. Die Szenen auf den Doppelseiten gehören zusammen. Abbildung c zeigt rechts einen regierenden Fürsten (hier von Kadiri), der sich durch den indischen Haarknoten *(gelung keling)* und dreifaches Diadem ausweist; sein Thron wird von einem *naga* getragen. Der Bote ist ebenfalls ein adeliger Javaner. Auf der linken Seite sieht man die Hofdamen oder Frauen des Herrschers. Die Schlachtenszenen (b) zeigen die Krieger aus Übersee mit dunkler Haut, aufgerissenen Augen und krausen Haaren, was sie obligatorisch als Barbaren kennzeichnet. Der blauhäutige Krieger auf der linken Seite ist mit seiner Klaue *(kuku pancanaka)* und dem Wulst über seiner Nase als Pendant zu Bima, dem Sohn des Windgottes, zu erkennen. Der Krieger auf der rechten Seite ist durch seine Kleidung *(bokongan kain)* und die Kastenschnur als unmittelbarer Nachkomme eines regierenden Fürsten ausgewiesen.
Handschriften von *Pañji Jaya Kusuma* existieren weiterhin in Leiden und Jakarta. F. Sch.

Lit.: Pigeaud 1975, 215; Poerbatjaraka 1940.

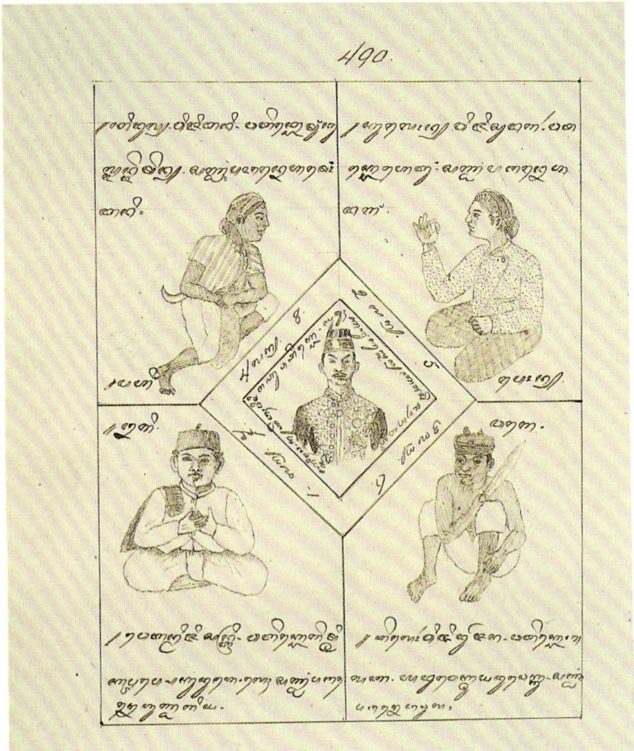

241 a–c
Manuskript, javanisch – Horoskop *(pawukon)*

Berlin, Staatsbibliothek zu Berlin – Preußischer Kulturbesitz
Ms. or. oct 4036
Holländisches Importpapier
604 beschriebene Seiten 22 × 18 cm (beschrieben 16 × 12,5 cm)
Java
Ende 19. Jh.

Weissagungstexte nehmen in der javanischen und balinesischen Gesellschaft einen wichtigen Platz ein (vgl. auch Kat. 239). Sie hängen eng mit der Chronologie zusammen, die recht komplex ist, da Zeitrechnungen existieren, die verschiedenen Ursprungs sind (indisch, arabisch und indigen); Wochen von verschiedenen Längen laufen parallel zueinander. Die Voraussage ergibt sich dabei weniger durch das Deuten von Sternkonstellationen als vielmehr durch das Zusammentreffen dieser verschiedenen Komponenten.
Die vorliegende Handschrift, die vornehmlich in Prosa gehalten und in javanischer Schrift geschrieben ist, ist eine Anleitung für die Bestimmung des Charakters der verschiedenen Wochen und Tage. Dem dienen Personifizierungen durch Götter, Geister, Dämonen und Tiere, die symbolisch für die Kräfte und Eigenschaften von Terminen stehen.
Abb. a stellt die Fünf-Tage-Woche dar, beginnend links unten mit *legi* und dann im Uhrzeigersinn *pahing, pon, wage* und schließlich im Zentrum *kliwon*. Identifiziert werden die Tage, in der gleichen Reihenfolge, mit Osten *(wetan)*, Süden *(ngidul)*, Westen *(kulon)* und Norden *(ngalor)*. Die entsprechenden Personifizierungen sind Santri (frommer Mann, Geistlicher), Bauer, Händler, Bösewicht, im Zentrum der Regent, dessen Bezeichnung mit dem Wochentag, nämlich *kliwon*, identisch ist.
Abb. b zeigt eine Personifizierung durch einen Gott (erkennbar am vorne getragenen *kris* und Kopfbedeckung); links ein adliger Held.
Abb. c zeigt eine Göttin und einen Gott, letzterer der Windgott Bayu, erkennbar an seiner Klaue und der Verdickung über der Nase. P. P. / F. Sch.

Lit.: Pigeaud 1975, 198–199.

[illegible]

[illegible]

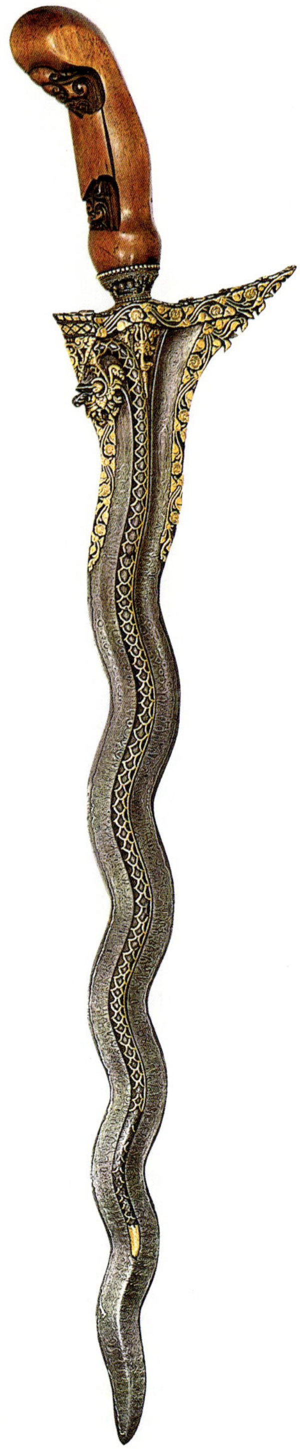

Fürstenhöfen verbunden. Im Mittelalter erhielten bedeutende Schmiede reiche Belohnung, indem sie wie andere Beamte Einkünfte aus der Produktionsleistung von bis zu 1000 Bauernfamilien bezogen. Das Schmieden der *pamor*-Krise ist eine sowohl kunstvolle als auch zeitaufwendige Arbeit. Für die Anfertigung eines einfachen Krises benötigte der Schmied 20–30, für eine festliche Waffe 40–50 Arbeitstage.

Beim *pamor*-Schmieden legte der Schmied zwischen Stähle dünne Blätter von Meteoreisen oder anderem nickelhaltigen Eisen, erwärmte sie bis zur Rotglut und bearbeitete sie mit dem Hammer so lange, bis die verschiedenen Schichten miteinander verschweißt waren. Je nach der gewünschten Musterung unterteilte er den Stab immer wieder in eine bestimmte Anzahl von Abschnitten, verdrehte sie ggf. auch schraubenförmig, und schmiedete alle Streifen erneut zusammen. Auf diese Weise erzielte er bis zu mehrere hundert Stahl-*pamor*-Eisen-Schichten. In weiteren Arbeitsgängen folgten das Schmieden der Griffangel und des eidechsenförmigen Stichblattes, das Ausmeißeln und -schaben der Kehlungen und Zacken am Krisfuß und andere Arbeiten zur Formung der Klinge. Als letztes wurde die Klinge gehärtet, durch mehrfache Behandlung mit Säure und Arsen eine bleibende *pamor*-Musterung entwickelt und ggf. dem Krisblatt noch eine geflammte Form gegeben.

R. Z.

249
Geflügelter Löwe

München, Staatliches Museum für Völkerkunde, Inv. Nr. 4018
Holz, polychrom bemalt; Blattgold und Ziersteine
H. 55 cm
Süd-Bali
Anfang bis Mitte des 19. Jhs.

Diese Sockelfigur *(sendi)* in Gestalt eines geflügelten Löwen *(singha)* ist aus zwei Stücken zusammengesetzt und diente als Skulpturenschmuck am Dachbalken in einem balinesischen Zeremonial-Pavillon (vgl. Kat. 174). Rein formal betrachtet, hat das Fabeltier allerdings recht wenig vom Aussehen eines Löwen und ähnelt mehr einem Drachen, dessen Ausführung spürbar den chinesischen Einfluß verrät. *Sendi* sind auf Bali in zahlreichen Varianten anzutreffen, wobei das hier vorgestellte zu den ältesten Stücken außerhalb des Landes gezählt werden darf. Seine vollständig erhaltene Bemalung in kräftiger Farbgebung und ein »barocker« Formenreichtum verleihen dem Architekturteil sein expressives Aussehen. Ursprünglich gehörte es zur Sammlung des Chevalier de Grez, die in der Mitte des 19. Jahrhunderts zusammengestellt und 1876 vom bayerischen König Ludwig II. erworben wurde. Nach alten Angaben stammt dieser geflügelte Löwe aus einer chinesischen Siedlung auf Borneo. F. S. / M. S.

250
Muslimischer Grabstein

Leiden, Rijksmuseum voor Volkenkunde, Inv. Nr. 3600-591
Sandstein
H. 101 cm
Herkunft unbekannt
wohl 19. Jh.

Archäologische Zeugnisse haben bestätigt, daß der Islam bei seiner Ausbreitung in den indonesischen Archipel hinein zunächst auf Sumatra Fuß fassen konnte. So berichtete das *Hikayat Raja Pasai*, die »Geschichte der Könige von Pasai«, daß »von den Inseln unter dem Winde Pasai zuerst den Glauben an Allah und seinen Propheten annahm«. Auch der Name des ersten Muslim, Merah Silau, ist in diesem Text überliefert worden. Als Sultan Malikul Saleh bestieg er als erster Herrscher von Pasai den Thron und starb, laut Inschrift auf seinem noch erhaltenen Grabstein, im Jahre 1297.
Obwohl unser Exemplar Jahrhunderte später entstanden ist, orientiert es sich in Form, Wahl und Verteilung der Dekorelemente bis hin zur handwerklichen Technik – mit dem für die islamische Welt so charakteristischen sogenannten »Schrägschnitt« – an dem Grabstein dieses ersten Herrschers von Pasai. Darüber hinaus belegt es mit der Verwendung von Schlingmustern und Arabesken als flächendeckenden Zierformen für bewußt begrenzte Felder – gleichfalls für den Islam typisch – eine erstaunliche Kontinuität in der Gestaltung einer Denkmälergattung, wie sie sich einst als spezifische Sonderform in Indonesien herausgebildet hat. A. E.

Lit.: Forkl et. al. 1993, passim; Propyläen-Kunstgeschichte, Bd. IV, 72 ff.; Otto-Dorn 82 ff.

251
Muslimischer Grabstein

Leiden, Rijksmuseum voor Volkenkunde, Inv. Nr. 3600-592
Sandstein
H. 103 cm
Herkunft unbekannt
wohl 19. Jh.

Der zweite hier abgebildete Grabstein ist aufgrund seiner großen Ähnlichkeit mit Kat. 250 sicher in der gleichen Werkstatt entstanden und knüpft ebenso an den Grabstein des Sultans Malikul Saleh von 1297 an: so ist allen der breite Sockel, auf dem sich die eigentliche, nach oben verbreiternde Grabplatte erhebt, aber auch die geschwungen, in die Höhe ausgreifende Bekrönung als willkommener Schriftträger gemeinsam. Auch die drei Blattmotive der unteren Stelenleiste und die in Einzelfelder aufgeteilte, *mihrab*-artig gestaltete zentrale Stelenfüllung finden sich bis in Einzelheiten – wie dem gitterartigen Untergrund mit darübergelegtem Schriftdekor – bei allen drei Objekten, wenn auch die beiden Beispiele Kat. 251 und Kat. 252 in den Details sehr viel plumper gestaltet sind. Dennoch belegen sie die dem Islam eigene Homogenität in den Fertigungstechniken und im Formenvokabular, die wie hier speziell »indonesisch« geprägt eine Traditionsgebundenheit und Kontinuität über große Zeiträume hinweg erkennen lassen, wie sie auch in anderen islamisch bestimmten Regionen der Welt zu beobachten sind. A. E.

Lit.: Forkl et. al. 1993, passim; Otto-Dorn 82 ff.

252
Zweiflügelige Palasttür mit Rahmen (*kori* bzw. *lawangan*)

München, Staatliches Museum für Völkerkunde, Inv. Nr. 28-30-9
Holz mit Schnitzwerk
H. 176 cm
Fürstenpalast *(puri)*, Klungkung, Süd-Bali
19. Jh.

Die reich mit Schnitzwerk versehene Tür stammt aus einem der Paläste, die 1908 von den Holländern bei dem Versuch, die balinesischen Fürsten zu unterwerfen, zerstört wurden. Anschließend erwarb sie der Bali-Forscher W. O. Nieuwenkamp, bevor die Tür 1918 in den Besitz des Münchner Museums überging.
Der in drei übereinanderliegende Zonen gegliederte Dekor der Türflügel wird von zwei Querbalken begrenzt, wobei der Sturz rein ornamental mit einem Dämonenkopf in der Mitte gestaltet ist. Beide Seitenpfosten zeigen ein Ranken- und Blütenmuster, das unten von zwei vogelköpfigen Dämonen *(manuk)* ergänzt wird. Auf der Schwelle, sinngemäß dem unterirdischen Bereich zugeordnet, finden sich entsprechende Wesenheiten abgebildet: ein *makara*-artiges Tier *(kala gelap)*, eine Krabbe *(yuyu)* und ein Elefant, der hier wohl als *makara* aufzufassen ist. Die oberen Felder der beiden Türflügel stellen Vögel in einem dichten, eng verschlungenen Zweigwerk dar, während in dem Mittelfeld sich zwei geflügelte Löwen *(singha)* gegenüberstehen. Die unteren Schnitzreliefs sind als Wald- und Berglandschaften zu verstehen, in denen Vögel, Hirsche und Dämonenköpfe auftauchen. F. S. / M. S.

ZEIT	SUMATRA KALIMANTAN (BORNEO) MALAIISCHE HALBINSEL	JAVA	BALI	ÖSTLICHE INSELWELT
850	– Erster Shriwijaya-König aus dem Hause der Shailendra: Balaputra (ab 856)	– Rakai Pikatan (ca. 838–856) heiratet Shailendra-Prinzessin Pramodawardhani, Schwester von Balaputra – Balaputra, Sohn von Samaratungga, flieht nach verlorenem Kampf gegen Rakai Pikatan 856 nach Shriwijaya und wird dort König		
900		– Balitung (898 – ca. 910) – Daksha (910–919) – Wawa (924–928), letzter Mataram-König Verlagerung des Machtzentrums nach Kadiri am Brantas-Fuß in Ost-Java unter König Sindok (929–949), möglicherweise wegen eines Vulkanausbruchs oder Erdbebens in Zentral-Java	Erste Inschriften auf Kupferplatten (882–914)	
950			Seit 955 Warmadewa-Dynastie	
1000	– König Chulamaniwarmadewa (um 1005) – König Marawijayottunggawarman (um 1008) Kriegerische Konflikte zwischen Shriwijaya und Ost-Java zwischen 990 und 1016 Angriff der Chola aus Südindien gegen Shriwijaya (1025)	1016 Ein »Unheil« – Erdbeben oder Angriff von Shriwijaya – überkommt Ost-Java zur Zeit von König Teguh Dharmawangsha (985–1016) von Kadiri) Neuordnung des Reichs von Kadiri unter dem bedeutenden König Airlangga (1019–1045); kulturelle Blüte; Teilung des Reiches 1045 in Janggala (= Singasari?) und Panjalu (= Kadiri). **Kadiri** behält die Oberhand. Airlangga stirbt 1049	Um 990 Machtzentrum in **Pejeng** unter König Udayana, verheiratet mit javanischer Prinzessin Mahendradatta; derer Sohn ist Airlangga	
1050			König Anak Wungsu (1050–1078)	
1100				
1150		– Jayabhaya (ca. 1130–1160) von Kadiri – Kameshwara (um 1185) von Kadiri – Kertajaya (ca. 1190–1222), letzter König von Kadiri		

ZEIT	SUMATRA KALIMANTAN (BORNEO) MALAIISCHE HALBINSEL	JAVA	BALI	ÖSTLICHE INSELWELT
1200	Seit Ende 12. Jh. beginnt der Machtverlust Shriwijayas; Nachfolge durch **Malayu** (Jambi)	Ken Arok, mit Königsnamen Rajasa (1222–1227), gründet das Reich von **Singasari** in Ost-Java in Revolte gegen Kadiri – Anushapati (= Anushanatha) (1227–1248)		
1250	Angriffe auf Malayu (1275) durch Kertanagara und Hegemonie über die Malakka-Straße Ende 13. Jh. Beendigung der Vormachtstellung Shriwijayas Erwähnung der islamischen Fürstentümer Pasai und Perlak an der Nordostküste Sumatras in den Reiseberichten des Marco Polo (1293)	– Tohjaya (1248) – Wishnuwardhana (1248–1268) – Kertanagara (1268–1292), genannt »Shiwa-Buddha«; Hegemonie über die Malakka-Straße; Angriffe auf Malayu/Sumatra 1292 Ermordung Kertanagaras, drohender Mongolenangriff und Machtumbruch, Gründung des Reiches **Majapahit** mit Sitz beim heutigen Trowulan in Ost-Java unter Raden Wijaya, mit Königsnamen Kertarajasa (1293–1309)	Angriff durch Kertanagara von Singasari auf Bali (1284)	
1300	Pasai wird wichtiges Handelszentrum Majapahit setzt Hegemonie über Malakka-Straße fort	– Jayanagara (1309–1328) – Rajapatni (= Gayatri), Gemahlin von Kertarajasa, überläßt die Regentschaft ihrer Tochter Tribhuwana (1328–1350); Unterstützung durch Premier Gajah Mada (1331–1364); 1343 Unterwerfung Balis		
1350	König Adityawarman (1347–1379) in Minangkabau/West-Sumatra und Malayu; tantristische Religion	– Herrschaft von Hayam Wuruk, mit Königsnamen Rajasanagara (1350–1389), weiterhin unterstützt von Gajah Mada; weiteste Ausdehnung des Reiches, in etwa dem heutigen Indonesien entsprechend, sowie weite Handelsbeziehungen	Unterwerfung Balis (1343) durch Gajah Mada und Einverleibung in Majapahit mit massiver Javanisierung. Javanisches Machtzentrum in **Gelgel**	Majapahit kontrolliert den Gewürzhandel (14. Jh.)
1400	Gründung des islamischen Reichs **Malakka** (1414) auf der Malaiischen Halbinsel unter König Iskandar Shah (= Parameshwara aus Palembang, Gatte einer Majapahit-Prinzessin und	– Wikramawardhana (1389–1429) 1407–1475 Frühe islamische Gräber in Ost-Java Beginn des Niedergangs von Majapahit durch Einwirkung islamischer Reiche (Anfang 15. Jh.) – Königin Suhita (1429–1447)		Malakka betreibt Handel mit Molukken

ZEIT	SUMATRA KALIMANTAN (BORNEO) MALAIISCHE HALBINSEL	JAVA	BALI	ÖSTLICHE INSELWELT
1450	später einer Pasai-Prinzessin); in der Folgezeit Aufstieg Malakkas zur wichtigen Handelsmacht, ersetzt Pasai und die Majapahit-Hegemonie über die Straße von Malakka	– Kertawijaya (1447–1451)		
1500	Erstes Sultanat von **Aceh** unter Sultan Ali Mughayat Shah (1496–1528)	– Historisch unklare Nachfolge der Majapahit-Könige; um 1515 letzte Erwähnungen des hinduistischen Majapahit		Um 1500 Islam in Lombok
	Portugiesen in Nord-Sumatra (1509), Rivalitäten mit Aceh			
	Um 1500 Islamisierung an den Küsten Kalimantans: Pasir, Kutai, Banjermasin	Ende 15. Jh. Königreich in **Demak** an der Nordküste Zentral-Javas, wird Anfang 16. Jh. islamisches Sultanat mit dem legendären Sultan Trenggana	Reste der Majapahit-Aristokratie von Java fliehen nach Bali (Anf. 16. Jh.)	
	Eroberung Malakkas durch die Portugiesen (1511) und Handelskontrolle durch diese, insbesondere im Gewürzhandel	Militärische Unterwerfung von Majapahit durch Demak um 1527		Portugiesisches Fort in Ternate (1522)
	Brunei wird wichtiges islamisches Zentrum nach Übertritt seines Herrschers zum Islam um 1520	Anf. 16. Jh.: Entstehung der islamischen Königreiche Banten und Cirebon, z. T. protektioniert von Demak. Banten unterwirft um 1579 das letzte Hindu-Reich Pajajaran/West-Java		Fürstentum **Gowa (Makassar)** mit Sitz in Somba Ompu macht erste große Eroberungen (1. Hälfte 16. Jh.)
1550	Seit 1540 Rivalitäten zwischen Sultanaten Aceh und Johor/Malaiische Halbinsel	Anf. bis Mitte 16. Jh.: Weitere Handelszentren und Häfen an der Nordküste Javas werden islamisch (Surabaya, Gresik, Japara, Kudus u. a.)	König Batu Renggong (Mitte 16. Jh.) mit Residenz in Gelgel	Die islamischen Sultanate **Ternate** und **Tidore** beherrschen die Molukken und östliche Inselwelt (16. Jh.)
		Im 16. Jh. sowohl Handelsverbindungen der nord-javanischen islamischen Zentren mit Malakka als auch Angriffe (z. B. 1574 von Japara) gegen Malakka		Vertreibung der Portugiesen aus Ternate 1575 unter Sultan Baab Ullah (1570–1583)
		Panembahan Senopati (1584–1601) richtet in **Mataram** im Landesinneren Zentral-Javas seine Residenz ein, Unterwerfung Demaks (1588) und anderer Zentren		

ZEIT	SUMATRA KALIMANTAN (BORNEO) MALAIISCHE HALBINSEL	JAVA	BALI	ÖSTLICHE INSELWELT
1600		1596 erster holländischer Handelsstützpunkt in Banten, West-Java 1602 Gründung der holländischen **VOC** (Vereinigte Ostindische Compagnie) mit besonderem Interesse am Gewürzhandel		1600–1605 gegenseitige Angriffe zwischen Portugiesen und holländischer VOC auf Ambon; allmählicher Rückzug der Portugiesen aus dem Archipel
		Panembahan Seda ing Krapyak (1601–1613); erste Kontakte mit VOC		Islamisches Sultanat Gowa seit 1605
	Iskandar Muda (1607–1636), bedeutender Sultan von Aceh, unterwirft sich das Sultanat Johor. Aceh ist stärkste Macht im westlichen Archipel	Kurz nach 1619 Gründung von Batavia als Handelshauptquartier der VOC durch Jan Pieterszoon Coen		1619 Aufstand der Bewohner der Banda- (»Muskat«-)Inseln gegen Holländer mit folgendem Massaker an 15 000 Banda-Bewohnern
		Sultan Agung (1613–1646), erster bedeutender Sultan von Mataram, unterwirft weitere Gebiete zwischen Ost-Java und Sumatra, Aceh ist Rivale		
	1641 Eroberung des portug. Malakka durch die Holländer	1646 Vertrag zwischen VOC und Mataram unter Sultan Amangkurat I. (1646–1677) mit Anerkennung der Rechte von VOC und Batavia		VOC besetzt Kupang/ West-Timor (1653), Konkurrenz mit Portugal (Kolonialmacht in Ost-Timor) um Sandelholzhandel
1650	Seit Mitte 17. Jh. Schwinden der Macht Acehs		Verlegung des Machtzentrums von Gelgel nach **Klungkung** (Mitte 17. Jh.)	Gowa kontrolliert weite Teile der östlichen Inselwelt (Mitte 17. Jh.)
		Unter General-Gouverneur Rijklof van Goens (1678–1681) und Cornelis Janszoon Speelman (1681–1684) militärische Expansion der VOC		Verbündung der Holländer (Admiral Speelman) mit dem rivalisierenden Fürsten von Bone, Aru Palakka, und Vernichtung der Makassar-Flotte (1666) sowie Unterwerfung von Somba Ompu (1669)
1700				Makassar als Handelsstützpunkt der VOC mit Kontrolle des gesamten Gewürzhandels um 1700

ZEIT	SUMATRA KALIMANTAN (BORNEO) MALAIISCHE HALBINSEL	JAVA	BALI	ÖSTLICHE INSELWELT
1750		Nach Erbfolgekriegen Aufteilung Matarams durch die VOC in Yogyakarta und Surakarta mit jeweils zwei Fürstenhöfen (1755); in Yogyakarta Sultan Hamengkubuwono und Prinz Pakualam, in Surakarta Susuhunan Pakubuwono und Prinz Mangkunagara	Bali herrscht über Lombok (1744–1894)	
		1799 nach Mißwirtschaft Übernahme der VOC samt Schulden durch den **niederländischen Staat**		
1800		Unter General-Gouverneur Daendels (1808–1811) harte Reformen und Zwangsarbeit		
	Seit 1816 Einflußnahme der holländischen Kolonialmacht in Süd-Sumatra	Britisches Interregnum unter Raffles (1811–1816)		
	1823 Sultanat Palembang unter holländischer Macht			
	Padri-Kriege (1821–1838) in West-Sumatra unter islamischem Führer Imam Bonjol mit Sieg der holländischen Kolonialmacht	Im Java-Krieg (1825–1830) javanischer Prinz Diponegoro gegen de Kock (Tod von 200 000 Javanern und 80 000 Holländern)		
		1830 unter General-Gouverneur van den Bosch Einführung des »Kultivierungssystems« (cultuurstelsel) mit Zwangsanbau	1842/43 Verträge zwischen Kolonialmacht und balinesischen Königen, die aber von Bali nicht eingehalten werden	1838/1845 holländische Expeditionen nach Flores
1850			Nach 1853 stärkere Machtpräsenz Hollands in Nord-Bali	

ZEIT	SUMATRA KALIMANTAN (BORNEO) MALAIISCHE HALBINSEL	JAVA	BALI	ÖSTLICHE INSELWELT
		1860: Erscheinen des Romans »Max Havelaar« von Eduard Douwes Dekker (Multatuli)		
	1873–1903 Aceh-Krieg mit Sieg der Kolonialmacht, aber weitergehenden Aufständen	»Liberale« Politik ab 1870 mit Aufhebung des Zwangssystems und Öffnung Javas für Privatunternehmen		
1900	Privatisierung der Plantagenwirtschaft in Nord-Sumatra			
	Expansion der Kolonialmacht auf Kalimantan (um 1900) nach vorangegangenen militärischen Aktionen im 19. Jh.		Militärische Aktionen und Expansion der Kolonialmacht in Süd-Bali (1906, 1908)	1905/1906 vollständige Unterwerfung von Süd-Sulawesi und den Kleinen Sunda-Inseln durch die Holländer
20. Jh.	Seit Beginn des 20. Jahrhunderts: »Ethische Politik« (Volkserziehung) und Herausbildung einer indonesischen Unabhängigkeitsbewegung			
	Ca. 1910: Die Gebiete des heutigen Indonesien stehen in ihrer Gesamtheit unter holländischer Kolonialmacht			
	1920/30 Jahre: Weltwirtschaftskrise mit Auswirkungen auf Plantagenwirtschaft			
	1942–1945: Japanische Besatzungszeit			
	17. August 1945: Erklärung der Unabhängigkeit Indonesiens durch Sukarno (ab 1949 erster Präsident der **Republik Indonesien**)			
	Ende 1945 bis Ende 1949: Kolonialkrieg vor allem auf Java			
	27. 12. 1949: Anerkennung der Unabhängigkeit Indonesiens durch die Niederlande			
	1965: Niederschlagung eines Putschversuchs durch General Suharto			
	1966: Übernahme der Regierungsgewalt durch General Suharto (zweiter Präsident)			

Hinweise zu Orthographie und Aussprache

Fritz Schulze

Indonesien ist nicht nur ein Land mit einer weit zurückreichenden Kulturtradition. Seit dem beginnenden 5. Jahrhundert unserer Zeitrechnung ist dies auch eine schriftliche Tradition. Dabei haben wir es zuerst mit indischen Sprachen zu tun, in erster Linie Sanskrit, aber in geringerem Umfang auch anderen, zum Beispiel Tamil. Die indische Sprachtradition, die die buddhistische und hinduistische Kultur zu deren Beginn im indonesischen Archipel transportierte, blieb nicht der einzige externe Einfluß sprachlicher Art. Es folgte im 13. Jahrhundert das Arabische, das ähnlich wie zuvor das Sanskrit eine sakrale Sprache war.

Sowohl Arabisch wie auch Sanskrit, um bei den prominentesten zu bleiben, wurden nicht nur als solche rezipiert, sondern übten gleichzeitig einen großen Einfluß auf die einheimischen Sprachen aus, Sanskrit mehr auf das Javanische und Balinesische, Arabisch mehr auf das Malaiische. Das betraf nicht nur eine Übernahme von vielen Wörtern, die in den einheimischen Sprachen teilweise zu erheblichen lexikalischen Anteilen, insbesondere den die Religion betreffenden Wortfeldern, führte. Die fremden Wörter erfuhren darüber hinaus, im besonderen diejenigen indischen Ursprungs, eine Umformung, um sie einheimischen Sprechgewohnheiten anzupassen.

Der dritte wesentliche sprachliche Einfluß von außen kam zuletzt durch die Europäer, die spätestens seit Ende des vergangenen Jahrhunderts daran gingen, die einheimischen Alphabete durch ihr eigenes, lateinisches zu verdrängen. Daß die englischen Kolonialherren eine andere Orthographie für teilweise dieselben Sprachen, zum Beispiel Malaiisch, verwendeten als die Holländer, versteht sich selbstredend. Und dies betraf in der Forschung auch die Transliteration der Alphabete der älteren Sprachstufen, zum Beispiel des Altjavanischen oder Altmalaiischen.

Die Emanzipation der Völker des Archipels von kolonialer Herrschaft brachte die Herausbildung einer eigenen – lateinischen – Orthographie mit sich, die ihrerseits mehrfachen Reformen unterworfen war.

Diese verschiedenen synchronen und diachronen Ebenen erschweren die Verwendung einer einheitlichen Orthographie erheblich, wie sie für die Benutzung eines Kataloges wie diesen sinnvoll und notwendig ist. Oberstes Ziel war eine weitgehende Vereinheitlichung, die die verschiedenen betroffenen Sprachen, nach Möglichkeit alle einschließt. Ausgangspunkt ist dabei die moderne indonesische Orthographie, wie sie auch für die anderen regionalen Sprachen Indonesiens und Malaysias und auch in der Südostasien-Kunde weltweit im allgemeinen heute verwendet wird. In diese Orthographie werden auch Sanskrit und Arabisch eingeschlossen. Die sich dabei ergebenden Probleme müssen in Kauf genommen werden. Das erste Problem besteht darin, daß in bezug auf Sanskrit eine starke Vereinfachung stattfindet und nicht alle Laute adäquat wiedergegeben werden. So fehlen zum Beispiel die retroflexen Laute ganz. Retroflexes »r« wird mit »er« wiedergegeben (Ausnahme »Reshi« und »Kreshna«), was auch beim Altjavanischen zum Tragen kommt. »ś« und »ṣ« werden einheitlich mit »sh« (deutsche Aussprache »sch«) wiedergegeben. Erhalten bleiben dagegen die aspirierten Konsonanten und die Klassen-Nasale. »v« wird analog zur indonesischen Schreibweise mit »w» wiedergegeben. Die Längsstriche bei langen Vokalen werden grundsätzlich weggelassen.

Die Transliteration des Arabischen erfolgt aus den erwähnten praktischen Gründen den angelsächsischen Transliterationsregeln, mit einer gravierenden Ausnahme: Auch hier fehlen die Längsstriche bei Vokalen, um die Einheitlichkeit zu gewährleisten.

Im allgemeinen ist die Aussprache für den deutschen Muttersprachler ohne große Probleme nachzuvollziehen, so daß einige Hinweise genügen dürften: »j« entspricht etwa dem deutschen »dsch«, »c« dem deutschen »tsch« (Ausnahme: Chola), »sh« dem deutschen »sch«, »z« entspricht immer dem stimmhaften deutschen »s«; »y« ist immer wie deutsches »j« auszusprechen; bei arabischer Transliteration »th« für stimmloses englisches »th« und »dh« für das stimmhafte, »ᶜ« ist ein stimmhafter Stimmeinsatz, »ḥ« dessen stimmlose aspirierte Variante, die emphatischen arabischen Konsonanten sind durch einen diakritischen Punkt unter dem entsprechenden Konsonantenzeichen gekennzeichnet, »'« kennzeichnet den stimmlosen Stimmeinsatz, und »gh« entspricht dem deutschen Zäpfchen-»r«, »q« ist ein in der Kehle gesprochenes »k«; »r« ist immer gerollt.

Glossar

abhaya-mudra: Geste der Furchtlosigkeit oder Schutzgewährung

adat: Gewohnheitsrecht bei den verschiedenen indonesischen Ethnien

Adiparwa: erstes Kapitel der altjavanischen Fassung des *Mahabharata*

Agastya: Shiwa in seiner Erscheinung als Weiser und Lehrer

akshamala: Gebetskranz, Attribut der Götter, insbesondere Shiwas

Akshobya: einer der fünf transzendenten Buddhas (Jina) des Mahayana- und Wajrayana-Buddhismus, dem Osten zugeordnet

alidha: Ausfallschritt, das rechte Bein gerade, das linke gebeugt

alinganamurti: Darstellung des Shiwa in Umarmung seiner Gattin Uma, einer Form der Parwati oder Durga

amerta: Trank der Unsterblichkeit, heiliges Wasser

Amitabha: einer der fünf transzendenten Buddhas (Jina) des Mahayana- und Wajrayana-Buddhismus, der u. a. den Bodhisattwa Awalokiteshwara aus sich emanieren ließ; der am meisten verehrte der fünf Jina, dem Westen zugeordnet

Amoghasiddhi: einer der fünf transzendenten Buddhas (Jina) des Mahayana- und Wajrayana-Buddhismus, dem Norden zugeordnet

ankusha: Stachelstock, Elefantenhaken, Attribut der Götter

Antefix: dreieckige Form in der Tempelarchitektur, meist als Aufsatz an Gesimsen

añjali-mudra: Geste der Verehrung oder der Anbetung

Ardhanareshwari: weiblicher Teil von Ardhanarishwara, dem androgynen Aspekt von Shiwa, halb männlich, halb weiblich, hier also eine Referenz zu Shiwas Gattin Parwati

ardhaparyanka: Sitzhaltung: Der linke Unterschenkel an den Körper gezogen, der rechte Fuß abgespreizt

Arjuna: einer der fünf Pandawa-Brüder im *Mahabharata*

Arjunawiwaha: altjavanischer Text, erzählt die Geschichte Arjunas (s. d.), der eine magische Waffe Shiwas erhält, eigenständige Variante einer Episode des *Mahabharata*

asana: Körperhaltung

ashwin: pferdeköpfige, langohrige Zwillingstiere, die den Sonnenwagen des Gottes Surya ziehen

Awalokiteshwara: Bodhisattwa, Manifestation des Amitabha-Buddha, den er als Erkennungszeichen als kleine Figur in seiner Krone trägt

banaspati: »Herr der Wälder«, als *kala*-Kopf insbesondere an ostjavanischen Tempeln

baris: balinesischer Kriegertanz

Barong: mythisches löwenähnliches Tier der Balinesen, steht in Tänzen für das Gute, kämpft gegen das Böse

Bhairawa: Shiwa oder Buddha in seinem furchtbaren Aspekt, wichtig im Tantrismus und hindu-buddhistischen Synkretismus

bhanga: geschwungene Standhaltung

Bhattara (Betara) Guru: Name für Shiwa als Lehrer

Bherkuti: Göttin, Begleiterin des Buddha Amitabha oder des Bodhisattwa Awalokiteshwara

bhumisparsha-mudra: Geste der Erdberührung des sitzenden Buddha, bei der dieser die Erde als Zeugin für seine Buddhaschaft anruft

Bhurloka: Ebene der Sterblichen/Irdischen; entspricht in der indo-javanischen Architektur dem Tempelsockel

Bhuwarloka: Ebene der Begegnung zwischen Menschen und Göttern; entspricht in der Architektur dem Tempelkörper

biaro (= wihara): Kloster, Tempel

bodhisattwa: Wesen, das bereits die Erleuchtung des Buddha besitzt, jedoch auf die Buddhaschaft verzichtet, um die noch nicht Erleuchteten ebenfalls zur Erlösung zu führen

Brahma: Weltenschöpfer, hinduistische Gottheit der Trinität *(trimurti)*

Buddha: »der Erleuchtete«, Begründer des Buddhismus

cakra: Rad, Attribut des Wishnu und im Buddhismus Symbol der Lehre

camara: Wedel, Attribut der Götter, insbesondere Shiwas

camaradharini: Dienerin (wörtl. Halterin des Fliegenwedels)

Camundi: dämonische Form von Dewi, der Gemahlin Wishnus

candi bentar: gespaltenes Tor in der balinesischen Tempelarchitektur
candi: Tempel oder jedes andere Heiligtum des alten Java
Candra: Mondgott im hinduistischen Pantheon
candra-kapala: Mondsichel-Totenkopf-Motiv, Attribut des Shiwa und Ganesha
candrasa: ursprünglich der Name der legendären Waffe des Rawana, auch Typ einer Bronzeaxt mit dünner, sichelförmiger Klinge
candrasengkala: ein rebusartiges Chronogramm, eine Jahreszahl in Bildform darstellend
cattra: Sonnenschirm
Cella: Innenraum eines Tempels
channawira: doppelte, gekreuzte heilige Schnur, meist von Frauen oder Jünglingen getragen
cupu: als Bestandteil des Betelbestecks Dose für Kalk

dalang: Vorführer des Wayang
dewa: allgemeine Bezeichnung für Gottheit
dhanus: Bogen, Attribut der Götter
dharani: buddhistische Gebets- oder Zauberformel
dharmacakra-mudra: Geste des ›Drehens des Rads der Lehre‹, mehrere Varianten
dhoti: Gewandform
dhyana-mudra: Geste der Meditation und Versenkung
Dhyani = Jina
Dongson: Bronzekultur im festländischen und insularen Südostasien, benannt nach dem Fundort gleichen Namens im heutigen Nordvietnam
Durga: Shiwas Gemahlin in ihrem zerstörerischen Aspekt
dwarapala: Türwächter als Steinfiguren, bei buddhistischen und hinduistischen Heiligtümern

empu: Kris-Schmied; auch Titel der altjavanischen Dichter

gada: Keule, Attribut der Götter
gambir: Pflanze zur Zubereitung von Betel
gambuh: balinesischer Tanz, auch Bezeichnung für das dazugehörige Musikensemble
Gamelan: javanisches und balinesisches Klangspiel
Ganesha: Sohn von Shiwa und seiner Gemahlin Parwati, Gott der Weisheit
gapura: Monumentaltor der Architektur im alten Java
Garuda: mythischer Adler, oft als Mischung zwischen Mensch und Vogel dargestellt, Reittier *(wahana)* des Wishnu und König der Vögel
ghanta: Glocke, Attribut der Götter
gunungan: im Wayang Figur in Form eines Berges, welche das Universum symbolisiert und zur Abgrenzung von Szenen dient
guru: Lehrer

Hamsa: mythische Gans, Reittier *(wahana)* des Brahma
Hanuman: Affengeneral, der mit seiner Affenarmee im *Ramayana* Rama bei der Befreiung seiner Gattin Sita hilft
Hariti: im buddhistischen Pantheon Dämonin, die sich von einer Menschen- bzw. Kinderfresserin zur Göttin wandelte, Schutzgöttin der Kinder
hayasya: Stute

Indra: im hinduistischen Pantheon König der Götter, Regengott, einer der acht Lokapalas

jaladware: Wasserspeier
Jataka: erbauliche Geschichten aus früheren Inkarnationen des Buddha
jatamakuta/jatamukuta: Flechtenkrone
Jawi: für Texte malaiischer Sprache benutztes, erweitertes arabisches Alphabet
Jina: die fünf transzendenten Buddhas, sie sind zeitlos und immer präsent, sie werden den vier Himmelsrichtungen und dem Zentrum zugeordnet

kacip: Betel-Schere zur Zerkleinerung der Areca-Nuß
kain: Tuch
kain songket: Brokat-Gewebe
kakawin: altjavanische Gedichtform, die auf indische Vorbilder zurückgreift und in der klassischen Literatur Verwendung findet
kala: Dämonenkopf, meist über Tempeleingängen
Kala: Gott der Zeit
kala-makara-Motiv: Motiv an Tempeleingängen mit *kala* im Türsturz und *makara* rechts und links neben der Schwelle, auch an Treppenläufen
kamandalu: Krug, Attribut der Götter, insbesondere des Agastya
kapala: Schädeloberteil als Trinkgefäß, u. a. Attribut des Bhairawa, wichtig im Tantrismus
karandamukuta: Krone in Form übereinandergestülpter Töpfe
karma: gute und schlechte Taten, im Hinduismus und Buddhismus, bestimmend für die Wiedergeburt
kartari-mudra: Geste, bei der die Daumenspitze die Spitze des Mittelfingers berührt
Kaurawa/Korawa: die hundert Vettern und Widersacher der Pandawas im *Mahabharata*
Kawi: altjavanische Sprache
kawi: Dichter eines *kakawin*
kayon/kayonan: Bezeichnung für *gunungan* im Wayang (s. dort)

kendi: Wassergefäß
kentongan: Schlitztrommel, Musikinstrument
Kreshna (Krischna): Inkarnation des Wishnu, Ratgeber der Pandawas im *Mahabharata*
khadga: Schwert, Attribut der Götter
khakkhara: Im Mahayana-Buddhismus der Rasselstab eines Mönchs, der Tiere vertreiben und die Menschen auf sein Kommen aufmerksam machen soll
khatwanga: Stab mit Totenkopfknauf, Attribut der Götter in ihren destruktiven Aspekten
khetaka: Schild, Attribut der Götter
kidung: einheimische javanische Gedichtform, insbesondere für mittel- und neujavanische Literatur verwendet
kiritamukuta: Krone in Form einer Mitra, Adelskrone
kraton: Sitz des Herrsches in der javanischen und malaiischen Welt
Kris/*keris*: im insularen Südostasien verbreiteter Dolch mit sakraler und magischer Konnotation, daher oft Bestandteil von herrschaftlichen Insignien
Kuwera: Gott des Reichtums und Überflusses

ladrang: auskragender Teil des Kris-Schafts
lakon: Theaterstück, speziell im *wayang kulit*
lakshana: Körpermerkmal
Lakshmi: s. Shri
lalitasana: Sitzhaltung der Ungezwungenheit: ein Bein herabhängend, das andere aufgestützt
legong: balinesischer Palasttanz, ursprünglich von drei Mädchen vor der Pubertät getanzt
lingam/lingga: Phallussymbol für Shiwa als Schöpfer, oft in Verbindung mit der *yoni*
Lokapala/Dikpala: acht hinduistische Götter, die die acht Himmelsrichtungen bewachen
lontara: Handschrift auf *lontar*-Palmblättern; Bezeichnung für die autochthone makassarische und buginesische Schrift

Mahabharata: altindisches Sanskrit-Epos aus dem 4. Jahrhundert v. Chr., im 10. Jahrhundert in Teilen ins Altjavanische übertragen, Geschichte der fünf Pandawas im Kampf gegen ihre Widersacher, die Kaurawas
Mahadewa: Name für Shiwa als Großer Gott
Mahayana: Richtung des Buddhismus, auch »Großes Fahrzeug« genannt, in der die Bodhisattwaschaft eine zentrale Rolle spielt
Mahisha: Büffeldämon, er konnte nur von der Göttin Durga besiegt und enthauptet werden
Maitreya: der zukünftige, auf seine Geburt wartende Buddha
makara: See-Ungeheuer, oft als Mischwesen aus Fisch bzw. Krokodil und Elefant
Mandala (1): konzentrisches Diagramm, das den Kosmos darstellt und magische Energien enthält
mandala (2): Standhaltung, Grätsche mit gebeugten Beinen
manggala: Eröffnungsverse eines *kakawin*
mantra: magische Formel oder Anrufung, im Tantrismus verbreitet zur Konzentration kosmischer oder psychischer Energien
Meru: mythischer Berg Indiens, Sitz der Götter
meru: Schrein im balinesischen Tempel, mit ungerader Anzahl übereinandergestaffelter Dächer
mudra: symbolhafte Geste
mukhalingam: Erscheinungsbild Shiwas als *lingam* (s. d.), *lingam* mit der Abbildung von Shiwas Gesicht
mukunda: Trommelart und Bezeichnung einer buddhistischen Göttin als himmlische Musikerin
mukuta/makuta: Krone der Götter
mungkur: wörtlich »nach hinten gewandt«, Bezeichnung für einen Kopfschmuck mit rückwärtigem Garuda-Kopf
muraja: Trommelart und Bezeichnung einer buddhistischen Göttin als himmlische Musikerin
murti: Erscheinungs- bzw. Darstellungsform eines Gottes, in erster Linie Shiwas

naga: mythische Schlange als Symbol für Fruchtbarkeit und ewige kosmische Energie, Darstellung meist als Kobra, oft in mehrköpfiger Form als Schutzschirm einer Gottheit
Nagara-Kertagama: historisierender Text in Versform, 1365 von Prapañca zur Glorifizierung von König Hayam Wuruk von Majapahit verfaßt, wichtige Quelle der altjavanischen Geschichtsschreibung
Nagari-Schrift/Dewanagari-Schrift: nordindische Schrift der Sanskrit-Sprache
nagini: weibliche Form von *naga* (s. d.)
Nandi/*nandin*: weißer Stier, Reittier *(wahana)* des Shiwa
nirwana: Erlösung, Ende des Kreislaufs der Wiedergeburten

padma: Lotus, unter anderem Attribut der Götter
padmasana: ›Lotussitz‹ der meditativen Versenkung, Sitzhaltung mit verschränkten Beinen, in der buddhistischen Ikonographie *wajrasana*; auch Lotussockel
paidon: Spucknapf als Bestandteil des Betel-Bestecks
pamor: Eisen-Nickel-Legierung der Kris-Klinge
Pallawa: südindische Schrift, nach der gleichnamigen indischen Dynastie benannt, diente zur Aufzeichnung von Sanskrit- und Pali-Texten, später auch von Texten in einheimischen indonesischen Sprachen

panakawan: Begleiter der Helden, Dienerfigur im *wayang kulit*
Pandawa: die fünf Brüder und Helden im Mahabharata: Yudishtira, Bima, Arjuna, Nakula, Sadewa
Pararaton: historisierender Text in Prosaform, der den Werdegang der javanischen Könige seit Ken Arok (ab 1222) beschreibt; Ende des 15. Jahrhunderts verfaßt
parashu: Axt, Attribut der Götter, insbesondere Ganeshas
Parthayajña: altjavanischer Text, erzählt die Geschichte Arjunas (s. d.), der sich zur Meditation auf den Berg Indrakila begibt, Fortsetzung im *Arjunawiwaha* (s. d.), eigenständige Variante einer Episode des *Mahabharata*
parwa: Bezeichnung für die 18 Teile des *Mahabharata*
Parwati: hinduistische Göttin, Gemahlin Shiwas, auch Uma genannt
paryankasana: halber Lotussitz, rechter Oberschenkel ruht auf dem linken
pathet: drei verschiedene Stimmungen des Gamelan, analog zu den drei Akten einer *wayang*-Aufführung
patih: Minister, hoher Beamter
pegon: für Texte javanischer Sprache benutztes, erweitertes arabisches Alphabet, fast ausschließlich für islamisch-religiöse Texte
pelog: Gamelan mit 7-Ton-Leiter
pendok: Überzug des Kris-Schaftes
pendopo: große oder kleine offene Halle
perisai: Schild
pertapaan: Einsiedelei, Meditationsplatz
pinang: Frucht der Areca-Palme, Bestandteil der Betel-Zubereitung
prabha: Aureole, Nimbus
pradakshina: Herumgehen um ein Götterbildnis oder einen Tempel im Uhrzeigersinn
prajñaparamita: vollkommene transzendente Weisheit, im Mahayana-Buddhismus deren Personifizierung
pralambapada: Sitzhaltung mit hängenden Beinen (westliche Sitzhaltung)
prasawya: Herumgehen um einen Tempel gegen den Uhrzeigersinn
pratyalidha: Ausfallschritt, das linke Bein gerade, das rechte gebeugt
pripih: Steinplatte mit neun Löchern zur Aufnahme von Asche und Edelsteinen, häufig unter der Hauptstatue eines Tempels angebracht
puja: rituelle Gottesverehrung oder Opferung im Hinduismus und Buddhismus
pura: balinesischer Tempel
puri: balinesischer Palast
pusaka: vererbte Insignien
pushpa: Blumenbildnis bei der *shraddha*-Heremonie (s. d.)

raja: Herrscher
rajalilasana: Körperhaltung der königlichen Ungezwungenheit
rakshasa: riesenhafte Dämonen, im *Ramayana* Gefolgsleute des Rawana
Ramayana: indisch-javanisches Epos über Rama, der seine entführte Frau Sita vom Widersacher Rawana zurückholt
Rangda: Herrscherin der Hexen bei den Balinesen
ratna: Edelstein, Juwel; auch dreifach geschweifter Ring in Form eines Juwels
Ratnasambhawa: einer der fünf transzendenten Buddhas (Jina) des Mahayana- und Wajrayana-Buddhismus, dem Süden zuugeordnet
Rawana: König von Sri Lanka und Widersacher Ramas im *Ramayana*
rebab: Saiteninstrument arabischen Ursprungs, u. a. im Gamelan verwendet
reshi: heiliger Weiser, Einsiedler und Asket

samabhanga: aufrechte Standhaltung mit geraden Beinen
samsara: Kreislauf der Wiedergeburten
sarung/sarong: Wickeltuch der Malaien
sattwaparyanka: gleich dem *paryankasana*
sembah: ehrerbietiger Gruß mit vor Brust oder Stirn gefaltenen Händen
sendi: Säulenbasis
Shaka: indo-javanische Jahreszählung in Mondjahren, beginend im Jahr 78 n. Chr.
shakti/sakti: kosmische Energie, innere Kraft
Shakti: weibliche Energie eines Gottes in der Personifikation seiner Gemahlin
shankha: Muschel, Attribut der Götter, insbesondere des Wishnu
Shiwa: hinduistische Gottheit der Trinität *(trimurti)*, sowohl Zerstörer als auch Erneuerer
shraddha: altjavanische Totengedenkfeier, die nach zwölf Jahren abgehalten wird
Shri Lakshmi: Göttin der Schönheit, des Reichtums und des Glücks, Gemahlin des Wishnu
Shri Tañjung: altjavanischer Text, an das *Sudamala* anknüpfend
shukarasya: heilige Sau
sima: freier Grundbesitz
simha/singa: Löwe, königliches Tier (nicht König der Tiere), Wishnu in seiner vierten Inkarnation
sirih: Blätter des Betelpfeffers zur Herstellung von Betel
slendang: Schal, zu zeremoniellen Anlässen über eine Schulter herabhängend getragen
slendro: Gamelan mit 5-Ton-Leiter
stambha: *stupa*-förmiger Gebäudeaufsatz; Säule

stupa: Erinnerungsmal Buddhas in glockenförmiger Gestalt, wichtiges Element buddhistischer Tempel
Sudamala: altjavanischer Text, erzählt die Geschichte Sadewas, der Durga befreit, Fortsetzung im *Shri Tañjung*
suling: Flöte
sumping: Ohrschmuck bei Tanzkronen und *wayang*-Figuren
Surya: Sonnengott im hinduistischen Pantheon
swanasya: Hündin
Swarloka: Ebene der Götter; entspricht in der indo-javanischen Architektur dem Tempeldach
swastika: Sonnenrad, hinduistisches Symbol

Tantrismus: mystisch-magische, oft synkretistische Form des Buddhismus oder Hinduismus, wobei die Vereinigung der männlichen Gottheit mit seiner Shakti eine wichtige Rolle spielt
Tara: Göttin, weibliche Entsprechung des Buddha Amoghasiddhi
tarjani: drohender Finger
Tathagata = Jina
tombak: Lanze
tribhanga: dreifach geschwungene Pose
tridandi: Pflanzenstengel mit drei Enden, Attribut der Götter
trimurti: hinduistische Götter-Dreiheit aus Brahma, Wishnu und Shiwa
trishula: Dreizack, Attribut der Götter, insbesondere Shiwas
tumpal: längliche Dreiecksformen beim Zierdekor, insbesondere am Saum von Stoffen

ukiran: Griff eines Kris
ukur: aus chinesischen Münzen oder Goldplättchen gebildete Umrißform des Menschen zur Verwendung bei Totenzeremonien auf Bali
Uma: s. Parwati
upawita: heilige Schnur, Attribut der Götter
urna: Haarbüschel oder knopfartige Erhebung auf der Stirn des Buddha
ushnisha: Schädelauswuchs des Buddha als Sinnbild für seine Weisheit und Erleuchtung
utpala: blauer Lotus, Attribut der Götter

wadah: Behälter, Schale beim Betelbesteck für *sirih, gambir* (s. d.) oder *pinang* (s. d.)
Wairocana: einer der fünf transzendenten Buddhas (Jina) des Mahayana- und Wajrayana-Buddhismus, der Mitte zugeordnet
wajra: Donnerkeil, Attribut der Götter
Wajragiti: buddhistische weibliche Gottheit des Gesangs
Wajralashi: buddhistische weibliche Gottheit des langsamen Tanzes
Wajranerta: buddhistische weibliche Gottheit des überschwenglichen Tanzes
wajrasana: ›Lotussitz‹ der meditativen Versenkung, in der hinduistischen Ikonographie *padmasana*
Wajrasphota: buddhistische weibliche Gottheit
Wajrayana: Diamantpfad; Richtung im Buddhismus, ähnlich dem Tantrismus
wamsha: Flötenart und Bezeichnung einer buddhistischen Göttin als himmlische Musikerin
wara-mudra: Geste der Segens- und Wunschgewährung
Wayang/*wayang*: wörtlich »Schatten«, Bezeichnung für traditionelle javanische Theaterformen
wayang golek: Spiel mit vollplastischen Stabpuppen
wayang kulit: Schattenspiel mit Lederpuppen
wayang wong: Tanzdrama
widadari/bidadari: himmlische, oft verführerische Nymphen
wihara: Tempel, Kloster
wilah: Klinge des Kris
wina: Harfe mit sieben Wirbeln, auch Bezeichnung einer Göttin als himmlische Musikerin
Winayaka: buddhistische weibliche Gottheit
wirasana: Sitzhaltung ähnlich dem ›Lotussitz‹, auch Heldensitz genannt
Wishnu: hinduistischer Hauptgott, Erhalter und Retter der Welt
witarka-mudra: Geste des Erklärens
wrangka: Scheide des Kris

yaksha: halbgöttliche, halbdämonische Genien und Wächter, Begleiter des Gottes Kuwera
yoni: Symbol der Vagina, meist in Verbindung mit dem *lingam* des Shiwa-Kults

dhyana-mudra

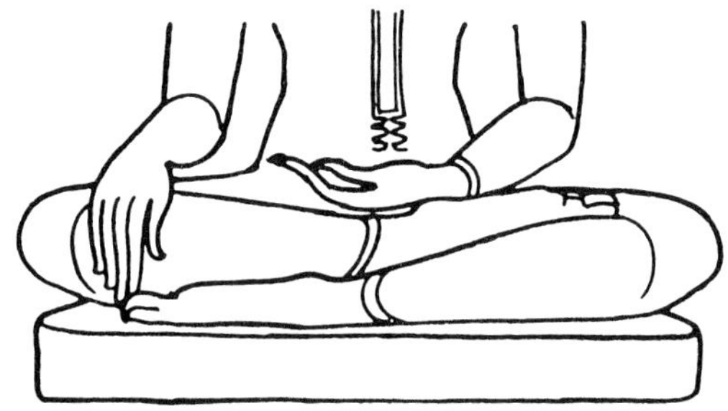

bhumisparsha-mudra

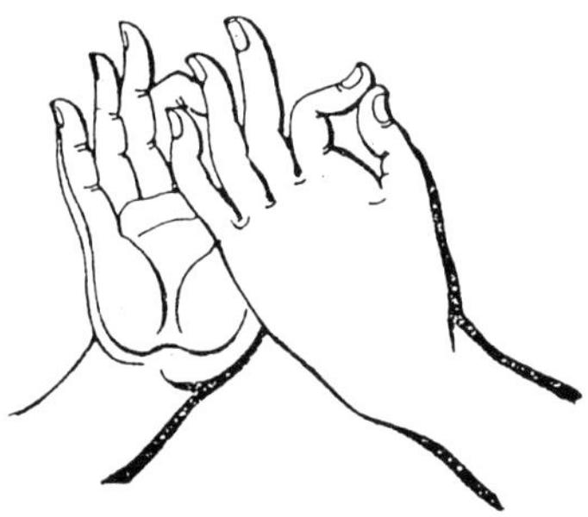

dharmacakra-mudra

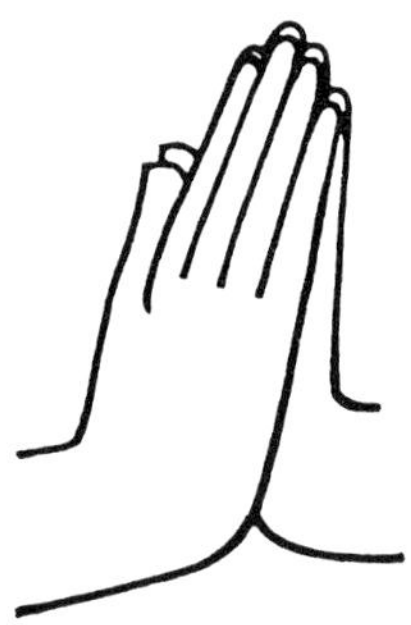

añjali-mudra

witarka-mudra

wara-mudra

abhaya-mudra

jatamukuta

kiritamukuta

karandamukuta

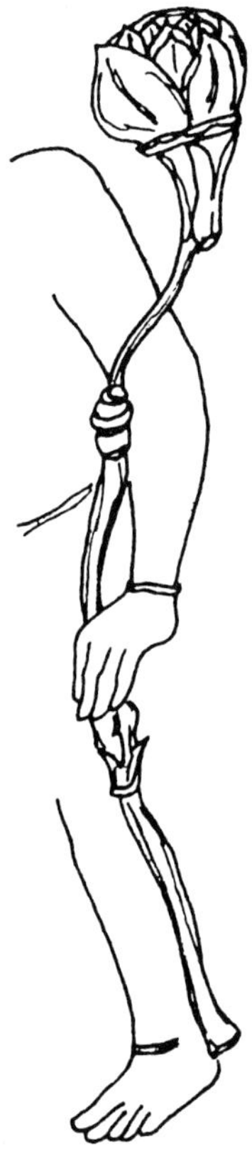

padma

shankha

kamandalu

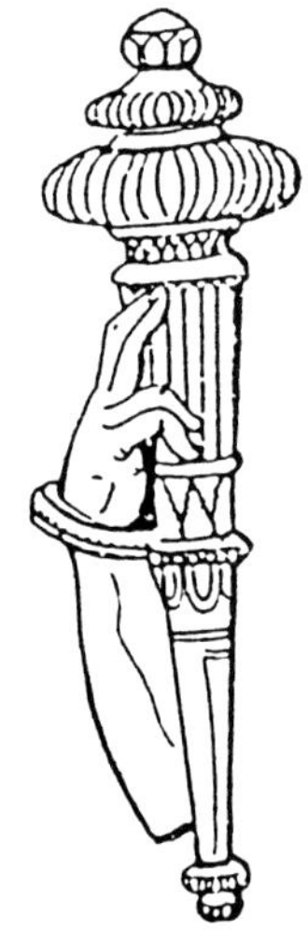

gada

ankusha

cakra

camara

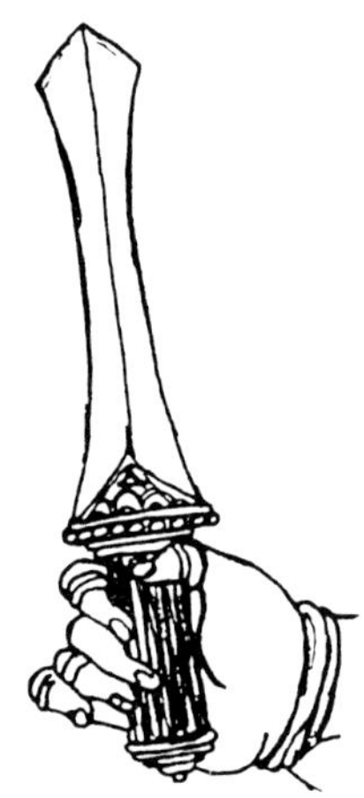

khadga

trishula

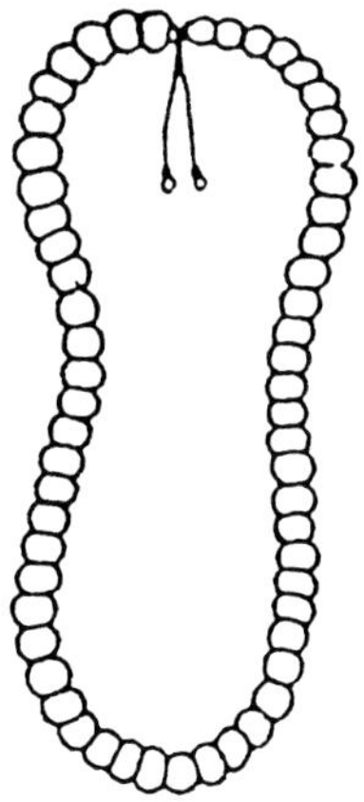

akshamala

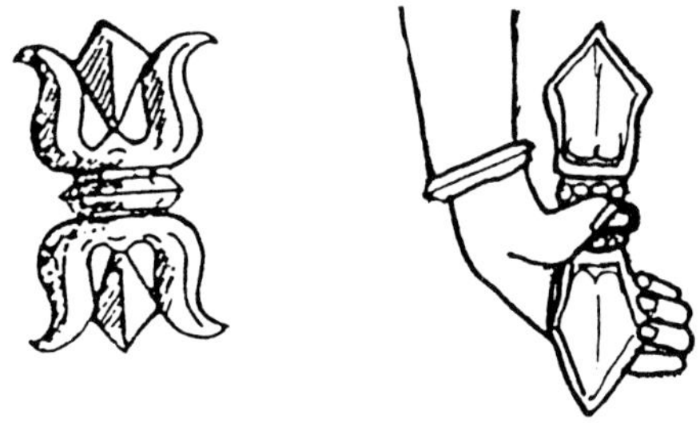

wajra

ghanta

khatwanga

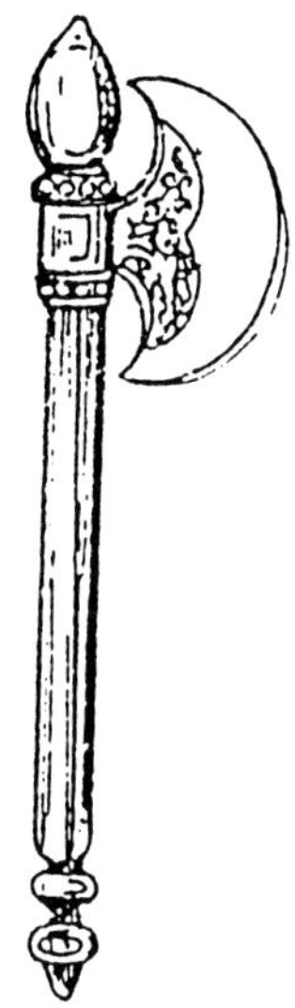

parashu

Religion, Geography, History, and Literature. London
Drewes, G. W. J.
1968 New Light on the Coming of Islam to Indonesa? In: Bijdragen tot de Taal-, Land- en Volkenkunde, Bd. 124, S. 433–459
1977 Directions for Travellers on the Mystic Path. The Hague
Drewes, G. W. J. & L. F. Brakel
1986 The Poems of Hamzah Fansuri. Dordrecht-Cinnaminson
Dumarçay, Jacques
1987 The Temples of Java. Singapore
1993 Histoire de l'architecture de Java. In: Memoires Archéologiques, Bd. 19, S. 95–97
Dupont, Pierre
1958–59 Les Buddha dits Amaravati en Asie du Sud-Est. In: Bulletin de l'École Française d'Extrême Orient, Bd. 49, S. 631–666
1959 L'archéologie Mône de Dvaravati. Paris
Dyen, Isidore
1965 A lexicostatistical Classification of the Austronesian Languages. Baltimore

Ensink, J.
1967 On the Old-Javanese Cantakaparwa and its Tale of Sutasoma. 's-Gravenhage
Erp, Th. van
1910 Naschrift. In: Tijdschrift voor Indische Taal-, Land- en Volkenkunde, Bd. 52, S. 120–122
1917 Eenige Mededeelingen betreffende de beelden en fragmenten van Boroboedoer in 1896 geschonken aan Z. M. den Koning van Siam. In: Bijdragen tot de Taal-, Land- en Volkenkunde, Bd. 73, S. 285–310
1923 Hindoe-Javaansche beelden thans te Bangkok. In: Bijdragen tot de Taal-, Land- en Volkenkunde, Bd. 79, S. 491–518
1927 Nog eens de Hindoe-Javaansche beelden te Bangkok. In: Bijdragen tot de Taal-, Land- en Volkenkunde, Bd. 83, S. 503–513
1933a Verrassende vondst op Celebes: een bijna levensgroote bronzen Buddha. In: Maandblad voor Beeldende Kunsten, S. 317–318
1933b Een merkwaardige Garoeda-voorstelling op een Hindoe-Javaansche bronze hangklok. In: Bijdragen tot de Taal-, Land- en Volkenkunde, Bd. 90, S. 259–265
1941 Aanwinst voor het Museum van Aziatische Kunst van enige hindoe-javaansche ceremonieele lampen. In: Maandblad voor Beeldende Kunsten, Bd. 18, S. 102–114
1943a Een fraaie Hindoe-Javaansche Khakkhara. In: Maandblad voor Beeldende Kunsten, Bd. 20/4, S. 95–96
1943b Iets over de verlichting der cella van Hindoe-Javaansche heiligdommen. In: Maandblad voor Beeldende Kunsten, Bd. 20/7–8, S. 145–154
1943c De Indische geluksgodin met de olifanten. In: Maandblad voor Beeldende Kunsten, Bd. 20/11–12, S. 214
Errington, Shelly
1989 Meaning and Power in a Southeast Asian Realm. Princeton
Espallargas, J. G.
1973–74 The Sumatran Origins of the Philippine Script [Review of J. R. Francisco: Philippine Palaeography, Quezon City 1973]. In: Philippine Journal of Linguistics, Bd. 4–5/1–2, 1973–74, S. 121–136.

Fatimi, S. Q.
1963 Islam Comes to Malaysia. Singapore
Feldman, J. (ed.)
1985 The Eloquent Dead. Ancestral Sculpture of Indonesia and Southeast Asia. Los Angeles: Museum of Cultural History
Fisher, Charles A.
1964 Southeast Asia: A Social, Economic, and Political Geography. London
Fokker, Abraham Anthony
1938 Wirataparwa, opnieuw uitgegeven, vertaald en toegelicht (Diss. Leiden). 's-Gravenhage
Fontein, Jan
1966 The Pilgrimage of Sudhana. The Hague
1971 Ancient Indonesian Art of the Central and Eastern Javanese Periods – Catalogue Asia House Gallery. New York
1973 The Abduction of Sita, Notes on a Stone Relief from Eastern Java. In: Boston Museum Bulletin, Bd. 71, Nr. 363, S. 21–35
1989 The Law of Cause and Effect in Ancient Java (= Koninklijke Nederlandsche Akademie van Wetenschappen, Verhandelingen Afdeling Letterkunde Nieuwe Reeks Deel 139). Amsterdam – Oxford – New York
1990 The Sculpture of Indonesia (Ausstellungskatalog: The National Gallery of Art). Washington
Forkl, Hermann et al.
1993 Die Gärten des Islam. Stuttgart
Francisco, Juan R.
1973 Philippine Palaeography, Quezon City
Frédéric, Louis
1964 Sud-Est Asiatique. Paris

Friederich, R. H. Th.
1859 Beschrijving van een metalen Çivabeeld. In: Tijdschrift voor Indische Taal-, Land- en Volkenkunde, Bd. 8, S. 72–75

Galestin, Th. P.
1936 Houtbouw op Oost-Javaansche tempelreliefs. 's-Gravenhage
1939a Een Hindoe-Javaansch gouden sieraad. In: Cultureel Indië, Bd. 1, S. 73–79
1939b De onverklaarde reliefs van Tjandi Kedaton. In: Cultureel Indië, Bd. 1, S. 154–156
1967 An Interesting Stone Top-piece of the Oldjavanese Bathing Place Jalatunda. In: Pratidanam. The Hague
Galis, K. W.
1956 Oudheidkundig onderzoek in Nederlandsch Nieuw Guinea. In: Bijdragen tot de Taal-, Land- en Volkenkunde, Bd. 112, S. 271–278 (mit Postscriptum von A. N. J. van der Hoop)
Geertz, C.
1963 Agricultural Involution – The Processes of Ecological Change in Indonesia. Berkeley – Los Angeles
Gerbrands, A. A.
1978 Talania and Nake, Master Carver and Apprentice: Two Woodcarvers From the Kilenge (West-Neuengland). In: Art in Society. Studies in Style, Culture and Aesthetics. London
Ghosh, Mallar
1980 Development of Buddhist Iconography in Eastern India: A Study of Tara, Prajñas of the Five Tathagatas and Bhrikuti. New Delhi
Gittinger, Mattiebelle
1980 Sacred Symbols, Textiles and Tradition in Indonesia (Ausstellungskatalog: The Textile Museum). Washington D. C.
Glover, I. C.
1977 The Late Stone Age in Eastern Indonesia. In: World Archaeology, Bd. 9
1986 Archaeology in Eastern Timor. In: Terra Australis, Bd. 2. Canberra
1990 Early Trade Between India and Southeast Asia: A Link in the Development of a World Trading System. Hull
Goloubew, Victor
1929 L'âge du bronze au Tonkin et dans le Nord-Vietnam. In: Bulletin d'École Française d'Extrême Orient, Bd. 29, S. 1–46
Gonda, Jan
1970 Siva in Indonesien. In: Wiener Zeitschrift für die Kunde Südasiens, Bd. 14, S. 1–32
1976 Old Javanese Literature. In: Handbuch der Orientalistik 3,3,1, Leiden – Köln, S. 187–245.
Goris, R.
o. J. Bali, Cults and Customs. Jakarta
Goudriaan, T. und C. Hooykaas
1963 The Origin of the Javanese Mosque. In: Journal of Southeast Asian History, Bd. 4/1, S. 1–5
1971 Stuti and Stava. VKAWL LXXII
Graaf, H. J. de & Th. G. Th. Pigeaud
1974 De eerste Moslimse vorstendommen op Java: Studiën over de staatkundige geschiedenis van de 15de en 16de eeuw. 's-Gravenhage
Grader, C. J.
1939 Brajoet, de geschiedenis van een balisch gezin. In: Djawa, Bd. 19, S. 260–275
Grant, I.
1969 Bali Morning of the World. Wellington
Grimes, Charles E. und Barbara D. Grimes
1987 Languages of South Sulawesi. Canberra
Groeneveldt, W. P.
1887 Catalogus der archeologische verzameling van het Bataviaasch Genootschap van Kunsten en Wetenschappen. Batavia
1960 Historical Notes on Indonesia and Malaya, Compiled from Chinese Sources. Neudruck Jakarta
Groneman, J. L.
1895 De Garebeg's te Ngajogjakarta. 's-Gravenhage
Gupte, R. S.
1972 Iconography of the Hindus, Buddhists and Jains. Bombay

Hadimuljono, R.
1982–83 Candi Jawi. Jakarta
Hall, D. G. E.
1981 A History of South-East Asia. 4. Aufl. London
Hall, K. R.
1976 State and Statecraft in Early Srivijaya. In: Explorations in Early Southeast Asian History – The Origins of Southeast Asian Statecraft (Hrsg. K. R. Hall & J. K. Whitmore), S. 61–105. Ann Arbor
1977 The Coming of Islam to the Archipelago: A Reassessment. In: Economic Exchange and Social Interaction in Southeast Asia: Perspectives from Prehistory, History and Ethnography (Hrsg. Karl L. Hutterer). Ann Arbor
1978 International Trade and Foreign Diplomacy in Early Medieval South India. In: Journal of the Economic and Social History of the Orient, Bd. 21, S. 75–98

1985 Maritime Trade and State Development in Early Southeast Asia. Honolulu
Hardjowardojo, R. P.
1966 Aditjawarman. Djakarta
Hardjowirogo
1968 Sedjarah Wajang Purwa. Djakarta
Härtel, Herbert & Wibke Lobo
1984 Schätze indischer Kunst. Berlin
Härtel, H. u. a.
1986 Museum für Indische Kunst Berlin – Katalog 1986 – Ausgestellte Werke. Berlin
Hazeu, G.
1901 Nini Towong. In: Tijdschrift voor Indische Taal-, Land- en Volkenkunde, Bd. 43, S. 36–107.
Heekeren, H. R. van
1958 The Bronze-Iron Age of Indonesia. The Hague
1972 The Stone Age of Indonesia. 2. Aufl. The Hague
Heger, J.
1902 Alte Metalltrommeln aus Südost-Asien. Leipzig
Heine-Geldern, R.
1923 Südostasien. In: Illustrierte Völkerkunde (Hrsg. H. Buschan), S. 689–968. Stuttgart
1925 Altjavanische Bronzen aus dem Besitze der ethnographischen Sammlung des naturhistorischen Museums in Wien. Wien
1945 Prehistoric Research in the Netherlands Indies. In: Science and Scientists in the Netherlands Indies (Hrsg. Honig & F. Verdoorn). o. O.
Hilgers-Hesse, Irene
1967 Schriftsysteme in Indonesien; Makassaren und Buginesen. In: Studium Generale, Bd. 20, S. 548 bis 558
Hirth, F. & W. Rockhill (Hrsg.)
1966 Chau Ju-Kua: His Work on the Chinese and Arab Trade in the Twelfth and Thirteenth Centuries, Entitled Chu-fan-chi. Amsterdam
Hobart, Angela
1987 Dancing shadows of the Past. Theatre and Myth. London and New York
Holle, K. F.
1877 Tabel van Oud en Nieuw Indische Alphabetten. Buitenzorg
Holt, C.
1967 Art in Indonesia. Continuities and Change. New York.
Hooker, M. B. (Hrsg.)
1983 Islam in Southeast Asia. London
Hoop, A. N. J. Th. à Th. van der
1941 Catalogus der Praehistorische Verzameling van het Bataviaasch Genootschap. Bandung
Hooykaas, C.
1931 Tantri-Kamandaka. Bandoeng
1973 Religion in Bali. Leiden
Huntington, Susan L.
1985 Ancient India, Buddhist, Hindu, Jain. New York
Huntington, Susan L. & J. C.
1990 Leaves from the Bodhi Tree: The Art of Pala India (8th–12th Centuries) and Its International Legacy. Seattle

I Dewa Kompiang Gede
1989 Peranan Compang dalam hubungan religi masyarakat Ruteng, Flores Barat, NTT. In: Pertemuan Ilmiah Arkeologi, Bd. 5, S. 223–245
I-tsing
1896 A Record of the Buddhist Religion as Practiced in India and the Malay Peninsula (A. D. 671–695) (übers. J. Takakusu). London

Jakarta
1986 Pameran Peninggalan Sejarah & Kepurbakalaan, Mataram dan Denpasar (Ausstellungskatalog Jakarta). Jakarta
Jasper, J. E. & Mas Pirngadie
1930 De inlandsche kunstnijverheid in Nederlandsch Indië, Teil V: De bewerking van niet-edele metalen (koperbewerking en pamor-smeedkunst). 's-Gravenhage
Java und Bali
1980 Java und Bali, Buddhas – Helden – Dämonen. (Ausstellungskatalog Linden-Museum, Stuttgart). Mainz
JBG
1933–47 Jaarboek van het Bataviaasch Genootschap voor Kunsten en Wetenschappen
Jessup, H.
1990 Court Arts of Indonesia (Ausstellungskatalog The Asia Society Galleries). New York
Johns, A. H.
1961a Muslim Mystica and Historical Writing. In: Historians of Southeast Asia (Hrsg. D. G. E. Hall). London
1961b The Role of Sufism in the Spread of Islam to Malaya and Indonesia. In: Journal of the Pakistan Historical Society, Bd. 9, S. 143–161
1961c Sufism as Category in Indonesian Literature and History. In: Journal of Southeast Asian History, Bd. 2/2, S. 10–23
1967 From Buddhism to Islam: An Interpretation of

the Javanese Literature of the Transition. In: Comparative Studies in Society and History, Bd. 9/1, S. 243–253
1981 Modes of Islamization in Southeast Asia. In: Religious Change and Cultural Domination (Hrsg. D. N. Lorenzen). México
1987 Islam in Southeast Asia. In: The Encyclopedia of Religions, Bd. 7, S. 404–422

Jones, Russel
1986 The Origins of the Malay Manuscript Tradition. In: Cultural Contact and Textual Interpretation (Hrsg. C. D. Grijns & S. O. Robson). Dordrecht

Jong, J. W. de
1974 Notes on the Sources and the Text of the Sang Hyang Kamahayanan Mantrayana. In: Bijdragen tot de Taal-, Land- en Volkenkunde, Bd. 130, S. 465–482

Juynboll, H. H.
1906 Adiparwa – oudjavaansch prozageschrift. 's-Gravenhage
1909 Katalog des Ethnographischen Reichsmuseums. Bd. 5: Javanische Altertümer. Amsterdam
1923 Oudjavaansch-Nederlandsche woordenlijst. Leiden
1926 De geschiedenis van Garuda. In: Gedenkschrift uitgegeven ter gelegenheid van het 75-jarig bestaan van het KITLV van N. I., S. 156–170. 's-Gravenhage

Kaogu
1984 Excavation of a Warring States Tomb at Shumuling and a Western Hang Tomb at Amiling (chinesischer Text). In: Kaogu, Bd. 9, S. 790–815

Kanta, I Made
1977 Proses melukis tradisional wayang Kamasan. Denpasar

Kantor Statistik Jawa Barat
1987 Jawa Baat dalam angka 1986. Bandung

Karow, Otto
1987 Terrakottakunst des Reiches Majapahit in Ostjava (Ausstellungskatalog Das Sparschwein unter dem Reisfeld). Frankfurt/Main

Kartomi, Margaret J.
1985 Musical Instruments of Indonesia: An Introductory Handbook. Melbourne

Kern, H.
1882 Over de opschriften uit Koetei in verband met de geschiedenis van het schrift in den Indischen Archipel. In: Verslagen en Mededeelingen der Koninklijke Akademie van Wetenschappen, Afd. Letterkunde, Vol. 2/11, S. 182–203
1917a Het zoogenaamde rotsinschrift van »Batu Beragung« in Menangkabau (1269 en 1297 Çaka). In: Verspreide Geschriften 6, S. 249–263. 's-Gravenhage
1917b Over de Sanskrit-opschriften van (Muara Kaman, in) Kutei (Borneo). († 400 A. D.). In verband met de geschiedenis van het schrift in den Indischen Archipel. In: Verspreide Geschriften 7, S. 55–76. 's-Gravenhage
1917c De steen van den berg Penanggungan (Surabaya), thans in 't Indian Museum te Calcutta. Met Sanskrit-insciptie en Oudjavaansche inscriptie van 963 Çaka; ter eere van Vorst Er-langga. In: Verspreide Geschriften 7, S. 83–114. 's-Gravenhage
1917d Verspreide Geschriften, Bd. 6 – 7. 's-Gravenhage

Khandelwal, Vijay K.
1977 Cataloguing and Matching of ›Missing‹ Borobudur Stones Using a Computer. In: Pelita Borobudur, Serie b,9. Jakarta

Khanna, Vinod, und Malini Saran
1993 The Ramayana Kakawin: A Product of Sanskrit Scholarship and Independent Literary Genius. In: Bijdragen tot de Taal-, Land- en Volkenkunde, Bd. 149, S. 226–249.

Kieven, Lydia
1994 Arjunas Askese. Ihre Darstellung im altjavanischen Arjunawiwaha und auf ausgewählten ostjavanischen Reliefs. Bonn.

Klokke, Marijke J.
1993 Tantri reliefs on Ancient Javanese Candi. Leiden.
1994 The So-called Portrait Statues in East Javanese Art. In: Ancient Indonesian Sculpture (Hrsg. M. Klokke & P. Lunsingh Scheuleer). Leiden

Knebel, J.
1903 De Doerga-voorstelling in de beeldhouwkunst en de litteratuur der Hindoes. In: Tijdschrift voor Indische Taal-, Land- en Volkenkunde, Bd. 46, S. 213–240
1905a Prototype en variant in de Doerga-voorstelling van de Hindoesche beeldhouwkunst op Djawa. In: Tijdschrift voor Indische Taal-, Land- en Volkenkunde, Bd. 48, S. 317–338
1905b De Asoera in de Doerga-voorstelling van de Hindoe-beeldhouwkunst op Djawa. In: Tijdschrift voor Indische Taal-, Land- en Volkenkunde, Bd. 48, S. 517–526
1907 Beschrijving der Hindoe-oudheden in de afdeeling Djombang. In: ROC, S. 115–142

Koentjaraningrat
1990 Javanese Culture. Singapore

Koleksi Pilihan 1
1980 Koleksi Pilihan Museum Nasional, Bd. 1. Jakarta
Koleksi Pilihan 2
1984 Koleksi Pilihan Museum Nasional, Bd. 2. Jakarta
Koleksi Pilihan 3
1985–86 Koleksi Pilihan Museum Nasional, Bd. 3. Jakarta
Koningsberger, V. J.
1948 De Europese suikerrietcultuur en suikerfabrikatie. In: De landbouw in de Indische Archipel, IIA., S. 278–404. 's-Gravenhage
Köppen, Ulrich
1983 Die Reisen des Marco Polo. Nach der toskanischen ›Ottimo‹-Fassung von 1309 ins Deutsche übertragen von Ulrich Köppen. Frankfurt/Main
Krairiksh, Piriya
1980 Art in Peninsular Thailand Prior to the Fourteenth Century A. D. Bangkok
Kramrisch, Stela
1933 The Indian Sculpture. London (Reprint Delhi 1981)
Krom, N. J.
1912 Bijschrift bij de foto van den kop van Tjandi Sewoe. In: Tijdschrift voor Indische Taal-, Land- en Volkenkunde, Bd. 54, S. 129–134
1913 De bronsvondst van Ngandjoek. In: Rapporten van de Oudheidkundige Dienst van Nederlandsch-Indië, S. 59–73
1914 De Bronsvondst van Ngandjoek, Rapporten van den Oudheidkundigen Dienst in Nederlandsch Indië, 1913. 's-Gravenhage
1923 Inleiding tot de Hindoe-Javaansche kunst. 3 Bde. 's-Gravenhage
1926 L'art Javanais dans les musées de Hollande et de Java. Ars Asiatica 8. Paris–Brüssel
1927 Barabudur – Archaeological Description. 2 Bde. The Hague
1931 Hindoe-Javaansche Geschiedenis. 's-Gravenhage (2. Aufl.)
Kulke, H.
1986 The Early and the Imperial Kingdom in Southeast Asian History. In: Southeast Asia in the 9th to 14th Centuries (Hrsg. David G. Marr & A. C. Milner). Singapore
1990 Indian Colonies, Indianization or Cultural Convergence? Reflections on the Changing Image of India's Role in Southeast Asia. In: Onderzoek in Zuidoost-Azië (Hrsg. H. Schulte Nordholt), S. 8–32. Leiden
1991 Der Indische Ozean im 11. Jahrhundert – Überlegungen zur Frage ›Gibt es eine vormoderne Geschichte Asiens?‹. In: Periplus – Jahrbuch für Außereuropäische Geschichte, Bd. 1, S. 7–25
1994 ›Kadutaan Srivijaya‹ – Empire or Kraton of Srivijaya? A Reassessment of the Epigraphical Evidence. In: Bulletin de l'École Française d'Extrême Orient, Bd. 80, S. 159–180
Kulke, H. & D. Rothermund
1982 Geschichte Indiens. Stuttgart
1993 Kings and Cults: State Formation and Legitimation in India and Southeast Asia.
Kunst, Jaap
1949 Music in Java, Its Theory and Its Technique. Reprint 1973. The Hague
1958 Hindu-Javanese Musical Instruments. The Hague
Kunst und Religion
1977 Kunst und Religion im alten Java, 8–14. Jhdt., Borobudur (Ausstellungskatalog). Wien
Kunst van de Indische Archipel
1947 Kunst van de Indische Archipel (Ausstellungskatalog Gemeentemusuem van 's-Gravenhage). 's-Gravenhage
Kuntara Wiryamartana, I.
1990 Arjunawiwaha. Transformasi teks jawa kuna lewat tanggapan dan penciptaan di lingkungan sastra jawa. Yogyakarta.
Kusen
1991 The Gold Hoard of Wonoboyo, a Heritage of Hindu Mataram Kingdom (Paper presented to the Ceramic Society of Indonesia, 1. 5. 1991). Jakarta

Le Bonheur, Albert
1971 La sculpture indonésienne au Musée Guimet. Paris
Leicht, D. H. (Hrsg.)
1974 Ibn Battuta – Reise ans Ende der Welt (1325 bis 1353) – Das große Abenteuer des Mittelalters. Tübingen
Lembaga Penelitian Tanah
1964 Peta Tanah Explorasi Sumatra. Bogor
Lerner, M. u. a.
1991 The Lotus Transcendent, Indian and Southeast Asian Art from the Samuel Eilenberg Collection. New York
Leur, J. C. van
1955 Indonesian Trade and Society. Essays in Asian Social and Economic History. The Hague
Linden-Museum
1984 Indo-Javanese Metalwork (Hrsg. J. E. van Lohuizende Leeuw). (Ausstellungskatalog Linden-Museum, Stuttgart). Stuttgart

Lindsay, Jennifer
1979 Javanese Gamelan. Reprint 1985. Singapore
Lohuizen-de Leeuw, J. E. van
1965 The Dhyani-Buddhas of Barabudur. In: Bijdragen tot de Taal-, Land- en Volkenkunde, Bd. 121, S. 389–416
1979 An Indo-Javanese Garden of Eden. In: The Royal Asiatic Society, Its History and Treasures (Hrsg. Stuart Simmonds & Simon Digby), S. 126–144. Leiden – London
1984a Indo-Javanese Metalwork – Bestandskatalog des Linden-Museums Stuttgart. Vaihingen/Enz
1984b The Images of Candi Suko as Described by van der Vlis in 1841. In: Bijdragen tot de Taal-, Land- en Volkenkunde, Bd. 140, S. 263–270
Long, Roger
1982 Javanese Shadow Theatre. Movement and Characterization in Ngayogyakarta Wayang Kulit. Michigan
Lunsingh Scheurleer, P. & Klokke, M. J.
1988 Divine Bronze – Ancient Indonesian Bronzes from A.D. 600 to 1600 (Ausstellungskatalog Rijksmuseum Amsterdam). Leiden

Mabbett, I. W.
1977a The Indianization of Southeast Asia: Reflections on the Prehistoric Sources. In: Journal of Southeast Asian Studies, Bd. 8, S. 1–14
1977b The Indianization of Southeast Asia: Reflections on the Historical Sources. In: Journal of Southeast Asian Studies, Bd. 8, S. 143–161
Magnis-Suseno, Franz
1982 Javanische Weisheit und Ethik. Studien zu einer östlichen Moral. München – Wien
Mahdi, W.
1995 Wie hießen die Malaien, bevor sie ›Malaien‹ hießen? In: Südostasien und wir (Hrsg. A. Bormann u. a.), S. 162–176. Hamburg
Majumdar, R. C.
1937 Ancient Indian Colonies in the Far East. Bd. 2: Suvarnadvipa. Dacca
Malleret, Louis
1956 Objets de bronze communs au Cambodge, à la Malaysie et à Indonésie. In: Artibus Asiae, Bd. 19, S. 308–327
Mallmann, Marie-Thérèse de
1975 Introduction à l'iconographie du Tantrisme Bouddhique. Paris
Mangkoenagoro (K. G. P. A. A.)
1933 Over de wayang koelit (poerwa) in het algemeen en over de daarin voorkomende symbolische en mystieke elementen. Djawa 13, S. 79–97
Manguin, Pierre-Yves
1980 A Bibliography for Sriwijayan Studies. Jakarta
1986 Shipshape Societies: Boat Symbolism and Political Systems in Insular Southeast Asia. In: Southeast Asia in the 9th to 14th Centuries (Hrsg. David G. Marr & A. C. Milner), S. 187–214. Singapore
1987 Etudes sumatranaises, I. Palembang et Srivijaya: Anciennes hypothèses, recherches nouvelles (Palembang Ouest). In: Bulletin de l'École Française d'Extrême Orient, Bd. 76, S. 337–402
Manik, Liberty
1973 Batak-Handschriften. Wiesbaden
Marrison, G. E.
1955 Persian Influences in Malay Life (1280–1650). In: Journal of the Malayan Branch of the Royal Asiatic Society, Bd. 38/1, S. 52–69
Marschall, Wolfgang
1968 Metallurgie und frühe Besiedlungsgeschichte Indonesiens. In: Ethnologica, Neue Folge, Bd. 4
1969 Die Huckepack-Statuette von Dông-so'n. In: Tribus, Bd. 18
1974 On the Stone Age of Indonesia. In: Tribus, Bd. 23
1988 On Some Basic Traditions in Nusantara Cultures. In: Time Past, Time Present, Time Future (Hrsg. H. Claessen & D. Moyer). Dordrecht
1992 Das frühe Südostasien. In: Geographische Rundschau, Bd. 44/1
Marsden, W.
1811 The History of Sumatra. London (Reprint Kuala Lumpur 1986)
Maxwell, Robyn
1990 Textiles of Southeast Asia: Tradition, Trade and Transformation. Melbourne
McKinnon, E. Edwards
1984 Kota Cina: Its Context and Meaning in the Trade of Southeast Asian the Twelfth to Fourteenth Centuries. (Diss. Cornell University)
1985a Early Polities in Southern Sumatra: Some Preliminary Observations Based on Archaeological Evidence. In: Indonesia, Bd. 40, S. 1–36
1985b West Java's Increasing Involvement in Overseas Trade in the 13th–14th Centuries. In: SPAFA Digest, S. 28–33
Meilink-Roelofsz, M. A. P.
1970 Trade and Islam in the Malay-Indonesian Archipelago Prior to the Arrival of the Europeans. In: Islam and the Trade of Asia (Hrsg. D. S. Richards). Oxford

Mellema, R. L.
1954 Wayang Puppets, Carving, Colouring and Symbolism. Amsterdam
Mengenal Koleksi
1978–79 Mengenal Koleksi Museum Negeri Jawa Timur »Mpu Tantular«. o. O.
Miksic, John N.
1984 Archaeology, Trade and Society in Northeast Sumatra. (Diss. Cornell University)
1985 Traditional Sumatran Trade. In: Bulletin de l'École Française d'Extrême Orient, Bd. 74, S. 432 bis 467
1989 Urbanization and Social Change: The Case of Sumatra. In: Archipel, Bd. 37, S. 3–29
1990 Old Javanese Gold. Singapore
Miksic, John N. & E. Sri Hardiati (Hrsg.)
1995 The Legacy of Majapahit. Singapore
Mills, J. G. V.
1970 Ying-yai sheng-lan, ›The Overall Survey of the Ocean's Shores‹. Cambridge
Milner, A. C.
1981 Islam and Malay Kingship. In: Journal of the Royal Asiatic Society, S. 46–70
1982 Kerajaan: Malay Political Culture on the Eve of Colonial Rule. Tucson
Milner, A. C., E. Edwards McKinnon & T. L. Sinar
1978 A Note on Aru and Kota Cina. In: Indonesia, Bd. 26, S. 1–42
Moeller, Volker
1985 Javanische Bronzen (Bilderheft der Staatlichen Museen Preußischer Kulturbesitz, H. 51). Berlin
Moens, J. L.
1919 Hindoe-Javaansche Portretbeelden. In: Tijdschrift voor Indische Taal-, Land- en Volkenkunde, Bd. 58, S. 493–527
1921 Aanwinsten van de Archaeologische Collectie van het Bataviaasch Genootschap 4, Een Javaansch-Buddhistisch guru-beeld. In: OV, S. 186–193
1924 Het Boeddhisme op Java en Sumatra in zijn laatste bloeiperiode. In: Tijdschrift voor Indische Taal-, Land- en Volkenkunde, Bd. 64, S. 521 bis 579
Moertono, Soemersaid
1968 State and Statecraft in Old Java: A Study of the Later Mataram Period, 16th to 19th Century. Ithaca/New York
Montana, Suwedi
1985 Mode hiasan matahari pada pemakaman Islam kuno dibeberapa tempat di Jawa dan Madura. In: Pertemuan Ilmiah Arkeologi, Bd. 3, S. 722 bis 738
Moor, Edward
1968 Hindu Pantheon. Delhi
Mueller, Johannes
1865 Ueber Alterthuemer des Ostindischen Archipels. Insbesondere die Hindu-Alterthuemer und Tempelruinen auf Java, Madura und Bali, Nach Mittheilungen Brumunds und v. Hoevells aus dem Hollaendischen bearbeitet von Dr. Johannes Mueller. 2. Aufl. Berlin
Mulia, Rumbi
1980 The Ancient Kingdom of Panai and the Ruins of Padang Lawas (North Smatra). In: Bulletin of the Research Centre of Archaeology of Indonesia, Bd. 14
Muljana, Slamet
1983 Pemugaran persada sejarah leluhur Majapahit. Jakarta
Muller, H. R. A.
1978 Javanese Terracottas – Terra incognita. Lochem
Multatuli
1860 Max Havelaar. Amsterdam
Mus, Paul
1935 Borobudur. Hanoi
Musée Guimet 1971, s. Le Bonheur 1971
Museum Nasional
1986 Prasasti koleksi Museum Nasional, Bd. 1. Jakarta

Naerssen, F. H. van
1979 The Economic and Administrative History of Early Indonesia. In: Handbuch der Orientalistik, Bd. 7. Leiden – Köln
Nagara-Kertagama, s. Pigeaud 1960–63, Bd. 3
NBG
1862–1921 Notulen van het Bataviaasch Genootschap van Kunsten en Wetenschappen, Bd. 1–59
New York
1975 Bronze Sculptures from Asia (Hrsg. Martin Lerner) (Ausstellungskatalog The Metropolitan Museum of Art). New York
Nik Hasan Shuhaimi bin Nik Abdul Rahman
1979 The Bukit Seguntang Buddha: A Reconsideration of Its Date. In: Journal of the Malaysian Branch of the Royal Asiatic Society, Bd. 52, S. 33–40
1990 The Kingdom of Srivijaya, a Socio-Political and Cultural Entity. In: Southeast Asian Port and Polity – Rise and Demise (Hrsg. J. Kathirithamby-Wells & J. Villiers), S. 61–82. Singapore
Noorduyn, J.
1961 Some Aspects of Macasar-Buginese Historiography. In: Historians of South East Asia (Hrsg. D. G. E. Hall). London

1978 Majapahit in the Fifteenth Century. In: Bijdragen tot de Taal-, Land- en Volkenkunde, Bd. 134, S. 207–274
1991 A Critical Survey of Studies on the Languages of Sulawesi. Leiden
Noosten, H. H. & G. H. R. van Koeningswald
1937 Maskers en Ziekten op Java en Bali. In: Djawa, Bd. 17
Nothofer, Bernd
1975 The Reconstruction of Proto-Malayo-Javanic. The Hague
Notulen, s. NBG

Obdeijn, V.
1942 De oude zeehandelsweg door de Straat van Malakka in verband met de geomorfologie der Selat-Eilanden. In: Tijdschrift van het Nederlandsch Aardrijkskundig Genootschap, Bd. 59, S. 742–770.
O'Brien, K.
1988 Candi Jago as a Mandala: Symbolism of its narratives, Part 1. In: Review of Indonesian and Malayan Affairs, Bd. 22/2, S. 1–61
1990 Candi Jago: A Javanese Interpretation of the Wheel of Existence? Part 2. In: Review of Indonesian and Malayan Affairs, Bd. 24/2, S. 23 bis 85.
Oosterse schatten
1954 Oosterse schatten – 4000 jaar aziatische kunst. (Ausstellungskatalog Rijksmuseum Amsterdam). Amsterdam
Otto-Dorn, K.
1980 Kunst des Islam. Kunst der Welt. Baden-Baden
OV
1912–49 Oudheidkundig Verslag van de Oudheidkundige Dienst van Nederlandsch-Indie

Pal, Pratapaditya
1987 Icons of Pity, Images of Whimsy (Ausstellungskatalog County Museum of Art, Los Angeles). Los Angeles
Pararaton, s. Brandes 1920
Pigafetta, A.
1985 Primer viaje alrededor del mundo 1519–1522. Madrid
Pigeaud, Theodore G. Th.
1924 De Tantu Panggelaran (Diss. Universität Leiden). 's-Gravenhage
1938 Javaanse Volksvertoningen. Batavia
1960–63 Java in the 14th Century. A Study in Cultural History. 4 Bde. The Hague
1967 Literature of Java, Bd. 1, The Hague
1975 Javanese and Balinese Manuscipts and some Codices Written in Related Idioms Spoken in Java and Bali. Wiesbaden
Pink, Peter W.
1977 Gathutkaca nagih janji. Gathutkaca fordert die Einlösung eines Versprechens, lakon des javanischen wayang purwa, aufgeführt von Raden Soetrisno. Hamburg und Berlin
1993 Wariga. Beiträge zur balinesischen Divinationsliteratur. Hamburg und Berlin
Plarre, W.
1971 Weizen- und Gerstenanbau in den Tropen und Subtropen. In: Handbuch der Landwirtschaft und Ernährung in den Entwicklungsländern (Hrsg. P. von Blanckenburg & H. D. Cremer). Bd. 2, S. 241–255. Stuttgart
Poerbatjaraka, R. Ng
1931 Smaradhana. Bandoeng
1940 Pandji-verhalen onderling vergeleken. Bandoeng
1968 Ceritera Pandji dalam Perbandingan. Djakarta
Pope, Geoffrey
1988 Recent Advances in Far Eastern Palaeoanthropology. In: Annual Review of Anthropology, Bd. 17
Pott, P. H.
1966 Yoga and Yantra. The Hague
1972 Een vorstelijk beeld uit het oude Java. In: Verre naasten naderbij, Bd. 6, Nr. 3
Prijono
1938 Sri Tañdjoeng – Een oud javaansch verhaal. 's-Gravenhage
Psota, T.
1993 Goldglanz und Schatten – Eine Sammlung ostjavanischer Wayang-Figuren. Bern

Quaritch Wales, H. G.
1951 The Making of Greater Inda – A Study in South East Asian Cultural Change. London
1976 The Malay Peninsula in Hindu Times. London

Raffles, Thomas Stamford
1817 The History of Java. 2 Bde. London. Repr. Kuala Lumpur 1965 u. 1978
Ramseyer, Urs
1977 The Art and Culture of Bali. Oxford
Ras, J. J.
1976 De schending van Soebadra. Javaans schimmenspel. Volgens de Soerakartase traditie bewerkt

door Ki Kodiron. Vertaald uit het Javaans en van toelichtingen voorzien door dr. J. J. Ras. Amsterdam
1992 The Shadow of the Ivory Tree. Language and Literature in Nusantara, Leiden
Rassers, W. H.
1925 Over de zin van het Javaansche drama. In: Bijdragen tot de Taal-, Land- en Volkenkunde, Bd. 81, S. 320–324, 332–336
Rawson, Philip
1967 The Art of Southeast Asia. New York
Ray, H. P.
1994 The Winds of Change – Buddhism and the Maritime Links of Early South Asia. New Delhi
Reid, Anthony
1988 Southeast Asia in the Age of Commerce 1450–1680. Vol. 1: The Lands below the Winds. New Haven
1990 An ›Age of Commerce‹ in Southeast Asian History. In: Modern Asian Studies, Bd. 24, S. 1–30
1993 Southeast Asia in the Age of Commerce 1450–1680. Vol. 2: Expansion and Crisis. New Haven
Reid, Anthony (Hrsg.)
1993 Southeast Asia in the Early Modern Era. Ithaca, New York
Renik, S.
1985 Arca Durga Mahisasuramardini di Pura Penataran Panglang Pejeng. In: Pertemuan Ilmiah Arkeologi, Bd. 3, S. 272–284
Resink, Th. A.
1967 Belahan of eene mythe ontluisterd. In: Bijdragen tot de Taal-, Land- en Volkenkunde, Bd. 123
Ricklefs, M. C.
1972 A Consideration of three Versions of the Babad Tanah Djawi, with Excerpts of the Fall of Madjapahit. In: Bulletin of the School of Oriental and African Studies, Bd. 35.
1973 Jogjakarta under Sultan Mangkubumi. A History of the Division of Java. Oxford
1979 Six Centuries of Islamization in Java. In: Conversion to Islam (Hrsg. N. Levtzion). London – New York
1981 A History of Modern Indonesia. London
Rieser, A.
1975 Natürliche Standortfaktoren tropischer Landwirtschaft (Sumatra/Indonesien). In: Der Tropenlandwirt, Bd. 77, S. 70–80
Rijksmuseum Amsterdam
1954 s. Oosterse schatten
1985 Asiatic Art in the Rijksmuseum. Amsterdam
Robson, S. O.
1983 Kakawin Reconsidered: Towards a Theory of Old Javanese Poetics. In: Bijdragen tot de Taal-, Land- en Volkenkunde, Bd. 139 (2/3), S. 291–319
ROC
1901–12, 1923 Rapporten van de Oudheidkundige Commissie van Nederlandsch-Indië
ROD
1912–15 Rapporten van de Oudheidkundige Dienst van Nederlandsch-Indië
Röll, W.
1979 Indonesien. Entwicklungsprobleme einer tropischen Inselwelt. Stuttgart
Rothpletz, Walter
1951 Alte Siedlungsplätze bei Bandoeng (Java) und die Entdeckung bronzezeitlicher Gussformen. In: Südseestudien – Gedenkschrift F. Speiser. Basel
Rowland, Benjamin
1967 The Art and Architecture of India. 3. Aufl. Baltimore

Saher, H. von
1986 Emanuel Rodenburg of wat er op het eiland Bali geschiedde toen de eerste Nederlanders daar in 1597 voet an wal zetten. Zutphen
Santiko, Hariani
1980 Dewi Sri di Jawa. In: Pertemuan Ilmiah Arkeologi, S. 291–304
1982 Arca Camundi dari Adimulyo sifat dan fungsi arca. In: Pertemuan Ilmiah Arkeologi, Bd. 2, S. 153–164
1983 Durga-Laksmi di Jawa Tengah. In: Pertemuan Ilmiah Arkeologi, Bd. 3, S. 286–305
1987 Kedudukan Bhatari Durga di Jawa pada abad ke X–XV Masehi. Jakarta
Sarkar, H. B.
1971–72 Corpus of the Inscriptions of Java up to 828 A. D. 2 Bde. Calcutta
Sastri, K. A. N.
1932 A Tamil Merchant-Guild in Sumatra. In: Tijdschrift voor Indische Taal-, Land- en Volkenkunde, Bd. 72, S. 314–327
1955 The Colas. Madras
Satari, Sri Soejatmi
1975 Senirupa dan Arsitektur Zaman Klasik di Indonesia. In: Kalpatura, S. 5–38
1978 New Finds in Northern Central Java. In: Bulletin of the Research Center for Archaeology of Indonesia 13. Jakarta

Schefold, R.
1979–80 Speelgoed voor de zielen. Kunst en cultuur van de Mentawi-eilanden. Delft – Zürich
Schleberger, Eckard
1986 Die indische Götterwelt – Gestalt, Ausdruck und Sinnbild – Ein Handbuch der hinduistischen Ikonographie. Köln
Schmid, H. L.
1979 Geologie und Lagerstätten. In: Indonesien (Hrsg. H. Kötter u. a.), S. 7–20. Tübingen – Basel
Schneider, Ulrich
1989 Einführung in den Hinduismus. Darmstadt
Schnitger, F. M.
1936a De herkomst van het Krtanagara-beeld te Berlijn. In: Tijdschrift voor Indische Taal-, Land- en Volkenkunde, Bd. 76, S. 328–330
1936b Oudheidkundige Vondsten in Padang Lawas, Midden Tapanoeli. In: Elsevier's Geillustreerd Maandschrift (November), S. 289–304
1936c Oudheidkundige Vondsten in Palembang. Leiden
1937 The Archaeology of Hindoo Sumatra. Leiden
1939 Forgotten Kingdoms in Sumatra. Leiden
Scholte, J.
1919 De Slametan entas-entas der Tengerrezen en de memukur-ceremonie op Bali. In: Handelingen van het Solo'sche Congres voor de Taal-, Land- en Volkenkunde van Java, S. 47–71
Schrieke, B. J. O.
1960 Some Remarks on Borrowing in the Development of Culture. In: Indonesian Sociological Studies – Selected Writings of B. Schrieke. Teil 1. Bandung
Schumann, Hans-Wolfgang
1986 Buddhistische Bilderwelt – Ein ikonographisches Handbuch des Mahayana- und Tantrayana-Buddhismus. Köln
Schuster, Carl
1951 Joint-Marks. Koninklijk Instituut voor de Tropen, Amsterdam
Sedyawati, Edi
1973 Serangkai relief tari pada Candi Lara Jonggrang, Prambanan. In: Musika: Brosur Ilmu Musik & Koreografi. Jakarta
1978 Tari dalam sejarah kesenian Jawa dan Bali kuna – Interim Research Report, Faculty of Letters, University of Indonesia. Jakarta
1981a Pertumbuhan seni pertunjukkan. Jakarta
1981b The Question of Indian Influence on Ancient Javanese Dance. In: Review of Indonesian and Malayan Affairs, Bd. 16/2, S. 59–82
1985 Pengarcaan Ganesa masa Kadiri dan Singhasari. (Diss. University of Indonesia). Jakarta
1986 Kajian kuantitativ atas masalah local genius'. In: Pertemuan Ilmiah Arkeologi, Bd. 4, Teil 3, S. 33–49
1989a Arca-arca ›Kecil‹ dalam Pantheon Buddha. In: Pertemuan Ilmiah Arkeologi, Bd. 5
1989b Candi Jago: Buddhist Architecture in a Javanese Context. In: International Seminar on Buddhist Architecture and National Cultures in Asia. Varanasi
1994 Ganesa Statuary of the Kadiri and Sinhasari Periods – A Study of Art History. Leiden
Seltmann, Friedrich
1987 Die Kalang. Eine Volksgruppe auf Java und ihre Stamm-Mythe. Stuttgart
Serrurier, L.
1896 De wayang Poerwa: eene ethnologische studie. Leiden
Singhal, Sudarshana Devi
1985 Candi Mendut and the Mahavairocana Sutra. In: Bahasa-Sastra-Budaya Ratna Manikam Untaian Persembahan Kepada Prof. Dr. P. J. Zoetmulder (Hrsg. Sulastin Sutrisno). Yogyakarta
Siswadhi
1977 The Lingobhva Myth on an Old Javanese Bronze. In: Majalah Arkeologi, Bd. 1/1, S. 53–58
Snouck Hurgronje, Christiaan
1989 Katalog der malaiischen Handschriften der Königlichen Bibliothek in Berlin (edited with an introduction by E. U. Kratz). Stuttgart
Soebadio, Haryati (Hrsg.)
1993 Art of Indonesia. London
Soebardi, S.
1975 The Book of Cabolèk. The Hague
Soejono, R. P.
1972 The Distribution of Types of Bronze Axes in Indonesia. In: Bulletin of the Archaeological Institute of the Republic of Indonesia, Bd. 9. Jakarta
1984a Prehistoric Indonesia. In: Prehistoric Indonesia, a Reader (Hrsg. Pieter van der Velde). Leiden
1984b Jaman Prasejarah di Indonesia. (= Sejarah Nasional Indonesia, Bd. 1). 4. Aufl. Jakarta
Soekatno, Endang Sri Hardiati
1981 Benda-benda perunggu koleksi Pusat Penelitian Arkeologi Nasional. Jakarta
Soekatno, T. W.
1982 Penemuang sepasang arca emasdari Purworejo. In: Pertemuan Ilmiah Arkeologi, Bd. 2, S. 207 bis 226

Soekmono, R.
1965 Archaeology and Indonesian History. In: An Introduction to Indonesian Historiography (Hrsg. Soedjatmoko). Ithaca/New York
1969 Gurah, the Link between the Central and East Javanese Arts. In: Bulletin of the Archaeological Institute of the Republic of Indonesia, Bd. 6. Jakarta
1977 Candi, Fungsi dan Pengertiannya. (Diss. Universitas Indonesia, 1972). Jakarta
1982 Kesenian Sriwijaya di seberang Selatan Melaka. In: Pertemuan Ilmiah Arkeologi, Bd. 2, S. 131 bis 139
Soenarto, Th. Aq.
1980 Temuan Arca-arca perunggu dari daerah Bantul (sebuah pengumuman. In: Pertemuan Ilmiah Arkeologi, S. 392–413
Soetrisno, R.
1976 Kawruh pedalangan. Surakarta
Solheim, Wilhelm
1969 Reworking Southeast Asian Prehistory. In: Paideuma, Bd. 15, S. 125–139
1972 An Earlier Agricultural Revolution. In: Scientific American, Bd. 226/4
Sono Budoyo
1934 Catalogus der Hindoeistische Oudheiden van Java (Hrsg. W. F. Stutterheim). (Ausstellungskatalog: Sana Budaja Museum Jogjakarta). Yogyakarta
Spielmann, Wolfgang
1991 Der javanische keris – Funktion und sozio-religiöse Symbolik. Bonn
Spencer, G. W.
1983 The Politics of Expansion – The Chola Conquest of Sri Lanka and Srivijaya. Madras
Spethmann, H.
1928 Dynamische Länderkunde. Leipzig
Spitzing, Günter
1981 Das indonesische Schattenspiel. Bali – Java – Lombok. Köln
Steenis, C. G. G. J. van (Hrsg.)
1950 Flora Malesiana, Ser. I,1. Djakarta
Stein Callenfels, P. V. van
1916a De beelden van Tjandi Ngrimbi. In: Tijdschrift voor Indische Taal-, Land- en Volkenkunde, Bd. 57, S. 529–534
1916b De graftempel van Bhayalangö. In: OV, S. 150 bis 157
1920 Rapport over een dienstreis door een deel van Sumatra. In: OV, S. 62–76
1925a De Sudamala in de Hindu-Javaansche kunst. Verhandelingen van het Koninklijk Bataviaasch Genootschap van Kunsten en Wetenschappen 66, S. 1–180. 's-Gravenhage
1925b De Mintaraga-basreliefs aan de Oud-Javaansche bouwwerken. Publicaties van den Oudheidkundigen Dienst in Nederlandsch-Indië 1, S. 26 bis 53.
Stöhr, W., W. Marschall, J. P. Barbier, C. H. M. Nooy-Palm, J. Avé, J. de Hoog
1981 Art des Indonésiens archaïques. Genf: Musée Rath
Stutley, M.
1985 The Illustrated Dictionary of Hindu Iconography. London
Stutterheim, W. F.
1923 Oudjavaansche kunst. In: Bijdragen tot de Taal-, Land- en Volkenkunde, Bd. 79, S. 323–346
1925a Een oorkonde op koper uit het Singasarische. In: Tijdschrift voor Indische Taal-, Land- en Volkenkunde, Bd. 65, S. 208–281
1925b s. 1989
1926b Oost-Java en de hemelberg. In: Djawa 6, S. 333 bis 349.
1926c Schaamplaten in de Hindoe-javaansche kunst. In: Tijdschrift voor Indische Taal-, Land- en Volkenkunde, Bd. 66, S. 671–674
1926a Cultuurgeschiedenis van Java en beeld (Pictoral History of Civilization in Java). Weltevreden
1927 Oost-Javaansche kunst. In: Djawa 7, S. 177–195.
1929 Oudheden van Bali. 2 Bde. Singaradja
1930 Bronzen beeldjes van Bali. In: Mededeelingen van de Kirtya Liefrinck-van der Tuuk 2, S. 43–55. Singaradja-Solo
1932 Oudheidkundige aantekeningen, 23, Wat beteekenen de H-vormige teekens op de Djala-Toenda reliefs? In: Bijdragen tot de Taal-, Land- en Volkenkunde, Bd. 89, S. 269–271
1934a De Leidse Bhairava en Tjandi B van Singasari. In: Tijdschrift voor Indische Taal-, Land- en Volkenkunde, Bd. 74, S. 441–476
1934b De oudheiden-collectie Resink-Wilkes te Jogjakarta. In: Djawa, Bd. 14, S. 167–197
1935a Een oud-Javaansche Bhima cultus. In: Djawa, Bd. 15, S. 37–51
1935b Enkele interessante reliefs van Oost-Java. In: Djawa, Bd. 15, S. 130–144
1936 De dateering van eenige Oost-Javaansche beeldengroepen. In: Tijdschrift voor Indische Taal-, Land- en Volkenkunde, Bd. 76, S. 249–320
1937a De Oudheden-collectie van Z. H. Mangkoenagoro VII te Soerakarta. In: Djawa, Bd. 17, S. 13, 32–33

1937b Een oudjavaansch spiegelhandvat. In: Maandblad voor Beeldende Kunsten, S. 93–95
1937c Het zinrijke waterwerk Djalatoenda. In: Tijdschrift voor Indische Taal-, Land- en Volkenkunde, Bd. 77, S. 214–250
1937d De Oudheden-Collectie van Z. H. Mangkoenagoro VII te Soerakarta. In: Djawa, Bd. 17
1939a Een bijzettingsbeeld van koning Rajasa. In: Tijdschrift voor Indische Taal-, Land- en Volkenkunde, Bd. 79, S. 85–104
1939b Een bronzen poepoedak. In: Djawa, Bd. 19
1941 Tjandi Djawi op een relief? In: Tijdschrift voor Indische Taal-, Land-Volkenkunde, Bd. 81, S. 1–25
1956 Studies in Indonesian Archaeology. The Hague
1956a An Ancient Javanese Bhima Cult. In: Studies in Indonesian Archaeology, S. 107–143. The Hague
1956b Candi Barabudur. The Hague
1989 Rama-Legends and Rama-Reliefs in Indonesia. New Delhi (Übersetzung der deutschen Ausgabe von 1925). Museum Nasional
1986 Prasasti koleksi Museum Nasional, Bd. 1. Jakarta

Suhadi, Machi
1983 Seven Old-Malay inscriptions found in Java. In: SPAFA Final Report 1983, S. 67–73

Sukarto, M.
1960 Topeng Sang Hyang Puspacarira (?). In: Sana Budaya, Bd. 1/9, S. 399–405

Sulardi, R. M.
1953 Gambar printjening ringgit purwa. Djakarta

Suleiman, Satyawati
1975 Pictoral Introduction to the Ancient Monuments of Indonesia, Jakarta
1978 The Pendopo Terrace of Panataran. 2 Bde. Jakarta.
1980 Studi ikonografi masa Sailendra di Jawa dan Sumatra. In: Pertemuan Ilmiah Arkeologi, Bd. 1, S. 375–391
1981 Sculpture of Acient Sumatra. Jakarta
1985 Peninggalan-peninggalan Purbakala di Padang Lawas. In: Amerta, Bd. 2, S. 23–37. 1954. Reprint

Sung Wen Hsun & Lien Chao-Mei
1987 An Archaeological Report on the 9th–10th Terms of the Excavations at the Peinan Site. Taipei

Supriyatun, Rini
1986 Arca Prajnaparamita dari Muara Jambi. In: Pertemuan Ilmiah Arkeologi, Bd. 4, S. 413–425

Suwadji Sjafei
1985 Hubungan seni arca Sailendra Jawa Tengah dengan seni asing pada abad-abad 8, 9, 10. In: Pertemuan Ilmiah Arkeologi, Bd. 3, S. 220–239

Swellengrebel, J. L.
1936 Korawaçrama, een oudjavaansch proza-geschrift. Santpoort

Tan Yeok Seong
1965 The Sri Vijayan Inscriptions at Canton (a. d. 1079). In: Journal of Southeast Asian History, Bd. 5, S. 17–26

Tarling, Nicholas (Hrsg.)
1992 The Cambridge History of Southeast Asia. 2 Bde. Cambridge

Tate, D. J. M.
1971 The Making of Modern South-East Asia. Vol. 1: The European Conquest. Kuala Lumpur
1979 The Making of Modern South-East Asia. Vol. 2: The Western Impact, Economic and Social Change. Kuala Lumpur

Taylor, P. M. and L. Aragon
1991 Beyond the Java Sea. Art of Indonesia's Outer Islands. Washington: The National Museum of Natural History in association with Harry N. Abrams. Washington D. C. – New York, Inc.

Teeuw, A. u. a.
1946 Het Bomakavya. Groningen
1969 Siwaratrikalpa of Mpu Tanakung. An Old Javanese Poem, its Indian Source and Balinese Illustrations. The Hague

Tibbets, G. R.
1957 Early Muslim Traders in Southeast Asia. In: Journal of the Malayan Branch of the Royal Asiatic Society, Bd. 30/1, S. 1–45
1979 A Study of Arabic Texts Containing Material on South-East Asia. Leiden – London

Tirtowijoyo, Soekatno & Soepono
1984a Zaman Indonesia Hindu. Jakarta
1984b Zaman Prasejarah. Jakarta

Tjandrasasmita, Uka
1985 Le rôle de l'architecture et des arts décoratifs dans l'islamisation de l'Indonésie. In: Archipel, Bd. 29, S. 203–211

Tokio
1980 Borobudur dan Seni Purbakala Indonesia/Busseki Borobudoru to sono shuhen (Austellungskatalog National-Museum Tokyo). Tokyo

Triharyantoro, Edi
1988 Pemujaan Hariti di Trowulan. In: Pertemuan Ilmiah Arkeologi, Bd. 4, S. 413–425

Tuuk, Neubronner van der
1856 Over schrift en uitspraak der tobasche taal. In: Bijdragen tot de Taal-, Land- en Volkenkunde van Nederlandsch-Indië, Bd. 4, S. 1–54

Uhlig, Harald (Hrsg.)
1975 Südostasien – Austral-Pazifischer Raum (= Fischer Länderkunde 3). Frankfurt/Main

Uhlig, P. J.
1979 Bali – Insel der lebenden Götter. München

Uka Tjandrasasmita
1978 The Introduction of Islam and the Growth of Moslem Coastal Cities in the Indonesian Archipelago. In: Dynamics of Indonesian History (Hrsg. Haryati Soebadio & Carine A. du Marchie). Amsterdam – New York – Oxford

Veltman, T. J.
1904 Nota betreffende de Athèhse Goud en Zilversmeedkunst. In: Tijdschrift voor Indische Taal-, Land- en Volkenkunde, Bd. 47, S. 341–380

Veth, P. J.
1854 Borneo's Wester-Afdeeling – Geographisch, statistisch, historisch, voorafgegaan door eene algemeene schets des ganschen eilands. 2 Bde. Zaltbommel

Villiers, John
1965 Südostasien vor der Kolonialzeit (= Fischer Weltgeschichte 18). Frankfurt/Main

Vira, Raghu & Lokesh Chandra
1967 A New Tibeto-Mongol Pantheon. Bd. 12. New Delhi

Vogler, E. B.
1949 De Monsterkop in de Hindoe-Javaansche bouwkunst. Leiden

Vogel, J. Ph.
1925 The Earliest Sanskrit Inscriptions of Java. In: Publicaties van den Oudheidkundigen Dienst in Nederlandsch-Indië, Bd. 1, S. 15–35

Voorhoeve, P.
1955 Languages of Sumatra. 's-Gravenhage

Voorhoeve, P.
1971 Südsumatranische Handschriften. Wiesbaden

Vorderman, A. G.
1893 Bijdrage tot de kennis der oudheden van Djawa. In: Tijdschrift voor Indische Taal-, Land- en Volkenkunde, Bd. 36, S. 480–499

Wagner, Frits A.
1959 Indonesien – Die Kunst eines Inselreichs. Baden-Baden

Wahyono Martowikrido
1994 The Gold of Wonoboyo. In: Bulletin Royal Tropical Institute, Nr. 334, S. 30–45

Wake, C. H.
1983 Melaka in the Fifteenth Century – Malay Historical Traditions and the Politics of Islamization. In: Melaka: The Transformation of a Malay Capital c. 1400–1980. 2 Bde. Kuala Lumpur

Walker, Benjamin
1983 Hindu World. Bd. II/II. London

Walker, Michael & S. Santoso
1984 Romano-Indian rouletted Pottery in Indonesia. In: Prehistoric Indonesia: A Reader (Hrsg. Pieter van der Velde), S. 376–383. Dordrecht

Wallace, A. R.
1983 Der Malayische Archipel (bearbeitet und gekürzt nach der deutschen Übersetzung von A. B. Meyer, 1869). Frankfurt/Main

Wang Gungwu
1986 Introduction. In: Southeast Asia in the 9th to 14th Centuries (Hrsg. David G. Marr & A. C. Milner). Singapore

Watanabe, N. & D. Kadar (Hrsg.)
1985 Quaternary Geology of the Hominid Fossil Bearing Formations in Java. Bandung

Weck, Wolfgang
1937 Heilkunde und Volkstum auf Bali. Stuttgart

Wheatley, P.
1959 Geographical Notes on Some Commodities Involved in Sung Maritime Trade. In: Journal of the Malaysian Branch of the Royal Asiatic Society, Bd. 32, S. 5–138
1961 The Golden Khersonese. Kuala Lumpur

Whitmore, J. K.
1977 The Opening of Southeast Asia: Trading Patterns Throughout the Centuries. In: Economic Exchange and Social Interaction in Southeast Asia: Perspectives from Prehistory, History and Ethnography (Hrsg. Karl L. Hutterer). Ann Arbor

Whitmore, T. C.
1984 Tropical Rain Forest of the Far East. Oxford
1990 An Introduction to Tropical Rain Forests. Oxford

Wibisono, Singgih
1973 Unsur-Unsur dalam penggubahan bahasa pedalangan Jawa. Unveröffentlichtes Manuskript eines Vortrags, gehalten in Leiden am 9. 7. 1973
1974 Wayang sebagai Sarana Komunikasi. In: Prisma III,3, S. 61–70

Wilhelmy, H.
1975 Reisanbau und Nahrungsmittelspielraum in Südostasien. Kiel

Wilkins, W. J.
1882 Hindu Mythology, Vedic and Puranic. Calcutta